DER FALL KÜNG

Der Fall Küng

Eine Dokumentation

Herausgegeben von
Norbert Greinacher
und Herbert Haag

R. Piper & Co. Verlag
München · Zürich

ISBN 3-492-02583-8
© R. Piper & Co. Verlag, München 1980
Gesetzt aus der Times-Antiqua
Gesamtherstellung: Welsermühl, Wels
Printed in Austria

Inhalt

13

Norbert Greinacher und Herbert Haag: Einleitung

Die Frage ist berechtigt: Dokumentation zum »Fall Küng«? Wozu nochmals Dokumentation? Sind im Fall des Tübinger Theologen nicht schon genügend Dokumente erschienen, ist nicht schon genügend dokumentiert worden? Insgesamt 58 Dokumente enthält ja bereits die am Tag des Missio-Entzugs veröffentlichte Dokumentation der Deutschen Bischofskonferenz vom 18. Dezember 1979, ergänzt durch eine Fortschreibung vom 31. Dezember 1979 um nochmals neun Dokumente.

Und doch: Diese Dokumentationen sind erstens einseitig und in entscheidenden Punkten lückenhaft. Der Leser hat aber einen Anspruch auf *vollständige* Dokumentation, die ein differenziertes Bild von der Gesamtentwicklung vermittelt. Zweitens hat der »Fall Küng« (wie wir ihn – trotz Kürze und allgemeinem Sprachgebrauch – ungern nennen, weil es mehr ein »Fall Kirche« ist) auch, seit er in seine dramatischste Phase trat, eine theologische und kirchliche *Wirkungsgeschichte* erzielt. Diese gilt es für jetzt und künftig festzuhalten, weil sich ungezählte Kollegen und Mitchristen hier unmittelbar mitbetroffen fühlen.

In der Tat: Wohl selten hat in der neueren Geschichte der katholischen Kirche eine gegen einen Theologen getroffene Strafmaßnahme eine Reaktion solchen Ausmaßes ausgelöst wie in diesem Fall. Viele Wochen lang war sie ein permanentes Thema in den Medien jeglicher Art und Provenienz. Innerhalb wie außerhalb der katholischen Kirche meldeten sich Menschen jeden Standes und unterschiedlichster Bildung zu Wort: enttäuscht, erschüttert, zornig, verbittert, hilflos, traurig, mutlos, Solidarität bekundend, tröstend, ermutigend: in öffentlichen Erklärungen, Kundgebungen, Stellungnahmen, Leserbriefen und persönlichen Briefen an alle die Betroffenen. Die Briefe an Hans Küng allein gehen in die Tausende. Letztlich war diesen Äußerungen die Überzeugung gemeinsam, daß hier etwas geschehen war, das von der Botschaft des Evangeliums, vom Wesen der Kirche, vom Gebot des Glaubens und der Liebe her nicht gedeckt ist. Nachdem Papst Johannes XXIII. der Kirche das »aggiornamento«, die Zeitgemäßheit und Zeitnähe in Lehre und Leben, zum Programm gegeben hatte; nachdem das Zweite Vatikanische Konzil besonders die Seelsorger darauf verpflichtet hatte, »zum Dialog mit der Welt und

mit Menschen jedweder Weltanschauung ihren Beitrag zu leisten« und »die Botschaft Christi in der Vorstellungswelt und Sprache der verschiedenen Völker auszusagen«, »das Evangelium sowohl dem Verständnis aller als auch berechtigten Ansprüchen der Gebildeten angemessen zu verkünden« und »unter dem Beistand des Heiligen Geistes auf die verschiedenen Sprachen unserer Zeit zu hören, sie zu unterscheiden, zu deuten und im Licht des Gotteswortes zu beurteilen« (Pastoralkonstitution »Gaudium et spes« 43 f.), hatten die Bemühungen um eine zeitgemäße Glaubensverkündigung ihre höchste und feierlichste Billigung erhalten. Daß es Hans Küng wie kaum einem gelang, entscheidende Glaubensinhalte weiten Kreisen innerhalb wie außerhalb der Kirche zu vermitteln, beweisen nicht nur die hohen Auflagen seiner theologisch anspruchsvollen Bücher, vor allem seiner beiden großen Synthesen »Christ sein« (1974) und »Existiert Gott?« (1978). So waren es denn auch keineswegs nur kirchliche Kreise, die seine Bücher lasen und diskutierten, sondern auch Künstler, Politiker, Wirtschaftsfachleute, Naturwissenschaftler. Und wenn Küng nach dreißig Jahren Kommunismus und Atheismus in China der erste war, der im Einvernehmen mit der chinesischen Regierung in Peking an der Akademie der Sozialwissenschaften einen Vortrag über die Gottesfrage halten konnte, dann ist dies nur eines der Zeichen dafür, wie sehr Hans Küng gerade von der außerkirchlichen Öffentlichkeit ernstgenommen wird. Kein Wunder, daß dieser Theologe in den Augen vieler (ungewollt) mehr und mehr zum Symbol des Aufbruchs in der katholischen Kirche wurde, zum Vorkämpfer einer Übersetzung des Evangeliums in die Sprache unserer Zeit, einer Besinnung auf den Kern der christlichen Offenbarung und das spezifisch Christliche des menschlichen Lebens sowie eines Brückenschlags im Bereich der Ökumene. Daß all dieses – trotz gegenteiliger Beteuerungen – von der heutigen Amtskirche nicht gefragt ist, scheint die Maßnahme gegen Küng – nach verschiedenen anderen Anzeichen – zu bestätigen. Zwar bezeichnete Kardinal Höffner in dem Eröffnungsreferat bei der Herbstvollversammlung der Deutschen Bischofskonferenz 1979 in Fulda die »Pastoral der Kirchenfremden« als eine der »grundlegenden Aufgaben der gegenwärtigen Kirche«. Dies konnte ihn jedoch nicht daran hindern, gleichzeitig den mundtot zu machen, der sich dieser Aufgabe in singulärer Weise gestellt hatte.
Allerdings fehlte es auch nicht an Stimmen, die die römische Entscheidung für gerechtfertigt, ja für geboten hielten. Sie schenkten den Erklärungen der Amtskirche und ihrer Presse Glauben, Küng ver-

achte das kirchliche Lehramt, er stelle sein eigenes Urteil über den Glaubenssinn der Kirche, er weiche in entscheidenden Fragen, vor allem in der Christologie, von der authentischen kirchenamtlichen Lehre ab, er stifte damit bei den Gläubigen Verwirrung und füge ihnen unermeßlichen Schaden zu. Ebenso schwer mußte in den Augen einer ahnungslosen Öffentlichkeit der von Kardinal Höffner erhobene Vorwurf wiegen, Küng habe permanent jede Gesprächsbereitschaft verweigert und müsse daher die Folgen seiner »beispiellosen Unnachgiebigkeit und einer seltenen Unbelehrbarkeit« (Dokument 2.3) selbst tragen, obwohl sich leicht zeigen läßt, daß dieser Vorwurf wider besseren Wissens erhoben wurde (Dokument 2.33). In der Flut der sich jagenden Stellungnahmen mußte es überdies für den Einzelnen immer schwieriger werden, den Überblick zu behalten und sich ein sachgerechtes Urteil zu bilden. Er war auf das allzu einseitige »gemeinsame Kanzelwort der deutschen Bischöfe« angewiesen, das nach dem Willen der Bischöfe am 12./13. Januar 1980 in allen Gottesdiensten der Bundesrepublik verlesen werden sollte, oder auf die »Erklärung der deutschen Bischöfe« vom 7. Januar 1980, die als Kurzdokumentation in dreieinhalb Millionen Exemplaren unter das Volk geworfen wurde (Dokument 2.30).

Deshalb erscheint es angebracht, ohne Verzug eine Dokumentation vorzulegen, die, allen zugänglich, durch begleitende Einführungen und Kurzkommentare (kursiv gedruckt) eine eigene Orientierung und ein eigenes Urteil ermöglicht. Die dem Verfahren vorausgehenden und dieses direkt betreffenden Dokumente sind lückenlos aufgenommen, besonders auch jene, die in der Dokumentation des Sekretariats der Deutschen Bischofskonferenz fehlen. Bei den Stellungnahmen von Institutionen, Gremien und Einzelpersönlichkeiten mußte verständlicherweise eine Auswahl getroffen werden. Es wurde jedoch darauf geachtet, daß nicht nur Küng-freundliche Stimmen zu Wort kommen, da ja ein möglichst differenziertes Bild der öffentlichen Meinung gezeichnet werden soll.

Eine erste Dokumentation war unter dem Titel »Um nichts als die Wahrheit« bereits 1978 von Walter Jens vorgelegt worden. Sie setzte ein mit der Erklärung der Glaubenskongregation »Mysterium Ecclesiae« von 1973, die (ohne Namensnennung) gegen die Bücher »Die Kirche« und »Unfehlbar? Eine Anfrage« von Hans Küng gerichtet war, und endete mit einem Appell Küngs zur Verständigung im Jahr 1978 (Dokument 1.1); über die Vorgänge *vor* »Mysterium Ecclesiae« berichten die Sammelbände »Diskussion um Hans Küng

›Die Kirche‹«, herausgegeben von H. Häring und J. Nolte (Freiburg–Basel–Wien 1971) und »Fehlbar? Eine Bilanz«, herausgegeben von Hans Küng (Zürich–Einsiedeln–Köln 1973).

Die vorliegende Dokumentation nun schließt sich an die Jenssche von 1978 nahtlos an. Sie will zunächst *sammeln*, was allzuschnell der Vergessenheit anheimfallen könnte. Sie will sodann *informieren*, vor allem die, die als Seelsorger und Religionslehrer von Gläubigen und Schülern mit Fragen bedrängt werden und denen es nicht genügen kann, ihre Informationen aus der Presse und gar nur aus der Kirchenpresse zu beziehen. Und sie will für die Zukunft *bewahren;* fällt doch die Geschichte oft andere Urteile als die Mächtigen des Augenblicks. (Falls keine Quelle genannt wird, befinden sich die nicht veröffentlichten Dokumente in den Privatarchiven von Greinacher, Haag oder Küng.)

Die beiden Schriften, welche die Kongregation für die Glaubenslehre zum Anlaß nahm, den Konflikt zu eskalieren, wurden hier nicht abgedruckt, weil sie die Dokumentation noch umfangreicher machen würden und weil sie Interessenten leicht zugänglich sind: Hans Küng: Zum Geleit. Der neue Stand der Unfehlbarkeitsdebatte. In: A. B. Hasler, Wie der Papst unfehlbar wurde, München 1979, XIII–XXXVII; Hans Küng: Kirche – gehalten in der Wahrheit, Zürich 1979 (Theologische Meditation 51), ebenfalls veröffentlicht in: Hans Küng, Wegzeichen in die Zukunft. Programmatisches für eine christlichere Kirche, Reinbek bei Hamburg 1980, 73–117 (Rororo 7375).

Ein Blick in die Vergangenheit der Kirche zeigt ja, daß sich die meisten Verurteilungen von Theologen im Lichte der Geschichte als ungerechtfertigt erwiesen haben. Mehr als einmal hat sich das kirchliche Lehramt später selbst die Lehren der gemaßregelten Theologen zu eigen gemacht und als verbindliche Lehre der Kirche verkündet. In der Regel erlebten die betroffenen Theologen ihre verspätete Rehabilitierung nicht mehr. Möge sie im Falle Küng nicht so lange auf sich warten lassen! Eine Revision des ungerechten römischen Verfahrens und eine Wiedererteilung der kirchlichen Lehrbefugnis an Hans Küng sind nicht zuletzt auch Zweck dieser Dokumentation.

Tübingen, Ostern 1980

Norbert Greinacher　　　　　　　　　　　　　　　*Herbert Haag*

1. Vorgeschichte

1.1 Hans Küng: Ein Appell zur Verständigung (Januar 1978)

Schon in der Weihnachtswoche 1967 war Hans Küng durch ein Dekret des Sanctum Officium (jetzt: Heilige Kongregation für die Glaubenslehre) mitgeteilt worden, daß sein im selben Jahr erschienenes Buch »Die Kirche« nicht weiterverbreitet und übersetzt werden dürfe, bevor darüber ein Kolloquium in Rom stattgefunden habe. Das Buch wird trotzdem weiterverbreitet und in verschiedene Sprachen übersetzt. Am 4. Mai 1968 erhält Küng unvermittelt eine Vorladung zu einem Kolloquium im Vatikan auf den 9. Mai. Küng leistet der Vorladung wegen der Kurzfristigkeit des Termins nicht Folge, vor allem aber, weil er auf Akteneinsicht, vorherige Information über die Verhandlungsthemen und den Namen der Gesprächspartner beharren muß. Es beginnen jahrelange Verhandlungen über faire Bedingungen eines solchen Kolloquiums und über die Einstellung des Verfahrens. Im Juli 1970 erscheint Küngs Buch »Unfehlbar? Eine Anfrage«. Es löst eine weltweite Debatte aus. Auch gegen dieses Buch wird ein römisches Lehrverfahren eingeleitet, das später mit dem Verfahren gegen das Buch »Die Kirche« zusammenwächst. Es folgen 1971 Verhöre durch die Bischöfe und Theologen der Glaubenskommission der Deutschen Bischofskonferenz, Erklärungen der Deutschen Bischofskonferenz und der Glaubenskommission der Italienischen Bischofskonferenz gegen das Buch »Unfehlbar?« sowie ein Sammelband verschiedener Theologen (herausgegeben von Karl Rahner) gegen dasselbe Buch mit dem Titel »Zum Problem der Unfehlbarkeit. Antworten auf die Anfrage von Hans Küng«. Da Küng im Rahner-Band nicht antworten durfte, veröffentlichte er seinerseits 1973 mit verschiedenen Autoren einen Diskussionsband »Fehlbar? Eine Bilanz«. Unterdessen wird in langwierigen Verhandlungen zwischen Kardinal Döpfner und der Kongregation für die Glaubenslehre um einen Kompromiß gerungen.
Am 5. Juli 1973 veröffentlicht die Kongregation für die Glaubenslehre die Erklärung »Mysterium Ecclesiae«, die zwar den Namen Küng nicht erwähnt, sich aber eindeutig auf die Bücher »Die Kirche« und »Unfehlbar?« bezieht. Diese Erklärung sowie die folgende Entwicklung bis zu der Presseerklärung von Hans Küng am 17. November 1978 werden ausführlich dokumentiert in dem von Walter Jens her-

ausgegebenen und eingeleiteten Buch »Um nichts als die Wahrheit. Deutsche Bischofskonferenz contra Hans Küng. Eine Dokumentation« (München 1978). Hier seien nur noch einmal die wichtigsten Fakten in Erinnerung gerufen. In Briefen vom 22. September 1973 bittet Hans Küng Papst Paul VI. und die Glaubenskongregation, die gegen ihn angestrengten kirchlichen Verfahren einzustellen. Am 10. Oktober 1974 stellt Hans Küng auf einer Pressekonferenz in Frankfurt sein neues Buch »Christ sein« vor. (Das Buch wurde in Deutschland zu einem Bestseller und ist in alle großen westlichen Kultursprachen – sogar ins Russische – übersetzt worden.) Mit Brief vom 15. Februar 1975 teilt die Kongregation für die Glaubenslehre Hans Küng mit, sie habe beschlossen, »die beiden Verfahren durch die beiliegende Erklärung einzustellen«; in der genannten Erklärung ist allerdings nur von einer Einstellung »für jetzt« die Rede. Im Mai 1976 erscheint der Sammelband »Diskussion über Hans Küngs ›Christ sein‹«, in welchem Küng wiederum die Möglichkeit zur Stellungnahme verweigert wird. Am 24. Juli 1976 stirbt unerwartet Kardinal Döpfner. Ein vierstündiges Gespräch von Vertretern der Deutschen Bischofskonferenz mit Hans Küng findet am 14. Januar 1977 unter Leitung des neuen Vorsitzenden, Kardinal Höffner, in Stuttgart statt. Daran schließen sich an ein Briefwechsel zwischen Kardinal Höffner und Hans Küng sowie zwei weitere Erklärungen der Deutschen Bischofskonferenz gegen »Christ sein«, die letzte vom 17. November 1977, auf die Hans Küng am selben Tag mit einer Presseerklärung antwortet. Auf die von der Deutschen Bischofskonferenz gleichzeitig publizierte einseitige Dokumentation reagiert Walter Jens mit der Dokumentation »Um nichts als die Wahrheit«. Diese endet mit »Ein Appell zur Verständigung« von Hans Küng, der hier zur Eröffnung dieser Dokumentation noch einmal abgedruckt wird.

Für die Einschätzung der Verfahrensfragen ist wichtig, daß die Gespräche und die Korrespondenz Küngs mit der Deutschen Bischofskonferenz in Sachen Christologie ausdrücklich unter der Voraussetzung geführt wurden, daß es sich dabei »nicht um ein Gespräch im Sinne von § 5 des Lehrbeanstandungsverfahrens bei der Deutschen Bischofskonferenz handelt« (»Um nichts als die Wahrheit«, S. 223 und 227). Ein solches Verfahren ist denn auch in Sachen Christologie nie eröffnet worden – weder in Deutschland noch in Rom.

Oft wurde die Frage laut: Ist es nötig, um die neueste Erklärung und Dokumentation der Deutschen Bischofskonferenz gegen das Buch

»Christ sein« überhaupt viel Aufhebens zu machen? Laufen sich solche Aktionen nicht erfahrungsgemäß von selbst tot, unverstanden, unbeachtet selbst von vielen, für die sie bestimmt sind? Zweifellos dürfte hier ein Grund liegen, weswegen sich bisher katholische Theologen zu dieser Erklärung, die sie doch ebenfalls angeht, kaum zu Wort gemeldet haben. Auch eine weitere kirchliche und nichtkirchliche Öffentlichkeit hat es »satt«, daß nun nach Rom die Deutsche Bischofskonferenz ständig neu einen einzelnen Theologen als Prügelknaben für viele zu zwingen versucht, überkommene Formeln zu unterschreiben, die die Fragen so vieler Pfarrer, Kapläne, Religionslehrer, Ordensleute und engagierter Laien heute nicht beantworten. Als ob es in der katholischen Kirche Deutschlands keine dringenderen Probleme gäbe ...

Ein neuer Stil?

Erklärung und Dokumentation der Deutschen Bischofskonferenz haben nicht nur mich überrascht. Nach den Abschlußerklärungen der römischen Glaubenskongregation und der Deutschen Bischofskonferenz zu den Verfahren gegen die Bücher »Die Kirche« und »Unfehlbar? Eine Anfrage« hatte ich mich auf eine knappe Gegenerklärung beschränkt und vieles Ungerade gerade sein lassen – obwohl meine »Anfrage« bezüglich Unfehlbarkeit inhaltlich in keiner Weise beantwortet war! Ich ging davon aus, daß die Deutsche Bischofskonferenz mit ihrer gleichzeitigen Stellungnahme gegen »Christ sein« gesagt hätte, was sie aus Gründen der Orthodoxie meinte sagen zu müssen, und daß ich nun ungestört forschen und lehren könne, im Dienst an der »gemeinsamen christlichen Sache«, wie ich es in einem persönlichen Brief an Kardinal Döpfner ausgedrückt habe; dieser Brief wie so manches andere fehlt in der Bischofsdokumentation. Man sprach damals allgemein lobend von einem »neuen Stil«. Gut! Aber was ist aus diesem »neuen Stil« – besonders jetzt nach dem Tod des um eine Verständigung hochverdienten Kardinals Döpfner – geworden? Gewiß: Ein Verfahren hat man nicht eingeleitet, und das Damoklesschwert des Missio-Entzuges oder gar der Exkommunikation wurde abgehalten, doch die Pressionen gingen weiter. Nach jener ersten »Erklärung« gegen »Christ sein« immer wieder neue Briefe, Telefonate, Gespräche. Dann eine zweite öffentliche »Erklärung« gegen das eine und selbe Buch und schließlich noch eine dritte samt einer

Dokumentation und auch diese Erklärung nur wieder als eine »vorläufig abschließende«. Soll es nun also in diesem Stil weitergehen, womöglich auch wieder bei meinem nächsten und übernächsten Buch?

Auch dieses Mal ging es um eine von langer Hand vorbereitete und wohlkoordinierte Aktion. Aber erst unmittelbar vor der Veröffentlichung dieser »Dokumentation« teilte man mir telefonisch mit, daß man meine persönlichen Briefe an die Vorsitzenden der Bischofskonferenz mit dieser »Dokumentation« der Presse übergeben werde, wohl wissend, daß ich nichts mehr dagegen tun konnte. Ich protestierte energisch gegen solch mißbräuchliche Verwendung meiner Briefe. Nicht weil diese das Licht des Tages zu scheuen hätten oder eine Enthüllung mir etwa »peinlich« wäre. Sondern weil eine Behörde sich hier anmaßt, persönliche Briefe ohne meine Zustimmung in tendenziöser Auswahl und mit tendenziösem Kommentar zu publizieren. Doch der neue Vorsitzende der Deutschen Bischofskonferenz, Kardinal Höffner, ignorierte meinen Protest und ließ eine »Dokumentation« veröffentlichen, die Wichtiges nun freilich gerade nicht dokumentiert. Ist das die Art, in der Behörden mit Bürgern, Bischöfe mit ihren Theologen umgehen sollten? Indem nun aber die Kirchenbehörde selber in so eklatanter Weise Vertrauensbruch beging und sogar entgegen der ausdrücklichen Vereinbarung das Stuttgarter Gespräch gegen mich verwandte, zwingt sie zur Verteidigung: nicht um der Person, sondern um der Sache willen. Denn es geht um nichts als die Wahrheit! Und da genügt es nun nicht, nur zu berichten oder zusammenzufassen, was man der Öffentlichkeit vorenthielt; Weglassungen würden nur den Eindruck erwecken, man wolle ebenfalls Information und Diskussion kanalisieren. Hier kann sich die Öffentlichkeit nicht mehr mit einer gezielten Auswahl von Dokumenten begnügen, sondern hat Anspruch darauf, vollständig informiert zu werden, um sich selber ein Urteil bilden zu können. Ich bin Walter Jens dankbar, daß er dies mit seiner Dokumentation getan hat. Gerade das Stuttgarter Gespräch wird zeigen, wie sehr ich mich um eine Beilegung des Konflikts bemüht habe: es ist ein einziger Appell zur Verständigung an die deutschen Bischöfe.

Eine Erklärung, die nichts klärt

Wenn wir uns jetzt der »Erklärung« selbst zuwenden, so wollen wir den Leser nicht langweilen mit einer ausführlichen Widerlegung all der Halbwahrheiten, Schiefheiten, Verkennungen, Mißverständnisse, ja Unwahrheiten, die dieses Papier enthält. Gerade im Vergleich mit manchen klaren, geschliffenen römischen Dokumenten ist diese teilweise konfuse, sprunghafte und weitschweifige »Erklärung« von offensichtlich minderer Qualität. Auch manche Seelsorger fragen sich: Soll dies das theologische Niveau der gesamten Deutschen Bischofskonferenz sein? Wie man hört, ist die »Erklärung« denn auch von ihr nicht ernsthaft studiert und diskutiert, sondern – auf die Autorität eines beauftragten eminenten Verfassers hin und nach wenigen Verbesserungen – nur »verabschiedet« worden. Wir wollen uns in unserer Analyse auf einige signifikante Punkte beschränken.

Schon der »Aufhänger« des Ganzen ist eine Verfälschung: »Christ sein« stelle sich selbst als eine »kleine ›Summe‹ des christlichen Glaubens« vor, würde als solche benützt und erfordere deshalb eine erneute Stellungnahme der Bischofskonferenz, wird uns »erklärt«. Gegen besseres Wissen – denn auch noch im Stuttgarter Gespräch wurden die Bischöfe ausdrücklich darauf aufmerksam gemacht – wird jenes Wort aus einem Nebensatz des Vorwortes isoliert und der einschränkende Kontext unterschlagen: daß nämlich das Buch »faktisch (!) doch (!) so etwas wie (!) eine kleine (!) ›Summe‹ (in Anführungszeichen!) des christlichen Glaubens geworden sei«. Kann man noch vorsichtiger formulieren? Und um hier die letzten Zweifel zu beseitigen, kann man auf derselben Seite lesen: »Eine auf alle alten und neuen Streitfragen Antwort wissende Miniaturdogmatik soll hier nicht geboten« werden.

Man fragt sich schon gleich zu Beginn der »Erklärung«: Hat ihr Verfasser dieses Buch wirklich gelesen, ganz gelesen? Aus jener schon von vornherein verfälschenden Perspektive einer »Summe« heraus wirft die »Erklärung« daraufhin dem Buch »Christ sein« vor, es behandle zum Beispiel nicht »die sieben Sakramente und ihre Bedeutung für das christliche Leben«. Selbst diese Behauptung ist falsch: Zwei kompakte Abschnitte sind dem Abendmahl (Eucharistiefeier) gewidmet, auch Taufe, Firmung und Priesterweihe werden mit Verweis auf Spezialveröffentlichungen des Verfassers kurz zur Sprache gebracht. Im übrigen sind schon im Buch »Die Kirche« Taufe, Eucharistie, Buße und Ordination behandelt worden, wozu die Schriften

»Was ist Firmung?« und »Wozu Priester?« kommen; darüber hinaus ist schon des längeren ein umfassendes Buch desselben Autors über die Sakramente öffentlich angekündigt worden! Die »Erklärung« vermißt dann auch (im vierten Teil von »Christ sein«) eine thematische Behandlung des »Hauptgebots der Liebe«. Doch wer Augen hatte zu lesen, der konnte über dieses Thema im dritten Teil ganze Abschnitte lesen. Nein, wir lassen uns nichts vormachen: der Verfasser der »Erklärung« hat dieses Buch nicht wirklich gelesen.

Aber trotzdem hat er sich doch mit dem Buch auseinandergesetzt! Hat er das? Beinahe seitenweise zitiert die »Erklärung« Bibeltexte und Glaubensbekenntnisse, die dem Verfasser von »Christ sein« weder unbekannt sind noch von ihm geleugnet werden. Nirgendwo jedoch werden die Hauptintentionen des Buches zur Kenntnis genommen, nirgendwo die Gewichte entsprechend gesetzt. Nirgendwo wird auf die Gedankengänge von »Christ sein« ernsthaft eingegangen, nirgendwo wirklich argumentiert. Walter Wolf vom Schweizerischen Evangelischen Pressedienst hat recht: »So unglaublich es klingen mag: die als Distanzierung von Küng gedachte Erklärung der Bischöfe befaßt sich nur am Rand mit dem angefochtenen Theologen. Über Seiten hinweg wird eine katholische – und nicht nur katholische – Christologie (Lehre von Christus) entfaltet, ohne daß mit einem einzigen Wort auf Küng Bezug genommen wird. Die Gottheit Jesu wird dargestellt, aber ohne Bezugnahme auf Küngs ›Christ sein‹. So taucht beim Lesen unwillkürlich die Frage auf: Steht das, was die Bischöfe über Jesu Göttlichkeit aussagen, überhaupt in einem Gegensatz zu Küngs Lehre? Könnte der Theologe nicht das, was die Bischöfe als unverzichtbare Glaubenssubstanz postulieren, in seinen Denkkategorien nachvollziehen? Werden hier nicht *künstlich Gräben aufgerissen,* wo es solche in Wirklichkeit gar nicht gibt?« Nein, auch das muß klar festgestellt werden: der Verfasser der »Erklärung« hat sich mit dem Buch »Christ sein« nicht wirklich auseinandergesetzt.

Trotzdem hat er einige Seiten des Buches auf mögliche »Verkürzungen« abgesucht! Aber hat er auch wirklich welche gefunden, nachdem er die »Verkürzung« immer wieder und auf einer Seite gleich viermal beschwört? Er behauptet zumindest, sie gefunden zu haben, und dies im sicheren Bewußtsein des glücklichen Wahrheitsbesitzers: als ob es in bischöflichen Verlautbarungen und Hirtenworten von vornherein keine »Verkürzungen« geben könnte; als ob nicht auch die von der Deutschen Bischofskonferenz approbierten Katechismen und Gebetbücher auf »Verkürzungen« abgesucht werden könnten;

als ob nicht gerade hier ein lohnender Untersuchungsgegenstand für eine selbstkritische »Glaubenskommission« der Deutschen Bischofskonferenz läge!

Wer jenes Papier gelesen hat, wird den Eindruck nicht los: Von moderner historisch-kritischer Sachkenntnis ungetrübt, betreibt ein anonymer »Erklärer« sein Unternehmen. Wie könnte er sonst die gegenwärtige hermeneutische Fragestellung in der Christologie so verkennen? Verwechselt er doch die theologische Sachfrage, ob der Mensch Jesus von Nazaret der »Sohn Gottes« sei (was von mir bejaht wird), mit der methodischen Frage, ob man in der Christologie »von oben«, von Gott her, einsetzen müsse (was von mir zugunsten eines konsequenten Einsatzes »von unten«, von den Jüngern damals und den Menschen heute her, verneint wird). Und wie könnte er sonst so wenig Verständnis für ernsthafte Exegese zeigen? Wo das Neue Testament – etwa im Zusammenhang mit dem Neuen Bund – vom Kreuz redet, redet er von der Menschwerdung. Wo das Neue Testament von der Selbsthingabe des Sohnes spricht, spricht er von der Selbsthingabe Gottes, des Vaters, ja schreibt diesem, der nicht wie sein »Vorausbild« Abraham beim Sohnesopfer »eingehalten« habe, unwillentlich den Mord seines Sohnes zu!

Nach all dem ist es keine Überraschung mehr, daß sich unser »Erklärer« als unfähig erweist, die Botschaft von Jesus Christus – und erst recht die hohen christologischen Aussagen vom »ewigen, unerschaffenen, göttlichen Sohn Gottes« und »wahren Gott« – dem heutigen Menschen auch nur einigermaßen verständlich zu machen. Die Berufung auf ein hier vorfindliches »Geheimnis« dient wie so oft als bequemes Alibi. Wo der Verfasser nicht die Bibel oder die Glaubensbekenntnisse zitiert, drückt er sich in einer Dogmatik und theologischen Metaphernsprache (»Frucht der Erlösungstat«) aus, die schon vor dem Konzil überholt war und heute beinahe peinlich wirkt. Und dies oft in einem Deutsch, demgegenüber man selbst dem alten Schullatein den Vorzug gäbe. (Beispiel: »Das bedeutet auch, daß durch Christus der Mensch nicht in sich und für sich, sondern nun im Rückzug seiner selbst in der umfassenden Tiefe seines Herzens auf Christus und in Christus auf den Vater vollendet wird!«) Die »Erklärung« strotzt von theologischen Gemeinplätzen (»Die Liebe Gottes ist keine untätige, sondern eine tätige Liebe«), Abstrusitäten (»Man kann also nicht Gutes tun wollen, um nicht lieben zu müssen«), Widersprüchlichkeiten (der erlöste Mensch ist »Gott geworden« und doch »nicht Gott geworden«). Soll dieses und ähnliches etwa die »in der Verkündigung Stehenden« überzeugen? Sollen wir solche »unverkürzte« Wahrheit in Predigt und Religionsunterricht verkündigen lassen?

Der katholische Exeget Professor Josef Blank hat recht: »Zur Sache ist zu sagen, daß sich das Buch von Küng in erster Linie auf eine breit abgesicherte Grundlage von Forschungsergebnissen der modernen Exegese stützt, wie sie von vielen namhaften katholischen Exegeten schon lange vertreten werden. Diese Exegese hat mit ihren Methoden schon seit langem den Segen Roms. Wenn die Bischöfe konsequent wären, müßten sie eigentlich die gesamte moderne Exegese verbieten, ebenso das damit verbundene historisch-kritische Denken. Von diesem Ausgangspunkt her gibt es nämlich so manche dogmatische Aussage, deren Wahrheitsgehalt heute problematisch erscheint und anders interpretiert werden muß. Wenn dann mit dem Argument der ›verkürzten katholischen Wahrheit‹ gearbeitet wird, dann müßte zuerst einmal geklärt werden, was das heißen soll. – Man kann nämlich ebensogut den Spieß umdrehen und sagen, daß die Dogmen verkürzte biblische Aussagen sind und daß in der amtskirchlichen Verkündigung oft genug das Evangelium Jesu verkürzt wird; es ist nicht sicher, was der Kirche mehr geschadet hat.«

Nein, es nützt der Kirche wahrhaftig nicht, wenn dort, wo es um nichts als die Wahrheit geht, statt argumentiert dekretiert und statt überzeugt überfahren wird. Es schadet der Kirche ganz besonders, wenn in wohlbekannter integralistischer Manier immer wieder gefordert wird, der Glaube müsse integral, neudeutsch »unverkürzt«, zur Darstellung gebracht werden, und man dabei gar nicht merkt, welch grandioser Verkürzung man selber zum Opfer gefallen ist. Wie sehr wird hier der Jesus der Geschichte permanent zugunsten des »göttlichen Sohnes Gottes« eskamotiert: ein einziges Zitat aus den drei synoptischen Evangelien unter lauter Johannes- und Paulustexten, und dieses auch noch schief verstanden! In der Tat, genau diese Verkürzung, die nun freilich in der neuscholastischen Schuldogmatik wie in der traditionellen Glaubensverkündigung weit verbreitet ist, meint der katholische Exeget Karl Hermann Schelkle, wenn er schon 1973 schreibt: »Eine Verkürzung der Christologie kann entstehen, wenn diese von der Präexistenz aus entwickelt wird, wie dies vielleicht weithin das allgemeine Glaubensbewußtsein, doch auch die Schuldogmatik zu tun versucht sein können. Die Christologie konzentriert sich dann auf die Inkarnation in der wunderbaren Geburt Christi. Die Auferstehung enthüllt die Bedeutung des Geburtsereignisses. Die eschatologische Erwartung der Wiederkunft und Vollendung wird unwesentlich.« Also, so etwas wie ein klassischer Fall von Verkürzung – diese unsere »Erklärung«!

Aber gerade die neuscholastische Schuldogmatik, die die Schrift so oft vergewaltigt und vernachlässigt, sie, die faktisch die Tradition zur Norm der Schrift und das Lehramt zur Norm der Tradition macht, sie, die gerade so vom Strom der großen katholischen Tradition bisweilen nur Rinnsale übrigläßt: sie wird faktisch durch diese »Erklärung« den »in der Verkündigung Stehenden« wieder neu empfohlen – als hätte es nie ein Konzil gegeben! In »Christ sein« ist die oberste Norm freilich – dies sei offen zugegeben – das Evangelium Jesu Christi selber. Gegenüber dem Evangelium als der alles normierenden Norm (norma normans) sind sogar die feierlichsten konziliaren Lehrdokumente und Glaubensbekenntnisse zwar wichtige, aber nun einmal abhängige, also normierte Normen (norma normata): das ist altes katholisches Verständnis, und selbst der neue Vorsitzende der Deutschen Bischofskonferenz gesteht in einem seiner Schreiben an mich zu, »die Normativität des apostolischen Urzeugnisses« sei »etwas Unaufgebbares«. Unser »Erklärer« aber behauptet: Die in »Christ sein« angewandte Methode, die in der Dogmatik konstant auf den Ergebnissen der neutestamentlichen Forschung aufbaut, habe – werde sie konsequent angewandt – »in wichtigen Fragen einen Bruch mit der katholischen Glaubens- und Lehrtradition zur Folge«! – Einen Bruch? Mitnichten. Wohl aber eine Unterscheidung! Die dringend notwendige Unterscheidung im »lebendigen Glaubensbewußtsein der Kirche« – an dem mir sehr gelegen ist, das aber auch unter dieser Norm steht – zwischen dem wahrhaft Katholischen und dem Pseudokatholischen: damit bei aller Diskontinuität die wahre christliche Kontinuität sichtbar werde! Denn selbst die Deutsche Bischofskonferenz wird ja nicht behaupten wollen, es sei alles katholisch, was in Praxis *und* Lehre als katholisch ausgegeben wurde. Oder möchte – um von anderen Dingen zu schweigen – der deutsche Episkopat noch heute etwa an seine Verurteilung der Darwinschen Entwicklungstheorie, weil angeblich unvereinbar mit dem katholischen Glauben, erinnert werden, die er 1860 – auch damals römischer als Rom – auf dem Partikularkonzil von Köln verkündet hat?

Auch der Nichttheologe kann somit erkennen: Diese »Erklärung« der Deutschen Bischofskonferenz ist eine Erklärung, die für mein Buch in der Sache nichts klärt, sondern selber der Klärung bedarf. Nicht einmal die Konzilien von Nikaia (325) und Chalkedon (451) vermag sie sauber auseinanderzuhalten und schreibt dem ersten jene Doppelaussage (»wahrer Gott und wahrer Mensch«) zu, die sich erst im zweiten findet!

Vor dem Hintergrund dieser »Erklärung« wird man vielleicht besser verstehen, weswegen ich in aller Form dagegen Einspruch erheben mußte und muß,

● daß schon die erste bischöfliche »Erklärung« zu »Christ sein« ohne alle Begründung Pauschalverurteilungen ausspricht;

● daß die zweite bischöfliche »Erklärung« mir unterstellt, für mich sei Jesus Christus »nur ein vorbildlicher Mensch« und »nur Gottes Sprecher und Sachverwalter (sic!)« und ich leugnete christologische Aussagen des nizänischen Glaubensbekenntnisses;

● daß schließlich die dritte bischöfliche »Erklärung« bezüglich Ekklesiologie, Trinitätslehre, Sakramentenlehre und Mariologie erneut mit unbegründeten, nicht spezifizierten Vorwürfen aufwartet;

● daß schließlich gerade diese exegetisch wie dogmatisch schwache »Erklärung« mir leichtfertig »Loslösung von der vorgegebenen Glaubensüberlieferung« und eine »eigenwillige Auswahl aus der Heiligen Schrift« vorwirft und dabei mein Bekenntnis zur Gottessohnschaft, die in einer schrift- und zeitgemäßen Deutung des »wahrhaft Gott« ihren Höhepunkt erreicht, zu einer »gelegentlichen Aussage« herunterspielt.

Soll man dies alles als loyaler, wenn auch kritischer katholischer Theologe hinnehmen müssen? Soll man sich von einem derart unbelehrbaren Lehramt belehren lassen müssen, ohne nach echten Begründungen fragen zu dürfen? Was hat alle reichlich dokumentierte Diskussionsbereitschaft, was haben alle die endlosen klärenden Gespräche, Korrespondenzen und Veröffentlichungen für einen Sinn, wenn am Ende so etwas wie diese »Erklärungen« herauskommen? Nein: So kann es nicht gehen in unserer Kirche! Dies alles ist nicht die Methode, die der Wahrheit dient.

Eine Chance

Die Deutsche Bischofskonferenz hatte in der Konzilszeit den Ruf, gemäßigt fortschrittlich zu sein. Und tatsächlich hat sie – und Kardinal Döpfner insbesondere – ein nicht geringes Verdienst an den positiven Ergebnissen des Vatikanum II. Damals haben deutsche Bischöfe und Theologen verschiedenster Richtung konstruktiv zusam-

mengearbeitet. Seit dem Konzil – und noch einmal mehr seit dem all-
zufrühen Tod von Kardinal Döpfner – hat sich das geändert. In vielen
Fragen des Glaubens und der Moral scheint der deutsche Episkopat
nicht nur fern jeder aufgeschlossenen Theologie, sondern fern auch
aller Wünsche und Hoffnungen großer Teile unseres Volkes und
selbst des eigenen Klerus. Sollte man nicht um der Glaubwürdigkeit
nach innen und außen willen zur konziliaren Kooperation zurückkeh-
ren? Läge hier nicht eine neue Chance?

Viele Menschen in und außerhalb der Katholischen Kirche haben
sich durch das Buch »Christ sein« in ihrem christlichen Glauben und
Leben ermutigt, ja, viele zum Christsein sogar neu herausgefordert
gesehen; Hunderte von Briefen aus aller Welt bezeugen mir dies, was
ja auch die Bischöfe bestätigen, wenn sie dessen »theologische Bemühung und pastorale Zielsetzung« anerkennen; wenn sie sagen, das
Buch würde ständig weiterverbreitet, auch in anderen Sprachen herausgegeben und »von manchen als eine Art Lehrbuch des katholischen Glaubens verstanden und benützt«. Die Frage drängt sich auf:
Sind sie denn alle auf dem Holzweg, diese Ungezählten, die das Buch
anders, sehr viel positiver verstanden haben als die Deutsche Bischofskonferenz und ihre Hoftheologen? Wurden nicht viele erst in
dem Moment »beunruhigt« und »verunsichert«, als die offiziellen
und offiziösen Angriffe auf »Christ sein« einsetzten? Waren und sind
die vielen nicht der Meinung, in diesem Buch würde durchaus »der
ganze Christus« und die wahre »Wirklichkeit der Erlösung« wieder
den Menschen von heute in neuer Weise vor Augen gestellt? Und ist
denn die Diskussion in anderen Ländern von den Vereinigten Staaten
bis Spanien und von Irland bis Brasilien nicht ganz anders konstruktiv
geführt worden als in Deutschland, wo in der Diskussion der Theologen so viele nichttheologische Faktoren mitspielen?

Wenn ich es so direkt, aber auch unmißverständlich sagen darf: Nicht
ich allein halte mein Buch für ganz und gar katholisch, wie ich ja auch
meine Theologie immer ganz und gar inmitten der katholischen
Glaubensgemeinschaft getrieben habe. Aber selbst wenn »Christ
sein« in einzelnen Punkten die katholische Wahrheit mehr als andere
theologische Bücher oder kirchenamtliche Dokumente tatsächlich
»verkürzte«: wäre es nicht doch besser, wie schließlich bei anderen
katholischen Theologen (und auch selbst bei offiziellen Lehrdoku-
menten), das Unvollkommene um des Hilfreichen willen wohlwol-
lend – und in gegenseitiger brüderlicher Kritik – hinzunehmen? Wäre
es nicht besser, statt sich immer nur von der »Beunruhigung« einiger

traditionalistischer Katholiken beunruhigen zu lassen, sich mehr von der Zustimmung vieler kritischer Menschen in und außerhalb der katholischen Kirche ermutigen zu lassen, die in »Christ sein« eine hilfreiche Antwort gefunden haben?

Und durfte man von den Bischöfen statt nur wiederholter dogmatischer Erklärungen nicht auch einmal eine selbstkritisch-konstruktive Stellungnahme zu den bisher immer nur abgewehrten Reformforderungen erwarten: Revision von »Humanae vitae«, Anerkennung der Gültigkeit der protestantischen Ämter und Abendmahlsfeiern, Interkommunion, gemeinsamer Kirchenbau, ökumenischer Religionsunterricht, Priestermangel und Zölibat...?

Das unbewältigte Problem aller bischöflichen Erklärungen und Aktionen ist das Verhältnis von Theologie und kirchlichem Lehramt. Theologen sollen gewiß nicht Bischöfe spielen wollen und der Kirchenleitung hineinregieren, wo sie nicht kompetent sind. Aber umgekehrt sollten Bischöfe auch nicht Theologen spielen wollen, selbst wenn sie es einmal waren, aber eben heute doch nicht mehr sind. Sie sollten nicht meinen, komplexe theologische Fragen, die seit Jahrhunderten Exegese wie Dogmatik in Atem halten und im Laufe der Zeit recht verschieden angegangen wurden, mit simplifizierenden Fragen und simplen Bekenntnissen lösen zu können. So unverzichtbar Glaubensbekenntnisse in verschiedenen Situationen auch sind: das kann doch nicht heißen, Theologen müßten auf allzu einfache Katechismusfragen auch ebenso einfache Antworten liefern, wenn sie als Theologen gefragt sind. An Antworten, konstruktiven Antworten, fehlt es in meinen Büchern wahrhaftig nicht, und wenn ich nicht auf jede mir lehramtlich gestellte Frage prompt wie ein Musterschüler antworte, so deshalb, weil mir diese inquisitorische Methode für einen Professor der Theologie – und wahrhaftig nicht nur für ihn! – unwürdig erscheint. Professor Josef Blank hält es zu Recht für »eine schlechte Sache gegenüber dem Dienst an der christlichen Wahrheit (der Wahrheit Jesu Christi), wenn man solchen Dienst noch immer primär mit dem Festhalten und Verteidigen dogmatischer Formeln gleichsetzt und vom Theologen verlangt, daß er sich zu einem solchen ›Formelkatalog‹ bekennt. Dies ist eine ungebührliche Simplifizierung der geistigen Arbeit, ebenso wie eine Mißachtung des theologischen Wahrheitsgewissens. – Gerade ein Theologe, dem das öffentliche Ansehen der Kirche am Herzen liegt, kann, um des zu vertretenden Wahrheitsanspruches willen, sich heute nicht mehr den Anschein geben, daß er seine theologischen Aussagen auf amtskirchlichen Befehl hin vertritt, anstatt aus einer freien, gläubigen und wissenschaftlichen Überzeugung heraus. Er muß nicht nur seinen Konsens, sondern auch seinen Dissens, seine Kritik, frei und ehrlich formulieren können.«

Im Interesse der gegenseitigen Verständigung soll hier nochmals deutlich bejaht werden, was schon in »Christ sein« und erneut wieder in »Existiert Gott?« zum Ausdruck gebracht wird: daß ich mich zur Gottessohnschaft Jesu und auch zum »wahrhaft Gott und wahrhaft Mensch« des Konzils von Chalkedon bekenne, daß mir aber zugleich alles darauf ankommt, daß man dies richtig versteht. Sind nicht auch in der Deutschen Bischofskonferenz die exegetischen, dogmenhistorischen, philosophischen und theologischen Schwierigkeiten in dieser Frage bekannt, die ich ja nun einmal nicht selber erfunden habe? Zum Beispiel:

1. daß Jesus selber nach dem Konsens heutiger wissenschaftlicher Exegese sich selbst nicht als den »ewigen, unerschaffenen, göttlichen Sohn Gottes« verkündet hat;

2. daß auch die ersten jüdischen Glaubenden nicht so von Jesus als dem Gottessohn gesprochen haben und doch nicht weniger Christen waren als die Väter der späteren Konzilien;

3. daß die Aussagen der Konzilien von Nikaia und Chalkedon in ihrer hellenistischen Terminologie und Vorstellungsweise zeitgebunden waren und daß solche lehramtlichen Aussagen selbst nach der neuesten Erklärung der römischen Glaubenskongregation »Mysterium Ecclesiae« situationsabhängig, unvollkommen, verbesserungsfähig, ergänzbar, mitunter ersetzbar sind;

4. daß zahllose gutwillig denkende Menschen heute – und an sie wende ich mich – mit den traditionellen Aussagen bezüglich des »ewigen, unerschaffenen, göttlichen Sohnes Gottes« echte Glaubensschwierigkeiten haben und für jede weiterhelfende Erklärung höchst dankbar wären.

Vor weiterem Horizont noch als in »Christ sein« wird man in »Existiert Gott?« dargelegt finden, was die Auffassung vieler evangelischer und katholischer Theologen ist:

1. Die christologischen Probleme können nur im Rahmen einer umfassenden Neubesinnung auf den ursprünglichen Glauben der Christenheit vor dem gesamten neuzeitlichen Horizont geklärt werden, wobei eine Neuinterpretation des Verhältnisses von Vernunft und Glaube und ein neuzeitliches Gottesverständnis Voraussetzung sein müssen.

2. Auch die Vorstellung von Jesus als dem Gottessohn ist nach dem breiten Konsens heutiger Forschung nicht unmittelbar vom Himmel gefallen, sondern ist eine – berechtigte – nachösterliche Bezeichnung für den Auferstandenen, die schon in den neutestamentlichen Gemeinden selber eine beträchtliche inhaltliche Entwicklung durchgemacht hat.

3. Die aus Juden bestehende Urgemeinde hat die Gottessohnschaft vom Alten Testament her durchaus sachgemäß verstanden als Rechts- und Machtstellung des zum Leben Erweckten und zu Gott Erhöhten (»Heute habe ich dich gezeugt«); unter hellenistischem Einfluß aber wurde eine naturhafte ewige Zeugung aus dem Schoß des Vaters in den Vordergrund gerückt.

4. Die Einheit von Vater und Sohn ist von Anfang an als eine Offenbarungseinheit (»Wer den Sohn sieht, sieht den Vater«) verstanden worden und nicht wie später zunehmend als eine von vornherein gegebene naturhaft-metaphysische Einheit.

5. Die ewige Vorausexistenz des Gottessohnes (Präexistenz) braucht auch nach der Auffassung anderer katholischer Theologen nicht im wörtlichen Sinne temporal verstanden zu werden (diese Frage wird zur Zeit im Institut für ökumenische Forschung untersucht).

6. Die Mitte der Schrift sind nach heute allgemeiner Überzeugung der katholischen wie evangelischen Exegese nicht Präexistenz, Menschwerdung und übernatürliche Geburt, sondern Kreuz und Auferweckung Jesu Christi.

7. Auf Grund des neutestamentlichen Befundes läßt sich die Gottessohnschaft (»vere Deus«) heute in aller Behutsamkeit so aussagen: Der wahre Mensch Jesus von Nazaret ist wahrhaft für die Glaubenden des einen wahren Gottes wirkliche Offenbarung, sein Wort, sein Sohn.

Nach all dem dürfte deutlich geworden sein: Ich bin jederzeit bereit, mich zum Glauben der alten Kirche zu bekennen. Auch ich kann sagen: Credo in Filium Dei unigenitum! Aber ich bin nicht bereit, durch eine bequeme, rein formale Repetition traditioneller Formeln dazu beizutragen, daß die nicht von mir erfundene, sondern vom Neuen Testament her gegebene Sachproblematik verschleiert statt geklärt werde; daß einmal mehr zentrale Glaubensprobleme des heutigen Menschen von der Hierarchie einfachhin nicht zur Kenntnis genommen werden; daß einmal mehr statt ein erwachsener Christenglaube verkündigt, ein unmündiger Buchstabenglaube gefördert wird. Die

Menschen von heute mit all ihren Zweifeln und Hoffnungen erwarten von den Theologen *und* von den Bischöfen nicht die simple Wiederholung der Glaubensbekenntnisse, sondern deren Deutung für heute, verantwortet vor dem ursprünglichen christlichen Zeugnis des Neuen Testaments. Diesen Menschen fühlt sich das Buch »Christ sein« verpflichtet, und ich werde den Verdacht nicht los, daß die Lehre vom »unerschaffenen, ewigen, göttlichen Sohn Gottes« diesen Menschen nach der bischöflichen Erklärung so unverständlich bleibt wie zuvor.

Warum also hier nicht in einen fairen theologischen Wettstreit eintreten: nicht wer die alten Formeln besser wiederholen, sondern wer die alte christliche Wahrheit besser verständlich machen kann? Oder hat man in der Deutschen Bischofskonferenz ganz vergessen, was Johannes XXIII. gesagt hat über die Substanz des Glaubens, die bleiben, und das Kleid der Formulierung, das sich ändern kann; über die Nutzlosigkeit, traditionelle Glaubensaussagen, die uns wohlbekannt sind, einfach zu repetieren; über die Notwendigkeit für das Lehramt heute, in einer pastoralen, seelsorglichen Perspektive zu reden, in einer Sprache und Begrifflichkeit, die die Menschen auch wirklich verstehen?

Selbstverständlich soll es nicht um eine oberflächliche Anpassung an modernes, ja modisches Bewußtsein, eine falsch verstandene Plausibilität gehen. Die Fragen sind ernst und sollen auch ernsthaft untersucht werden. Ich meinerseits habe versucht, im Buch »Existiert Gott? Antwort auf die Gottesfrage der Neuzeit«, dessen Erscheinen die Bischofskonferenz aus mir unbegreiflichen Gründen nicht abwarten wollte, meine Antworten zu klären, zu präzisieren und zu vertiefen. Aber auch diese Antworten sollten nicht als fertige Antworten verstanden werden. Vielmehr erwarte ich konstruktive Beiträge gerade von meinen theologischen Kontrahenten. Von der Deutschen Bischofskonferenz aber darf ich erwarten, daß sie dieses Buch, das den heutigen Menschen die Wirklichkeit Gottes wieder nahebringen möchte, mit mehr Verständnis und Sympathie aufnimmt als meine früheren Bücher. Und daß sie nicht mit erneuten »Erklärungen« die Menschen, denen das Buch helfen will, verwirrt und verunsichert und so die Polarisierung fördert. Meine weiteren Vorschläge sind der Deutschen Bischofskonferenz bekannt. Sie sollten nicht mit moralischer Entrüstung oder unter Vorwänden wie, bestimmte Glaubensaussagen seien von vornherein klar, abgewehrt werden:

1. Studienprojekte zu wichtigen umstrittenen Fragen, an denen alle Richtungen innerhalb der deutschen katholischen Theologie (und

wenn möglich auch Vertreter der evangelischen Theologie) beteiligt sein sollen;

2. Studientagungen mit den bestausgewiesenen Fachleuten (mehr Exegeten und praktische Theologen!), sie seien welcher Tendenz auch immer;

3. unparteiische Zusammensetzung der deutschen Glaubenskommission, so daß nicht mehr bestimmte Richtungen ausgeschlossen bleiben.

Konflikte sind gewiß auch in der Kirche unvermeidlich; sie zeugen von Leben und sind der Friedhofsruhe totalitärer Systeme in jedem Fall vorzuziehen. Konflikte müssen durchgestanden, nein, fruchtbar verarbeitet werden. Keine Gruppe darf die andere einfach überspielen. In der Glaubensgemeinschaft haben sowohl der Leitungsdienst der Bischöfe und Pfarrer (Leadership) wie der Lehrdienst der Theologen (Scholarship) ihre je eigene Aufgabe, Funktion, Kompetenz, Berufung. Dem Wohl der gesamten Glaubensgemeinschaft und dem der Einzelnen hilft nicht das Sich-Durchsetzen der einen Gruppe auf Kosten der anderen, hilft weder eine Hierarchenkirche noch eine Professorenkirche, hilft nur das spannungsreiche Miteinander im Dienst an der gemeinsamen christlichen Sache. Oder kommen wir etwa nicht vom selben Evangelium Christi her, dessen Verkündigung wir auf je besondere Weise zu dienen haben, sei es durch Leitung (wozu vorzüglich Predigt und Sakramentenverwaltung gehören), sei es durch Forschung und Lehre? Und sind wir nicht für die gleichen Menschen da, die heute wieder neu auf die Bedeutung der ethisch-religiösen Dimension im Leben des Einzelnen wie der Gesellschaft aufzumerken beginnen und die von uns gerade jetzt nicht ein Gegeneinander, sondern ein Miteinander erwarten?

Deshalb mein ehrlicher Appell an die Bischöfe: Laßt uns endlich aufhören mit dem überflüssigen Streit um Orthodoxie und »Verkürzung« christlicher Wahrheit. Laßt uns aufhören mit geheimen Verhandlungen, endlosen Korrespondenzen, inquisitorischen Befragungen, obrigkeitlichen Verhören, öffentlichen Aburteilungen. Laßt uns das Mißtrauen abbauen, die Polarisierungen überwinden und die Gegensätze fair austragen. Laßt uns wieder zusammenarbeiten an der wahren Front, an der wir gemeinsam stehen, um den Herausforderungen der Zeit zu begegnen und den Menschen in ihren individuellen und sozialen Problemen eine echte Hilfe zu sein: um die Einheit der noch immer getrennten Kirchen voranzubringen und den Menschen in unserem Lande wieder neu »Rechenschaft zu geben über die Hoffnung, die in uns ist«. Laßt uns endlich gemeinsam an die sehr konkreten Aufgaben in Kirche und Gesellschaft gehen, deren Bewältigung die Menschen von heute von uns erwarten. Beenden wir den Streit! Wir haben Wichtigeres zu tun!

Quelle: Um nichts als die Wahrheit. Deutsche Bischofskonferenz contra Hans Küng. Eine Dokumentation herausgegeben und eingeleitet von Walter Jens, München 1978, 374–389

1.2 Hans Küng: Brief an Bischof Moser (10. Februar 1978)

PROFESSOR DR. HANS KÜNG   Tübingen, 10. Februar 1978

Herrn
Bischof Dr. Georg Moser

Sehr verehrter, lieber Herr Bischof,
wie ich Ihnen schon frühzeitig beim letzten Zusammensein von Ordinariat und Fakultät ankündigte, wird nun heute die von Walter Jens herausgegebene Dokumentation zum Streit zwischen der Deutschen Bischofskonferenz und mir erscheinen. Meine Motivation zu diesem Schritt finden Sie im beiliegenden Brief an Kardinal Höffner sowie in meinem »Appell zur Verständigung« dargelegt.
Sie wissen, daß ich das Vorgehen der Bischöfe in Sachen »Christ sein« zumal in seiner letzten Phase nicht verstehen konnte; mit mir waren viele auch in unserem Bistum vom Vorgehen der Bischöfe aus theologischen wie pastoralen Gründen enttäuscht. Sie wissen auch, daß ich Ihrer eigenen schwierigen Situation in der Konferenz stets Verständnis entgegengebracht habe und auf Ihre Vermittlungsbemühungen konstruktiv eingegangen bin. Ich bitte Sie nun aber auch meinerseits um Verständnis dafür, daß ich hier so zu handeln gezwungen war: Meine Aktion ist nicht mehr und nicht weniger als eine Reaktion, die ich gerne vermieden hätte.
Ich habe meinen »Appell« in dem Geiste verfaßt, mit dem Sie auch Ihre Stellungnahme in der Dekanenkonferenz vom 17. November 1977 abgeschlossen haben. Auch ich bekenne mich trotz aller mich oft sehr belastenden Schwierigkeiten zum »entschlossenen Zusammenstehen um der lebendigen Kirche willen«. Ich bitte Sie herzlich,

um der fairen Information unseres Bistums willen nun auch meinen »Appell zur Verständigung« denen zukommen zu lassen, die die Erklärung der Bischofskonferenz zugeschickt bekamen. Ich lege Ihnen eine Kopie meines Textes zur Vervielfältigung bei.

Freundliche Grüße sendet Ihnen   Ihr
                                                              Hans Küng

Quelle: Dokumentation des Sekretariats der Deutschen Bischofskonferenz

1.3 Hans Küng: Brief an Kardinal Höffner (10. Februar 1978)

Dieser wichtige Brief wurde in der Dokumentation der Deutschen Bischofskonferenz nicht abgedruckt.

PROFESSOR DR. HANS KÜNG   Tübingen, 10. Februar 1978

Herrn
Kardinal Dr. Joseph Höffner
Vorsitzender der Deutschen Bischofskonferenz

Sehr geehrter Herr Kardinal,
Am Montag, dem 13. Februar, erscheint eine vom Piper-Verlag initiierte und von Walter Jens herausgegebene Dokumentation zum Streit zwischen der Deutschen Bischofskonferenz und mir: »Um nichts als die Wahrheit. Deutsche Bischofskonferenz contra Hans Küng.« Ich möchte Sie mit diesem Brief davon in Kenntnis setzen. Gleichzeitig ist es mir ein Anliegen, Ihnen dazu eine Erläuterung zu geben.
Ich bedaure sehr, daß durch die einseitige Veröffentlichung einer bischöflichen Dokumentation eine solche Reaktion notwendig wurde. Erst unmittelbar vor der Veröffentlichung hatte mir der Sekretär der Bischofskonferenz Dr. Homeyer telefonisch mitgeteilt, daß man meine persönlichen Briefe an die Vorsitzenden der Bischofskonferenz mit dieser Dokumentation der Öffentlichkeit übergeben werde. Ich protestierte sogleich energisch gegen solch mißbräuchliche Verwendung meiner Briefe. Nicht weil diese das Licht des Tages zu scheuen hätten, sondern weil sie ohne meine Zustimmung in tendenziöser Auswahl und mit tendenziösem Kommentar publiziert werden

sollten. Dr. Homeyer versprach mir, Sie als den Vorsitzenden der Deutschen Bischofskonferenz von diesem meinem Einspruch zu verständigen. Trotzdem ließen Sie die Veröffentlichung geschehen. Ich habe dies als einen schweren Vertrauensbruch empfunden, der mich dazu veranlaßt, meinerseits einer umfassenden Information der Öffentlichkeit zuzustimmen und die notwendigen Materialien zur Verfügung zu stellen.

Es war für mich selbstverständlich, daß auch die offiziellen kirchlichen Stellungnahmen zur Information der Leser in vollem Wortlaut abgedruckt werden sollten. Eine umfassende Information schließt aber auch das Stuttgarter Gespräch mit ein, für das ich unter diesen Umständen die Vertraulichkeit, die Sie mir noch in der Dokumentation öffentlich zusichern, nicht mehr in Anspruch nehme. Ich ging, wie Sie wissen, bei diesem Gespräch davon aus, daß es sich nicht um ein Gespräch im Hinblick auf ein Lehrbeanstandungsverfahren handle und »daß ein über ein solches Gespräch geführtes Protokoll in keiner Weise gegen mich verwendet wird« (Brief vom 19. Oktober 1976), was Sie mir, sehr geehrter Herr Kardinal, in Ihrem Brief vom 9. Dezember 1976 in Aussicht stellten. Trotz dieser Zusicherungen aber ist das Gespräch später – im Zusammenhang sowohl der zweiten wie der dritten öffentlichen Erklärung der Deutschen Bischofskonferenz zu »Christ sein« – gegen mich verwendet und als Argument für die lehramtliche Beanstandung benutzt worden.

Nachdem so die Deutsche Bischofskonferenz sowohl durch die Verwendung des Gesprächsprotokolls gegen mich wie auch durch die Veröffentlichung meiner persönlichen Briefe die erwartete Vertraulichkeit gebrochen hat, macht sie meine öffentliche Verteidigung unabdingbar. Denn nur bei voller Kenntnis dieses Gesprächs und des vorausgegangenen wie des folgenden Briefwechsels ist es der Öffentlichkeit möglich, die späteren Beanstandungen der Bischofskonferenz und überhaupt die gesamte Entwicklung der Auseinandersetzung sachlich zu beurteilen.

Mir liegt aber, sehr geehrter Herr Kardinal, ausdrücklich daran festzustellen, daß ich von mir aus keine Eskalation in dieser Angelegenheit betrieben habe, noch sie für die Zukunft betreiben möchte und ich auch nicht hoffe, daß sie mir aufgezwungen wird. Mir liegt vielmehr daran, daß Bischöfe und Theologen bei aller gegenseitig notwendigen, sachlichen Kritik sich nicht mehr weiter öffentlich persönlich befehden, sondern im Interesse der Menschen heute ihren Dienst an der Verkündigung des Evangeliums versehen. In diesem Geist habe ich mein Schlußwort zur Dokumentation als einen »Appell zur Verständigung« geschrieben. Ich wäre dankbar, wenn er von seiten der Bischöfe so ernst genommen würde, wie er von mir gemeint ist.

Darüber hinaus dürfte das in ungefähr einem Monat erscheinende Buch »Existiert Gott? Antwort auf die Gottesfrage der Neuzeit« deutlich zeigen, worauf es mir in Theologie und Kirche positiv ankommt. Ich verstehe dieses Buch, das Sie leider nicht abgewartet haben, wie auch schon »Christ sein« als einen nicht geringen Dienst an der christlichen Sache, die wir gemeinsam zu vertreten haben. Zugleich geben meine engsten Mitarbeiter Dr. Hermann Häring und Dr. Karl-Josef Kuschel ein kleineres Buch heraus mit dem Titel »Hans Küng. Weg und Werk«, das ebenfalls eine konstruktive Funktion hat: Es soll einen Überblick über meine bisherige theologische und kirchliche Tätigkeit geben, soll Vorurteile abbauen und um Vertrauen für meine Arbeit werben. Was die umstrittenen dogmatischen Fragen insbesondere zur Gottessohnschaft angeht, wird man mir nach dieser Veröffentlichung nicht mehr vorwerfen können, daß ich die Einwände der Bischöfe nicht ernst nehme: Ich habe sowohl in der Dokumentation wie in »Existiert Gott?« wie in »Weg und Werk« wie schließlich in einem Radiovortrag im Bereich des gegenwärtig Möglichen alles getan, um diese Frage zu vertiefen und zu klären. Mehr wird man von einem Theologen billigerweise nicht erwarten dürfen.

Zum Schluß darf ich meinen öffentlichen Appell zur Verständigung auch an Sie persönlich richten. Ich bitte Sie, sehr geehrter Herr Kardinal, alles dafür zu tun, daß der katholischen Kirche in Deutschland solche Auseinandersetzungen in Zukunft erspart bleiben und eine Zusammenarbeit in gegenseitiger kritischer Loyalität möglich wird.

Mit freundlichen Grüßen
Ihr ergebener
Hans Küng

Kopien an die Teilnehmer des Stuttgarter Gesprächs

1.4 Kardinal Höffner: Erklärung zu der Dokumentation von Walter Jens (16. Februar 1978)

1. Ich bedaure, daß Prof. Küng das Wortprotokoll des Stuttgarter Gesprächs veröffentlicht hat, über das ausdrücklich Vertraulichkeit vereinbart worden war.
2. Andererseits bietet auch diese Veröffentlichung jedem die Möglichkeit, sich selbst ein Urteil zu bilden. Die Frage, ob es sich dabei um ein Verhör oder um ein Gespräch gehandelt hat, beantwortet sich von selbst.
3. Das Vorwort von Prof. Jens dient nicht der Verständigung. Es verstärkt die Vorurteile und heizt Emotionen auf.
Auch das Nachwort von Prof. Küng ist durch seine selbstherrliche Sprache und schulmeisterliche Tonart eher dazu geeignet, neue Gräben aufzureißen als gegenseitigen Respekt zu fördern. Der Verständigungsappell im Schlußabsatz wirkt nach dem vorher Gesagten unglaubwürdig.
4. Es ist peinlich, wenn in Vorwort und Nachwort versucht wird, die Haltung der Deutschen Bischofskonferenz unter Kardinal Döpfner und unter Kardinal Höffner gegeneinander auszuspielen. Kardinal Döpfner war tief enttäuscht, daß Prof. Küng nicht bereit war, einen Schritt entgegenzukommen. Verwiesen sei in diesem Zusammenhang u. a. auf die Briefe vom 26. Juni 1974 und vom 24. Juni 1976, die in dem Buch auf den Seiten 115 und 208 abgedruckt sind.
5. Im übrigen ist die von Prof. Jens vorgelegte Dokumentation nicht vollständig. Sie beginnt erst 1973, obwohl bereits in den Jahren davor ein Schriftwechsel zwischen Prof. Küng und der Glaubenskongregation stattgefunden hat. Jens hat zwar die »Erklärung der Theologen für die Freiheit der Theologie« aus dem Jahre 1968 in die Dokumentation aufgenommen, nicht aber die anderen Dokumente aus dieser Zeit.
6. Es stehen in dieser Angelegenheit nicht theologische Wissenschaft und Bischöfe einander gegenüber, denn neben der Deutschen Bischofskonferenz hat auch eine große Zahl namhafter Theologen grundsätzliche Kritik an Küngs Buch »Christ sein« geübt.
7. Bei genauer Durchsicht der von der Deutschen Bischofskonferenz und der von Walter Jens vorgelegten Dokumentation wird man feststellen können, daß in der Dokumentation der Deutschen Bischofskonferenz nichts verfälscht wurde. Es wurden nach Rückfrage bei Prof. Küng lediglich Briefe ausgelassen, die – da an Kar-

dinal Döpfner und nicht an den Vorsitzenden der Deutschen Bischofskonferenz gerichtet – als persönlich hätten angesehen werden können, sowie Briefe, von denen Dritte betroffen waren. Die Deutsche Bischofskonferenz hat nicht den Anspruch erhoben, eine vollständige Dokumentation vorzulegen.

Der Eindruck, den der Verlag in seiner Ankündigung zu erwecken versucht, erst durch die Dokumentation von Walter Jens könne man sich umfassend informieren, ist also irreführend.

Quelle: Dokumentation des Sekretariats der Deutschen Bischofskonferenz

1.5 Kardinal Höffner: Brief an Hans Küng (22. Februar 1978)

DER VORSITZENDE   Bonn, 22. Februar 1978
DER DEUTSCHEN BISCHOFSKONFERENZ

                                                   V 2398/78

Herrn Professor
DDr. Hans Küng

Sehr geehrter Herr Professor Küng,
Ihren Brief vom 10. Februar d. J. habe ich erhalten.
Mit dem besten Willen konnte ich Ihre Erläuterung zu der von Walter Jens herausgegebenen Dokumentation nicht als hilfreich erkennen. In der Pressekonferenz im Anschluß an die Frühjahrs-Vollversammlung der Deutschen Bischofskonferenz wurde ich von Journalisten nach meiner Meinung zu dieser Dokumentation gefragt. Ich erlaube mir, Ihnen meine Antwort in der Anlage beizufügen.
Eine Verständigung kann kaum durch öffentliche Appelle, wohl aber durch Ihr positives Eingehen auf die wiederholten Fragen und Mahnungen seitens der Deutschen Bischofskonferenz erreicht werden.

Mit freundlichen Grüßen
Ihr
+ *Jos. Card. Höffner*

Anlage
Kopie an Herrn Bischof Moser
Kopie an Herrn Kardinal Volk

40

1.6 Hans Küng: Der Sohn Gottes (März 1978)

Im März 1978 veröffentlicht Hans Küng sein Buch »Existiert Gott?
Antwort auf die Gottesfrage der Neuzeit«. (Auch dieses Buch wurde
zum Bestseller und wurde in viele Sprachen übersetzt.) Mit Datum vom
19. März 1978 schickt Hans Küng das Buch an Bischof Georg Moser
und Kardinal Joseph Höffner mit folgender handschriftlicher Wid-
mung: »Für Bischof Georg Moser (bzw. Kardinal Höffner) in der
Hoffnung, daß mein Appell an die Bischöfe gehört wird.« Dieses Buch
enthält die den Bischöfen verschiedentlich in Aussicht gestellte Klärung
Küngs bezüglich der Gottessohnschaft Jesu. Im Folgenden wird des-
halb der Abschnitt »Der Sohn Gottes« aus diesem Buch abgedruckt.
Darin versucht Hans Küng, »in angemessener Weise zur Klärung der
besprochenen Fragen beizutragen« (Gemeinsames Pressekommuni-
qué nach dem Stuttgarter Gespräch vom 14. Januar 1977; vgl. »Um
nichts als die Wahrheit«, S. 313).

Durch Jesus von Nazaret – das ist unbestreitbar – wurde den Menschen diese große Hoffnung geschenkt. Und ist es da verwunderlich,
daß diese Glaubenserfahrungen, Glaubensberufungen, Glaubenser-
kenntnisse um den lebendigen Jesus Auswirkungen hatten auf das,
was die Christen von ihm glaubten? Eines stand fest: Von Jesus her
konnte Gott ganz anders verstanden werden, wurde offenbar, wer
Gott ist, zeigte Gott sein wahres Gesicht. Und dies wird nun immer
deutlicher: Von Gott her kann jetzt auch Jesus ganz anders verstanden werden. Jesus deutete in seinem ganzen Verkündigen und Verhalten Gott. Aber mußte dann von diesem anders verkündigten Gott
her nicht auch Jesus in einem ganz anderen Licht erscheinen? In der
Tat: Die eigentümlich neue Verkündigung und Anrede Gottes als des
Vaters warf ihr Licht zurück auf den, der ihn so eigentümlich neu verkündete und anredete. Und wie man schon damals von Jesus nicht
sprechen konnte, ohne von diesem Gott und Vater zu sprechen, so
war es in der Folge schwierig, von diesem Gott und Vater zu sprechen, ohne von Jesus zu sprechen. Das heißt: Wie man mit Jesus um-
geht, entscheidet darüber, wie man zu Gott steht, wofür man Gott
hält, welchen Gott man hat.
Das ist die christologische Frage: das *Verhältnis Jesu zu Gott.* Hier erreicht die Gottesfrage ihre letzte Tiefe. Die letzte Tiefe? Haben nicht
gerade hier besonders viele Menschen heute Schwierigkeiten? Jesus?
Ja! Gott? Nun gut! Aber Gottes Sohn? Sind das nicht alles mythologi-

sche Vorstellungen, für das moderne Denken schlechterdings nicht mehr nachvollziehbar? Fürchten die einen die Wiederholung der alten Bekenntnisformeln, die sie nicht mehr verstehen, so die anderen die Abschaffung jener Formeln, an die sie immer geglaubt haben. In »Christ sein« habe ich nach Kräften versucht, beiden Seiten zu helfen und – im Bewußtsein eigener Fehlbarkeit – die alten Formeln im Lichte der ursprünglichen christlichen Botschaft neu verständlich zu machen; im allgemeinen hat man dieses Bemühen dankbar anerkannt[1]. Aus demselben Bemühen heraus sollen hier einige wichtige Punkte zur christologischen Problematik im Zusammenhang der Gottesfrage zusammengefaßt werden.

Zwar ist es nicht so, daß die offizielle Kirche – anders die populäre Verkündigung und Frömmigkeit – Jesus je an Gottes Stelle gesetzt und so Gott praktisch aufgelöst hätte, wie Ernst Bloch – der hier seine eigenen Interessen verfolgt – übertreibt. Gerade die orthodoxe Trinitätslehre hat nie Gott und Jesus einfach identifiziert; gerade sie hielt am Realunterschied von Gott und Jesus fest. Daß die frühe Christenheit jedoch den auferweckten Jesus an Gottes Seite sah – »sitzend zur Rechten des Vaters« –, das hatte durchaus ernsthafte Gründe. Denn nach alter orientalischer Sitte ist der, der zur Rechten des Königs sitzt oder steht, sein Sohn oder Stellvertreter. Und genau als dieser erschien er jetzt seiner Gemeinde: er, der schon zu seinen Lebzeiten aus einer letztlich unerklärlichen Gotteserfahrung, Gottesgegenwart, Gottesgewißheit, ja Einheit mit Gott, seinem Vater, heraus geredet und gehandelt hatte und der jetzt zu Gott »erhöht« ist. Mit ihm, der sich mit Gott bis in den Tod hinein identifiziert hatte, hat sich Gott nun seinerseits im neuen Leben identifiziert.

Jesus selbst hatte – diese Auffassung hat sich bei den führenden Neutestamentlern sehr weit durchgesetzt – wohl keine *messianischen Hoheitstitel* für sich gebraucht, sieht man von dem vieldeutigen Menschensohn-Titel einmal ab. Doch war die Anwendung dieser Titel auf Jesus in dessen irdischem Verkündigen und Handeln angelegt. Und jetzt, nach der Erfahrung, dem Widerfahrnis seiner Auferweckung, war der Gemeinde tatsächlich kein Titel zu hoch, als daß sie ihn seiner nicht würdig erachtet hätte: Menschensohn, Herr, Messias, Christus, Davidssohn, Gottesknecht, Heiland, Gottessohn, Gotteswort – über 50 verschiedene Namen werden für ihn im Neuen Testament gebraucht. Die Entscheidung für oder gegen das Gottesreich, zu der er in seinem irdischen Leben herausgefordert hatte, wurde nun zu einer Entscheidung für oder gegen den, der ins Gottesreich bereits eingegangen war und es verkörperte. Aus dem zum Glauben Rufenden wurde der Inhalt des Glaubens, aus dem Evangelium Jesu das Evangelium von Jesus als dem Christus. Man glaubte nun nicht nur wie er, man glaubte an ihn. Er, mit seiner Verkündigung, seinem Verhalten und seinem ganzen Geschick, wurde der Maßgebende für die an ihn Glaubenden, für ihre Beziehungen zu den Mitmenschen, zur Gesellschaft und vor allem zu Gott.

Einige dieser Titel traten im Laufe der Zeit, als man das Christusbekenntnis theologisch reflektiert auszugestalten begann, wieder zurück. Sie waren nicht mehr verständlich, wie der in den Evangelien weitverbreitete, aber in den Glaubensbekenntnissen nicht gebrauchte Titel »Menschensohn«. Andere Titel traten hervor und weiteten sich in ihrer Bedeutung aus. Der jüdische Titel »Messias« (Gesalbter) etwa, übersetzt durch das griechische »Christós«, wuchs sogar mit dem Namen Jesus zusammen und wurde zu einem unverwechselbaren Eigennamen: »Jesus Christus«. Rund 500mal wird »Christus« im Neuen Testament für Jesus gebraucht.

So gab es denn schon im Neuen Testament selbst trotz des einen Jesus und des einen Christusglaubens sehr verschiedene Christustitel, Christusbilder, Christologien. »Gottessohn« zeigte dabei eine Dynamik, die keinem anderen Titel eigen war. Dabei war dieser Titel ja durchaus keine originäre Erfindung der christlichen Gemeinde. Wir hatten gehört: Schon im Alten Testament wurde das Volk Israel »Sohn Gottes« genannt und vor allem Israels König, der bei seiner Thronbesteigung zum »Sohn Jahwes« eingesetzt wird. Dieser Titel wird nun auf Jesus angewendet: Durch Auferweckung und Erhöhung wird er, Jesus von Nazaret – wie es in einem der ältesten, vorpaulinischen Glaubensbekenntnisse zur Einleitung des Römerbriefs heißt –, »eingesetzt zum Sohn Gottes in Macht«[2] oder, in Aufnahme des schon zitierten Thronbesteigungspsalmes, am Ostertag »gezeugt«[3]. Hier ist ohne Frage keine Abkunft, sondern eine Rechts- und Machtstellung Jesu gemeint, nicht eine physische Sohnschaft wie bei heidnischen Göttersöhnen und Heroen, sondern eine Erwählung und Bevollmächtigung durch Gott.

Mehr als andere Titel machte »Gottessohn« für die Menschen damals deutlich, wie sehr der Mensch Jesus von Nazaret zu Gott gehört, wie sehr er an Gottes Seite steht: nicht mehr in der Gemeinde, in der Welt, sondern nun der Gemeinde und der Welt gegenüber, untertan nur dem Vater und sonst niemandem. Als der endgültig zu Gott Erhöhte ist er jetzt im definitiven und umfassenden Sinn – »ein für allemal«, unüberholbar, unüberbietbar – gegenüber den Menschen Gottes Beauftragter, Bevollmächtigter, Anwalt, Sprecher, Sachwalter, auch Botschafter, Treuhänder, Vertrauter, Freund, ja Repräsentant, Platzhalter, Stellvertreter Gottes[4]. Der Titel sind viele. Und dies alles schwingt mit, wenn wir den von Haus aus äußerst vielfältigen Gottessohn-Titel gebrauchen. Dies alles kommt auch in anders gefärbten neutestamentlichen Aussagen zum Ausdruck: Jesus ist der Erlöser und Versöhner, der einzige Mittler und Hohepriester des Neuen Bundes zwischen Gott und den Menschen, ja, er ist der Weg, die Wahrheit und das Leben.

Bei diesen Überlegungen nun war die Frage unvermeidbar: Ist denn der Auferweckte nicht auch der Irdische? Wenn aber der Auferweckte der Irdische ist, muß dann nicht schon im Irdischen verborgen gewesen sein, was im Auferweckten offenliegt? Ja, muß – wenn nicht nur der Auferweckte bei Gott ist, sondern schon der Irdische von Gott kam, in Gott seinen Ursprung hatte – nicht dieser Irdische schon immer bei Gott gewesen sein: als sein Sohn? Schon vor seiner Taufe, schon vor seiner Geburt? In der Tat: In anderen neutestamentlichen Schriften wurde der Zeitpunkt der Einsetzung in die Gottessohnschaft vorverlegt: auf die Taufe als den Beginn seiner öffentlichen Tätigkeit[5] oder auf seine Geburt[6], ja schon vor der Geburt auf Gottes Ewigkeit[7]. Jesus Christus – nicht nur Gottes Sohn, sondern Gottes Sohn von Ewigkeit.

Was meint dieses *Gottes Sohn von Ewigkeit*? An anderer Stelle haben wir genau ausgeführt, was die ewige Vorausexistenz Jesu vom Neuen Testament her für uns heute bedeuten kann[8]. Hier nur soviel: Es war die Überzeugung der ersten Christengeneration.

• Was in und mit Jesus geschehen ist, erklärt sich für den, der sich auf ihn einläßt, nicht aus dem Lauf der menschlichen Geschichte allein; in seinem ersten Ursprung erklärt es sich nur vom ewigen Gott her.

• Es gibt von Ewigkeit keinen anderen Gott als den, der sich in Jesus manifestiert hat.

• Weil es keinen anderen Gott gibt als den in Jesus offenbaren, hat Jesus von diesem universalen Gott her selber eine universale Bedeutung.

• Jeder Mensch ist somit aufgerufen, im glaubenden Vertrauen die Welt und ihre Zeit in eine andere, ewige Dimension hinein zu übersteigen. In Jesus ergeht des ewigen Gottes Ruf an die Menschen! Darin liegt unverzichtbar auch für heute die einzigartige und maßgebende Bedeutung Jesu für das Gottesverständnis und das Verhältnis zu den Menschen.

Um dies zu präzisieren: »›Sendung des Sohnes‹«, so sagt der katholische Neutestamentler Wilhelm Thüsing in offensichtlicher Übereinstimmung mit Karl Rahner, und da wird man beiden wohl zustimmen müssen, »setzt nicht voraus, daß der zu Sendende als solcher vor der Sendung existiert hat, d. h. präexistent im temporalen Sinn gewesen ist. ›Sendung des Sohnes‹ kann m. E. im paulinischen und auch sonstigen neutestamentlichen Sinn durchaus die Erschaffung des Menschen Jesus implizieren[9]!« Nach Thüsing muß man sich fragen, »ob man die Chiffre ›Präexistenz‹ heute nicht anders übersetzen kann«; man werde nämlich »nicht daran vorbeikommen, den traditionellen Begriff der Präexistenz zu reflektieren und ihn auf seinen Wahrheitskern und seine Sicherungsfunktion hin zu überdenken«[10]. Mit Berufung auf den katholischen Bonner Dogmatiker Wilhelm Breuning bringt er die Präexistenz Jesu in Beziehung zur »Präexistenz« aller Menschen, die Gott schon vor Anbeginn der Welt in Christus erwählt und nach seinem Gnadenwillen vorherbestimmt hat: »Damit soll die singuläre Grundlage der Sendung des absoluten Heilsmittlers in Gott selbst keineswegs eingeebnet werden in die durch Gottes Vorherbestimmung und Erwählung gegebene ›Präexistenz‹ der zu rettenden ›Vielen‹[11].« Franz Mussner, ebenfalls katholischer Neutestamentler, der Thüsing zustimmend zitiert, folgert: »Die christologische Präexistenzlehre über den Menschen und Propheten Jesus von Nazareth verkündigt nichts anderes als das schon immer, ›seit Ewigkeit‹ vorhandene *Da-Sein-für* Jahwes, das sich definitiv in dem Menschen Jesus von Nazareth geoffenbart hat – ›offenbaren‹ dabei im strengsten Sinne des Wortes verstanden[12].« Freilich: In der Schultheologie, und nicht nur der katholischen, ist der Präexistenz-Gedanke oft falsch verstanden worden – und dies auch dann noch, als der exegetische Befund bereits neu erhoben war. Deshalb warnt der katholische Exeget Karl Hermann Schelkle hier unmißverständlich: »Eine Verkürzung der Christologie kann entstehen, wenn diese von der Präexistenz aus entwickelt wird, wie dies vielleicht weithin das allgemeine Glaubensbewußtsein, doch auch die Schuldogmatik zu tun versucht sein können. Die Christologie konzentriert sich dann auf die Inkarnation in der wunderbaren Geburt Christi. Die Offenbarungsbedeutung des geschichtlichen Weges Jesu tritt zurück. Die Auferstehung enthüllt die Bedeutung des Geburtsereignisses. Die eschatologische Erwartung der Wiederkunft und Vollendung wird unwesentlich[13].«

In der Tat, eine Verkürzung der Christologie ist sowohl hinsichtlich der Präexistenz-Vorstellung als auch hinsichtlich des Inkarnationsverständnisses zu vermeiden. Der Name und Begriff der *Inkarnation* (»in-carnatio«, »en-sarkosis«, »Fleisch-Werdung«, »Mensch-Werdung«) drängte sich vor allem vom Hymnus des Johannesprologs her mächtig auf. Hier allein findet sich im Neuen Testament jene Idee des von Ewigkeit bei Gott und als Gott in Gottes Wesenheit vorausexistierenden göttlichen »Logos« oder »Wortes«, das »Fleisch« wird für die Menschen: Menschwerdung des göttlichen Wortes als Gottes *Offenbarung* – Leben, Licht, Wahrheit – in der Welt[14]. Aber schon in den vorjohanneischen paulinischen und deuteropaulinischen Schriften zeichnen sich nicht wenige Aussagen zur Menschwerdung des Gottessohnes ab, die alle samt und sonders bekenntnishaft[15] oder hymnisch[16] gefaßt sind und weithin auf bereits vorpaulinisches Formelgut zurückgehen dürften[17]. Menschwerdung des Gottessohnes hier vor allem verstanden als *Entäußerung,* Erniedrigung, zur Begründung christlicher Liebe und Selbstlosigkeit.

An der Unterscheidung des Gottessohnes von Gott, dem Vater, an seinem Gehorsam und seiner Unterordnung unter diesen wird freilich im Neuen Testament überall festgehalten. Der Vater ist »größer« als er, und es gibt Dinge, die nur der Vater weiß und er nicht[18]. Auch ist nirgendwo im Neuen Testament von der Menschwerdung Gottes selber die Rede! Es geht immer um Gottes Sohn oder Wort, das Mensch geworden ist, dessen Identifikation mit Gott, dem Vater, nun allerdings immer mehr betont wird durch Übertragung göttlicher Eigenschaften. Freilich meint im Neuen Testament der Terminus »Gott« (ho theós) praktisch immer den Vater[19]. Jesus wird fast nie direkt »Gott« genannt, von Paulus selbst überhaupt nie. Abgesehen von dem 50 Jahre später geschriebenen Johannesevangelium – im Ausruf des ungläubigen Thomas »mein Herr und mein Gott«[20] – wird Jesus nur in wenigen, durchwegs ebenfalls späten, hellenistisch beeinflußten Ausnahmefällen direkt als »Gott« bezeichnet[21]. Ein Befund, der uns auch heute – zur Vermeidung aller Mißverständnisse – geraten sein läßt, Jesus »Gottessohn« statt einfachhin »Gott« zu nennen.

Wenn man heute unmißverständlich auch von der *Menschwerdung* des Gottessohnes reden will, dann darf diese nicht nur auf das punctum mathematicum oder mysticum der Empfängnis oder Geburt Jesu, sie muß vielmehr *auf das ganze Leben und Sterben Jesu* bezogen werden:

● Menschwerdung Gottes in Jesus meint: In Jesu ganzem Reden, in seinem ganzen Verkündigen, Verhalten und Geschick haben Gottes Wort und Wille eine menschliche Gestalt angenommen: Jesus hat in all seinem Reden und Tun, Leiden und Sterben, hat in seiner ganzen Person Gottes Wort und Willen verkündet, manifestiert, geoffenbart: Er, in dem sich Wort und Tat, Lehren und Leben, Sein und Handeln völlig decken, ist leibhaftig, ist in menschlicher Gestalt Gottes Wort, Wille, Sohn.

Funktionsaussagen – sie stehen zweifellos im Vordergrund – und Seinsaussagen dürfen nicht auseinandergerissen werden. In dieser umfassenden, nicht spekulativen, sondern geschichtlichen Perspektive läßt sich auch heute noch verständlich machen, daß Jesus schon vor Paulus und dann auch in der paulinischen Tradition verstanden wird als Offenbarung von Gottes Kraft und Weisheit [22], als Haupt und Herr der Schöpfung [23], als Bild, Ebenbild Gottes [24], als das Ja Gottes [25]. Von hierher läßt sich auch verstehen und annehmen, daß Jesus von Johannes nicht nur als Wort Gottes [26], sondern indirekt als Gott gleich [27], ja als Herr und Gott [28] bezeichnet wird. Und in dieser Perspektive lassen sich auch so schwierige und hohe Sätze verstehen: daß in Christus die ganze Fülle der Gottheit leibhaftig wohnt [29], daß Gottes Wort Fleisch geworden ist [30]. Dies jedenfalls meinen wir, wenn wir von »Gott in Jesus Christus« sprechen. Und in diesem Sinn bejahen wir auch das Konzil von Nikaia 325, wenn es von Jesus Christus spricht als »Gott von Gott, Licht vom Licht, wahrer Gott vom wahren Gott, gezeugt, nicht geschaffen, eines Wesens mit dem Vater« [31].
Solche Aussagen müssen gegen *Mißverständnisse* abgesichert werden: Nach dem Neuen Testament darf aus dem Verhältnis von Vater und Sohn keine Zwei-Götter-Lehre (Bi-theismus) entstehen: Gott ist der eine und einzige; und weder darf von Gott einfach wie vom Menschen noch vom Menschen einfach wie von Gott geredet werden. Aber nach dem Neuen Testament gibt es auch keine einfache Identität zwischen Vater und Sohn, wie dies in heterodoxen Strömungen der ersten Jahrhunderte (Monarchismus, Sabellianismus) geschah: der Sohn ist nicht einfach der Vater, und der Vater ist nicht einfach der Sohn. Positiv kann man nach dem Neuen Testament sagen:

● Der wahre Mensch Jesus von Nazaret ist für die Glaubenden des einen wahren Gottes wirkliche Offenbarung und in diesem Sinn sein Wort, sein Sohn.

Diese *Offenbarungseinheit* zwischen Vater und Sohn hat vor allem das *Johannesevangelium* deutlich gemacht: Da der Vater den Sohn kennt und der Sohn den Vater[32], da der Vater im Sohn und der Sohn im Vater ist[33], da also der Vater und der Sohn eins sind[34], gilt: Wer den Sohn sieht, sieht auch den Vater[35]! Nicht Mythologie oder Mystik oder Metaphysik ist hier der Sinn, sondern die nüchterne, aber grundlegende Aussage: *Im Wirken und in der Person Jesu begegnet in einmaliger und definitiver Weise Gott selber!* Für den sich vertrauensvoll auf Jesus einlassenden und glaubenden Menschen – nicht wahrnehmbar für den neutralen Beobachter – manifestiert sich Gott!

Was bedeutet dies alles für mich *heute*? Nach all dem, was zum Gott der Religionen und Philosophen zu sagen war, wird mir eines bewußt: Ich kann, wenn ich heute adäquat Antwort auf die Gottesfrage der Neuzeit geben will, auf die jüdisch-christliche Tradition nicht verzichten. Der Gott der Philosophen bleibt bei aller Größe unbefriedigend – intellektuell und emotional: er bleibt blaß und abstrakt; da kann ich Heidegger nur zustimmen. Der Gott schon des Alten Testaments ist – ohne daß ich deshalb meine philosophischen Einsichten aufgeben müßte – der Göttlichere Gott, der konkrete Gott mit Eigenschaften, mit menschlichem Antlitz. Und dieses im Alten Testament noch verborgene und manchmal mehrdeutige Antlitz Gottes zeigt, manifestiert, offenbart mir der Mensch Jesus von Nazaret: er in seinem ganzen Sein und Tun, Reden und Handeln, auch Leiden und Sterben. Ich habe, wenn ich auf Jesus schaue, die ungemein tröstliche Gewißheit: Vor diesem Gott brauche ich nicht – bei aller unendlichen Distanz – ängstlich zu erschaudern und zu erzittern, mich klein zu machen und zu ducken; ich brauche nicht über rätselhafte Ratschlüsse Gottes nachzugrübeln und seinem dunklen Willen ratlos nachzuspüren. Und dankbar sein darf man denen, die mir statt einer »Gottesvergiftung«[36] einen »freundlicheren Gott« vermittelt haben. Ich weiß: wo Jesus ist, ist auch Gott; was Gottes Wille ist, sagt er mir; wo Jesus handelt und redet, steht Gott auf seiner Seite; wo Jesus leidet und stirbt, ist Gott verborgen anwesend[37].

So kann ich ihn das Antlitz oder Gesicht Gottes, aber auch Wort oder Sohn Gottes nennen. Mit all diesen Bildbegriffen ist für mich das einzigartige Verhältnis Gottes zu Jesus und Jesu zu Gott ausgedrückt: seine Bedeutsamkeit als Gottes Offenbarer. Ist es jetzt nicht einleuchtender, warum ich nur von Gott her zu erfassen vermag, was Jesus zutiefst ist und bedeutet; warum gerade er diese einzigartige und maßgebende Bedeutung für die Menschheit und auch für mich haben soll; warum gerade er und kein anderer der Großen – auch nicht Buddha, Kung-futse oder Mohammed, auch nicht Marx oder Freud – mich unbedingt verpflichtend in die Nachfolge zu rufen vermag? *In Jesus ruft mich der eine wahre Gott der Väter selbst auf den Weg!* Gerade da kann ich Blaise Pascal nur zu gut verstehen, und das dürfte auch für mich das Entscheidende sein. Denn ob man im übrigen dieses Verhältnis von Gott und Jesus theologisch mehr funktional oder ontologisch beschreibt, mehr von abstrakten Wesensaussagen oder konkreten Heilsaussagen ausgeht, dies dürfte sekundär und ja auch nicht notwendig ein Widerspruch sein. Man kann Funktionsaussagen vorziehen und doch sagen: Jesus »funktioniert«, »fungiert« für mich nicht nur als Gottes Wort und Sohn, er *ist* es, und er ist es nicht nur für mich, sondern auch in sich.

Die hellenistischen Begriffe von damals möchten heute manche für ihren Glauben lieber nicht mehr gebrauchen. Es gab damals kaum andere Möglichkeiten, als von Jesus Christus in Begriffen wie Hypostase, Person, Natur, Wesen, wesensgleich und wesensähnlich zu reden. Aber heute können wir dasselbe anders sagen. Nicht die Terminologie verpflichtet mich, sondern die vom Neuen Testament bezeugte Sache: er selbst. Nicht die wörtlich genommenen Worte etwa des ersten ökumenischen Konzils von Nikaia 325 sind entscheidend. Wohl aber ist an jener Definition der »Wesensgleichheit« (homo-ousia) Jesu mit Gott seinem Vater gegen Areios entscheidend, daß nicht doch versteckt wieder ein Polytheismus ins Christentum eingeführt wird und mit Jesus ein zweiter Gott oder Halbgott erschaffen wurde, sondern daß der eine wahre Gott in ihm voll präsent und wirksam war. Mit den Vätern von Nikaia wird man der Überzeugung sein, daß unsere ganze Erlösung daran hängt, daß es in Jesus um den einen Gott geht, der wahrhaft, wirklich und einzig Gott ist: in Jesus als seinem Sohn offenbar!

Das Konzil von Chalkedon 451 hat ja dann neben der Wesensgleichheit mit dem Vater auch die Wesensgleichheit mit uns Menschen betont: daß es bei Jesus *zugleich um den wahren Gott und um den wahren Menschen geht.* Mir sagt Jesus von Nazaret in der Tat nichts letztlich Entscheidendes, wenn er nicht als der Christus Gottes verkündet wird. Mir sagt allerdings auch ein göttlicher Christus wenig, wenn er nicht mit dem Menschen Jesus von Nazaret identisch ist. Gegenüber einer untheologischen Jesulogie und einer ungeschichtlichen Christologie drückt mir der mit dem Titel Christus zu einem Eigennamen zusammengewachsene Name Jesus bis in die Namensgebung hinein aus, daß für das Neue Testament der wahre Jesus der Christus Gottes und der wahre Christus der Mensch Jesus von Nazaret ist, und beides in einer wahrhaftigen und wirklichen Einheit: »Jesus Christus«.

Auf das »Herr, Herr«-Sagen kommt es mir ebensowenig an wie auf das »Gottessohn, Gottessohn«-Sagen. Wohl aber kommt es mir darauf an, daß in der Geschichte Jesu Christi wahrhaft Mensch und Gott im Spiel sind. Vom Neuen Testament her könnte ich keine Interpretation der Geschichte Jesu Christi verantworten, in welcher Jesus Christus nur Mensch wäre: nur ein Prediger, Prophet oder Weisheitslehrer, gar nur ein Symbol oder eine Chiffre für allgemein menschliche Grunderfahrung. Aber vom selben Neuen Testament her kann ich auch keine Interpretation der Geschichte Jesu Christi verantworten, bei der Jesus Christus nur Gott oder einfach Gott ist, ein den menschlichen Mängeln und Schwächen enthobener, über die Erde wandelnder Gott. Positiv ausgedrückt also ein Zweifaches:

Für mich ist Jesus von Nazaret der *Sohn Gottes*: Denn die ganze Bedeutsamkeit des Geschehens in und mit ihm hängt daran: In Jesus – der uns Menschen als Gottes Sachwalter und Platzhalter, Repräsentant und Stellvertreter erschien und der, als der Gekreuzigte zum Leben erweckt, von Gott bestätigt wurde – ist für mich der menschenfreundliche *Gott selber nahe und am Werk; durch ihn hat Gott selbst gesprochen, gehandelt, sich endgültig geoffenbart.* Die mythologischen, halbmythologischen und legendären Einkleidungen brauche ich hier so wenig wie im Glauben an den Schöpfer-Gott oder Vollender-Gott zu übernehmen. Aber an der Einzigartigkeit, Unableitbarkeit und Unüberbietbarkeit seiner Person und des mit ihr lautgewordenen Anrufs, Angebots und Anspruchs möchte ich festhalten. Weil durch ihn Gott selber definitiv spricht und handelt, ist er für mich der Christus Gottes, seine Offenbarung und sein Ebenbild, sein Wort und sein Sohn. Er und kein anderer: er als einziger, »eingeborener«, »unigenitus«!

Und gerade so darf ich dann auch gegen alle fromm gemeinten Vergottungstendenzen daran festhalten, daß Jesus gerade als Gottes Sohn ohne alle Abstriche mit allen Konsequenzen *voll und ganz Mensch* war, so wie Menschen leiden konnte, Einsamkeit und Ungesichertheit gefühlt hat, von Versuchungen, Zweifeln und Irrtümern nicht frei war. Aber im Unterschied zu mir und allen anderen Menschen (Heilige, Religionsstifter mit eingeschlossen) ist er nicht ein bloßer, sondern gerade als Gottes Wort und Sohn *der* wahre Mensch.

Als der wahre Mensch, in welchem Theorie und Praxis, Sein und Handeln, Lehren und Leben eine Einheit bilden, gab er durch seine Verkündigung, sein Verhalten und sein ganzes Geschick für mich ein Modell des Menschseins, das mir, wenn ich mich vertrauensvoll immer wieder neu darauf einlasse, ermöglicht, den Sinn meines Menschseins und meiner Freiheit im Dasein und im Einsatz für die Mitmenschen zu entdecken und zu verwirklichen. Als von Gott bestätigt stellt er für mich so den bleibend verläßlichen letzten Maßstab des Menschseins dar. Christologie oder Christus-Theorie mag wichtig sein, aber Christusglaube und Christusnachfolge sind wichtiger. Aufs Christsein kommt es an, und das ermöglicht mir er, Jesus Christus. Und deshalb wage ich es, ohne Zögern zu sprechen: »Credo in Jesum Christum, filium Dei unigenitum.«

Anmerkungen

1 Nicht so die Deutsche Bischofskonferenz. Ihre schon zweite Presse-Erklärung zu »Christ sein« vom 3. März 1977 unterstellt dem Verfasser, für ihn sei Jesus Christus »nur ein vorbildlicher Mensch« und »nur Gottes Sprecher und Sachverwalter (sic!)«. Dies weise ich als eine mir unbegreifliche Verfälschung meiner Gedanken zurück. Dasselbe gilt für die faktische Unterstellung, ich hätte christologische Aussagen des nizänischen Glaubensbekenntnisses geleugnet. Im Gegenteil: Es war mein Ziel, sie den Menschen von heute verständlich zu machen. Man fragt sich, was alle Diskussionsbereitschaft, alle klärenden Gespräche und Korrespondenzen mit Bischöfen angesichts eines anscheinend unbelehrbaren Lehramtes für einen Sinn haben. Wen in dieser Lage der Vorwurf der »Fehlorientierung und Verwirrung der Leser« trifft, ist zu fragen. In dieses Bild paßt auch der – mit verschiedenen flankierenden Maßnahmen gestützte – Sammelband, der von ausgewählten Theologen 1976 mit Wissen der »Glaubenskommission« des deutschen Episkopats gegen »Christ sein« mit dem verschleiernden Titel »Diskussion um Hans Küngs ›Christ sein‹« lanciert wurde, wo es in verschiedenen Beiträgen weniger um Diskussion als um Mißverständnisse, Mißdeutungen, Herabwürdigungen und Unterstellungen ging, ohne daß man bessere Gegenvorschläge anzubieten hatte und ohne daß man dem Autor – wie schon in der Unfehlbarkeitsdebatte – auch nur die Möglichkeit einer Erwiderung in diesem Band gegeben hätte. Dies machte eine deutliche »Antwort an meine Kritiker« in der Frankfurter Allgemeinen Zeitung vom 22. Mai 1976 einfachhin nötig. Von den Bischöfen aber erwarten die Menschen von heute, daß sie in glaubwürdiger Weise nicht für ein dogmatisches System und eine Institution, sondern für die Sache Gottes und Christi in der heutigen Gesellschaft eintreten, daß auch sie die Botschaft verständlich verkünden und schon längst fällige praktische Reformen durchführen. Dann erübrigen sich vielleicht öffentliche Aburteilungen von Theologen.
Während der Drucklegung des Manuskriptes von »Existiert Gott?« ist nun bereits die dritte Erklärung (zusammen mit einer Dokumentation) der Deutschen Bischofskonferenz gegen »Christ sein« erschienen. Nicht nur, daß ich als Betroffener

– vergeblich – schärfsten Einspruch dagegen erheben mußte, daß man ohne meine Zustimmung persönliche Briefe an die Vorsitzenden der Deutschen Bischofskonferenz veröffentlichte, empfinde ich als unerträglich, sondern vor allem die Tatsache, daß die Deutsche Bischofskonferenz es nicht abwarten konnte, bis die umstrittenen theologischen Sachfragen in diesem Buch nochmals aufgegriffen, vertieft und – so hoffe ich – geklärt wurden, was ich in mehreren Schreiben an die Deutsche Bischofskonferenz in Aussicht gestellt habe. Ich sah mich deshalb gezwungen, meinerseits der Veröffentlichung einer Dokumentation zuzustimmen, die die volle Wahrheit enthalten wird: Um nichts als die Wahrheit. Deutsche Bischofskonferenz contra Hans Küng. Eine Dokumentation hrsg. von W. Jens (München 1978); dort auch mein »Appell zur Verständigung«.

Den weiteren theologischen und biographischen Kontext zeigt das ebenfalls im Frühjahr 1978 erschienene Buch: Hans Küng. Weg und Werk, hrsg. von H. Häring und K.-J. Kuschel (München 1978).

2 Röm 1, 3 f.

3 Vgl. Apg 13, 33 (Ps 2, 7).

4 Eine gute Zusammenfassung der neutestamentlichen Aussagen vom »Sohn Gottes« gibt *M. Hengel*, Der Sohn Gottes. Die Entstehung der Christologie und die jüdisch-hellenistische Religionsgeschichte (Tübingen 1975) S. 143 f.

5 Vgl. Mk 1, 9–11.

6 Vgl. Lk 1, 32. 35.

7 Vgl. Gal 4, 4; Jo 3, 16.

8 Vgl. *H. Küng*, Christ sein, Kap. C VI, 3: Wahrer Gott und wahrer Mensch.

9 *W. Thüsing (– K. Rahner)*, Christologie – systematisch und exegetisch. Arbeitsgrundlagen für eine interdisziplinäre Vorlesung (Freiburg–Basel–Wien 1972) S. 250.

10 AaO S. 250 f.

11 AaO S. 251.

12 *F. Mussner*, Ursprünge und Entfaltung der neutestamentlichen Sohneschristologie. Versuch einer Rekonstruktion, in: Grundfragen der Christologie heute, hrsg. v. L. Scheffczyk (Freiburg–Basel–Wien 1975) S. 77–113; Zit. S. 103.

13 *K. H. Schelkle*, Theologie des Neuen Testaments Bd. II (Düsseldorf 1973) S. 189 f. Vgl. auch *D. Wiederkehr*, Entwurf einer systematischen Christologie, in: J. Feiner – M. Löhrer (Hrsg.), Mysterium Salutis 3, 1 (Einsiedeln 1970) S. 477–648, zur Präexistenz S. 534–540, bes. 534. Das Problem der Präexistenz des Gottessohnes wird zur Zeit exegetisch-historisch wie theologisch-systematisch untersucht von meinem Mitarbeiter *K.-J. Kuschel* in seiner Habilitationsschrift.

14 Vgl. Jo 1, 1–14.

15 Vgl. Röm 1, 3 f.; 2 Tim 2, 8.

16 Vgl. Phil 2, 6–11; 1 Tim 3, 16.

17 Vgl. den in der Niederschrift wohl frühesten Text über die Menschwerdung Gal 4, 4; dann 2 Kor 8, 9; Röm 8, 3 und schließlich Tit 2, 11; 3, 4. Analyse dieser Texte bei *K. H. Schelkle*, Theologie des Neuen Testaments Bd. II, S. 151–168 (Lit.!).

18 Vgl. Jo 10, 29; 14, 28; Mk 13, 32.

19 Vgl. *K. Rahner*, Theos im Neuen Testament, in seinen Schriften zur Theologie Bd. I (Zürich–Einsiedeln–Köln 1954) S. 91–167.

20 Jo 20, 28.

21 Jo 1, 1: der präexistente Logos, und Jo 20, 28 im Thomasbekenntnis; sicher in Heb 1, 8, vielleicht auch in 2 Thess 1, 12; Tit 2, 13; 2 Pet 1, 1.

22 Vgl. 1 Kor 1, 30.

23 Vgl. 1 Kor 11, 3; 8, 6; Kol 1, 15–18; 2, 10; Eph 4, 15 f.

24 Vgl. 2 Kor 4, 4. 6; Röm 8, 29; Kol 1, 15.
25 Vgl. 2 Kor 1, 20.
26 Vgl. Jo 1, 1–14.
27 Vgl. Jo 5, 18 f.; 10, 33–38; 19, 7.
28 Vgl. Jo 20, 28; 1 Jo 5, 20.
29 Kol 2, 9.
30 Jo 1, 14.
31 Symbolum Nicaenum (Denz 54).
32 Vgl. Jo 10, 15. 38.
33 Vgl. Jo 10, 38; 14, 10 f. 20; 17, 21–23.
34 Vgl. Jo 10, 30.
35 Vgl. Jo 14, 9; 12, 45; 5, 19.
36 Vgl. *T. Moser,* Gottesvergiftung (Frankfurt/M. 1976). Motto: »Freut euch, wenn euer Gott freundlicher war«; vgl. S. 22. 100.
37 Vgl. *H. Küng,* Christ sein, Kap. C VI, 2: Gott und das Leid.

Quelle: Hans Küng, Existiert Gott? Antwort auf die Gottesfrage der Neuzeit, München 1978, 743–752

1.7 Bischof Moser: Brief an Hans Küng (3. April 1978)

DER BISCHOF VON ROTTENBURG   Rottenburg, 3. April 1978
DR. GEORG MOSER

Herrn
Professor Dr. Hans Küng

Sehr geehrter, lieber Herr Professor!
Schon seit geraumer Zeit wollte ich Ihnen in einem ausführlichen Brief meine Eindrücke, Fragen und Sorgen darlegen, die sich für mich seit der Erklärung der deutschen Bischöfe zu Ihrem Buch »Christ sein« ergeben haben. Leider bin ich durch permanente Arbeitsüberlastung bislang nicht dazugekommen. Auch der Versuch, Ihnen einen telefonischen Zwischenbescheid zukommen zu lassen, scheiterte, weil Sie verreist waren.
Nachdem ich auf Grund meines Terminkalenders auch in den nächsten Wochen kaum die nötige Zeit und Ruhe finden werde, den geplanten Brief zu schreiben, möchte ich Ihnen wenigstens den Eingang Ihres Schreibens vom 10. 2. 1978 bestätigen.
Leider sehe ich mich außerstande, Ihrem Wunsch, den beigelegten »Appell zur Verständigung« von mir aus zu verbreiten, zu entspre-

chen. Die von Walter Jens herausgegebene Dokumentation »Um nichts als die Wahrheit«, die mit diesem Appell schließt, ist in meinen Augen alles andere als eine Dokumentation der Verständigung. Das Vorwort des Herausgebers läßt leider keinerlei Versöhnungsbereitschaft erkennen, sondern eher die Entschlossenheit zur offenen Konfrontation. Ich vermag Ihren eigenen Text nicht aus dem gesamten Kontext zu lösen. Jetzt möchte ich darauf jedoch nicht weiter eingehen.

Für heute möchte ich Sie höflich um Verständnis bitten, daß ich Sie so lange auf eine Reaktion warten lassen mußte und Ihnen auch jetzt nur in Kürze antworten kann. Herzlich danken aber möchte ich Ihnen schließlich für die Zusendung Ihres neuen Buches »Existiert Gott?« und der anläßlich Ihres 50. Geburtstags erschienenen Festschrift.

Mit freundlichen Grüßen und besten Wünschen
bin ich Ihr
+ *Georg Moser*

Quelle: Dokumentation des Sekretariats der Deutschen Bischofskonferenz

1.8 Kardinal Höffner: Brief an Hans Küng (24. April 1978)

Auf die Zusendung seines Buches bekam Hans Küng die nachfolgende Antwort Kardinal Höffners. Dieser Brief wie auch die nun folgende weitere Korrespondenz zwischen Hans Küng und der Deutschen Bischofskonferenz in Sachen Christologie zeigen überdeutlich, daß die Deutsche Bischofskonferenz die Präzisierungen Küngs überhaupt nicht zur Kenntnis nahm und sich mit den aufgeworfenen theologischen Sachfragen ihrerseits nie ernsthaft auseinandersetzte.

DER VORSITZENDE   Bonn, 24. April 1978
DER DEUTSCHEN BISCHOFSKONFERENZ   V 4719/78

Herrn Professor
Dr. Hans Küng

Sehr geehrter Herr Professor Küng,
kürzlich übersandten Sie mir Ihr neues Buch »Existiert Gott?« mit einer persönlichen Widmung.
Dafür möchte ich Ihnen vielmals danken. Ich hoffe, die Zeit zu finden, das Buch zu lesen.
Sie wünschen, daß Ihr Appell an die Bischöfe gehört werde. Gewiß wäre Ihr Appell überzeugender gewesen, wenn Sie Ihrerseits auf den »dringlichen Appell« der Erklärung der Deutschen Bischofskonferenz vom 17. Februar 1975 eingegangen wären, nämlich das methodische Vorgehen und die in der Erklärung beanstandeten inhaltlichen Aussagen des theologischen Denkens im Lichte der dargelegten Grundsätze – eben in der Erklärung – zu überprüfen.
Darum fordere ich Sie – wie bereits verschiedene Male – noch einmal auf, dem dringlichen Appell der Deutschen Bischofskonferenz endlich in überzeugender Weise nachzukommen.

Mit freundlichen Grüßen   *+ Joseph Card. Höffner*

1.9 Der Papst, den wir brauchen (15. August 1978)

Am 6. August 1978 stirbt Papst Paul VI. Zu seinem Tod erklärte Hans Küng unter anderem: »Persönlich bin ich Papst Paul dankbar, daß er in all den Jahren schützend seine Hand über mich gehalten hat. Ich habe ihn schon als Kardinal persönlich kennengelernt und auch dann später wieder gesprochen. Es hätte ihn kein Mensch hindern können, wenn er in der heftigen Unfehlbarkeitsdebatte zu härteren Strafen gegriffen hätte, die ja bis zur Exkommunikation hätten gehen können. Mir war bekannt, daß seine Richtlinie auch in meinem Fall die war, con carità vorzugehen, das heißt nicht mit juridischen, disziplinarischen Mitteln – sondern zu versuchen, doch eine Lösung zu finden; jedenfalls offenen Bruch zu vermeiden. Es waren und sind Leute in der Kirche, die diese Einstellung nicht verstanden haben und die ein scharfes Vorgehen gewünscht haben und wohl auch noch wünschen, und ich bin mir sehr wohl bewußt, daß es nur einen Wink des Papstes gebraucht hätte, daß diese Kräfte zum Zuge gekommen wären« (»Die Zeit« vom 11. August 1978).

Einige Theologen aus aller Welt veröffentlichten am 15. August in verschiedenen großen Zeitungen und Magazinen des In- und Auslands eine Erklärung zur anstehenden Papstwahl. Dies geschah aus der pastoralen Sorge heraus, daß die Wahl des künftigen Papstes über den Kurs der katholischen Kirche entscheiden werde, der unter Paul VI. weithin unentschieden geblieben war.

Geteilt ist die Welt: in feindliche Machtblöcke und politische Systeme, in entzweite Rassen und Klassen, in verschiedene Ideologien und Religionen. Geteilt ist auch die Christenheit: in verschiedene Kirchen und Sekten, Konfessionen und Denominationen. Die katholische Kirche als weltweite und zahlenmäßig größte Kirche könnte, wenn einig, in dieser gespaltenen Welt einen gewichtigen Dienst erfüllen. Sie könnte konkret mithelfen, die Spannungen und Gegensätze in der Christenheit und in der Welt im Großen wie im Kleinen zu entschärfen und abzubauen und den Menschen in allen Nöten und Konflikten ein menschlicheres Leben zu ermöglichen.

Dem Papst kommt in der katholischen Kirche eine entscheidende Rolle zu. Es ist nicht gleichgültig für die katholische Kirche, die Christenheit und auch die Welt, wer in dieser Zeit ein solches Amt innehat. Aus Sorge also um die Kirche und ihren Dienst an den Menschen möchten wir uns als Katholiken zum Sprecher der Vielen in und außerhalb der katholischen Kirche machen, die dieser Kirche einen guten Papst wünschen: einen Papst vor allem, der die auch innerhalb der nachkonziliaren Kirche selbst aufgebrochenen Gegensätze und Konflikte zu überwinden hilft, *einen Papst der Versöhnung*! Dafür ist nur der beste gut genug. Der Papst in dieser Zeit muß sein:

1. Ein weltoffener Mensch

Er sollte die Welt kennen, wie sie ist, mit ihren Höhen und Tiefen, ihrem Glanz und ihrem Elend, und sollte alles Gute in ihr vorbehaltlos bejahen.
Er sollte bei allem Respekt vor Vergangenheit und Tradition kritisch in der gegenwärtigen Kirche und Gesellschaft stehen und offen sein für die Zeichen der Zeit und die veränderte Mentalität der Menschen.
Er sollte die Erkenntnisse der heutigen Wissenschaft kritisch ernst nehmen; er sollte den antiquierten kurialen Stil aufgeben und glaubwürdig die Sprache der Menschen von heute sprechen.
Er sollte bei allen persönlichen Grenzen echte Menschlichkeit ausstrahlen.

2. Ein geistiger Führer

Er sollte den Menschen in und außerhalb der Kirche Vertrauen entgegenbringen, um selber vom Vertrauen getragen zu werden.
Er sollte Mut haben, um anderen Menschen Mut zu machen, statt nur zu mahnen und zu tadeln.
Er sollte nicht autoritär sein, sondern Autorität haben: Was er braucht in seinem Amt, ist nicht nur eine formale, juridische, institutionelle, sondern eine persönliche, sachliche und charismatische Autorität.
Er sollte in zeitgemäßem Führungsstil beweglich und klug nicht dekretieren, sondern begründen, nicht befehlen, sondern beseelen, nicht einsam entscheiden, sondern im Dialog um Zustimmung ringen: in allem ein Garant für die Freiheit in der Kirche.

3. Ein echter Seelsorger

Er ist zunächst Bischof von Rom. Aber als universaler Hirte sollte er nicht nur kirchlicher Administrator oder Generalsekretär, nicht nur kirchlicher Jurist, Diplomat oder Bürokrat sein, sondern ein Seelsorger im Dienst an den Menschen, der nicht herrschen, sondern helfen will.

Er sollte, fern von allem Personenkult, in Güte und Schlichtheit offen sein für alle Nöte der Menschen bei ihrer Suche nach Glauben, Hoffnung und Liebe.

Er sollte auch in den entscheidenden Fragen von Leben und Sterben, Gut und Böse wie auch der menschlichen Geschlechtlichkeit ohne Angst statt nur Verbote positive Wegweisung geben.

Er sollte kein doktrinärer Verteidiger alter Bastionen sein, sondern vielmehr – bei allem Respekt vor der Kontinuität der Kirche in Lehre und Leben – ein pastoraler Vorkämpfer für eine erneuerte Verkündigung und Praxis der Kirche.

4. Ein kollegialer Mit-Bischof

Er sollte seines eigenen Auftrages genügend sicher sein, um das Risiko einzugehen, seine Macht mit den Bischöfen zu teilen: nicht als Herr über Knechte, sondern als Bruder unter Brüdern.

Er sollte die Bischofssynode statt als bloßes Beratungsorgan als Entscheidungsorgan annehmen und den Bischofskonferenzen und den diözesanen Räten konkrete Kompetenzen einräumen.

Er sollte dem Zentralismus absagen, das Nuntiaturwesen grundlegend überprüfen, die Kurie nicht nur äußerlich-organisatorisch, sondern im Sinne des Evangeliums erneuern und hier nicht nur verschiedene Nationalitäten, sondern auch verschiedene Mentalitäten, nicht nur Alte, sondern auch Junge, nicht nur Männer, sondern auch Frauen zu Führungspositionen heranziehen.

Er sollte über die neueren Entwicklungen in der Theologie Bescheid wissen und in den kurialen Organen nicht nur die traditionalistische Theologie, sondern alle wichtigen katholischen theologischen Richtungen präsent sein lassen.

5. Ein ökumenischer Vermittler

Er sollte sein Petrusamt als einen vom Evangelium her erneuerten und der christlichen Freiheit verpflichteten Dienstprimat innerhalb der Christenheit verstehen.

Er sollte den Dialog und die Zusammenarbeit mit den anderen christlichen Kirchen vorantreiben und als sammelnde Kraft für eine Einheit der Kirche in der Vielfalt wirken.

Er sollte ein Beispiel christlicher Wandlungsbereitschaft geben, disziplinäre und dogmatische Hindernisse, soweit sie bei Rom liegen, aus dem Weg räumen und die Zusammenarbeit mit dem Ökumenischen Weltrat fördern.

Er sollte unsere geistliche Verwandtschaft mit den Juden ernst nehmen; er sollte das Gemeinsame mit dem Islam aktivieren und das Gespräch mit den Weltreligionen suchen.

6. Ein wirklicher Christ

Er muß kein Heiliger sein und kein Genie, er darf Grenzen, Fehler und Mängel haben, er sollte aber im wahren Sinn des Wortes Christ sein: orientiert im Denken, Reden, Tun am Evangelium Jesu Christi als entscheidender Norm.

Er sollte ein überzeugender Verkünder der frohen Botschaft sein, gegründet in starkem, geprüftem Glauben und in unerschütterlicher Hoffnung.

Er sollte in Gelassenheit, Geduld und Zuversicht dieser Kirche vorstehen, die ja kein bürokratischer Apparat, kein geschäftliches Unternehmen, keine politische Partei, sondern die große Gemeinschaft der Glaubenden ist.

Er sollte als moralische Autorität mit Sachlichkeit, Leidenschaft und Augenmaß sich einsetzen nicht nur für die Interessen der kirchlichen Institution, sondern für die Verwirklichung der christlichen Botschaft unter den Menschen; dabei sollte er das Engagement für die Unterdrückten und Benachteiligten in aller Welt als seine besondere Verpflichtung betrachten.

Als Katholiken appellieren wir an alle Kardinäle, sie mögen die genannten Kriterien im Konklave *vor* der Nennung von Kandidaten gemeinsam diskutieren und sie zum Maßstab ihrer Entscheidung machen, um so den bestmöglichen Kandidaten zu wählen – aus welcher Nation auch immer! Sie entscheiden über die Zukunft der katholischen Kirche.

Die Theologen   Giuseppe Alberigo (Bologna)
M.-D. Chenu (Paris)
Yves Congar (Paris)
Claude Geffré (Paris)
Andrew Greeley (Chicago)
Norbert Greinacher (Tübingen)
Jam Grootaers (Löwen)
Gustavo Guttiérrez (Lima)
Hans Küng (Tübingen)
Edward Schillebeeckx (Nijmegen)
und verschiedene katholische Laien

Quelle: Süddeutsche Zeitung, 14./15. August 1978

1.10 Hans Küng: Brief an Papst Johannes Paul II. (30. März 1979)

Nach dem kurzen Pontifikat Johannes Pauls I. wird am 17. Oktober 1978 Kardinal Wojtyla von Krakau zum Papst gewählt: Johannes Paul II. Zu Weihnachten 1978 schickt ihm Hans Küng das Buch »Existiert Gott?« mit dem Ausdruck der »Hoffnung«, daß es dem Papst gelingen möge, »GOTT den Menschen von heute wieder näherzubringen«. Der Empfang wird vom persönlichen Sekretär des Papstes mit einem Brief und einem Weihnachtsbildchen des Papstes bestätigt.
Zu Beginn des Jahres 1979 wird bekannt, daß Johannes Paul II. zum Gründonnerstag in einem längeren Dokument das Zölibatsgesetz für den katholischen Klerus des lateinischen Ritus bestätigen will. Hans Küng schickt am 30. März 1979 ein dringendes Schreiben an den Papst, in dem er diesen bittet, die gesamte Problematik durch eine für die ganze katholische Kirche repräsentative Kommission zuvor sachlich und fair abklären zu lassen. Um dasselbe bittet er auch für die Frage der Unfehlbarkeit und legt deshalb seine soeben erschienene Theologische Meditation »Kirche – gehalten in der Wahrheit« bei. Zugleich erklärt er sich bereit, jederzeit nach Rom zu kommen, um dem Papst die dringenden Anliegen auch persönlich vorzutragen. Weder

auf den Brief noch auf die Theologische Meditation erhielt Küng je eine Antwort.

PROFESSOR DR. HANS KÜNG   Tübingen, 30. März 1979

Seiner Heiligkeit
Papst Johannes Paul II.

Heiliger Vater,
Pressenachrichten von einer bevorstehenden Exhortation an den katholischen Klerus veranlassen mich zu diesem Brief. Er ist getragen vom Vertrauen zu Ihnen als Mensch, Christ und oberstem Hirten unserer Kirche, der es einem Priester und Theologen gewiß nicht verargen wird, wenn er sich in ehrlicher Sorge um diese unsere Kirche direkt an Sie wendet.

Ich bin beeindruckt von der sympathischen Menschlichkeit, der entschlossenen Tatkraft und dem pastoralen Engagement, mit dem Sie Ihren so unendlich wichtigen Dienst in der Kirche und der heutigen Welt aufgenommen haben. Ich bin dankbar dafür, wie Sie von Anfang an und jetzt auch in Ihrer ersten Enzyklika den Christus Jesus in die Mitte gestellt haben, um gerade von diesem Zentrum des Christentums her eine neue Zuwendung zum Menschen, seinen Hoffnungen und Nöten, zu fordern. Ich bin erfreut darüber, daß Sie sich deutlich für den Fortgang der ökumenischen Verständigung unter den Kirchen ausgesprochen haben, und vor allem, daß Sie sich so kraftvoll für die Menschenrechte in West und Ost, Nord und Süd einsetzen. Ein neuer christlicher Humanismus fürwahr!

Aber Sie bedürfen nicht meines Lobes und meiner Anerkennung; sie wird Ihnen von vielen Seiten reichlich entgegengebracht. Viele Menschen in unserer Kirche, Kleriker oder Laien, bedrückt aber doch die Sorge, ob wir, wenn wir vor der Welt als Christen und als Kirche glaubwürdig bestehen wollen, nicht noch sehr viel mehr tun müßten. Denn:

Was nützt alle Predigt an die Welt zur Umkehr, wenn die Kirche bei solcher Umkehr nicht selber praktisch vorangeht?

Was nützt es, den Menschen von heute ins Gewissen zu reden, wenn nicht gleichzeitig innerhalb der Kirche und ihrer Leitung selbst eine selbstkritische Gewissenserforschung mit entsprechenden Konsequenzen stattfindet?

Was nützt alles Reden von der grundlegenden Erneuerung der

menschlichen Gesellschaft, wenn nicht auch die Reform der Kirche an Haupt und Gliedern entschieden weitergeht?

Was nützt alles Eintreten der Kirche für die Menschenrechte in der Welt, wenn in der Kirche selber Menschenrechte nicht voll gewahrt werden?

Sie, Heiliger Vater, werden vielleicht sagen, dies alles sei doch in der Kirche selbstverständlich gegeben. Aber einzelne Ihrer Andeutungen in Mexiko und in Ihrer Enzyklika lassen viele befürchten, daß der Zusammenhang zwischen kirchlicher Sendung nach außen und kirchlicher Reform nach innen, zwischen den Menschenrechten in der Gesellschaft und den Menschenrechten in der Kirche, nicht genügend beachtet werden könnte. Es fragen sich viele:

Können wir der heutigen Gesellschaft, der kapitalistisch-westlichen wie der sozialistisch-östlichen, glaubwürdig ihre Fehler vorhalten, wenn wir nicht gleichzeitig ehrlich und konkret die doch unbestreitbaren Fehler der Kirche eingestehen und praktisch korrigieren?

Können wir in Lateinamerika und in der Dritten Welt glaubwürdig gegen Armut, Analphabetentum, Arbeitslosigkeit, Unterernährung und Krankheit eintreten, die doch mit den hohen Geburtenraten in Wechselwirkung stehen, wenn wir uns nicht gleichzeitig entschieden für eine menschlich zumutbare Familienplanung einsetzen, die nun einmal eine von den Ehepartnern im Gewissen verantwortete Empfängnisverhütung einschließt?

Können wir in der heutigen Gesellschaft glaubwürdig für die Rechte der Frau eintreten, wenn wir noch immer die Frau in der Kirche als Subjekt minderen Rechtes behandeln und ihr mit theologisch nicht überzeugenden Argumenten die Ordination verweigern?

Können wir glaubwürdig für einen aktiven Ökumenismus eintreten, wenn wir beinahe ein halbes Jahrtausend nach der Reformation noch immer die Gültigkeit der anglikanischen und protestantischen Ämter und Abendmahlsfeiern bestreiten?

Können wir glaubwürdig nach einer besseren christlichen Verkündigung und praktischen Pastoral rufen, wenn wir auf Grund unserer eigenen menschlichen Gesetzgebung immer mehr Gemeinden in aller Welt ihrer Seelsorger und – was nicht weniger schwer wiegt – der regelmäßigen Eucharistiefeier berauben?

Dieser letzte Punkt einer recht unvollständigen Liste ist es, der mich mit dem Blick auf die zu erwartende Exhortation an den katholischen Klerus mit ganz besonderer Sorge erfüllt. Sie wissen, Heiliger Vater, daß die Zölibatsenzyklika Ihres Vorgängers Pauls VI., die in ihrem ersten Teil die Schwierigkeiten gegen ein Zölibatsgesetz erstaunlich offen zur Sprache brachte, die Diskussion um den Zölibat nicht beendet, sondern verschärft hat. Ich bin überzeugt, daß auch künftige Ermahnungen zu Gehorsam und Treue dieses schwerwiegende Problem nicht lösen werden. Ich kann in diesem Brief nicht auf die gesamte Problematik eingehen, darf aber doch einige unter Klerus und Volk weitverbreitete Bedenken und sachliche Probleme zum Ausdruck bringen:

1. Das Evangelium Jesu Christi kennt eine persönliche Berufung des Einzelnen zur Ehelosigkeit im Dienst an den Menschen, wie sie von Jesus selber und von Paulus, exemplarisch gewiß auch für unsere Zeit, vorgelebt wurde. Aber sowohl Jesus wie Paulus gewähren jedem Einzelnen ausdrücklich die volle Freiheit: »Wer es fassen mag, der fasse es« (Mt 19, 12). »Ein jeder hat sein eigenes Charisma von Gott, der eine so, der andere anders« (1 Kor 7, 7). Dieser ausdrücklich gewährten Freiheit – Ehelosigkeit als freiem Charisma – widerstreitet ein allgemeines Gesetz der Ehelosigkeit für den Klerus.
2. Die alte Tradition bestätigt die Schrift: Petrus, auf den Sie sich in Ihrem Amt besonders berufen, und die Apostel waren und blieben – Paulus selbst bezeugt es – auch in der vollkommenen Nachfolge Jesu verheiratet. Und dies blieb über das erste Jahrtausend hinaus Vorbild für Bischöfe und Priester. »Der Bischof soll untadelig sein, nur einer Frau Mann« (1 Tim 3, 2). Aus dem Ruf zur Vollkommenheit, Opferbereitschaft und Kreuzesnachfolge wurde damals – ganz nach dem Befund der Schrift – nie eine Zölibatsverpflichtung abgeleitet.
3. Die charismatische Ehelosigkeit, die vor allem in den Mönchsgemeinschaften ihren ursprünglichen Platz hatte, ist in späteren Jahrhunderten als ausdrückliches Eheverbot mißverstanden und auf den gesamten Klerus ausgedehnt und ihm mit zum Teil grausamen Mitteln aufoktroyiert worden.
4. In den östlichen Kirchen – mit Zustimmung Roms auch in den mit Rom unierten – ist die biblische Tradition der Priesterehe beibehalten worden, wie ja auch alle reformatorischen Kirchen das mittelalterliche Eheverbot für ihre Pfarrer aufgegeben haben. Es handelt sich bei diesem Eheverbot also um ein Sondergesetz des lateinischen Teiles der römisch-katholischen Kirche, das auch nach römischer Auffassung nicht ein göttliches, sondern ein rein kirchliches Gesetz ist: ius humanum, das jederzeit wieder aufgehoben werden kann.

5. Auf dem Zweiten Vatikanischen Konzil war die von vielen Bischöfen und Theologen gewünschte Diskussion über das Zölibatsgesetz – ebenso wie auch jene über die Geburtenregelung! – vom selben Papst untersagt worden, der sich dann in den Enzykliken über Zölibat und Geburtenregelung viele Male für seine Auffassung auf ebendasselbe Konzil berief. Offensichtlich befürchtete man in der Kurie, es käme bei diesen beiden Fragen genauso zu einer völligen Kehrtwendung wie in der vom Konzil offen diskutierten Frage der Religions- und Gewissensfreiheit oder der Judenfrage.

6. In der nachkonziliaren Zeit setzte sich trotz aller päpstlicher Mahnungen bei Klerus und Laien immer mehr die Überzeugung durch, daß dieser ungemein einschneidende gesetzliche Eingriff in die Persönlichkeitsrechte des Menschen nicht nur gegen das Evangelium und die ursprüngliche freiheitliche Ordnung der Kirche, sondern auch gegen das heutige Verständnis der Freiheit des Individuums – gegen das auch von den Päpsten bejahte Menschenrecht auf Ehe – verstoße. Auch verschiedene Bischofskonferenzen haben deshalb Rom um die grundlegende Änderung des Zölibatsgesetzes ersucht, wie ja auch die römische Bischofssynode in ihrer Mehrheit eine solche gewiß befürwortet hätte, wenn dies nach dem Willen Papst Pauls VI. gewesen wäre.

Heiliger Vater, ungeheuer sind die Opfer, die unsere Kirche für die Mißachtung der Freiheit des Evangeliums und des Menschenrechtes auf Ehe bezahlt hat und noch immer täglich bezahlen muß:
Zehntausende von Priestern mußten in den letzten Jahren überall auf der Welt gegen ihren Willen ihr priesterliches Amt vor allem wegen des Zölibatsgesetzes aufgeben.
Zehntausende durchaus qualifizierte junge Menschen in aller Welt sind deswegen nicht in den priesterlichen Dienst eingetreten.
Zehntausende von Pfarrstellen sind bereits jetzt unbesetzt, jeden Tag verwaisen mehr. In Ihrer polnischen Heimat ist die Lage auf Grund besonderer historischer und politischer Bedingungen zwar anders; aber Sie wissen, wie zahlreich auf diesem Gebiet auch dort die Probleme sind. In unseren Ländern wird jedenfalls die katastrophale Lage bald nicht mehr durch organisatorische Maßnahmen (ein einziger Pfarrer für immer mehr Gemeinden; Laien als Seelsorgerersatz; Kommunionfeiern als Eucharistieersatz) sich verschleiern lassen. Die Unruhe im Klerus und bei den Gläubigen nimmt zu. Und was Kardinal Joseph Höffner, Präsident der Deutschen Bischofskonferenz, be-

züglich des Priestermangels in Deutschland sagte, gilt leider für die allermeisten Regionen der katholischen Kirche: »Die Lage ist beängstigend.«

Dabei sind auch heute noch durchaus viele junge Menschen in West wie Ost bereit, im kirchlichen Amt für die Menschen zu arbeiten. Die Zahl der Theologiestudenten ist gerade im deutschen Sprachraum gewaltig angestiegen. Aber sie sind bis auf eine kleine Minorität nicht bereit, sich dem Zölibatsgesetz zu unterwerfen.

All dies bedenkend, bin ich mit vielen in unserer Kirche der Meinung: Mit neuen Ermahnungen, einem Insistieren auf dem Zölibatsgesetz und gar einer Verschärfung der Dispenspraxis, die ja die Probleme nur stauen und zu neuen Unehrlichkeiten Anlaß geben dürfte, wird nichts zu erreichen sein. Es wird in dieser Frage keine Ruhe geben, bis die Ehelosigkeit wieder wie zur Zeit Jesu und der Apostel der freien Entscheidung des Einzelnen anheimgestellt und das unter höchst bedenklichen Umständen eingeführte Kirchengesetz, wie schon überall außerhalb der römisch-katholischen Kirche lateinischen Ritus', rückgängig gemacht wird.

Ich möchte deshalb, Heiliger Vater, den Wunsch vieler Katholiken, Kleriker und Laien, Männer und Frauen, in aller Offenheit an Sie herantragen:

Rufen Sie die Priester zurück in den priesterlichen Dienst, die ihn nur wegen des Zölibatsgesetzes aufgeben mußten; sie fehlen uns allüberall.

Ersparen Sie unseren Theologiestudenten in aller Welt die aufgezwungene Wahl zwischen dem priesterlichen Dienst und der doch auch gottgewollten Ehe; wir brauchen dringend junge Priester allüberall. Geben Sie auch der Kirche des lateinischen Ritus die alte christliche Freiheit in dieser Sache wieder; das Evangelium selber verlangt dies.

Schaffen Sie dieses Hindernis für die Wiedervereinigung der christlichen Kirchen aus dem Weg; die Reformation hätte einen anderen Verlauf genommen, wenn man von Rom sogleich den berechtigten Forderungen nach Volkssprache in der Liturgie, Laienkelch und Priesterehe stattgegeben hätte. 450 Jahre hat es gedauert, bis man den Irrtum eingesehen und Volkssprache wie Laienkelch zugestanden hat. Wie viele Priester müssen wir noch verlieren, bis wir auch die Berechtigung der Priesterehe, mit der andere Kirchen gute Erfahrung gemacht haben, einsehen und anerkennen werden?

Sie werden jetzt, Heiliger Vater, sagen, die Erfüllung solcher Forderungen sei zumindest verfrüht. Aber sicher dürfte dann auch eine verbindliche Äußerung Ihrerseits in dieser Frage verfrüht sein. Deswegen bitte ich eindringlich zumindest um das eine und appelliere dabei an Sie als Seelsorger: Lassen Sie die Zölibatsfrage und ähnliche umstrittene Fragen in Ihrer Exhortation an den katholischen Klerus offen! Lassen Sie vielmehr die gesamte Problematik durch eine für die ganze katholische Kirche repräsentative Kommission, die aus den besten Fachleuten der Welt bestehen möge, sachlich und fair abklären.

Dieser Brief gibt mir die Gelegenheit, Sie davon zu unterrichten, daß ich denselben Wunsch nach sachlicher und fairer Abklärung auch für die umstrittene Frage der Unfehlbarkeit öffentlich geäußert habe. Anlaß gab mir die Veröffentlichung eines wichtigen Buches über die Unfehlbarkeitsdebatte auf dem Vatikanum I. Im Büchlein »Kirche – gehalten in der Wahrheit?«, das ich Ihnen gleichzeitig mit gesonderter Post zukommen lasse, habe ich selber einen Beitrag zur positiven Klärung der Unfehlbarkeitsfrage zu geben versucht. Sie selber wissen, wie sehr diese mit manchen der oben angesprochenen Probleme zusammenhängt.

Verzeihen Sie, Heiliger Vater, meine offene, aber von der Liebe zur christlichen Sache und zu unserer Kirche getragene Sprache. Ich bin jederzeit bereit, Ihnen diese Anliegen vieler auch persönlich vorzutragen, falls Sie das wünschen mögen und für ein Gespräch über diese komplexen Probleme genügend Zeit zur Verfügung haben sollten.

Gott segne Sie in Ihrem Primat des Dienstes an der katholischen Kirche und der ganzen Christenheit. Es grüßt Sie in aufrichtiger Ergebenheit

Hans Küng

1.11 Hans Küng: Brief an Bischof Moser (19. Februar 1979)

Universität Tübingen   Tübingen, 19. Februar 1979
Institut für Ökumenische Forschung
Direktor: Prof. DDr. H. Küng D. D.

Herrn
Bischof Dr. Georg Moser

Sehr verehrter, lieber Herr Bischof,
In den nächsten Wochen wird beim Piper-Verlag, der auch verschiedene meiner eigenen Publikationen verlegt hat, ein Buch meines Landsmannes Dr. August B. Hasler erscheinen: »Wie der Papst unfehlbar wurde. Macht und Ohnmacht eines Dogmas«. Schon 1977 hatte Hasler zu diesem Thema eine zweibändige historische Monographie veröffentlicht: »Pius IX. (1845–1878) Päpstliche Unfehlbarkeit und 1. Vatikanisches Konzil. Dogmatisierung und Durchsetzung einer Ideologie.« Die »Frankfurter Allgemeine Zeitung« hatte mich damals um eine Besprechung dieses Werkes gebeten. Inzwischen hatte sich wegen der bischöflichen Dokumentation über die Auseinandersetzung um »Christ sein« eine Konfrontation ergeben, die ich nicht verschärfen wollte. Meine bedingt erteilte Zusage zog ich deshalb wieder zurück.
Nun bat mich aber Dr. Hasler um ein Vorwort für sein neues Buch. Der Bitte meines Landsmannes, den ich seit seinen Studienjahren kenne, konnte ich mich unter diesen Umständen nicht versagen. Ich versuchte dieses Geleitwort so objektiv und unpolemisch wie möglich abzufassen: Im ersten Teil fasse ich die Ergebnisse der früheren Debatte zusammen; ich bin dabei nicht über das hinausgegangen, was ich schon in »Fehlbar? Eine Bilanz« (1973) ausführlich dargelegt habe. Der zweite Teil referiert knapp die Resultate des Hasler-Buches. Im dritten Teil schließlich versuche ich noch einmal die Frage nach der Kirchlichkeit und Katholizität einer solchen theologischen Position zu beantworten. Das Geleitwort endet mit der Bitte an die römischen Autoritäten, eine ökumenische Kommission aus international anerkannten Fachleuten der verschiedenen Disziplinen für die Klärung dieser durch das Hasler-Buch erneut brennend gewordenen Frage einzusetzen.
Da es im Rahmen eines Geleitwortes unmöglich war, die von Hasler an mich gestellte Grundfrage nach dem Bleiben der Kirche in der

Wahrheit trotz aller Irrtümer überzeugend zu beantworten, und mir am positiv aufbauenden Aspekt meiner Theorie mehr gelegen ist als am kritisch-abgrenzenden, habe ich gleichzeitig mit dem Geleitwort eine »Theologische Meditation« geschrieben unter dem Titel »Kirche – gehalten in der Wahrheit?«. Auch diese Meditation verdeutlicht nur, was ich bereits in der genannten Bilanz (letztes Kapitel von »Fehlbar?«) dargelegt hatte.

Es ist mir, lieber Herr Bischof, wichtig zu betonen: Mit meinem Geleitwort und der sie begleitenden theologischen Meditation soll kein neuer Unfehlbarkeitsstreit provoziert werden. Wohl aber liegt mir nach wie vor daran, daß die Unfehlbarkeitsfrage exegetisch, historisch und systematisch-theologisch untersucht wird, in objektiver Sachlichkeit und wissenschaftlicher Redlichkeit. Um dieses positiven Anliegens willen habe ich auch Anfragen bezüglich einer separaten (oder gar vorzeitigen) Veröffentlichung meines Vorwortes abgelehnt. (Den Abdruck einzelner Passagen kann ich natürlich nicht ausschließen.)

Um diese Information zu vervollständigen, werde ich Ihnen so bald wie möglich Vorausexemplare sowohl von Haslers Buch wie meiner Theologischen Meditation zukommen lassen.

Mit freundlichen Grüßen bin ich   Ihr ergebener
                                                       Hans Küng

Quelle: Dokumentation des Sekretariats der Deutschen Bischofskonferenz

1.12 Bischof Moser: Brief an Hans Küng (5. April 1979)

DER BISCHOF VON ROTTENBURG-STUTTGART
DR. GEORG MOSER   Rottenburg, 5. April 1979

Herrn Professor
DDr. Hans Küng

Sehr geehrter, lieber Herr Professor Küng!
Für Ihren Brief vom 19. 2. 1979 und die kürzlich eingegangene Sendung Ihrer Publikation »Kirche – gehalten in der Wahrheit?« sowie des Buches von August Hasler »Wie der Papst unfehlbar wurde«, zu

dem Sie das Vorwort verfaßt haben, danke ich Ihnen.

Ich will Ihnen nicht verheimlichen, daß mich die Lektüre Ihrer beiden Beiträge zur Frage der päpstlichen Unfehlbarkeit zutiefst betroffen gemacht hat. Ich finde darin nur jene Thesen in aller Schärfe wieder, die von der Kongregation für die Glaubenslehre am 15. 2. 1975 beanstandet und von der Deutschen Bischofskonferenz am 17. 2. 1975 als überprüfungs- und korrekturbedürftig betrachtet wurden.

Deshalb ist es mir schlechterdings unverständlich, daß Sie der Meinung sind, Ihre jetzigen Äußerungen sollen keinen neuen Unfehlbarkeitsstreit provozieren. Ihr Vorgehen kann meines Erachtens gar nicht anders denn als Provokation verstanden werden. Ich nehme deshalb an, daß ein unerquickliches Nachspiel unvermeidbar ist und sich große Schwierigkeiten ergeben werden.

Obwohl ich im Augenblick nicht sehe, wie es nun weitergehen soll – zumal Sie ja als theologischer Lehrer nach wie vor an der Ausbildung unserer Diözesantheologen beteiligt sind –, bin ich wie bisher zum Gespräch und zum vertretbaren Brückenbau bereit.

Mit freundlichen Grüßen
bleibe ich Ihr
+ *Georg Moser*
Bischof

1.13 Hans Küng: Ein Jahr Johannes Paul II. (13. Oktober 1979)

In seinen zahlreichen Ansprachen und besonders auf seinen Reisen nach Irland und in die Vereinigten Staaten hatte Johannes Paul II. zu wichtigen umstrittenen Fragen des kirchlichen Lebens eine stark konservative Position eingenommen. Eine heftige interne Diskussion über den Kurs des neuen Papstes kam in Gang, und eine Bilanz des ersten Jahres drängte sich auf. Eine erste Stellungnahme Küngs erfolgte in der Fernsehsendung »Report« vom 18. 9. 1979, deren Text nachher vom Sekretariat der Bischofskonferenz mit dem Vermerk »Streng vertraulich. Nur für die Mitglieder der Bischofskonferenz« allen deutschen Bischöfen zugeschickt wurde. Am 13. 10. 1979 veröffentlichte Küng seinen Versuch einer Zwischenbilanz als Anfrage, wobei er das von ihm mitunterzeichnete Memorandum zur Papstwahl (Dokument 1.9) als Vorlage für seine kritische Analyse nahm. Dieser Artikel wurde welt-

weit in großen Zeitungen veröffentlicht. Später wurde von offizieller Seite heftig bestritten, daß diese Kritik am Papst etwas mit dem Entzug der Lehrbefugnis zu tun habe.

Zwölf Monate sind eine kurze Zeit. Doch für einen energischen und unermüdlich tätigen Papst wie Johannes Paul II. – so viele Ansprachen, so viele Reisen! – sind zwölf Monate eine lange Zeit. Keine wichtige Frage, in der sich dieser Papst nicht bereits festgelegt hätte; die Konturen seines Pontifikats treten schon nach einem Jahr klar und unverwechselbar hervor. Des Papstes intensive Tätigkeit in Rom und vor allem seine triumphalen Reisen nach Mexiko, Polen, Irland und die Vereinigten Staaten zeigten ihn der Weltöffentlichkeit als einen eindrucksvollen Vorkämpfer des Friedens, der Menschenrechte, der sozialen Gerechtigkeit, aber auch einer starken Kirche: einen Mann, der die Sehnsucht der Massen nach dem – in der heutigen Welt so selten gewordenen – moralisch vertrauenswürdigen Führer in imponierender und publizistisch höchst gewandter Weise zu befriedigen weiß.

Wir könnten im Lob dieses Papstes weiterfahren, der erstaunlich rasch der Liebling der Massen und der (in der Politik seit langem vermißte) Superstar der Medien, für manche in der katholischen Kirche bereits eine Art lebendiger Kultfigur, beinahe so etwas wie ein neuer Messias für unsere Zeit, geworden zu sein scheint. Doch bei solchem Vergleich stockt manchem denn doch ein wenig der Atem: Kann man sich Jesus von Nazaret, den die Massen bekanntlich zum König machen wollten und dessen »Stellvertreter« auch dieser Papst zu sein beansprucht, so vorstellen? Hat der Papst in all dem, was er in Dogma und Moral so vehement vertritt, wirklich die Botschaft jenes Einen hinter sich?

Nun, an diesem Maßstab gemessen, muß jeder scheitern. Hier geht es nur um den Versuch einer – wie uns scheint vom Papst selber durch sein Reden und Handeln herausgeforderten – Zwischenbilanz. Ob es erlaubt, ob es besonders dem katholischen Theologen gestattet ist, statt in den euphorischen Applaus so vieler einzustimmen, kritische Fragen zu stellen, wie sie nun freilich ebenfalls von Millionen denkender Menschen in und außerhalb der katholischen Kirche ausgesprochen oder geahnt werden? Für viele traditionelle Katholiken ist ja eine Kritik am Papst, selbst wenn sie aus loyalem Engagement für diese katholische Kirche kommt, unverzeihlicher als eine Blasphemie. Wir aber meinen – bestärkt von der Bitte so vieler in unserer

Kirche nach einem »klärenden Wort« –, daß der Papst, dieser Diener der Diener Gottes, ein Recht hat auf ein solidarisch-kritisches Echo aus seiner eigenen Kirche, das die Stimmen der vielen wiederzugeben versucht, die allenfalls im Familienkreis vor dem heimischen Bildschirm, in der Öffentlichkeit aber kaum zu Worte kommen. Schließlich hat ja nicht nur der durchaus päpstlich gesinnte Thomas von Aquin behauptet, daß »correctio fraterna« (brüderliche Kritik) Pflicht und Notwendigkeit sei, auch Prälaten der Kirche gegenüber. Wir sind überzeugt, daß Johannes Paul II., dem es an christlichem Selbstbewußtsein gewiß nicht mangelt, solche »correctio fraterna« unvoreingenommen zur Kenntnis zu nehmen vermag.

Im Sinn dieser brüderlichen Kritik sollen hier keine beliebigen und auf diesen Papst speziell zugeschnittenen Kriterien angewandt werden. Vielmehr mag jene Erklärung zur Vorlage dienen, die eine internationale Gruppe kompetenter Theologen nach dem Tod Pauls VI. für die kommende Papstwahl unter dem Titel »Der Papst, den wir brauchen« in zahlreichen großen Zeitungen veröffentlicht hat. So halten wir uns denn an jene Erklärung, um auf diese Weise zu einer möglichst differenzierten Zwischenbilanz zu gelangen: dem *Versuch* einer Zwischenbilanz, und nur einer *Zwischen*-Bilanz. Sechs Fragen sind zu stellen und – ganz im Anschluß an den damaligen Text – mit dem Blick auf Papst Wojtyla zu beantworten.

1. Ein weltoffener Mensch? Nach der damaligen Erklärung darf festgestellt werden:
Bei allen unumgänglichen persönlichen Grenzen strahlt der Papst aus Polen Menschlichkeit aus.
Er kennt die Welt, wie sie ist, mit ihren Höhen und Tiefen, ihrem Glanz und ihrem Elend, und er versucht, das Gute in ihr zu bejahen.
Bei allem Respekt vor Vergangenheit und Tradition steht er aufgeschlossen-kritisch in der gegenwärtigen Gesellschaft.
Doch steht er auch ebenso aufgeschlossen-kritisch in seiner eigenen Kirche, in der kirchlichen Institution?
Gewiß: Er will offen sein für die Zeichen der Zeit, kennt er aber auch genügend – gerade bezüglich der Fragen des Glaubens und der Moral – die veränderte Mentalität der Menschen (und besonders auch der jüngeren Frauen)?
Gewiß: Er versteht glaubwürdig die Sprache der Menschen heute zu sprechen. Nimmt er aber die Erkenntnisse der heutigen Wissenschaften genügend ernst?

Hat er bei aller betonten Menschlichkeit den antiquierten kurialen Stil wirklich aufgegeben und ihn nicht vielmehr in anderer, populärerer Form weltweit weiterpraktiziert?

2. Ein geistiger Führer? Von der damaligen Erklärung her muß unterschieden werden:

Dieser Papst bringt den Menschen in und außerhalb der Kirche Vertrauen entgegen und wird selber von Vertrauen getragen.

Er hat Mut und macht anderen Mut, statt nur zu mahnen und zu tadeln. Er will nicht autoritär sein und hat doch Autorität: nicht nur eine formale, juridische, institutionelle, sondern eine persönliche, sachliche und charismatische Autorität.

Und doch, bei aller Beweglichkeit und Klugheit, Fragen stellen sich an den Führungsstil dieses Papstes vor allem seiner eigenen Kirche gegenüber:

Wird nicht gerade dort, wo er vermutlich die Mehrheit auch in der katholischen Kirche gegen sich hat, weniger begründet als dekretiert, weniger beseelt als befohlen, weniger im Dialog um Zustimmung gerungen als einsam entschieden? Und dies in so wichtigen Fragen wie Geburtenregelung, Ehescheidung, Zölibat, Frauenordination?

Viele Katholiken und Nichtkatholiken zweifeln ernsthaft, ob dieser Papst aus einem totalitär geführten Land mit einer (aus innenpolitischen Gründen verständlichen) autoritär-geschlossenen Kirche in allem ein Garant für die Freiheit und Offenheit innerhalb unserer Kirche sein wird.

3. Ein echter Seelsorger? Auch hier die Unterschiede:

Dieser Papst versteht sich zunächst als Bischof von Rom und so als universaler Hirte.

Niemand wird behaupten können, er sei nur kirchlicher Administrator oder Generalsekretär, ein kirchlicher Jurist, Diplomat oder Bürokrat. Nein, der Papst möchte ein Seelsorger im Dienst an den Menschen sein, der nicht herrschen, sondern helfen will.

Er will in Güte und Schlichtheit offen sein für alle Nöte der Menschen bei ihrer Suche nach Glauben, Hoffnung und Liebe.

Und doch: Ist dieser Papst angesichts jubelnder Massen und übervoller Audienzen wirklich vor allem Personenkult früherer Päpste (etwa Pius' XII.) gefeit?

Begnügt er sich in manchen entscheidenden Fragen von Leben und Sterben, Gut und Böse und insbesondere der menschlichen Geschlechtlichkeit (bei so komplexen Problemen wie Abtreibung und Homosexualität) nicht mit harten Verdikten (»unaussprechliches Verbrechen«), statt ohne Angst positive Wegweisung zu geben? Erscheint er so nicht schon jetzt vielen Katholiken und erst recht Nichtkatholiken leider mehr als doktrinärer Verteidiger alter Bastionen denn als ein – in Respekt vor der Kontinuität der Kirche in Lehre und Leben – pastoraler Vorkämpfer für eine von der befreienden Botschaft Jesu her erneuerten Verkündigung und Praxis der Kirche?

4. Ein kollegialer Mit-Bischof? Nach der damaligen Erklärung, die sich nicht zuletzt auf das Zweite Vatikanische Konzil stützte, können folgende Fragen nicht verschwiegen werden:
Bei aller verbalen Beteuerung von Kollegialität: scheut dieser Papst bisher nicht das Risiko, seine Macht (nach dem Vorbild Johannes XXIII. und der Forderung des Konzils) mit den Bischöfen kollegial zu teilen? Trat er nicht überall weniger als Bruder unter Brüdern denn als Monarch vor Untergebenen auf (kein Anhören und keine echte Diskussion, Betonung von Hierarchie, Lehramt, Primat, Unfehlbarkeit)?
Ist bei seinem gegenwärtigen Regierungsstil wirklich echte Kollegialität zu erwarten – selbst wenn er die Bischofssynode (oder auch das ohnehin römische Kardinalskollegium) aufwerten und den Bischofskonferenzen und diözesanen Räten einige konkrete Kompetenzen einräumen sollte?
Müßte er – wofür bisher alle Anzeichen fehlen – nicht entschieden dem Zentralismus absagen, das Nuntiaturwesen grundlegend überprüfen und die römische Kurie weniger nur äußerlich-organisatorisch, sondern im Sinn des Evangeliums erneuern?
Läßt bisher irgend etwas darauf schließen, daß er in dieser seiner Kurie neben den verschiedenen Nationalitäten auch verschiedene Mentalitäten, daß er nicht nur Alte, sondern auch Junge, nicht nur Männer, sondern auch Frauen zu Führungspositionen heranziehen will?
Ist es nicht über den Kreis der Fachleute hinaus deutlich, daß dieser Papst aus Polen – wie seine bisherigen theologischen Veröffentlichungen und überaus zahlreichen offiziellen Äußerungen zeigen – über die neueren Entwicklungen in der Theologie (kritische Exegese und Dogmengeschichte, neuere Entwicklungen der Moraltheologie in Nordamerika oder der Befreiungstheologie in Lateinamerika, von protestantischer Theologie ganz zu schweigen) kaum genügend unterrichtet ist?

Läßt er in den kurialen Organen nicht wie bisher nur die traditionelle römische Theologie präsent sein, und werden nicht sogar mit seiner Billigung andere katholische Richtungen – trotz seiner Rufe nach Menschenrechten außerhalb der Kirche – inquisitorisch verfolgt: Man denke an die Inquisitionsverfahren gegen Theologen wie die gegen Jacques Pohier in Frankreich, Edward Schillebeeckx in Holland, Bernhard Hasler in der Schweiz, verschiedene namhafte Moraltheologen in den Vereinigten Staaten... Der Diffamierungskampagne gegen lateinamerikanische Befreiungstheologen (angeblich allesamt marxistische Revolutionäre), zu der er selber Anlaß bot, ist er nie entgegengetreten.

5. *Ein ökumenischer Vermittler?* Die damalige Erklärung drängt auch hier nicht zu verschweigende Fragen auf:

In und außerhalb der katholischen Kirche mehren sich die Zweifel, ob dieser Papst sein Petrusamt (nach dem Beispiel Johannes' XXIII.) als einen vom Evangelium her erneuerten und der christlichen Freiheit verpflichteten Dienstprimat innerhalb der Christenheit (oder nur, nach dem Beispiel Pius' XII., als römisch-absolutistischen geistlichen Herrschaftsprimat) versteht.

Hat er bisher (in Rom und auf Reisen) – trotz seines verbalen Bekenntnisses zum Ökumenismus – den Dialog und die Zusammenarbeit mit den anderen christlichen Kirchen mit theologisch-praktischen Schritten vorangetrieben, oder hat er alles in allem nicht eher gebremst? Hat er nicht als sammelnde Kraft zwar für die Einheit der katholischen Kirche gewirkt, aber sich doch kaum für eine Einheit in der Vielfalt eingesetzt?

Hat er nicht – statt ein Beispiel christlicher Wandlungsbereitschaft zu geben – disziplinäre und dogmatische Hindernisse, die nun einmal bei Rom liegen, eher neu betont als aus dem Weg geräumt (Jurisdiktionsprimat, Unfehlbarkeit, Marianismus, traditionalistische Ehemoral)?

Hat er nicht auch die Zusammenarbeit mit dem Weltrat der Kirchen zwar weitergehen lassen, aber bisher kaum sichtbar gefördert?

Hat er bei allen guten Worten für die Juden (in New York außerhalb der UNO) die geistliche Verwandtschaft der Christen mit den Juden auch praktisch ernstgenommen (Erwähnung von Auschwitz, aber nicht des jahrhundertelangen »christlichen« Antisemitismus, auch in Polen)? Vielleicht wollte er mit der Betonung der Rechte der Palästinenser (und der Unterlassung jeglicher diplomatischer Anerkennung des Staates Israel) das Gemeinsame mit dem Islam aktivieren; aber hat er durch seinen Stil das Gespräch mit den Weltreligionen wirklich kritisch-selbstkritisch vorangebracht?

6. Ein wirklicher Christ? Nach der damaligen Erklärung wird man es nicht bestreiten können:

Dieser Papst, der erfreulicherweise kein Heiliger und kein Genie zu sein beansprucht, will bei allen Grenzen, Fehlern und Mängeln wahrhaft Christ sein: orientiert im Denken, Reden, Tun am Evangelium Jesu Christi als der entscheidenden Norm.

Er versucht, ein überzeugender Verkünder der frohen Botschaft zu sein, gegründet in starkem geprüftem Glauben und in unerschütterlicher Hoffnung.

Er will in Gelassenheit, Geduld und Zuversicht dieser Kirche vorstehen, die ja kein bürokratischer Apparat, kein geschäftliches Unternehmen, keine politische Partei, sondern die große Gemeinschaft der Glaubenden ist.

Er will als moralische Autorität mit Sachlichkeit, Leidenschaft und Augenmaß sich einsetzen nicht nur für die Interessen der kirchlichen Institution, sondern für die Verwirklichung der christlichen Botschaft unter den Menschen.

Und gerade das Engagement für die Unterdrückten und Benachteiligten in aller Welt betrachtet er als seine besondere Verpflichtung.

Trotzdem – so muß jetzt hinzugefügt werden – fragen sich viele Menschen in und außerhalb der katholischen Kirche:

Entspricht diesem Engagement nach außen in der Welt auch das Engagement nach innen, in der Kirche, in der kirchlichen Institution selbst? Ist eine Predigt an die Welt zur Umkehr glaubwürdig, wenn Papst und Kirche bei solcher Umkehr nicht selber praktisch vorangehen – auch und gerade dort, wo sie selber betroffen sind?

Können Papst und Kirche den Menschen von heute überzeugend ins Gewissen reden, wenn nicht gleichzeitig innerhalb der Kirche und ihrer Leitung eine selbstkritische Gewissenserforschung mit für sie selber unbequemen Konsequenzen stattfindet?

Ist die Rede von der grundlegenden Erneuerung der menschlichen Gesellschaft glaubwürdig, wenn nicht auch die Reform der Kirche an Haupt und Gliedern in Lehre und Leben entschieden weitergeht und auch unangenehme Anfragen (wie etwa die nach Bevölkerungsexplosion, Empfängnisverhütung und kirchlicher Unfehlbarkeit) endlich ernstgenommen und ehrlich beantwortet werden?

Ist das Eintreten der Kirche für die Menschenrechte in der Welt ehrlich, wenn in der Kirche selbst gleichzeitig Menschenrechte nicht voll gewahrt werden: Recht auf Ehe für Amtsträger, wie sie im Evangelium selber und in der alten katholischen Tradition gewährleistet ist; Recht auch auf Ausscheiden aus dem priesterlichen Amt mit kirchlicher Dispens nach eingehender Gewissensprüfung (statt des vom jetzigen Papst eingeführten unmenschlichen, bürokratischen Dispensverbots für Priester); Recht der Theologen auf freie Forschung und Meinungsäußerung; Recht der Ordensfrauen auf Wahl ihrer eigenen Kleidung; Ordination der Frau, wie sie durchaus vom Evangelium her für die heutige veränderte Situation vertreten werden kann; Selbstverantwortung der Ehepartner für Empfängnis und Kinderzahl?

Muß sich also der Vatikan nicht fragen lassen, warum er selbst die Helsinki-Schlußakte unterzeichnete, der Menschenrechtserklärung des Europarats aber bis heute nicht beigetreten ist?

Doch genug der Anfragen! Manche Menschen haben Zweifel, ob dieser Papst, der so kraftvoll seine Auffassung öffentlich zu vertreten weiß und auf viele komplizierte Fragen einfache Antworten zu geben vermag, sich noch ändern, noch dazulernen kann? Das möchten wir wünschen. Ein Jahr seines Pontifikats ist vorbei, aber eben nur ein Jahr. Noch sind manche Türen offen, und manche vorzeitig geschlossenen könnten wieder geöffnet werden. Dazu wollte die vom Papst selbst provozierte Neubearbeitung unserer damaligen Erklärung helfen: der bescheidene Versuch einer Zwischen-Bilanz als Anfrage und keinesfalls als definitives Urteil. Im übrigen aber muß in der katholischen Kirche das Wort eines großen Vorgängers Papst Johannes Pauls II. gelten: »Wenn aber an der Wahrheit Ärgernis genommen wird, dann wird es besser zugelassen, daß ein Ärgernis entsteht, als daß die Wahrheit verlassen wird« (Gregor der Große).

Quelle: Frankfurter Allgemeine Zeitung, 13. Oktober 1979

1.14 Kardinal Ratzinger: Küng vertritt nicht mehr den Glauben der Kirche (11. November 1979)

Am 16. Oktober 1979 wird Kardinal Ratzinger am Deutschlandfunk über die einjährige Amtszeit Johannes Pauls II. interviewt. Zur Kritik Küngs am Papst nahm Küngs früherer Tübinger Kollege kritisch, aber sachlich Stellung. Vom 5. bis 9. November fand dann die Vollversammlung des Kardinalskollegiums im Vatikan statt. Bei dieser Gelegenheit wurden die deutschen Kardinäle vom Papst in Privataudienz empfangen. Unmittelbar nach seiner Rückkehr äußerte sich Kardinal Ratzinger in ganz anderer Weise zu Küng, wobei auffälligerweise zum ersten Mal das Stichwort von der Missio canonica (kirchliche Lehrbefugnis) fällt. (Wir zitieren den aktuellen Nachrichtendienst der Katholischen Nachrichtenagentur.)

Der Tübinger Theologieprofessor Dr. Hans Küng vertritt nach Auffassung des Erzbischofs von München und Freising, Joseph Kardinal Ratzinger, nicht mehr den Glauben der katholischen Kirche. Dies erklärte der Kardinal bei einer Diskussionsveranstaltung mit Jugendlichen anläßlich der Korbinianswallfahrt der Jugend am Sonntag, 11. November, in Freising. Die Wirklichkeit sei die, daß Küng, mit dem er sich persönlich immer sehr gut verstanden habe, »ganz einfach nicht mehr den Glauben der katholischen Kirche vertritt«. Es sei »eine Frage der Redlichkeit und der Ehrlichkeit, zu sagen, daß er nicht den Glauben der katholischen Kirche darbietet, also auch nicht in deren Namen sprechen kann.«

So habe Küng, wie Ratzinger sagte, bestritten, daß die Kirche einem Theologieprofessor überhaupt eine Missio (einen kirchlichen Lehrauftrag) erteilen könne, weil der Professor »aus sich selbst« spreche. Gleichzeitig habe Küng jedoch den größten Wert darauf gelegt, daß ihm die Missio nicht entzogen wird. Dazu sagte der Kardinal wörtlich: »Ich kann mir ja schließlich nicht von der Kirche den Auftrag geben lassen, zu sagen, daß sie keinen Auftrag geben kann.« Darin sehe er, Ratzinger, jedenfalls einen Widerspruch. Es sei jedes Menschen Freiheit, zu denken, was er wolle, »und wir hoffen, daß es immer so bleibt«. Man könne beispielsweise im Sinne einer Partei oder sonstwie denken, aber natürlich könne etwa ein engagierter CSU-Mann nicht als SPD-Generalsekretär auftreten oder umgekehrt. Er müsse halt »unter der Firma in Erscheinung treten, deren Meinungen er von innen her vertreten kann und vertreten will, und da muß ganz schlicht gesagt werden, daß Küng energisch wesentliche Lehren der katholischen Kirche bestreitet, also nicht in ihrem Namen redet«. Ihm sei zu empfehlen, in seinem eigenen Namen oder in jemandes anderen Namen zu sprechen.

Im Zusammenhang seiner Ausführungen zu diesem Thema nahm der Kardinal auch zu der kürzlich bekanntgewordenen Intervention des Regensburger Ordinariates gegen die Absicht der katholischen Hochschulgemeinde Regensburg Stellung, Küng zu einem Vortrag über das Thema »Woran man sich halten kann« einzuladen. Die Hochschulgemeinde war auf Grund der Intervention veranlaßt worden, den Professor wieder auszuladen. Die Studentengemeinde, so erklärte dazu der Kardinal, sei eine Einrichtung des Bischofs. Wer dort spreche, sei ein vom Bischof Eingeladener, auch wenn diese Einladung nicht persönlich durch den Bischof erfolgt sei. Die Dinge hätten hier eine andere Qualität. Auch er, Ratzinger, müsse »in einer Veranstaltung, die unter meinem Namen stattfindet, sagen: das tut er nicht – er spricht nicht in meinem Namen«. Unter diesem Aspekt teilte Ratzinger mit, daß Küng mit dem gleichen Vortragsthema vom katholischen Bildungswerk in Rosenheim eingeladen worden sei. Es sei überlegt worden, ob man angesichts »der bestehenden Lage« versuchen sollte, das Auftreten Küngs auch dort zu verhindern. Dazu der Kardinal wörtlich: »Ich habe gesagt, es soll so stattfinden, denn Rosenheim hat einen eigenen Rechtsträger. Dem kann man sagen, durch diese Rede werde wirklich nicht klargestellt, woran man sich halten kann.« Der Rechtsträger müsse selbst dafür die Verantwortung übernehmen, und man werde sich über dessen Kompetenz eben selbst ein Urteil bilden.

Um, wie Ratzinger weiter sagte, »Martyriumsbefürchtungen«, die jetzt um Küng entstehen könnten, ein wenig einzuschränken, wies der Kardinal darauf hin, daß es dem Tübinger Professor an Möglichkeiten des Redens nicht fehle: »Es gibt, glaube ich, keinen Bischof auf der ganzen Welt, den Papst ausgenommen, der soviel Möglichkeit hat, sich der Menschheit kundzutun, wie er.« Der Artikel beispielsweise, den Professor Küng über das 1. Jahr des Pontifikates von Papst Johannes Paul II. geschrieben habe, sei gleichzeitig in vielen großen Zeitungen der Erde erschienen, »von der FAZ über Le Monde bis nach Amerika und Italien«. Dieses Instrumentarium stehe ihm jederzeit zur Verfügung, »und ein deutscher Professor ist ja auch kein unbedingter Vertreter der Kirche der Armen«.

Quelle: Aktueller Nachrichtendienst der katholischen Nachrichtenagentur

1.15 Hans Küng: Presseerklärung zu den Äußerungen Kardinal Ratzingers (13. November 1979)

»Ein Kardinal sollte bei der Wahrheit bleiben, selbst wenn er vor Jugendlichen ins Plaudern gerät«, erklärte der katholische Tübinger Theologe Professor Hans Küng zu Äußerungen seines früheren Tübinger Kollegen Kardinal Joseph Ratzinger. Unwahr sei, daß Küng behauptet habe, die Kirche könne einem Theologen keine kirchliche Lehrbefugnis (Missio) erteilen, weil dieser »aus sich selber« spreche. Wahr sei vielmehr, daß Küng stets an der kirchlichen Lehrbefugnis gelegen habe und er diese gegen amtskirchliche Willkür in vielen Fällen verteidigt hätte. Als ein korrekter Interpret von Küngs Schriften habe sich der Münchner Kardinal freilich auch früher nicht erwiesen. Doch wäre zumindest zu hoffen, daß hohe kirchliche Amtsträger unter dem gegenwärtigen Pontifikat nicht wieder in die vorkonziliaren Gewohnheiten der Ketzerriecherei, der Unterstellungen und Diffamierungen zurückfallen. Die berechtigten Fragen zahlloser katholischer Laien und Seelsorger an die amtskirchliche Lehre, Moral und Disziplin ließen sich nicht dadurch erledigen, daß man die Theologen diskreditiere, die diese Klagen unverkürzt zur Sprache brächten. »Erschreckend ist«, sagte Küng, »wenn ein Bischof, über dessen mangelnden Kontakt mit seinem eigenen Klerus viele Klagen zu hören sind, sich nicht scheut, engagierte katholische Pfarrer und Laien in ihrer Kirchlichkeit herabzusetzen, nur weil sie es wagen, einen angeblich unbequemen katholischen Theologieprofessor in ihre Gemeinde einzuladen. Was hält der Vorsitzende der Bayerischen Bischofskonferenz eigentlich vom Urteilsvermögen und geistigen Niveau gestandener bayerischer Katholiken? Selbstverständlich habe ich nie den Anspruch erhoben, für die katholische Amtskirche zu sprechen; das ist nicht meine Aufgabe. Wohl aber erhob und erhebe ich den Anspruch, als katholischer Theologe innerhalb der katholischen Kirche für die berechtigten Anliegen ungezählter Katholiken zu sprechen. Wann endlich verstehen die Vertreter des finanziell so gut geölten und perfekt verwalteten kirchlichen Apparates den lautlosen Auszug Hunderttausender von Katholiken – immer weniger Kirchenbesucher, Taufen, Eheschließungen, besetzte Pfarrstellen – als Alarmzeichen zur selbstkritischen Besinnung? Darüber sollte man eigentlich im Geist alter Kollegialität freundschaftlich reden können.

1.16 Hans Küng: Brief an Kardinal Ratzinger (13. November 1979)

PROFESSOR DR. HANS KÜNG

Tübingen, 13. November 1979

Herrn
Kardinal Dr. Joseph Ratzinger

Durch Eilboten

Lieber Herr Ratzinger,

Es war mir stets ein Anliegen, daß Sachkontroversen nicht zu persönlich werden. Insbesondere habe ich mir Mühe gegeben, Ihren Namen nicht hineinzuziehen, wo mir dies nicht aufgezwungen wurde. Ihre Kritik an meiner Zwischenbilanz »Ein Jahr Johannes Paul II.« im Deutschlandfunk fand ich zurückhaltend und ohne persönliche Schärfen und habe ich hingenommen. Auch habe ich meine Freunde davor gewarnt, die Ereignisse in Regensburg und Rosenheim mit Ihrem Namen in Verbindung zu bringen.

Um so mehr war ich bestürzt über den frontalen Angriff auf meine Katholizität und intellektuelle wie moralische Integrität, der heute in vielen Zeitungen Deutschlands – unter anderem ausführlich in der FAZ – wiedergegeben ist. Zwar handelt es sich um Äußerungen, die Sie in Beantwortung der Fragen Jugendlicher gemacht haben und die vermutlich in dieser Form nicht in die Presse hätten kommen sollen. Aber sie waren öffentlich, sind in die Presse gekommen und haben ihre Wirkung auch über Deutschland hinaus.

Ich möchte Sie um Verständnis bitten, daß ich auf diese Angriffe ebenso deutlich antworten mußte. Zugleich bitte ich Sie, lieber Herr Ratzinger, herzlich, die Auseinandersetzungen nicht in diesem persönlichen Stil weiterzuführen, da dies alles gewiß nicht zum Wohl unserer Kirche ist.

Mit freundlichen Grüßen

Ihr
Hans Küng

Beilage:
Wortlaut meiner Presseerklärung

1.17 Bischof Moser: Stellungnahme zur Küng-Ratzinger-Kontroverse (15. November 1979)

Nach seiner Rückkehr von einer Chinareise wurde Bischof Moser im Verlaufe einer Pressekonferenz auf die Auseinandersetzung zwischen Kardinal Ratzinger und Hans Küng angesprochen. (Wir zitieren nach dem Informationsdienst der Katholischen Nachrichtenagentur.)

Der Bischof von Rottenburg-Stuttgart, Dr. Georg Moser, in dessen Diözese Tübingen liegt, erklärte nach seiner Rückkehr von einer Chinareise bei einer Pressekonferenz, von Journalisten auf den neuen »Fall Küng« angesprochen, der Tübinger Professor provoziere und sei bisweilen maßlos in der Form. Wer wie er immer ein ganzes Orgelwerk der Kritik aufziehe, wenn eigentlich die sachliche Erörterung einzelner Fragen angebracht wäre, brauche sich über harte Kritik überhaupt nicht zu wundern. Zugleich aber meinte Moser, sachliche Kritik und Anfrage, auch an den Papst, seien möglich; wer anfrage, sei nicht weniger katholisch als andere. Man brauche in der Kirche vor der Freiheit keine Angst zu haben. Niemand, gewiß auch Kardinal Ratzinger nicht, werde Küng persönlich den katholischen Glauben absprechen wollen. Küngs Äußerungen und überzogene Kritik ließen aber Zweifel an der Lauterkeit seiner Motive aufkommen. Küng dürfe das Gesetz der Brüderlichkeit nicht verletzen.

Quelle: Katholische Nachrichtenagentur – Informationsdienst Nr. 46, 15. November 1979

1.18 Kardinal Ratzinger: Brief an Hans Küng (16. November 1979)

DER ERZBISCHOF   München, 16. November 1979
VON MÜNCHEN UND FREISING

Herrn Professor
Dr. Hans Küng

Lieber Herr Küng!
Vielen Dank für Ihren freundlichen Brief vom 13. 11. 1979, der mich sehr gefreut hat. Ich gehe darin ganz mit Ihnen einig, daß die Sachkontroversen nicht zu persönlich werden dürfen; deshalb finde ich es

auch ermutigend, daß Sie am Schluß Ihrer Erklärung den Wunsch nach einem freundschaftlichen Gespräch in alter Kollegialität äußern. Ich kann dies nur begrüßen.

Die Sache selbst möchte ich jetzt nicht weiter kommentieren. Es liegt mir aber daran, Vergröberungen entgegenzutreten, die ich jetzt in der Presse lese. So habe ich von Anfang an gegen andere Tendenzen und gegen Wünsche, die aus Rosenheim an mich herangetragen wurden, daran festgehalten, daß Ihr dortiger Vortrag nicht behindert werden darf. In den Fall Regensburg habe ich mich weder positiv noch negativ eingeschaltet. Ich habe daher auch niemanden herabgesetzt, der Sie in seine Gemeinde eingeladen hat – das wollte ich doch vorab deutlich machen. Nun kann ich nur hoffen, daß die Veranstaltungen in Rosenheim wie in Regensburg nicht durch Fanatismus von der einen oder anderen Seite eine negative Wendung erfahren, die niemandem förderlich sein könnte.

Freundliche Grüße   Ihr
                                                       + *Joseph Ratzinger*

1.19 Hans Küng: Ich bin und bleibe ein Katholik (15. Dezember 1979)

Ohne etwas von dem in Rom bereits beschlossenen Missio-Entzug zu ahnen (»Meines Wissens läuft zur Zeit kein Verfahren gegen mich...«), gab Hans Küng noch drei Tage vor Bekanntwerden der am selben Tag vom Papst approbierten römischen Maßnahme der Tageszeitung »Die Welt« folgendes Interview:

»*Welt*«: Herr Professor Küng, in letzter Zeit wird Ihr Name wieder häufig in Zeitungsmeldungen genannt. In Rom hat jetzt der Jesuit Jean Galot, Professor an der päpstlichen Gregoriana-Universität, im Zusammenhang auch mit Ihrem Namen von einer falschen Sicht von Jesus gesprochen. Galot hat klar gesagt – ich gebrauche hier meine eigene Formulierung –, auch Sie glaubten nicht daran, daß Jesus wahrer Gott und gleichzeitig wahrer Mensch sei.

Küng: Ein Jesuitenpater im Radio Vaticana (der mich seit Jahren »verfolgt«) ist noch nicht der Vatikan oder auch nur eine vatikanische Dienststelle. Alte Ketzerhüte lasse ich mir von vornherein nicht aufsetzen; von Arius und anderen habe ich mich in meinen Publikationen schon genügend distanziert. Aber wer wollte leugnen, daß die traditionellen Glaubensaussagen bezüglich der Gottheit Christi heute vielen Menschen Schwierigkeiten bereiten und Fragen aufgeben?

Die großen christologischen Konzilien des 4. und 5. Jahrhunderts haben freilich nie Jesus von Nazaret simpel mit Gott identifiziert oder als Gott in menschlicher Verkleidung präsentiert. Gegen solche auch heute noch verbreitete Irrtümer haben sie nicht nur an der wahren Menschheit Jesu, sondern auch am Unterschied zwischen Vater und Sohn festgehalten. Jesus ist nach Schrift und Konzilien nicht einfach Gott, der Vater, sondern ist Gottes Sohn, Gottes Wort, Gottes Ebenbild.

»Welt«: Wie machen Sie diese komplizierten theologischen Unterscheidungen den Menschen von heute klar? Was bedeutet für Sie denn die Gottheit Christi?

Küng: In einem Zeitungsinterview ist das kaum ausreichend darzulegen; das kann man besser in meinen Büchern nachlesen, die allerdings gerade von denen nicht oder nicht unvoreingenommen gelesen werden, die mich am heftigsten anklagen. Aber hier ganz kurz: Auf die Frage, was für mich Gottheit Jesu oder Gottessohnschaft bedeutet (und Sie gestatten mir sicher, in diesem wichtigen Punkt zur Abwehr der gegenwärtigen Diffamierungskampagne das wörtlich zu zitieren, was ich geschrieben habe): »In Jesus – der uns Menschen als Gottes Sachwalter und Platzhalter, Repräsentant und Stellvertreter erschien und der, als der Gekreuzigte zum Leben erweckt, von Gott bestätigt wurde – ist für mich der menschenfreundliche Gott selber nahe und am Werk; durch ihn hat Gott selbst gesprochen, gehandelt, sich endgültig geoffenbart.

Die mythologischen, halbmythologischen und legendären Einkleidungen brauche ich hier so wenig wie im Glauben an den Schöpfer-Gott oder Vollender-Gott zu übernehmen. Aber an der Einzigartigkeit, Unableitbarkeit und Unüberbietbarkeit seiner Person und des mit ihr lautgewordenen Anrufs, Angebots und Anspruchs möchte ich festhalten. Weil durch ihn Gott selber definitiv spricht und handelt, ist er für mich der Christus Gottes, seine Offenbarung und sein Ebenbild, sein Wort und sein Sohn. Er und kein anderer: er als einziger, eingeborener, unigenitus!« (Existiert Gott? S. 751)

»Welt«: Seit Jahren sind Sie für Ihre Kirche eine Mischung von Enfant terrible und Ärgernis. Bisher war man Ihnen gegenüber insge-

samt eher nachsichtig. Der neue Papst, an dessen erstem Amtsjahr Sie öffentlich Kritik geübt haben, gilt als ziemlich entschlossen, wenn es um die Wahrung des Glaubens nach seinem Verständnis geht. Man spekuliert über ein Glaubensprüfungsverfahren. Werden Sie sich ihm diesmal unterwerfen? Auch wenn es in der nichtöffentlichen, bisher von Ihnen abgelehnten Form erfolgt? Und falls nicht: Glauben Sie, daß Sie weiterhin Ihren Lehrstuhl und die Missio canonica (den kirchlichen Lehrauftrag) behalten werden? Und schlimmstenfalls: Wäre eine Zurückversetzung in den Laienstand auch denkbar?

Küng: Ich fühle mich – verzeihen Sie – weder als »Enfant« noch als »terrible«, und meine kritische »Zwischenbilanz« nach dem ersten Pontifikatsjahr Johannes Pauls II. war fair, keineswegs nur negativ, sondern sehr konstruktiv.

Ich kann mir auch nicht denken, daß der Papst selber an einem erneuten Inquisitionsverfahren gegen mich interessiert ist, wiewohl mir die Fälle meiner Kollegen in Frankreich, Holland und Amerika sehr zu denken geben.

Zu einem Gespräch über umstrittene theologische Fragen unter gerechten und fairen Bedingungen war ich stets bereit. Zu einem inquisitorischen Geheimverfahren, das dem Geiste Jesu Christi und den Menschenrechten widerspricht, werde ich mich auch in Zukunft nicht bereit finden. Aber meines Wissens läuft zur Zeit kein solches Verfahren gegen mich, wiewohl solches sicher von vielen in Deutschland, die mich in Rom denunzieren, gefordert wird.

Meine Stellung in der Kirche als Priester und Theologe und meine kirchliche Lehrbefugnis werde ich auch weiterhin mit allen legitimen Mitteln verteidigen.

» Welt«: Sie haben mehrfach erklärt, Sie wollten nichts anderes sein als Katholik. Als unlängst Kardinal Ratzinger Ihr Katholisch-Sein anzweifelte, sagten Sie: »Es ist so, wie wenn man einem deutschen Politiker, der deutsche Politik kritisiert, das Deutsch-Sein bestreitet.« Erfordert aber Katholisch-Sein nicht völlige Unterwerfung unter das Lehramt der Kirche? Sind Kritik und Zweifel mit Katholisch-Sein vereinbar?

Küng: Wenn man einem katholischen Theologen sein Katholisch-Sein bestreitet, ist dies in der Tat ein unerhörter Vorgang. Zum ersten Mal seit dem Zweiten Vatikanischen Konzil hat ein hoher Amtsträger der katholischen Kirche in Deutschland, mein früherer Tübinger Kollege Ratzinger – nicht der zuständige Bischof – mit solch vorkonziliarer Methode operiert.

Was auch viele Katholiken erschreckt hat: Diese Herabsetzung meiner katholischen Rechtgläubigkeit und theologisch-moralischen Integrität hat eine Diffamierungskampagne ausgelöst, wie sie sich nicht zuletzt in zahlreichen Leserbriefen an alle möglichen Zeitungen und an mich selber niedergeschlagen hat.

Zur Sache: Nicht nur der ist katholisch, der in allen einzelnen Punkten mit der katholischen Hierarchie übereinstimmt! Solche Totalidentifikation ist eine ungerechtfertigte Überforderung. Es gibt zahllose gute Katholiken in aller Welt, die sehr berechtigte Fragen an amtliche Lehre, Moral und Disziplin haben, die sich nicht dadurch erledigen, daß man diejenigen diskreditiert, die diese Fragen vorbringen.

Nein, katholisch ist, wer sich als Glied der Ecclesia catholica versteht: Wem besonders an der »katholischen«, das heißt der »ganzen, allgemeinen, umfassenden, gesamten« Kirche gelegen ist! In diesem Sinne ging es mir gerade als Theologen darum, die christliche Wahrheit in katholischer Weite und Tiefe zu lehren. So habe ich mich um die in allen Brüchen sich durchhaltende Kontinuität von Glaube und Glaubensgemeinschaft bemüht: die Katholizität in der Zeit (Tradition). Ebenso um die alle Gruppen umfassende Universalität von Glaube und Glaubensgemeinschaft: die Katholizität im Raum.

Irrtümer sind – so selbstkritisch sollte man sein – möglich, aber nicht nur bei Theologen, sondern auch bei der katholischen Hierarchie, wie dies nicht nur der Fall Galilei – nach 350 Jahren zum ersten Mal von einem Papst als Irrtum offen zugestanden – beweist. Im Geiste der Katholizität gedenke ich auch weiterhin als katholischer Theologe in der katholischen Kirche die katholischen Anliegen zahlloser Katholiken zu vertreten und in diesem Sinne meine Missio canonica wahrzunehmen. Darin weiß ich mich einig mit zahllosen Theologen, Seelsorgern, Religionslehrern und Laien in unserer Kirche.

Quelle: Die Welt, 15. Dezember 1979

2. Entzug der kirchlichen Lehrbefugnis

2.1 Erklärung der Kongregation für die Glaubenslehre über einige Hauptpunkte der theologischen Lehre von Professor Hans Küng (15. Dezember 1979)

Aufgrund des versöhnlichen Briefes von Kardinal Ratzinger (Dokument 1.18) und schließlich doch unbehinderter Vortragstätigkeit in Süddeutschland und Österreich war der Eindruck entstanden, daß sich die Wogen um Hans Küng geglättet hätten. Doch die Ruhe täuschte. Bereits am Freitag, dem 14. Dezember 1979, hatte in Brüssel ein streng geheimes Treffen römischer und deutscher Autoritäten stattgefunden. Teilnehmer: Erzbischof Hamer, Sekretär der Römischen Glaubenskongregation; Erzbischof del Mestri, Apostolischer Nuntius in Bonn; Kardinal Höffner, Vorsitzender der Deutschen Bischofskonferenz; Prälat Homeyer, Sekretär der Deutschen Bischofskonferenz, und Bischof Moser von Rottenburg-Stuttgart. Hauptzweck: Koordinierung der Aktionen für einen unmittelbar bevorstehenden Missio-Entzug für Hans Küng. Bischof Moser, der vom Konkordat zuständige Ortsbischof, wird unter die besondere Schweigepflicht, das Sigillum der Glaubenskongregation, gestellt. Er äußert schwerwiegende Bedenken gegen das ganze Vorgehen der Kongregation und teilt diese fernmündlich und auch schriftlich dem wegen Erkrankung nicht anwesenden Präfekten der Glaubenskongregation, Kardinal Šeper, mit (vgl. Dokument 2.16). Nachdem aber Kardinal Šeper ebenso wie die anderen Teilnehmer auf den in Rom beschlossenen Maßnahmen bestehen, läßt sich Bischof Moser trotz aller Bedenken dazu überreden, dem Vorgehen zuzustimmen und die Strafmaßnahme durchzuführen, für die er nach dem Konkordat allein kompetent ist.
Für Dienstag, den 18. Dezember 1979, um 11.30 Uhr lädt das Sekretariat der Deutschen Bischofskonferenz zu einer Pressekonferenz nach Köln ein, ohne den Gegenstand bekanntzugeben. Gegen 10 Uhr gibt in Tübingen ein Kurier der Bonner Nuntiatur den lateinischen Text der Erklärung samt einem Begleitschreiben Kardinal Šepers im Hause Küng ab. Küng aber war nach Österreich verreist. Telefonisch wird er von der römischen Maßnahme verständigt, die ihn völlig unerwartet trifft. Er beauftragt einen Mitarbeiter, Bischof Moser dringend zu bitten, keine rechtsverbindliche Erklärung in dieser Sache abzugeben,

bevor Moser nicht ein Gespräch mit ihm geführt habe. Unterdessen jedoch hatte Kardinal Höffner in Köln das römische Dekret samt einer ausführlichen Erklärung der Deutschen Bischofskonferenz (Dokument 2.3) der Presse übergeben, und Bischof Moser ließ sich am Telefon nicht sprechen. Er selber hatte bereits in einer eigenen Erklärung seine Absicht dargetan, dem Minister für Wissenschaft und Kunst in Stuttgart den Missio-Entzug mitzuteilen (Dokument 2.4).
Die Erklärung der Kongregation für die Glaubenslehre hat folgenden Wortlaut:

Die Kirche Christi hat von Gott den Auftrag erhalten, das Glaubensgut zu bewahren und zu schützen, damit die Gesamtheit der Gläubigen unter Leitung des Lehramtes, durch das die Person Christi selbst als Lehrer in der Kirche wirkt, den einmal den Gläubigen übergebenen Glauben unverlierbar festhält, in ihn mit rechtem Urteil immer tiefer eindringt und ihn im Leben immer voller anwendet[1].

Das Lehramt der Kirche aber nimmt in der Ausübung dieses ihm allein anvertrauten schweren Amtes[2] die Tätigkeit der Theologen in Anspruch, vor allem derer, die in der Kirche amtlich die Lehrbefugnis erhalten haben und so auch ihrerseits in gewisser Weise Lehrer der Wahrheit geworden sind. Die Theologen, ebenso wie andere Wissenschaftler, haben in ihrer Forschung eine berechtigte wissenschaftliche Freiheit, aber innerhalb der Grenzen der theologischen Methode, wobei sie sich bemühen, auf ihre eigene Weise dasselbe Ziel zu erreichen, das auch das des Lehramtes ist, »nämlich das Gut der Offenbarung zu bewahren, noch tiefer von innen her zu verstehen, auszulegen, zu lehren und zu verteidigen, d. h. das Leben der Kirche und der ganzen Menschheit mit dem Licht der göttlichen Wahrheit zu erleuchten[3].

So ist es notwendig, daß bei der Erforschung und in der Unterrichtung der katholischen Glaubenslehre die Treue zum Lehramt der Kirche immer deutlich sichtbar wird, da es niemand erlaubt ist, Theologie zu betreiben ohne enge Verbindung mit dem Sendungsauftrag, die Wahrheit zu lehren, für den das kirchliche Lehramt selbst verantwortlich ist[4]. Wenn es an dieser Treue mangelt, wird auch allen Gläubigen Schaden zugefügt, die in ihrer Pflicht, den von Gott durch die Kirche erhaltenen Glauben zu bekennen, das heilige Recht haben, das unverfälschte Wort Gottes zu empfangen, und deshalb erwarten dürfen, daß ihnen drohende Irrtümer wachsam abgewehrt werden[5]. Wenn es nun vorkommt, daß ein Lehrer der theologischen Disziplinen sein eigenes Urteil und nicht den Glaubenssinn der Kirche als Norm der Wahrheit voranstellt, verbreitet und in diesem seinem Vorhaben beharrt, trotz aller seinetwegen in Sorge unternommenen Schritte, erfordert es die Ehrlichkeit und Redlichkeit, seitens der Kirche solche Verhaltensweise sichtbar zu machen und zur Entscheidung zu kommen, daß er künftig nicht mehr kraft des von ihr empfangenen Auftrages lehren kann[6].

Diese »Missio canonica« ist nämlich ein Zeugnis gegenseitigen Vertrauens: des Vertrauens der zuständigen kirchlichen Autorität gegenüber dem Theologen, der in seiner Forschungs- und Lehrtätigkeit sich als katholischer Theologe verhält; es ist aber auch das Zeugnis des Vertrauens des Theologen gegenüber der Kirche und ihrer unversehrten Lehre, denn im Auftrag der Kirche übt er ja sein Amt aus.

Da einige der in vielen Ländern verbreiteten Schriften des Priesters und Professors Hans Küng sowie seine Lehre bei den Gläubigen Verwirrung verursachen, haben die Deutsche Bischofskonferenz und die Kongregation für die Glaubenslehre des öfteren ihm Ratschläge und Mahnungen zukommen lassen mit dem gemeinsamen Ziel, ihn zu bewegen, seine Tätigkeit als Theologe in voller Einheit mit dem authentischen Lehramt der Kirche auszuüben.

Von dieser Grundhaltung bestimmt, hat die Kongregation für die Glaubenslehre, in Erfüllung ihrer Aufgabe, die Glaubens- und Sittenlehre in der Gesamtkirche zu fördern und zu schützen[7], am 15. Februar 1975 in einem öffentlichen Dokument erklärt, daß einige Lehrmeinungen des Professors Hans Küng in verschiedenem Grade zur Lehre der Kirche, wie sie für alle Gläubigen verbindlich ist, im Gegensatz stehen. Dabei hat die Kongregation besonders jene Lehrmeinungen betont, die von besonderer Bedeutung sind: das Dogma von der Unfehlbarkeit in der Kirche sowie die Aufgabe, das eine, heilige, nur dem lebendigen kirchlichen Lehramt anvertraute Glaubensgut des Wortes Gottes authentisch auszulegen und – schließlich – jene Auffassungen, die sich auf den gültigen Vollzug der Eucharistie beziehen.

Die Kongregation hat Professor Küng zugleich ermahnt, solche Auffassungen nicht weiter zu lehren, wobei sie erwarte, daß er seine eigenen Lehrmeinungen zur Übereinstimmung mit der authentischen kirchenamtlichen Lehre[8] bringen werde.

In Wirklichkeit jedoch hat Professor Küng seine oben erwähnten Lehrmeinungen bis heute in keiner Weise geändert.

Das steht vor allem fest bezüglich seiner Meinung, die das Dogma der

Unfehlbarkeit in der Kirche zumindest in Zweifel zieht oder aber auf eine bloß grundsätzliche Beständigkeit in der Wahrheit einschränkt, so daß das kirchliche Lehramt auch dort irren kann, wo es eine Lehre als definitiv verpflichtend erklärt. In dieser Sache hat sich Hans Küng der kirchlichen Lehre in keiner Weise genähert. Vielmehr hat er seine Auffassung neuerdings noch ausdrücklicher vorgelegt (insbesondere in seinen Schriften »Kirche – gehalten in der Wahrheit?«, Benziger-Verlag 1979, sowie »Zum Geleit« in dem Buch von A. B. Hasler, Wie der Papst unfehlbar wurde, Piper-Verlag 1979), obgleich die Kongregation damals erklärt hatte, daß diese Meinung der vom I. Vatikanischen Konzil definierten und vom II. Vatikanischen Konzil bestätigten Lehre widerspricht.

Die Folgerungen, die sich aus einer derartigen Auffassung ergeben, vor allem die Verachtung des kirchlichen Lehramtes, finden sich auch in anderen von ihm veröffentlichten Werken, sehr zum Schaden mancher Hauptstücke des katholischen Glaubens (z. B. was die Wesensgleichheit Christi mit dem Vater oder was die Jungfrau Maria betrifft). Diesen Glaubenssätzen wird nämlich ein anderer Sinn unterlegt, als ihn die Kirche verstanden hat und versteht.

Die Kongregation hat 1975 in dem genannten Dokument für damals von einem weiteren Vorgehen gegen die oben angeführten Lehrmeinungen Professor Küngs abgesehen, und zwar unter der Voraussetzung, daß Professor Küng von jenen Thesen Abstand nehmen wird. Da diese Voraussetzung nicht mehr gegeben ist, sieht sich die Kongregation entsprechend ihrer Aufgabe verpflichtet, nunmehr folgendes zu erklären: Professor Hans Küng weicht in seinen Schriften von der vollständigen Wahrheit des katholischen Glaubens ab. Darum kann er weder als katholischer Theologe gelten noch als solcher lehren.

Diese Erklärung, die in der ordentlichen Sitzung der Kongregation beschlossen worden ist, hat Papst Johannes Paul II. am 15. Dezember 1979 in einer Audienz, die er dem unten genannten Präfekten der Kongregation gewährte, approbiert und ihre Veröffentlichung angeordnet.

Gegeben zu Rom, Kongregation für die Glaubenslehre,
15. Dezember 1979
gez. Franciskus Cardinal Šeper
Präfekt
gez. Jerome Hamer
Sekretär

Anmerkungen

1 vgl. I. Vatikanisches Konzil, Dogmatische Konstitution »*Dei Filius*«, Kap. IV »De fide et ratione«: DS 3018; II. Vatikanisches Konzil, Dogmatische Konstitution »*Lumen gentium*«, N. 12
2 vgl. II. Vatikanisches Konzil, Dogmatische Konstitution »*Dei verbum*«, N. 10
3 vgl. Paul VI, Ansprache vom 1. Oktober 1966 an den Internationalen Kongreß über die Theologie des II. Vatikanischen Konzils: AAS 58, 1966, S. 891
4 vgl. Johannes Paul II, Konstitution Apost. »*Sapientia Christiana*«, Art. 70; Enzyklika »*Redemptor hominis*«, N. 19: AAS 71, 1979, S. 493, 308
5 vgl. Paul VI, Adhort. Apost. »*Quinque iam anni*«, AAS 63, S. 99f.; II. Vatikanisches Konzil, Dogmatische Konstitution »*Lumen gentium*«, N. 25
6 vgl. »*Sapientia Christiana*«, Teil 1, Kap. III, Art. 27: AAS 71 (1979), S. 483
7 vgl. das Apostolische Schreiben »Integrae Servandae«, N. 1, 3 und 4: AAS 57 (1965), S. 954
8 vgl. AAS 67/1975/pp. 303–304

Quelle: Dokumentation des Sekretariats der Deutschen Bischofskonferenz

2.2 Kardinal Šeper: Begleitschreiben zur Erklärung der Kongregation für die Glaubenslehre (15. Dezember 1979)

Sᴀᴄʀᴀ Cᴏɴɢʀᴇɢᴀᴛɪᴏ   Rom, 15. Dezember 1979
ᴘʀᴏ Dᴏᴄᴛʀɪɴᴀ Fɪᴅᴇɪ

PROT. N. 399/57/i
(In responsione fiat mentio huius numeri)

Sehr geehrter Herr Professor,
Die Kongregation für die Glaubenslehre mußte mit großem Mißfallen die Veröffentlichung Ihrer zwei neuen Publikationen zur Unfehlbarkeitsfrage zur Kenntnis nehmen, nämlich »Kirche – gehalten in der Wahrheit?«, Benziger-Verlag 1979, und »Zum Geleit«, Vorwort zum Buch von A. B. Hasler, »Wie der Papst unfehlbar wurde«, Piper-Verlag 1979. Darin tragen Sie aufs neue und in noch ausdrücklicherer Form Ihre schon früher geäußerten Meinungen zum Thema Unfehlbarkeit in der Kirche vor. Schon früher hatte diese Kongregation, ihrer spezifischen Aufgabe folgend (vgl. das Motu proprio »Integrae servandae«, c. 3,4), in einer Erklärung vom 15-2-1975 dazu Stellung genommen, wobei sie die ausdrückliche Bedingung stellte: »... haec S. Congregatio, de mandato Summi Pontificis Pauli VI., pro nunc Professorem Ioannem Küng monet, ne tales opiniones docere pergat ...« (A.A.S., 1975, p. 204).

91

Durch die Veröffentlichung Ihrer zwei oben genannten Schriften muß diese Kongregation aber die im zitierten Monitum gestellte Bedingung als nicht erfüllt betrachten. Sie sieht sich deshalb genötigt, der von Ihnen veränderten Sachlage Rechnung zu tragen und eine neue öffentliche Erklärung herauszubringen, von der wir Ihnen eine Kopie beilegen.

In der Hoffnung, daß Sie nach diesem unserem Schritt Ihre gegenwärtige Position in der Kirche erwägen wollen, verbleibe ich Ihr in Christus verbundener

Franc. Card. Šeper, Präf.

2.3 Stellungnahme des Vorsitzenden der Deutschen Bischofskonferenz zum Entzug der kirchlichen Lehrbefugnis Professor Dr. Hans Küngs (18. Dezember 1979)

Gegen die beanstandeten neueren kleinen Veröffentlichungen Hans Küngs zur Unfehlbarkeit war weder in Deutschland noch in Rom ein Verfahren durchgeführt worden. Dasselbe gilt auch von den Fragen der Christologie und der Mariologie. Gerade aber die Frage der Gottessohnschaft wird von Kardinal Höffner in seiner Stellungnahme besonders hervorgekehrt und wird in der Folge vom deutschen Episkopat sehr viel mehr als die wenig populäre Unfehlbarkeitsdoktrin zum Hauptangriffspunkt gegen Küng. Während in der bischöflichen Dokumentation Küngs mehr kritisches Vorwort zum Buch von Hasler »Wie der Papst unfehlbar wurde« abgedruckt wird, wird in derselben Dokumentation seine positiv gehaltene Theologische Meditation »Kirche – gehalten in der Wahrheit?« den Lesern vorenthalten.

1. Die Kongregation für die Glaubenslehre hat in einer »Erklärung« vom 15. Dezember 1979 festgestellt: Professor Hans Küng weicht in seinen Schriften von der vollständigen Wahrheit des katholischen Glaubens ab. Darum kann er nicht als katholischer Theologe gelten und nicht als solcher lehren. Entsprechend wird der zuständige Diözesanbischof, Herr Dr. Georg Moser, dem Wissenschaftsminister des Landes Baden-Württemberg mitteilen, daß die Voraussetzungen für das Nihil obstat nicht mehr gegeben sind und Herrn Professor Küng die vor 19 Jahren bei der Berufung an die Universität Tübingen erteilte Missio canonica entzogen ist. Damit sind nach einem fast 10jäh-

rigen Bemühen um die Klärung theologischer Grundlagen, die von Professor Küng in Zweifel gezogen werden, die unausweichlichen Konsequenzen gezogen worden. Die Deutsche Bischofskonferenz bedauert, daß es zu dieser schmerzlichen Entscheidung kommen mußte. Sie stellt sich uneingeschränkt hinter die Entscheidung der Kongregation für die Glaubenslehre und die daraus sich ergebenden Schritte von Herrn Bischof Moser. Aufgrund der gesamten Entwicklung war kein anderer Ausweg mehr gegeben.

2. Den Hauptgrund für diese Entscheidung sieht die Glaubenskongregation in Professor Küngs Lehre von der Unfehlbarkeit in der Kirche. Alle christlichen Kirchen und christlichen Gemeinschaften lehren eine Unzerstörbarkeit der Kirche Jesu Christi, die vor allem in der unverbrüchlichen Kraft und festen Zuverlässigkeit des Wortes Gottes beruht. Obgleich der Glaube der Kirche stets neu zu überdenken ist und darum bis zur Vollendung der Geschichte unabgeschlossen bleibt, schließt er ein verbindliches Ja und ein eindeutiges Nein ein. Anders ist ein Bleiben der Kirche in der Wahrheit Jesu Christi nicht möglich. Die katholische Kirche ist darüber hinaus der Überzeugung, daß der Kirche als ganzer und in besonderer und eigener Weise dem Amt in ihr (Episkopat, Konzil, Papst) die Gabe des Geistes verliehen ist, das einmal ergangene Wort Gottes in der Kraft seiner eigenen Wahrheit zu bewahren und untrüglich auszulegen. Darum gehören zum Bleiben der Kirche in der Wahrheit gewisse Glaubensaussagen. Diese haben einen unterschiedlichen Grad von Verbindlichkeit. Glaubenssätze, die der Auslegung des von der Schrift gemeinten Zeugnisses dienen und von der Kirche mit letzter Verbindlichkeit vorgetragen werden, heißen »Dogmen« im strengen Sinne. Das I. Vatikanische Konzil (1870) hat die Unfehlbarkeit der Verkündigung des Papstes zum Dogma erklärt und zugleich die Bedingungen eines solchen vollmächtigen Sprechens aus der Überlieferung der Kirche umschrieben. Das II. Vatikanische Konzil hat diese Lehre ergänzt und bekräftigt.

Professor Küng hat in seinem Buch »Unfehlbar? – Eine Anfrage« (Zürich 1970) und in anderen Schriften diese Lehre verkürzt, indem er zwar an einem grundlegenden Bleiben der Kirche in der Wahrheit festhalten will, das jedoch vereinbar sei mit faktischen Irrtümern in Glaubensentscheidungen, die das kirchliche Lehramt als unwiderruflich erlassen hat. Die Kirche bleibt in der Wahrheit »trotz aller immer möglichen Irrtümer«. Die Glaubenskongregation sieht darin eine Abschwächung der Gabe der kirchlichen Unfehlbarkeit und eine

Verletzung bzw. radikale Verdunklung des Dogmas von 1870. Professor Küng hat in jüngster Zeit sogar das Wort von einer »Revision der Beschlüsse des Vatikanum I« aufgegriffen.

Das Dogma von der Unfehlbarkeit in der Kirche mag zuerst im Gesamt des Glaubens als Randphänomen erscheinen, in Wirklichkeit bündeln sich in ihm grundlegende Probleme, wie z. B. die Wahrheitserkenntnis und die Auslegung der Offenbarung, ihre sprachliche Form und ihre Überlieferung, die Gewißheit des Glaubens und die Begründung der amtlichen Vollmacht in der Kirche. Irrtümer in diesem Bereich, der der wahren Erkenntnis der göttlichen Offenbarung dient, schaden der Sache des Glaubens.

Die von Professor Küng praktizierte theologische Methode, deren gefährliche Verengung mehrfach angesprochen wurde, hat in wichtigen Fragen einen Bruch mit der katholischen Glaubens- und Lehrtradition zur Folge. Dies wird vor allem in Professor Küngs Äußerungen bezüglich der Person Jesu Christi offenbar. In der zentralen christologischen Frage, ob Jesus Christus *wirklich* Sohn Gottes *ist,* d. h. unvermindert den Rang und die Seinshöhe Gottes einnimmt, ist er trotz aller Klärungsversuche einem entschiedenen und ins verbindliche Wort gefaßten Bekenntnis ausgewichen. Seit alter Zeit bekennen die Christen »wir glauben . . . an den einen Herrn Jesus Christus, Gottes eingeborenen Sohn, aus dem Vater geboren vor aller Zeit: Gott von Gott, Licht vom Licht, *wahrer Gott vom wahren Gott,* gezeugt, nicht geschaffen, *eines Wesens mit dem Vater*« (so im großen Glaubensbekenntnis von Nizäa 325). Dies hat Konsequenzen für unser Heil: wenn in Jesus Christus nicht *Gott selbst* sich für die Menschen hingegeben hat, dann fällt das Herzstück der christlichen Offenbarung. Alle Aussagen, auch über die Menschlichkeit bzw. Menschheit Jesu, sind für den christlichen Glauben nur wirklich bedeutsam, wenn sie innerlich mit dem wahren Gottsein Jesu Christi verbunden sind. Professor Küng beteuert zwar in allgemeiner Form, daß er die Gehalte der christologischen Dogmen bewahren und zur Geltung bringen wolle, er verdunkelt und vermindert jedoch faktisch ihre eindeutigen Aussagen. Grundlegende Unklarheiten über das Geheimnis der Person Jesu Christi bedrohen die Mitte nicht nur des katholischen, sondern des christlichen Glaubens überhaupt. Es ist darum kein Zufall, daß Professor Küng auch die Lehre über die Dreifaltigkeit Gottes, die Kirche, die Sakramente und Maria unzureichend darstellt.

Diese Mängel haben zu einer bedrängenden Verunsicherung im

Glauben beigetragen. Die Gläubigen haben jedoch auch heute ein Recht auf eine volle und eindeutige Darstellung unveräußerlicher Glaubenswahrheiten. Das Lehr- und Hirtenamt in der Kirche muß dafür Sorge tragen.

3. Die Glaubenskongregation mahnte Professor Küng im Hinblick auf das Verständnis der Kirche schon im Jahre 1967 nach Erscheinen seines Buches »Die Kirche« (Freiburg/Breisgau 1967). Am 30. April 1968 teilte die Glaubenskongregation Professor Küng mit, daß sie sein Buch »Die Kirche« prüfe. Zugleich lud die Kongregation Professor Küng zu einem Kolloquium ein. Obwohl Professor Küng sich grundsätzlich zu einem Kolloquium bereit erklärte, kam ein solches trotz wiederholter Einladungen nicht zustande. Nach Erscheinen des Buches »Unfehlbar? – Eine Anfrage« (1970) eröffnete die Glaubenskongregation gegen einige Lehrmeinungen dieses Buches ein Lehrverfahren und forderte Professor Küng auf, die seitens der Glaubenskongregation mitgeteilten Fragen zu beantworten. Der umfangreiche Briefwechsel führte zu keiner die Glaubenskongregation befriedigenden Antwort. Daraufhin veröffentlichte die Glaubenskongregation, die mit dem Schutz und der Förderung des Glaubens in der ganzen Kirche beauftragt ist, am 6. Juli 1973 die Erklärung MYSTERIUM ECCLESIAE, in der die Lehre des Tübinger Professors zurückgewiesen wird. Unter Bezugnahme auf diese Erklärung MYSTERIUM ECCLESIAE teilte die Kongregation Professor Küng schriftlich mit, daß hinsichtlich der beiden Lehrverfahren die Möglichkeit eines Kolloquiums offen sei. Falls Professor Küng die in der Erklärung MYSTERIUM ECCLESIAE enthaltene Lehre anerkenne, sei das laufende Verfahren über die beiden Bücher abgeschlossen. Trotz der Bemühungen auch von Kardinal Döpfner kommt das von Rom angebotene Kolloquium zur Klärung der Angelegenheit nicht zustande. Nachdem Professor Küng brieflich am 4. September 1974 der Glaubenskongregation versichert hatte, daß er die ihm eingeräumte »Bedenkzeit« nützen werde und daß er nicht ausschließe, daß sich seine »Lehrmeinung« im Laufe der Zeit der des Lehramtes »angleichen« könnte, hat die Glaubenskongregation in einer Erklärung vom 15. Februar 1975 »auf Weisung von Papst Paul VI. für *jetzt* die Mahnung (erteilt), solche Lehrmeinungen nicht weiter zu vertreten«. Das Lehrverfahren der Glaubenskongregation wurde »in dieser Sache *für jetzt* als beendet erklärt«. Die Deutsche Bischofskonferenz hat Professor Küng in einer begleitenden Erklärung vom 17. Februar 1975 an Prinzipien erinnert, die zum Grund-

verständnis katholischer Theologie gehören und die in einzelnen seiner theologischen Werke nicht ausreichend gewahrt wurden. Dies galt gerade auch für die Lehre von der Person Jesu Christi in Professor Küngs Buch »Christ sein« (München 1974). Als viele Bemühungen um Ergänzungen von seiten Professor Küngs scheiterten (vgl. auch das mehrstündige Stuttgarter Kolloquium am 22. Januar 1977), hat die Deutsche Bischofskonferenz zu dem Buch »Christ sein« am 17. November 1977 eine »Erklärung« veröffentlicht. Zugleich wurde der diesbezügliche Briefwechsel publiziert. Professor Küngs weitere Zusage, in seinem neuesten Werk »Existiert Gott?« (München 1978) die beanstandeten Themen zu klären, hat sich wiederum nicht erfüllt.

Professor Küng hat trotz der Mahnung der Glaubenskongregation vom 15. Februar 1975 im Frühjahr 1979 seine Lehrmeinungen über die Unfehlbarkeit in der Kirche nicht nur wiederholt, sondern in noch erheblich verschärfter Weise erneut vorgetragen (vgl. »Kirche – gehalten in der Wahrheit?« = Theologische Meditationen 51, Zürich 1979; Geleitwort »Der neue Stand der Unfehlbarkeitsdebatte« zu A. B. Hasler, Wie der Papst unfehlbar wurde. Macht und Ohnmacht eines Dogmas, München 1979, XIII-XXXVII). Die Glaubenskongregation beruft sich in ihrer Entscheidung vom 15. Dezember 1979 auf diese flagrante Verletzung der Bedingungen zur einstweiligen Einstellung des Lehrverfahrens im Februar 1975.

4. Die getroffene Entscheidung kann nur im Lichte dieser beinahe zehnjährigen Zeit der Diskussion und Auseinandersetzung verstanden werden. Die Vertreter der römischen Glaubenskongregation, die Vorsitzenden der Deutschen Bischofskonferenz und ihrer Glaubenskommission, vor allem Julius Kardinal Döpfner und Hermann Kardinal Volk, sowie der zuständige Bischof von Rottenburg, Dr. Georg Moser, haben in zahlreichen Schreiben, in persönlichen Gesprächen und vielen Initiativen eine Klärung der entstandenen Situation versucht. Sie haben dabei immer der theologischen Diskussion einen wichtigen Rang zuerkannt. Professor Küng hat weder die Jahre hindurch wiederholten Einladungen der Glaubenskongregation zu einem Kolloquium angenommen noch die von der Glaubenskongregation wie auch von der Deutschen Bischofskonferenz gestellten Fragen ausreichend beantwortet. Die zeitweilige Einstellung des Lehrverfahrens und die Erteilung der »Mahnung« vom Jahre 1975, rechtlich und prozedural nicht vorgesehen, stellten Formen des äußersten Entgegenkommens und den Versuch einer neuen Konfliktbewältigung

dar. Professor Küng hat diese Möglichkeiten nicht genutzt. Mit einer beispiellosen Unnachgiebigkeit und einer seltenen Unbelehrbarkeit – dies gilt trotz anderslautender Beteuerungen zur Gesprächsbereitschaft seinerseits – hat er sich weder von der umfassenden theologischen Diskussion noch von den lehramtlichen Initiativen zu einer Ergänzung, Modifikation bzw. Korrektur seiner Lehrmeinungen bestimmen lassen. In denselben Zusammenhang gehören seine z.T. maßlosen Angriffe gegen die Disziplin und Ordnung der Kirche.

5. Darum ist die durch die Glaubenskongregation getroffene Entscheidung unvermeidlich geworden. Die Deutsche Bischofskonferenz bedauert, daß so viele Bemühungen um eine andere Lösung gescheitert sind. Dem kirchlichen Amt ist in den letzten Jahren häufig vorgeworfen worden, daß es abweichende Lehrmeinungen dieser Art im Raum der Kirche dulde, während es beispielsweise gegen Erzbischof Lefebvre und seine Anhängerschaft scharf vorgehe. Die Glaubenskongregation, die Deutsche Bischofskonferenz sowie der Bischof von Rottenburg haben keinen Zweifel daran gelassen, daß sie ihre Aufgabe, den Glauben der Kirche zu schützen, nicht aus dem Auge verlieren werden. Die Glieder der Kirche haben ihrerseits ein Recht auf zuverlässige Verkündigung und auf Gewißheit im Glauben (nicht zu verwechseln mit falscher Sicherheit!), die durch die Lehrvollmacht in der Kirche und damit auch durch die Unfehlbarkeit, vermittelt durch den Geist Gottes, ermöglicht werden. Für diese Überzeugung sich einzusetzen bedeutet die Erhaltung der Identität der katholischen Kirche. Diese ist aber eine Voraussetzung für den wahren ökumenischen Dialog und für die Erfüllung der kirchlichen Aufgaben in der Gesellschaft.

Die Deutsche Bischofskonferenz bittet die Gläubigen der katholischen Kirche, die übrigen Christen und alle Menschen, die am kirchlichen Leben interessiert sind, die Entscheidung der Glaubenskongregation vor diesem Hintergrund zu sehen und zu beurteilen. Die Vorgänge sind seit Jahren öffentlich bekannt und überprüfbar (vgl. die beigefügte Dokumentation). Das kirchliche Amt selbst wird sich durch diesen enttäuschenden Vorgang nicht beirren lassen, auch in Zukunft zur Klärung strittiger theologischer Anschauungen mit Hilfe eines aufrichtigen Dialoges eine Lösung zu suchen.

6. Durch den Widerruf der kirchlichen Lehrbefugnis verliert Professor Küng die Beauftragung, im Namen der Kirche und als von der

Kirche anerkannter Lehrer katholische Theologie zu unterrichten. Er ist nicht aus der Kirche ausgeschlossen und bleibt Priester.

Köln, den 18. Dezember 1979

Joseph Kardinal Höffner
Vorsitzender der Deutschen Bischofskonferenz

Quelle: Dokumentation des Sekretariats der Deutschen Bischofskonferenz

2.4 Erklärung Bischof Mosers (18. Dezember 1979)

Erst später wird bekannt, daß Bischof Moser den entscheidenden Brief an den Minister noch gar nicht abgeschickt und mit Absicht die nachstehende öffentliche Erklärung im Futur (»Ich werde...«) ohne Datumsangabe formuliert hatte. Mit Eilboten ließ der Bischof am selben Tag die offiziellen Erklärungen samt der Dokumentation der Bischofskonferenz an sämtliche Pfarrämter schicken.

Nach jahrelangen Auseinandersetzungen hat die römische Kongregation für die Glaubenslehre am 15. Dezember 1979 erklärt, daß Professor Dr. Hans Küng (Tübingen) in seinen Schriften von der vollen Wahrheit des katholischen Glaubens abweiche und deshalb weder als katholischer Theologe gelten noch als solcher lehren könne. Diese Erklärung wurde von Papst Johannes Paul II. approbiert mit dem Auftrag, sie zu veröffentlichen.
Daraus ergeben sich für mich als zuständigen Ortsbischof folgende unumgängliche Konsequenzen:

1. Ich werde den Wissenschaftsminister des Landes Baden-Württemberg davon unterrichten, daß eine ernstliche Beanstandung der Lehre von Professor Küng im Sinne des Konkordats vorliegt, und ihn bitten, im Einvernehmen mit mir für einen den Lehrbedürfnissen an der Tübinger Katholisch-Theologischen Fakultät entsprechenden Ersatz zu sorgen.
2. Ich werde Herrn Professor Dr. Hans Küng mitteilen, daß er aufgrund der ihm von höchster kirchlicher Stelle übergebenen Erklärung nicht mehr im Auftrag der Kirche als theologischer Lehrer

tätig sein kann und ich mich deshalb veranlaßt sehe, ihm die kirchliche Lehrbefugnis (Missio canonica) zu entziehen.

Ich bedauere es außerordentlich, daß die seit Jahren anhaltenden Bemühungen um Verständigung, Klärung und Übereinstimmung gescheitert sind; dies um so mehr, als ich mich nach Kräften für eine theologisch wie pastoral verantwortbare Konfliktlösung engagiert habe.

Ich richte an alle Gläubigen der Diözese Rottenburg-Stuttgart die dringliche und herzliche Bitte, die Entscheidung des Heiligen Vaters zu respektieren und sich vorschneller und unguter Reaktionen in diesem Zusammenhang zu enthalten. Ich rufe sie auf zum Gebet um Einheit und Frieden in der Kirche.

Rottenburg am Neckar, 18. Dezember 1979

+ *Georg Moser*
Bischof von Rottenburg-Stuttgart

Quelle: Dokumentation des Sekretariats der Deutschen Bischofskonferenz

2.5 Verlautbarung der Schweizer Bischofskonferenz (18. Dezember 1979)

Zur genauestens vorbereiteten »konzertierten Aktion« gegen Küng gehörte auch eine Verlautbarung der Bischofskonferenz aus Küngs Schweizer Heimat.

Die Kongregation für die Glaubenslehre hat heute Mittag eine ausführlich begründete Erklärung vom 15. Dezember 1979 veröffentlicht »über einige Hauptpunkte der theologischen Lehre von Prof. Hans Küng«. In der Erklärung wird abschließend festgestellt: »Prof. Hans Küng weicht in seinen Schriften von der vollständigen Wahrheit des katholischen Glaubens ab. Darum kann er weder als katholischer Theologe gelten noch als solcher lehren.«
Zwar ist Prof. Hans Küng Diözesanpriester von Basel, zuständig für seine Lehrtätigkeit in Tübingen ist jedoch der Bischof von Rottenburg und mit ihm die Deutsche Bischofskonferenz. Deshalb haben

auch die jahrelangen, der heutigen Erklärung vorausgegangenen Bemühungen um eine Einigung in den strittigen Fragen zwischen der Deutschen Bischofskonferenz, Prof. Küng und der Glaubenskongregation stattgefunden. Als zuständiger Bischof hat heute Bischof Moser von Rottenburg in Übereinstimmung mit der Deutschen Bischofskonferenz öffentlich Stellung bezogen und Prof. Küng die Missio canonica für die Lehrtätigkeit in Tübingen entzogen.

Die Schweizer Bischöfe erinnern im Zusammenhang mit dieser schwerwiegenden Entwicklung an ihre Erklärung vom 20. Februar 1975. Sie haben damals den Appell der Deutschen Bischofskonferenz an Prof. Küng übernommen, »das methodische Vorgehen und die beanstandeten inhaltlichen Aussagen seines theologischen Denkens ... zu überprüfen«.

Mit der Deutschen Bischofskonferenz bedauern es die Schweizer Bischöfe außerordentlich, daß die seit Jahren anhaltenden Bemühungen um Verständigung, Klärung und Übereinstimmung gescheitert sind.

Die Bischöfe bitten die Gläubigen der katholischen Kirche in der Schweiz eindringlich, die Entscheidung des Heiligen Vaters zu respektieren. Sie rufen alle auf zum Gebet um Einheit und Frieden in der Kirche.

Quelle: Bischöfliches Ordinariat der Diözese Basel. Kurze Dokumentation zum »Fall Professor Hans Küng«

2.6 Erklärung der Professoren der Katholisch-Theologischen Fakultät der Universität Tübingen (18. Dezember 1979)

Auf einer eilig einberufenen Pressekonferenz am frühen Nachmittag des 18. Dezember 1979 erklärte der Präsident der Universität Tübingen, Adolf Theis: »Offiziell ist weder die Universität noch die Fakultät unterrichtet worden.« Überrascht zeigte sich Theis ferner darüber, daß die Universität nicht wenigstens um eine Vermittlung in dem Konflikt gebeten worden sei. »Ich persönlich bin der Meinung, daß es noch völlig offen ist, ob Küng Professor der katholischen Theologie bleibt.« Die Entscheidung der Amtskirche »rührt an die Fundamente dieser Universität« (Schwäbisches Tagblatt vom 19. Dezember 1979). Um 13.30 Uhr bereits waren die Professoren der Katholisch-Theologischen Fakultät (ohne Küng) zusammengekommen; sie hatten aus dem

Rundfunk von der römischen Maßnahme erfahren; auch der Dekan war nicht informiert worden. Wiewohl der Brief des Bischofs nach Stuttgart noch gar nicht abgegangen war, gab ein hoher Beamter des Ministeriums für Wissenschaft und Kunst in Stuttgart dem Dekan der Fakultät, Professor Bartholomäus, zu verstehen, die Fakultät könne als Ersatz mit einem neuen Lehrstuhl samt Ausstattung rechnen. Der Dekan läßt dem Bischof die dringende Bitte der Professoren übermitteln, die Rechtswirksamkeit des Entzugs der Lehrbefugnis sowie den entsprechenden Brief an den Minister so lange zurückzuhalten, bis ein Gespräch von Vertretern der Professoren mit dem Bischof stattgefunden habe. Diese frühzeitige und drängende Intervention der Professoren scheint mitbestimmend dafür gewesen zu sein, daß Bischof Moser den Brief an den Minister nicht abschickte und sich schließlich – als die Erregung in Tübingen und der Diözese Rottenburg immer mehr zunahm – zu einer Vermittlungsaktion zwischen Rom und Hans Küng entschloß. Die Professoren der Katholisch-Theologischen Fakultät gaben am 18. Dezember 1979 folgende Erklärung ab:

Aus dem Rundfunk haben wir erfahren, daß unserem Kollegen, Professor Dr. Hans Küng, gemäß gleichzeitiger Erklärungen der Nuntiatur und der Deutschen Bischofskonferenz aufgrund einer Entscheidung der päpstlichen Glaubenskongregation vom 15. Dezember 1979 durch den Bischof von Rottenburg die kirchliche Lehrbefugnis entzogen wurde. Wir sind über diesen einschneidenden Schritt der Glaubenskongregation und der Art und Weise des Vorgehens in konzertierter Aktion aufs tiefste bestürzt. Wir erschrecken angesichts der noch unübersehbaren Folgen. Wir sehen schwere Gefahren für die Glaubwürdigkeit der Kirche in der heutigen Gesellschaft und für die Freiheit der Theologie in Forschung und Lehre.

Dekan Prof. Dr. Wolfgang Bartholomäus
Prodekan Prof. Dr. Gerhard Lohfink
Prof. Dr. Alfons Auer
Prof. Dr. Norbert Greinacher
Prof. Dr. Bernhard Lang
Prof. Dr. Rudolf Reinhardt
Prof. Dr. Max Seckler
Prof. Dr. Hermann Josef Vogt
Prof. Dr. Ludger Oeing-Hanhoff
Prof. Dr. Walter Kasper
Prof. Dr. Herbert Haag

2.7 Hans Küng: Erklärung zum Entzug der Missio (18. Dezember 1979)

Am späten Nachmittag desselben 18. Dezember 1979 kehrte Küng in sein Haus in Tübingen zurück, wo Presse, Rundfunk und Fernsehen bereits auf eine Stellungnahme warteten. Es bildete sich eine Art engerer »Krisenstab«, dem angehörten: Urs Baumann, Norbert Greinacher, Hermann Häring, Inge und Walter Jens, Karl-Josef Kuschel. Hans Küng gab am selben Abend folgende Erklärung ab:

Ich schäme mich meiner Kirche, daß noch im 20. Jahrhundert geheime Inquisitionsverfahren durchgeführt werden. Es ist für viele Menschen ein Skandal, daß in einer Kirche, die sich auf Jesus Christus beruft und die neuerdings die Menschenrechte verteidigen will, die eigenen Theologen mit solchen Methoden diffamiert und diskreditiert werden.

In der beanstandeten neuen kleinen Schrift zur Unfehlbarkeitsproblematik habe ich nur die alte und noch immer nicht beantwortete Frage wiederholt und zugleich den Papst gebeten, zu ihrer Abklärung eine Kommission aus international anerkannten Fachleuten einzusetzen. Die Einwände aber gegen das Buch »Christ sein« waren nicht Gegenstand eines römischen Verfahrens. Schließlich habe ich im letzten Buch »Existiert Gott?« bezüglich der Christologie Präzisierungen vorgenommen, die bisher von keiner kirchlichen Stelle beanstandet worden sind. Aber dies alles sind offensichtlich nur Vorwände, um einen recht unbequemen Kritiker mundtot zu machen. Und während der holländische Kardinal Willebrands seinen Theologen Edward Schillebeeckx durch eine persönliche Intervention beim Papst verteidigt hat, haben ganz bestimmte deutsche Kardinäle und Bischöfe mit der römischen Inquisition kollaboriert, um einen ihrer eigenen Theologen in einer vorweihnachtlichen Nacht- und Nebelaktion in seiner eigenen Kirche unglaubwürdig zu machen. Nachdem gerade eben der Papst nach 350 Jahren schließlich zugegeben hat, daß die römische Glaubenskongregation gegenüber Galilei einen fundamentalen Irrtum begangen hat, treibt dieselbe römische Inquisitionsbehörde nicht nur gegen mich, sondern auch gegen zahlreiche andere Theologen weiter ihr Unwesen.

Aber ich gedenke auch weiterhin als katholischer Theologe in der katholischen Kirche die katholischen Anliegen zahlloser Katholiken zu vertreten, und ich weiß mich darin einig mit ungezählten Theologen,

Seelsorgern, Religionslehrern und Laien in unserer Kirche. Zugleich werde ich in unserer Kirche dafür kämpfen, daß diese Disziplinarmaßnahme in aller Form rückgängig gemacht wird, so wie damals Johannes XXIII. die Verurteilung von prominenten französischen Theologen wie Teilhard de Chardin, Congar, de Lubac und anderen rückgängig gemacht hat. Ich hoffe dabei auf die Unterstützung in und außerhalb der katholischen Kirche. Ich bin sicher, daß der Kampf so vieler Menschen für eine christlichere Kirche auf die Dauer nicht erfolglos bleiben wird.

2.8 Kommentar der Kongregation für die Glaubenslehre zu ihrer »Erklärung über einige Hauptpunkte der theologischen Lehre von Professor Dr. Hans Küng vom 15. Dezember 1979«

Wie sehr der folgende Kommentar die Intentionen der Theologie Küngs verkennt und viele seiner Aussagen mißdeutet, ergibt sich leicht aus dem Vergleich mit seinen Schriften (vgl. z. B. bezüglich der Gottessohnschaft Jesu: Dokument 1.6).

Die vom 15. Dezember 1979 datierte und heute veröffentlichte Erklärung steht in engem Zusammenhang mit einer anderen Erklärung, die ihr vorausgegangen ist: die Erklärung vom 15. Februar 1975 (vgl. A.A.S. 67 [1975], S. 203–204). Dieser war eine weitere Erklärung in einem anderen Dokument der Kongregation für die Glaubenslehre vorausgegangen: die Erklärung Mysterium Ecclesiae vom 24. Juni 1973 (vgl. A.A.S. 65 [1973], S. 396–408), die eigentlich zunächst einige in den letzten Jahren umstrittene Grundwahrheiten klären wollte, doch in einem gewissen Sinne die erste öffentliche Stellungnahme der Kongregation im Hinblick auf Hans Küng darstellt, mit dem sie sich bereits seit vielen Jahren zuvor befaßt hatte.

Ein kurzer, wenn auch nur flüchtiger Überblick über die Ereignisse, die in diesem nicht kurzen Zeitraum aufeinander gefolgt sind, kann den richtigen Schlüssel liefern für das Verständnis der jetzt veröffentlichten Erklärung.

I. Die Erklärung Mysterium Ecclesiae vom 24. Juni 1973

*I. Die Erklärung Mysterium Ecclesiae
vom 24. Juni 1973*

1. Darin wird in einer Zusammenfassung die katholische Lehre über die Kirche ins Gedächtnis gerufen, um sie vor schweren Irrtümern, die hier und dort auftreten, zu verteidigen.

Insbesondere werden darin die Merkmale hervorgehoben, die sich auf die verschiedenen Aspekte der Unfehlbarkeit in der Kirche als unmittelbare Voraussetzung unseres Glaubens beziehen; denn nur im Glauben an sie glauben wir auch an die göttliche Offenbarung, wie die Kirche sie uns im Namen Christi lehrt.

Dieser Glaube an die Unfehlbarkeit in der Kirche darf folglich nicht auf die bloße Annahme einer gewissen Indefektibilität oder Perennität (Beständigkeit und Fortdauer) der Wahrheit, die man nicht in ganz bestimmten Sätzen zum Ausdruck bringen kann, reduziert werden. Im Gegenteil sollen solche Sätze geradezu das Glaubensobjekt bestimmen; weshalb diese auch die sichere und unveränderliche Norm darstellen, sowohl für den Glauben selbst, wie auch für die theologische Wissenschaft, die zur Aufgabe hat, deren Inhalt zu vertiefen und den entsprechenden Ausdruck zu vervollkommnen.

Die Zuständigkeit, Glaubensaussagen in diesem Sinne zu machen oder dogmatische Definitionen aufzustellen, kommt nur dem Bischofskollegium und seinem Haupte, dem römischen Papste, zu: nicht um die Theologen zu ersetzen, sondern um dem göttlichen Auftrag gerecht zu werden, das eine, heilige Glaubensgut des Wortes Gottes authentisch auszulegen und treu zu bewahren (vgl. II. Vatikanisches Konzil, die dogmatische Konstitution »Dei verbum«, Nr. 10; die dogmatische Konstitution »Lumen gentium«, Nr. 25).

Die durch den Willen Christi in seiner Kirche auf der Ebene der Lehre bestehende Vertikalität hat eine diesbezügliche Entsprechung auch auf der sakramentalen Ebene und zeigt sich in der Besonderheit des priesterlichen Amtes: des Priestertums also, welches seinen Ursprung vom Sakrament der Weihe her erhält und deshalb nur denjenigen befähigt, sakramentale Handlungen, vor allem die Feier der Eucharistie, zu vollziehen, der ein solches Sakrament empfangen hat. Die eigentliche Zelebration der Eucharistie ist deshalb jedem anderen Gläubigen nicht nur aufgrund kirchlicher Anordnung verschlossen, sondern auch aufgrund einer dogmatischen Forderung, die besagt, daß das Amtspriestertum wesentlich und nicht nur graduell vom allgemeinen Priestertum aller Getauften unterschieden ist (vgl. II. Vatikanisches Konzil, die dogmatische Konstitution »Lumen gentium«, Nr. 10).

2. Die in der Erklärung Mysterium Ecclesiae aufgezeigten Irrtümer waren auch und vor allem in zwei Werken von Hans Küng enthalten: in seinem Buch »Die Kirche« (Herder 1967), zu welchem die Kongregation für die Glaubenslehre ihre ernsten Vorbehalte dem Autor zukommen ließ; und in seinem Buch »Unfehlbar? Eine Anfrage« (Benziger 1970), wo behauptet wird, daß die Kirche zwar grundsätzlich in der Wahrheit bleibt, dieses sich aber nicht in unfehlbaren Definitionen konkretisiert, sondern sogar allen Definitionen entgegensteht, die, statt sie zu bestimmen, sie nur einengen oder beeinträchtigen können. Zu Recht erblickte die Deutsche Bischofskonferenz im Jahr 1971 (wie auch die italienische und die französische) in dieser These die Verletzung des eigentlichen katholischen Glaubensbegriffes, der von seinem Wesen her unzweideutige und unverwechselbare, sowohl positive wie negative Aussagen einschließt, ohne welche es für die Kirche unmöglich wäre, in der Wahrheit Jesu Christi zu bleiben.

Es war kein Zufall, daß zum Zeitpunkt der Veröffentlichung der Erklärung Mysterium Ecclesiae am 5. Juni 1973 offiziell mitgeteilt wurde, daß unter den Theologen, die den Glauben an die Unfehlbarkeit in der Kirche und damit deren Selbstverständnis und deren Sendungsauftrag verfälschen, ganz besonders Hans Küng aufzuzählen sei. Er wurde deshalb aufgefordert, seine Zustimmung zu dieser Erklärung zu geben. In diesem Falle, so hat die Kongregation weiter erklärt, würde man das Vorgehen, das hinsichtlich seiner Lehrmeinungen eingeleitet sei, für abgeschlossen betrachten. Zu gleicher Zeit wurde dieselbe Mitteilung durch einen Brief an ihn persönlich übermittelt.

Alle geeigneten Wege einer angemessenen Klarstellung erwiesen sich jedoch danach ohne Erfolg. Es hätte sicherlich nicht ausgereicht, über solch schwerwiegende Probleme einfachhin eine Decke des Schweigens zu breiten in Erwartung einer nicht voraussehbaren Ausrichtung von Hans Küng auf die Lehre des authentischen Lehramtes der Kirche. Ein solches Schweigen hätte in diesem Fall eine Pflichtverletzung gegenüber der ganzen gläubigen Gemeinschaft bedeutet.

II. Die Erklärung über zwei Werke von Hans Küng vom 15. Februar 1975

1. Damit also keine Zweifel über einige Meinungen von Hans Küng bestehen bleiben sollten, die grundlegende Merkmale des katholischen Glaubens an der Wurzel treffen, ergab sich die Notwendigkeit einer Erklärung, welche die genannten beiden Werke über die Kirche und über die Unfehlbarkeit ausdrücklich erwähnt: so wie es am 15. Februar 1975 geschah.

Unter den Irrtümern, die sich in verschiedenem Grade der katholischen Lehre widersetzen, werden ausdrücklich drei von größerer Wichtigkeit genannt, nämlich: die Leugnung der Unfehlbarkeit, insoweit jede Irrtumsmöglichkeit in den vom Lehramt der Kirche endgültig festgesetzten Lehrsätzen ausgeschlossen wird; die Leugnung der eigentlichen und ausschließlichen Funktion desselben Lehramtes, authentisch das geoffenbarte Glaubensgut zu interpretieren; die allen Getauften zuerkannte Kompetenz, in besonderen Fällen die Eucharistie zu feiern, indem dadurch zum Ausdruck gebracht werden soll, daß das Sakrament der Weihe keinerlei besondere Vollmacht in dieser Hinsicht verleiht und folglich das durch die Weihe verliehene Priesteramt im wesentlichen Priestertum »des Laien« bliebe.

Dennoch wollte man auch in diesem Falle nicht gänzlich die Hoffnung aufgeben, daß Hans Küng, wie er es selbst übrigens nicht ausgeschlossen hatte, sich anschicken würde, die eigenen Meinungen mit der Lehre des authentischen Lehramtes der Kirche in Übereinstimmung zu bringen. Deshalb wurde er damals im Auftrage von Papst Paul VI. ermahnt, in Zukunft die betreffenden Meinungen in seiner Lehrtätigkeit nicht mehr zu vertreten. Er wurde auch daran erinnert, den Lehrauftrag in Übereinstimmung mit der Lehre der Kirche erhalten zu haben und nicht für die Verbreitung von Meinungen, die diese zerstören oder in Zweifel ziehen können. Auf die Erklärung der Kongregation folgte am 17. Februar 1975 die Erklärung der Deutschen Bischofskonferenz (der auch die Bischöfe der Schweiz und Österreichs ihre Zustimmung gaben), in welcher u. a. klargestellt wurde, daß in der Theologie Küngs der verpflichtende, festgelegte und beständige Charakter der Entscheidungen des Lehramtes der Kirche nicht garantiert werde. Es wurde darin außerdem an ihn appelliert, seine theologische Methode und seine Lehrpositionen, die problematisch sind, erneut zu überprüfen.

2. Trotz der päpstlichen Ermahnung und trotz der Appelle der Bischöfe des Landes, einschließlich des zuständigen Diözesanbischofs, der ihm die kirchliche Lehrbefugnis als Professor an der Universität Tübingen erteilt hat, gab Hans Küng keine Anzeichen des Umdenkens zu erkennen.

Ein symptomatisches Beispiel dafür ist sein umfangreiches Werk »Christ sein« (Piper Verlag 1974), das er gleichsam als eine kleine »Summa« des christlichen Glaubens vorstellt. Die Deutsche Bischofskonferenz hatte in ihrer Erklärung vom 17. Februar 1975 darauf ihre besorgte Aufmerksamkeit gelenkt. Doch das Werk wurde weiterhin unverändert verbreitet und sogar in verschiedene Sprachen übersetzt. Die Bischofskonferenz wandte sich erneut mit einer eigenen und deutlich artikulierten Erklärung vom 14. November 1977 diesem Werke zu und wies auf die Grundgefährlichkeit desselben hin, die in der Tatsache besteht, daß die eigentliche Grundlage des Glaubens, Jesus Christus (vgl. 1 Kor. 3,11), untergraben wird, denn er wird lediglich als Stellvertreter Gottes und nicht auch als ewiger Sohn Gottes, dem Vater wesensgleich, hingestellt, der Mensch geworden in der Zeit, die menschliche Natur in seiner personalen Einheit angenommen hat.

Diese radikale christologische Reduktion stellt in unmißverständlicher Weise auch das Dogma der allerheiligsten Dreifaltigkeit, wie es immer von der Kirche bekannt worden ist, in Frage: nämlich ein einziger Gott in drei gleichen und unterschiedenen Personen, Vater, Sohn und Heiliger Geist. Wenn nämlich tatsächlich Christus der Einmaligkeit, die er aufgrund seiner ewigen Zeugung durch den Vater besitzt, enthoben wird, ist auch die Vaterschaft Gottes nicht mehr ewige Wirklichkeit im Inneren des göttlichen Lebens, sondern nur äußere Ausstrahlung seiner Liebe zu den Menschen, die durch seine heiligmachende Kraft, genannt Heiliger Geist, die Fähigkeit erhalten, seine Söhne zu werden nach dem Beispiel Jesu, der in hervorragender Weise sein Sohn ist, aber ontologisch nichts anderes als ein Mensch wie sie.

Weiterhin bleibt immer im Zusammenhang mit dieser christologischen Reduktion zu fragen, was mit Maria geschieht, die der Glaube und die katholische Frömmigkeit als »Jungfrau« verehren. Wenn sie aus dem Abschnitt des Glaubensbekenntnisses gestrichen würde, in welchem wir unseren Glauben bekennen an Jesus Christus, den eingeborenen Sohn Gottes, der durch die Wirkung des Heiligen Geistes im Leib der Jungfrau Maria Fleisch geworden ist, dann wäre die jungfräuliche Mutterschaft nur eine am Rande des Neuen Testamentes auftauchende Legende.

Nicht unähnlich ist die Grundsubstanz und Ausrichtung eines anderen Werkes von Hans Küng: »Existiert Gott?« (Piper Verlag 1978), das beabsichtigt war als eine Vertiefung und Klarstellung des vorhergehenden.

Unbeschadet der Absichten ist das erreichte Ergebnis keine Rechtfertigung, sondern eine Bestätigung. Die Probleme Gottes, Christi und der Dreifaltigkeit werden in einer funktionalen Sicht behandelt und nicht auch in ihrer eigentlichen Wirklichkeit. Jede weiterführende Möglichkeit einer Lösung dieser Probleme in voller Übereinstimmung mit dem Glauben der Kirche wird deshalb bereits im Ausgangspunkt zunichte gemacht.

Nur ein Beispiel hinsichtlich der Christologie: es genügt nicht zu sagen, daß Jesus der Beauftragte Gottes in unübertrefflicher Weise oder auch der Sohn Gottes ist, wenn eine solche Unübertrefflichkeit und Sohnschaft nicht begründet sind in der Göttlichkeit Christi, verstanden als Wesensgleichheit mit dem Vater, durch den Er »Gott von Gott, Licht vom Lichte, wahrer Gott vom wahren Gott, gezeugt nicht geschaffen« ist.

Diese Worte des Credos drücken den zentralen Kern des Glaubens aus, der allen Christen – Katholiken, Orthodoxen und Reformierten – gemeinsam ist. Zu Recht bezeichnet die Deutsche Bischofskonferenz in ihrer Erklärung vom 14. November 1977 die Wahrung dieses gemeinsamen Erbes als Grundlage des ökumenischen Dialogs, der heute glücklicherweise von allen Kirchen und christlichen Gemeinschaften unternommen wird. Ohne das würde der Weg zur Einheit aller Christgläubigen nicht mehr in gradliniger Fortsetzung der Anfangszeit des Christentums verlaufen.

3. Erst ganz kürzlich hat sich Hans Küng zur Unterstützung und Erhärtung seiner Grundeinstellung erneut in zwei schriftlichen Äußerungen der Frage der Unfehlbarkeit in der Kirche gewidmet.

Es handelt sich dabei um die Schrift »Kirche gehalten in der Wahrheit?« (Benziger 1979) und um das Geleitwort zum Werke des Priesters A. B. Hasler »Wie der Papst unfehlbar wurde« (Piper Verlag 1979).

Die in den beiden Schriften geäußerte Grundidee ist, daß die Unfehlbarkeit in der Kirche, wie sie den definierten Glaubenssätzen des Lehramtes zukommt, nicht besteht und niemals bestanden hat, ja sogar nicht notwendig ist; und niemand wird jemals dies beweisen können, so wie auch ein besonderer Beistand des Heiligen Geistes für das Lehramt selbst nicht beweisbar ist.

Es besteht lediglich die Unfehlbarkeit »im Glauben« oder auch Indefektibilität in dem Sinne, daß das Volk Gottes einzig durch seine Gnade immer in der Lage ist, den Weg der Wahrheit zu finden, d. h. die richtige Weise, Christus zu folgen und ihm treu zu sein.

Diese grundlegende Beständigkeit in der Wahrheit verwirklicht sich allerdings nicht durch und in den definierten Glaubenssätzen des Lehramtes der Kirche, sondern trotz solcher Definitionen; denn keine von ihnen ist von sich aus unfehlbar und deshalb unabänderlich, vor allem nicht die dogmatische Glaubensdefinition der Unfehlbarkeit des Lehramtes des römischen Papstes, wie sie durch das I. Vatikanische Konzil verkündet wurde. Man muß sogar im Hinblick auf eine solche Definition, die durch Machenschaften seitens Pius IX. erfolgte, sagen, daß sie ein Dogma ist, welches mehr dem Kurialsystem als der katholischen Kirche entspricht. Heute würde ein solcher Glaubenssatz nicht definiert. Eine öffentliche Meinungsbefragung würde erweisen, daß nur eine Minderheit von Katholiken daran glaubt; selbst der Ausdruck »Unfehlbarkeit« verschwindet allmählich aus dem theologischen Wortschatz.

Deshalb fragt sich Hans Küng, wie man es also wagen könne, jemanden, der so denkt, als »nicht katholisch« zu bezeichnen.

III. Die Erklärung vom 15. Dezember 1979

Die Kongregation für die Glaubenslehre hätte sicherlich auch bereits früher in diesem Sinne, wie sie sich jetzt äußert, einschreiten können, d. h. sie hätte erklären können, daß Hans Küng nicht mehr als katholischer Theologe betrachtet werden kann. Sie hat jedoch abwarten wollen, weil, wie schon in der Erklärung von 1975 gesagt, noch ein Rest von Vermutung bestand, daß er von den oben erwähnten Ansichten Abstand nehmen würde.

Deshalb hat die Glaubenskongregation im Geiste der Kollegialität und Subsidiarität des II. Vatikanischen Konzils, der ihre gesamte Tätigkeit leitet (vgl. das Motu Proprio »Integrae Servandae«), in Übereinstimmung mit den unmittelbar betroffenen Bischöfen alles Mögliche getan, um Hans Küng zur Änderung seiner Einstellungen zu veranlassen.

Doch die soeben kurz angedeuteten Tatsachen zeigen, daß jeder Versuch gescheitert ist und sich nunmehr auch jene oben erwähnte Vermutung als hinfällig erwiesen hat. Deshalb konnte eine endgültige Entscheidung nicht mehr länger hinausgezögert werden.

Diese Entscheidung wurde von der gesunden öffentlichen Meinung erwartet, die sich zu Recht fragen konnte, wie ein Theologe weiterhin im Auftrag der Kirche lehren könne, wenn er systematisch ihre Lehre angreift. Sobald einmal die Beziehung des gegenseitigen Vertrauens des Theologen zur Kirche und der Kirche gegenüber dem Theologen geschwunden ist, welches in der zugeteilten und angenommenen Lehrbeauftragung einbegriffen ist, wird die Erklärung, daß er nicht mehr aufgrund der genannten Beauftragung lehren darf, eine Forderung der Ehrlichkeit schlechthin. Damit wird ebenfalls jeder Ansatz ausgeschlossen, nämlich zu meinen, daß in der Kirche eine Theologie ihre Daseinsberechtigung erhalten könne, die nicht die Grundvoraussetzung der theologischen Methode aufweist, nämlich die Treue zum Lehramt und zum Volke Gottes in seiner Gesamtheit. Sind nicht gerade die bedeutendsten Lehrer des Christentums zu solchen geworden, weil sie sich an diese Treue gehalten haben, indem sie in der Kirche nichts anderes gelehrt haben, als das, was sie in ihr gelernt hatten? (Vgl. hl. Augustinus »Contra Julian. II, 10,34: Pl 44, 698.)

Eine endgültige Entscheidung wurde vor allem von den Gläubigen erwartet, die aufgrund ihrer Verpflichtung, den von Gott durch die Kirche erhaltenen Glauben öffentlich zu bekennen, auch ein Anrecht darauf haben, daß die für die von Gott geoffenbarte Wahrheit Verantwortlichen in der Kirche die erforderliche Wachsamkeit ausüben, damit Irrtümer, die in verschiedener Weise sie abändern oder verdunkeln, ferngehalten werden (vgl. II. Vatikanisches Konzil, dogmatische Konstitution »Lumen gentium« Nr. 11 und 25). Sie haben ein Recht auf den Frieden und die Freude im Glauben (vgl. Röm. 15, 13). Wie könnten sie jedoch Friede und Freude haben, wenn der Glaube für sie keine Sicherheit bieten würde, sondern eine beständige Frage ohne Antworten, oder mit ständig veränderlichen und daher endlos durch andere austauschbaren Antworten?

In diesem sowohl lehrmäßigen wie auch pastoralen Zusammenhang befindet sich die vorliegende Erklärung. Die Kongregation für die Glaubenslehre tut hiermit nichts anderes, als eine nunmehr herangereifte Tatsache in all ihren Hinsichten festzustellen und die Folgerungen daraus zu ziehen.

1. Hans Küng hat trotz der unzweideutigen Aussagen der Erklärung vom 15. Februar 1975 nochmals ganz ausdrücklich seine Meinung

zum Ausdruck gebracht, daß er zumindest das Glaubensdogma der Unfehlbarkeit in der Kirche in Zweifel zieht (aber es ist eigentlich schon eine Leugnung) oder es reduziert auf eine gewisse grundlegende Beständigkeit in der Wahrheit, die mit Irrtümern in den definierten Glaubenssätzen des Lehramtes vereinbar ist.

Diese Meinung widerspricht klar der Definition des I. Vatikanischen Konzils: es ist ein von Gott geoffenbartes Glaubensdogma, daß, wenn der römische Papst festlegt, daß eine Lehre bezüglich des Glaubens und der Sitten von der ganzen Kirche gehalten werden muß, er an derselben Unfehlbarkeit teilhat, mit welcher der göttliche Erlöser die lehrende Kirche, d. h. das gesamte bischöfliche Kollegium, in der Ausübung des Lehramtes ausgestattet haben wollte (vgl. die dogmatische Konstitution Pastor aeternus, Kapitel IV: DS 3074). Die Folgen der Ablehnung einer solchen Definition, was das Bleiben in der Fülle der Wahrheit des katholischen Glaubens und auch in der Einheit der Kirche betrifft, sind jedem erkennbar (vgl. I. Vatikanisches Konzil, die Relatio Gasser: Mansi 52, 1227 B).

Außerdem deutet Hans Küng nicht gerade wenige andere wesentliche Merkmale des katholischen Glaubens um, indem er ihnen einen anderen Sinn beilegt als den, welchen die Kirche meinte und noch meint (vgl. I. Vatikanisches Konzil, die dogmatische Konstitution Dei Filius »de fide et ratione« can. 3: DS 3043). Von solchen Wesensmerkmalen ist erwähnt worden z. B. die Lehre bezüglich der Gottheit Christi und bezüglich der Jungfrau und Mutter Maria, im Zusammenhang mit dem zuvor angedeuteten Sachverhalt bezüglich des Buches »Christ sein« (vgl. II,2).

2. Folglich ist Hans Küng in seinen Schriften von der vollständigen Wahrheit des katholischen Glaubens und nicht nur in bezug auf die eine oder andere Wahrheit desselben Glaubens abgewichen, da sein ganzes theologisches Denken davon betroffen ist. Denn die Dogmen stellen in ihrer Gesamtheit eine organische Einheit dar und sind objektiver, wenn auch nicht adäquater Ausdruck der organischen Einheit der göttlichen Offenbarung.

Das geoffenbarte Glaubensgut erlaubt weder die freie Wahl des Inhalts noch Unterschiede im Glaubensgehorsam. Es besteht jedoch eine Hierarchie der Dogmen der Kirche (vgl. II. Vatikanisches Konzil, das Dekret »Unitatis redintegratio« Nr. 11) in dem Sinne, daß die einen auf den anderen als Hauptdogmen fußen und von innen her beleuchtet werden; alle müssen indessen in gleicher Weise als von Gott geoffenbart geglaubt werden.

Selbst wenn in einigen Schriften von Hans Küng anregende und fesselnde Seiten nicht fehlen, können diese leider nicht die Brüche heilen, die im Inneren des Glaubensgebäudes bewirkt wurden.

Daher kann Hans Küng nicht mehr als katholischer Theologe angesehen werden und auch nicht mehr als solcher seinen Lehrauftrag in der katholischen Kirche erfüllen.

3. Die Kongregation für die Glaubenslehre wollte mit der vorliegenden Erklärung nicht eine Antwort auf die Herausforderung von Hans Küng geben, daß niemand es wagen würde, denjenigen als nicht katholisch zu erklären, der sich Merkmalen entgegensetzt, die den von der katholischen Kirche bekannten Glauben grundlegen und auszeichnen, sondern eine bereits allzu lange Wartezeit beendigen.

Wie bereits ihrerseits die Bischöfe, die aufgrund ihrer apostolischen Nachfolge zur Verteidigung des Evangeliums bestimmt sind (vgl. Phil. 1,16), so hat auch die Kongregation, deren Auftrag, die Glaubens- und Sittenlehre in der Universalkirche zu fördern und zu schützen, vom Nachfolger des hl. Petrus herkommt, einer Pflicht der ekklesialen Gerechtigkeit und Liebe Genüge getan.

Dies war im übrigen eine uns in Treue zum pastoralen Vermächtnis des heiligen Paulus auferlegte Pflicht, der uns mahnt, das »Glaubensgut« zu bewahren (vgl. 1 Tim. 6, 20; 2 Tim. 1,14), damit die Jünger Christi von niemandem mit Überredungskünsten getäuscht werden und alle durch den Glauben von Gottes Macht behütet werden (vgl. Kol. 2,4; 1 Petr. 1,5).

Rom, 18. Dezember 1979

Quelle: Dokumentation des Sekretariats der Deutschen Bischofskonferenz

2.9 Bischöfliches Ordinariat Rottenburg: Anmerkungen zur Declaration der Kongregation für die Glaubenslehre (18. Dezember 1979)

1. Die Kongregation stellt fest:
   - Prof. Hans Küng weicht in seinen Schriften von der *vollen* Wahrheit des katholischen Glaubens ab.
   - Er kann deshalb nicht mehr als katholischer Theologe *gelten* noch als solcher *lehren.*

2. Als Begründung gibt die Kongregation an:
- Jeder katholische Theologe besitzt eine legitime wissenschaftliche Freiheit. Diese darf aber die Grenzen nicht verletzen, die ihr von der theologischen Wissenschaft selbst gesetzt sind.
- Prof. Küng bestreitet die Unfehlbarkeit des kirchlichen Lehramts und die Verbindlichkeit kirchlicher Lehraussagen.
- Prof. Küng weicht in wesentlichen Punkten des katholischen Glaubens von der verbindlichen Lehre ab. Besonders genannt sind: die Lehre über die Wesensgleichheit Christi mit dem Vater – die Lehre über die Jungfrau Maria – die Lehre über den gültigen Vollzug der Eucharistie.
- Prof. Küng hat der wiederholten Aufforderung der Kongregation, sich um eine Übereinstimmung mit der verbindlichen Lehre der Kirche zu bemühen, nicht entsprochen. Er hat die Gegensätze statt dessen durch weitere Veröffentlichungen noch verschärft.

3. Die Entscheidung der Kongregation bedeutet nicht,
- daß Prof. Küng nicht mehr als Glied der katholischen Kirche zu betrachten sei. Er steht nach wie vor in der Gemeinschaft der katholischen Kirche,
- daß Prof. Küng in der Ausübung des priesterlichen Amtes behindert oder von dessen Funktionen enthoben wäre. Er bleibt Priester mit allen Rechten und Pflichten, die mit diesem Amt verbunden sind,
- daß Prof. Küng als Wissenschaftler nicht mehr lehren und forschen dürfe. Die Freiheit der Wissenschaft als objektives Prinzip unserer Verfassung und als Individualrecht des Universitätsprofessors geben ihm weiterhin die Möglichkeit, wissenschaftlich zu arbeiten. Sein Beamtenstatus einschließlich seiner Besoldung bleibt unangetastet.

4. Die Entscheidung der Kongregation bedeutet:
- Prof. Küng kann nicht mehr für sich in Anspruch nehmen, *im Auftrag der Kirche* zu lehren.
- Er kann nicht mehr als Inhaber eines *kirchlich gebundenen Staatsamtes* wirken.

5. Die getroffene Entscheidung ist der Schlußpunkt einer jahrelangen Auseinandersetzung, die trotz aller Bemühungen nicht zu

einer befriedigenden Lösung geführt hat. Prof. Küngs neuerliche Kritik an der Person und am Wirken des jetzigen Papstes hat in dem Verfahren keine Rolle gespielt.

Generalvikar Dr. Knaupp

Quelle: Dokumentation des Sekretariats der Deutschen Bischofskonferenz

2.10 Kardinal Höffner: Presseerklärung (19. Dezember 1979)

Zu den Äußerungen von Professor Hans Küng im Zusammenhang mit dem Entzug der Missio canonica erklärt der Vorsitzende der Deutschen Bischofskonferenz, Kardinal Höffner
1. Herr Professor Küng spricht von einem Inquisitionsverfahren, an dem sich die deutschen Bischöfe beteiligt hätten. Er verweist in diesem Zusammenhang auf Professor Schillebeeckx, der dagegen von Kardinal Willebrands in Schutz genommen worden sei.
Dazu ist zu sagen, daß die Glaubenskongregation sich seit zehn Jahren um ein Gespräch mit Professor Küng bemüht hat. Professor Küng hat ein solches Gespräch immer wieder mit wechselnden Ausflüchten abgelehnt. Die Glaubenskongregation hatte keine andere Möglichkeit, als in Abwesenheit von Herrn Professor Küng zu einer Entscheidung zu kommen. Der umfangreiche Schriftwechsel macht deutlich, daß von einem inquisitorischen Verfahren keine Rede sein kann. Die Probleme lagen für Professor Küng offen zu Tage. Professor Küng hat die deutschen Bischöfe – insbesondere den verstorbenen Vorsitzenden, Kardinal Julius Döpfner, und den zuständigen Ortsbischof, Dr. Georg Moser, bei ihrem Bemühen, den Konflikt in einem dialogischen Verfahren zu regeln, im Stich gelassen. Er muß deshalb die volle Verantwortung für den jetzigen Zustand tragen. Der Hinweis von Professor Küng auf seinen Kollegen Professor Schillebeeckx mutet seltsam an. Professor Schillebeeckx war zu dem Gespräch mit der Glaubenskongregation bereit. Er hat – im Gegensatz zu Professor Küng – das für ein solches Gespräch notwendige Maß an Demut und Dialogbereitschaft aufgebracht. Insofern ist es abwegig, wenn sich Professor Küng auf seinen Kollegen Schillebeeckx beruft.
2. Professor Küng spricht von einer Nacht-und-Nebel-Aktion, von der er völlig überrascht worden sei. Von einer solchen Aktion kann keine Rede sein. Einmal mußte davon ausgegangen werden, daß sich

Professor Küng vor dem Ende des Semesters noch nicht in Urlaub befand – also am 18. Dezember in Tübingen erreichbar war –, um ihm die Entscheidung der Glaubenskongregation auszuhändigen. Zum anderen weiß Professor Küng, daß er mit dem Vorwort zu dem Buch »Wie der Papst unfehlbar wurde« von A. B. Hasler die Stillhaltevereinbarung aus dem Jahre 1974 verletzt hat. Aus dieser einseitigen Verletzung ergab sich notwendig, daß die Glaubenskongregation das Verfahren wieder aufgreifen mußte. Am 5. April 1979 hat Bischof Moser in einem Brief an Küng u. a. geschrieben:»Ich nehme deshalb an, daß ein unerquickliches Nachspiel unvermeidbar ist und sich große Schwierigkeiten ergeben werden.« Aber selbst nach der Wiederholung der beanstandeten Aussagen gab es noch eine Möglichkeit zum Gespräch.

Prof. Küng war sich der Verletzung des Stillhalteabkommens voll bewußt.

3. Prof. Küng behauptet, er sei über die beanstandeten Aussagen nicht voll informiert gewesen. Dies trifft nicht zu. Beispielsweise habe ich u. a. am 22. 4. 77 in einem Brief an Prof. Küng drei Fragen gestellt. Aus diesen Fragen ging klar hervor, um welche Beanstandungen es sich handelt.

4. Herr Prof. Küng hat erklärt, er wolle alle Möglichkeiten ausschöpfen, um die Entscheidung der Glaubenskongregation rückgängig zu machen. Wenn Herr Prof. Küng bereit ist, seine Aussagen in allen Bereichen an der Lehre der Kirche zu orientieren, dann steht einer Rücknahme der jetzigen Maßnahme nichts im Wege.

5. Es ist nicht vertretbar, daß jemand, der nicht die volle Lehre der Kirche vertritt, Priester ausbildet, deren Aufgabe es ist, den Glauben und die Lehre der Kirche weiterzugeben. Die Bischöfe tragen dafür auch gegenüber den Gläubigen die Verantwortung.

Quelle: Dokumentation des Sekretariats der Deutschen Bischofskonferenz

2.11 Hans Küng: Erklärung im Festsaal der Universität Tübingen (19. Dezember 1979)

Mittwoch, der 19. Dezember, war gekennzeichnet durch eine Flut von Protesten und durch erste Schritte um eine Vermittlung im Konflikt. Schon am Vorabend hatte Walter Jens erklärt:»Papst, Kongregation

und Bischofskonferenz sind jetzt zur Kenntlichkeit entstellt. Menschenrechte: ein Lippenbekenntnis!« (Südwestpresse, 19. Dezember 1979) Wolfgang Bartholomäus, Dekan der Katholisch-Theologischen Fakultät, sprach davon, daß Bischof Mosers dringliche und herzliche Bitte an alle Gläubigen, die Entscheidung des Heiligen Vaters zu respektieren und sich vorschneller und unguter Reaktionen in diesem Zusammenhang zu enthalten, angesichts des Vorgefallenen fast als Zynismus, der bischöfliche Aufruf zum Gebet um Einheit und Frieden in der Kirche als eher peinlich empfunden werde. Dekan Erich Sommer, Stuttgart, legte sein Mandat im Diözesanpriesterrat und sein Amt als Sprecher dieses Gremiums aus Protest gegen die Entscheidung des Vatikans nieder.

Mit minutenlangem demonstrativem Beifall und einem großen Strauß roter Nelken wurde Küng am Mittwochnachmittag von etwa 2000 Studierenden im überfüllten Festsaal der Universität zu seiner regulären Vorlesung über das »Apostolische Glaubensbekenntnis« begrüßt. Das Auditorium brachte in einer Resolution zum Ausdruck, daß es die Argumente der Kongregation für die Glaubenslehre lediglich als Vorwand empfinde, »einen engagierten Theologen zum Schweigen zu bringen«. Hans Küng nahm ruhig und ausführlich zu den gegen ihn erhobenen Vorwürfen Stellung. Gegen den Hauptvorwurf der Kongregation, er habe sich »aufs neue und in noch ausdrücklicherer Form« zum Thema Unfehlbarkeit geäußert, zitierte er den Schluß seiner inkriminierten Schrift »Kirche – gehalten in der Wahrheit?«:

Sollte das, was hier vorgelegt wurde, es nicht verdienen, neu bedacht zu werden? Dem Theologen mag es in dieser für katholische Kirche und Christenheit, aber auch für ihn selber schwerwiegenden Sache gestattet sein, im Anschluß an den französischen Theologen *Yves Congar,* einen der großen theologischen Vorbereiter des Zweiten Vatikanischen Konzils, eine Bitte vorzutragen:

Es möge – jetzt unter dem neuen Pontifikat – die Unfehlbarkeitsfrage neu untersucht werden, in objektiver Sachlichkeit, wissenschaftlicher Redlichkeit, Fairneß und Gerechtigkeit.

Es möge – ähnlich wie früher in der Frage der Geburtenregelung – eine für diese Frage *ökumenische Kommission* eingesetzt werden, die aus international anerkannten Fachleuten der verschiedenen Disziplinen (Exegese, Dogmengeschichte, systematische Theologie, praktische Theologie und betroffene nichttheologische Disziplinen) bestehen soll.

Es möge bei der Untersuchung der Akzente weniger Gewicht als bisher auf die negativ-kritischen denn auf die positiv-konstruktiven Akzente gelegt und so gefragt werden, ob das *Bleiben der Kirche in der Wahrheit trotz aller Irrtümer* in christlicher Botschaft und großer katholischer Tradition nicht besser begründet sei und ob damit nicht auch heute in der Kirche besser zu leben wäre.

Nachdem die Ablehnung jeglicher Empfängnisverhütung durch Papst Paul VI. nach römischer Auffassung mit der Autorität, Kontinuität, Traditionalität, Universalität und deshalb faktisch der Infallibilität und Irreformabilität der traditionellen Lehre begründet wurde, ist zu hoffen, daß eine Lösung der Unfehlbarkeitsfrage auch eine Lösung für die Frage der Empfängnisverhütung bringen könnte. Was für zahllose Menschen auch in unseren entwickelten Ländern mit ihrem Geburtenrückgang eine schwere Gewissenslast darstellt, bedeutet für die Menschen in vielen unterentwickelten Ländern, besonders in Lateinamerika, einen unabsehbaren Schaden, an dem sich die Kirche mitschuldig macht: Armut, Analphabetentum, Arbeitslosigkeit, Unterernährung und Krankheit stehen in einer Ursache- und Wirkungsbeziehung mit den hohen Geburtenraten! Während der beiden vergangenen Jahrzehnte wurden in der Dritten Welt die (keineswegs geringeren) Wachstumsraten der Lebensmittelproduktion größtenteils verschlungen durch die höheren Geburtenraten!

Papst Johannes Paul II. ist gerade von Lateinamerika mit neuen Erfahrungen zurückgekommen. Hofft man zu viel, wenn man von ihm, der sich dort deutlich gegen Armut, Unterentwicklung und Kinderelend ausgesprochen hat und der auch für die ökumenische Verständigung wirken möchte, einen entscheidenden Schritt zur ehrlichen Klärung der bedrängenden Unfehlbarkeitsfrage erwartet – in einer Atmosphäre gegenseitigen Vertrauens, freier Forschung und fairer Diskussion? . . .

Es soll hier kein neuer Unfehlbarkeitsstreit provoziert, vielmehr soll der alte so bald wie möglich liquidiert werden. Deshalb der Vorschlag der Einsetzung einer ökumenischen Kommission.

Zu seiner rechtlichen Position an der Universität erklärte Hans Küng:

1. Über Verfahren, Endgültigkeit und Auswirkungen des Entzugs der kirchlichen Lehrbefugnis ist das letzte Wort noch nicht gesagt, da allzu viele Unklarheiten auch rechtlicher Art mit dem ganzen Vorgehen verbunden sind.

2. Bezüglich meiner Stellung als Professor an der Universität Tübingen stelle ich fest: Ich verstehe mich nach wie vor als Professor der Katholischen Theologie, der ich bin und bleiben werde. Die kirchlichen Behörden wollen mir zwar die kirchliche Lehrbefugnis aberkennen, doch durch meine vertraglich festgelegte Berufungsvereinbarung mit dem Land Baden-Württemberg habe ich den Lehrstuhl für Dogmatische und Ökumenische Theologie und bin Direktor des Instituts für ökumenische Forschung innerhalb der Katholisch-Theologischen Fakultät. Die Wahrnehmung der damit verbundenen Aufgaben der Lehre und Forschung hat für mich als katholischen Theologen nur innerhalb der Katholisch-Theologischen Fakultät Sinn und Zweck, und ich lehne deshalb jedes Ansinnen eines Überwechselns in eine andere Fakultät, gleich von wem es an mich herangetragen wird, a limine ab. Die mir erwiesene Solidarität meiner Kollegen von der Katholisch-Theologischen wie von der Evangelisch-Theologischen Fakultät bestätigt mich in dieser Haltung. Ich rechne fest damit, daß ich im staatlichen Bereich jenen Rechtsschutz finden werde, der mir im kirchlichen Bereich versagt geblieben ist, und daß die staatlichen Behörden, denen allein die Organisationskompetenz in der Universität zukommt, jeglichem kirchlichen Druck widerstehen werden.

3. Meine Arbeit stand immer unter dem Anspruch wissenschaftlicher Redlichkeit und verantworteter Freiheit. Ich werde darauf bestehen, daß mir mindestens im staatlichen Bereich die Möglichkeit, als katholischer Theologe frei zu forschen und zu lehren, erhalten bleibt. Dafür werde ich mit allen legitimen Mitteln zu kämpfen wissen.

4. Ich vertraue fest darauf, daß nicht nur Kollegen und Kommilitonen der beiden Theologischen Fakultäten, sondern auch die Kollegen anderer Fakultäten, der Senat und der Präsident im Interesse des Ansehens der Gesamtuniversität in dieser Sache mich mit aller Kraft unterstützen werden.

2.12 Brief der Professoren der Katholisch-Theologischen Fakultät der Universität Tübingen an Bischof Moser (19. Dezember 1979)

Am späten Nachmittag nahmen rund 1000 Studenten an einem Demonstrationszug und einer anschließenden Kundgebung auf dem Tübinger Holzmarkt teil. Dort erklärte Norbert Greinacher, wenn man die befreiende Botschaft Jesu Christi mit dem Vorgehen des Vatikans

vergleiche, müsse man, aufs tiefste erschüttert, einen Skandal feststel-
len. Wer kirchlicherseits für die Verwirklichung der Menschenrechte in
der Gesellschaft eintrete, aber innerhalb der Kirche diese mit Füßen
trete, mache sich unglaubwürdig. Trotz aller Kritik in einzelnen Fragen
an der Position Küngs dürfe man nicht vergessen, »welch ungeheuer
wichtige Rolle Küng in den letzten Jahren bei der Vermittlung der Bot-
schaft Christi in unserer Gesellschaft gespielt« habe. »Küng hat in ei-
nem Maße Glaubensbereitschaft geweckt, wie es die Bischöfe mit ihren
Hirtenbriefen nicht können.« In einem »Akt der Selbstzerfleischung«
habe die Kirche »einen ihrer besten Missionare« fallengelassen. In
verständliche Resignation zu verfallen sei freilich der »schlechteste
Dienst, den wir Hans Küng leisten könnten«. » Wir lassen uns nicht von
irgend jemand aus der Kirche hinausdrängen. Wir sind auch Kirche!«
(Schwäbisches Tagblatt, 20. Dezember 1979) Im Anschluß an die Stel-
lungnahme Greinachers wurden Solidaritätserklärungen verlesen von
der Katholischen Hochschulgemeinde Tübingen, dem Theologenkon-
vikt Wilhelmsstift, dem Evangelischen Stift, der Fachschaft Katho-
lische Theologie und einer Gruppe von Religionslehrern.
Die Professoren der Katholisch-Theologischen Fakultät schrieben fol-
genden Brief an Bischof Moser (am Ende des ersten Absatzes müßte es
richtigerweise »gestern« statt »vorgestern« heißen).

KATHOLISCH-THEOLOGISCHE FAKULTÄT   Tübingen, 19. Dezember 1979
DER UNIVERSITÄT TÜBINGEN
DER DEKAN
617/79

Herrn Bischof
Dr. Georg Moser

Sehr verehrter Herr Bischof!
Aus dem Rundfunk haben wir erfahren, daß Sie unserem Kollegen,
Professor Dr. Hans Küng, aufgrund einer Erklärung der Kongregation für die Glaubenslehre vom 15. Dezember 1979 und in Übereinstimmung mit einer gleichzeitig bekanntgegebenen Stellungnahme
des Vorsitzenden der Deutschen Bischofskonferenz die kirchliche
Lehrbefugnis entziehen wollen. Wir sind über diesen einschneidenden Schritt der Glaubenskongregation und die Art und Weise des
Vorgehens aufs tiefste bestürzt. Wir haben dazu bereits vorgestern,
am 18. Dezember 1979, eine Erklärung abgegeben.

Äußerst befremdend ist, daß Sie durch eine öffentliche Presseerklärung über Ihre Absicht fast vollendete Tatsachen geschaffen haben, ohne die Fakultät vorher in angemessener Weise in Kenntnis zu setzen. Dies fällt um so mehr ins Gewicht, als nach unseren Informationen Herr Weihbischof Kuhnle bereits am Vormittag in Tübingen war und die Leitung des Wilhelmsstifts ausführlich benachrichtigt hat. Auch hätten wir erwarten können, daß Sie sich bei der gegebenen Sach- und Rechtslage mit Ihrer Entscheidung Zeit nehmen würden, um mit dem Betroffenen und mit der Fakultät vorher zu sprechen. Dies erschüttert das Vertrauen zwischen Bischof und Fakultät.

Empörend ist das geheime, zeitlich genau abgestimmte Vorgehen, und dies unmittelbar vor Weihnachten. Daß der Betroffene vor dem endgültigen Spruch und dessen Bekanntgabe nicht noch einmal gehört wurde, ist unbegreiflich. Insgesamt ist das ganze Verfahren mit Mängeln behaftet, die heutigem Rechtsempfinden und christlichem Ethos widersprechen.

Es ist bekannt, daß manche theologischen Lehrauffassungen von Herrn Küng und der Stil seiner innerkirchlichen Auseinandersetzung nicht von allen seinen Kollegen bejaht werden, aber wir haben keinen Zweifel daran, daß er im katholischen Glauben und in der katholischen Kirche stehen wollte und will. Das haben auch Sie noch kürzlich in der Öffentlichkeit bestätigt. Herr Küng hat viele Menschen erreicht, die wir nicht erreichen. Das Vorgehen gegen ihn ist entmutigend. Wir sehen schwere Gefahren für die Glaubwürdigkeit der Kirche in der heutigen Gesellschaft.

Nach den Konkordaten ist es Sache des Ortsbischofs, die kirchliche Lehrbefugnis zu erteilen und gegebenenfalls zu entziehen. Nach unseren Informationen haben Sie den Entzug der kirchlichen Lehrbefugnis bisher weder gegenüber Herrn Küng noch gegenüber dem Minister für Wissenschaft und Kunst ausgesprochen. Angesichts der zu erwartenden Folgen für die Kirche, für das Verhältnis von Kirche und Staat und insbesondere für unsere Fakultät bitten wir Sie dringend, trotz der bereits erfolgten öffentlichen Ankündigung den vorgesehenen Schritt nicht zu tun.

Für die Professoren der Katholisch-Theologischen Fakultät

Prof. Dr. Wolfgang Bartholomäus *Prof. Dr. Gerhard Lohfink*
Dekan Prodekan

Prof. Dr. Herbert Haag
Sprecher der Professoren

2.13 Pressemitteilung über das Gespräch zwischen Bischof Moser und Professor Küng (19. Dezember 1979)

Angesichts der drohenden Protestdemonstrationen hatte Bischof Moser am selben Mittwoch, dem 19. Dezember, jetzt doch gegen Mittag mit Hans Küng telefonischen Kontakt aufgenommen. Er schlug vor, man möge sich doch möglichst bald zu einem Gespräch treffen. Dieses wurde für denselben Abend im Hause Küng vereinbart. In der Begleitung von Bischof Moser befanden sich Generalvikar Dr. Karl Knaupp und Domdekan Alfred Weitmann. Küng hatte seinerseits seine beiden Kollegen Norbert Greinacher und Walter Kasper dazugebeten. Bischof Moser bot bei diesem etwa dreistündigen Gespräch eine Vermittlungsaktion beim Papst persönlich an, wenn Küng in einem Schreiben zu Händen des Papstes seine theologische Position in den umstrittenen theologischen Fragen noch einmal verdeutliche, und zwar – auf Vorschlag Mosers – im Anschluß an eine Erklärung der Deutschen Bischofskonferenz zu »Unfehlbar?« vom 4. Februar 1971, die den Begriff der Unfehlbarkeit vermieden hatte. Am nächsten Tag gab Küng gegenüber dem Bischof telefonisch die Zusage zur Abfassung eines solchen Schreibens unter der Bedingung, daß bei einer eventuellen Veröffentlichung auch gleichzeitig der Brief des Bischofs an Kardinal Šeper mit den darin enthaltenen Bedenken veröffentlicht werde. Diese Absprache wurde vom Bischof nachher nicht eingehalten. Am Abend des 19. Dezember war zum Abschluß des Gesprächs im Hause Küng folgende Pressemitteilung vereinbart worden:

Am Mittwoch, dem 19. Dezember 1979, trafen sich abends in Tübingen Bischof Dr. Georg Moser und Professor Dr. Hans Küng zu einem Gespräch über Inhalt und Auswirkungen der Erklärung der Kongregation für die Glaubenslehre. Es wurde der Versuch unternommen, angesichts der schwierigen Situation doch noch zu einer Verständigung zu kommen.

2.14 Hans Küng: Brief an Bischof Moser (20. Dezember 1979)

Den ganzen Donnerstag über arbeitete Hans Küng an seinem Schreiben zu Händen des Papstes, das gegen Mitternacht fertig wurde und sofort dem Bischof nach Rottenburg überbracht wurde.

PROFESSOR DR. HANS KÜNG   Tübingen, 20. Dezember 1979

Herrn
Bischof Dr. Georg Moser

Sehr geehrter Herr Bischof,
mit beiliegender Erklärung bin ich Ihrem ausdrücklichen Wunsch
nachgekommen, einen Beitrag zu leisten, um einen Ausweg aus der
beinahe ausweglos erscheinenden Situation zu ermöglichen. Es ist
mir außerordentlich schwer gefallen, in einer Zeit schwerster Belastung neben allen anderen Verpflichtungen in so kurzer Zeit einen
Text zu erstellen, den ich theologisch verantworten kann. Ich möchte
aber von Herzen hoffen, daß diese meine Erklärung dazu dienen
kann, unabsehbaren Schaden von unserer Kirche abzuwenden.
Der Geist Gottes und Jesu Christi führe Sie auf Ihrem schwierigen
Weg nach Rom!

Es grüßt Sie   in Ergebenheit
                                                    Hans Küng

2.15 Hans Küng: Stellungnahme zur Erklärung der Glaubenskon-
gregation zu Händen des Papstes (20. Dezember 1979)

Ich habe mich stets als katholischer Theologe verstanden und werde
dies auch weiterhin tun. Nach wie vor betrachte ich mich als Priester
der Ecclesia catholica. Als katholischem Theologen war und ist mir
besonders an der »katholischen«, das heißt der »ganzen, allgemeinen, umfassenden, gesamten« Kirche gelegen. Deshalb ging und geht
es mir stets darum, die christliche Wahrheit in katholischer Weite und
Tiefe zu lehren. So habe ich mich zeitlebens um die in allen Brüchen
sich durchhaltende Kontinuität von Glaube und Glaubensgemeinschaft bemüht: Katholizität in der Zeit. Ebenso um die alle Gruppen
umfassende Universalität von Glaube und Glaubensgemeinschaft:
Katholizität im Raum. In diesem Geist möchte ich auch weiterhin als
katholischer Theologe die katholische Lehre vertreten. Darin weiß
ich mich einig mit zahllosen Theologen, Seelsorgern, Religionslehrern und Laien.
Zur neuesten Erklärung der Glaubenskongregation darf ich das

Folgende feststellen und mit einigen *allgemeinen Bemerkungen* beginnen:

Es ging mir in den neuesten Veröffentlichungen zur Unfehlbarkeitsfrage nicht um eine Verschärfung, sondern – ohne alle Pertinacia – um eine konstruktive Klärung der Unfehlbarkeitsfrage. In meinem Vorwort zu Haslers Buch habe ich (neben dem Bericht über dessen Ergebnisse) nur Gedanken aus meiner 1973 veröffentlichten »Bilanz« zur Unfehlbarkeitsdebatte zusammengefaßt. Auch die parallel geschriebene kleine Theologische Meditation »Kirche – gehalten in der Wahrheit?« stellt ausdrücklich fest: »Es soll mit dieser Meditation kein neuer Unfehlbarkeitsstreit provoziert werden.« Nicht um Anklage, sondern um Anfrage ging und geht es mir; ich bin bereit, meine Auffassungen durch eine neue Untersuchung prüfen zu lassen. Zu diesem Zweck habe ich sowohl im Vorwort wie in der Meditation im Anschluß an den französischen Theologen Yves Congar Rom die Bitte vorgetragen, eine ökumenische Kommission aus international anerkannten Fachleuten der verschiedenen Disziplinen einzusetzen. Nicht die »Verachtung des kirchlichen Lehramtes« – diesen Vorwurf muß ich energisch zurückweisen –, sondern das Bemühen um eine neue Glaubwürdigkeit des kirchlichen Lehramtes in Kirche und Welt hat meine theologische Arbeit bisher bestimmt. Auch habe ich keineswegs mein »eigenes Urteil als Norm der Wahrheit vorangestellt« – gar noch im Gegensatz zum »Glaubenssinn der Kirche« –, sondern in wissenschaftlicher Redlichkeit und Loyalität zur Kirche mein ganzes theologisches Arbeiten am Evangelium Jesu Christi und an der katholischen Tradition orientiert.

Nicht verschweigen darf ich, daß ich gegen Verfahrensordnung und Verfahrensweise der Kongregation nach wie vor schwere Bedenken habe. Unverständlich erscheint mir insbesondere, daß die Kongregation mir vor ihrem neuesten und schwerwiegendsten Schritt nicht einmal die Möglichkeit der Stellungnahme und Rechtfertigung gewährt hat. Gegen die Verfahrensordnung verstößt überdies, daß die Kongregation in ihrer Erklärung auch gegen meine Auffassung von »manchen Hauptstücken des katholischen Glaubens« (Christologie, Mariologie) schwere Anklagen erhebt, wiewohl diese Fragen nie Gegenstand eines römischen Verfahrens gegen mich waren.

Und nun nach den allgemeinen Ausführungen zur zentralen Sachfrage einige Anmerkungen: Meine Auffassung von *Lehramt und Unfehlbarkeit* wird in der Erklärung der Glaubenskongregation einseitig und negativ gesehen. Zur Klärung darf ich hier – im Anschluß an

Aussagen der Deutschen Bischofskonferenz vom 4. 2. 1971 – folgendes feststellen:

Ich habe schon in meinen früheren Publikationen zur Unfehlbarkeitsfrage nie in Zweifel gezogen: Es gibt kirchliche Aussagen, die wahr und als wahr erkennbar sind; ihr Sinn bleibt im Wechsel geschichtlicher Denkweisen und Aussagen derselbe, gilt unaufhebbar und fordert ein unmißverständliches Ja oder Nein heraus.

Ebenso bekenne ich mich dazu, daß die Kirche Pflicht und Aufgabe hat, die von der Schrift bezeugte christliche Botschaft zu verkünden und eindeutig und verbindlich zur Geltung zu bringen. Dabei sind freilich die Aussagen der Erklärung »Mysterium Ecclesiae« (1973) hinsichtlich der geschichtlichen Bedingtheit aller Glaubensaussagen ernst zu nehmen.

Auch habe ich immer bejaht, daß den Amtsträgern in besonderer Weise die Sorge um das Bleiben der Kirche in der Wahrheit aufgetragen ist und daß sie die christliche Wahrheit in verbindlicher Weise zur Sprache zu bringen und in bestimmten Situationen gegen das Unchristliche abzugrenzen haben (Glaubensdefinitionen oder Dogmen). In diesem Zusammenhang kommt den ökumenischen Konzilien als einer Repräsentation der Gesamtkirche, dem Bischofskollegium und dem Bischof von Rom als dessen Haupt eine besondere Autorität zu. Im Hinblick auf diese besondere Bedeutung der ökumenischen Konzilien stehe ich auch und gerade in den Fragen der Christologie grundsätzlich auf dem Boden der Konzilien der Alten Kirche und habe mich darum in besonderer Weise bemüht, sie den Menschen von heute verständlich zu machen.

Was das Erste Vatikanische Konzil betrifft, war es nie meine Absicht, dessen Glaubensdefinitionen zu leugnen, die Autorität des Petrusamtes in Frage zu stellen oder gar meine eigene Meinung zum Maßstab der Theologie zu machen und das katholische Volk in seinem Glauben zu verunsichern. Im Gegenteil! Ich habe lediglich angefragt, wie angesichts der bekannten theologischen Schwierigkeiten die Möglichkeit unfehlbar wahrer Aussagen im Sinn des Vatikanum I aus Schrift und Tradition begründet werden kann. Dies ist für mich keine vorgeschobene, sondern eine echte Frage, und die darauf folgende, in großem internationalem Rahmen geführte Unfehlbarkeitsdebatte hatte mindestens ein Ergebnis: Sehr viele, auch in ihrer Katholizität völlig unumstrittene katholische Theologen haben die Notwendigkeit und Berechtigung dieser Anfrage zugestanden.

Ich bitte deshalb ernsthaft, mir zu glauben, daß ich damit – mein persönliches Risiko sehr wohl kennend – unserer Kirche einen Dienst leisten wollte, um diese so viele Menschen in und außerhalb der katholischen Kirche belastende Frage im Geiste christlicher Verantwortung einer Klärung zuzuführen. Gerade für die Verständigung mit den Ostkirchen, für die Papst Johannes Paul II. durch die Gründung einer eigenen Kommission einen neuen hoffnungsvollen Impuls gegeben hat, ist die Frage von zentraler Bedeutung. Auch unter ökumenischem Aspekt also ist eine Neuerörterung der Frage geboten. Diese Erklärung ist getragen von dem Vertrauen, daß die gegenwärtige schwere und in ihren Folgen nicht absehbare Auseinandersetzung im Geiste echter Katholizität einer positiven Lösung zugeführt werden kann.

Dr. Hans Küng
Professor der Dogmatischen und Ökumenischen
Theologie an der Katholisch-Theologischen
Fakultät und Direktor des Instituts für
ökumenische Forschung der Universität Tübingen

Quelle: Dokumentation des Sekretariats der Deutschen Bischofskonferenz

2.16 Bischof Moser: Brief an die Katholisch-Theologische Fakultät der Universität Tübingen (20. Dezember 1979)

Am Donnerstagmorgen, dem 20. Dezember 1979, sprach eine Vertretung der Professoren der Fakultät (Dekan Bartholomäus, Prodekan Lohfink und der Sprecher der Professoren, Haag) bei Bischof Moser im Bischofshaus in Rottenburg vor. Dabei verlas der Dekan den Brief der Professoren vom 19. Dezember 1979, den er anschließend dem Bischof übergab (Dokument 2.12; auf diesen Brief nimmt der Bischof in seinem Schreiben Bezug, obgleich dort die Rede ist von einem Brief vom 20. Dezember 1979). Der Inhalt der mündlichen Entgegnung des Bischofs ist im wesentlichen in dem folgenden Brief des Bischofs an die Katholisch-Theologische Fakultät festgehalten.
Mündlich hatte der Bischof allerdings noch hinzugefügt, es sei vielleicht von Anfang an ein Fehler seinerseits gewesen, sich auf das »Sigillum«, das strenge Schweigegebot der Glaubenskongregation (Secretum Sancti Officii), verpflichten zu lassen. – Gemäß CIC c. 1623 § 1 zieht eine Verletzung dieses Schweigegebots ipso facto die Exkommunika-

tion »specialissimo modo reservata« nach sich, deren Aufhebung dem Papst persönlich reserviert ist (c. 2245 § 3), »weil außerhalb der Todesgefahr und dringenden Fällen niemand – nicht einmal der Großpönitentiar – die Vollmacht hat, von diesen Zensuren zu absolvieren« (Heribert Jone, Gesetzbuch der Lateinischen Kirche, Bd. III, S. 510).

DER BISCHOF VON ROTTENBURG-STUTTGART
DR. GEORG MOSER   Rottenburg, 20. Dezember 1979

An die
Katholisch-Theologische Fakultät
der Universität Tübingen
z. Hd. von Herrn Dekan
Professor Dr. Wolfgang Bartholomäus

Sehr geehrter Herr Dekan!
Sehr geehrte Herren!
Auf den Brief vom 20. 12. 1979, den Sie mir heute durch den Dekan, den Prodekan und Ihren Sprecher überreicht haben, darf ich als Zusammenfassung dessen, was ich bereits mündlich erklärt habe, folgende Antwort geben:
Ich bedauere es sehr, daß die Fakultät nicht rechtzeitig über die Entscheidung der Glaubenskongregation informiert wurde. Bis zu Beginn der Pressekonferenz von Kardinal Höffner am 18. 12. 1979 war ich zur Diskretion verpflichtet. Dementsprechend informierte ich mein Domkapitel auch erst am Morgen des 18. 12. 1979. Bei der Beratung der Frage, welche Stellen sofort unterrichtet werden müßten, legte ich Wert darauf, daß der Dekan der Katholisch-Theologischen Fakultät in Tübingen erstrangig zu verständigen sei. Ein Kurier wurde mit den entsprechenden Unterlagen zu ihm nach Tübingen gesandt. Mir schien das Senden eines Kuriers die angemessenere und gewichtigere Form der Mitteilung zu sein, weshalb ich sie einer telefonischen Verständigung vorzog. Gleichzeitig mit dem Kurier begab sich Weihbischof Franz Josef Kuhnle mit den gleichen Unterlagen ins Wilhelmsstift, um die Leitung des Hauses und die dortigen Theologiestudenten zu informieren. So mußte ich annehmen, daß in dem Augenblick, in dem Kardinal Höffner seine Pressekonferenz gab, sowohl der Fakultät als auch dem Theologenkonvikt die notwendigen Informationen zur Verfügung standen.
Ich war sehr überrascht, daß der Dekan offensichtlich erst viel später

informiert wurde. Meine Nachforschungen ergaben folgendes: Der Kurier erhielt an der Universität den Bescheid, Dekan Bartholomäus sei nicht erreichbar. Er gab daraufhin die Unterlagen beim Pedell der Universität ab mit der Bitte um baldige Zustellung. Die tatsächlich verspätete Zustellung war mir vorerst nicht bekannt. Soweit ich an ihr Schuld trage, möchte ich mich – wie ich dies bereits den Vertretern der Fakultät gegenüber zum Ausdruck gebracht habe – hiermit ausdrücklich entschuldigen.

Was die Kritik der Fakultät an Art und Zeitpunkt des Vorgehens gegen Professor Küng betrifft, kann ich Ihnen mitteilen, daß ich dafür volles Verständnis habe. Ich möchte Sie wissen lassen, daß ich am 14. 12. 1979 kurzfristig zu einer Besprechung nach Brüssel gebeten wurde. Als mir dabei die Entscheidung der Glaubenskongregation offiziell übergeben wurde, veranlaßte ich die Zuleitung eines Briefes an Kardinal Šeper. In diesem machte ich ihn darauf aufmerksam, daß bei dem geplanten Vorgehen gegen Professor Küng jeder Anschein einer ungerechten oder unbilligen Härte vermieden werden müsse. Außerdem bat ich dringend, Professor Küng vor Bekanntgabe der gegen ihn vorgesehenen Maßnahme nochmals persönlich anzuhören oder ihm Gelegenheit zu einer schriftlichen Äußerung zu geben. Schließlich verwies ich darauf, daß ich die Veröffentlichung der Erklärung unmittelbar vor Weihnachten für denkbar ungünstig und unannehmbar halte. Gegen den Versuch einer Zurückweisung dieses Einspruchs habe ich mich gewehrt und erreicht, daß ich noch während der Verhandlungen Kardinal Šeper telefonisch meine Argumente darlegen und erläutern konnte. Kardinal Šeper nahm diese zur Kenntnis, bestand aber auf Durchführung der beschlossenen Maßnahme, und zwar zu dem vorgesehenen Zeitpunkt.

Zu der dringenden Bitte der Fakultät, die Missio von Professor Küng nicht zu widerrufen, muß ich folgendes feststellen: Ich kann auf diese Bitte unter den augenblicklichen Umständen weder im positiven noch im negativen Sinn eingehen. Ich habe mich von mir aus am 19. 12. 1979 um ein Gespräch mit Professor Küng bemüht. Auf Grund der dabei erreichten Ergebnisse will ich mich an den Apostolischen Stuhl wenden und versuchen, für Professor Küng die Möglichkeit einer nochmaligen Anhörung, eines Gesprächs oder einer Stellungnahme zu erreichen. Auf die Dauer dieser schwierigen und heiklen Verhandlungen bin ich auf einen Verhandlungsspielraum nach allen Seiten angewiesen. Ich habe persönlich das Risiko übernommen, die von mir erwarteten Maßnahmen vorläufig auszusetzen. Ich muß die Fakultät um Verständnis dafür bitten, wenn ich darüber hinaus eine weitere Festlegung nicht übernehme.

Schließlich möchte ich die Mitglieder der Fakultät noch darum bitten, ebenso wie ich um ein Fortbestehen der Vertrauensbasis bemüht zu bleiben. Nur so kann der jetzt entstandene Konflikt in Bahnen gelenkt werden, die auf eine Lösung zuführen.

Mit freundlichen Grüßen

Ihr sehr ergebener
+ *Georg Moser*
Bischof

2.17 Erklärung des Präsidiums der Universität Tübingen zu den Vorgängen um Professor Hans Küng (21. Dezember 1979)

In Abstimmung mit den Professoren der Katholisch-Theologischen Fakultät gab das Präsidium der Universität Tübingen folgende Erklärung ab:

In den letzten Tagen sind zahlreiche Spekulationen angestellt worden über die Auswirkungen der Erklärung der römischen Kongregation für die Glaubenslehre vom 15. Dezember 1979, die feststellt: »Professor Hans Küng weicht in seinen Schriften von der vollständigen Wahrheit des katholischen Glaubens ab. Darum kann er weder als katholischer Theologe gelten noch als solcher lehren.«

Die Universität Tübingen stellt fest, daß Herr Professor Hans Küng nach wie vor ordentlicher Professor für dogmatische und ökumenische Theologie in der Katholisch-Theologischen Fakultät der Universität ist und in dieser Eigenschaft die uneingeschränkte Lehrbefugnis besitzt.

Nur der zuständige Diözesanbischof könnte nach den Bestimmungen des Reichskonkordats gegenüber der baden-württembergischen Landesregierung erklären, daß die Voraussetzungen für das »Nihil obstat« nicht mehr gegeben seien und Herrn Professor Küng die vor 19 Jahren bei der Berufung an die Universität Tübingen erteilte Missio canonica entzogen werde. Bis zu diesem Schritt sind alle Stellungnahmen der römischen Kurie und der deutschen Bischofskonferenz Teil der innerkirchlichen Willensbildung und Entscheidungsfindung. Sie berühren aber nicht den korporationsrechtlichen und schon gar nicht den beamtenrechtlichen Status von Professor Küng.

Für den Fall, daß der Diözesanbischof von Rottenburg/Stuttgart den Minister für Wissenschaft und Kunst als zuständigen Ressortminister davon unterrichten sollte, daß eine ernstliche Beanstandung der Lehre von Professor Küng im Sinne des Reichskonkordats vorliegt, und dies mit der Bitte verbinden würde, für einen den Lehrbedürfnissen an der Tübinger Katholisch-Theologischen Fakultät entsprechenden Ersatz zu sorgen, wäre folgendes in Betracht zu ziehen:

Die Katholisch-Theologischen Fakultäten sind integraler Bestandteil der staatlichen Universität und unterstehen auch nach den Formulierungen des Artikels 19 des Reichskonkordats dem staatlichen Recht. Nur in ihrem Verhältnis zu den kirchlichen Behörden gelten zusätzlich die Bestimmungen der Konkordate und der dazugehörigen Schlußprotokolle unter Beachtung der einschlägigen kirchlichen Vorschriften.

Die deutschen Universitäten sind nach Artikel 5 des Grundgesetzes in Forschung und Lehre frei. Diese Freiheit ist als Institutionenrecht noch zusätzlich in Artikel 20, 85 der Landesverfassung von Baden-Württemberg geschützt. Nach der Rechtsprechung des Bundesverfassungsgerichts enthält auch Artikel 5 des Grundgesetzes sowohl den Individual- wie den Institutionenschutz. Dem steht aber gegenüber die Religionsfreiheit der Art. 4, 140 Grundgesetz, aus denen neben dem Individualrecht ein Anspruch der Kirche auf autonome Gestaltung ihrer Angelegenheiten entsprechend ihrem inneren Selbstverständnis abzuleiten ist.

Nach der Entscheidung des Bundesverfassungsgerichts in Band 6, Seite 309 ff. gilt das Reichskonkordat vom 20. Juli 1933 zwar als innerstaatliches (Landes-)Recht fort, hat den Rang einfachen Gesetzesrechts und kann gegenüber der durch das Grundgesetz geschützten Freiheit von Forschung und Lehre, zu der auch die Organisationsfreiheit der Universität in diesem Bereich gehört, keinen Vorrang beanspruchen. Der Artikel 5, Grundgesetz wird aber bei den Katholisch-Theologischen Fakultäten modifiziert durch die vom Staat zu beachtende und zu schützende Religionsfreiheit (Art. 4, 140 Grundgesetz).

Die Universität verkennt nicht, daß ein echtes Spannungsverhältnis zwischen den Bestimmungen des Reichskonkordats in Verbindung mit Art. 4, 140 Grundgesetz und dem Grundrecht der Freiheit von Forschung und Lehre besteht. Sie geht zunächst trotzdem davon aus, daß das Recht des Diözesanbischofs, die kirchliche Lehrbefugnis zu widerrufen, den korporationsrechtlichen Status eines Professors nicht berührt, so daß Professor Hans Küng auch weiterhin an der Universität lehren und forschen kann, auch wenn seine Lehrveranstaltungen von der Kirche nicht mehr als Voraussetzung für die Erlangung des Priester- oder eines kirchlichen Lehramtes anerkannt würden.

Sie bedauert daher, daß vorschnell in der Öffentlichkeit über die Errichtung eines Ersatzlehrstuhls oder gar ein Ausscheiden von Professor Küng aus der Katholisch-Theologischen Fakultät gesprochen worden ist, dies schon deshalb, weil Staat und Universität einer möglichen Forderung des Diözesanbischofs, für Ersatz zu sorgen, in unterschiedlichen Formen entsprechen könnten.

Die staatskirchenrechtlichen Probleme, die bei einem Widerruf der Missio canonica entstehen, sind äußerst komplex und unterliegen vielfältiger juristischer Interpretation. Es bedarf daher gründlicher Erwägungen, bevor einzelne Schritte aufgrund möglicher Entscheidungen des Diözesanbischofs eingeleitet würden, vor allem, wenn eine korporationsrechtliche Veränderung wie etwa ein Fakultätswechsel verlangt werden würde.

Die Universität beobachtet mit großer Sorge die zunehmenden Konflikte zwischen Mitgliedern der Katholisch-Theologischen Fakultät und den kirchlichen Behörden. Schon wegen ihres Anspruchs auf Sicherung ihres Status als autonome Körperschaft stellt sie sich uneingeschränkt vor ihren Hochschullehrer Hans Küng, ohne daß sie damit gegenüber der Kirche oder der Öffentlichkeit zum Ausdruck bringen möchte, das kirchliche Verfahren als solches beeinflussen oder beanstanden zu wollen.

Sie wird diesen Standpunkt auch gegenüber der Landesregierung von Baden-Württemberg entschieden vertreten. Damit verbindet sie die Hoffnung, daß es in absehbarer Zeit zu einem klärenden Gespräch darüber kommt, in welchen Formen und nach welchen Regeln künftige Konfliktfälle dieser Art auszutragen sind.

Die Universität erhofft für sich selbst, daß nach einer Phase gemeinsamen Nachdenkens und des behutsamen Umgangs mit der Öffentlichkeit die Möglichkeit besteht, zwischen der römisch-katholischen Kirche und Herrn Professor Küng zu vermitteln.

2.18 Pressemitteilung über den Vermittlungsversuch von Bischof Moser in Rom (22. Dezember 1979)

Im Besitz des Schreibens von Hans Küng vom 20. Dezember 1979 (Dokument 2.15) flog Bischof Moser am Freitag, dem 21. Dezember 1979, nach Rom. Trotz der Zusage einer Audienz beim Papst wurde er vom Papst nicht empfangen. Seine Gesprächspartner waren Kardinal Šeper und Kardinalstaatssekretär Casaroli. Das Schreiben Küngs wurde dem Papst übermittelt. Bischof Moser kam mit dem Bescheid nach Hause, der Papst werde Vertreter des deutschen Episkopats noch vor Neujahr zu einem Gespräch nach Rom einladen. Nach seiner Rückkehr aus Rom am Samstag, dem 22. Dezember 1979, unterrichtete Bischof Moser Hans Küng zunächst telefonisch über das Ergebnis. Gleichzeitig wurde eine mündliche Unterredung im Hause Küng für Sonntag, den 23. Dezember 1979, zwischen Moser und Küng vereinbart. In diesem fast dreistündigen Gespräch standen neben einer Information über den Besuch in Rom die weiteren Vermittlungsbemühungen im Mittelpunkt. Nachdem Küng dem Bischof dargelegt hatte, daß es unzumutbar und unverantwortlich sei, unter Druck in kürzester Zeit noch weitere Erklärungen zur »Erklärung« (Dokument 2.15) zu machen, bat Moser um eine Zusammenstellung theologischer Materialien aus Küngs Schriften zu den umstrittenen Fragen; diese könnten bei den bevorstehenden Verhandlungen als Argumentationshilfe dienen. Nachdem Küng diese Materialien bereitgestellt hatte, fuhr er, wie dies mit Moser besprochen worden war, an seinen Urlaubsort, um die Weihnachtstage in Ruhe zu verbringen und so zur Beruhigung der Öffentlichkeit beizutragen. Folgende Mitteilung wurde an die Presse gegeben:

Nach dem Gespräch zwischen Bischof Dr. Georg Moser und Professor Dr. Hans Küng vom 19. Dezember 1979, das dem Versuch einer Verständigung galt, konnte Bischof Moser am 21./22. Dezember 1979 in Rom seine Auffassung über die derzeitige Situation vortragen. Dabei legte er auch eine Stellungnahme von Professor Küng vor. Papst Johannes Paul II. wird nach Weihnachten mit Vertretern der Deutschen Bischofskonferenz ein Gespräch in dieser Angelegenheit führen. Bischof Moser ist dazu eingeladen.

Informationsstelle der Diözese Rottenburg-Stuttgart, 22. 12. 1979.

2.19 Bischof Moser: Brief an Hans Küng (24. Dezember 1979)

Obwohl in dem Gespräch zwischen Bischof Moser und Hans Küng am 23. Dezember 1979 vereinbart worden war, daß Küng keine weitere theologische Erklärung abgeben werde, und obwohl Moser von Küngs Abreise wußte, schickte er spät am Heiligen Abend folgenden Brief an die Adresse Küngs, der sich in Inhalt und Ton stark von den bisherigen Gesprächen zwischen Küng und Moser unterschied. Möglicherweise sah sich Moser von anderer kirchlicher Seite gezwungen, noch mehr an Zugeständnissen zu erreichen.

DER BISCHOF VON ROTTENBURG-STUTTGART
DR. GEORG MOSER   Rottenburg, 24. Dezember 1979

Herrn Professor
Dr. Dr. Hans Küng

Sehr geehrter Herr Professor Küng!
Immer wieder habe ich Ihre »Stellungnahme zur Erklärung der Glaubenskongregation über einige Hauptpunkte der theologischen Lehre von Professor Hans Küng vom 18. Dezember 1979«, datiert vom 20. Dezember 1979, durchgelesen. Ich habe Ihnen in unserem Gespräch am Sonntag, dem 23. Dezember 1979, erklärt, daß ich Ihnen für diese Aussagen dankbar bin, darin jedoch nur einen ersten minimalen Schritt sehen kann, der in dieser Stunde nicht ausreichend ist. Da ich voller Sorge und Unruhe bin und im Dienst der Vermittlung das Letzte tun will, erlaube ich mir, meine Anfragen und Bitten noch einmal zusammenzufassen und schriftlich zu begründen.
1. Ihre Stellungnahme richtet sich hauptsächlich auf die Frage der Unfehlbarkeit in der Kirche, wobei Sie das Wort »Unfehlbarkeit« in jeder Hinsicht meiden. Sie übergehen allerdings die Äußerungen der Glaubenskongregation zu den beiden anderen genannten Punkten, nämlich die Aufgabe, »das eine, heilige, nur dem lebendigen kirchlichen Lehramt anvertraute Glaubensgut des Wortes Gottes authentisch auszulegen und – schließlich – jene Auffassungen, die sich auf den gültigen Vollzug der Eucharistie beziehen«. Weshalb äußern Sie sich dazu nicht?
2. Sie zitieren aus der Erklärung der Deutschen Bischofskonferenz zu »Unfehlbar?« vom 4. Februar 1971. Die entscheidende Aussage, in der von Formulierungen die Rede ist, »die der Klärung des Credo

und damit sachlich der Auslegung des von der Schrift gemeinten Zeugnisses dienen und von der Kirche wirklich mit letzter Verbindlichkeit vorgetragen werden«, haben Sie leider nicht aufgenommen. Gerade darauf kommt es jedoch an.

Bedauerlich finde ich es, daß Sie von den ökumenischen Konzilien nicht, wie die Bischöfe es tun, als einer »Repräsentation des Gesamtepiskopates« sprechen, sondern deren Aussage mit »Repräsentation der Gesamtkirche« wiedergeben. Sie lassen sich damit auf eine Interpretation der Konzilien ein, die häufig historisch und dogmatisch bestritten worden ist.

In den Fragen der Christologie können Sie sich nur bis zu der Formulierung durchringen, sie stünden »grundsätzlich« auf dem Boden der Konzilien der Alten Kirche. Was heißt dies konkret? Auch erfordern Ihre Formulierungen, daß die Sorge für die Wahrheit dem Amt »in besonderer Weise« aufgetragen sei und daß diesem eine »besondere Autorität« zukomme, im Blick auf das Lehramt eine klare Präzisierung. Was heißt denn »besondere Autorität«? Eine solche wird doch auch beispielsweise jedem Lehrer zuerkannt.

3. Sie lassen in Ihrer Erklärung nicht erkennen, ob es *für Sie selbst* ein verbindliches kirchliches Lehramt gibt, dessen Urteil Sie anerkennen. Zwar lehnen Sie es ab, Ihre eigene Meinung »zum Maßstab der Theologie zu machen«. Sie lassen es aber völlig offen, wie zum Beispiel eine amtliche Wertung Ihrer Lehrmeinungen erfolgen soll. Auch die »neue Untersuchung«, durch die Sie – wie Sie erklären – Ihre Auffassungen prüfen lassen wollen, bleibt ihrer Natur, ihrer Trägerschaft und ihrer Zielsetzung nach ungeklärt. Sie tragen in Ihrer Stellungnahme eine Fülle von Absichtserklärungen vor, wollen aber offensichtlich kein Urteil der kirchlichen Autorität über Ihre theologischen Lehrmeinungen und deren Wirkung annehmen. Ihre subjektiven, positiven Absichten hat niemand bestritten.

4. Auch die Ausführungen zur »Unfehlbarkeit« sind, genauer besehen, enttäuschend. Sie stehen in einem ungeklärten Verhältnis zu Ihren früheren Äußerungen.

a) Sie schreiben in Ihrer Stellungnahme, daß Sie die Glaubensdefinitionen des Vatikanum I nicht leugnen wollen. Wie ist damit aber die Aussage vereinbar: »Ich leugne nur, daß diese Unzerstörbarkeit der Kirche in der Wahrheit an bestimmte Sätze oder Instanzen gebunden ist«? (vgl. »Hans Küng. Weg und Werk«, München 1979, 168)

b) Sie behaupten, Ihre »Anfrage« sei »keine vorgeschobene, sondern eine echte Frage«. Vielleicht war dies früher einmal der Fall. Sie haben jedoch später oft das Gegenteil erklärt. Bereits in »Christ sein« (S. 663, Anm. 22) steht der Satz: »Die ›Anfrage‹ darf weithin als erledigt gelten.« In »Kirche – gehalten in der Wahrheit?« (S. 73) sprechen Sie von einem »negativen Ergebnis« der Unfehlbarkeitsdebatte. Der alte Unfehlbarkeitsstreit soll »so bald wie möglich liquidiert werden« (ebd., S. 75). Kurz vorher sprechen Sie von einer »Infragestellung der traditionellen Unfehlbarkeitslehre« (S. 73) und greifen das fatale Wort von einer »Revision der Beschlüsse des Vatikanum I« (ebd., S. 74) auf. Im Geleitwort zu A. B. Hasler, »Wie der Papst unfehlbar wurde«, sagen Sie ausdrücklich, es gebe »keine soliden Fundamente für die Annahme solcher unfehlbar wahren Sätze oder Instanzen« (XIX) und der Papst könne »ohne unfehlbare Lehrdefinitionen *besser* seinen Dienst erfüllen« (XXXI).

Solange Sie auf solchen Sätzen bestehen, ist Ihre Erklärung, es gehe um eine »echte Frage«, nicht glaubwürdig. Bitte nehmen Sie Stellung zu jenen Aussagen, die mit Ihrer eigenen Erklärung vom 20. Dezember 1979 sachlich nicht zu vereinbaren sind. Ausdrücklich bitte ich Sie darum: Schonen Sie sich dabei selbst nicht.

Sehr geehrter Herr Professor Küng, nur beispielhaft habe ich gerade diese Aussagen herangezogen. Sie ließen sich noch vermehren. Tragen Sie bitte zur eindeutigen Klärung bei, und schreiben Sie nicht zuerst für Augen und Ohren der großen Öffentlichkeit, sondern für die Autorität in der Kirche. In der jetzigen Situation – das habe ich Ihnen mündlich eindringlich dargelegt – sind erste und minimale Schritte zu wenig.

Im Lichte des weihnachtlichen Festes bitte ich Sie noch einmal von Herzen, endlich Ihren lange erwarteten Beitrag zur Lösung des Konflikts zu leisten. Sonst wüßte ich mir – um mit Kardinal Döpfners Worten vom 6. Mai 1975 zu sprechen – »kaum mehr zu helfen«.

Bei dem voraussichtlich am 28. Dezember 1979 in Rom stattfindenden Gespräch vermag ich wirksam nur zu helfen, wenn ich bis spätestens Donnerstag, 27. Dezember 1979, 20.00 Uhr, im Besitz einer schriftlichen Rückäußerung von Ihnen bin.

Ich kann nicht umhin, Sie trotz der Feiertage um Ihre Antwort zu bitten.

Mit freundlichen Grüßen   Ihr

                                   + *Georg Moser*

Quelle: Dokumentation des Sekretariats der Deutschen Bischofskonferenz

2.20 Hermann Häring: Brief an Bischof Moser (26. Dezember 1979)

Dozent Dr. habil. Hermann Häring, Akademischer Oberrat am Institut für ökumenische Forschung und Mitarbeiter Küngs, war von Bischof Moser gebeten worden, den Brief an Küngs Adresse (Dokument 2.19) zu öffnen und den Inhalt telefonisch Küng zu übermitteln. Er, Moser, sei durchaus zufrieden, wenn Häring im Namen von Küng seinen Brief beantworte. Dieser mit Küng fernmündlich abgestimmte Brief wurde am 26. Dezember 1979 dem Bischof persönlich von Norbert Greinacher überbracht und erläutert; er wiederholte die von Küng dem Bischof schon mündlich vorgetragene dringende Bitte, vom Papst selber vor einer Entscheidung in seiner Sache angehört zu werden.

DR. HERMANN HÄRING   Tübingen, 26. Dezember 1979

An den
Bischof von Rottenburg-Stuttgart
Dr. Georg Moser

Sehr verehrter Herr Bischof,
nachdem ich am Hl. Abend, dem 24. Dezember, Ihren Brief an Herrn Prof. Küng erhalten und verabredungsgemäß geöffnet hatte, gelang es mir nach einigen vergeblichen Versuchen am selben Abend, Prof. Küng am Weihnachtsmorgen, dem 25. Dezember, ca. 8.00 Uhr, telefonisch im Ausland zu erreichen. Am Abend des 25. Dezember führte ich mit ihm noch einmal ein ausführliches telefonisches Gespräch. Dabei hat sich folgendes ergeben.
Bei allem Verständnis für Ihre schwierige Lage als Vermittler in einer so ernsten Angelegenheit sah er sich aus zeitlichen und sachlichen Gründen nicht in der Lage, Ihnen innerhalb der gesetzten Frist einen persönlichen Brief zukommen zu lassen. Er beauftragte mich, Ihnen als Antwort auf Ihren Brief folgendes, das ich in Gesprächsnotizen festhielt, mitzuteilen:
1. Nachdem Prof. Küng in den Tagen vor Weihnachten schon mehrere, z. T. vielstündige Gespräche mit Ihnen geführt habe, glaube er hinreichend gezeigt zu haben, daß er sich dem Gespräch keineswegs verschließe. Dabei habe er sich alle erdenkliche Mühe gegeben, um auf die Sachfragen zu antworten, gleichzeitig aber deutlich zu ma-

135

chen, daß es ihm aus zeitlichen und sachlichen Gründen unmöglich sei, zur abgegebenen schriftlichen Erklärung noch weitere schriftliche Erklärungen abzugeben. Erklärtermaßen sei er zu Gesprächen mit kirchlichen Autoritäten bereit. Diese Bereitschaft habe er nie geleugnet. Er halte sie für unabdingbar und betrachte sie geradezu als ein Grundgebot katholischer Theologie. Allerdings bestehe er nach wie vor darauf, daß solche Gespräche unter gerechten und fairen Bedingungen stattfinden müßten. Seit Jahren frage er sich, warum man sie ihm von Rom aus nicht gewähre.

2. Prof. Küng stellte fest, auch beim letzten Gespräch vom 23. Dezember mit Ihnen habe er versucht, auf Sachfragen sachlich zu antworten. Darüber hinaus habe er Ihnen eine Dokumentation zu seinen in Frage gestellten Positionen zukommen lassen. Um so mehr zeigte er sich darüber bestürzt, daß man ihm plötzlich, und dies noch am Hl. Abend bzw. am Weihnachtstag, weitere Erklärungen zu einer schon gegebenen Erklärung abnötigen wolle. Nicht verstehen könne er, warum in Rom (wo man sonst doch in Jahrhunderten denke) gerade in dieser theologisch wie kirchenpolitisch höchst komplexen Frage etwas in wenigen Tagen – und dies noch zwischen Weihnachten und Neujahr – erzwungen werden soll. Dies halte er aus zeitlichen wie aus sachlichen Gründen für unverantwortlich. Ohnedies sehe er sich leider – nach all den physischen und psychischen Belastungen, denen er durch die unverhoffte römische Aktion kurz vor Weihnachten ausgesetzt wurde – in jeder Hinsicht außerstande, jetzt eine neue Erklärung abzugeben.

3. Die Detailfragen zu seiner Rechtgläubigkeit, die – wie Prof. Küng vermutet – von kundiger Hand formuliert seien, empfindet er als ausgesprochen inquisitorisch. Er betrachte sie z. T. als inadäquat, die Zitate aus dem Zusammenhang gerissen. Ein Verständnis für seine Position und die Bereitschaft, sich auf seine Intention wirklich einzulassen, seien nicht zu erkennen. Dagegen dürfe er doch, wie schon mündlich dargelegt, erwarten, daß man ihm auf seine bekannten Fragen eine Antwort gebe. Er bezog sich dabei auf seine Bilanz zur Unfehlbarkeitsdebatte, die er vor allem in dem von ihm herausgegebenen Buch »Fehlbar? Eine Bilanz« (1973) gezogen und dann an anderer Stelle wiederholt hat. Gerade wegen der für die katholische Theologie, wie auch andere Theologen bestätigten, verbliebenen fundamentalen Unklarheiten in dieser Frage habe er angeregt, man möge zu deren Klärung eine ökumenische Kommission mit entsprechenden Fachleuten einsetzen. Bevor auf diesem oder irgendeinem ande-

ren Wege die anstehende Problematik nicht weiter geklärt sei, sei es ihm nur schwer möglich, auf Fragen zu antworten, die zunächst er selber gestellt habe. Wenn es weder Ihnen noch den römischen Stellen nur um ein »humiliter se subiecit«, sondern um eine echte Klärung der Sache gehe, dann dürfe er erwarten, daß man in irgendeiner Form auf seine Vorschläge eingehe.

4. Wie Sie, verehrter Herr Bischof, so sieht auch Prof. Küng sehr wohl den Ernst der Lage, und diesen nicht nur für sich, sondern auch für die gesamte Kirche. In dieser Situation müsse jedoch die Frage an die Kirchenleitung gestellt werden, wie sie es verantworten könne, mit ihrem Vorgehen kurz vor Weihnachten in weiten Teilen der Kirche und des Klerus soviel Empörung, Bestürzung und tiefe Trauer darüber auszulösen, daß so ein Vorgang in einer Kirche möglich ist, die sich auf Jesus Christus beruft. Auch habe er Sie darauf aufmerksam gemacht, daß mit einer eventuellen endgültigen Inkraftsetzung der von der Glaubenskongregation beschlossenen Maßnahme die Sache selber in der Kirche nicht ausgestanden sei, sondern der Weg in eine sehr schwierige und kritische Zukunft beschritten werde. Die Verantwortung für die Folgen könne und wolle er nicht auf sich nehmen.

Gleichwohl wiederholt Prof. Küng in aller Form – und dies möchte er nachdrücklich auch in dieser Stunde aufrechterhalten – seine Bereitschaft zu Gesprächen. Er betonte, daß er auch jetzt dazu bereit sei, wenngleich er nach wie vor gerechte und faire Gesprächsbedingungen fordern müsse, wie er dies zu wiederholten Malen in früheren Stellungnahmen und Briefen geäußert und konkretisiert habe. Zudem habe er sich in seinem persönlichen Brief an Papst Johannes Paul II. vom Frühjahr 1979 anerboten, jederzeit nach Rom zu kommen, um mit ihm – falls er dies wünsche und dafür genügend Zeit hätte – über alle anstehenden Probleme zu sprechen.

Überdies möchte Prof. Küng Ihnen die dringende Bitte mit auf den Weg nach Rom geben, daß der Papst bei seiner Fähigkeit, außerordentlich viele Angelegenheiten selber in die Hand zu nehmen, auch die Zeit finde, in diesem kritischen Augenblick mit einem Theologen unserer Kirche zu reden, der nunmehr über Jahrzehnte hin nach bestem Wissen und Gewissen für die Sache des christlichen Glaubens nach innen und nach außen zu wirken versuchte.

Es tut mir leid, sehr verehrter Herr Bischof, daß ich Ihnen in diesem schwierigen Augenblick keine andere Antwort übermitteln kann. Auch ich möchte hoffen, daß der Konflikt einen Ausgang nimmt, der

der Glaubwürdigkeit unserer Kirche und letztlich der Sache Jesu Christi nicht zum Schaden, sondern zum Nutzen gereicht.

So grüße ich Sie in Respekt vor der Aufgabe, die Sie in den nächsten Tagen wahrzunehmen haben, und wünsche Ihnen dazu Gottes Segen

Ihr

Hermann Häring

Quelle: Dokumentation des Sekretariats der Deutschen Bischofskonferenz

2.21 Kardinal Höffner: Interview mit der Katholischen Nachrichtenagentur (28. Dezember 1979)

Nach Weihnachten wurde die Zusammensetzung der deutschen Bischofsdelegation bekannt: neben Bischof Moser und dessen Metropoliten Erzbischof Saier von Freiburg die drei deutschen Kardinäle Höffner, Ratzinger und Volk. Nachdem sich Ratzinger schon früher gegen Küngs katholische Rechtgläubigkeit ausgesprochen hatte (vgl. Dokument 1.14), zeigte nun auch Kardinal Höffner in einem Interview vor seiner Abreise in drastischer Weise seine Befangenheit. Angesichts einer solchen Zusammensetzung der Delegation konnten über den Ausgang der »Vermittlung« kaum Zweifel bestehen.

KNA: Die Römische Glaubenskongregation hat am 15. Dezember 1979 erklärt: »Professor Hans Küng weicht in seinen Schriften von der vollständigen Wahrheit des katholischen Glaubens ab. Darum könne er weder als katholischer Theologe gelten noch als solcher lehren.« Prof. Küng nennt diese Entscheidung eine »Nacht-und-Nebel-Aktion«. Er spricht von »Inquisition« und wirft »ganz bestimmten deutschen Kardinälen und Bischöfen« vor, sie hätten »mit der Römischen Inquisition kollaboriert«. Auch in zahlreichen Massenmedien kommt die Empörung darüber zum Ausdruck, daß »römische Prälaten« es gewagt hätten, gegen Küng vorzugehen.

Kardinal Höffner: Hinter der »römischen Erklärung« steht nicht die Autorität einiger Prälaten. Zur Glaubenskongregation, die 18 Mitglieder zählt, gehören Bischöfe aus den Niederlanden, aus Belgien, England, Frankreich, Italien, Kolumbien, Spanien, aus Brasilien und Afrika sowie ein Vertreter der orientalischen Kirche. Der Vorsitzende der Glaubenskongregation hat den Text der »Erklärung« Papst Johannes Paul II. in einer Audienz vorgelegt. Der Papst hat die Erklärung »approbiert und ihre Veröffentlichung angeordnet«. Hinter der Erklärung steht die Autorität des Papstes.

KNA: Es wird eingewandt, die »Erklärung« sei völlig unvorbereitet wie ein Blitz aus heiterem Himmel gekommen.

Kardinal Höffner: Das ist nicht der Fall. Die Deutsche Bischofskonferenz hat am 18. Dezember 1979 eine Dokumentation herausgegeben, die auf fast 200 Seiten alle einschlägigen Aktenstücke der letzten zwölf Jahre (1967–1979) enthält. Wer diese Dokumente unvoreingenommen liest, wird zu der Erkenntnis kommen, daß im Fall Küng mit wahrer »Lammsgeduld« (Prof. Hans Urs von Balthasar) vorgegangen worden ist. Prof. Hans Küng hat sowohl die Römische Glaubenskongregation als auch die Deutsche Bischofskonferenz jahrelang mit fadenscheinigen Ausreden hingehalten: Er habe »keine Zeit«, sei »auf Reisen«, »schreibe ein Buch«, er werde in einem späteren Buch die gewünschten Ergänzungen bringen und dergleichen mehr.

KNA: Trägt die römische Erklärung nicht einen negativen Charakter? Ist sie nicht ein »Anti-Küng«?

Kardinal Höffner: Die »Römische Erklärung« ist nicht so sehr gegen jemanden gerichtet als vielmehr für die Gläubigen erlassen worden. In der »Erklärung« heißt es ausdrücklich, daß die Gläubigen »das heilige Recht haben, das unverfälschte Wort Gottes zu empfangen«. Der Papst ist vor Christus und vor seinem Gewissen verpflichtet, »drohende Irrtümer« von den Gläubigen abzuwehren.

KNA: Es wird eingewandt, das Lehramt der Kirche wiederhole nur »erstarrte Formeln«. Es verkenne das Gebot der Stunde, die Glaubensverkündigung durch »Neuinterpretation unserer Zeit anzupassen«.

Kardinal Höffner: Das ist nicht neu. Der Chefideologe des Nationalsozialismus, Alfred Rosenberg, und der Prophet der »Deutschreligion«, Ernst Bergmann, erhoben zur Zeit des Nationalsozialismus die Forderung: Weg mit den »unzeitgemäßen«, »abgelebten und verbrauchten Kult- und Dogmenformen« (Anmerkung 1: Ernst Bergmann, »Die 25 Thesen der Deutschreligion«, Breslau 1934, Seiten 10 und 11), mit den »Zwangsglaubenssätzen«, mit der »starren Dogmengleichheit«, mit dem »Für-Wahr-Erklären metaphysisch-religiöser Behauptungen« (Anmerkung 2: Alfred Rosenberg, »Der Mythos des 20. Jahrhunderts«, 41.–42. Auflage, München 1934, Seite 602).

An die Stelle dieser leeren Formen und Formeln müsse eine »zusammenfassende Neuschöpfung« (heute sagt man »Neuinterpretation«) treten. Was ich damals gegen diese Auffassungen als junger Priester gesagt habe, wiederhole ich heute: Die von Christus geoffenbarten Glaubenswahrheiten bleiben für alle Zeiten und für alle Menschen ein und dieselben. Sie erstarren nicht in leeren Formeln, sondern sind inhaltsreiche, geprägte Formen und als solche immer lebendig. Sie können erkannt und in gültiger Form ausgesprochen werden. Eine geoffenbarte Wahrheit, von der wir nie wissen könnten, ob das, was wir über sie aussagen, richtig oder falsch ist, wäre gar keine *geoffenbarte Wahrheit*.

KNA: Im Fall Küng handelt es sich offensichtlich um den Gegensatz zwischen der Theologie und dem kirchlichen Lehramt. Darf das Lehramt der Kirche die Ergebnisse der theologischen Wissenschaft in den Wind schlagen?

Kardinal Höffner: Heute gibt es nicht *die* Lehre *der* Theologie. Der eine Theologieprofessor bekennt mit dem Glauben der Kirche, daß der Papst, wenn er in höchster Lehrgewalt (ex cathedra) eine endgültige Glaubensentscheidung trifft, unfehlbar ist; der andere sagt, daß weder der Papst noch die Konzilien unfehlbar seien. Der eine bekennt, daß böse Geister, das heißt Wesen, die Gott ihrer Natur nach gut erschaffen hat, die aber durch eigene Schuld von Gott abgefallen sind, wirklich existieren; der andere nimmt »Abschied vom Teufel« und erklärt, daß der Glaube an den Teufel ein fragwürdiges Erbe zeitbedingter biblischer Vorstellungen sei. Der eine bekennt, daß die Jungfrau Maria »den Sohn des Vaters auf Erden« geboren hat, »und zwar ohne einen Mann zu erkennen, vom Heiligen Geist überschattet«; der andere sagt, daß Maria ihren Sohn durch Geschlechtsverkehr mit einem Mann empfangen habe. Der eine bekennt, daß Jesus Christus von den Toten auferstanden und den Seinen erschienen ist; der andere sagt, bei den Jüngern sei die Erinnerung an Jesus nach seinem Tod so stark gewesen, daß sie gewagt hätten, in bildlicher Rede zu sagen, er sei nicht mehr tot, sondern lebe. Der eine bekennt, daß das eucharistische Opfer nur vom geweihten Priester gültig gefeiert werden kann; der andere sagt, alle Christen seien (wenigstens in der Notlage) zum Vollzug der Eucharistie ermächtigt. Der eine bekennt, daß die sakramental geschlossene und vollzogene Ehe nach Gottes Willen unauflöslich ist; der andere sagt, daß die Unauflöslichkeit der sakramentalen Ehe nur ein »Zielgebot« sei, so daß die Wiederverheiratung zu Lebzeiten des anderen Gatten zuzulassen sei, wenn die frühere Ehe heillos zerrüttet sei.

Offensichtlich gibt es *die* Lehre der Theologieprofessoren nicht. Nicht wenige sagen es nicht nur anders, sondern sie sagen etwas Anderes. Wer entscheidet, wer recht hat? Die besseren Argumente? Die nehmen beide Gruppen in Anspruch.

KNA: Sie haben, Herr Kardinal, in Ihrem Brief vom 23. Dezember 1974 an Prof. Küng die Frage gerichtet: »Kraft welcher Autorität tragen Sie Ihre Meinungen vor?« Herr Prof. Küng hat Ihnen am 10. Januar 1975 geantwortet: »Kraft welcher Autorität trage ich meine Meinungen vor? Kraft der Autorität des Wortes Gottes, dem ich als Theologe zu dienen habe.« Sind Sie, Herr Kardinal, mit dieser Antwort zufrieden?

Kardinal Höffner: Nein; denn auch jene Theologieprofessoren, die zu anderen Ergebnissen kommen als Prof. Küng, sagen, daß sie kraft der Autorität des Wortes Gottes ihre Lehren vortragen. Dazu kommt, daß die Theologieprofessoren nicht beweisen können, in welchen Schriften sich das Wort Gottes findet. Die Heilige Schrift übernehmen sie von der Kirche. In den ersten christlichen Jahrhunderten sind außer den vier bekannten Evangelien auch andere Evangelien, zum Beispiel ein Thomas-Evangelium und ein Petrus-Evangelium, geschrieben worden. Daß die vier Evangelien als inspirierte Schriften das Wort Gottes enthalten, jene beiden apokryphen Evangelien jedoch nicht, ist Lehre der Kirche, nicht Ergebnis theologischer Forschung.

KNA: Sie erwähnen die Jungfräulichkeit Mariens. Ist das nicht eine nebensächliche Frage?

Kardinal Höffner: Keineswegs. Der eindeutige Glaube der Kirche darf nicht als »Interpretament« »entmythologisiert« und verfälscht werden, auch nicht mit der oberflächlichen Bemerkung Prof. Küngs, niemand könne »verpflichtet werden, an das biologische Faktum einer jungfräulichen Empfängnis oder Geburt zu glauben«. Im Geheimnis des Gottmenschen Jesus Christus ist das Biologische nicht bedeutungslos. Jesus Christus ist biologisch, das heißt nicht zum Schein, sondern wirklich Mensch geworden und biologisch am Kreuz gestorben, nicht »scheinbar«, wie der Doketismus in den ersten christlichen Jahrhunderten meint. Ebenso ist auch seine jungfräuliche Empfängnis von der Kirche allezeit im biologischen Sinn verstanden worden, was keineswegs nebensächlich ist. Das Verhältnis des Sohnes Gottes zu seinem göttlichen Vater ist ausschließlich. Jesus kann sich nicht zwei Vätern verdanken.

KNA: Am 22. April 1977 haben Sie, Herr Kardinal, im Auftrag der Deutschen Bischofskonferenz Prof. Hans Küng die Frage gestellt: »Ist Jesus Christus der unerschaffene, ewige Sohn Gottes, gleich wesentlich mit dem Vater? . . . Stimmen Sie – immer mögliche und notwendige Erläuterungen bzw. Vertiefungen vorausgesetzt – letztlich vorbehaltlos dem Bekenntnis der Kirche zu, daß Jesus Christus wahrer Mensch und wahrer Gott ist?« Hat Prof. Küng diese Fragen mit einem eindeutigen Ja beantwortet?

Kardinal Höffner: Nein. Es genügt nicht zu sagen, Jesus sei »ein Mensch für andere« gewesen, »Gottes Sachwalter und Platzhalter«, ein Mensch, in dem »der menschenfreundliche Gott selber nahe und am Werk« ist, ein Mensch »mit einer besonderen Gotteserfahrung«, ein Mensch, der »ungewöhnlich mit Gott verbunden war«. Gott wirkt in jedem Menschen; aber dadurch ist der Mensch nicht Gott. Es geht darum, ob Jesus Christus Gott ist, dem Vater wesensgleich. Ein »Mensch für andere«, wie es zum Beispiel der hl. Franz von Assisi gewesen ist, kann für mich zwar ein Vorbild sein, aber niemals die Quelle des ewigen Heiles. Das ist nur Gott.

KNA: Die »Erklärung« der Glaubenskongregation stellt das Dogma der Unfehlbarkeit des Papstes in den Mittelpunkt. Aus welchem Grunde?

Kardinal Höffner: Prof. Küng will an einem grundlegenden Bleiben der Kirche in der Wahrheit festhalten, obwohl das kirchliche Lehramt in Glaubensentscheidungen, die als unwiderruflich erlassen worden sind, irren könne. Er hat sogar das Wort von einer »Revision der Beschlüsse des Vatikanums I.« aufgegriffen. Das ist eine radikale Verdunkelung des vom I. Vatikanischen Konzil verkündeten und vom II. Vatikanischen Konzil bestätigten Dogmas von der Päpstlichen Unfehlbarkeit. Mit dem Dogma der Unfehlbarkeit hängt die Frage nach der Wahrheitserkenntnis, nach der Auslegung des Glaubens und nach der Glaubensgewißheit zusammen.

KNA: Man hat im »Fall Küng« von der Verletzung der Menschenrechte durch die Römische Glaubenskongregation gesprochen.

Kardinal Höffner: Wenn die Kirche, »sei es gelegen, sei es ungelegen« (2 Tim 4, 2) ihren Glauben verkündigt und verteidigt, verletzt sie nicht das Recht irgendeines Menschen. Die Kirche ist die Gemeinschaft der in freier Entscheidung an den Herrn Glaubenden und der sich frei zur vorgegebenen, von Christus gewollten Ordnung und Gestalt der Kirche Bekennenden. In einer Zeit, die sehr empfindlich jeden Zwang und jede Unfreiheit ablehnt, ist es nicht überflüssig, die innere Freiheit der Glaubensentscheidung zu betonen. Im Glauben, so sagt das II. Vatikanische Konzil, »überantwortet sich der Mensch Gott als Ganzer in Freiheit« (Dei Verbum 5). Während im Staat die Zwangsmitgliedschaft gilt, ist niemand gezwungen, sich der Kirche anzuschließen, und niemand ist gezwungen, in der Kirche zu bleiben. Bei der Diskussion der jüngsten Zeit wird nicht selten so getan, als ob die Kirche ein Staat sei. »Wer also«, so schreibt Karl Rahner, »nach dem Spruch seines eigenen Wahrheitsgewissens glaubt, in einem unüberwindlichen Widerspruch zu einer definitiven Lehre der Kirche beharren zu müssen, der soll nicht diese Kirchenlehre uminterpretieren, sondern in intellektueller Redlichkeit und Fairneß gegenüber der kirchlichen Gemeinschaft die alte Kirche, die nicht mehr seine ist, mutig verlassen, nicht aber sie in einer modernistischen Taktik zu unterwandern suchen.« (Anmerkung 3: Karl Rahner, Der Glaube des Priesters heute. In: »Geist und Leben«, Heft 4, 1967, Seite 8) Es ist deshalb töricht, gewisse Ordnungen, die für die Gemeinschaft der Gläubigen gelten, zum Beispiel den priesterlichen Zölibat oder die Unauflöslichkeit der Ehe, als Verletzung der Menschenrechte hinzustellen. Eine Kirche, die es nicht mehr wagen würde, eine Häresie zurückzuweisen, wäre keine Kirche mehr, sondern ein unverbindlicher Debattierclub.

KNA: Wird durch die »Erklärung« der Glaubenskongregation der ökumenische Dialog nicht gestört?

Kardinal Höffner: Vor einigen Tagen sagte mir ein Metropolit der orthodoxen Kirche: »Wenn die katholische Kirche zuläßt, daß in ihr die Lehre verbreitet werden darf, Jesus Christus sei nicht der ewige Gottessohn, wesensgleich mit dem Vater, und die Jungfrau Maria sei nicht jungfräulich im eigentlichen Sinne, würde der ökumenische Dialog zwischen der katholischen und der orthodoxen Kirche unheilvoll beeinträchtigt.«

Über die Stellungnahme eines Sprechers des Weltkirchenrates zum »Fall Küng« bin ich bestürzt. Will der Weltkirchenrat auf die katholische Kirche Druck ausüben, nicht mehr an die Unfehlbarkeit des Papstes, nicht mehr an die Wesensgleichheit des göttlichen Sohnes mit Gott dem Vater und nicht mehr an die Jungfräulichkeit Mariens zu glauben?

KNA: Sie haben, Herr Kardinal, am 19. Dezember 1979 erklärt: »Wenn Herr Prof. Küng bereit ist, seine Aussagen in allen Bereichen an die Lehre der Kirche zu orientieren, dann steht einer Rücknahme der jetzigen Maßnahme nichts im Wege.« Bemühungen um eine

Lösung des Konfliktes sind im Gange. Sind sie aussichtsreich?

Kardinal Höffner: Die vom Papst bestätigte Entscheidung: »Prof. Hans Küng weicht in seinen Schriften von der vollständigen Wahrheit des katholischen Glaubens ab. Darum kann er weder als katholischer Theologe gelten noch als solcher lehren«, gilt, solange Prof. Küng sich in den beanstandeten Lehren nicht zum Glauben der Kirche eindeutig bekennt. Ich hoffe, daß das geschieht.

Quelle: Katholische Nachrichtenagentur – Das Interview Nr. 27
Freitag, 28. Dezember 1979

2.22 Presseerklärung des Heiligen Stuhles (30. Dezember 1979)

Am Freitag, dem 28. Dezember 1979, empfing Papst Johannes Paul II. die deutsche Delegation zusammen mit den Leitern der Glaubenskongregation zu einem etwa fünfstündigen Gespräch in Castel Gandolfo. Hans Küng selber wurde nicht angehört. Ja, über die am Freitagabend gefällte Entscheidung wurde er bis Sonntagvormittag im Ungewissen gelassen. Bischof Moser, seit Samstag mittag aus Rom zurückgekehrt, weigerte sich, mit Küng in irgendeiner Form in Verbindung zu treten. Küng werde durch die Nuntiatur über die Entscheidung des Heiligen Stuhles orientiert. Diese, auf Samstag vormittag angekündigt, wurde erst am Sonntagvormittag veröffentlicht. Küng selber wurde zu diesem Zeitpunkt telefonisch zuerst durch einen Nuntiatursekretär über den negativen römischen Entscheid informiert. Später wurde durch Boten das Schreiben Bischof Mosers (Dokument 2.24) überbracht.

1. Die Erklärung der Glaubenskongregation über einige Punkte der theologischen Lehre von Professor Küng vom 15. Dezember 1979 war unausweichlich geworden, um das Recht der Gläubigen gebührend zu schützen, die von der Kirche gelehrte Wahrheit vollständig übermittelt zu erhalten. Alle voraufgehenden Bemühungen des Heiligen Stuhles, der Deutschen Bischofskonferenz und des Ortsbischofs, Herrn Professor Küng zur Überwindung seiner irrigen Auffassungen zu bewegen, waren ergebnislos geblieben.

2. Aufgrund der von Professor Küng im Gespräch mit Bischof Moser bekundeten Bereitschaft, seine Lehrmeinungen weiter zu klären, hat sich Ortsbischof Moser noch einmal mit großer Geduld und persönlichem Entgegenkommen darum bemüht, Professor Küng bei der Lö-

sung seines Problems zu helfen. Nachdem der Heilige Vater über eine von Professor Küng im Anschluß an die Begegnung mit Bischof Moser verfaßte »Stellungnahme« unterrichtet worden war, hat er beschlossen, die deutschen Kardinäle, Bischof Moser und den Metropolitanbischof von Freiburg i. Br. Saier zu einer besonderen Beratung einzuladen, an der auch der Kardinalstaatssekretär, der Präfekt und der Sekretär der Glaubenskongregation teilgenommen haben.

Nach eingehender Prüfung der letzten Äußerungen von Professor Küng sind alle Teilnehmer der Beratung zu dem Schluß gelangt, daß diese leider keine hinreichende Grundlage für eine Änderung der in der Erklärung vom 15. Dezember getroffenen Entscheidung darstellen.

3. In Anbetracht dieser Tatsache kann Professor Küng natürlich nicht fortfahren, seinen ihm durch die Kirche übertragenen theologischen Lehrauftrag auszuüben. Der zuständige Ordinarius sieht sich verpflichtet, daraus die notwendigen kirchenrechtlichen und dem Konkordat gemäßen Konsequenzen zu ziehen.

4. Seit Jahren hat die Glaubenskongregation Anstrengungen unternommen, um mit Professor Küng die von ihm verbreiteten Ideen zu klären, ohne jedoch eine entsprechende Bereitschaft von seiner Seite zu finden. Die Beratung vom 28. Dezember ist ein weiterer Beweis dafür, daß sowohl der Heilige Stuhl als auch der deutsche Episkopat das Problem des Professors Küng weiterhin mit bestem Willen behandelt.

Die nach so vielen voraufgegangenen Bemühungen mit großem Bedauern getroffene Entscheidung ist ausschließlich von tiefem pastoralem Verantwortungsbewußtsein bestimmt.

Sie bedeutet in keiner Weise – wie schon in der Erklärung vom 15. Dezember hervorgehoben worden ist – eine Einschränkung der rechtmäßigen und notwendigen Freiheit in der theologischen Forschung.

Die Entscheidung ändert nichts an der Einstellung der Kirche in ihrem Bemühen um die Einheit der Christen gemäß den in der Erklärung des II. Vatikanischen Konzils »UNITATIS REDINTEGRATIO« ausgesprochenen Prinzipien.

5. Obgleich die »Stellungnahme« von Professor Küng keine hinreichende Grundlage für eine Änderung der in der Erklärung der Glaubenskongregation vom 15. Dezember enthaltenen Entscheidung bilden kann, hören der Heilige Stuhl und der deutsche Episkopat nicht auf zu hoffen, daß Professor Küng – der mehr als einmal seinen

Willen bekundet hat, ein katholischer Theologe zu bleiben – nach einer vertieften Reflektion eine Stellung beziehen wird, die die Erteilung der Lehrbefugnis im Auftrag der Kirche erneut ermöglicht.
Der Heilige Stuhl und der deutsche Episkopat werden weiterhin dieses Anliegen im Gebet dem Herrn empfehlen und bitten darum auch alle Menschen guten Willens.

Quelle: Dokumentation des Sekretariats der Deutschen Bischofskonferenz

2.23 Bischof Moser: Erklärung anläßlich der Verlautbarung des Apostolischen Stuhls (30. Dezember 1979)

1. *Ich habe mein Äußerstes, zur Verständigung beizutragen, versucht.*
a) Dieses Wagnis wurde von jenen begrüßt, die (ohne in allem mit Prof. Küng einig zu gehen) ihm mancherlei Impulse und Hilfen auf ihrem eigenen Glaubensweg verdanken.
Mißdeutend wurde mir von anderen unterstellt, ich würde damit gegen den Papst angehen und seine Entscheidung unterlaufen.
Ich habe die Gewissensentscheidung, die ich als Ortsbischof treffen mußte, in Rom begründet und dort Verständnis gefunden.
b) Das Risiko der Vermittlung mit Chancen und Gefahr habe ich auf mein Gewissen genommen. Ich sehe meine Aufgabe zu jeder Zeit darin, soweit möglich Brücken zu bauen. Ich vertraue auf die Bedeutung auch kleiner Schritte und wollte und will (auch künftig) nirgendwo etwas unversucht lassen, was zur Verständigung und Versöhnung und zur Versachlichung beiträgt.
c) In diesem Falle war mir im Blick auf die jetzt ein Jahrzehnt dauernde Auseinandersetzung völlig klar, daß eine Verständigung in letzter Minute nur erreicht werden könnte, wenn Professor Küng einen ausreichenden Beitrag beibringen würde. Da seine Verlautbarung auf die Veröffentlichung der Declaratio meiner Einschätzung nach eine gewisse Bereitschaft für eine Verständigung signalisierte, habe ich das Gespräch mit ihm gesucht, bin zweimal mit ihm in seiner Wohnung zusammengekommen und habe ihm am Heiligen Abend noch einmal einen eingehenden Brief geschrieben.
d) Wie ernst die Situation sich für mich gerade an diesem Tag darstellte, mag daraus hervorgehen, daß dieser Brief mit folgendem Text endete: »Im Lichte des weihnachtlichen Festes bitte ich Sie noch einmal

von Herzen, endlich Ihren lang erwarteten Beitrag zur Lösung des Konflikts zu leisten. Sonst wüßte ich mir – um mit Kardinal Döpfners Worten vom 6. Mai 1975 zu sprechen – ›kaum mehr zu helfen‹.«

e) Immer wieder habe ich Professor Küng gesagt, daß es jetzt gerade auf sein Wort ankomme und daß er eine große Verantwortung wahrzunehmen habe, der Situation gerecht zu werden und auch persönlich entsprechende Schritte zu tun. Niemand wolle ihn aus der Kirche hinausdrängen, aber er müsse auch deutlich dokumentieren, daß er in dem Sinne in ihr bleiben wolle, daß er ihre Lehre bejahe und vertrete.

Leider blieb es nur bei minimalen Erklärungen von Professor Küng. So konnte ich in Rom nur diese vorlegen und sie nebst einigen sachdienlichen Elementen aus meinen Gesprächen mit Professor Küng zu einer Klärung der Angelegenheit verwenden.

2. *Das Gespräch in Rom am 28. 12. 1979 war kein Verdammungstribunal.*

Ich bin nicht befugt, mich über Einzelheiten dieses Gesprächs zu äußern. Doch kann ich folgende Eindrücke wiedergeben.

a) Daß es bei dem Urteil der Declaratio vom 15. 12. 1979 bleibt, ist kein Racheakt Roms oder gar des Papstes selbst auf jüngste Äußerungen von Professor Küng über das bisherige Pontifikat von Johannes Paul II.

b) In stundenlangem ernsthaftem Abwägen wurden Texte verglichen und erörtert. Die erste Stellungnahme von Professor Küng sowie seine von Dr. Häring unterzeichnete Mitteilung vom 26. 12. 1979 wurden analysiert. Die positiven Akzente darin wurden zur Kenntnis genommen. Die an den Papst von verschiedensten Seiten herangetragenen Äußerungen über die Situation wurden in aller Ruhe besprochen.

c) In diesem Gespräch wurde deutlich, daß es nicht um eine Machtausübung von seiten Roms geht und daß die Declaratio nicht als Blitz aus heiterem Himmel gewertet werden darf. Die vorliegenden Äußerungen von Professor Küng sowie Texte aus seinen Werken, auf die er mich eigens hingewiesen hatte, wurden behutsam abgewogen.

Von manchen wird die vor allem behandelte Unfehlbarkeitsfrage als eine Nebenfrage empfunden. Professor Küng selbst sieht dies anders. In seinem Buch »Weg und Werk« (1978) S. 168 steht: »Bei der Unfehlbarkeitsfrage geht es nun einmal um cine formale Frage, die gerade als solche auf die theologische Methode einen entscheidenden

Einfluß hat und die praktisch sämtliche Lehraussagen in Glaubens- und Sittendingen der katholischen Kirche berührt.«

d) Auch die von mir bereits vor Veröffentlichung der Declaratio mündlich und schriftlich angemeldeten, die Art und den Zeitpunkt betreffenden Bedenken, die später ähnlich von verschiedenen Seiten vorgetragen wurden, sind nicht übergangen worden.

e) Daß nun die Voraussetzungen für die Missio canonica für Professor Küng nicht mehr bestehen, ergibt sich aus dem vorher Gesagten. Ich habe deshalb nach der Rückkehr von Rom das entsprechende Schreiben an Professor Küng fertiggestellt. Es wurde am 30. 12. 1979 bei Professor Küng abgegeben.

3. *Was die Declaratio bedeutet und was sie nicht bedeutet,* darüber sind bereits die Anmerkungen veröffentlicht, auf die ich nochmals hinweise (siehe Beilage).

Ich wiederhole: die Declaratio betont: »Die Missio canonica ist ein Zeugnis des gegenseitigen Vertrauens: des Vertrauens der zuständigen kirchlichen Autorität gegenüber dem Theologen, der in seiner Forschungs- und Lehrtätigkeit sich als katholischer Theologe verhält; es ist aber auch das Zeugnis des Vertrauens des Theologen gegenüber der Kirche und ihrer unversehrten Lehre, denn im Auftrag der Kirche übt er ja sein Amt aus.«

Leider muß dieses Vertrauen für jetzt als zerbrochen betrachtet werden. Ich bemerke jedoch dazu: der letzte Abschnitt des neuesten Bescheids aus Rom bedeutet eine Aufforderung an Professor Küng, seine Position erneut zu bedenken und sich um eine Revision seiner mit der katholischen Lehre nicht übereinstimmenden Lehrmeinungen zu bemühen.

4. *Die jetzige Situation ist klar und schwierig zugleich.* Es wird nun viel darauf ankommen, wie alle, die sich betroffen fühlen, auf die sorgsam abgewogene Erklärung von Rom reagieren. Ich möchte hier einen Appell an alle Glieder in der Kirche richten, da ja auch alle Mitverantwortung an der weiteren Entwicklung tragen. Die Lage scheint mir der einer Familie zu gleichen, die unter großen inneren Belastungsproben steht. Eines ist mir klar: Davonlaufen oder resignieren ist dabei keine Lösung. Alle zusammen müssen versuchen, sachgerecht zu bleiben, ihre Emotionen zu zügeln und die Hoffnung auf eine spätere Übereinkunft nicht aufzugeben.

Aus dem Freundeskreis von Professor Küng wurde mir nahegelegt, ich solle mein Amt aufgeben. Dazu kann ich nur sagen: eine Flucht aus der Verantwortung, eine Trennung von der Diözese wäre in dieser schwierigen Stunde die schlechteste aller Lösungen. In guten Tagen ist es verhältnismäßig leicht, zusammenzustehen und zusammenzuhalten. In der Krisis erweist sich die Nagelprobe der Treue. Ich wiederhole, was ich Herrn Professor Küng und manchen anderen gesagt habe: ich halte an der Solidarität mit dem Hl. Vater und dem Bischofskollegium fest und stehe auch in dieser Erschütterung zur Diözese. Dabei leugne ich nicht, daß es mich bitter schmerzt, daß es zu keiner Verständigung mehr kam. Doch vertraue ich auch in dieser Stunde auf den Heiligen Geist, daß er als Lebensprinzip der Kirche alle, die guten Willens sind, zusammenführen wird.

Rottenburg am Neckar, 30. Dezember 1979

+ *Georg Moser, Bischof*

Quelle: Dokumentation des Sekretariats der Deutschen Bischofskonferenz

2.24 Bischof Moser: Brief an Hans Küng (30. Dezember 1979)

DER BISCHOF VON ROTTENBURG-STUTTGART
DR. GEORG MOSER
Nr. A 11 109   Rottenburg, 30. Dezember 1979

Herrn Professor   *Durch Boten*
Dr.Dr. Hans Küng

Sehr geehrter Herr Professor!
Unter Bezugnahme auf die Declaratio der Kongregation für die Glaubenslehre vom 15. 12. 1979, die Ihnen am 18. 12. über die Apostolische Nuntiatur zugeleitet wurde, teile ich Ihnen folgendes mit:
Die in der Zwischenzeit geführten Gespräche haben zu keiner Aufhebung oder Änderung der Declaratio geführt. Damit ist ein Tatbestand gegeben, nach dem die Voraussetzungen für eine Lehrtätigkeit im kirchlichen Auftrag nicht mehr bestehen. Demgemäß widerrufe ich hiermit die Ihnen erteilte Missio canonica.

Als Ortsbischof werde ich dem Wissenschaftsminister des Landes Baden-Württemberg davon Kenntnis geben, daß eine ernstliche Beanstandung Ihrer Lehre vorliegt, und ihn bitten, im Einvernehmen mit mir geeignete Abhilfe zu schaffen und für einen den Lehrbedürfnissen an der Tübinger Katholisch-Theologischen Fakultät entsprechenden Ersatz zu sorgen.

Ich brauche Ihnen gegenüber nicht zu betonen, daß ich nach allen Seiten hin das in meinen Kräften Stehende versucht habe, dieser Entwicklung zu begegnen. Nach wie vor bleibe ich von mir aus gesprächsbereit.

Mit freundlichen Grüßen

Ihr

+ Georg Moser
Bischof

2.25 Hans Küng: Für eine wahrhaft christliche Kirche (30. Dezember 1979)

Hans Küng beantwortete den nun auch rechtlich vollzogenen Entzug der Missio mit folgender Erklärung:

Mit Trauer und Unverständnis habe ich den Ausgang der römischen Verhandlungen zur Kenntnis genommen. Der Papst verurteilt einen Mann, den er nicht gehört hat. Die römische Devise »audiatur et altera pars« (auch der andere Teil soll gehört werden) gilt im päpstlichen Rom nicht. Obwohl ich mehrere Male an den Papst geschrieben und zuletzt durch den Bischof von Rottenburg dringend um ein Gespräch mit ihm gebeten hatte, fand der Papst es nicht nötig, einen katholischen Theologen persönlich anzuhören, der seiner Kirche durch ein Vierteljahrhundert nach bestem Wissen und Gewissen zu dienen versuchte. Ein unbequemer Kritiker soll mit allen Mitteln geistlicher Gewalt zum Schweigen gebracht werden. Johannes XXIII. und das 2. Vatikanische Konzil sind vergessen. Rom verträgt offenbar keine »correctio fraterna«, keine loyale Kritik, kein brüderliches Miteinander, keine dem Geist der Solidarität verpflichteten Anfragen. Menschenrechte und christliche Liebe werden nach außen gepredigt, im Inneren aber trotz vieler schöner Worte mißachtet.

Ich wurde von der römischen Aktion in weihnachtlicher Zeit unvermittelt getroffen und war dank der römischen Verhandlungsstrategie immer nur Objekt und niemals Partner im Verfahren. Trotzdem habe ich durch Gespräche mit Bischof Moser, durch eine Erklärung zu Händen des Papstes und durch die ständig wiederholte Bereitschaft, über sämtliche strittigen Fragen zu sprechen, alles getan, was ich in dieser außerordentlich schwierigen und belastenden Situation verantworten konnte.

Es war umsonst. Ich wurde nicht angehört. Ungehört blieben auch die Einsprüche von Christen aus aller Welt. Ungehört die heftigen Proteste zahlloser Theologen, Seelsorger und Laien aus den verschiedenen Konfessionen. Ungehört selbst die Mahnung des Weltrats der Kirchen. Römische Autoritäten und deutsche Kirchenführer verkannten, daß es in dieser Auseinandersetzung nicht nur um einen Fall Küng geht, sondern um die Kirche, die dabei ist, die Chancen ihres Neuaufbaus seit dem 2. Vatikanischen Konzil zu verspielen;

nicht nur um den Fall eines einzelnen Theologen, sondern zugleich um alle, die, ob bekannt oder unbekannt, in Vergangenheit und Zukunft von kirchlichen Behörden gemaßregelt werden;

nicht nur um den Fall von einzelnen Gläubigen, sondern um die Einheit der Gesamtkirche und die Glaubwürdigkeit der Kirchenleitung;

nicht nur um die Unfehlbarkeit des Papstes, sondern um dessen moralische Autorität nach innen und außen;

nicht nur um eine innerkatholische Auseinandersetzung, sondern um das Gelingen der ökumenischen Verständigung.

Ich frage mich, wieviele unserer Theologen, Seelsorger und Laien sich jetzt noch katholisch nennen dürfen, wenn ich kein katholischer Theologe mehr sein soll.

Trotz allem empfinde ich das römische Verdikt nicht als Niederlage, sondern als Herausforderung an unsere Kirche zur längst überfälligen Klärung der Grundlagen katholischer Theologie und Verkündigung. Ein unredlicher Kompromiß hätte mir vielleicht die kirchliche Lehrbefugnis erhalten und mir zeitweilig Ruhe verschafft, hätte aber der Kirche keinen Dienst geleistet und mich selber meiner christlichen Identität und moralischen Glaubwürdigkeit beraubt.

Um den negativen Konsequenzen der römischen Entscheidung in unserer Kirche entgegenzuwirken, bitte ich die Theologischen Fakultäten und sonstigen Lehrer der Theologie, die Diözesan- und Priesterräte, die Pfarrgemeinderäte und sonstigen kirchlichen Gremien und Gruppen, in den nächsten Wochen und Monaten die gegenwärtige kritische Entwicklung zu beraten, ihre Meinung offen zu äußern, entsprechende Forderungen an die zuständigen kirchlichen Instanzen zu richten und sich für die Rücknahme der vielfältigen römischen Disziplinierungsmaßnahmen zu verwenden.

Uneingeschränkt stelle ich mich hinter die Forderungen des »Komitees zur Verteidigung der Christenrechte in der Kirche«. Ich bitte das Komitee, seine Arbeit über den jetzigen Fall hinaus fortzusetzen und womöglich auf internationaler Ebene zu institutionalisieren.

Was die künftige Praxis von Lehrverfahren angeht, ist endlich die – in meinem Fall sträflich vernachlässigte – Forderung zu verwirklichen, »daß der Geist des Dialogs bei jenen Maßnahmen zu spüren sei, welche die Glaubenskongregation oder andere Instanzen gegenüber Theologen ergreifen können, was heißt, daß sie die Gelegenheit haben müssen, angehört zu werden und ihren Standpunkt zu erklären, wie es dem heutigen Rechtsempfinden entspricht. In jedem Fall soll der Betroffene bei Lehrverfahren das Recht haben, selber einen Verteidiger zu bestimmen und Einblick in alle Akten zu erhalten« (Beschluß der Gesamtschweizerischen Synode vom 16./17. Februar 1974).

Trotz dieser Disziplinierungsmaßnahmen, für deren Rücknahme ich mich weiterhin einsetzen werde, bleibe ich nicht nur Mitglied und Priester der katholischen Kirche, sondern auch Ordentlicher Professor der Dogmatischen und Ökumenischen Theologie. Ich werde mein zentrales Anliegen, die Botschaft Jesu Christi den Menschen von heute verständlich zu machen, so entschieden wie bisher verfolgen: gesprächs- und lernbereit dort, wo es um partnerschaftliche und brüderliche Diskussion geht. Dabei weiß ich mich nicht allein. Ich werde wider alle Resignation zusammen mit den vielen kämpfen, die mich bisher unterstützt haben und denen ich dafür von ganzem Herzen danke. Gemeinsam wollen wir weiterarbeiten für eine wahrhaft christliche Kirche.

Tübingen, 30. 12. 1979

Dr. Hans Küng
Professor der Dogmatischen und Ökumenischen
Theologie der Katholisch-Theologischen
Fakultät und Direktor des Instituts für
ökumenische Forschung der Universität Tübingen

Quelle: Frankfurter Rundschau, 31. Dezember 1979

2.26 Erklärung der Universität Tübingen zur Entscheidung der Kurie im Fall Professor Küng (30. Dezember 1979)

Die Universität bedauert, daß es nicht möglich war, eine Einigung zwischen Professor Küng und der Kurie zu erzielen. Sie dankt dem Diözesanbischof, Dr. Georg Moser, für sein Eintreten zugunsten von Professor Küng. Sie hofft, daß in absehbarer Zeit der Dialog wieder aufgenommen werden kann. Dabei läßt sie sich von der Überzeugung leiten, daß die Entscheidung der Kurie bei fortwährendem Bemühen dann reversibel ist, wenn es gelingt, die Diskussion im sachlichen Rahmen zu halten. Die Fronten dürfen sich durch Formulierungen, die eine weitere Diskussionsbereitschaft nicht mehr erkennen lassen, nicht noch mehr verhärten.

Die Universität bietet noch einmal an zu vermitteln. Sie hofft, daß beide Seiten mit dem Willen, eine Einigung zu erzielen, in weitere Gespräche eintreten. Sie müssen sich des Spannungsverhältnisses zwischen der Religionsfreiheit und der Freiheit von Forschung und Lehre immer bewußt sein. Das Nebeneinander zweier so fundamentaler Grundrechte legt allen Beteiligten ein besonderes Maß an Verantwortung auf. Darüber hinaus sollte das Gebot der Nächstenliebe sie verpflichten, alle Möglichkeiten des Aufeinanderzugehens auszuschöpfen.

Was jetzt not tut, ist Besonnenheit. In den Gesprächen mit der Kirche bedarf das Zusammenwirken von Staat, Kirche und Universität erneuter Klärung, ohne daß am Fall Küng die grundsätzliche Frage nach der Funktion der Theologischen Fakultäten und ihrer Forschungs- und Lehrfreiheit aufgeworfen werden muß. Es sollte unbestritten sein, daß die Theologischen Fakultäten nur dann ihrem doppelten Auftrag als Institutionen kirchlicher Lehre und als wissenschaftliche Einrichtung gerecht werden können, wenn ihnen und ihren Mitgliedern in angemessenem Umfang die Freiheit von Forschung und Lehre gewahrt wird.

Wie die Universität in ihrer Erklärung vom 21. 12. 1979 bereits betont hat, wird die Prüfung der rechtlichen Konsequenzen des Entzugs der kirchlichen Lehrbefugnis erhebliche Zeit in Anspruch nehmen. Solange jedenfalls ist der korporationsrechtliche Status von Professor Küng nicht verändert.

2.27 Stellungnahme von Kardinal Höffner zu den Äußerungen von Hans Küng im Zusammenhang mit der Erklärung des Vatikans (30. Dezember 1979)

1. Die Behauptung von Professor Küng, »ein unbequemer Kritiker« solle zum Schweigen gebracht werden, ist unredlich. Der Grund des Entzuges der kirchlichen Lehrbefugnis liegt einzig in der Tatsache begründet, daß Professor Küng in grundlegenden Glaubensfragen von der kirchlichen Lehre trotz zehnjährigen Bemühens der Glaubenskongregation nicht bereit ist, sich eindeutig zum Glauben der Kirche zu bekennen. Der Papst würde seinem Amt untreu werden, wenn er als oberster Lehrer der Kirche zuließe, daß die definierte Glaubenslehre von der Unfehlbarkeit des Papstes in Frage gestellt und daß der Glaube an die Wesensgleichheit des Sohnes Gottes mit dem Vater verschwiegen werden könnte. Die Gläubigen haben »das heilige Recht, das unverfälschte Wort Gottes zu empfangen« (Erklärung der Glaubenskongregation vom 15. Dezember 1979).

2. Professor Küng behauptet, er habe mehrmals seine Gesprächsbereitschaft angeboten, hat aber gleichzeitig die wiederholten Einladungen der Glaubenskongregation zum Gespräch mit wechselnden Ausflüchten nicht angenommen. Die vom Sekretariat der Deutschen Bischofskonferenz herausgegebene Dokumentation gibt darüber unmißverständliche Auskunft.

Wenn Professor Küng von der Vorstellung ausgeht, für ihn komme nur ein Gespräch unmittelbar mit dem Papst, nicht aber mit der Glaubenskongregation in Frage, so ist dazu folgendes zu sagen: Die Glaubenskongregation handelt im unmittelbaren Auftrag des Papstes und ist für Professor Küng der Gesprächspartner. Die wiederholten Einladungen der Glaubenskongregation zum Gespräch hat Professor Küng bis heute ausgeschlagen. Immerhin hat Professor Schillebeeckx es nicht unter seiner Würde erachtet, die Einladung der Glaubenskongregation zum Gespräch zu befolgen, und er hat sich anschließend zufrieden darüber geäußert.

Wenn Professor Küng sich neuerdings auf sein Gesprächsangebot an den Papst als den offensichtlich für ihn einzig adäquaten Gesprächspartner beruft, kann dies angesichts seines ständigen Ablehnens der Gesprächseinladungen der Glaubenskongregation nur als Ausdruck eines erschreckend übersteigerten Selbstwertgefühls verstanden werden.

3. Die Glaubenskongregation hatte in dem Jahr 1975 das Verfahren

gegen Professor Küng unter der Bedingung einstweilen eingestellt, daß er die beanstandeten Thesen nicht weiterhin lehre. Professor Küng hat diese Voraussetzungen in provozierender Weise gebrochen, er hat deshalb kein Recht, sich jetzt über die entstandene Lage zu beklagen.

4. Der Aufruf von Professor Küng an die Theologischen Fakultäten und an die Räte in der Kirche, »sich für die Rücknahme der vielfältigen römischen Disziplinierungsmaßnahmen« zu verwenden, veranlaßt mich zu folgender Erklärung: Es gibt keine »vielfältigen Disziplinierungsmaßnahmen« gegen Professor Küng. Der Entzug der Lehrbefugnis ist »ausschließlich von tiefem pastoralem Verantwortungsbewußtsein bestimmt«. Ich habe keinen Zweifel, daß Theologen, Gremien und Gläubige diese aufgrund des uneinsichtigen Verhaltens von Professor Küng unausweichliche Maßnahme nach genauer Prüfung der über zehn Jahre dauernden geduldigen Bemühungen der Bischöfe und der Glaubenskongregation verstehen und unterstützen werden.

5. Die Behauptung von Professor Küng, die Entscheidung aus Rom habe ihn unvermittelt getroffen, entspricht trotz mehrfacher Wiederholung nicht den Tatsachen. Bischof Moser hatte noch zuletzt in einem Brief vom 5. April 1979 unter anderem festgestellt: »Ihr Vorgehen kann meines Erachtens gar nicht anders denn als Provokation verstanden werden. Ich nehme deshalb an, daß ein unerquickliches Nachspiel unvermeidbar ist und sich große Schwierigkeiten ergeben werden«. Zudem hatte Professor Küng während der Dauer der Vermittlungsbemühungen von Bischof Moser noch in den letzten Tagen ausreichend Gelegenheit, die Voraussetzung für die Rücknahme der Entscheidung vom 15. Dezember zu schaffen, wie aus der Fortschreibung der vorgelegten Dokumentation deutlich wird.

Ich hoffe sehr auf die Einsicht Professor Küngs, daß eine Emotionalisierung der Auseinandersetzung weder ihm noch der Kirche dient.

Quelle: Dokumentation des Sekretariats der Deutschen Bischofskonferenz

Zu den Äußerungen Kardinal Höffners über den holländischen Theologen Edward Schillebeeckx: Vom 13. bis 15. Dezember 1979, unmittelbar vor dem Beschluß der römischen Maßnahme gegen Hans Küng am 15. Dezember, war Edward Schillebeeckx genötigt worden, sich in Rom einem »Kolloquium« mit Vertretern der Glaubenskongregation zu stellen. Anschließend waren in der Presse Berichte zu le-

sen, das Kolloquium habe in einer »freundlichen Atmosphäre« stattge-
funden. Vergleiche wurden gezogen – nicht nur durch Kardinal Höff-
ner – zwischen der »Gesprächsbereitschaft« Schillebeeckx' und der
»Gesprächsverweigerung« Küngs. Tatsächlich aber hat der Verlauf
des Schillebeeckx-»Kolloquiums« alle vorher von Hans Küng geäu-
ßerten Bedenken gegen das römische Verfahren bestätigt: Auch dieses
»Kolloquium« hatte eindeutig den Charakter eines Inquisitionsver-
hörs. Dies geht hervor aus dem Bericht des Dekans der Theologischen
Fakultät der Katholischen Universität Nijmegen, Professor Bas van
Iersel (Wie fair war das Kolloquium mit Schillebeeckx?, in: Orientie-
rung 44, 1980, 42–45), der als Begleiter von Schillebeeckx mit nach
Rom gefahren war, dem aber der Zutritt zum Verhandlungsraum ver-
wehrt wurde. Er durfte lediglich in einem Nebenraum zur Konsultation
zur Verfügung stehen. Das geheime Inquisitionsverfahren läuft unter-
dessen in der Glaubenskongregation ohne Beteiligung des Autors wei-
ter. Der Ausgang ist zur Zeit völlig ungewiß. Neueren Nachrichten zu-
folge inquiriert man in der Glaubenskongregation besonders den eben
erschienenen Artikel Schillebeeckx' »Die christliche Gemeinde und
ihre Amtsträger. Versuch einer synthetischen Auswertung«, in: Conci-
lium 16 (1980), S. 205–227.

2.28 Bischof Moser: Brief an Minister Engler (31. Dezember 1979)

Dieser Brief liegt nun in der Form vor, wie er »im Wortlaut« von der
Frankfurter Rundschau abgedruckt wurde.

Sehr geehrter Herr Minister!
Wie Sie der angeschlossenen »Declaratio de quibusdam capitibus
doctrinae theologicae professoris Ioannis Küng« entnehmen können,
hat die Kongregation für die Glaubenslehre in Rom am 15. Dezember 1979 erklärt, daß Professor Dr. Hans Küng ... in einigen seiner
Schriften von der vollen Wahrheit des katholischen Glaubens abweiche und deshalb weder als katholischer Theologe gelten noch als solcher lehren könne. Als Hauptpunkte für diese Entscheidung werden
Lehrmeinungen Professor Küngs zu folgenden Glaubenswahrheiten
angeführt: das Dogma von der Unfehlbarkeit der Kirche, die authentische Auslegung des Glaubensgutes durch das kirchliche Lehramt,
die Vollmacht zum gültigen Vollzug der Eucharistie.

Dieser Entscheidung gingen seit 1968 bzw. 1971 lange Bemühungen der Kongregation für die Glaubenslehre in Rom, der Deutschen Bischofskonferenz und ihrer Organe sowie von mir selbst voraus, um zu einer befriedigenden Klärung der umstrittenen Auffassungen zu kommen. Wie Sie aus der beigefügten Dokumentation sehen, sind diese umfassenden Anstrengungen gescheitert.

Auch noch in der allerletzten Phase, nämlich nach dem 15. Dezember 1979, hatte Professor Küng im Rahmen der insbesondere von mir als Ortsbischof veranlaßten Gespräche und Briefwechsel Gelegenheit erhalten, sich zu äußern. Seine Stellungnahme ist bei dem Schlußgespräch einer Delegation der Deutschen Bischofskonferenz mit Papst Johannes Paul II. am 28. Dezember 1979 eingehend erörtert und gewürdigt worden. Diese Stellungnahme erwies sich als unzureichend. Nicht zuletzt darum haben die in der Zwischenzeit geführten Gespräche zu keiner Aufhebung oder Änderung der Declaratio vom 15. Dezember 1979 geführt, wie aus der Presseerklärung des Heiligen Stuhls vom 30. Dezember 1979 hervorgeht. Einzelheiten der Begründung bitte ich, den angeführten Dokumenten entnehmen zu wollen.

Ich habe mir die mit Billigung des Papstes getroffene Entscheidung der Kongregation für die Glaubenslehre zu eigen gemacht. Kraft meiner bischöflichen Verantwortung bringe ich deshalb eine ernstliche Beanstandung der Lehre von Professor Hans Küng vor und widerrufe das Nihil obstat.

Gleichzeitig beantrage ich gemäß Artikel 19 Reichskonkordat – in Verbindung mit Artikel 3 bayerisches Konkordat, Artikel 12 preußisches Konkordat und Artikel 10 badisches Konkordat (jeweils mit den dazugehörigen Schlußprotokollen) –, geeignete Abhilfe zu schaffen und für einen den Lehrbedürfnissen an der Tübinger Katholisch-Theologischen Fakultät entsprechenden Ersatz zu sorgen.

In Anbetracht der Tatsache, daß die Katholisch-Theologische Fakultät der Universität Tübingen zugleich mit ihrem staatlichen auch einen kirchlichen Status besitzt, muß ich feststellen, daß Professor Dr. Hans Küng konsequenterweise verpflichtet ist, sein kirchengebundenes Staatsamt innerhalb dieser Fakultät aufzugeben. Sollte er auf die Rechtsstellung, die er als Mitglied der Katholisch-Theologischen Fakultät innehat, nicht von sich aus verzichten, so muß ich darum bitten, sein Ausscheiden aus dieser Fakultät anzuordnen.

Herrn Professor Küng habe ich am 30. Dezember 1979 mitgeteilt, daß ich aufgrund des gegebenen Tatbestandes die ihm erteilte kirchliche Lehrbefugnis widerrufe... (folgt eine Liste der beigefügten Dokumente).

Selbstverständlich bin ich gerne zu einem Gespräch über die entstandene Lage und deren Rechtsfolgen bereit.

Mit freundlichen Grüßen   Ihr Georg Moser

Kopie dieses Briefes mit Anlagen an den Ministerpräsidenten des Landes Baden-Württemberg, Herrn Lothar Späth, Stuttgart.

Quelle: Frankfurter Rundschau, 5. Januar 1980

2.29 Gemeinsames Kanzelwort der deutschen Bischöfe (7. Januar 1980)

In der Zwischenzeit hatte der endgültige Entzug der Missio in allen Schichten der katholischen Bevölkerung heftige Reaktionen hervorgerufen. Dem Vernehmen nach war der Großteil der Zuschriften an die Deutsche Bischofskonferenz, die in die Tausende gingen, kritisch ablehnend gegenüber den offiziellen Maßnahmen. Um diese Kritik aufzufangen, sah sich die Deutsche Bischofskonferenz zu einer Apologie in der Form eines in allen Kirchen zu verlesenden »Kanzelwortes« und einer weiteren »Erklärung« (Dokument 2.30) veranlaßt (Auflage 3,5 Millionen). Viele Seelsorger freilich weigerten sich, in ihrem Gottesdienst das »Kanzelwort« zu verlesen, so daß etwa Kardinal Ratzinger sich genötigt sah, seinen Klerus in einem Rundschreiben zum Osterfest zu ermahnen, daß seine Hirtenworte auf jeden Fall verlesen werden müßten, wenn ein Pfarrer nicht einen ›klaren Verstoß gegen das zum Wesen der Priesterweihe gehörige Gehorsamsversprechen‹ begehen wolle (vgl. Süddeutsche Zeitung, 5./6. April 1980).

Papst und Bischöfe hatten in der Auseinandersetzung mit Professor Hans Küng eine wichtige Entscheidung zu treffen. Diesem mußte der Auftrag entzogen werden, im Namen der Kirche Theologie zu lehren. Vielen Suchenden und Fragenden hat Professor Küng Zugänge zu religiösen Grundfragen erschlossen, bei vielen Gläubigen haben von ihm vorgebrachte Auffassungen aber auch Verwirrung gestiftet. Wir deutschen Bischöfe sehen uns, in voller Einheit mit dem Papst, trotz langjähriger Klärungs- und Gesprächsversuche leider dazu gezwungen, festzustellen: Professor Küng vertritt in wichtigen Punkten des Glaubens Lehrmeinungen, die im Gegensatz zur verbindlichen Lehre der Kirche stehen. Solange dies der Fall ist, kann er nicht im Namen der Kirche theologischer Lehrer sein. Wir beurteilen nicht, was Professor Küng persönlich glaubt, sondern was er schreibt und vorträgt.

Vieles und Unterschiedliches wurde in den letzten Wochen zum Fall Küng geäußert. Ist es im Verfahren gegen ihn gerecht zugegangen? Handelt es sich bei den Streitpunkten nicht doch um Randprobleme? Geht die Kirche hinter das II. Vatikanische Konzil zurück? Wie steht es mit der Freiheit in der Kirche? Wir Bischöfe schulden den Gläubigen und der Öffentlichkeit ein klärendes, helfendes Wort. Dieses kurze Kanzelwort kann freilich nur einige Punkte berühren. Näheres haben wir in einer ausführlichen Erklärung dargelegt.

1. Im Vordergrund der Auseinandersetzungen steht das Wort »Unfehlbar«. Daß niemand in der Kirche, auch nicht der Papst, in all seinem Sprechen und Tun von Irrtum und Fehlern verschont bleibt, ist selbstverständlich. Davon handelt die Lehre von der Unfehlbarkeit in der Kirche nicht. Sie sagt vielmehr: Wenn der Papst als oberster Lehrer der Kirche oder ein allgemeines Konzil oder die Bischöfe in Einmütigkeit mit dem Papst etwas als von Gott geoffenbart feststellen und zu glauben vorlegen, dann bewahrt sie der Beistand des Heiligen Geistes vor einem Irrtum (vgl. GL 25). Das aber zieht Professor Küng in Zweifel. Dabei ist ihm selber deutlich, wie sehr die Frage nach der Unfehlbarkeit in der Kirche die Grundlagen von Glauben, Kirche und Theologie betrifft.

2. Wiederholt betont Professor Küng, er wolle die verbindliche Lehre der Kirche nicht bestreiten, sondern nur »Anfragen« an sie richten. Es ist aber ein erheblicher Unterschied, ob man fragt, was eine Aussage bedeutet und wie sie zu begründen ist, oder ob man diese Aussage selbst in Frage stellt und somit bezweifelt. Professor Küng zieht aber eindeutig verbindliche kirchliche Lehre in Zweifel.

3. Ist die Unfehlbarkeit in der Kirche nicht eine Randfrage? Für den Glauben und die Theologie ist es entscheidend, daß jeder weiß, worauf er sich im Gott geschuldeten Gehorsam des Glaubens verlassen kann und muß. Daher ist es keine Nebensache, ob Gott dem Lehramt des Papstes und der Bischöfe jenen Beistand zusagt, der in letzten Glaubensfragen den Irrtum ausschließt und uns dadurch jene Gewißheit im Glauben gibt, auf die wir unser Leben und unsere Hoffnung gründen. Natürlich sind alle menschlichen Aussagen, auch jene der Of-

fenbarung und der Kirche, begrenzt. Doch Begrenzung und Irrtum sind verschiedene Dinge.

4. Wenn wir uns auf die verbindliche Aussage der Kirche nicht mit letzter Gewißheit verlassen können, dann kann sogar in Zweifel gezogen werden, wer Jesus Christus ist. Hat Gott wirklich sich selbst für uns hingegeben, indem sein ewiger, ihm wesensgleicher Sohn unser Menschsein annahm und für uns starb? Dies ist der Glaube, der unser Leben und Sterben trägt. Ihn haben die großen Konzilien des christlichen Altertums in endgültiger Weise verkündigt; sie legen darin verbindlich die zentrale Botschaft des Neuen Testamentes aus. Ihr Bekenntnis ist und bleibt Grundlage für unser ganzes Glauben und Leben als Christen. Wir machen uns dies Bekenntnis zu eigen im Credo der Heiligen Messe: »Gott von Gott, Licht vom Licht, wahrer Gott vom wahren Gott, gezeugt nicht geschaffen, eines Wesens mit dem Vater.« Professor Küngs Aussagen bleiben – trotz aller Versuche des kirchlichen Amtes, im Gespräch mit ihm Klärung und Eindeutigkeit zu erzielen – hinter dem zurück, was Heilige Schrift, Glaubensbekenntnis, Konzilien und Liturgie von Jesus Christus bezeugen.

5. Immer wieder wird die Frage laut, ob das Verfahren gegen Professor Küng gerecht war. Wir geben gerne zu, daß kirchliche Verfahrensordnungen verbessert werden können. Doch müssen wir eindeutig antworten: Das Verfahren war gerecht. Und es ist nicht gerecht, die Sache, um die es in der Auseinandersetzung mit Professor Küng geht, hinter die Verfahrensfragen zurückzustellen.

Eine breite theologische Diskussion wurde in der Öffentlichkeit über die Meinungen von Professor Küng zur Lehre von Jesus Christus und zur Unfehlbarkeit in der Kirche geführt. Eine große Zahl von Fachkollegen hat eine kritische Stellung gegenüber den Auffassungen von Professor Küng bezogen.

Sehr viele Briefe, Gespräche, Gesprächseinladungen seitens des Apostolischen Stuhles und der Bischöfe konnten nicht erreichen, daß Professor Küng den notwendigen Beitrag zur Klärung der strittigen Punkte leistete. Weil Professor Küng erkennen ließ, daß er bereit sei, seine Aussagen zu überprüfen, hat die römische Glaubenskongregation am 15. Februar 1975 auf einen Widerruf verzichtet und ihn statt dessen ermahnt, seine Meinungen, die mit dem kirchlichen Lehramt nicht übereinstimmen, nicht zu wiederholen. Professor Küng hat sich nicht daran gehalten. In einer Veröffentlichung von 1979 deutet er den Nichtentzug der kirchlichen Lehrerlaubnis als Zeichen dafür, daß sich das kirchliche Lehramt seiner Sache in Fragen der Unfehlbarkeit selber nicht sicher sei. Damit sahen sich Papst und Bischöfe genötigt, zu handeln. Sie mußten feststellen: Solange Professor Küng der verbindlichen Lehre der Kirche widerspricht, kann er nicht im Auftrag der Kirche Theologie lehren.

Hier von einer Menschenrechtsverletzung oder von Inquisitionsmethoden zu sprechen, ist unsachlich. Wer die Dokumentation der Deutschen Bischofskonferenz zum Fall Küng und gerade auch die Bemühungen der letzten Wochen zur Kenntnis nimmt, wird sich von der aufrichtigen Gesprächsbereitschaft des kirchlichen Amtes überzeugen können. Um so bedauerlicher ist es, daß es beim Entzug der kirchlichen Lehrbefugnis für Professor Küng bleiben mußte. Aber wir alle geben zusammen mit dem Heiligen Vater die Hoffnung nicht auf, daß Professor Küng seine Haltung und Meinung revidieren wird.

6. Zum Schluß möchten wir ausdrücklich darauf hinweisen: Die Kirche braucht die theologische Wissenschaft und die Theologen. Das Fundament der Theologie ist der verbindliche Glaube der Kirche. Aber dieser Glaube muß theologisch durchdrungen, entfaltet und begründet werden. Diese Aufgabe der Theologie ist für die Kirche lebenswichtig. So ist der Dialog zwischen kirchlichem Amt und Theologie unerläßlich. Wir werden uns nicht beirren lassen, ihn auch weiterhin zu suchen.

Wir deutschen Bischöfe bekräftigen unsere volle Einheit mit dem Heiligen Vater und miteinander. Die Anbetung des menschgewordenen Gottessohnes, das Bekenntnis zu ihm gemäß dem Credo der Kirche, das Ja zur Gabe des Geistes, der seine Kirche vor Irrtum im Glauben bewahrt, eint uns und alle Gläubigen. Wahren wir diese Einheit, beten wir für diese Einheit.

Würzburg, 7. Januar 1980

Klaus Hemmerle, Bischof von Aachen – Josef Stimpfle, Bischof von Augsburg – Elmar Maria Kredel, Erzbischof von Bamberg – Prälat Dr. Johannes Tobei, Beauftragter des Bistums Berlin – Alois Brems, Bischof von Eichstätt – Franz Hengsbach, Bischof von Essen – Oskar Saier, Erzbischof von Freiburg – Eduard Schick, Bischof von Fulda – Heinrich Maria Janssen, Bischof von Hildesheim – Joseph Kardinal Höffner, Erzbischof von Köln – Wilhelm Kempf, Bischof von Limburg – Hermann Kardinal Volk, Bischof von Mainz – Joseph Kardinal Ratzinger, Erzbischof von München und Freising – Reinhard Lettmann, Kapitelsvikar, Weihbischof in Münster – Helmut Hermann Wittler, Bischof von Osnabrück – Johannes Joachim Degenhardt, Erzbischof von Paderborn – Antonius Hofmann, Bischof von Passau – Rudolf Graber, Bischof von Regensburg – Georg Moser, Bischof von Rottenburg – Friedrich Wetter, Bischof von Speyer – Bernhard Stein, Bischof von Trier – Paul Werner Scheele, Bischof von Würzburg

Quelle: Die Deutschen Bischöfe (Nr. 25): Zum Entzug der kirchlichen Lehrbefugnis Professor Dr. Hans Küngs, hrsg. vom Sekretariat der Deutschen Bischofskonferenz

2.30 Erklärung der deutschen Bischöfe (7. Januar 1980)

Die Entscheidung der Kirche, Herrn Professor Dr. Hans Küng die kirchliche Lehrbefugnis zu entziehen, hat in der inner- und außerkirchlichen Öffentlichkeit großes Aufsehen erregt. Wir haben viele besorgte, freilich auch viele zustimmende schriftliche Äußerungen erhalten. Unmittelbar nach der Weihnachtszeit haben wir uns in einer eigens einberufenen Sitzung zusammengefunden, um Ihnen allen ein gemeinsames Wort der Klärung und Orientierung zu sagen, das wir einstimmig verabschiedet haben.

1. Eine fast zehnjährige Vorgeschichte

Weil die Entstehung des Konfliktes trotz eines erheblichen Informationsangebotes an die Medien nicht überall in gleicher Weise bekannt ist, sollen kurz die wichtigsten Stationen einer mühevollen Auseinandersetzung genannt werden. Die Deutsche Bischofskonferenz hat in einer umfangreichen Dokumentation alle wichtigen Vorgänge der Öffentlichkeit zugänglich gemacht, damit sie sich ein vorurteilsloses Bild der vielfältigen Bemühungen machen kann.
Bereits im Mai 1968 wird Professor Küng von der römischen Glaubenskongregation zu einem Gespräch über sein Buch »Die Kirche« eingeladen (vgl. Dok. Anl. 1). Ein Treffen kommt nicht zustande, Professor Küng gibt auch nicht die erbetene inhaltsbezogene schriftliche Stellungnahme ab. Im Juli 1971 wird ein Lehrverfahren gegen das Buch »Unfehlbar?« eröffnet; zugleich wird eine Liste von Einwänden und Schwierigkeiten mit der Bitte um Beantwortung übersandt (vgl. Dok. Anl. 19). Als nach zwei Jahren trotz erneuter Einladungen kein Sachgespräch stattfindet, veröffentlicht die Glaubenskongregation das Lehrschreiben »Mysterium ecclesiae«, das ohne Nennung eines Namens und ohne Androhung von Maßnahmen die in

Frage stehenden Glaubenswahrheiten positiv klären wollte. Als das Professor Küng auch noch nach Veröffentlichung dieser Erklärung angebotene Gespräch (vgl. Dok. Anl. 23 u. 24) in den folgenden zwei Jahren nicht verwirklicht werden kann, entschließt sich die Glaubenskongregation am 15. Februar 1975 (vgl. Dok. Anl. 35) im Auftrag von Papst Paul VI. zu einem ungewöhnlichen Schritt: Sie ermahnt den Theologen, »solche Lehrmeinungen nicht weiter zu vertreten« und sieht einstweilen von einem weiteren Vorgehen ab, d. h. sie stellt das Verfahren »für jetzt« ein. Professor Küng hatte den Weg dafür eröffnet, als er im September 1974 der Glaubenskongregation mitteilte (vgl. Dok. Anl. 32), bei einer »Bedenkzeit« schließe er nicht aus, daß sich seine Lehrmeinung im Laufe der Zeit der des Lehramtes »angleichen« könne. Diese rechtlich sonst nicht vorgesehene Lösung hat Professor Küng im Frühjahr 1979 faktisch dadurch einseitig aufgekündigt, daß er seine bisherigen Thesen über die Unfehlbarkeit in der Kirche in verschärfter Form vorgelegt hat (vgl. Dok. Anl. 55). Unabhängig von diesem Verfahren der römischen Glaubenskongregation hat die Deutsche Bischofskonferenz von 1976 bis 1977 vergeblich eine weitere Klärung der Lehre Professor Küngs über Jesus Christus versucht (vgl. Dok. Anl. 43ff). Seit 1970 häuften sich darüber hinaus öffentliche Aufrufe Küngs zum Handeln gegen die geltende kirchliche Ordnung (Mischehenregelung, Ämteranerkennung, Abendmahlsgemeinschaft, Zölibat, Weihe von Frauen zum priesterlichen Amt usw.) (vgl. z. B. Dok. Anl. 10).
Trotz drängender Bitten kam kein Kolloquium mit Rom zustande. Die Gespräche mit der Deutschen Bischofskonferenz brachten keine ausreichende Klärung. Auch eine langandauernde theologische Diskussion hat Professor Küng nicht zu Ergänzungen, die er selbst als notwendig zugab, oder gar zu Korrekturen bewegen können. Alle verfügbaren Mittel einer im Dialog zu erfolgenden Klärung wurden von der Glaubenskongregation und von der Deutschen Bischofskonferenz ausgeschöpft. Der Heilige Vater setzte den Vollzug der »Erklärung« zu einer nochmaligen Überprüfung in einer ungewöhnlichen Maßnahme aus. Selbst einen Tag vor dem Gespräch einer Delegation der deutschen Bischöfe mit Papst Johannes Paul II. am 28. Dezember 1979 hat Küng der dringlichen Bitte des zuständigen Ortsbischofs von Rottenburg-Stuttgart um einige inhaltliche Präzisierungen durch einen Mitarbeiter eine glatte Absage erteilen lassen (vgl. Dok. Anl. 62/63). Damit war die bekannte Entscheidung unumgänglich geworden.

2. Sachgründe für die kirchliche Entscheidung

In den Meinungsäußerungen seit dem 18. Dezember 1979, der Bekanntgabe der Entscheidung, standen die Ereignisse selbst im Vordergrund, die Sachfragen drohten ihnen gegenüber fast unterzugehen. Worum geht es?

a) Es geht nicht nur um die Unfehlbarkeit des Papstes, sondern der ganzen Kirche, ja sogar um die Wahrheit der Heiligen Schrift. Professor Küng anerkennt, daß der Kirche Jesu Christi ein grundlegendes Bleiben in der Wahrheit Gottes zugesagt ist. Fast alle christlichen Kirchen und die kirchlichen Gemeinschaften bejahen in ihren Bekenntnisaussagen dieses Gehaltensein der Kirche in der unverbrüchlichen Treue Gottes. Er hat sich in Jesus Christus ein für allemal der Welt zugewendet und das Wort des Heils seiner Kirche zur treuen Bewahrung und richtigen Auslegung durch den Gang der Zeiten anvertraut. Diese Unzerstörbarkeit der Kirche in der verheißenen Wahrheit Gottes schließt freilich einzelne Irrtümer nicht aus. Professor Küng glaubt denn auch, daß ein solches pauschales Bleiben in der Wahrheit genüge. Ja – und das macht nun den Kern seiner These aus – dies sei vereinbar mit faktischen Irrtümern in Glaubensentscheidungen, die das kirchliche Lehramt als unwiderruflich erlassen habe. Professor Küng leugnet so, daß die »Unzerstörbarkeit der Kirche in Wahrheit an bestimmte Sätze oder Instanzen gebunden ist«. Damit zieht er nicht nur die Unfehlbarkeit des Papstes in Zweifel, sondern zuvor und viel grundlegender die geistgewirkte Gabe einer Bewahrung der Kirche in der Wahrheit Gottes. Eine Abwehr von Irrtümern durch einen aktiven Schutz des Glaubensgutes und erst recht eine endgültige Entscheidung in Glaubensfragen wären faktisch nicht mehr möglich.

b) Mit dieser Grundthese verdunkelt Professor Küng zwei weitere Dimensionen des christlichen Glaubens. Zu diesen gehören das entschiedene Bekenntnis des Glaubens und eine Gewißheit, die sich durch Leben und Tod hindurch bewährt. Darum ist von Anfang an mit dem biblischen Glauben das ins verbindliche Wort gebrachte Credo eng verbunden. Nur so kann der Christ durch die Zuverlässigkeit des Glaubens Freude und Zuversicht auch in schwierigen Situationen haben. Daran halten auch nichtkatholische christliche Kirchen und kirchliche Gemeinschaften fest. Professor Küng bestreitet nicht, daß der Glaube auf Bekenntnisformeln angewiesen ist. Jedoch zieht er die bleibende Gültigkeit letztverbindlicher Aussagen in Zweifel.

Selbstverständlich bestreitet die Kirche nicht, daß solche Glaubensaussagen von ihrem früheren Verständnishorizont her begriffen, tiefer gedeutet und pastoral neu erschlossen werden können und müssen.

Mit diesen Grundthesen hängt eine zweite Schwierigkeit eng zusammen: Bei Professor Küng ist nicht mehr klar, daß die Kirche in ihren amtlichen Instanzen (Bischofskollegium, Konzil, Papst) angesichts einer bestimmten geschichtlichen Situation das christliche Glaubensbekenntnis in einem verpflichtenden Spruch auf eine legitime Weise und unter festumschriebenen Bedingungen untrüglich auszulegen vermag (vgl. Kirchenkonstitution des II. Vatikanischen Konzils »Lumen gentium«, Art. 25). Die zuständigen Amtsträger handeln in solchen Situationen nicht aus beliebiger Machtvollkommenheit, sondern sie sind amtliche und öffentliche Zeugen für die Reinheit des lebendigen Glaubensgutes. Sie sind sprechender Mund für das Glaubenszeugnis der Gesamtkirche. Ihre öffentliche kirchliche Funktion ist also an die Botschaft des Glaubens gebunden. »Das Lehramt ist nicht über dem Wort Gottes, sondern dient ihm« (Dogmatische Konstitution über die göttliche Offenbarung des II. Vatikanischen Konzils, Art. 10). Die Kirche war von jeher überzeugt, daß dem verantwortlichen Amt bei dieser spezifischen Entfaltung des Zeugendienstes ein besonderer Beistand des Heiligen Geistes gegeben ist. Von einer willkürlichen und selbstgefälligen Herrschaftsausübung des kirchlichen Lehramtes kann nicht die Rede sein.

c) Diese Elemente des Glaubensverständnisses sammeln sich im Begriff der Unfehlbarkeit in der Kirche. Sie ist sicher kein so zentraler Glaubensinhalt wie die Gottesfrage und die Auferstehung Jesu Christi, aber darum ist sie noch lange kein »Randdogma«. Sie dient der Wahrheitsfindung und der Zuverlässigkeit amtlicher Verkündigung und kommt so den Gliedern der Kirche mehr indirekt zugute. Der Gläubige hat ein Recht auf eine volle und eindeutige Darstellung unveräußerlicher Glaubenswahrheiten. Und darum gibt die theologische Stellungnahme zu letztverbindlichen Glaubensaussagen einen tiefen Einblick in das innere Verständnis von Offenbarung und Geschichte, Geist und Kirche, Amt und Wort. Wenn hier etwas nicht stimmt, zeigen sich gefährliche, wenn auch zunächst kaum erkennbare Risse im Fundament einer Theologie und auch im Glaubensbewußtsein der Gemeinde. Wir deutschen Bischöfe haben bereits in einer ausführlichen Erklärung vom 17. Februar 1975 auf solche Konsequenzen in der theologischen Methode Professor Küngs hingewiesen (vgl. Dok. Anl. 36). Auch dies war vergebens.

d) Diese Mängel werden vor allem in Professor Küngs Äußerungen über die Person Jesu Christi offenbar. Er möchte zwar »an den großen Intentionen und Gehalten der ökumenischen Konzilien« festhalten, aber seine konkreten Aussagen über die Göttlichkeit Jesu Christi und die Dreifaltigkeit Gottes bleiben hinter dem Inhalt des überlieferten Glaubens zurück. Es ist z. B. nicht falsch, aber es genügt nicht zu sagen, »daß in der Geschichte Jesu Christi wahrhaft Gott und Mensch im Spiel sind«. Für den christlichen Glauben ist das Bekenntnis entscheidend, daß Jesus Christus in uneingeschränkter Weise und von Ewigkeit her das Wort Gottes ist. »Wir glauben ... an den einen Herrn Jesus Christus, Gottes eingeborenen Sohn, aus dem Vater geboren vor aller Zeit: Gott von Gott, Licht vom Licht, wahrer Gott vom wahren Gott, gezeugt, nicht geschaffen, eines Wesens mit dem Vater.«

Diese Worte des Großen Glaubensbekenntnisses muß man dem heutigen Menschen gewiß zu erschließen versuchen. Der Theologe darf gerade an diesem entscheidenden Punkt des christlichen Bekenntnisses aber nie undeutlich werden. Es geht dabei nämlich um die Wahrheit unseres Heils: Wenn in Jesus Christus nicht Gott selbst sich den Menschen zugewendet hat, dann kann Jesus Christus uns auch nicht von Sünde und Tod erlösen. Hier sind sich alle christlichen Kirchen einig. Alle Aussagen über das Menschsein Jesu und seine beispielhafte Menschlichkeit sind für den Glauben nur voll bedeutsam, wenn sie innerlich mit dem uneingeschränkten Bekenntnis »wahrer Gott« verbunden sind. Die römische Erklärung führt als Begründung für den Entzug der Lehrbefugnis die christologische Frage nicht formell als Hauptpunkt an. Dies geschieht so aus verfahrensrechtlichen Gründen, weil das fast zehnjährige Lehrverfahren diese Probleme nicht einbezogen hatte. Diese beiläufige Erwähnung besagt jedoch nicht, diese und andere Mängel (z. B. im Blick auf die Mutter Gottes und die Sakramente) seien weniger ernst zu nehmen. Auf deren sachliche Bedeutung hat die Deutsche Bischofskonferenz in ihrem »Wort an die in der Glaubensverkündigung Stehenden« zum Buch »Christ sein« am 14. November 1977 eingehend hingewiesen. Gerade in ökumenischer Hinsicht sind diese Zusammenhänge wichtig (vgl. Die deutschen Bischöfe, Nr. 13).

3. Einordnung und Konsequenzen

Eine Entscheidung wurde nach den erfolglosen Bemühungen um eine Klärung vor allem wegen der wichtigen Sachfragen unumgänglich. Alle an dieser Entscheidung Beteiligten waren sich der pastoralen Tragweite schmerzlich bewußt. Küngs theologische Arbeit wurde nicht im ganzen, sondern nur an den genannten Punkten zurückgewiesen. Die pastorale Zielsetzung seiner Arbeit wurde von uns bereits früher durchaus anerkannt. Es geht nicht um eine pauschale Ablehnung seiner Theologie. Aber es wurde inmitten der Kirche zu einem allmählich unerträglichen Selbstwiderspruch, daß ein einflußreicher Theologe, der im Namen der Kirche lehrt und künftige Priester bzw. Laientheologen ausbildet, über Jahre hinweg gegen den übernommenen Auftrag handelt. Es geht um die unversehrte Weitergabe des katholischen Glaubensgutes an andere Generationen, nicht um einen römischen Machtanspruch oder um die Selbsterhaltung eines Systems.

Wir verstehen die Besorgnis vieler. Wir bitten jedoch um Vertrauen, wenn wir mit Papst Johannes Paul II. erklären: Wir wollen im Verhältnis zwischen Lehramt und Theologie unbeirrt den Geist des gegenseitigen Verstehens und Gesprächs pflegen. Niemand kann und will hinter Buchstaben und Geist des II. Vatikanischen Konzils zurück. Wir sind nicht ängstlich und eng gegenüber notwendigen Fragen und Forschungen in der Theologie. Im Gegenteil: Bis in die jüngste Vergangenheit hinein werden Schwierigkeiten zwischen Theologie und kirchlichem Amt – oft von der Öffentlichkeit unbemerkt – in versöhnlicher Weise ausgetragen. Sehen Sie bitte die Angelegenheit von Professor Küng als einen sehr konkreten Ausnahmefall, für den wir uns fast zehn Jahre um eine gütliche Bereinigung eingesetzt haben. Wir werden diesen Stil keinesfalls wieder aufgeben. Auch der Papst und seine Kongregationen wollen dies nicht. Aber wir können auch nicht unserer Aufgabe der Bewahrung des Glaubens untreu werden, über deren Erfüllung wir beim Gericht des Herrn Rechenschaft ablegen müssen. Der Theologe hat bei Antritt seines Amtes das Vertrauen erhalten, den lebendigen Glauben der Kirche zu lehren. Es bleibt ihm dabei ein weites Feld eigenen Fragens und neuen Forschens. Er soll jedoch nicht vergessen, daß er zur Auferbauung der Kirche arbeitet. Ob ihm dies gelingt, darüber kann nicht nur er allein befinden. Wenn er das erhaltene Vertrauen einseitig bricht, sich selbst zum Maßstab macht und darum seine Lehrbefugnis widerrufen werden muß, ist es eine täuschende Unredlichkeit, von einer Verletzung der Menschenrechte zu sprechen. Die Meinungsfreiheit von Professor Küng ist nämlich nicht eingeschränkt.

Oft ist die ökumenische Dimension des Konflikts angesprochen worden. Es geht dabei nicht ausschließlich, ja nicht einmal in erster Linie um katholische Sonderlehren. Vielmehr stehen mit der Frage nach der unwiderruflichen Wahrheit der Bibel und des Bekenntnisses der altkirchlichen Konzilien genuin christliche Grundfragen zur Entscheidung an. Mit dem Einstehen für das unverkürzte Christusbekenntnis glauben wir vielmehr der ganzen Ökumene einen Dienst zu tun.

Wir wollen hinter das Erreichte nicht zurück, aber wir wollen auch keine unverantwortlichen Schritte tun, die in Wahrheit keinen Fortschritt bedeuten. Wir alle kommen näher zusammen, wenn wir Jesus Christus ähnlicher werden. Dafür müssen wir uns ändern. Eine Selbstaufgabe, die dem jeweiligen Partner das eigene Gesicht rauben würde, hilft keinem auf der Suche nach Einheit. Wir danken vielen evangelischen Schwestern und Brüdern für ihre diskrete Sorge, wenn im Nachbarhaus ein Familienkonflikt ausgetragen wird. Sie selber wissen nur zu gut, daß unsere Fragen und Nöte – vielleicht in verwandelter Form – auch ihre Probleme sind. Auch sie sind gelegentlich genötigt, Lehrzuchtverfahren, wie es in ihrer Sprache heißt, auszuüben.

Wir danken den Theologen für ihre mühselige und selbstlose Arbeit. Wir bitten sie um Geduld und Besonnenheit beim öffentlichen Angebot ihrer Hypothesen. Selbstdisziplin in wahrer Freiheit und in selbstkritischer, gegenseitiger Ergänzung ist besser als Lehrverfahren.

Alle Glieder unserer Kirche und alle an der Sache Interessierten bitten wir um eine nüchterne Beurteilung der getroffenen Entscheidung. Man kann nicht nach Liebe rufen, ohne sich zugleich um die Wahrheit zu sorgen. Toleranz bedeutet keinen Verzicht auf Wahrheitsfindung. Pluralismus der Theologie ist nicht möglich ohne die erforderliche Einheit im Glaubensbekenntnis. Mißtrauen Sie Schlagworten und Agitationen, welche auf die Dauer den Frieden und die Einheit der Kirche gefährden können.

Wir sind uns der besonderen Verantwortung gegenüber der Gesamtkirche bewußt, in enger Verbindung mit Papst Johannes Paul II., dem Bischof von Rottenburg-Stuttgart und allen Gläubigen dieser Diözese. Wir bitten Sie schließlich um Ihr Gebet, damit Gott seine Kirche vor Schaden und vor Zwietracht bewahre.

Würzburg, 7. Januar 1980

Es folgen die Namen der Bischöfe wie bei Dokument 2.29

Quelle: Die Deutschen Bischöfe (Nr. 25): Zum Entzug der kirchlichen Lehrbefugnis Professor Dr. Hans Küngs, hrsg. vom Sekretariat der Deutschen Bischofskonferenz

2.31 Hans Küng: Presseerklärung zum Kanzelwort (11. Januar 1980)

Am 20. Januar feierte Hans Küng den Gottesdienst in der St.-Paulus-Gemeinde in Tübingen. Obwohl von vielen erwartet, lehnte er jede Stellungnahme zum Kanzelwort auf der Kanzel ab und predigte nach dem vorgeschriebenen Text 1 Kor 12 über die verschiedenen Charismen.

Daß der Streit nun auch noch auf die Kanzeln getragen wird, kann ich nur bedauern. Mit Hunderttausenden von Kirchensteuergeldern und in Millionenauflage wird der ganze Apparat der Kirche gegen einen Einzelnen mobilisiert: Dokumentationen, Broschüren, Hirtenbriefe einzelner Bischöfe, ein Kanzelwort des Gesamtepiskopats – alles in unvollständiger Information und einseitiger Interpretation. Gerechtigkeit und christliche Brüderlichkeit hätten es geboten, wenn man dem so Angegriffenen die Möglichkeit zur Darlegung seiner eigenen theologischen Position vor den deutschen Katholiken gegeben hätte. Gegen alle gegenteiligen Behauptungen stelle ich richtig:

1. Ich war stets gesprächs- und korrekturbereit und habe ungezählte Gespräche mit dem Ortsbischof, Vertretern der Deutschen Bischofskonferenz, persönlich auch mit den Leitern der römischen Glaubenskongregation geführt und habe auch ein Gespräch mit dem Papst gewünscht.
2. Ich habe mich nur einem Inquisitionsverfahren verweigert, wo Untersuchende, Anklagende und Richtende identisch sind, wo mir Einsicht in die Akten verweigert wird, ich keinen Verteidiger benennen darf, in meiner Abwesenheit verhandelt wird und keine Appella-

tionsmöglichkeit besteht. Das verstößt gegen die Menschenrechtserklärung des Europarates, Artikel 6.

3. Gegen meine neuerdings zur Diskussion stehenden Publikationen sind weder in Deutschland noch in Rom Verfahren durchgeführt worden: Dies betrifft sowohl das Buch »Christ sein« wie die neueren Veröffentlichungen zur Frage der Unfehlbarkeit. Die diesbezüglichen Dokumentationen der Deutschen Bischofskonferenz sind unvollständig. Die kirchenamtlichen Darstellungen meiner Christologie insbesondere empfinde ich als zutiefst unangemessen.

4. Ich appelliere noch einmal an alle Gremien der katholischen Kirche, besonders auf Gemeindeebene, die neueste Entwicklung unvoreingenommen zu diskutieren und sich durch umfassende Information eine eigene Meinung zu bilden.

2.32 Erklärung des erweiterten Fakultätsrates der Katholisch-Theologischen Fakultät der Universität Tübingen zur Stellung von Professor Dr. Hans Küng in der Katholisch-Theologischen Fakultät nach dem Entzug der Missio canonica zu Händen des Präsidenten der Universität (10. Januar 1980)

Der erweiterte Fakultätsrat, das entscheidende Organ der Fakultät, gab am 10. Januar 1980 folgende Erklärung ab, die bei geheimer Abstimmung mit 14 Ja-, einer Neinstimme und einer Enthaltung (in Abwesenheit von Küng) beschlossen worden war:

Die Erklärungen des Bischofs von Rottenburg-Stuttgart, Dr. Georg Moser, und von Professor Dr. Hans Küng lassen eine Revision der kirchlichen Beschlüsse erwarten. In dieser Hoffnung bittet die Fakultät Professor Küng, alles in seiner Macht Stehende zu tun, um den Konflikt zu entschärfen. Sie bittet den Bischof darum, in dieser Zwischenzeit Zwischenlösungen zuzulassen, die eine Revision erleichtern. Die Fakultät bittet den Senat der Universität, die rechtlichen Möglichkeiten, daß Professor Küng weiterhin Mitglied der Katholisch-Theologischen Fakultät bleibt, auszuschöpfen. Sie drängt auf eine baldige Klärung der strittigen rechtlichen Fragen. Inzwischen muß die Funktionsfähigkeit der Fakultät, insbesondere die Anerkennungsfähigkeit aller Prüfungen, gewährleistet sein.

2.33 Hans Küng: Warum ich katholisch bleibe (18. Januar 1980)

Keine leicht zu beantwortende Frage mitten in einer aufzehrenden
Auseinandersetzung, in der alles Schreiben beinahe unerträglich geworden ist: in der mir nach einem ungerechten und unfairen Verfahren von höchster kirchlicher Seite das Attribut »katholischer Theologe« per Dekret abgesprochen wird; in der man mich nach 20jähriger
Lehrtätigkeit aus meiner katholisch-theologischen Fakultät zu ver-
treiben und nach eben gefeiertem 25. Priesterjubiläum mit wenig
wählerischen Mitteln an den Rand meiner katholischen Kirche zu
drängen versucht. Kann man da, bedrängt und bedroht, Loyalitätser-
klärungen abgeben, Glaubensbekenntnisse aussprechen?
Warum ich unter diesen Umständen katholisch bleibe? Dies ist wahrhaftig nicht nur meine persönliche Frage. Aus Tausenden von Briefen, Telegrammen, Telefonaten tritt sie mir entgegen als bedrük-
kende Fragen zahlloser Katholiken in aller Welt, die Traurigkeit,
Zorn und Verzweiflung befallen hat. So viele fragen sich: Soll in unserer katholischen Kirche das Rad der Geschichte wieder zurückgedreht werden hinter Johannes XXIII. und das Konzil? Soll die neue
Offenheit, Dialogbereitschaft, Menschlichkeit, Christlichkeit wieder
dem vom Konzil mißbilligten Triumphalismus weichen? Sollen römische Behörden die Freiheit der Theologie wieder aufheben und kritische Theologen einschüchtern und mit geistlicher Gewalt disziplinieren dürfen? Sollen Bischöfe nur Befehlsempfänger sein und den römischen Kurs nach unten durchsetzen müssen? Und soll so die kirchliche Institution trotz schöner ökumenischer Worte und Gesten durch
unökumenische Haltungen und Taten in dieser unserer modernen
Gesellschaft erneut zu einer unfreundlichen, ungastlichen, unfrucht-
baren »Festung« (Kardinal Ottaviani) werden?
Ja, diese neueste Entwicklung hat einige bereits zum formellen Kir-
chenaustritt und sehr viele mehr zur endgültigen, inneren Emigration
getrieben. Denn das ist ja in der Tat das Verhängnisvollste an dieser
ganzen kirchlichen Politik: der lautlos-resignative Massenauszug aus
der Kirche wird weitergehen! Und gerade wer als Pfarrer, Kaplan,
Religionslehrer an der Basis die Suppe auslöffeln muß, die ihnen die
Hierarchen eingebrockt haben, wer also ratlos nach Argumenten
sucht, wie er die römischen Maßnahmen vor den beißend-kritischen
Fragen der Menschen »begreiflich« machen soll, wird Antwort wissen wollen auf die Frage: Warum noch katholisch bleiben?

Dies eine vorweg: nicht die Lust am theoretischen Problem läßt mich diese Frage stellen, sondern der Zwang zur Verteidigung. Denn nicht ich habe Zweifel an meiner Katholizität, sondern bestimmte Behörden und Hierarchen. Warum also bleibe ich katholisch? Die Antwort wird zunächst für mich wie für viele andere lauten: Weil ich mir nicht nehmen lassen will, was mir ein Leben lang wert und teuer geworden ist. Ich bin nun einmal in diese katholische Kirche hineingeboren: gewiß hineingetauft in die sehr viel größere Gemeinschaft aller derer, die an Jesus Christus glauben, aber doch zugleich hineingeboren in eine katholische Familie, die mir lieb ist, eine katholische Schweizer Gemeinde, in die ich immer wieder gern zurückkehre: kurz, in eine katholische Heimat, die ich nicht missen, nicht aufgeben möchte – und dies gerade als Theologe.

Sehr früh habe ich auch Rom und das Papsttum kennengelernt, intensiver als viele katholische Theologen, und habe – allen entgegenstehenden Behauptungen zum Trotz – keinen »antirömischen Affekt« (H. U. v. Balthasar) behalten. Wie oft soll ich es noch sagen und schreiben: Ich bin nicht gegen das Papsttum und bin auch nicht gegen diesen Papst, sondern habe stets nach außen und innen für einen – allerdings von absolutistischen Zügen gereinigten – Petrusdienst auf biblischen Fundamenten geworben. Stets habe ich mich für einen echten Seelsorgeprimat im Sinne geistiger Verantwortung, innerer Führung und aktiver Sorge um das Wohlergehen der Gesamtkirche ausgesprochen, der so auch eine allgemein respektierte Vermittlungs- und Schlichtungsinstanz in der Ökumene werden könnte. Einen Primat freilich nicht der Herrschaft, sondern des selbstlosen Dienstes – ausgeübt in Verantwortung vor dem Herrn der Kirche, und gelebt in bescheidener Brüderlichkeit. Einen Primat also nicht im Geist eines religiös-verbrämten römischen Imperialismus, wie ich ihn in sieben römischen Studienjahren ganz nahe unter Pius XII. kennengelernt habe. Vielmehr einen Primat im Geiste Jesu Christi, wie er für mich in Gestalten wie Gregor dem Großen oder – ihn habe ich als Konzilstheologe von sehr nahe beobachten können – Johannes XXIII. zum Leuchten kam: Päpste, die keine servile Unterwürfigkeit, kritiklose Devotion, sentimentale Vergötterung, wohl aber loyale Mitarbeit, konstruktive Kritik und ständige Fürbitte erwarteten: Mitarbeiter unserer Freude, nicht Herren unseres Glaubens, um ein Apostelwort aufzunehmen.

Und sehr früh habe ich auch die katholische Kirche als die weltumfassende erfahren und in ihr von ungezählten Menschen und Freunden in aller Welt unendlich viel empfangen und lernen dürfen; seither weiß ich noch deutlicher, daß die katholische Kirche nicht einfach mit der katholischen Hierarchie oder gar der römischen Bürokratie verwechselt werden darf.

Doch vor allem war da Tübingen: das protestantische Tübingen mit seiner katholischen Fakultät. Hier seit 1960 Professor, bin ich immer mehr in diese Fakultät hineingewachsen, die seit ihrer Begründung nicht nur eine große Erfolgs-, sondern auch eine große Konfliktsgeschichte hat: Wie viele katholische Tübinger Theologen bis zu manchen noch Lebenden und Lehrenden wurden moniert, indiziert, diszipliniert . . . Nichts Neues unter der Tübinger Sonne!

Diese katholische Tübinger Fakultät in der freien Tübinger Luft ist es gewesen, aus der meine Bücher wie die meiner Kollegen herausgewachsen sind und ohne die sie kaum oder eben nur anders möglich geworden wären. Im dauernden Gespräch mit Kollegen und Studenten konnte hier eine katholische Theologie entstehen, die anders als die frühere Kontroverstheologie wahrhaft ökumenischen Charakter hat und beides zugleich zu vereinen sucht: Treue zum katholischen Erbe und Offenheit für die Christenheit, ja, die Weltökumene als ganze.

Das Gespräch gerade mit den evangelischen Kollegen war für den katholischen Theologen von entscheidender Bedeutung: nicht um das Katholische abzuwerten, gar zu verschleudern, sondern um es in ökumenischem Geist vom Evangelium her neu in den Blick zu nehmen und zu vertiefen. Dieser Aufgabe verpflichtet, konnte ich 1963 in der Katholisch-Theologischen Fakultät auf den neu begründeten Lehrstuhl für Dogmatische und Ökumenische Theologie überwechseln, mit dem die Leitung eines Instituts für ökumenische Forschung verbunden war, das systematisch für die Konvergenz der divergierenden Theologien arbeitete und auch tabuisierte theologische Fragen nicht umging. Kann man es einem Theologen unter diesen Umständen verargen, wenn er sich mit allen legitimen Mitteln gegen ein Hinausdrängen aus dieser seiner Fakultät zur Wehr setzt?

Warum also bleibe ich katholisch? Nicht nur um meiner katholischen *Herkunft* willen, sondern zugleich um dieser meiner als große Chance ergriffenen *Lebensaufgabe* willen, die ich als katholischer Theologe nur im Kontext der Tübinger Katholisch-Theologischen Fakultät sinnvoll erfüllen kann. Doch will nun die Frage beantwortet sein: Was meint eigentlich dieses Katholische, um dessentwillen ich katholischer Theologe bleiben möchte?

Wer ist ein katholischer Theologe?

Nach dem ursprünglichen Wortsinn und der alten Tradition kann sich katholischer Theologe jeder nennen, der sich in seiner Theologie der »katholischen«, und das heißt der »*ganzen*«, der »allgemeinen, umfassenden, gesamten« Kirche verpflichtet weiß. Und dies in zwei Dimensionen: der zeitlichen und der räumlichen.

1. Katholizität in der Zeit: Katholisch ist der Theologe, der sich mit der gesamten Kirche, also mit der Kirche aller Zeiten, verbunden weiß. Er wird also nicht gewisse Jahrhunderte von vornherein als »unchristlich« oder »unevangelisch« qualifizieren. Er ist überzeugt, daß es in allen Jahrhunderten eine Gemeinschaft von Glaubenden gab, die das Evangelium Jesu Christi hörte und ihm so recht und schlecht, wie es Menschen in ihrer Gebrechlichkeit und Fehlbarkeit zu tun vermögen, nachzuleben versuchte.

Protestantischer Radikalismus dagegen (nicht zu verwechseln mit evangelischer Radikalität!) steht in Gefahr, ungeschichtlich einfach bei Null anfangen zu wollen und so von Jesus zu Paulus und von Paulus zu Augustin und dann in einem großen Sprung über das Mittelalter hinweg zu Luther und Calvin und von dort, sehr oft über die eigene »orthodoxe« Tradition hinweg, zu den jüngsten Kirchenvätern oder besser Schulhäuptern zu springen.

Der *katholische* Theologe wird im Gegensatz dazu immer davon ausgehen, daß das Evangelium sich zu keiner Zeit unbezeugt gelassen hat, und er wird zu lernen versuchen von der Kirche der Vorzeit. Bei aller notwendigen kritischen Sichtung wird er somit nie die Grenzpfähle und Gefahrenzeichen übersehen, die die Kirche früherer Zeiten in Sorge und Kampf um den einen und wahren Glauben mit ihren Bekenntnissen und Definitionen zur Unterscheidung von guter und schlechter Interpretation der Botschaft oft in Zeiten größter Not und Gefahr gesetzt hat. Nie wird er die positiven und negativen Erfahrungen seiner Väter und Brüder in der Theologie, jener Lehrer, die seine älteren und erfahreneren Mitschüler in der Schule der Heiligen Schrift sind, vernachlässigen. Der katholische Theologe ist gerade in der kritischen Sichtung interessiert an der in allen Brüchen sich durchhaltenden *Kontinuität* des christlichen Glaubens.

2. Katholizität im Raum: Katholisch ist der Theologe, der sich mit der Kirche aller Nationen und Kontinente verbunden weiß. Er wird sich also nicht nur auf seine Landes- oder Nationalkirche ausrichten und sich von der gesamten Kirche abkapseln. Er ist überzeugt, daß es in allen Nationen und Kontinenten eine Gemeinschaft der Glaubenden gibt, die letztlich nichts anderes will als seine eigene Kirche, die nicht weniger als diese vom Evangelium getrieben ist und die selber etwas für seine eigene Kirche und Theologie zu sagen hat.

Protestantischer Partikularismus dagegen (nicht zu verwechseln mit evangelischer Gemeindebezogenheit!) wird immer wieder geneigt sein, sich auf die örtlich beschränkte Kirche, ihren Glauben und ihr Leben zu fixieren und sich mit einem (unter Umständen intellektuell sehr kultivierten) theologischen Provinzialismus zu begnügen.

Der *katholische* Theologe wird dagegen immer davon ausgehen, daß das Evangelium sich keinem Volk, keiner Klasse und keiner Rasse unbezeugt gelassen hat, und er wird zu lernen versuchen von den anderen Kirchen: Nie wird er somit bei aller Verwurzelung in einer bestimmten Ortskirche seine Theologie an eine bestimmte Nation, Kultur, Rasse, Klasse, Gesellschaftsform, Weltanschauung, Schule binden. Der katholische Theologe ist gerade an seinem spezifischen Ort interessiert an der alle Gruppen umfassenden *Universalität* des christlichen Glaubens.

In diesem doppelten Sinne also möchte ich katholischer Theologe sein und bleiben und die Wahrheit des katholischen Glaubens in katholischer Tiefe wie Weite vertreten. In diesem Sinn kann zweifellos auch mancher sich protestantisch oder evangelisch nennende Theologe katholisch sein, und ist es auch, in Tübingen ganz besonders! Darüber sollte man sich eigentlich auch von amtskirchlicher Seite freuen können.

Das Kriterium des Katholischen

Doch heißt diese Bejahung des Katholischen in Zeit und Raum, Tiefe und Weite, daß man geradezu *alles* zu akzeptieren hat, was im Lauf der 20 Jahrhunderte offiziell gelehrt, befohlen und befolgt wurde? Meinen Vatikanische Glaubenskongregation und Deutsche Bischofskonferenz eine solche Totalidentifikation, wenn sie von der »vollständigen«, »vollen«, »unverkürzten« Wahrheit des katholischen Glaubens sprechen?

Nein, solch totalitäre Wahrheitsauffassung kann doch nicht gemeint sein. Denn auch von seiten der Amtskirche wird heute kaum noch bestritten, daß in der Geschichte der katholischen Lehre und Praxis folgenschwere und theologisch begründete Irrtümer vorgekommen sind, die zum Teil auch von den Päpsten (meist stillschweigend) korrigiert wurden: Exkommunikation des ökumenischen Patriarchen von Konstantinopel und der griechischen Kirche, Verbot der Liturgie in der Volkssprache, Verurteilung Galileis und des modernen naturwissenschaftlichen Weltbildes, Verurteilung der chinesischen und indischen Gottesdienstformen und Gottesnamen, Aufrechterhaltung der mittelalterlichen Welt-Macht des Papstes bis zum Ersten Vatikanischen Konzil mit allen weltlichen und geistlichen Mitteln der Exkommunikation, Verurteilung der Menschenrechte und insbesondere der Gewissens- und Religionsfreiheit, schließlich noch in unserem Jahrhundert die zahlreichen Verurteilungen der neuen historisch-kritischen Exegese (bezüglich Autorschaft der biblischen Bücher, Quellenforschung, Historizität und literarischer Gattungen) und Verurteilungen auf dogmatischem Gebiet, besonders im Zusammenhang mit dem »Modernismus« (Evolutionstheorie, Verständnis der Dogmenentwicklung) und in allerneuester Zeit die ebenfalls schon hochdogmatisch begründeten Säuberungsmaßnahmen Pius' XII. mit Absetzung bedeutendster Theologen der vorkonziliaren Zeit wie Chenu, Congar, de Lubac, Teilhard de Chardin, die zuallermeist unter Johannes XXIII. Konzilstheologen wurden.

Ist es nicht offensichtlich: Gerade um des wahrhaft Katholischen willen muß unterschieden werden. Nicht alles, was in der katholischen Kirche offiziell doziert und praktiziert wurde, war katholisch! Ist es nicht wahr: Katholizität würde zum »Katholizismus« erstarren, wenn diese »gewordene Realität des Katholischen« (J. Ratzinger) einfach hingenommen wird, statt sie unter ein Kriterium zu stellen. Und dieses Kriterium kann auch für katholische Christen nichts anderes als die christliche Botschaft, das *Evangelium,* in letzter Konkretheit *Jesus Christus selber* sein, der für die Kirche und – entgegen allen anderen Behauptungen – auch für mich der Sohn und das Wort Gottes ist. Er ist und bleibt die Norm, von der her auch jede kirchliche Autorität – sie sei nicht bestritten – beurteilt werden muß; die Norm, vor der selbstverständlich auch der Theologe zu bestehen und sich ständig selbstkritisch in echter Demut zu verantworten hat.

Das alles bedeutet: Katholisch kann nicht heißen, um einer vermeintlichen »Fülle«, »Ganzheit«, »Vollständigkeit«, »Unverkürztheit«

willen in falsch verstandener »Demut« gehorsam *alles* anzunehmen, *alles* hinzunehmen. Das wäre eine schlechte complexio oppositorum, ein fatales Zusammenwerfen von Widersprüchlichkeiten, Wahrem und Falschem.

Gewiß, dem Protestantismus hat man oft ein Zuwenig vorgehalten, eine einseitige Auswahl aus dem Ganzen. Aber umgekehrt kann man dem Katholizismus oft den Vorwurf eines Zuviel nicht ersparen: eine synkretistische Anhäufung heterogener, schiefer, ja unter Umständen unchristlicher, paganer Elemente. Und was ist schlimmer? Das peccatum per defectum, die Sünde durch Mangel, oder das peccatum per excessum, die Sünde durch Überhäufung?

Katholizität muß also in jedem Fall kritisch verstanden werden: kritisch nach dem Evangelium! Bei allem katholischen »Und« muß der immer wieder notwendige Protest des »Allein« mitbedacht werden, von dem her ein »Und« überhaupt erst sinnvoll wird. Reformen – in Praxis und Lehre – müssen möglich bleiben. Das bedeutet für den Theologen nichts anderes als: der im echten Sinn katholische Theologe muß evangelisch gesinnt sein, wie umgekehrt der im echten Sinn evangelische Theologe katholisch gesinnt sein muß. Zugegeben: Das macht die theologischen Abgrenzungen sachlich und denkerisch komplizierter, als die oft so schrecklich einfachen offiziellen Lehrdokumente glauben machen wollen, die oft so wenig katholische Tiefe und Weite verraten. Warum also bleibe ich katholisch? Weil ich gerade so eine vom Evangelium her zentrierte und geordnete »evangelische Katholizität« bejahen kann, die nichts anderes ist als die echte Ökumenizität. Katholischsein heißt also im vollen Sinn Ökumenisch-sein.

Wie aber steht es dann mit dem Römischen? »Römisch-katholisch« ist eine späte und mißverständliche Neubildung. Noch einmal: Nichts gegen Rom! Aber ich meine: Gerade weil ich katholischer Theologe sein will, kann ich meinen katholischen Glauben und meine katholische Theologie nicht einfach an die hinzugewachsenen römischen Absolutheitsansprüche etwa des Mittelalters und der Folgezeit binden. Gewiß: Entwicklung in Lehre und Praxis in Ehren, aber: nur eine »evolutio secundum evangelium«, eine Entwicklung dem Evangelium gemäß! Eine »evolutio praeter evangelium«, eine Entwicklung am Evangelium »vorbei«, mag toleriert werden; eine »evolutio contra evangelium« aber, eine Entwicklung gegen das Evangelium, muß kritisiert werden. Angewandt auf das Papsttum heißt dies: Ein an Petrus und die große römische Tradition anknüpfender Pastoralprimat der römischen Bischöfe wurde von mir stets als ein vom Evangelium gedecktes Element der katholischen Tradition anerkannt und verteidigt. Aber: der insbesondere seit dem 11. Jahrhundert herrschende, freilich schon weit früher vorbereitete römische Juridismus, Zentralismus und Triumphalismus in Lehre, Moral und Kirchendisziplin ist weder von der alten katholischen Tradition noch erst recht vom Evangelium selber gedeckt und wurde auch im Zweiten Vatikanischen Konzil kritisiert. Ja: Er ist der Hauptverantwortliche für die Kirchenspaltung mit dem Osten und mit den reformatorischen Kirchen. Das ist jener »Katholizismus«, um den jetzt im Namen der Katholizität der katholischen Kirche der Streit geführt wird. Ob manche unserer Kardinäle und Bischöfe nicht sehen wollen, daß sie in einzelnen Punkten von Lehre und Praxis mehr römisch als katholisch denken? Vielleicht hat der evangelische Kollege Walther von Löwenich, Kenner Luthers wie des modernen Katholizismus, es doch schon in der Unfehlbarkeitsdebatte richtig gesehen, wenn er schreibt: »Die entscheidende Frage im Fall Küng sollte darum sinnvollerweise nicht lauten: Ist Küng noch katholisch? Sie sollte vielmehr lauten: Wird sich der Katholizismus aus lehrgesetzlicher Verengung zu echter Katholizität hindurchringen?«

Katholizität als Gabe und Aufgabe, Indikativ und Imperativ, Herkunft und Zukunft: in dieser Spannung möchte ich auch weiterhin Theologie treiben und so entschieden wie bisher die Botschaft Jesu Christi den Menschen von heute verständlich machen – lern- und korrekturbereit dort, wo es um ein partnerschaftliches und brüderliches Gespräch geht. Einem solchen Gespräch – gegen alle auch von der Deutschen Bischofskonferenz ständig wiederholten gegenteiligen Behauptungen sei es hier festgehalten – habe ich mich auch den römischen Autoritäten gegenüber nie verweigert und es mit Vertretern der Deutschen Bischofskonferenz wie mit dem Ortsbischof viele Male geführt. Dem Verhör der Inquisition allerdings, die sich selber alle Rechte und dem Angeklagten so gut wie keine gewährt, mußte ich um der Wahrung der Menschen- und Christenrechte sowie der Freiheit der theologischen Wissenschaft willen durch all die Jahre hindurch widerstehen. Das bin ich auch denen schuldig, die unter diesen unmenschlichen und unchristlichen Maßnahmen gelitten haben und, wie man hört, auch in Zukunft leiden sollen. Katholische Kirche ja, römische Inquisition nein!

In dieser Auseinandersetzung um die wahre Katholizität weiß ich mich nicht allein. Wider alle Resignation werde ich zusammen mit den vielen kämpfen, die mich bisher unterstützt haben. Gemeinsam gilt es weiterzuarbeiten für eine dem Evangelium verpflichtete, wahrhaft katholische Kirche. Dafür lohnt sich, katholisch zu bleiben!

Quelle: Die Zeit, 18. Januar 1980

2.34 Herbert Haag: Hans Küng und seine Kirche (18. Januar 1980)

Dieser Artikel wurde zusammen mit dem vorhergehenden Beitrag von Hans Küng (Dokument 2.33) in dem »Dossier« der Wochenzeitung »Die Zeit« veröffentlicht. Er trägt den Untertitel »Eine Chronologie der Inquisition«. Zu dem Namen von Herbert Haag ist in einer Fußnote angemerkt: »Der Verfasser ist Professor für Altes Testament und dienstältester Theologe an der Katholisch-Theologischen Fakultät der Universität Tübingen.«

Hans Küng, Professor für Dogmatische und Ökumenische Theologie in Tübingen, hat das Recht verloren, als katholischer Theologe zu lehren.

Die Ursache des Konflikts, seine lange Vorgeschichte und sein Ablauf in der letzten Phase blieben für die Öffentlichkeit verwirrend. Kein Wunder, daß sich viele Kardinal Höffners Feststellung zu eigen machen, Hans Küng habe eben zehn Jahre lang trotz irriger Lehrmeinungen alle Gesprächsangebote abgelehnt und müsse deshalb die Folgen seiner »beispiellosen Unnachgiebigkeit« selber tragen. Dabei verschweigt der Kardinal, daß verschiedene Gespräche stattgefunden haben, in Rom wie in Deutschland, allein am 22. Januar 1977 ein vierstündiges mit ihm selbst in Stuttgart. Vor allem aber kann eine ahnungslose Öffentlichkeit nicht wissen, daß in der römischen Sprachregelung, der sich der Kardinal bedient, Gesprächsbereitschaft gleichbedeutend ist mit Unterwerfung. Dies hatten noch jüngst die Fälle des deutschen Dominikaners und Moraltheologen Pfürtner in Freiburg/Schweiz und des französischen Dominikaners Jacques Pohier in Paris bewiesen: Sie gingen nach Rom – und wurden nach dem »Gespräch« abgesetzt.

Das Inquisitionsdossier Küngs mit dem Aktenzeichen 399/57i stammt aus dem Jahr 1957, dem Jahr seiner Promotion. Nach einem ersten Inquisitionsverfahren gegen das Buch *Strukturen der Kirche*

(1962) begann der große Konflikt mit Küngs *Die Kirche* (1967), einem umfassenden Handbuch von 600 Seiten mit einer Fülle von Anregungen für die nachkonziliare Erneuerung der Kirche. Das Buch wird alsbald in Rom denunziert, und es wird dagegen seitens der Glaubenskongregation ein Lehrprüfungsverfahren eröffnet, ohne daß Küng die beanstandeten Punkte im einzelnen erfahren hätte. 1970 läßt Küng das Buch »Unfehlbar?« folgen, eine »Anfrage« nach Ursprung und Sinn des Dogmas von 1870 über die Unfehlbarkeit des Papstes.

Obwohl der Index der verbotenen Bücher, der im Verlauf von Jahrhunderten auf rund 4000 Titel anwuchs, im Jahr 1965 abgeschafft worden war, reagierte die Glaubenskongregation auf *Die Kirche* mit einer Art Geheimindizierung: Küng wurde mitgeteilt, das Buch dürfe nicht weiter verbreitet und übersetzt werden, bevor nicht darüber ein »Kolloquium« stattgefunden hätte. Hätte Küng sich darauf eingelassen, wäre das Schicksal des Buches wohl endgültig besiegelt gewesen. Wie partnerschaftlich man sich in Rom ein solches »Gespräch« vorstellte, mag schon daraus hervorgehen, daß Küng, ein halbes Jahr später und völlig unvermittelt, mit Schreiben der Glaubenskongregation vom 30. April 1968 aufgefordert wurde: »Ich bitte Sie, sehr geehrter Herr Professor, am Donnerstag, dem 9. Mai, um 9.30 Uhr zu diesem Kolloquium in den Palazzo del S. Uffizio, Rom, zu kommen.«

In seinem Antwortschreiben vom 3. Mai hält Küng fest:
»Ich darf gleich zu Beginn meiner grundsätzlichen Bereitschaft zum Gespräch Ausdruck geben. Ich erachte die Einladung zu einem Kolloquium als einen entscheidenden Fortschritt gegenüber früher üblichen Verfahren. Ich bin überzeugt, daß sich eventuelle Schwierigkeiten und Unklarheiten in einem offenen und verständnisvollen Gedankenaustausch durchaus klären lassen. Der innerkatholische Dialog ist in der nachkonziliaren Zeit wenigstens so wichtig wie der Dialog mit den anderen christlichen Kirchen und mit der modernen Welt. An meiner Mitarbeit soll es also nicht fehlen. – Zugleich darf ich Ihnen allerdings mein Erstaunen nicht verheimlichen über die Form, in der diese Einladung ergangen ist. Abgesehen davon, daß der Termin zu einem Kolloquium in gegenseitigem Einvernehmen vereinbart werden müßte, habe ich die Kurzfristigkeit dieser Einladung als unverständlich empfunden...«

Küng beharrt auch darauf, daß ihm die Beanstandungen gegen sein Buch und die Namen der Gesprächspartner vorher genannt würden.

In der Folge verdichtete sich die Auseinandersetzung zwischen Küng und Rom immer stärker auf Verfahrensfragen, zum Nachteil der Sache. Wohl war das »Heilige Offizium«, seit 1908 Nachfolgerin der früheren »Heiligen Kongregation der Inquisition«, 1965 erneut in »Heilige Kongregation für die Glaubenslehre« umbenannt worden. Aber die Methoden blieben »bis auf den heutigen Tag im wesentlichen dieselben: Anonyme Denunziation, Geheimhaltung des Verfahrens, Verweigerung der Akteneinsicht ebenso wie des vollen anwaltlichen Rechtsschutzes, vor allem aber die Verweigerung des ›rechtlichen Gehörs‹ und Ausschluß jeder echten Berufungsmöglichkeit an eine andere Instanz« [1].

Handelte Küng unrecht, wenn er diese selbst jedem Verbrecher zugestandenen Rechtsmittel für sich beanspruchte? In einem Brief zur Beanstandung seines Buches *Unfehlbar?* schrieb er am 24. Januar 1972 an die Glaubenskongregation zu deren neuen Verfahrensordnung vom 15. Januar 1971:

»Trotz Verbesserungen im Detail, die ich gerne anerkenne, ist diese Verfahrensordnung nicht frei vom Geist der Inquisition ... Lassen Sie mich hier davon absehen, daß neben diesem ordentlichen Verfahren noch immer jederzeit ein außerordentliches Verfahren möglich ist, in welchem die Kongregation nicht einmal an die von ihr festgelegten ordentlichen Verfahrensnormen gebunden ist, wodurch inquisitorischer Willkür die Tür geöffnet bleibt. Auch bezüglich des hier in Frage stehenden ordentlichen Verfahrens muß ich feststellen: Ich kann ein Verfahren unmöglich als loyal und gerecht und ohne Willkür (Zitat aus einem Brief der Glaubenskongregation) anerkennen, das
– mir keine Einsicht in die Akten gestattet,
– einen *Relator pro auctore* (einen Referenten für den Autor) vorschreibt, den ich nicht selber gewählt habe,
– klare Kompetenzabgrenzungen und die Möglichkeit der Appellation vermissen läßt,
– nur an einseitige Fristen gebunden ist.«

Daß diese Bedenken und Ansprüche nicht nur dem persönlichen Eigensinn Küngs, sondern einem weltweiten Konsens entsprachen, beweist eine Erklärung, die 1360 katholische Theologen aus 53 Ländern schon 1968 unterzeichnet und dem päpstlichen Sekretariat eingereicht hatten. Darin wird festgehalten:

»In voller Loyalität und eindeutiger Treue zur katholischen Kirche

---

[1] J. Neumann, Menschenrechte auch in der Kirche?, Zürich 1976, S. 124.

sehen sich die unterzeichneten Theologen veranlaßt und verpflichtet, mit großem Ernst öffentlich darauf hinzuweisen: Die durch das Zweite Vatikanische Konzil wieder gewonnene Freiheit der Theologen und der Theologie zum Dienst an der Kirche darf nicht erneut gefährdet werden ... Wir sind uns wohl bewußt, daß auch wir Theologen in unserer Theologie irren können. Aber wir sind überzeugt, daß irrige theologische Auffassungen nicht durch Zwangsmaßnahmen erledigt werden können ... Jegliche Art von noch so subtiler Inquisition schadet nicht nur der Entwicklung einer gesunden Theologie. Sie fügt zugleich der Glaubenswürdigkeit der gesamten Kirche in der Welt von heute unabsehbaren Schaden zu.«

Und in einem an alle deutschen Bischöfe gerichteten Brief vom 27. Juli 1973 erklären die Professoren der Katholisch-Theologischen Fakultät der Universität Tübingen:

»Herr Kollege Küng hat mit seinen beanstandeten Büchern *Die Kirche* und *Unfehlbar? Eine Anfrage* weltweit eine intensive theologische Diskussion in Gang gesetzt, die noch keineswegs zu einem wissenschaftlichen Konsens geführt hat. Angesichts der in Rede stehenden äußerst diffizilen Fragen halten wir ein Verfahren, wie es die Glaubenskongregation aus diesem Anlaß praktiziert, für sachlich nicht angemessen. Nach unserer Überzeugung können strittige Fragen im Bereich der wissenschaftlichen Theologie in der Regel nicht durch disziplinäre Maßnahmen erledigt werden, ohne daß sich dies folgenschwer rächt ... Das Verfahren gegen Hans Küng bedeutet leider nichts anderes als die Wiederaufnahme einer Praxis, die dem Ansehen der Theologie als Wissenschaft und der Kirche insgesamt geschadet hat ... In diesem Zusammenhang bitten wir ferner die deutschen Bischöfe, auch die pastoralen Konsequenzen zu bedenken, die ein Verfahren, das viele als nicht den heutigen Rechtsgrundsätzen und dem Wesen der theologischen Wissenschaft entsprechend empfinden, nach sich ziehen wird.«

Dieser beschwörende Appell an die verantwortlichen Kirchenführer von damals bleibt heute Wort für Wort gültig. Ja, man konnte vor sechs Jahren nicht ahnen, welche erregende Aktualität er in unseren Tagen unvermittelt erhalten sollte. Durch intensiven Einsatz des Vorsitzenden der Deutschen Bischofskonferenz, Kardinal Döpfner (München), konnten damals Disziplinarmaßnahmen abgewendet werden. Mit einer Erklärung der Glaubenskongregation vom 15. Februar 1975 wurden beide Verfahren »für jetzt beendet« erklärt, ja mit den Worten Kardinals Šepers – »eingestellt«. Seitdem wurde

Küng von der Glaubenskongregation bis zum Eklat vom 15. Dezember 1979 nie mehr angegangen. Ein »neuer Stil« wurde von Kardinal Döpfner angekündigt. Er selber aber starb am 24. Februar 1976.

Unter ihrem neuen Vorsitzenden, dem Kölner Kardinal Höffner, beschäftigte sich die Deutsche Bischofskonferenz immer eifriger mit Hans Küng. Gegenstand der Fehde war nunmehr Küngs monumentales Werk *Christ sein* (München 1974). Es kam schließlich zu jenem denkwürdigen »Stuttgarter Gespräch« vom 22. Januar 1977, an dem die Bischofskonferenz durch Kardinal Höffner (Köln), Kardinal Volk (Mainz) und Bischof Moser (Rottenburg) vertreten war. Es wurde vereinbart, das Gespräch auf Tonband aufzunehmen. Entgegen der vorherigen Absprache wurde nun aber das Kolloquium zur Basis eines weiteren und schärferen Vorgehens gegen Küng gemacht.

In einer Pressekonferenz vom 3. März 1977 bezeichnet die Deutsche Bischofskonferenz Küngs Aussagen zur Christologie als »unzureichend und mißverständlich« und verlangt eine »richtigstellende Präzisierung und Ergänzung«. Sie beharrt auf einem Bekenntnis zur Formel von Nizäa (325 n. Chr.), Jesus sei »Gott von Gott, Licht vom Licht, wahrer Gott vom wahren Gott, gezeugt, nicht geschaffen, eines Wesens mit dem Vater«, die Küng nie geleugnet, aber in eine zeitgemäße Sprache umzusetzen versucht hatte. In einem schulmeisterlichen Brief vom 22. April 1977 legt Kardinal Höffner Küng drei Katechismusfragen vor, die er »sehr kurz und prägnant« beantworten sollte. Vor allem: »Ist Jesus Christus der unerschaffene, ewige Sohn Gottes, gleichwesentlich mit dem Vater?«

Küng gibt zu bedenken, daß die anstehende Problematik »nicht in Katechismusformeln« beantwortet werden könne. Daraus zieht Höffner – ein für rechtlich denkende Menschen skandalöser Vorgang – am 21. September 1977 das Fazit: »Damit haben Sie zum Ausdruck gebracht, daß ein eindeutiges Ja zu den Grundaussagen des katholischen Glaubens von der in Ihrem genannten Buch (gemeint ist *Christ sein*) vertretenen Theologie aus nicht möglich ist.«

Ein eigentliches Lehrverfahren gegen *Christ sein* war also nie erfolgt! Trotzdem erklärte nun die Deutsche Bischofskonferenz in einem durch die Stichwörter »verkürzter Glaube« und »unverkürzter Glaube« (als ob Glaube meßbar wäre!) beherrschten »Wort an die in der Glaubensverkündigung Stehenden« vom 17. November 1977, daß Küng dem Leser »nicht den ganzen Christus ... und nicht dessen Heilstat in ihrer ganzen Fülle« darstelle.

Die Tragweite dieser Behauptung sollte erst offenbar werden, als in der Begründung des römischen Dokuments vom 15. Dezember 1979 plötzlich auf Küngs Christologie und Mariologie Bezug genommen wurde. Damit ist in das römische Dokument eine Begründung eingegangen, die weder Gegenstand eines deutschen (für das Höffner auch nicht kompetent gewesen wäre) noch römischen Lehrverfahrens gewesen war. Küng, dem im nachhinein mangelnde Gesprächsbereitschaft vorgeworfen wird, mußte im Gegenteil mit Bitternis feststellen, daß seine Gesprächsbereitschaft schmählich mißbraucht worden war.

Rom schwieg. Seit der Erklärung der Deutschen Bischofskonferenz vom 17. November 1977 erging auch von deutscher Seite zu einem offiziellen Gespräch keine Einladung mehr. Küng seinerseits hielt seine Gesprächs- und Korrekturbereitschaft aufrecht. In seinem »Appell zur Verständigung« vom Frühjahr 1978 unterbreitete er den deutschen Bischöfen konkrete Vermittlungsvorschläge. Darauf erhielt er ebensowenig eine Antwort wie auf sein Schreiben an den neuen Papst vom 30. März 1979, in dem er sich bereit erklärte, jederzeit zu einem Gespräch nach Rom zu kommen. Statt dessen kamen gegen Ende 1979 Gerüchte und Andeutungen in Umlauf, aus denen zu entnehmen war, daß Unheil heraufzog, so die von Kardinal Ratzinger am 12. November 1979 öffentlich gemachte Bemerkung, Küng könne nicht mehr als katholischer Theologe gelten. Was manche noch als persönliches Produkt eines arroganten Erzbischofs ansehen mochten, wurde der Welt am 18. Dezember 1979 im Namen der römischen Glaubenskongregation feierlich verkündet. Schon vier Tage zuvor waren Erzbischof Hamer (Sekretär der Glaubenskongregation), Kardinal Höffner und Prälat Homeyer (Vorsitzender und Sekretär der Deutschen Bischofskonferenz) sowie Erzbischof del Mestri (Nuntius in Bonn) mit Bischof Moser von Rottenburg zu einem Geheimtreffen in Brüssel zusammengekommen, um den Entzug der kirchlichen Lehrbefugnis *(missio canonica)* für Professor Küng zu beraten. Bischof Moser läßt sich verpflichten, den Missio-Entzug durchzuführen. Damit macht er sich zum Werkzeug von inquisitorischen Maßnahmen, die in Rom und in Köln geplant worden waren.

Auf Grund der dem Bischof von Rottenburg auferlegten und von diesem akzeptierten Schweigepflicht traf die Entscheidung Küng und die Universität völlig unvorbereitet. Küng wurde von der Nachricht ereilt, als er gerade von Tübingen abwesend war. Unter dem Eindruck einer Demarche der Fakultät und der Welle öffentlicher Proteste der Universität Tübingen, von Theologen aus aller Welt und zahllosen Laien unternahm der Bischof von Rottenburg am 21./22. Dezember eine letzte Intervention in Rom. Dabei nahm er eine theologische Stellungnahme von Professor Küng mit, in der dieser erklärte:

● Er habe sich stets als katholischen Theologen verstanden und werde es auch weiterhin tun.

● Er habe mit den neuesten Veröffentlichungen keinen neuen Unfehlbarkeitsstreit provozieren wollen.

● Er habe nach wie vor Bedenken gegen die Verfahrensordnung und Verfahrensweise der Kongregation: ihm sei vor dem neuesten Schritt nicht die Möglichkeit der Stellungnahme und Rechtfertigung gewährt worden. Überdies urteile die Kongregation über theologische Fragen (Christologie und Mariologie), die nie Gegenstand eines römischen Verfahrens waren.

● Er bekenne sich zu wahren kirchlichen Aussagen, die unaufhebbar seien, und zur Pflicht der Kirche, die in der Schrift bezeugte christliche Botschaft zu verkünden und eindeutig und verbindlich zur Geltung zu bringen.

● Er stehe auch in Fragen der Christologie grundsätzlich auf dem Boden der Konzilien der alten Kirche und habe sich bemüht, sie den Menschen von heute verständlich zu machen.

● Hinsichtlich Vatikanum I: Es sei nie seine Absicht gewesen, dessen Glaubensdefinition zu leugnen, die Autorität des Petrusamtes in Frage zu stellen oder gar seine eigene Meinung zum Maßstab der Theologie zu erheben und das katholische Volk in seinem Glauben unsicher zu machen. Er habe im Gegenteil lediglich angefragt, wie angesichts der bekannten theologischen Schwierigkeiten die Möglichkeit unfehlbar wahrer Aussagen im Sinne des Vatikanum I in Schrift und Tradition begründet werden könne.

Die Reise Mosers nach Rom kam jedoch einer verspäteten Feuerwehraktion gleich, als das Haus bereits lichterloh brannte. Vom Papst nicht empfangen, brachte er als einziges Ergebnis nach Hause, der Papst werde nach Weihnachten eine Delegation der Deutschen Bischofskonferenz empfangen, die, wie später bekannt wurde, aus den Kardinälen Höffner, Volk und Ratzinger, dem Freiburger Erzbischof Saier und dem Bischof von Rottenburg, Moser, bestehen sollte. Die Optimisten atmeten auf, die Realisten konnten sich ausmalen, was von einer unter der Führung Höffners und Ratzingers stehenden »Vermittlungsaktion« zu erwarten war. Sie sollten recht behalten.

Zunächst natürlich die gewohnte Geheimniskrämerei. Nach Abschluß der Gespräche mit dem Papst wird Küng – ohnedies nie in den Gang der Verhandlungen einbezogen – 36 Stunden im unklaren gelassen. Nachdem die Schlußerklärung in den Medien am Samstag, dem 29. Dezember, von Stunde zu Stunde angekündigt worden war, erfolgte sie endlich am Sonntag, dem 30. Dezember, gegen Mittag. Es bleibt dabei: *Hans Küng weicht in seinen Schriften von der vollen Wahrheit des katholischen Glaubens ab und kann deshalb weder als katholischer Theologe gelten noch lehren.* Der Rechtsgrundsatz »Das letzte Wort hat der Angeklagte«, wird, wie zu erwarten, ignoriert.

Dies ist das vorläufige Ende eines Kampfes, der sich vor den Augen einer weitgehend verständnislosen Öffentlichkeit als Kampf um die Wahrheit präsentierte, von den Eingeweihten aber immer deutlicher als Kampf um die Macht erkannt wurde. Hier nur ein paar Konsequenzen:

● Einmal mehr hat sich gezeigt, daß es leichter ist, in Polen, Mexiko und am East River die Menschenrechte zu fordern, als sie in der Kirche zu praktizieren.

● Man kann eine Kirche beneiden, die es sich angesichts eines stillschweigenden Massenauszugs leisten kann, sich im Streit um dogmatische Formeln zu zerfleischen, die Küng nicht leugnet, sondern in eine dem Menschen von heute verständliche Sprache übersetzt.

● Wie erschreckend muß es um die Glaubwürdigkeit und Überzeugungskraft einer Kirche bestellt sein, die sich offenbar zu schwach vorkommt, um einen Mann wie Hans Küng zu verkraften! Es ist auch zu fragen, wie der vom deutschen Kirchensteuerzahler finanzierte Aufwand – Dokumentationen und Broschüren in Millionenauflagenhöhe, Hirtenbriefe einzelner Bischöfe und ein Kanzelwort des Gesamtepiskopats – angesichts der vielfältigen Not in der Welt verantwortet werden kann.

● Zwar ist es seit dem Konzil römischer Stil geworden, bei Disziplinarmaßnahmen und Einschärfung traditioneller Lehren zugleich ein Bekenntnis zur Freiheit der theologischen Forschung abzulegen. Man kann darin jedoch nur ein Lippenbekenntnis sehen. Was soll freie Forschung, wenn das Ergebnis von vornherein festgelegt ist und wenn *der* als Abweichler gemaßregelt wird, der im Rahmen eines eindeutigen Bekenntnisses zu Jesus Christus und zu seiner Kirche zu anderen Ergebnissen kommt?

● Das Vorgehen gegen Küng beschwört somit auch die Gefahr herauf, daß zukünftig selbst in den Hörsälen der Universitäten nur noch das gelehrt werden darf, was Bischöfe und Kurie hören wollen. Wozu wird dann Theologie überhaupt noch an deutschen Universitäten gelehrt?

● Das Verfahren gegen Küng entbehrt jener Rechtlichkeit und Durchsichtigkeit, die heute vom öffentlichen Rechtsbewußtsein immer gebieterischer gefordert wird und auf die jeder Bürger Anspruch hat. Zwar werden die notorischen Mängel des Verfahrens von der Amtskirche immer wieder heruntergespielt, auch im »Gemeinsamen Kanzelwort der deutschen Bischöfe« vom 9. Januar 1980. Dabei weiß jeder: Wenn das Verfahren nicht stimmt, steht auch das Ergebnis in Frage.

● Es widerspricht Buchstabe und Geist des (für Württemberg allein geltenden) Reichskonkordats, wenn Entscheidungen, die das Konkordat in die Zuständigkeit des Ortsbischofs legt, in Rom gefällt werden. In welch unerträglicher Weise römische Behörden immer mehr direkten Einfluß auf die Erteilung der kirchlichen Lehrbefugnis und auf Berufungen nehmen, müßte von den zuständigen staatlichen Instanzen dringend untersucht werden.

● Eine besondere Rolle kommt bei diesen römischen Übergriffen der Apostolischen Nuntiatur in Bonn zu. So wurde auch Küng der Entzug der Missio nicht durch den nach dem Konkordat zuständigen Ortsbischof, sondern durch die Apostolische Nuntiatur mitgeteilt. Es wäre vom Bundesaußenminister einmal sorgfältig zu prüfen, wie es sich mit dem Status eines bei der Bundesregierung akkreditierten Diplomaten verträgt, sich als »geheimdienstliche« Überwachungsinstanz zu betätigen, die einen weitreichenden Einfluß auf die deutsche Bildungs- und Wissenschaftspolitik nimmt.

Quelle: Die Zeit, 18. Januar 1980

2.35 Entschließung der Universität Tübingen im Fall Küng (7. Februar 1980)

Der Senat der Universität Tübingen bleibt bei seiner am 10. und am 24. Januar 1980 geäußerten Bitte an das Präsidium der Universität, alle möglichen und rechtlich zulässigen Schritte zu unternehmen, die einen Kompromiß zwischen den am »Fall Küng« beteiligten Seiten ermöglichen. Der Senat hofft nach wie vor, daß bei ehrlicher und ernsthafter Bemühung auf beiden Seiten um einen solchen Kompromiß ein Ausgleich zwischen Professor Küng und der katholischen Kirche gefunden werden kann, der es ermöglicht, daß Professor Küng auf Dauer vollgültiges Mitglied der Kath.-Theol. Fakultät bleiben kann.

Die Frage, welche Konsequenzen sich bei einem Scheitern der auf einen Kompromiß hinzielenden Verhandlungen ergeben würden, sollte erst gestellt und beantwortet werden, wenn solche Bemühungen scheitern sollten.

Der Senat bittet die Mitglieder der Hochschule und alle Beteiligten (vorbehaltlich der Notwendigkeit sofortiger Erwiderung auf öffentliche Äußerungen Dritter), bis zum Abschluß der Verhandlungen nicht mehr öffentlich zu dem Fall Stellung zu nehmen, um den möglichen Erfolg der Bemühungen nicht zu gefährden.

3. Stellungnahmen von Gruppen und Institutionen

Im Zusammenhang mit dem Konflikt um Hans Küng hat eine Fülle von Gruppen und Institutionen in der Bundesrepublik Deutschland und in der ganzen Welt gegen die Maßnahmen der Amtskirche protestiert. Es ist unmöglich, alle Stellungnahmen zu dokumentieren. Im ersten Block dieses Kapitels wird versucht, uns wichtig erscheinende Stellungnahmen in chronologischer Reihenfolge im Wortlaut abzudrukken. In einem zweiten Block werden Stellungnahmen festgehalten, die nicht datiert werden konnten. Sodann wird in einem dritten Block versucht, weitere Stellungnahmen zu referieren. Die Stellungnahmen theologischer Fakultäten folgen im nächsten Kapitel.

3.1 Presseerklärung der Studentenschaft der Katholisch-Theologischen Fakultät der Universität Tübingen (18. Dezember 1979)

Die Studentenschaft der Katholisch-Theologischen Fakultät an der Universität Tübingen protestiert gegen die Maßnahme gegen Professor Hans Küng.

Das Vorgehen der Kongregation für die Glaubenslehre ist repressiv und autoritär. Eine kleine Gruppe bestimmt in einem Geheimverfahren, was geglaubt werden soll, und damit auch darüber, wer in der Kirche arbeiten bzw. lehren darf. Dies widerspricht dem heutigen Rechtsverständnis und der Allgemeinen Erklärung der Menschenrechte.

Diese Maßnahme steht im Zusammenhang einer Bewegung in der Kirche, die den Aufbruch seit Johannes XXIII., dem Konzil und der Würzburger Synode schrittweise zurückdrängt. Die Amtskirche distanziert sich damit von einem Theologen, der mit seinen Büchern in breiten Kreisen der Bevölkerung Interesse für Christentum und Kirche geweckt hat.

Der Entzug der Lehrbefugnis kurz vor Weihnachten ist offenbar darauf angelegt, wirksame Proteste zu verhindern, und pervertiert damit den Sinn des christlichen »Festes der Liebe und der Versöhnung«.

3.2 Stellungnahme der Gemeindeversammlung der Katholischen Hochschulgemeinde Tübingen zum Entzug der kirchlichen Lehrerlaubnis für Professor Küng (18. Dezember 1979)

Die außerordentliche Gemeindeversammlung der Katholischen Hochschulgemeinde Tübingen, die zufällig am heutigen Dienstagabend stattfindet, nimmt mit Betroffenheit und Bestürzung zur Kenntnis, daß Professor Küng die kirchliche Lehrerlaubnis entzogen wird. Wir sehen in Professor Küng einen jener theologischen Lehrer an unserer Universität, dem das Leben und die Ereignisse unserer Gemeinde wichtig sind. Umso mehr sind wir empört über die gefällte Entscheidung.

Die Glaubwürdigkeit und Offenheit unserer Kirche, die für viele unserer Mit-Studenten in Frage steht, ist damit empfindlichst getroffen. Wir wissen im Augenblick noch nicht, wie es weitergehen kann.

3.3 Stellungnahme des Weltkirchenrats zur Aktion gegen Professor Hans Küng (19. Dezember 1979)

Ein Sprecher des Weltkirchenrats in Genf gab folgende Erklärung zum Streit zwischen der römisch-katholischen Kirche und Professor Küng ab:

Der Streit betrifft im Wesentlichen die Frage nach der Autorität in der Kirche, die zum empfindlichsten Punkt in der ökumenisch-theologischen Diskussion geworden ist. Die Aktion gegen Professor Küng kann deshalb nicht bloß als eine interne Angelegenheit der römisch-katholischen Kirche betrachtet werden, sondern hat direkte ökumenische Rückwirkungen.

Schon im Jahre 1973, als die Kongregation für die Glaubenslehre eine »Deklaration zur Verteidigung des katholischen Glaubens in der Kirche gegen gewisse Irrtümer der heutigen Tage« (Mysterium Ecclesiae) veröffentlichte, sagte der Generalsekretär des Weltkirchenrats, Dr. Philip A. Potter, in seinem Bericht an das Zentralkomitee:

»Ich bedaure die Veröffentlichung dieser Deklaration, die – in ihrer Grundintention – die Suche nach neuen Wegen der Verständigung und des Ausdrucks kirchlichen Glaubens und Lebens in der nachkonziliaren Atmosphäre und einer sich schnell wandelnden Welt zu begrenzen scheint.

Nun gilt es zu erkunden, wie weit und in welcher Weise wir zusammen die theologischen Diskussionen fortsetzen können, sei es bilateral oder multilateral.

Die Entscheidung gegen Professor Küng beleuchtet die dringende Notwendigkeit für den Weltkirchenrat, und aller Wahrscheinlichkeit nach für diejenigen Kirchen, die in offiziellem Dialog mit der römisch-katholischen Kirche stehen, diese fundamentale Frage mit dem Sekretariat für die Einheit der Christen der römischen Kurie neu aufzuwerfen.«

3.4 Offener Brief von Priesteramtskandidaten der Diözese Rottenburg-Stuttgart im Bischöflichen Theologenkonvikt Wilhelmsstift in Tübingen (19. Dezember 1979)

Mit großer Betroffenheit und Empörung haben wir die Nachricht vom Entzug der missio canonica von Herrn Professor H. Küng aufgrund der Entscheidung der päpstlichen Kongregation für die Glaubenslehre erfahren.

Aus Liebe zu der Kirche, die in der frohen Botschaft Jesu begründet ist und in der wir uns in diesem Sinne engagieren wollen, erklären sich unsere Bestürzung und unser Protest.

In diesem Brief versuchen wir dies zum Ausdruck zu bringen.

Wir protestieren,
daß sich die deutsche Bischofskonferenz »uneingeschränkt hinter die Entscheidung der Kongregation für die Glaubenslehre« stellt und sich nicht weiterhin für eine andere Lösung des Konfliktes eingesetzt hat. Sie hat sich damit in die römische Überraschungsstrategie einspannen lassen.

Wir protestieren
gegen die kuriale Geheimstrategie, die das Recht des Betroffenen in unerträglicher Weise mißachtet. Diese generalstabsmäßige Verfahrensweise offenbart eine tiefsitzende Angst, die aus der Gewißheit stammt, daß ein öffentliches, durchsichtiges und faires Verfahren gegen Herrn Prof. H. Küng nicht zum Entzug der missio canonica hätte führen können.

Wir protestieren,

daß ein Professor, den wir und viele Theologengenerationen als engagierten Lehrer und Christen erfahren haben, auf eine solche Weise mundtot gemacht werden soll.

Wir protestieren,

weil wir in dieser Entscheidung einen Schlag gegen den ökumenischen Dialog sehen, für den Herr Prof. H. Küng eintritt und dabei weltweite Anerkennung erhält.

Wir protestieren,

weil wir erleben, daß durch diesen Vorgang eine Polarisierung in den Gemeinden und Diözesen bewirkt wird, die eine sachliche Auseinandersetzung verhindert und das Klima vergiftet.

Wir fragen uns,

wie wir nach dieser Entscheidung den Gemeinden und vor allem der Jugend die Erfahrung einer befreienden und von christlicher Brüderlichkeit getragenen Kirche vermitteln können.

Wir fragen uns,

welche Antworten die Amtskirche den Vielen gibt, die über die Auseinandersetzung mit Herrn Prof. H. Küngs theologischen Arbeiten den Zugang zu Christentum und Kirche gefunden haben.

Wir verstehen unseren Brief als Aufriß, der viele aufgeworfene Fragen unberücksichtigt lassen muß.
Wir sind tief verunsichert.
Trotzdem leben wir in der christlichen Hoffnung, daß auch eine Bischofskonferenz und die Glaubenskongregation bereit sind, eine getroffene Entscheidung, deren Tragweite sich in den derzeitigen Reaktionen erst erahnen läßt, zu revidieren. Deshalb fordern und erwarten wir die Zurücknahme der Entscheidung der Glaubenskongregation und der deutschen Bischofskonferenz.

3.5 Offener Brief der Aktion für Menschenrechte in der Kirche (Luzern) an die Schweizer Bischofskonferenz (19. Dezember 1979)

Diese Erklärung wurde bis Ende Februar von 15 500 Personen unterzeichnet (vgl. Dokument 3.38).

Sehr geehrte Herren Bischöfe,
wir sind vom Entscheid der Amtskirche gegenüber Prof. Hans Küng betroffen.
Wir sind empört über das autoritäre Vorgehen und den Machtmißbrauch, um einen unbequemen Theologen durch Entzug der Lehrerlaubnis mundtot zu machen.
Wir sind bestürzt, daß eine Kirche, die Liebe und Frieden predigt, sich in ihren Entscheiden gegenüber Andersdenkenden absolut intolerant verhält.
Wir sind betrübt darüber, daß diese Kirche als Anwalt der Menschenrechte durch solche Machenschaften unglaubwürdig wird.
Wir fühlen uns in unserem Protest mit all jenen Christen verbunden, die wünschen, daß sie in ihrer Kirche ihre Meinungen und Gefühle frei äußern dürfen.
Wir zählen darauf, daß Sie, die schweizerischen Bischöfe, unsern Protest nach Rom weiterleiten und dort für die Wahrung der Menschenrechte in der Kirche eintreten.

Quelle: Für Dialog statt Macht in der Kirche: Dokumentation, hrsg. von den Basisgruppen Theologie Freiburg und Luzern, S. 4

3.6 Telegramm nordamerikanischer Theologen an Dekan Bartholomäus (20. Dezember 1979)

As academics we would be shocked and outraged if the Wissenschaftsminister were to take any action whatever against Professor Hans Kueng within the context of the University of Tuebingen as a result of extra-academic pressure.
T. Patrick Burke, Temple University; Frank Littell, Hebrew University; Elisabeth Schuessler-Fiorenza, University of Notre Dame on behalf of the committee of academics concerned for responsible freedom.

Als Wissenschaftler wären wir schockiert und empört, wenn der Wissenschaftsminister irgendwelche Schritte gegen Professor Hans Küng im Rahmen der Universität Tübingen als Ergebnis außeruniversitären Drucks unternähme.

T. Patrick Burke, Temple University; Frank Littell, Hebrew University; Elisabeth Schuessler-Fiorenza, University of Notre Dame im Namen des Komitees: Wissenschaftler für eine verantwortete Freiheit.

3.7 Telegramm von 70 nordamerikanischen Theologen an Hans Küng (20. Dezember 1979)

We as concerned and committed Roman Catholic Theologians, cognizant that no one of us necessarily agrees with the opinions on particular issues of any other roman catholic scholar including Hans Küng, publicly affirm our recognition that Hans Küng is indeed a Roman Catholic Theologian.

Im Bewußtsein, daß keiner von uns notwendig mit den Ansichten eines anderen katholischen Wissenschaftlers, Hans Küng eingeschlossen, in bestimmten Fragen übereinstimmt, bekräftigen wir als betroffene und engagierte römisch-katholische Theologen öffentlich, daß wir Hans Küng nach wie vor als römisch-katholischen Theologen betrachten.

3.8 Erklärung des Komitees zur Verteidigung der Christenrechte in der Kirche aus Anlaß der Disziplinarmaßnahmen gegen Hans Küng (20. Dezember 1979)

Diese Erklärung haben über 7000 Personen unterschrieben.

Die Christenrechte in der Kirche sind bedroht. Es wird immer deutlicher, daß Willkürakte, Verletzungen von Grundrechten und autoritäre Entscheidungen den kirchlichen Leitungsstil bestimmen. Auf Kosten des Glücks von Millionen Menschen wird versucht, ein partikuläres Wahrheitsverständnis zu erzwingen. Das steht im eindeutigen

Widerspruch zu der befreienden, Grenzen sprengenden Botschaft Jesu Christi.

Wir sind erschrocken zu sehen, wie sehr diese inquisitorischen Maßnahmen dem jesuanischen Gebot der Liebe und Versöhnung widersprechen. Zwar kann die Kirche nicht ohne amtliche Verkündigung auskommen, doch hat diese Verkündigung der Botschaft Jesu Christi und dem Glauben der Menschen, nicht aber der Selbstbestätigung einer Elite zu dienen.

Wir stellen fest: Statt die in der französischen Revolution errungenen Grundrechte jedes Menschen vorbildhaft als Christenrechte zu verwirklichen, so wie es ihrem Auftrag entspräche, ist die Kirche heute weit davon entfernt, die oft von ihr selbst proklamierten Rechte im eigenen Raum zu garantieren.

Wir fordern deshalb: Kein Rückfall hinter die durch die Aufklärung geschaffenen demokratischen Grundrechte aller Menschen, insbesondere keine Behinderung der Meinungs- und Gewissensfreiheit; keine Disziplinierung kritisch denkender Menschen, keine Duldung von Prozeßverfahren, bei denen die Anklagebehörde alle, der Beschuldigte dagegen so gut wie keine Rechte hat; keine Förderung von Abhängigkeitsverhältnissen, die, statt auf Kollegialität und Brüderlichkeit, auf Autorität, Disziplin und Gehorsam beruhen; kein Verstoß also gegen die Gebote der Toleranz und gegenseitigen Achtung.

Erstunterzeichner: Heinrich Albertz, Berlin, Josef Blank, Saarbrücken, Walter Dirks, Freiburg, Norbert Greinacher, Tübingen, Otto-Herbert Hajek, Stuttgart, Walter Jens, Tübingen, Ernst Käsemann, Tübingen, Johann Baptist Metz, Münster, Jürgen Moltmann, Tübingen, Rolf-Michael Schulze, im Namen der Leserinitiative Publik.

Quelle: Frankfurter Rundschau, 20. Dezember 1979

3.9 Offener Brief von Studienreferendaren im Fach »Katholische Religion« am Studienseminar Tübingen (20. Dezember 1979)

An Herrn Bischof
Dr. Georg Moser ·

Sehr geehrter Herr Bischof!
Mit Bestürzung haben wir die Nachricht vom Entzug der kirchlichen Lehrerlaubnis für Herrn Professor Küng zur Kenntnis nehmen müssen. Wir sind empört und verunsichert zugleich.
Empört darüber, daß ein Theologe, der zentrale Inhalte des Evangeliums für viele heutige Menschen gerade durch den Verzicht auf erstarrte, unverständlich gewordene Formeln verständlich machen konnte, sich nicht mehr als katholischen Theologen betrachten darf.
Empört sind wir auch über die Art und Weise, wie hier ohne Möglichkeit zu Anhörung oder gar Stellungnahme ein Lehrverbot ausgesprochen wurde – gerade einer Kirche, die sich nach außen hin als Anwalt der Menschenrechte gibt, stünde es gut an, diese auch und vor allem im eigenen Hause zu praktizieren.
Wir protestieren daher aufs Schärfste gegen diese Entscheidung und bitten Sie, sich nach Kräften dafür einzusetzen, daß sie rückgängig gemacht wird.
Sie können sich gewiß leicht vorstellen, daß dieses Lehrverbot uns in großem Maße verunsichert. Denn wir haben fast durchweg bei Herrn Professor Küng studiert und ihn als glaubwürdigen Vertreter des christlichen (und katholischen!) Glaubens kennengelernt; seine Theologie hat uns ermöglicht, eine eigene Orientierung zu finden. Diese Orientierung ist nun in Frage gestellt, was für unser Selbstverständnis als angehende Religionslehrer sicher nicht ohne Folgen bleiben kann. Müssen also auch wir, wenn wir an dieser Orientierung festhalten, damit rechnen, daß wir die kirchliche Lehrerlaubnis nicht bekommen? Mehr noch: Können wir sie überhaupt noch verantwortbar annehmen?
Verunsichert sind wir weiterhin dadurch, daß Aussagen und Interpretationen, die nach unserer Überzeugung den Schülern helfen können, den christlichen Glauben besser zu verstehen, nun plötzlich in einen ketzerischen Ruch kommen.
Sollen wir also wieder mit dem »Grünen Katechismus« arbeiten? Wie sollen wir aber dann überzeugend vor die Schüler treten können?
Aus dieser Verunsicherung heraus bitten wir Sie dringend um eine öf-

fentliche Stellungnahme, die uns und anderen ähnlich Verunsicherten – ob Priester oder Laien – weiterhelfen kann.

Mit freundlichen Grüßen und der Hoffnung auf Ihren Beistand

Es folgen zwölf Unterschriften.

3.10 Brief der Alumnen des Priesterseminars an Hans Küng (20. Dezember 1979)

Lieber Herr Küng,
Mit Betroffenheit haben wir die Nachricht aufgenommen, daß Ihnen die missio canonica entzogen wurde. Dies um so mehr, als uns diese Nachricht zwei Tage vor unserer Kandidatur, zur Aufnahme in das Priesteramt, erreicht hat.
Während unserer Studienzeit waren Sie für uns ein Lehrer, der zu kritischer Auseinandersetzung und zu beherztem Engagement für die Sache der Theologie ermuntert hat.
Wir wissen uns auch jetzt ganz besonders mit Ihnen solidarisch. Zumal unsere Entscheidung, Priester in einer konkreten Kirche zu werden, eine gelassene Leidenschaftlichkeit fordert.
Viele, die in innerer und äußerer Spannung zu Kirche und Theologie stehen, haben durch Sie einen neuen Zugang zu Auseinandersetzung mit gelebtem Christ-Sein gewonnen. Diesen wollen wir auf Frage und Anfrage hin redliche Gesprächspartner sein.
Wir hoffen auf eine baldige Rehabilitation Ihrer Person und Ihres Wirkens und wünschen Ihnen Kraft und Mut in den kommenden Tagen und Wochen.

In Verbundenheit

Es folgen neun Unterschriften.

3.11 Brief der Alumnen des Priesterseminars an die Professoren der Katholisch-Theologischen Fakultät der Universität Tübingen (20. Dezember 1979)

An die Professoren des Fachbereichs Katholische Theologie der Universität Tübingen

Rottenburg, 20. Dezember 1979

Zwei Tage vor unserer Kandidatur, zur Aufnahme in das Priesteramt in die Diözese Rottenburg-Stuttgart, hat uns die Nachricht vom Entzug der missio canonica Ihres verehrten Kollegen Dr. Hans Küng tief betroffen gemacht.

Wir freuen uns über Ihre spontane Solidaritätsbekundung mit Dr. Hans Küng und warten mit Spannung auf Ihr weiteres Vorgehen. Wir möchten Sie dazu ermuntern, die notwendigen Schritte zu tun, mit allem Nachdruck die Rehabilitation von Herrn Dr. Hans Küng voranzutreiben und darauf hinzuarbeiten, daß die Kommunikation innerhalb der Kirche endlich auf allen Ebenen demokratische Formen annimmt. In diesem Vorgehen erklären wir uns mit Ihnen solidarisch.

In Verbundenheit mit dem Fachbereich Katholische Theologie der Universität Tübingen herzlich Ihre

Es folgen neun Unterschriften.

3.12 Offener Brief der Akademischen Räte und Assistenten der Katholisch-Theologischen Fakultät der Universität Tübingen (21. Dezember 1979)

Sehr geehrter Herr Bischof Moser!
Mit Genugtuung haben wir zur Kenntnis genommen, daß Sie – entgegen der Ankündigung des Vorsitzenden der Deutschen Bischofskonferenz – die von Ihnen genannten »unumgänglichen Konsequenzen« noch nicht gezogen haben. Wir nehmen dies zum Anlaß, Sie dringend aufzufordern, Ihre Bemühungen um eine andere Lösung des Konfliktes fortzusetzen und Professor Küng auf keinen Fall die kirchliche Lehrerlaubnis zu entziehen.
Es zeichnet sich ab, daß der mögliche Entzug der Lehrerlaubnis

schwerwiegende Folgen hätte: Wir sehen die Freiheit der theologischen Diskussion im kirchlichen Raum gefährdet; wir sehen die Intentionen des Zweiten Vatikanischen Konzils verraten und die durch das Konzil eingeleitete Entwicklung widerrufen; wir befürchten eine zunehmende Entmutigung des theologischen Nachwuchses und vieler Gläubigen, ein innerkirchliches Klima der Einschüchterung und Lähmung und eine nicht mehr versöhnbare Polarisierung.

Wir teilen die in den Erklärungen der Professoren der beiden theologischen Fakultäten geäußerten Besorgnisse, besonders hinsichtlich der Zukunft der Ökumene und der Glaubwürdigkeit der Kirche in der heutigen Gesellschaft. Wir sind der Ansicht, daß die Bemühungen Küngs um die Vermittlung des christlichen Glaubens eine positive Würdigung verdient hätten.

Es folgen 15 Unterschriften.

Quelle: Schwäbisches Tagblatt, 21. Dezember 1979

3.13 Offener Brief der Katholischen Jungen Gemeinde im Bund der deutschen Katholischen Jugend, Diözesanverband Stuttgart-Rottenburg (21. Dezember 1979)

An den   Wernau, 21. Dezember 1979
Vorsitzenden der
Deutschen Bischofskonferenz
Herrn Kardinal Höffner

Betr.: Verfahren gegen Professor Hans Küng

Sehr geehrter Herr Kardinal,
das Vorgehen römischer Behörden in den letzten Tagen, dem sich die Deutsche Bischofskonferenz anschloß, hat uns entsetzt, enttäuscht und empört.
Wir distanzieren uns von dieser Art, Kirche zu demonstrieren;
wir distanzieren uns von dieser päpstlichen Entscheidung.
Mit diesem Gewaltakt wurde eine disziplinäre Antwort gegeben, wo eine pastorale und theologische Antwort *notwendig* gewesen wäre.
Es wurden Steine statt Brot gegeben.

Mit diesem Gewaltakt wurde die Hoffnung begraben, die Papst Johannes Paul II. in den ersten Monaten seines Pontifikats geweckt hat. Enttäuschung, das Gefühl des Verlassenseins wird bei jenen wieder einkehren, die auf dem Weg sind und Suchende sind.

Erneut hat sich für uns, die Katholische Junge Gemeinde, gezeigt, wie hohl und leer die Worte von Großmut, Geduld und Liebe seitens der »Amtskirche« sind. Mit solchen Beispielen von Disziplinierung und Konfliktlösung als Beweis können wir kritischen und fragenden Jugendlichen und jungen Erwachsenen das kirchliche Amt nicht als sinnvoll darstellen.

Uns enttäuscht, mit welcher Berechnung in der Erklärung der Deutschen Bischofskonferenz die »Verunsicherung der Gläubigen« benützt wird, um Sanktionen zu rechtfertigen, die bei fragenden Gläubigen Angst und das Gefühl von Unterdrückung auslösen. Uns enttäuscht, daß die Vielfalt in der Einheit einer Einheitlichkeit Platz machen soll.

Wir wehren uns gegen einen billigen Vergleich der Fälle Küng und Lefebvre. Professor Küng wollte niemals eine andere Kirche als die bestehende.

Wir wehren uns dagegen, daß der Glaube um des Glaubens willen, die kirchliche Ordnung um der Ordnung willen verteidigt werden, nicht aber der Glaube um des Menschen willen erklärt und gedeutet wird.

Dieses Vorgehen gegen Professor Küng erinnert uns an unsere eigenen leidvollen Erfahrungen mit der Deutschen Bischofskonferenz.

Wir fragen uns, ob in der Kirche Platz ist für uns und unsere Fragen. Professor Küng versuchte Hilfen anzubieten für jene, die ihren Platz in der Kirche noch nicht gefunden haben. Ihr Handeln jedoch ist uns dafür keine Hilfe, weil disziplinäres Handeln Angst statt Hoffnung hervorbringt.

Wir fragen uns: Wer ist der Nächste, der ins Aus gestellt wird?

Wir möchten Sie auffordern, sich für den Frieden in unserer Kirche einzusetzen und dafür zu sorgen, daß Dialog und Gespräch in einer Art und Weise möglich werden, wie sie den Menschenrechten entsprechen, indem dieser Schritt rückgängig gemacht wird.

Dazu wünschen wir Ihnen die Kraft und den Mut.

Mit besten Grüßen
Diözesanleitung der Katholischen Jungen Gemeinde
Diözesanverband Rottenburg-Stuttgart

3.14 Erklärung von fünfzig spanischen Theologen für Küng (23. Dezember 1979)

»Herr Professor Küng verläßt in seinen Schriften die Fülle der Wahrheit des katholischen Glaubens. Darum kann er nicht als katholischer Theologe gelten noch als solcher lehren.«

Mit diesen Worten endet die Erklärung der Glaubenskongregation »einige zentrale Punkte der theologischen Lehre von Herrn Professor Küng« betreffend. Angesichts dieser von Papst Johannes Paul II. bestätigten Erklärung möchten wir, die Unterzeichnenden [1], folgendes zum Ausdruck bringen:

1. Einen respektvollen, aber energischen Protest gegen die Methode, die die römisch-kirchlichen Autoritäten angewandt haben. Herr Professor Küng und die katholische Fakultät der Universität Tübingen, wo er seit fast zwanzig Jahren lehrt, haben durch den Rundfunk von diesem Beschluß erfahren. Wir meinen, sie hätten beide vorher benachrichtigt werden sollen.

Wir sind auch der Meinung, man hätte Herrn Professor Küng noch eine letzte Gelegenheit zur Überprüfung seines Standpunktes in den umstrittenen Punkten geben sowie ihn vor den Konsequenzen eines weiteren Beharrens auf seinem Standpunkt gewarnt haben sollen.

Es ist ein Widerspruch, wenn die kirchlichen Autoritäten einerseits die Menschenrechte in der Gesellschaft verkünden und andererseits innerhalb der Kirche selbst diese Rechte verletzt werden.

2. Obwohl wir den Wert des theologischen Werkes von Küng anerkennen, schließen wir von vornherein nicht aus, daß es in ihm Punkte geben kann, die einer Überarbeitung bedürfen. Aber wir meinen, daß der natürliche Ort, um solche eventuelle Mängel aufzuspüren und zu korrigieren, das Forum der theologischen Forschung ist. Wir schließen gleichzeitig nicht aus, daß unter bestimmten Umständen das Lehramt sein bevollmächtigtes und letztes Wort aussprechen darf und soll. Aber das sollte nur nach der vorausgehenden Erschöpfung aller anderen Möglichkeiten stattfinden: Dialog, Warnung usw.

Wir meinen, dies ist bei Herrn Professor Küng nicht der Fall gewesen. Wir glauben eher, daß er in seiner theologischen Tätigkeit das Recht

---

[1] Der Zeitpunkt (Weihnachten) und unser Wunsch, *sofort* unsere Solidarität mit H. Kung bekanntzumachen, hindert uns daran, mit der Zustimmung noch vieler anderer Theologen zu rechnen.

auf Freiheit der Forschung beansprucht hat, das wesentlicher Bestandteil der Theologie ist.

3. Wir befürchten, daß diese Verfahrensweise gegen H. Küng und andere Theologen, die zur Entstehung und Verwirklichung des Zweiten Vatikanischen Konzils beigetragen haben, sich gleichzeitig gegen den Geist desselben Konzils wendet.

4. Angesichts des bisher Dargelegten bitten wir die Glaubenskongregation um eine Überprüfung des »Falls Küng«. Wir schließen uns dem Vorschlag von Küng selbst an, daß eine internationale Theologenkommission zur Untersuchung seines Falles gebildet werden soll. Eine solche Kommission wäre das angemessenste Organ zur Erhellung der umstrittenen Lehrmeinungen. Sie einfach auf autoritäre Weise zu unterdrücken, würde gewiß nicht dazu beitragen, »Rechenschaft von unserer Hoffnung abzugeben«, wie der erste Petrusbrief verlangt (1 Ptr 3,5).

5. Herr Professor Küng soll wissen, daß, obwohl wir keinen Blankoscheck gegenüber allen Punkten seiner Theologie ausstellen (was er auch nicht verlangen würde), wir uns mit seinem persönlichen Drama solidarisch fühlen.

Wir können in diesen Augenblicken auch nicht vergessen, daß er auf hervorragende Art und Weise dazu beigetragen hat, den christlichen Glauben für viele Menschen unserer Zeit zu erhellen und annehmbar zu machen. Die Verhaltensweise der kirchlichen Autoritäten ihm gegenüber erzeugt Verblüffung bei nicht wenigen Gläubigen, die in seinem Werk Anregung und Stütze gefunden haben. Wir möchten auch seinen Beitrag zum ökumenischen Dialog hervorheben, der bei der Verurteilung seiner Theologie auf schwerwiegende Art und Weise beeinträchtigt werden wird.

6. Schließlich soll auch das katholische Lehramt wissen, daß es mit unserer aufrichtigen und evangeliumsgemäßen Loyalität rechnen kann. Doch entscheiden wir uns nicht für eine billige Loyalität, die zu allem Ja und Amen sagt (denn das hieße ja auch, das Lehramt nicht ernstzunehmen), sondern für eine solche, die verantwortliche und urteilsfähige Menschen ausüben, die sich freuen, wenn sie Ja sagen können, und die ein brüderliches Nein wagen, wenn sie nach ihrem Gewissen und im Namen des Evangeliums es tun zu müssen glauben.

Es folgen 50 Unterschriften.

Quelle: El Pais (Madrid), 23. Dezember 1979. Eigene Übersetzung

3.15 Erklärung des Komitees zur Verteidigung der Christenrechte in der Kirche (30. Dezember 1979)

Die Zeiten, da der Spruch »Roma locuta causa finita« (Rom hat gesprochen, und die Sache ist entschieden) uneingeschränkt galt, sind vorbei. Wenn römische Autoritäten und deutsche Kirchenfürsten glauben, lebendige kirchliche Auseinandersetzungen durch einen Machtspruch entscheiden zu können, befinden sie sich im Irrtum. Autoritäre Verfügung über die Forschung hat nichts mit jener freien theologischen Wissenschaft gemein, die sich in rationaler Kritik und im brüderlichen Gespräch zu bewähren hat.

Der Fall Hans Küng, der in Wahrheit ein Fall der Amtskirche ist, zeigt mit aller Deutlichkeit: die Zukunft gehört nicht dem imperativen Mandat lehramtlicher Provenienz, sondern dem offenen, grenzensprengenden Dialog im Zeichen Jesu Christi.

Unter diesen Aspekten ist die Verteidigung der Christenrechte in der Kirche notwendiger denn je.

Für das Komitee   *Norbert Greinacher, Walter Jens*

3.16 Alt-Katholische Überlegungen zum »Fall Küng« (1. Januar 1980)

1. Der »Fall Küng« und andere Vorgänge in der römisch-katholischen Kirche haben in den letzten Wochen die anderen Kirchen der Ökumene mitbetroffen und auch in unserer alt-katholischen Kirche zu vielen Fragen geführt. Steht doch das Lehrverbot für den Tübinger Professor (wie auch gleichzeitige Verfahren gegen andere Theologen) im Zusammenhang mit einer neuen Betonung und Unterstreichung jener Grundsätze, die das 1. Vatikanische Konzil vor 110 Jahren erlassen hat: Dem Papst komme »aus sich selbst, nicht aus der Zustimmung der Kirche« Unfehlbarkeit in Glaubenslehren und in der Bestimmung der Lebensordnung der Christen zu. Ferner habe er die höchste Gewalt der Rechtsprechung in der Kirche. Gegen ein solches Verständnis des grundsätzlich unumstrittenen Petrusdienstes, das so weder das Evangelium noch die alte Kirche kennt, haben die alt-katholischen Väter vor über hundert Jahren aus ihrem Gewissen Einspruch erhoben. Das führte dann zu ihrem Ausschluß aus der ka-

tholischen Kirche, den sie als rechtswidrig betrachteten. Folgerichtig bildeten sie eigene, vom Rechtsanspruch Roms unabhängige katholische Gemeinden und Bistümer.

Hundert Jahre später bestand aufgrund ernsthafter theologischer Neubesinnung und als Konsequenz aus dem Neubeginn durch Papst Johannes XXIII. und das Zweite Vatikanische Konzil die Hoffnung, »daß die Entwicklung zur konziliaren Gemeinschaft aller Kirchen weitergeht, einer Gemeinschaft, in der der ursprüngliche Petrusdienst des Primates eine neue Erfüllung findet«. So schrieben am 29. 6. 1970 die alt-katholischen Bischöfe der Utrechter Union. Heute, zehn Jahre später, gewinnen ihre Worte vom »Anspruch eines Dienstamtes der Einheit« neue Aktualität. Sie stellen fest: »In dem Maße aber, in dem dieser Anspruch nicht erfüllt wurde, kam es in der Kirche nicht nur zu Spaltungen, sondern auch zu einem einseitigrechtlichen Verständnis des Primates, das zum Schaden der ursprünglichen Dienstaufgabe und zum Nachteil der ökumenischen Einheit im 1. Vatikanum dogmatisch festgelegt wurde.« Die schwerwiegenden Nachteile eines sich auf das 1. Vatikanum berufenden Autoritätsdenkens sind »noch immer nicht überwunden«. Die offene und ökumenische Katholizität, die von Alt-Katholiken seit hundert Jahren vertreten wurde, ist verheißungsvoll in vielen Sitzungen des 2. Vatikanums und der nachfolgenden römisch-katholischen Ländersynoden angestrebt worden. Es schien nun möglich, selbst gegensätzliche Standpunkte offen und brüderlich auszutragen. Auch vor Ort entwickelte sich ein offenes und brüderliches Verhältnis. Lange, gründliche Verhandlungen führten sogar zu einer römisch-katholisch/alt-katholischen Pastoralvereinbarung, die – obgleich von den beiderseitigen Bischofskonferenzen verabschiedet und gutgeheißen – von Rom aber nicht in Kraft gesetzt wurde.

Sollte es nach dem gegenwärtigen Standpunkt Roms ökumenische Fortschritte, ja die Wiedervereinigung der Christen nur um den Preis der Anerkennung der Papstdogmen von 1870 geben dürfen? Kann sich keiner mehr »katholisch« nennen, der diese Dogmen in Frage stellt? Das römische Urteil trifft hier nicht nur Hans Küng, sondern das katholische Selbstverständnis weiter Teile der nichtrömischen Christenheit.

2. Es geht heute auch wieder um die Freiheit der Theologie. Das unbeirrbare Festhalten am überkommenen Glaubensgut entbindet uns nicht von der Aufgabe, »die dogmatischen Entscheidungen der alten

Kirche neu zu durchdenken und sie mit den Mitteln der neueren Forschung für unsere Zeit nachzuvollziehen« (Bischof Urs Küry).

Der Münchner Ökumeniker Heinrich Fries, längere Zeit Mitglied der römisch-katholisch/alt-katholischen Gesprächskommission, bemerkt mit Recht: »Die offenen, unbequemen und kritischen Fragen, die Küng stellt – gewiß zuweilen aggressiv und penetrant – sind nicht von ihm erfunden, er nennt die bestehenden Probleme beim Namen. Und er ist der unbestreitbar richtigen Meinung, daß Fragen durch Schweigen und Verbote nicht gelöst werden können« (Süddeutsche Zeitung, 24. Dezember 1979).

Gewiß müssen die Glaubensaussagen über Jesus Christus, über das Wesen der Eucharistie und der Kirche von der Theologie »zwar bedacht und ausgelegt«, dürfen »aber nicht wegkritisiert werden« (Hans Urs von Balthasar in: Frankfurter Allgemeine Zeitung, 22. Dezember 1979).

Andererseits betonte schon 1863 Ignaz von Döllinger, daß nur Verstöße gegen die klare allgemeine Lehre der Kirche gerügt und zurückgenommen werden sollten, nicht aber Sätze, die nur in ihren Konsequenzen dagegen zu stehen scheinen. In diesem letzten Fall hilft nur die Weiterführung der theologischen Diskussion: »Gegen wissenschaftliche Fehler und Verirrungen dürfen jedoch nur gleichartige Mittel angewendet werden. Wer anders verfährt, schädigt die Theologie und die Kirche, welche nun einmal eine lebenskräftige und sich fortbildende Theologie nicht entbehren kann. Daß aber in dieser nur durch Irrtümer hindurch der Weg zur Wahrheit führe, ist ein Gesetz, welches in der Zukunft ebenso gelten wird, wie es in der Vergangenheit sich bewährt hat« (Rede bei der Versammlung Katholischer Gelehrter in München St. Bonifaz am 29. 9. 1863). Die Frage liegt auf der Hand, ob nicht das Beharren auf dogmatischen Formeln, die nur immer wiederholt werden sollen, den Glauben eher verkürzt als das Wagnis und die Mühe je neuer theologischer Aussage.

Wissenschaftliche Theologie muß selbstverständlich mit dem gläubigen Leben der Kirche und ihrer Gemeinden verbunden bleiben und ihm dienen. Sie weiß aber auch, daß sich das immer wieder neu zu verkündende Christusgeheimnis im Tiefsten in der gottesdienstlichen Feier der Gemeinde erschließt. So ist mit einer neuen biblischen Ausrichtung der theologischen Arbeit zugleich die pastoral-liturgische Erneuerung einhergegangen.

3. Unsere alt-katholischen Gemeinden werden sich durch die jüngsten Ereignisse aufs neue veranlaßt sehen, den Anruf des Missionari-

schen Jahres 1980 in besonderer Weise zu beachten:

Es gilt, aus dem unverkürzten Glauben und aus der uneingeschränkten Freiheit der alten Kirche in dieser Zeit zu leben und engagiert deutlich zu machen, wie eine katholische Kirche und ihre Gemeinden aussehen, in denen all das bereits möglich ist, was viele unserer römisch-katholischen Freunde nach dem 2. Vatikanischen Konzil als dessen konsequente Weiterführung erhofften:

Volle synodale Mitverantwortung der Laien bis zur Wahl von Bischof und Pfarrer, Gewissensentscheidung in der Familienplanung, Freigabe der Priesterehe, die familiäre Gemeinde, ökumenische Offenheit bis hin zur Eucharistischen Gastbereitschaft, Ablehnung aller Zwangsanwendung in Glaubensdingen, brüderliches Ertragen und Miteinanderringen, wenn gegensätzliche Standpunkte bestehen u. a. m.

Wir wären uns selbst untreu, wenn wir in der ständigen Verwirklichung dieses Auftrags nachlässig würden. Nicht nur den Gemeinden der Apostelzeit gilt die Mahnung, zur »ersten Liebe« zurückzukehren, weil sonst ihr Leuchter von der Stelle gerückt wird (Offb 2, 4f.).

4. Es wäre bedauerlich, wenn sich jetzt manche Christen vielleicht aufgrund oberflächlicher, schlagwortartiger Kenntnis der Vorgänge in eine innere Emigration begäben, für sich selbst das ausklammerten, was ihnen nicht gefällt, oder gar in Groll und Verbitterung der Kirche als Ganzer den Rücken kehrten. Wenn vielleicht der eine oder andere Katholik, der das Selbstverständnis des unfehlbaren Papsttums nicht bejahen kann, in unserer alt-katholischen Kirche eine neue geistliche Heimat sucht, so dürfen wir das nicht aus falsch verstandener ökumenischer Rücksichtnahme verwehren. Ein solcher Schritt – das werden auch die römisch-katholischen Autoritäten verstehen – ist sicher ehrlicher, als wenn einer sich nur mehr mit den Lippen, nicht aber mit Herz und Gewissen »römisch«-katholisch nennt.

Wir wollen keine feindliche Auseinandersetzung. Wir wollen das brüderliche Gespräch. Wir wollen die Einheit!

Und es bleibt unsere Hoffnung, daß uns Gottes Geist Wege zur Überwindung der gegenwärtigen Krise finden läßt und uns bald in versöhnter Verschiedenheit zu einer neu geeinten Christenheit führt, die von dem Stifter der Kirche gewollt und verheißen ist, »die mit immer steigender Kraft der Sehnsucht von unzähligen Christen, und nicht am wenigsten in Deutschland, begehrt und herbeigerufen wird.

Das gebe Gott!« (Ignaz von Döllinger, Münchener Erklärung, Juni 1871)

Bischof Josef Brinkhues
und das Dozentenkollegium
des Katholischen Bistums der Alt-Katholiken in Deutschland

Quelle: Publik-Forum, 25. Januar 1980

3.17 Stellungnahme der Aktionsgemeinschaft Rottenburg (3. Januar 1980)

Am 3. 1. 80 stellen Theologen und Pfarrer der ›Aktionsgemeinschaft Rottenburg‹ in Kirchheim/Teck zum endgültigen Entzug der kirchlichen Lehrerlaubnis von Professor Hans Küng an die Adresse der Mitglieder der Deutschen Bischofskonferenz fest:
1. Wir sind tief betroffen und schockiert, daß unsere katholische Kirche das notwendige Ringen um ein angemessenes Neuverständnis des überlieferten Glaubens letzlich doch nur mit denselben Mitteln zu steuern vermag, die auch autoritäre Systeme und sonstige gesellschaftliche Gruppen einsetzen. Die auf dem Zweiten Vatikanischen Konzil erklärte Dialogbereitschaft unserer Kirche nach innen und außen scheint vergessen zu sein. Wir sind enttäuscht, daß auch Johannes Paul II. trotz seiner Erfahrung mit totalitären Regimen nicht sensibler und dialogbereiter reagiert. Nicht durch die ›Schwächen‹ der Theologie Küngs, sondern durch die römische Maßregelung eines Mannes, der wie wenige andere den Aufbruch der neueren Theologie repräsentiert, hat die Glaubwürdigkeit unserer Kirche als Kirche Jesu Christi Schaden genommen.
2. Für die meisten von uns ist Hans Küng seit den Tagen des beginnenden Konzils ein wichtiger theologischer Lehrer. Er hat uns einen guten Zugang zur Mitte unseres Glaubens, zur Person und Sache Jesu Christi, zum Glauben an Gott in der Welt von heute erschlossen. Er hat uns die Kirche unter der Norm des Evangeliums sehen und lieben gelehrt. Er hat Freude und Mut zum Dienst in dieser Kirche geweckt. Sein Mut zum freien Wort in der Kirche und auch zur Kritik an dieser Kirche, ob gelegen oder ungelegen, war für uns oft Vorbild und Hilfe.

Wir bitten Hans Küng, seinen Dienst an der Wahrheit des Evangeliums auch weiterhin zu tun. Wir werfen den für die römische Fehlentscheidung Verantwortlichen vor, den positiven Beitrag Küngs, die Botschaft Jesu Christi heute zu bezeugen, zu wenig gesehen und gewürdigt zu haben.

3. Wir werfen Kardinal Höffner, dem Vorsitzenden der Deutschen Bischofskonferenz, vor, in seinen vielen Interviews und Presseerklärungen den eigentlichen Streitpunkt verfälscht und in unerträglicher Weise vereinfacht zu haben, als gelte es nur, an überlieferten Formulierungen festzuhalten, und alles sei klar. Wir wehren uns gegen seine Versuche, Hans Küng auf eine Linie mit Erzbischof Lefèbvre oder Alfred Rosenberg (vgl. Interview, welches am 28. 12. 79 veröffentlicht wurde) zu stellen. Es wäre Zeit, daß diejenigen Professoren, die Hans Küng am Zeug geflickt haben, sich auch der Äußerungen Kardinal Höffners annehmen, daß die deutschen Bischöfe ihren Vorsitzenden abwählen und die theologischen Aussagen des Kölner Kardinals auf ihre ›Rechtgläubigkeit‹ hin, gemessen an dem theologischen Aufbruch des Konzils, überprüfen.

4. Wir und viele in unseren Gemeinden sind irritiert in unserer Beziehung zum bischöflichen und päpstlichen Amt in unserer Kirche. Wir verstehen die theologische Kritik der Reformation am Amt in der Kirche jetzt besser als früher. Auch in der Presseerklärung unseres Bischofs, der immerhin den Versuch eines neuen Gesprächs in Rom zustande gebracht hat, kommt der Aufruf zur ›Mitverantwortung‹ und zum ›Zusammenstehen wie in einer Familie‹ viel zu rasch: Handelt es sich denn um ein von außen kommendes Verhängnis, das wir zu bewältigen haben?

Resignation nützt nichts. Wir nehmen die ›Herausforderung‹ an. Aus dem Fall Küng darf kein Rückfall in vergangene Zeiten werden.

Quelle: Informationen, hrsg. vom Priesterrat und Diözesanrat Rottenburg-Stuttgart, Februar 1980, 13

3.18 Erklärung katholischer Theologen (4. Januar 1980)

Die kritische Vermittlung der Botschaft Jesu Christi mit dem Denken und Verhalten unserer Zeitgenossen ist bleibende Aufgabe aller Theologen. Hans Küng, der sich als engagiertes Glied der Kirche versteht, hat sich mit Leidenschaft dieser Aufgabe gewidmet. Er hat das

Zweite Vatikanische Konzil mit vorbereitet, als amtlicher Berater mitgewirkt und die nachkonziliäre Epoche der Kirche mitgestaltet. Mit dem Entzug der Lehrbefugnis für Hans Küng soll eine Entwicklung beendet werden, die mit dem Konzil begonnen hat. Hans Küng hat auf seine Weise innerhalb und außerhalb der Kirche glaubwürdig die Botschaft Jesu Christi bezeugt. Die Entscheidung der Glaubenskongregation gegen Hans Küng hat deshalb der Glaubwürdigkeit der Kirche schwer geschadet. Die kritische Aufarbeitung der bürgerlichen Freiheitsgeschichte, der sich Hans Küng verpflichtet weiß, wurde durch diese amtskirchliche Entscheidung zurückgeworfen. Wir fordern ein Gespräch zwischen den zuständigen kirchlichen Behörden und Hans Küng und eine Zurücknahme der Entscheidung der päpstlichen Glaubenskongregation.

Die Theologieprofessoren Josef Blank (Saarbrücken), Norbert Greinacher (Tübingen), Gotthold Hasenhüttl (Saarbrücken), Johann Baptist Metz (Münster), Karl-Heinz Ohlig (Saarbrücken), Heinz Schuster (Saarbrücken), Knut Walf (Nijmegen)
Carl-Peter Klusmann, Sprecher der Arbeitsgemeinschaft von Priester- und Solidaritätsgruppen
Norbert Arntz, Sprecher der Initiative »Katholikentag von unten«
Rolf-Michael Schulze, Vorsitzender der Leserinitiative Publik.

Quelle: Publik-Forum, 4. Januar 1980

3.19 Erste Erklärung der »Vereinigung für die Anliegen von Konzil und Synode« (Schweiz) (Mitte Januar 1980)

An den Arbeiten der »Synode 72« haben sich etwa tausend Menschen beteiligt. Über diese Gruppe hinaus hat sich eine große Zahl von Christen interessiert und engagiert. Viele sehen die Basis ihrer kirchlichen Mitarbeit und christlichen Mitverantwortung in den Texten des Konzils und der Synode.
Verschiedene Ereignisse und Entwicklungen am Ende der siebziger Jahre in der Kirche lassen diese Christen befürchten, daß ihr Anliegen und ihr Engagement enttäuscht werden und ins Leere laufen. Ein Zeichen dafür sind die vielen Fragen, Stellungnahmen und Ereignisse anläßlich des Falles Küng.

Die »Vereinigung für die Anliegen von Konzil und Synode« schlägt folgende Gesichtspunkte für die weitere Diskussion in dieser Lage vor:

● Sachlichkeit ja, aber ohne daß eine Seite das Monopol auf Sachlichkeit von vornherein für sich in Anspruch nehmen kann.

● Polarisierung nein, aber keine Verdunkelung, sondern Transparenz unterschiedlicher Standpunkte.

● Einheit ja, aber ohne Gleichmacherei und Gleichschaltung unterschiedlicher Einsichten und Wege zur gemeinsamen Glaubenswahrheit.

● Versöhnung ja, aber ohne Vereinnahmungen und emotionale Beschwichtigungen.

● Verantwortung für die Gemeinsamkeit ja, aber in der Weise der schöpferischen Mitbeteiligung.

Die »Vereinigung für die Anliegen von Konzil und Synode« ist der Meinung, die Kundgebung enttäuschter Gefühle und Hoffnungen sei eine Chance für verantwortliche und kritische Kirchlichkeit. Diese sollte in Zukunft für die Aufgaben der Kirche in der Welt genutzt werden. Dazu ist es nötig, daß sich die Kirchenleitungen ernsthaft auf die Situation der Christen einlassen, die ihren Glauben in verschiedenen Aufgabenbereichen zu bewähren haben (z. B. Seelsorge, Erziehung, Politik, Kultur). Konkret zum Fall Küng schlägt die Vereinigung vor, daß die Debatte über die Kontinuität der Wahrheit und ihre Gewährleistung intensiv und redlich in allen Bereichen kirchlicher Bildungs- und Öffentlichkeitsarbeit geführt wird. »Eine sachgerechte Entscheidung kann auch in der Kirche in den meisten Fällen erst getroffen werden, nachdem sich eine öffentliche Meinung gebildet hat. In einer offenen und öffentlichen Meinungsbildung unter verantwortungsbewußten Christen kann Gottes Geist ebenso wirksam werden wie in den Entschlüssen der Amtsträger« (Synode des Bistums Basel, Kirche heute, 7.16). Bei den Initiativen, eine neue Form des kirchlichen Lehrverfahrens zu erreichen, sollten die allgemeinen Rechtsprinzipien beachtet werden (insbesondere das Subsidiaritätsprinzip, die Rechtsangemessenheit und die Verhältnismäßigkeit).

Die Vereinigung, die sich angesichts der gegebenen Situation konstituiert hat, verfolgt insbesondere folgendes Ziel: den Anliegen von Konzil und Synode in den achtziger Jahren Gehör verschaffen, sie in entsprechende Diskussionen einbringen, an ihrer Verwirklichung mitarbeiten und dabei die Kirchenleitungen unterstützen.

3.20 Offener Brief der Bundesleitung der Katholischen Jungen Gemeinde an die KJG-Pfarrgemeinschaften (15. Januar 1980)

Warum wir bis jetzt geschwiegen haben

Es fällt uns schwer, öffentlich Stellung zu beziehen zu den Auseinandersetzungen zwischen Professor Hans Küng auf der einen und der Glaubenskongregation in Rom und den Deutschen Bischöfen auf der anderen Seite, die zu der Entscheidung geführt haben, Professor Hans Küng die kirchliche Lehrerlaubnis zu entziehen. Diese Entscheidung ist in den letzten vier Wochen vom kirchlichen Amt mit viel Aufwand gerechtfertigt und verteidigt worden – durch Erklärungen, Pressekonferenzen, Weihnachtsansprachen und Neujahrsempfänge und zuletzt das Kanzelwort der Deutschen Bischöfe am letzten Sonntag – und hat einen überaus breiten Raum eingenommen in den Medien.

Wir gestehen ein, dazu zu lange den Mund gehalten zu haben. Sich auf das Alltagsgeschäft einer Bundesleitung zurückzuziehen, Rom Rom sein zu lassen und die Bischöfe sich abstrampeln zu lassen – die Presse weiß schon daraus etwas zu machen – ist sicher der leichtere Weg und müßte uns doch die Ruhe bescheren, konzentriert die Aufgaben anzugehen, die der Verband sich vorgenommen hat. Nur – diese Ruhe finden wir nicht!

Unsere tiefe Enttäuschung darüber, was in dieser Kirche geschehen, kann trotz des II. Vatikanischen Konzils und der Würzburger Synode – oder müssen wir sagen, gerade weil es sie gegeben hat und es nun höchste Zeit ist, einiges zurückzunehmen, was an Bewegung in der Kirche entstanden ist?

Unsere Trauer darüber, daß die Hoffnungen und guten Ansätze in zunehmendem Maße mit Füßen getreten werden, mögen Grund dafür sein, daß es uns nicht gelingt, sachlich und mit Gelassenheit zu reagieren, wenn aufs neue Glaubwürdigkeit in der Kirche zerschlagen wird.

Doch ehrlich und wahrhaftig das zu sagen, was wir denken und fühlen, was uns hin und her reißt angesichts der Entwicklungen in unserer Kirche – »der Fall Küng« ist darin nur ein Mosaikstein –, glauben wir um der Kirche Willen, Euch in der KJG und gerade auch den Bischöfen schuldig zu sein.

Wir gestehen ein, daß wir Angst davor haben, laut zu sagen, was uns bewegt!

Die Auseinandersetzung um Professor Hans Küng macht uns erneut in aller Schärfe bewußt, daß unsere Ängste aus Ereignissen und Entwicklungen kommen, die sich in den letzten Jahren in der Kirche der Bundesrepublik immer deutlicher abzeichnen. Nicht zuletzt die jüngste KJG-Vergangenheit weist auf, welche Konsequenzen für Verantwortliche – nicht nur auf Bundesebene – es haben kann, wenn offen und ehrlich gesprochen und gehandelt wird. Daß dabei Fehler und menschliche Schwächen mit im Spiel sind, ist immer eingestanden worden. Wie das kirchliche Amt darauf reagiert hat, weist die Parallele zum Fall Küng auf. Die verantwortlichen Personen werden diffamiert, und ihnen allein wird die Schuld zugewiesen; alleine sie haben das Vertrauen mißbraucht, und deshalb sind sie nicht tragbar. Disziplinäre Maßnahmen gegen Einzelpersonen werden so begründet und vor der Öffentlichkeit gerechtfertigt. Wir haben selber Angst vor diesem Mechanismus, und er ist der Hauptgrund, warum wir bisher geschwiegen haben.

Wir haben Angst vor den Belastungen, die wir durch unser Sprechen der KJG auferlegen. Wenn wir uns als Bundesleitung äußern, sind wir uns der Verantwortung bewußt, auch dann, wenn wir eindeutig unsere *persönliche* Betroffenheit bekunden und nicht mit dem Anspruch auftreten, im Namen unserer Mitglieder zu sprechen. Wir erkennen sehr wohl unsere Abhängigkeit vom kirchlichen Amt, nicht nur was die finanziellen Voraussetzungen unserer Arbeit betrifft, sondern vor allem, was die ideelle und moralische Unterstützung unserer Arbeit auf allen Ebenen unseres Verbandes angeht.

Aufgrund unseres öffentlichen Sprechens zu diesem Zeitpunkt fürchten wir, daß Gruppen in der Kirche erneut die Bischöfe auffordern, die KJG zur Raison zu bringen, und daß aus eben diesem Grund tiefgreifende Spannungen auch innerhalb der KJG erneut aufbrechen, während der Bundesverband versucht, ein solides Fundament zur Aufarbeitung strittiger Fragen zu schaffen.

Stillhalten, um dem Bundesverband neue Belastungen zu ersparen, und Aufbauarbeit leisten ist für uns aber nur so lange mitzutragen und mitzuverantworten, wie dies unseren Zielen selbst nicht zuwiderläuft. Als Jugendverband in der Kirche mit daran zu arbeiten, daß immer mehr »lebendige Gemeinde« wird, daß Getaufte und Gefirmte – gerade auch Kinder und Jugendliche – ihre Verantwortung in der Kirche und für die Kirche und damit für alle Menschen wahrnehmen, können wir nicht mehr glaubhaft vertreten, wenn wir schweigend übergehen, daß der Raum für solches Handeln in der Kirche zunehmend eingeengt wird.

»Kirchliche Jugendarbeit muß daher helfen, das Unbehagen an der Kirche zum Ausdruck zu bringen und auf seine Gründe zu hinterfragen. Es besteht nicht nur in der von Jugendlichen empfundenen Diskrepanz zwischen Idee und Wirklichkeit der Kirche. Viele Jugendliche leiden gerade deshalb an der Kirche oder lehnen sich gegen sie auf, weil aufgrund jener Diskrepanz die Lehre Jesu ihnen nicht als Weg aus den Widersprüchen und Dissonanzen ihrer Existenz glaubhaft gemacht wird.« (Gemeinsame Synode, Seite 293)

Dieser Anspruch, den der Synodenbeschluß »Ziele und Aufgaben kirchlicher Jugendarbeit« stellt, führt in vielen Fällen, wenn versucht wird, ihn einzulösen, zu einer Zerreißprobe in der Kirche und zum Schaden für die Kirche. Schon jetzt sehen viele junge Menschen keinen Raum für ein kritisches Arbeiten in der Kirche.

Wo sich Ängste breitmachen in der Kirche – wie sich diese Ängste auswirken!

Sollte Angst als leitender Beweggrund bestimmend sein? Sieht so die Zukunft der Kirche für diejenigen aus, die kritisch in ihr leben, die noch Fragen haben, die auf der Suche sind oder zweifeln? Ist das Schwarzmalerei – wird hier nicht der Vorgang um Professor Küng zum Anlaß genommen, um die Kirche madig zu machen? Gewiß, der »Fall Küng« ist nur ein Glied in einer Kette von Entwicklungen, die uns befürchten lassen, daß Angst und stillschweigende Anpassung die Zukunft der Kirche wesentlich bestimmen werden. Es gibt eine Reihe anderer Vorgänge, die in diese Entwicklungen hineingehören:

● Wir denken an die rigorose Haltung von Papst Johannes Paul II. im Bereich der kirchlichen Sexualmoral, die die Erwartungen und Hoffnungen vieler Betroffener nach Hilfestellung und Orientierung anstatt nach Reglementierung immer wieder aufs Neue enttäuscht.

● Wir denken an andere von der Glaubenskongregation angestrengte Verfahren gegen weitere Theologen (bekannte und unbekannte Untersuchungen).

● Wir denken an unsere Erfahrungen, die wir in der KJG mit der Deutschen Bischofskonferenz machen mußten.

● Wir denken an die in jüngster Zeit getroffenen Maßnahmen, Verordnungen und Richtlinien zur Anstellung kirchlicher Mitarbeiter, an die Überprüfungsverfahren und -methoden, von denen der Betroffene nur selten alles erfährt.

● Wir denken an die Entlassungen von Mitarbeitern aus kirchlichen Einrichtungen (Krankenhäuser, Kindergärten usw.), die zwar rechtlich unanfechtbar, aber nicht vom Gebot der Liebe getragen sind.

● Wir denken an die diskriminierenden Nachforschungen gegen Religionslehrer im Zusammenhang mit der kirchlichen Lehrbefugnis, wo es nicht um ihre Qualifikation als Lehrer, sondern um die Einhaltung kirchlicher Sittengesetze geht.

● Wir denken an die Forderung nach einem Vetorecht für die Geistlichen Leiter der Jugendverbände.

● Wir denken an Bestrebungen, diejenigen Gruppen in der Kirche verstärkt zu fördern, bei denen nicht mit einer kritischen Haltung zu rechnen ist.

● Wir denken an die zahllosen Vorgänge, bei denen unbequeme Gemeindemitglieder an den Rand gedrängt werden.

Die Auswirkungen dieser Entwicklungen liegen auf der Hand. Wo vor einigen Jahren noch hoffnungsvoll ein Neubeginn in der Arbeit der Kirche hin zu den Menschen stattfand – vor allem in den ersten Jahren nach dem II. Vatikanischen Konzil – macht sich nun schweigende Resignation breit.

Da sind die kirchlichen Jugendverbände, die – sich ihrer Abhängigkeit von der Kirche wohl bewußt – stillschweigend ihrem Alltagsgeschäft nachgehen. Da sind verstreut die kritischen Katholiken, die aus vielen Enttäuschungen heraus resigniert haben und keinen Anspruch mehr laut werden lassen, in und mit Kirche Veränderungen zu bewirken. Da ist die große Zahl von Menschen – Statistiken über die Entwicklungen der Entfremdung von der Kirche in den letzten Jahren sprechen hier eine deutliche Sprache –, die stillschweigend aus der Kirche ausziehen, weil sie ihnen angesichts ihrer Lebenssituation und ihrer existenziellen Fragen immer weniger zu geben hat.

Die Krise der Kirche und wo wir sie begründet sehen!

Wir begrüßen es, daß Josef Kardinal Höffner in seinem Referat auf der Herbstvollversammlung der Deutschen Bischofskonferenz ohne Beschönigung die Lage der Kirche in der Bundesrepublik wie in allen

Industrienationen in ihrer krisenhaften Zuspitzung dargestellt hat. Worauf er bereits auf dem II. Vatikanischen Konzil deutlich hingewiesen hat (Josef Höffner, Pastoral der Kirchenfremden, Anmerkung 1, Seite 4), das bestätigen die Erhebungen der jüngsten Zeit verschärft:

»Von 1977 bis 1978 ist die Anzahl der Gottesdienstbesucher um nahezu eine halbe Million zurückgegangen. Eine Abnahme um 5,1 % in einem Jahr (1978) hatte es seit Kriegsende noch nie gegeben.« (Ebenda, Seite 25)

Wir zweifeln nicht an seiner Analyse, wohl aber daran, ob er die angeführten Ursachen umfassend und tiefgreifend genug benennt. Schon im Titel des Referates deutet sich für uns die eigentliche Wurzel der Krise an: Kommt es darauf an, »die Kirchenfremden« wieder heimzuholen, oder muß nicht vielmehr daran gearbeitet werden, daß die Kirche ihre »Fremdheit« den Menschen, ihren Fragen und Hoffnungen gegenüber überwindet?

Das zur Begründung herangezogene Schlagwort »Säkularisierung« trifft nicht den wahren Grund der Krise, wenn heruntergespielt oder gar übergangen wird, was an hohen Werten – durchaus christlichen – durch sie für die Menschen gewonnen wurde.

Wir leben in einer Gesellschaftsform, die entscheidende Freiheitsrechte garantiert. Demokratische Spielregeln finden weitgehend Anerkennung und sind aus dem Bewußtsein der Menschen nicht mehr wegzudenken. Nicht nur in der Politik, sondern in allen Lebensbereichen wird erwartet, daß Einzelne oder Gruppen ihre unterschiedlichen Interessen einbringen können und Entscheidungen durch die Auseinandersetzung aller Betroffenen gefunden werden (Pluralität).

Neue Erziehungsideale haben Geltung gefunden: Partnerschaft, Selbstbestimmung, Solidarität. Wenn Eltern z. B. einem Jugendlichen sagen: Du mußt deinen eigenen Weg finden, wir können dich nicht zwingen, letztenendes mußt du selbst entscheiden ... aus solchen Worten spricht keineswegs nur Resignation etwa fremden Einflüssen, z. B. aus Schule oder Massenmedien, gegenüber, sondern auch die Anerkennung der Tatsache, daß jeder Mensch, auch der junge, seine eigene Würde hat, frei und letztlich verantwortlich für sein Handeln ist (Gewissensfreiheit).

Autoritäten, die sich auf Angst stützen, machen sich dadurch unglaubwürdig, und das ist gut. Ich habe das Recht zu fragen, wenn ich etwas nicht verstehe, oder zu widersprechen, wenn ich anderer Meinung bin.

Die Werte, die solcher Lebenshaltung zugrunde liegen, hat das II. Vatikanische Konzil als großen Fortschritt in der Entwicklung der Menschen gewürdigt; ohne sie ist ein christliches Menschenbild nicht zu beschreiben. Wenn aber das Handeln der Kirche diesem Grundverständnis des Menschen nicht gerecht wird, leidet ihre Glaubwürdigkeit. Wie kann ihr Dienst von den Menschen angenommen werden, wenn sie deren Interessen und Eigenverantwortung übergeht? Das Konzil wollte für den Glauben gewinnen und die Menschen überzeugen. Autoritäre Forderungen aber wie »Du mußt das glauben« oder »das darfst Du nicht tun« bewirken das Gegenteil. Die einen entziehen sich den Forderungen, die anderen passen sich an und vergeben die Chance zu einem selbstverantworteten christlichen Leben.

Wir wenden uns gegen einseitige Parolen:
● Wir müssen wieder klare Grenzen ziehen
● Wir müssen wieder Ansprüche stellen
● Wir müssen wieder Mut zum Erziehen haben.

Spricht aus solchen Forderungen nicht
● ein Zweifel an der Fähigkeit von Menschen, Verantwortung zu übernehmen
● ein Überdruß an der demokratisch-partnerschaftlichen Lebensweise
● eine Ungeduld, die keine Entwicklung im Glauben zuläßt
● eine Kleingläubigkeit, die den Menschen zuwenig zutraut und ihnen damit ihre Würde nimmt
● eine Angst vor der Vielfalt der Andersdenkenden?

Wie wir uns das Handeln der Kirche wünschen

Es gibt aber auch Entwicklungen in der Gesellschaft, die für die Menschen entscheidende Werte zurückdrängen. Die zunehmende Ausrichtung des Lebens an materiellen Gütern führt zur Sinnleere. Weltweit spitzt sich die Krise, hervorgerufen durch die Kluft zwischen arm und reich, zwischen Mächtigen und Ohnmächtigen, immer mehr zu. Die Kirche weiß um diese Krisensituation, sowohl wo sie das Leben der einzelnen Menschen betreffen als auch hinsichtlich der weltweiten Spannungen. Sie weiß, daß ihr für die Zukunft der Menschen eine wichtige Aufgabe zukommt. Dem Ruf nach Einheit der

Kirche, um in der heutigen Welt ihren Beitrag dazu leisten zu können, wurde aber mit einem Weg beantwortet, den wir für den falschen halten: Zu glauben, durch innere Disziplinierung die Gefährdungen der Zeit zu überstehen. Wenn Jesus zu seinen Freunden sagt: Wer sein Leben behalten will, der wird es verlieren und verliert es schon. Wer aber sein Leben einsetzt und hingibt, der wird es gewinnen und gewinnt es schon (nach Johannes 12, 25), so gilt das im gleichen Maße für seine Kirche. Wir wollen keine Kirche um ihrer selbst willen, wir wollen eine Kirche, die »Zeichen der Einheit der Menschen mit Gott und der Menschen untereinander« (Kardinal Döpfner) ist. Dieses Bild könnte uns helfen, die derzeitige Situation der Kirche als veränderungsbedürftig zu begreifen und daraus weiterführende Aufgaben abzuleiten.

Einige Gesichtspunkte dafür wollen wir benennen:

Wir müssen der Gefahr begegnen, interne Zwistigkeiten, die nicht *diese* Einheit meinen, sondern Vereinheitlichung, für bedeutend zu halten und dabei aus dem Blick zu verlieren, was wirkliche Einheit tatsächlich verhindert: Unfrieden, Ungerechtigkeit, Beherrschung von Menschen durch Menschen.

Wir brauchen kein formales MEHR an Kirchlichkeit. Von Bedeutung ist, daß Einzelne und Gruppen durch ihren Weg der Nachfolge Jesu gestaltende Impulse setzen, um in der Vielfalt christlicher Lebensgestaltung die Menschen ernst zu nehmen und Antwort auf ihre Fragen zu finden. Es ist keine Sicherheit zu finden in scheinbar schützenden und zugleich beherrschenden Ordnungsstrukturen. Möglichst viele Menschen müssen befähigt werden, ihre Sicherheit und Orientierung im Spannungsfeld heutiger Lebensvollzüge und Lebensverantwortung selbst zu gewinnen und zu bejahen.

Der Weg Jesu, der Weg der Freiheit, den er gegangen ist, war kein Einfordern von Dogmen und Gesetzen. Es war die Aufforderung: Ändert euch (ständig), habt Mut, frei zu sein und die Verantwortung für euer Leben und das Leben euerer Mitmenschen zu übernehmen. Gott ist bei euch. Jesus hat vorgelebt, was ein solches Leben in verantworteter Freiheit konsequent bedeutet.

Auch wenn wir diesem Anspruch nicht genügen, können wir nicht anders, als diesen Maßstab an unser Handeln und an das der gesamten Kirche anzulegen.

Wenn dieser Brief auch ein dunkles Bild von der Kirche zeichnet, ist dies für uns kein Grund, unsere Hoffnung auf eine Kirche aufzugeben, die im Auftrag Jesu Christi den Menschen eine bessere Zukunft eröffnet.

Wenn wir uns nicht mit einer kurzen Stellungnahme begnügt haben und wir Euch sehr ausführlich und differenziert unsere Meinung mitteilen, dann deshalb, weil in unseren Augen diese Zukunft auf dem Spiel steht. Wir möchten Euch ermutigen, Eure Erfahrungen und Vorstellungen zur Sprache zu bringen – sei es in Euren Gruppen, in Euren Gemeinden, Verantwortlichen der Kirche gegenüber oder innerhalb der KJG.

Wir unterstützen die Erklärung des »Komitees zur Verteidigung der Christenrechte in der Kirche« und haben dies mit unseren Unterschriften bekundet.

Es folgen die Unterschriften der Bundesleitung und der Referenten der Bundesstelle.

3.21 Erklärung der Jugendseelsorgertagung des Bundes der Deutschen Katholischen Jugend, Diözese Rottenburg-Stuttgart (17. Januar 1980)

150 Teilnehmer der Jugendseelsorgertagung der Diözese Rottenburg-Stuttgart vom 14. bis 17. Januar 80 in Rot a. d. Rot beschäftigten sich mit dem Thema: »Kirche: Gegeneinander – nebeneinander – miteinander. Eine Anfrage mit Konsequenzen für mein Leben und meine Arbeit mit Jugendlichen.«

Dabei wurde deutlich, wie sehr wir als Kirche hinter dem Anspruch des Evangeliums zurückbleiben. Dies können wir aus unserer Erfahrung in der täglichen Arbeit, aus den Erlebnissen bei der Tagung selbst und besonders schmerzlich aus den jüngsten Auseinandersetzungen um den Entzug der Lehrerlaubnis von Prof. Küng belegen. Wir haben überlegt und darüber gesprochen, wie wir Kirche verstehen, wie wir Kirche mit jungen Menschen zu leben versuchen. Auf dem Hintergrund der Ereignisse der vergangenen Wochen erscheint uns dabei besonders wichtig:

- Kirche, die sich dem Evangelium aussetzt und damit Christus als Maß und Grund erfährt und sichtbar macht.
- Kirche, die nicht Selbstzweck ist, sondern Weg zu Christus, Sakrament, Zeichen des Heils für unsere Welt.
- Kirche, in der menschliche Begrenzung, Schuld und Sünde nicht verschwiegen, sondern als Ausdruck ihres Unterwegsseins verstanden werden.
- Kirche, die sich als wanderndes Gottesvolk weiß, die sich stets erneuern und reformieren muß.
- Kirche, die sich des Beistands des Geistes Gottes bewußt ist, die reich ist durch die Vielfalt gelebten Glaubens und deshalb gelassen und mit Vertrauen Gegensätze aushalten, Experimente zulassen kann.
- Kirche, als ein Ort der Brüderlichkeit, in der Christen miteinander teilen – auch ihren Glauben –, in der sie sich tragen und ertragen lernen, in der es Streit geben kann und Versöhnung geben muß.
- Kirche, in der Vorurteile abgebaut und Konflikte fair ausgetragen werden, wo nicht Herrschaft und Macht, sondern Gewaltlosigkeit und Dienst Lebensprinzipien sind.

Wir bitten aus diesem unserem Verständnis von Kirche unsere Bischöfe und Prof. Küng, einen Neuanfang zu suchen. Wir fordern sie auf, unter Ausschöpfung aller Gesprächsmöglichkeiten eine Verständigung zu erreichen.

Wir sind davon überzeugt, daß niemand für sich allein im Vollbesitz der Wahrheit ist. Wahrheit erkennen wir aus dem gemeinsamen Fragen und Ringen im Geist des Evangeliums. Dabei darf früheres Verhalten keine Rolle spielen. Die Glaubwürdigkeit der Kirche steht heute auf dem Spiel. Die vom Evangelium begründete Einheit in Christus ist gefährdet. Deshalb hoffen wir auf mutige Schritte aller.

Von 103 Anwesenden haben 101 dieser Erklärung zugestimmt.

3.22 Erklärung der Diözesanleitung des Bundes der Deutschen Katholischen Jugend der Diözese Rottenburg-Stuttgart (17. Januar 1980)

1. Wir sind der Meinung, daß der Entzug der Lehrerlaubnis von Professor Dr. Hans Küng keine Lösung in den jahrelangen Auseinander-

setzungen ist. Wir fragen uns, wem diese Entscheidung genützt hat. Wir sind bestürzt über die Art und Weise des Vorgehens der kirchlichen Institutionen. Viele sind betroffen und verärgert über die Scherben, die dieser Konflikt und die Entscheidung des Vatikans hinterlassen haben.

2. Die meisten Teilnehmer der Jugendseelsorgertagung verdanken Professor Küng viel:

- Er gab ihnen wichtige Hilfe zur Auseinandersetzung um die Fragen des Glaubens und der Kirche.
- Für viele war er ein Anwalt für lebendige Reformen in der Kirche.
- Viele können in seinen Anfragen ihre Fragen entdecken.

Wir wissen aber auch und es ist uns durch die Diskussionen bei der Jugendseelsorgertagung neu deutlich geworden:

Wichtige theologische Sachfragen stehen auf dem Spiel und sind zu klären. Entscheidene Fragen des Glaubens und der Kirche, die von Professor Küng aufgeworfen worden sind, sind strittig, seine Ergebnisse noch nicht ausreichend, vieles ist noch zu forschen, zu ergänzen und zu korrigieren.

Diese grundsätzlichen Fragen verlangen die Anstrengung aller, Lösungen sind nur im gemeinsamen Suchen und im gegenseitigen Sichkorrigieren und Ergänzen zu finden.

3. Bei vielen Jugendlichen und Mitarbeitern in der kirchlichen Jugendarbeit in der Diözese Rottenburg-Stuttgart haben sich durch Art und Weise des Verfahrens und Vorgehens Meinungen und Urteile über die Kirche bestätigt. Viele haben uns in den letzten Wochen gesagt: »Dies war wieder einmal typisch Kirche«.

Unsere Bemühungen, Jugendlichen den Zugang zur Kirche zu erleichtern, ihnen Kirche als Lebens- und Glaubensgemeinschaft zu ermöglichen, sind durch die Vorgänge der letzten Wochen erschwert worden.

4. Bei vielen Teilnehmern der Jugendseelsorgertagung wurden angesichts der letzten Vorgänge massive Ängste geäußert:

- Ängste vor Polarisierungen auf allen Ebenen – vor allem auch in den Gemeinden
- Angst, daß mit diesem Konflikt Tendenzen aufgezeigt sind, die gegen freiheitliches Denken und Reden in der Kirche und gegen die Weiterverwirklichung notwendiger Reformen gerichtet sind
- Angst, daß sich eine Haltung von Siegern und Besiegten breitmacht
- Angst, daß die durch das Vaticanum II angestoßene Vielfalt gelebten Glaubens und kirchlichen Lebens wieder eingeschränkt wird.

5. Mit großem Ernst und aus der Sorge um die Glaubwürdigkeit der Kirche, die auf dem Spiel steht, haben die Teilnehmer der Jugendseelsorgertagung nach Wegen gesucht, wie Kirche als hoffnungsvolles Zeichen für die Menschen, vor allem auch für junge Menschen, gesehen werden kann.

Folgende Schritte sind uns wichtig:

● Jeder einzelne in der Kirche muß an dem Platz, an dem er steht, mithelfen, daß in unserer Kirche der Dialog und die Verständigung, das Aufeinanderhören und immerwährende Miteinandersprechen, das Miteinanderstreiten und Sichversöhnen, grundlegende Lebenselemente dieser unserer Kirche sind.

● In möglichst vielen Gruppierungen und Gemeinden soll über die aufgeworfenen theologischen Sachfragen gesprochen und diskutiert werden. Es sollen Wege gesucht werden, wie Konflikte und Spannungen in Gruppen und Gemeinden ausgehalten und gelebt werden können.

● Der BDKJ ist Kirche in der Tat. Wir wollen uns darum mühen und uns dafür einsetzen, daß auf allen Ebenen in unserer Kirche vielfältige lebendige Gemeinden, Gruppen, Zellen, Aktionsgemeinschaften miteinander leben können. Kirche lebt von dieser Vielfalt.

6. Bischof Dr. Moser hat sich intensiv und mit großem persönlichem Einsatz für eine Austragung dieses Konflikts um Professor Küng im Dialog eingesetzt.

Wir bedauern, daß es nicht möglich war, daß seine Haltung und sein Stil, sein Ringen und Mühen weder von den römischen Institutionen und von der Deutschen Bischofskonferenz noch von Professor Küng in derselben verantwortungsvollen Weise praktiziert wurden. Der Konflikt wäre sonst anders gelöst worden.

In der Sorge um eine lebendige Einheit und Vielfalt in unserer Kirche bitten wir deshalb unsere Bischöfe und Professor Küng dringend, einen Neuanfang zum gemeinsamen Gespräch zu suchen. Das Beharren auf Rechtspositionen entspricht nicht dem Bild, das wir von der Kirche haben und das in einer Erklärung der Jugendseelsorgertagung so ausgedrückt wurde:

»Wir brauchen eine Kirche, in der Vorurteile abgebaut und Konflikte fair ausgetragen werden, wo nicht Herrschaft und Macht, sondern Gewaltlosigkeit und Dienst Lebensprinzipien sind. Wir verstehen Kirche als einen Ort der Brüderlichkeit, in der Christen miteinander teilen – auch ihren Glauben –, in der sie sich tragen und ertragen lernen, in der es Streit geben kann und Versöhnung geben muß.«

221

3.23 A Resolution, approved by the Society of Christian Ethics (19. Januar 1980)

In view of the recent Vatican declaration against Professor Hans Küng und its investigation of Eduard Schillebeeckx and other Catholic scholars in the United States and elsewhere, we, the Society of Christian Ethics, which is an ecumenical society of theological scholars in North America, wish to express our deep concern about these recent developments.

We acknowledge the concern of church authorities for the integrity of teaching in a pastoral setting. Nonetheless, we insist that to suppress creative and critical theological inquiry discourages theological scholarship within the church and has a chilling effect on the theological exploration necessary for the successful continuation of the ecumenical dialogue. Furthermore, to restrict creative and critical theological inquiry without following the requirements of due process offends against academic freedom, justice, and human rights.

Resolution, verabschiedet von der Gesellschaft für christliche Ethik (19. Januar 1980)

Im Hinblick auf die neueste Erklärung des Vatikans gegen Professor Hans Küng und die Untersuchung gegen Edward Schillebeecks und andere katholische Wissenschaftler in den Vereinigten Staaten und anderswo möchten wir, die Gesellschaft für christliche Ethik, eine ökumenische Gesellschaft nordamerikanischer Wissenschaftler, unsere tiefe Betroffenheit über diese neueste Entwicklung zum Ausdruck bringen.

Wir anerkennen das Bemühen kirchlicher Autoritäten um die Integrität der Lehre im pastoralen Rahmen. Doch wir bestehen dessen ungeachtet darauf, daß die Unterdrückung kreativer und kritischer Forschung die theologische Wissenschaft in der Kirche entmutigt und einen abkühlenden Effekt auf solche theologische Arbeit hat, die für eine erfolgreiche Weiterführung des ökumenischen Dialogs notwendig ist. Ferner: Die Beschränkung kreativer und kritischer theologischer Forschung ohne Beachtung der Erfordernisse eines angemessenen Verfahrens verstößt gegen akademische Freiheit, Gerechtigkeit und Menschenrechte.

3.24 Offener Brief der Arbeitsgemeinschaft der Theologen an den Hochschulen der BRD (20. Januar 1980)

An
den Vorsitzenden der Deutschen Bischofskonferenz
Herrn Josef Kardinal Höffner
Herrn Josef Kardinal Ratzinger
Herrn Hermann Kardinal Volk
Herrn Erzbischof Dr. Saier
Herrn Bischof Dr. Moser
den Dekan des Fachbereichs Katholische Theologie
der Eberhard-Karls-Universität Tübingen
Herrn Prof. Dr. Hans Küng

Die Mitgliederversammlung der AGT hat sich auf ihrer Sitzung vom 18.1. bis 20.1.1980 mit den Vorgängen um Professor Küng beschäftigt. Wir haben uns dabei folgende Meinung gebildet:
1. Die Kongregation für Glaubenslehre, der Vorsitzende der Deutschen Bischofskonferenz Kardinal Höffner und Bischof Dr. Georg Moser der Diözese Rottenburg-Stuttgart haben am 18. Dezember die Öffentlichkeit über den Entzug der Missio Canonica von Professor Küng informiert.
Der Entzug der Lehrbefugnis kurz vor Weihnachten war offenbar darauf angelegt, wirksame Proteste zu verhindern, und pervertiert den Sinn des christlichen Festes der Liebe und der Versöhnung.
2. Es ist uns bei den Ereignissen um Professor Küng deutlich geworden, daß es nicht nur um die Person Küng geht, sondern ein exemplarisches Vorgehen deutlich wird, das das Lehramt in seinem Verhältnis zur theologischen Forschung berührt, die Arbeitsweise der Kongregation für Glaubenslehre entlarvt und Aufschluß über die Beziehung von Ortskirche und kurialer Behörde gibt.
3. Mit Empörung registrieren wir die Arbeitsweise der Kongregation für Glaubenslehre, die in einem wenig transparenten formalisierten Verwaltungsverfahren zu einer Entscheidung kommt, die sehr ernste strafverfahrensähnliche Konsequenzen für Professor Küng hat. Trotz vielfacher Kritik wurden auch in diesem Verfahren wieder wichtige rechtliche Garantien außer acht gelassen, die dem modernen Rechtsempfinden entsprechen und ihrerseits die Menschenrechte verletzen. Dies betrifft insbesondere das fehlende Recht zur Aktenein-

sicht, die Art und die Bedeutung des Kolloquiums, das nachweislich den Charakter eines Verhörs hat, die Geheimhaltung von Verfahrensabschnitten vor dem Betroffenen und dem zuständigen Ortsbischof, die Funktion und Arbeitsweise des »relator pro auctore« (Berichterstatter an Stelle des Autors), um nur einige Punkte zu nennen.

4. Als besonders beschämend für die Gesamtkirche empfinden wir die selbstherrliche Darstellung der Bischöfe, wie sie in der Einleitung der »Dokumentation der Glaubenskongregation und der Deutschen Bischofskonferenz um sachgerechte Klärung der umstrittenen Auffassungen von Prof. Dr. Hans Küng« und in der Dokumentation selbst zum Ausdruck kommt. Dem Leser fällt es nach der Einleitung schwer, die Dokumentation unvoreingenommen zu studieren und sich ein eigenes Urteil zu bilden, besonders auch deshalb, weil sie nicht vollständig ist. (So wird für das Kirchenvolk der Eindruck geschaffen, daß es sich bei Küng um einen starrköpfigen, jeden Dialog ausschlagenden Mann handelt, der die Wahrheit für sich gepachtet glaubt; vgl. das unrichtige Zitat aus einem Brief Küngs – Anl. 34 – in der Einleitung S. 10, Spalte 2 unten in der o. g. Dokumentation: »Kraft der Autorität Gottes, ...«. Die Behauptung, Küng verwirre durch seine Thesen wie auch sein Auftreten die einfachen Katholiken, fällt angesichts dieser unlauteren Informationspolitik auf die deutschen Bischöfe selbst zurück. Zudem erscheint uns der Vergleich Küngs mit dem NS-Ideologen Rosenberg durch Kardinal Höffner als an Taktlosigkeit kaum zu überbieten.)

Diese Art der Präsentierung von Fakten steht in Gefahr, die Problematik z. B. der Kolloquien mit ihren inquisitorischen Zügen zu verdunkeln und einseitig den Ausgang des Verfahrens Professor Küng anzulasten.

Es wird jedoch deutlich, daß Professor Hans Küng sich um echte Gespräche mit dem Bischof bemüht hat, Gespräche geführt hat, zu theologisch strittigen Fragen sehr differenzierte Meinungen vertreten hat und daß die bischöflichen Gesprächspartner in einer starren formelhaften Auseinandersetzung verharrten.

5. Wir sind erstaunt über die unterschiedlichen Begründungen der Kongregation für die Glaubenslehre und der Deutschen Bischofskonferenz.

Im Unterschied zur Glaubenskongregation erläutert die Stellungnahme der Deutschen Bischofskonferenz primär christologische, mariologische und ekklesiologische Fragestellungen, die ihrerseits nicht Gegenstand eines ordentlichen Verfahrens der Glaubenskongregation waren.

Dies steigert unsere Zweifel an der Rechtmäßigkeit des Vorgehens und der Glaubwürdigkeit derer, die gegen Professor Küng vorgegangen sind.

6. Die Aussagen der Deutschen Bischofskonferenz in der Kanzelverkündigung, daß ein Theologe kirchliche Aussagen nicht in Zweifel zu ziehen habe, bedeutet das Ende aller Theologie und aller geschichtlichen Entwicklung von Verkündigung in der Kirche. Der Theologe wird zum simplen Erläuterer dessen, was die Oberhirten in lehramtlichen Aussagen von sich geben. Die theologische Weiterentwicklung des Glaubensgutes wird blockiert.

7. Im Hinblick auf das Lehramt in der Kirche stellt sich die Frage, ob die Verantwortlichen in der Lage sind, diese Aufgabe wahrzunehmen.

Der schleichende Auszug der Bevölkerung aus der Kirche, die immer schwieriger werdende pastorale Situation in den Gemeinden selbst, haben nach unserer Meinung nicht zuletzt auch darin eine Ursache, daß die derzeitigen Träger des Lehramts nicht fähig sind, das Glaubensgut in der Kirche verständlich zu verkünden. Hier werden die Folgen einer Versorgungskirche deutlich, die den einzelnen Gläubigen als Subjekt nicht genügend ernst genommen hat.

Wir sind deshalb der Meinung, daß sie durch ihr Vorgehen im Fall Professor Küng, in der Art und Weise der Inszenierung des Entzugs seiner Missio Canonica, den Frieden der Gemeinden ernstlich gefährdet und eine konstruktive Lösung anstehender ernster Fragen der Kirche erschwert haben.

Die römische Glaubenskongregation und die deutschen Bischöfe haben die Verantwortung für den Schaden zu tragen, den sie durch ihr Vorgehen in der Kirche und für die Kirche angerichtet haben.

3.25 Offener Brief des Fachschaftsrates Katholische Theologie an der Universität Bonn an die deutschen Bischöfe (23. Januar 1980)

Liebe Brüder im Bischofsamt!
Wir schreiben Ihnen diesen Brief, weil wir uns als Christen und Studenten der katholischen Theologie mit Ihnen in der Verantwortung für Glauben und Kirche wissen.

Mit Verwunderung und Erstaunen haben wir Ihr gemeinsames Kanzelwort und die beigefügte Erklärung vom 7. 1. 1980 zum Entzug der kirchlichen Lehrbefugnis Professor Dr. Hans Küngs gelesen. Wir sind bestürzt über die darin erfolgte grobe einseitige Verkürzung in der Schilderung der langjährigen Auseinandersetzung mit Professor Küng. Denn aus Ihrer eigenen Dokumentation zum Fall Küng (Pressedienst-Dokumentation vom 18. 12. 1979) geht eindeutig ein wesentlich anderer Sachverhalt hervor:

1. Aus Ihrer Erklärung kann man nur folgern, daß Professor Küng über Jahre hinweg Einladungen der Glaubenskongregation zu einem Colloquium ausgeschlagen hat.

Dagegen ist festzuhalten:

Außer der Einladung vom 30. 4. 1968, die Prof. Küng am 4. 5. 1968 erreichte und ihn zu einem Colloquium in Rom am 9. 5. 1968 (!) bat, ist keine weitere Einladung an Professor Küng zu einem Colloquium in Rom ergangen (Dok. Anl. 1–3).

In der Folgezeit fand ein Briefwechsel statt, in dem Professor Küng mit der Glaubenskongregation über Bedingungen für ein Colloquium verhandelte. Professor Küng stellte folgende Forderungen: Bekanntgabe der Anklagepunkte und Akteneinsicht, Bekanntgabe der Vertreter der Glaubenskongregation, eigene Wahl des Verteidigers, gemeinsame Absprache des Termins, Verhandlung in der Heimatsprache. Akteneinsicht und die eigene Wahl des Verteidigers wurden ihm verwehrt; die übrigen Punkte wurde ihm nach und nach (bis zum Jahr 1971) zugestanden (Dok. Anl. 3–6, 19. Wir bitten bei ähnlichen Veröffentlichungen um Übersetzung der lateinischen Dokumente, damit solche Dokumentationen wirklich allen zugänglich sind). Zu einer Terminabsprache für ein Colloquium ist es nie gekommen, da die Bedingungen dafür nicht zufriedenstellend geklärt wurden.

Uns ist unbegreiflich, wie dieser Briefwechsel und die darin enthaltenen berechtigten Anforderungen Professor Küngs an ein Colloquium als Behinderung des Verfahrens bzw. als Ablehnung einer Einladung dargestellt werden können wie in Ihrer Erklärung.

2. Mit einer Erklärung beendete die Glaubenskongregation am 15. 2. 1975 das Verfahren. Darin wurde Professor Küng ermahnt, seine Thesen aus »Die Kirche« und »Unfehlbar? Eine Anfrage« nicht zu wiederholen. Zu einem Colloquium war es vorher nicht mehr gekommen. Mit seinem Buch »Kirche – gehalten in der Wahrheit« und dem Geleitwort zu A. B. Hasler, »Wie der Papst unfehlbar wurde« hat Professor Küng sicherlich das Monitum dieser Erklärung ver-

letzt. Doch können wir nicht verstehen, daß die Glaubenskongregation, ohne das Verfahren neu zu eröffnen und ohne Professor Küng zur Sache zu hören, in der völlig unerwarteten und übermäßig harten Entscheidung vom 15. 12. 1979 Professor Küng die Lehrerlaubnis entzogen hat.

3. Wir halten fest, daß Ihr Kanzelwort und die dazugehörige Erklärung den in Ihrer Dokumentation dargelegten Sachverhalt so verkürzt darstellt, daß die Mehrzahl der Gläubigen ein falsches Bild gewinnen muß. Wir meinen, daß dies Ihrer Glaubwürdigkeit und der Glaubwürdigkeit der katholischen Kirche in der Bundesrepublik Deutschland schweren Schaden zufügt.

4. Wir fragen Sie, wie es Ihnen möglich ist, Professor Küng Verkürzung der christlichen Botschaft vorzuwerfen und gleichzeitig auf nur zwei Seiten die ganze Wahrheit in diesen äußerst schwierigen dogmatischen Streitpunkten darzulegen.

Wir bitten Sie,

● sich für eine Aussetzung des Lehrentzugs für Professor Küng einzusetzen,

● Professor Küng die Möglichkeit eines fairen Colloquiums mit der Glaubenskongregation zu verschaffen,

● die Auseinandersetzung mit Professor Küng nicht vorrangig in den Medien zu suchen, sondern im brüderlichen Gespräch.

Denn wir vertrauen darauf, daß Ihre Autorität im Lehramt nicht in reglementierenden oder institutionellen Maßnahmen besteht, sondern in der vorgelebten Nachfolge Jesu Christi.

Es folgen acht Unterschriften.

3.26 Stellungnahme des Diözesanrates der Diözese Rottenburg-Stuttgart (26. Januar 1980)

Der Diözesanrat der Diözese Rottenburg-Stuttgart hat sich in seiner außerordentlichen Sitzung am 26. Januar 1980 über die Vorgänge anläßlich des Entzugs der kirchlichen Lehrbefugnis von Professor Dr. Hans Küng informiert und sich mit den für unsere Kirche dadurch entstandenen Folgen auseinandergesetzt.

Der Diözesanrat dankt Bischof Dr. Georg Moser für seinen Einsatz und seinen Versuch um sachliche Verständigung und bedauert dessen Scheitern.

Der Diözesanrat anerkennt die Sorge des kirchlichen Lehramts um die Wahrheit des Glaubens. Er ist der Meinung, daß die Form des römischen Vorgehens unmittelbar vor Weihnachten und ohne dem Betroffenen nochmals die Möglichkeit zur Stellungnahme zu geben, heutigem Stil- und Rechtsempfinden widerspricht. Der Diözesanrat ist mit der Deutschen Bischofskonferenz der Meinung, daß »kirchliche Verfahrensordnungen verbessert werden können«, und fordert deshalb die Deutsche Bischofskonferenz auf, unverzüglich auf eine Verbesserung dieses Verfahrens zu dringen und den »Fall Küng« in einem verbesserten Verfahren erneut aufzugreifen.

Der Diözesanrat bittet Herrn Professor Dr. Hans Küng eindringlich, alles zu tun, um die aufgebrochenen Fragen zu klären, und bittet die deutschen Bischöfe, unseren Diözesanbischof in seinen Bemühungen um Verständigung mit allen Kräften zu unterstützen.

Quelle: Informationen, hrsg. vom Priesterrat und Diözesanrat Rottenburg-Stuttgart, März 1980, 1

3.27 Erklärung der Studenten der Katholisch-Theologischen Fakultät der Universität Tübingen auf der studentischen Vollversammlung am 29. Januar 1980 anläßlich der Landtagsdebatte am 30. Januar 1980 über die Folgen des Entzugs der Missio canonica Professor Hans Küngs (29. Januar 1980)

Der Bischof von Rottenburg-Stuttgart, Dr. Georg Moser, hat mit Wirkung vom 30. Dezember 1979 auf Anweisung des Heiligen Stuhls Herrn Professor Dr. Hans Küng die missio canonica entzogen und den zuständigen Minister aufgefordert, »geeignete Abhilfe zu schaffen und für einen den Lehrbedürfnissen an der Tübinger Katholisch-Theologischen Fakultät entsprechenen Ersatz zu sorgen« und Professor Küngs »Ausscheiden aus dieser Fakultät anzuordnen«. Dazu stellt die studentische Vollversammlung folgendes fest:

1. Die momentane Situation ist geprägt von Unsicherheit. Zum einen ist innerkirchlich eine Revision des Beschlusses als möglich bezeichnet worden. Zum anderen sind die juristischen Fragen aufgrund fehlender Rechtspraxis nur in einem langwierigen Prozeß des Austausches vieler Sachverständigengutachten zu klären, die alle Aspekte berücksichtigen.

Wir bitten Sie daher, auf die Landesregierung und den zuständigen

Minister insbesondere einzuwirken, keine Fakten zu schaffen, die sowohl den innerkirchlichen Dialog als auch eine sachgerechte juristische Befassung erschweren oder gar verhindern. Es wäre von großem Schaden, wollte man den derzeitig dominierenden staatskirchenrechtlichen Kommentaren vorbehaltlos folgen.

2. Selbstverständlich bejahen wir die Pflicht des Staates zur Einhaltung der Neutralität gegenüber innerkirchlichen Vorgängen. Gleichzeitig betonen wir jedoch die Notwendigkeit eines wirksamen Rechtsschutzes auch gegen kirchliche Übergriffe – insbesondere, wenn sie in die ihm eigenen Belange hineinragen. Die theologische Fakultät ist wie alle übrigen Fakultäten eine staatliche Einrichtung im Rahmen der nach dem Willen der Verfassung autonom agierenden Korporation Universität. Hier ist die Berechtigung kirchlicher Ansprüche gegen den Staat immer wieder genau zu prüfen.

3.1 Nach Art. 19 des Reichskonkordats ist das Verhältnis der theologischen Fakultäten zu kirchlichen Behörden unter Beachtung der einschlägigen kirchlichen Vorschriften zu bestimmen. Einschlägige Bestimmungen wie die Verfahrensordnung der Römischen Glaubenskongregation und auch die der Glaubenskommission der Deutschen Bischofskonferenz fanden im Fall Küng jedoch keine Anwendung. Obwohl im Jahre 1975 ein bis dahin laufendes kirchliches Verfahren gegen Professor Küng ohne Bedingungen eingestellt worden war, erfolgte der Entzug der kirchlichen Lehrerlaubnis am 30. Dezember 1979 ohne vorherige Wiedereröffnung oder Erklärung eines neuen Verfahrens. Der Entzug der missio canonica ist damit auch innerkirchlich unrechtmäßig und bindet die Landesregierung als anderen Vertragspartner demnach nicht.

3.2 Der Äußerung des Bischofs Moser vor Weihnachten war zu entnehmen, daß er im Hinblick auf das Verfahren gegenüber der Römischen Glaubenskongregation starke Bedenken schriftlich angemeldet hatte und unter anderem auch im »Katholischen Sonntagsblatt« vom 25. November 1979 die Katholizität Küngs herausstellte. Das begründet bei uns den Verdacht, daß der Bischof nicht aus freien Stücken, nach eigener Überzeugung, sondern unter Druck handelte. Das aber wäre eindeutig Konkordatsbruch.

Wir halten es für angemessen, daß die Landesregierung die Angelegenheit an den Bischof von Rottenburg-Stuttgart zurückverweist mit der Aufforderung, für ein Verfahren zu sorgen, das der eigenen kirchlichen Verfahrensordnung entspricht.

Die Studentenschaft der Katholisch-Theologischen Fakultät spricht sich für den Verbleib Professor Küngs an der Katholisch-Theologischen Fakultät aus, auch nach dem Entzug der missio canonica, mit allen Rechten, einschließlich der akademischen und staatlichen Prüfungsrechte.

Ferner stellen wir uns mit Nachdruck hinter die in der Presse veröffentlichte Erklärung des Fakultätsrats der Katholisch-Theologischen Fakultät der Universität Tübingen vom 10. Januar 1980 und verweisen gleichzeitig auf die Presseerklärung des Präsidenten der Universität Tübingen vom 21. Dezember 1979.

Diese Erklärung wurde einstimmig verabschiedet.

3.28 Erklärung schweizerischer protestantischer Universitätstheologen zur Maßregelung Hans Küngs (31. Januar 1980)

Die folgende Erklärung wurde von 85 Professoren und Dozenten der evangelisch-theologischen Fakultäten von Basel, Bern, Genf, Lausanne, Neuchâtel und Zürich (= 82 % aller Dozenten) unterschrieben.

Die unterzeichneten Professoren und Dozenten der schweizerischen evangelisch-theologischen Fakultäten haben mit Betroffenheit Kenntnis genommen von dem aus Rom gegen Professor Hans Küng (Tübingen) verfügten Entzug der kirchlichen Lehrbefugnis.

Gerade weil uns die ökumenische Verpflichtung und Verbundenheit in unserer theologischen Arbeit wichtig geworden ist, können wir hier nicht unbeteiligte Zuschauer sein. Wir sind umsomehr mitbetroffen, als das Vorgehen gegen Hans Küng höchst bedauerliche negative Auswirkungen auf das ökumenische Klima in unserem Land nach sich ziehen muß. Hans Küng ist bei uns für weite Kreise der bekannteste Exponent der ökumenischen Öffnung in der römisch-katholischen Kirche. Dabei ist er uns Protestanten im Gespräch immer mit deutlicher Betonung als katholischer Theologe begegnet. Er hat aus seiner katholischen Überzeugung auch uns oft kritische und herausfordernde Fragen gestellt. Er hat gerade damit in unserem Land das ökumenische Gespräch befruchtet und vorangetrieben. Das gegen ihn verfügte kirchliche Lehrverbot droht die Freiheit und Offenheit theologischer Forschung und ökumenischer Praxis zu lähmen.

Wir versichern Hans Küng unserer ökumenischen Solidarität.

Wir stellen uns an die Seite unserer römisch-katholischen Kollegen in den schweizerischen theologischen Fakultäten in ihrer Stellungnahme zur Maßregelung Hans Küngs. Wir bitten die schweizerischen Bischöfe, alles zu tun, damit der ökumenische Dialog und die ökumenische Zusammenarbeit in unserem Land nicht bleibenden Schaden nehmen.

Es folgen die Unterschriften der Dekane der Theologischen Fakultäten der Universitäten von Bern, Basel, Zürich, Genf, Lausanne und Neuchâtel

Quelle: Kirchenblatt für die reformierte Schweiz, 31. Januar 1980

3.29 Entschließung des Verbandes der Religionslehrer in der Diözese Rottenburg (2. Februar 1980)

Auf seiner außerordentlichen Mitgliederversammlung in Ulm hat der Verband der Religionslehrer in der Diözese Rottenburg e.V. am 2. Februar 1980 folgende Resolution verabschiedet:
Mit Betroffenheit haben wir am 18. 12. 1979 in den Medien gehört, daß Professor Hans Küng auf Anordnung der Glaubenskongregation in Rom die missio canonica entzogen werden sollte; mit Bestürzung haben wir in den darauffolgenden Tagen erlebt, wie unsere Hoffnung auf Vermittlung enttäuscht wurde.
Wir Religionslehrer verdanken Professor Küng sehr viel, auch wenn nicht alle von uns alle Ansichten von Prof. Küng teilen. Viele von uns sind seine Schüler und haben von ihm die Begeisterung und das Engagement für unsere Kirche und unseren Glauben vermittelt bekommen. Nicht wenige von uns benützen seine Bücher im Religionsunterricht – bei Schülern, die heute zum großen Teil kirchenfern und glaubenslos erzogen worden sind. Wir bitten Prof. Hans Küng, auch weiterhin den katholischen Glauben so darzustellen, daß er für Menschen unserer Zeit nachvollziehbar und annehmbar ist. Wir begrüßen es, daß Prof. Küng auf unserer Mitgliederversammlung erneut seine Bereitschaft bekundet hat, alles in seiner Macht Stehende zu einer Verständigung beizutragen.
Wir sind der Auffassung von Pater Seibel (Schwäbische Zeitung, 12. Januar 1980): »Das kirchliche Amt sollte seine Aufgabe zuallererst darin sehen, den Raum für das freie Gespräch offen zu halten,

eine Atmosphäre des Vertrauens zu schaffen und für einen christlichen, brüderlichen Stil der innerkirchlichen Auseinandersetzung zu sorgen«, und bedauern zutiefst, daß der Vorsitzende der Deutschen Bischofskonferenz bei dieser Aufgabe versagt hat – sofern er sie überhaupt erfüllen wollte.

In der Ratlosigkeit und Verunsicherung, die nach dem Spruch aus Rom vorherrschen, helfen Beschwichtigungsversuche in Millionenauflage nicht weiter.

Wir stellen daher fest:

● Es ist in unserem Jahrhundert nicht mehr möglich, ein Lehrverfahren, das nach den Kriterien im Schreiben der Glaubenskongregation vom 30. 3. 1974 (Anlage 31 der Dokumentation der Deutschen Bischofskonferenz) durchgeführt wird, als fair zu bezeichnen.

Sonst leidet darunter die Glaubwürdigkeit unserer Kirche, die Vorkämpferin für Freiheit und Menschenrechte sein möchte. (S. auch das Kanzelwort der Deutschen Bischöfe vom 13. 1. 80, in der das Verfahren als verbesserungsfähig bezeichnet wird.)

● Die Vielfalt der Meinungen in unserer einen Kirche ist für uns eine beglückende Erfahrung seit dem Zweiten Vatikanischen Konzil geworden – ja unsere Stärke bei der Verkündigung des Evangeliums. Nur der Schwache hat Angst und mißtraut ungewohntem theologischem Denken und Sprechen. Unseren Schülern sollten wir möglichst viele Türen zum Glauben öffnen.

● Der Religionsunterricht ist eine der wenigen Gelegenheiten, bei denen unsere Kirche mit der großen Mehrheit der sonst nicht erreichbaren Jugendlichen ins Gespräch kommen kann. Wenn dieses Gespräch nicht mehr mit der bisherigen Offenheit geführt werden kann – und die Vorgänge um Prof. Küng zeigen dies sehr deutlich an –, dann ist Religionsunterricht fragwürdig geworden.

● Die von Prof. Küng aufgeworfenen theologischen Sachfragen müssen nüchtern und ohne Emotionen von Fachleuten in einem fairen Gespräch diskutiert werden. Es ist nicht der Sache der Wahrheit dienlich, wenn Prof. Küngs Positionen von offizieller kirchlicher Seite in vergröbernder und entstellender Weise wiedergegeben werden.

Es sind brennende Fragen, auf die wir unseren Schülern nicht nur mit altüberlieferten Formeln antworten können. Sie erfordern vielmehr eine differenziertere Darstellung.

Darum fordern wir mit dem Diözesanrat der Diözese Rottenburg-Stuttgart »die Deutsche Bischofskonferenz auf, unverzüglich auf eine

Verbesserung dieses Verfahrens zu dringen und den ›Fall Küng‹ in einem verbesserten Verfahren erneut aufzugreifen«.
Bis dahin fordern wir die Suspendierung des Entzugs der missio canonica von Prof. Küng.

Quelle: Informationen, hrsg. vom Priesterrat und Diözesanrat Rottenburg-Stuttgart, März 1980, 3 f.

3.30 Offener Brief von katholischen Hochschulprofessoren in der Bundesrepublik Deutschland an die Katholisch-Theologischen Fakultäten bzw. Fachbereiche der Bundesrepublik Deutschland (4. Februar 1980)

Sehr geehrte Herren Kollegen!
Im Namen unzähliger Christen wenden wir katholischen akademischen Lehrer uns um eine Hilfe an Sie, die in der gegenwärtigen Situation kaum eine andere Gruppe von Christen geben kann:
Viele Menschen unserer Zeit haben zunehmend Schwierigkeiten, den christlichen Glauben, wie er von der amtlichen Kirche verkündet wird, zur Grundlage ihres Lebens zu machen. Die Veränderung unserer Erfahrungswelt einerseits und das starre Festhalten der Kirche an Glaubensformulierungen, die vom Denken vergangener Epochen geprägt sind, andererseits, führen zu einer Spaltung des Bewußtseins. So treibt ein zunehmendes Unbehagen viele Christen aller Schichten in eine hilflose Distanz zu Kirche und Glauben. Auch für uns akademische Lehrer wird es immer schwerer, unsere Bindung an die Kirche gegenüber Kollegen und Studierenden verständlich zu machen.
Das Zweite Vatikanische Konzil hat zwar Anstöße zu einem zeitgemäßen Verstehen und Erleben des Glaubens gegeben, sie wurden aber leider in den letzten Jahren wieder weitgehend zum Stehen gebracht. Statt gemeinsam mit den »Laien« verschiedenen Bildungsstandes den schwierigen Prozeß des Umdenkens weiterzuführen, hat die Amtskirche durch ängstliches Bremsen die von ihr gefürchtete Polarisierung von »Progressiven« und »Konservativen« gerade gefördert. Darüber können auch verbale Beteuerungen und folkloristische Bekundungen katholischer Geschlossenheit nicht hinwegtäuschen.
Es muß anerkannt werden, daß eine Reihe von Theologen unbeirrt im Sinne des Konzils weitergearbeitet hat. Erschreckend ist es aber,

daß diese Bemühungen von den kirchlichen Amtsträgern häufig nicht dankbar aufgegriffen und weiter vermittelt werden. Sie diskriminieren statt dessen die »Intellektuellen«, also vor allem die Theologen, und beschuldigen sie, daß sie die »Einfachen« verwirren. Deshalb bedürften diese des Schutzes der Kirche. In Wahrheit hält man aber die »Einfachen« durch diesen »Schutz« einfach und behindert die Denkenden, indem man sie im Widerspruch zum Neuen Testament an den »Buchstaben bindet und so den Geist löscht, der lebendig machen könnte«.

Trotzdem richtet sich die Hoffnung vieler Laien auf Sie, die akademischen Lehrer der Theologie, die von der Kirchenführung am ehesten als fachkompetent anerkannt werden müssen, besonders, wenn Sie gemeinsam auftreten. Sie dürfen allerdings nicht den taktierenden Stil der Amtskirche übernehmen. Sie dürfen nicht durch halbherzige Einerseits-Andererseits-Aussagen und Verklausulierungen, die die wenigsten verstehen, ihre eigentliche Auffassung verbergen. Sprechen Sie offen aus, was die meisten von Ihnen denken. Ihre Stellungnahme wird allerdings nur dann überzeugend sein, wenn sie auch in der konkreten Situation exemplifiziert wird.

Die Verurteilung von Küng ist eine solche Situation. Küng ist leider kein »Ausnahmefall«. Er hat nur in der Öffentlichkeit mehr Aufmerksamkeit erregt als seine Vorgänger, weil seine Bücher für eine breite Leserschaft geschrieben waren.

Stellen Sie kleinere Meinungsverschiedenheiten zurück, sie sind unvermeidbar und meist sogar produktiv. Es geht jetzt darum, die Fehlentscheidung der Kirchenführung zu einem Lernprozeß für alle werden zu lassen. Treten Sie für die Freiheit von Forschung und Lehre auch in unserer Kirche ein – für alle, die sich so eindeutig zu ihr bekennen wie Küng. Widerstehen Sie im Interesse der Kirche deren Führung »ins Angesicht« wie einst Paulus dem Petrus. Solidarisieren Sie sich mit der Tübinger Fakultät und erklären Sie freimütig:

Der Entzug der Lehrbefugnis für Küng ist keine unfehlbare Entscheidung, er ist nicht zu verantworten und muß zurückgenommen werden!

Es folgen 90 Unterschriften von Professoren aus verschiedenen Fakultäten verschiedener deutscher Universitäten.

Quelle: Frankfurter Rundschau, 8. Februar 1980

3.31 Erklärung von sieben Professoren der Katholisch-Theologischen Fakultät der Universität Tübingen: Kirchenkampf mit Hilfe der Theologie? Gegen die totale Konfrontation im Katholizismus (5. Februar 1980)

Unter allen Reaktionen zum Fall Küng hat die nachstehende Erklärung von sieben (der insgesamt zwölf) Professoren der Katholisch-Theologischen Fakultät der Universität Tübingen am meisten Überraschung, Befremden und Unverständnis ausgelöst. Am 1. Februar 1980 sprachen die Professoren Auer, Lohfink und Reinhardt bei Küng vor und eröffneten ihm die Absicht einiger Kollegen, mit einer eigenen Erklärung an die Öffentlichkeit zu treten. Küng bat sie dringend im Hinblick auf die laufenden Verhandlungen und seinen bevorstehenden Brief an Bischof Moser (Dokument 6.3), davon Abstand zu nehmen. Dennoch verbreitete sich am Abend des 4. Februar im Zusammenhang mit der Abschiedsvorlesung von Professor Haag im Festsaal der Universität unvermittelt die Nachricht, die Erklärung werde am folgenden Tag veröffentlicht. Sie erschien am 5. Februar in der »Frankfurter Allgemeinen Zeitung« und im »Schwäbischen Tagblatt«.

Der Entzug der kirchlichen Lehrbefugnis (missio canonica) von Professor Hans Küng scheint zu einer Krise in der katholischen Kirche Deutschlands zu führen. Hans Küng hat für das aggiornamento des christlichen Glaubens sehr viel getan. Er hat die Sehnsucht vieler Christen nach einer Erneuerung der Kirche unablässig und öffentlich ausgesprochen, und er hat für seine Anliegen eine Sprache gefunden, die weit über den Bereich von Theologie und Kirche hinausgedrungen ist. Offensichtlich hat Hans Küng Dinge angesprochen, die seit langem viele bewegen. Sie wollen sich diese verstehbare Sprache und die Hoffnung auf weitergehende Reformen nicht mehr wegnehmen lassen. Deshalb die Erschütterung und die Bewegung, die jetzt durch die Kirche gehen. Eine solche Erschütterung birgt Chancen, aber auch Gefahren in sich. Die Chancen werden vertan, wenn das Ganze zur totalen Konfrontation zwischen »progressiven« und »konservativen« Kräften und zu einem Kirchenkampf auf dem Rücken der Theologie und zum Schaden der Theologischen Fakultäten führt.

Indizien für eine solche Konfrontation zeichnen sich längst ab. Positionen verhärten sich, Fronten werden aufgebaut. Die »schrecklichen Vereinfacher« sind am Werk. Auf der einen Seite steht die Drohung, mit Prozessen vor staatlichen Gerichten bis zur letzten Instanz sich vermeintliche oder wirkliche Rechte erkämpfen zu wollen, und eine propagandistische Kampagne, die bis hinein in den Bereich der Sprache den »Gegner« zu disqualifizieren sucht (»Drahtzieher«, »Hierarchen«, »Inquisition«, »Nacht- und Nebel-Aktion«, »ein arroganter Erzbischof« und so fort). Auf der anderen Seite eine Verfahrensweise, die dem heutigen Rechtsempfinden und dem Geist des Christentums nicht entspricht, und (die Stimme kam aus Köln) eine öffentliche Disqualifikation heutiger Theologie. Wenn das alles so weitergeht, können nur Scherben übrigbleiben. Es entspricht weder den Erfordernissen der Sache noch dem Beispiel Jesu.

Allein die Wahrheitsfrage gibt dem Streit seine Würde und seinen Ernst

Man sollte die ganze Kontroverse nicht dadurch verharmlosen, daß man sie als bloßes Theologengezänk, als Streit um dogmatische Spitzfindigkeiten oder als finstere Machenschaft römischer Instanzen hinstellt oder gar behauptet, es gehe nur darum, einen unbequemen Kritiker mundtot zu machen; das wäre bei unserer Meinungs- und Pressefreiheit ohnehin nicht möglich. Es geht um die Wahrheit des Glaubens und um Strukturprobleme der Kirche. Hans Küng selbst beansprucht, es gehe »um nichts als die Wahrheit«. Das ist ernst zu nehmen, auf beiden Seiten. Das Stichwort »unfehlbar« ist gewiß belastet, der Begriff »Unfehlbarkeit« ist auch theologisch umstritten. Es geht dabei nicht um Privilegien von Personen, sondern um den Wahrheitsdienst, den das Petrusamt für den Glauben zu leisten hat, letztlich um die Gewähr, welche die Kirche für die Wahrheit des Glaubens und für die Verläßlichkeit ihres Zeugnisses erbringt. Das ist keine Randfrage, sowenig wie die Frage nach dem Verhältnis Jesu zu Gott.

Die Tragweite der Debatte wird unter anderem darin sichtbar, daß die Glaubensbekenntnisse aus der Frühzeit des Christentums in ihrer bleibenden Wahrheit bis heute alle christlichen Kirchen verbinden. Hier geht es also um wesentliche und bleibende Grundlagen der ökumenischen Annäherung und insofern um einen Dienst an allen Kirchen. Ein Ökumenismus, der die Wahrheitsfrage hintanstellte, wäre auf dem falschen Weg. Auch sollte einer Kirche, die sich von theologischen Lehrmeinungen abgrenzt, in denen sie ihren Glauben gefährdet sieht, nicht der Vorwurf gemacht werden, sie bedrohe »die Christenrechte« oder »die Menschenrechte« und wolle »ein partikuläres Wahrheitsverständnis erzwingen«. Solche Sprachverwirrung wirkt vollends demagogisch, wenn dazu noch behauptet wird, dies geschehe »auf Kosten des Glücks von Millionen Menschen«.

Es geht durchaus um die Freiheit der Theologie

Die Theologie als Glaubenswissenschaft hat im Glaubenszeugnis und im Lebensvollzug der Kirche eine besondere Stellung und Funktion. Sie hat den Glauben der Glaubensgemeinschaft, in der sie arbeitet, nicht nur als Gegenstand ihres Forschens und Lehrens übernommen, sondern sie steht bleibend und konstitutiv auf der Grundlage und unter der Norm dieses Glaubens. Ihr Auftrag ist der wissenschaftliche Dienst an seiner Wahrheit. Sie ist nicht der Funktionär irgendeiner innerkirchlichen Instanz. Sie muß eigenständig, kritisch und frei ihren Beitrag für das Ganze erbringen können. Jede unsachgemäße Behinderung, Verharmlosung oder Verdächtigung ihrer Arbeit ist schädlich, gleichgültig, ob das von außen oder von innen käme. Aber der Theologe hat sein wissenschaftliches Amt nicht dazu empfangen, seiner *eigenen* Gläubigkeit oder seinen *eigenen* kirchlichen Interessen zu dienen. Er ist zwar nur seinem eigenen Wahrheitsgewissen verantwortlich, aber die Entscheidung darüber, ob er in seinen Überzeugungen und Lehrmeinungen wirklich den Glauben der Glaubensgemeinschaft ausdrückt, kann letztlich nicht seinem eigenen Urteil überlassen bleiben.

Die wissenschaftliche Arbeit der Theologen ist gerade heute, wo die Wahrheit des christlichen Glaubens im Ringen der Menschheit um ihre Zukunft eine neue, glaubwürdige und begründete Präsenz gewinnen muß, für die Kirche von großer Bedeutung. Die Kirche braucht eine freie, leistungsfähige, ihrer Sache hingegebene Theologie. Aber eine Theologie ohne ihre Kirche wäre nichts. Dieses Miteinander und Füreinander von Theologie und Kirche schließt Gegensätze, Spannungen und Konflikte nicht aus, verlangt aber Regeln des Zusammenspiels und auch Klarheit darüber, bei wem das letzte Wort zu liegen hat. Leider wurden die hoffnungsvollen Ansätze zu einer produktiven Zusammenarbeit zwischen Bischöfen und Theologen – eine Zusammenarbeit, zu der auch und vor allem die Respektierung der verschiedenen Verantwortlichkeiten und Charismen gehört –, die im Zusammenhang mit dem Konzil aufblühte, in der nachkonziliaren Phase durch fehlende Gesprächsbereitschaft, herabsetzende Urteile und persönlichkeitsbedingte Stilmerkmale von beiden Seiten schwer belastet. Sowenig sich Theologen Funktionen des bischöflichen Lehramtes anmaßen sollten, sowenig sollten Bischöfe in innerwissenschaftliches Arbeiten eingreifen. Auch hier ist ein neuer Stil, ja teilweise eine neue Struktur kirchlicher Lebensvollzüge dringend nötig.

Da die Wahrheit »ihren Anspruch nicht anders erhebt als kraft der Wahrheit selbst« (Vatikanum II, Dekret über die Religionsfreiheit), sollte nicht versucht werden, strittige wissenschaftliche Fragen durch administrative oder disziplinäre Maßnahmen zu lösen. Dennoch ist nicht jeder lehramtliche Eingriff in die Arbeit der Theologie schon ein Übergriff. Dies gilt zum Beispiel dann, wenn ein einzelner Theologe »sein eigenes Urteil und nicht den Glaubenssinn der Kirche als Norm der Wahrheit voranstellt« (Declaratio vom 15. 12. 70), denn in diesem Fall würde er sich selbst das oberste Lehramt in der Kirche anmaßen.

Im übrigen ist die Freiheit der Theologie nicht nur durch autoritäre kirchliche Maßnahmen oder durch totalitäre Ideologien und Systeme bedroht. Sie ist auch dann gefährdet, wenn sie sich den Sachzwängen der Massenmedien und den dort geltenden Plausibilitäten ausliefert. Falsche Freunde, an denen es nie fehlt, wenn Ressentiments gegen die Kirche aufbrechen, schaden der Freiheit der Theologie unter Umständen mehr als ein lehramtlicher Ruf zur Sache, der wieder zum Sachargument zwingt.

Die theologischen Fakultäten in Gefahr

Die Freiheit der Theologie in der Kirche (nicht von der Kirche!) ist in der Bundesrepublik zusätzlich dadurch gesichert, daß die theologischen Fakultäten in die staatliche Universität integriert sind und daß die Freiheit von Forschung und Lehre von der Verfassung gewährleistet wird. Das Spannungsgefüge zwischen kirchlicher Bindung und staatlichem Amt, das in den Konkordaten vorgesehen und geordnet ist, setzt die theologischen Fakultäten besonderen Gefährdungen aus. Aber dieser Status der Fakultäten hat sich in der Praxis sowohl für die Kirche wie für die Gesellschaft als äußerst fruchtbar erwiesen. Wer eine freie Theologie und eine freie Kirche in einem freien Staat will, muß sich für diesen Status der Fakultäten einsetzen. Eine ins kirchliche Getto zurückgescheuchte Theologie möchte man den Christen und auch der Gesellschaft nicht wünschen.

Die theologischen Fakultäten sind heute jedoch in ihrem Bestand gefährdet, nicht nur von außen, sondern zunehmend auch von innen. Wer zuläßt oder wünscht, daß ein Theologe ohne missio canonica auf Dauer einer theologischen Fakultät angehört, untergräbt ihren wissenschaftstheoretischen Status ebenso wie ihre verfassungs- und konkordatsrechtliche Garantie. Diese schützt ja nicht Theologie einfachhin, sondern katholische und evangelische Theologie. Wo die Einbindung in die Kirche unterminiert oder aufgegeben wird, hört zwangsläufig sehr rasch auch das kirchliche Interesse an den Fakultäten auf.

Es ist nicht zu übersehen, daß damit einer unheiligen Allianz zwischen integralistisch eingestellten Klerikalen, denen der Bestand staatlicher Fakultäten schon längst ein Dorn im Auge ist, und einem blind gewordenen ideologischen Liberalismus nur Vorschub geleistet wird. Vermeintlich progressive Stimmen, die den für den weiteren Bestand der theologischen Fakultäten unerläßlich notwendigen kirchlichen Status hintansetzen, leiten Wasser auf diese Mühlen. Kompromisse und Arrangements, die den Keim der Zerstörung in sich tragen, mögen sich kurzfristig als Konfliktlösung anbieten. Längerfristig müssen sie sich als Zeitbombe von erheblicher Sprengkraft für das gesamte staatskirchenrechtliche Gefüge erweisen.

Durch die Vorgänge der letzten Wochen wurde die Frage nach der Freiheit von Forschung und Lehre für die Theologie in die Öffentlichkeit getragen. Leider wird bei dieser Frage oft folgendes übersehen: 1. Die Freiheit von Forschung und Lehre ist nicht nur Individualrecht eines Professors, sondern auch Institutionenrecht, das die Funktionsfähigkeit der Fakultäten und Universitäten einschließt. 2. Sie steht als Individualrecht des einzelnen Professors nicht in Frage: Er kann weiterhin forschen und lehren, er kann es nur nicht mit dem Lehrauftrag der Kirche. 3. Der weltanschaulich neutrale Staat achtet und schützt die Freiheit der Religionsgemeinschaften, die ihre Angelegenheiten selbst regeln. Deshalb darf er innerhalb der theologischen Fakultäten keine Einrichtungen zur Umfunktionierung der Theologie installieren. Wer gar staatliche Organe auffordern wollte, in der Kirche nach dem Rechten zu sehen, würde dem Staat die längst überholte Kirchenhoheit neu aufbürden.

Zum Schluß darf darauf hingewiesen werden, daß gerade das Programm der »Katholischen Tübinger Schule« und ihrer seit über 160 Jahren bestehenden Fakultät den Dienst an Kirche und Gesellschaft durch eine gläubig gebundene, aber gerade dadurch und darin freie theologische Arbeit sich zum verpflichtenden Richtmaß genommen hat. Ihr Bestreben zielt auch weiterhin darauf, die spannungsvolle Einheit von Wissenschaft, Kirchlichkeit und Zeitoffenheit konstruktiv zu realisieren und gegen Zerstörung zu verteidigen.

Alfons Auer, Walter Kasper, Gerhard Lohfink, Ludger Oeing-Hanhoff, Rudolf Reinhardt, Max Seckler, Hermann Josef Vogt.

Quelle: Frankfurter Allgemeine Zeitung, 5. Februar 1980

In den Medien wird diese Erklärung der »Sieben« fast einmütig als ein Votum gegen ein Verbleiben von Hans Küng in der Katholisch-Theologischen Fakultät interpretiert. Das Schwäbische Tagblatt vom 5. Februar 1980 schreibt: »Küng-Verteidigung in der Universität bröckelt: Ohne Missio nicht in der Fakultät. Überwiegende Mehrheit für Ausschluß des Theologen.« Die Südwest-Presse vom 6. Februar 1980 schreibt: »Sieben Kollegen Küngs veranstalten ein theologisches Scherbengericht. Tiefer Riß durch die Fakultät – Dekan übergangen – Verhandlungen mit dem Land gestört.« Das Schwäbische Tagblatt vom 6. Februar 1980 kommentiert unter der Überschrift »In den Rücken gefallen«: »Wenn eine Mehrheit der Ordinarien einer Fakultät, die man in einem anderen Zusammenhang als ›qualifizierte Mehrheit‹ bezeichnen würde, einem Kollegen mit einer umfänglichen Erklärung in den Rücken fällt, dann ist das nicht mehr zu verstehen, denn solches Intrigenspiel entspricht ja wohl nicht eigentlich den Aufgaben von Professoren. Daß freilich deren Aufgabe mehr der Umgang mit dem Wort ist, wird am Text der Stellungnahme deutlich. Die sieben Ordinarien sind Schriftgelehrte genug, um eindeutige Aussagen vieldeutig zu formulieren. Da wird (zu lesen war's ja gestern in dieser Zeitung) in allgemeinen Wendungen gesprochen (vielmehr: sich gewunden), da kriegt der Ausgewogenheit halber auch die andere Seite dezent eins ab, da verpackt man infame Seitenhiebe so, daß man hinterher sagen kann, so habe man das nun auch wieder nicht gemeint. Da werden Banalitä-

ten formuliert, die jeder vernünftige Mensch unterschreiben könnte, die mit dem konkreten Fall und Anlaß inhaltlich wenig zu tun haben – aber in dem konkreten Zusammenhang indirekt ganz gezielt Positionen erkennen lassen . . . Als die katholische Amtskirche Küng die Missio entzog, wurde vielfach darauf hingewiesen, man dürfe die Amtskirche nicht mit der Kirche verwechseln. Es besteht nun Anlaß, darauf hinzuweisen, daß man die Fakultät nicht mit sieben Ordinarien verwechseln darf, auch wenn die Sieben bei ihrem üblen Streich das selbst zu tun scheinen.« In den Stuttgarter Nachrichten vom 6. Februar 1980 ist zu lesen: »Sieben katholische Theologen gegen Verbleib von Hans Küng in Tübingen.« Die Frankfurter Rundschau vom 6. Februar 1980 versieht ihre Nachricht mit der Überschrift »Gegen einen Verbleib Küngs«. Die Welt vom 6. Februar 1980 schreibt: »Sieben Tübinger Professoren stellen sich gegen Hans Küng.«

Der Dekan der Katholisch-Theologischen Fakultät der Universität Tübingen, Professor Dr. Wolfgang Bartholomäus, nimmt zu der Erklärung der »Sieben« wie folgt Stellung:

»1. Der Fakultät gehören zur Zeit 12 Professoren an, von denen zehn Ordinarien sind. Die Gruppe der Sieben schließt also zwei Professoren aus, um den Eindruck einer überwältigenden Mehrheit der Professoren zu erwecken.

2. Die fünf Professoren, die die Erklärung der Sieben nicht unterzeichnet haben, sind nicht darum gebeten worden. Sie haben keine Gelegenheit bekommen, sich zu der Erklärung zu äußern.

3. Die Fakultät hat am 10. Januar 1980 mit einer Gegenstimme und einer Enthaltung den Senat der Universität gebeten, angesichts der Revisionshoffnung, die wir haben, alle rechtlichen Möglichkeiten auszuschöpfen, damit Professor Küng Mitglied der Fakultät bleiben kann. Angesichts dieser Einmütigkeit stellen sich jetzt verschiedene Fragen:

Wenn sich die Erklärung der Sieben im Rahmen des Fakultätsbeschlusses bewegt, warum ist dann nicht versucht worden, ein Einverständnis unter allen Professoren herzustellen? Wenn dagegen die Erklärung der Sieben dem Fakultätsbeschluß widerspricht, warum hat dann die große Mehrheit der Sieben am 10. Januar 1980 zugestimmt? Oder warum haben die Sieben nachher den Versuch unterlassen, den Fakultätsbeschluß in der Fakultät zu revidieren?

4. Die Erklärung der Sieben ist die Meinungsäußerung von Kollegen, die als solche einen Fakultätsbeschluß nicht widerrufen kann. Als Dekan habe ich nach wie vor von dem Beschluß der Fakultät auszugehen.

Die Erklärung ist eine Meinungsäußerung, die die Vermittlungsversuche der Universität empfindlich stören muß, nachdem Gespräche zwischen den Betroffenen begonnen hatten. Die Erklärung ist eine Meinungsäußerung, die nach Inhalt und Form ungeeignet ist, zur Konfliktlösung beizutragen, und die mich durch die Art, wie sie zustande kam, äußerst betroffen macht« (vgl. Frankfurter Allgemeine Zeitung, 6. Februar 1980).

Norbert Greinacher erklärt:

»Die Katholisch-Theologische Fakultät der Universität Tübingen hat am 10. Januar 1980 bei einer Gegenstimme und einer Enthaltung beschlossen, den Senat zu bitten, die rechtlichen Möglichkeiten, daß Professor Küng weiterhin Mitglied der Katholisch-Theologischen Fakultät bleibt, voll auszuschöpfen. Ich stehe auch weiterhin voll zu diesem Beschluß, während sieben meiner Kollegen den Eindruck erwecken, davon abzurücken. Die Erklärung meiner sieben Kollegen wurde veröffentlicht, ohne daß vorher auch nur der geringste Versuch unternommen wurde, mit mir darüber zu sprechen. Ich erfuhr ihren Inhalt aus der Zeitung. Ich sehe darin einen schwerwiegenden Verstoß gegen die Kollegialität, wie sie in den letzten Jahren an dieser Fakultät vorbildlich praktiziert wurde. Die Autoren haben die Konfrontation verwirklicht, die sie verurteilen« (vgl. Frankfurter Allgemeine Zeitung, 6. Februar 1980).

Walter Jens meldete sich mit einem Vierzeiler zu Wort (Schwäbisches Tagblatt, 7. Februar 1980):

»Verängstigt haben sie's ausgeheckt;
ach, wären sie schweigsam geblieben!
Dann hätte niemand den Abstand entdeckt
zwischen den Göttinger und Tübinger Sieben.«

Hans Küng zeigt sich tief enttäuscht, daß Kollegen, die in den ersten Wochen so nachdrücklich ihre Betroffenheit über das ungerechte Vorgehen der kirchlichen Autoritäten zum Ausdruck gebracht haben, jetzt das Unrecht herunterspielten und die begonnenen konstruktiven Verhandlungen zwischen staatlichen und kirchlichen Stellen empfindlich belasteten. Um nicht auf diesem Niveau gegen Kollegen polemisieren zu müssen, lasse er seine letzte Vorlesung in diesem Semester ausfallen (Südwest-Presse, 6. Februar 1980).

Die Studentenschaft der Katholisch-Theologischen Fakultät der Universität Tübingen veröffentlicht am 6. Februar 1980 folgenden offenen Brief an die »Sieben«:

»Ihre öffentliche Erklärung zu der Auseinandersetzung Kirchliches Lehramt – Professor Küng vom 5. Februar 1980 hat uns befremdet.
1. In der Öffentlichkeit ist der Eindruck entstanden, daß Sie für den Ausschluß Ihres Kollegen aus der Fakultät eintreten. Daß dieser Eindruck entstanden ist, kann nicht einfach als Mißverständnis abgetan werden. Denn:
Ihre Erklärung kam zu einem Zeitpunkt, in dem die zuständigen Stellen die Rechtslage zu klären bemüht sind, wie es der Fakultätsrat am 10. Januar 1980 erbeten hatte. Aber diese Bemühungen sind noch nicht abgeschlossen.
Sie beanspruchen, Konfrontationen abzubauen und Gefahren von den Fakultäten abzuwenden. Doch Ihre Kritik trifft hauptsächlich Professor Küng und die, die sich der Entscheidung des kirchlichen Lehramtes nicht beugen wollen. Die Kritik am kirchlichen Lehramt, die Sie teilweise in Vorlesungen geäußert haben, wird in der Erklärung verschwiegen.
Sie behaupten, daß ein Professor ohne kirchlichen Lehrauftrag an einer Katholisch-Theologischen Fakultät nicht tragbar sei. Sie gehen dabei nicht darauf ein, ob Sie für eine Revision des Verfahrens und die Rückgabe der Missio für Professor Küng eintreten.
Auf diese Punkte angesprochen, erklärten einige von Ihnen in Vorlesungen am 5. Februar 1980, die Erklärung sei Ihre Interpretation des Fakultätsratsbeschlusses vom 10. Januar 1980, der weiterhin verbindlich sei. Dieser enthält die Erwartung auf ›eine Revision der kirchlichen Beschlüsse‹ und die Aufforderung an den Senat der Universität, die rechtlichen Möglichkeiten auszuschöpfen, daß Professor Küng weiterhin Mitglied der Katholisch-Theologischen Fakultät bleibt.
Dies aber ist Ihrer Erklärung nicht zu entnehmen.
Wir fordern Sie daher auf, der Öffentlichkeit mitzuteilen, daß Sie weiter hinter diesem Beschluß stehen!«
Eine Mehrheit der Akademischen Räte und Assistenten der Katholisch-Theologischen Fakultät der Universität Tübingen schreibt am 10. Februar 1980 an die »Sieben« folgenden Brief:
»Sehr geehrte Herren!
Um der Empfehlung des Senates zu entsprechen und die Auseinandersetzungen der Fakultät nicht weiter in die Öffentlichkeit zu tragen, beschränken wir uns vorläufig darauf, unsere Stellungnahme zu Ihrer Erklärung vom 5. Februar 1980 mit diesem Brief zum Ausdruck zu bringen.
Wir waren von Ihrem Schritt überrascht und aus vielen Gründen über

ihn enttäuscht und empört. Ihr nachträglich herausgestelltes Ziel, allein den universitären Status der Theologie zu sichern, hätten Sie unglücklicher und mißverständlicher wohl kaum verfolgen können.

Im Hinblick auf die bevorstehende Fakultätsratsitzung fordern wir Sie dringend auf,

a) den durch Ihre Erklärung entstandenen Eindruck einer Revision des Fakultätsratsbeschlusses vom 10. Januar 1980 eindeutig zu korrigieren;

b) alle Anstrengungen zu unternehmen, um alle am Konflikt beteiligten Seiten in die Pflicht der Verständigung zu nehmen und selbst als Theologen sich besonders um die Klärung der Sachproblematik zu bemühen;

c) sich für die sich andeutende Bereitschaft Küngs zur Neuaufnahme des Verfahrens (im Sinne des Diözesanratsbeschlusses) aufgeschlossen zu zeigen und dessen Durchführung zu fördern;

d) die künftigen Maßnahmen zur Lösung des Konflikts im Kontakt mit allen Professoren, aber auch mit allen Gruppen der Fakultät (Assistenten, Studenten) zu suchen.

Mit freundlichen Grüßen«

Es folgen die Unterschriften von elf Akademischen Räten bzw. Assistenten.

Der Historiker Professor Dr. Christoph Weber aus Düsseldorf war auf Vorschlag des Ordinarius für mittlere und neuere Kirchengeschichte, Professor Reinhardt, zu einer Gastvorlesung für das Sommersemester 1980 an die Katholisch-Theologische Fakultät der Universität Tübingen eingeladen worden. Am 6. Februar 1980 schickt er folgendes Telegramm an den Dekan der Fakultät: »Unter allen Dokumenten der deutschen Kirchengeschichte des 19. und 20. Jahrhunderts, die ich kenne, gehört die heutige Erklärung der sieben Tübinger Professoren zu den beschämendsten. Was hier an Kriecherei, Unterwürfigkeit und schleimiger Verschleierung geleistet wurde, ist in der Form noch nie dagewesen. Der qualvolle Eiertanz mit seiner betulichen Besorgtheit legt nur Zeugnis von einem ab: von Feigheit und Heuchelei. Daher kann ich natürlich jetzt keinen Vortrag halten. Besonders schmerzt mich die Unterschrift von Herrn Professor Reinhardt. Ich freue mich, Herr Dekan, daß Sie selbst nicht unterzeichnet haben. Teilen Sie dieses Telegramm bitte Herrn Professor Küng mit. Professor Dr. Christoph Weber.«

3.32 Stellungnahme der Arbeitsgemeinschaft katholischer Studenten- und Hochschulgemeinden zum Fall Küng (10. Februar 1980)

1. Mit den von der römischen Glaubenskongregation und den deutschen Bischöfen gegen Prof. Hans Küng getroffenen Maßnahmen sind wir nicht einverstanden; wir widersprechen ihnen aufs schärfste. Die über zehnjährigen »Bemühungen« um einen kritischen und unbequemen Theologen, der es aber versteht, starre Glaubensformeln in die Sprache der Zeit zu übersetzen und vielen unsicheren und am Rande stehenden Christen Wege zu ebnen und Brücken zu bauen, scheinen endlich »erfolgreich« abgeschlossen zu sein. Unsere Betroffenheit schließt nicht ein, daß wir uns mit den theologischen Aussagen H. Küngs schlechthin identifizieren. Wir halten es durchaus für notwendig, darauf hinzuweisen, daß auch eine Kritik aus einer Position, die nicht die der deutschen Bischofskonferenz ist, sehr wohl nötig und geboten erscheint. Unsere Betroffenheit zielt vielmehr auf eine im höchsten Maße bedenkliche gesamtkirchliche Tendenz, die sich vor allem darin ausdrückt, daß Toleranz und Meinungsfreiheit immer stärker durch doktrinäre Selbstsicherheit kirchlicher Amtsträger und autoritäres Umgehen mit unangenehmen Meinungen ausgetauscht wird und als deren vorläufigen Höhepunkt wir die Maßnahmen gegen Küng zu erkennen glauben (s. a. Punkt 4).

2. Völlig überrascht waren wir zunächst über den Zeitpunkt der Bekanntgabe des Beschlusses, 6 Tage vor Weihnachten, gleichzeitig mit dem Aufruf des Papstes zu Frieden, Gerechtigkeit und zum beständigen Dialog. Der Zusammenhang der Ereignisse zeigt nur einmal mehr, daß die Kirche von jenen Rechten sich suspendiert, die sie weltweit fordert, und an jenen Frieden sich selbst nicht hält, den sie zu Weihnachten feiert. Unsere Empörung wächst angesichts der Verfahrensweise, die die Nachfolger der Inquisition zur Konservierung der eigenen Glaubenswahrheit anwenden. Das römische Verfahren, das unter Ausschluß der Öffentlichkeit, ohne Offenlegung der Anklagepunkte, ohne von dem Betroffenen gewählten Verteidiger sowie ohne demokratische Widerspruchsmöglichkeit gegen ergangene Entscheidungen stattfindet, ist ein eklatanter Verstoß gegen die vom Papst so publikumswirksam eingeforderten, in der Kirche aber immer noch nicht geltenden Menschenrechte und macht die Forderung der Kirche nach mehr Gerechtigkeit nicht bloß aufs höchste unglaubwürdig, sondern schadet ihr.

3. Eine inhaltliche Auseinandersetzung sowohl mit der Theologie und Kritik Hans Küngs als auch mit den Auffassungen der römischen Glaubenskongregation und deutschen Bischöfen kann hier nicht in vollem Umfang erfolgen. Wohl aber soll hinsichtlich des hauptsächlichen Streitpunktes – der Unfehlbarkeit des Papstes – sowohl hinter die Auffassungen Hans Küngs als auch hinter die der Glaubenskongregation und der Bischöfe ein Fragezeichen gesetzt werden. Das Lehramt der Kirche wird dadurch für die Gläubigen entscheidend, daß es selber vor dem Anspruch der Wahrheit steht. Ein Lehramt, das auf theologische Auffassungen und Kritik mit Entzug der Lehrbefugnis reagiert und über Wahrheit mit Machtmitteln entscheidet, setzt dagegen nur eine Kritik ins Recht, die das Dogma der Unfehlbarkeit von vorneherein weniger im Anspruch der Wahrheit, als vielmehr dem der Machterhaltung begründet sieht. Widerlegt wäre Hans Küng durch den Verzicht des Lehramts auf jene Macht, mit der er es verwachsen sieht. Nur im Verzicht auf sie könnte Kirche auf der Seite der Ohnmächtigen stehen und damit dem Anspruch von Wahrheit, dem das bestehende Leiden der Menschen widerspricht, gerecht werden und auch der Theologie und Kritik Hans Küngs standhalten.

Dies aber würde nicht nur bedeuten, daß es innerhalb der lehramtlich verfaßten Kirche das Recht auf eine autonome Theologie gibt und das Lehramt für sie keine restriktive, vielmehr korrektive Funktion hat, sondern auch, daß das Lehramt Wahrheit nicht bloß als ein für allemal definiert, vielmehr innerhalb von Geschichte und Überlieferung unter den »Zeichen der Zeit« (Gaudium et Spes Nr. 4) versteht.

4. Die aktuelle kirchliche Situation gibt uns Anlaß, darüber nachzudenken, wie weit die Kirche der Wahrheit gerecht wird.

Nachkonziliäre Offenheit und Toleranz, das von Johannes XXIII. eingeleitete und von Paul VI. durchgeführte »Heutigwerden« (aggiornamento) der Kirche scheinen unter dem Pontifikat Johannes Paul II. nicht (mehr) gewährleistet zu sein. Die Maßnahmen gegen J.-J. Pohier, die Zitation E. Schillebeeckx zeigen, daß die Verfahrensweise im Fall Küng nicht isoliert zu betrachten ist, sondern in einem gesamtkirchlichen und darüberhinaus nicht nur die Kirche betreffenden Kontext steht. Anstatt die von der Basis der Gemeinden her vertretbare Vielfalt der Theologie als Chance für Katholizität aufzugreifen, wird Theologie hier zwangsweise auf die römische Linie gebracht. Damit wird die Verwirklichung einer Kirche, in der die Wahrheit sich in Liebe universal gegen das Leid wendet, unmöglich gemacht und somit auch die Verwirklichung einer solchen Gesellschaft.

5. Können wir angesichts der aufgezeigten Tendenzen noch in der Kirche bleiben? Die oft vorschnell gegebene Antwort, auch wir seien Kirche, bleibt uns angesichts der aufgezeigten Vorgänge im Halse stecken. Unsere Position an den Hochschulen wird durch das innerkirchliche Defizit an Aufklärung genauso erschwert wie Gespräche mit der Kirche fernstehenden Kommilitonen. Welchen Platz hat eine (Studenten)Gemeinde, die von ihrem Anspruch her kritische Gemeinde sein will, in einer Kirche, die Kritik immer weniger zuläßt? Die Frage, wie lange wir uns noch als katholische (Hochschul)Gemeinden verstehen dürfen, wird auch am Beispiel Küng immer brennender. Trotz allem lassen wir uns nicht aus der Kirche drängen – aus der Kirche, die nicht (nur) die Kirche der römischen Prälaten ist, sondern allererst Kirche Jesu Christi.

3.33 Stellungnahme des Hauptausschusses des Bundes der Deutschen Katholischen Jugend zu den Ereignissen um den Entzug der Lehrerlaubnis von Professor Hans Küng (11. Februar 1980)

Die Mitglieder des Hauptausschusses des BDKJ, der vom 9.–11. Februar 1980 in Bullay tagte, haben intensiv die Ereignisse um den Entzug der missio canonica von Prof. Hans Küng durch die Glaubenskongregation beraten. Sie stellen dazu fest:

1. Wir erleben, daß der größte Teil der Jugendlichen sich heute schwer tut, einen Zugang zum Glauben und zur Kirche zu finden. Von allen Verantwortlichen in der Jugendarbeit ist deshalb immer wieder das persönliche Zeugnis gefordert, damit junge Menschen ihre eigene Entscheidung treffen, zu glauben und in der Kirche mitzuarbeiten.

Durch den Entzug der Lehrerlaubnis für Prof. Küng fühlen sich viele Jugendliche in den Verbänden betroffen. Ein großer Teil der Fragen, die Prof. Küng aufgegriffen und formuliert hat, sind ihre Fragen. Ebenso fühlen sich viele verantwortliche Mitarbeiter – Priester und Laien – persönlich betroffen. Mit seiner verständlichen Sprache hat er vielen einen neuen Zugang zum Glauben erschlossen. Somit haben auch seine Antworten uns geholfen, den eigenen Glauben zu begründen und darin sicherer zu werden.

So haben viele in der Kirche Hoffnung und Zuversicht gewonnen und weitergeben können.

Den Entzug der Lehrerlaubnis durch die Glaubenskongregation empfinden Jugendliche als autoritär und unchristlich. Die Aufgabe der Mitarbeiter, diesen Jugendlichen Glauben nahezubringen, ist dadurch schwieriger geworden.

Trotz der vorliegenden Erklärungen und Begründungen ist auch vielen Mitarbeitern dieser Schritt immer noch unverständlich. Manche Reaktionen lassen sie außerdem befürchten, daß ihre eigenen Versuche, die Botschaft des Evangeliums situationsgerecht und glaubwürdig zu verkünden, neuem Argwohn begegnet und sie in Schwierigkeiten bringt. Sie fragen sich besorgt nach den Folgen, wenn es ihnen nicht immer gelingt, die ganze Wahrheit des Glaubens auszusagen.

2. Wir verkennen nicht, daß es bei der Auseinandersetzung mit Prof. Küng um entscheidende Fragen unseres Glaubens geht. Wir wissen auch, daß in einer Gemeinschaft nicht die Antworten gleichgültig sein können.

Wir sind durchaus der Meinung, daß das kirchliche Lehramt das Recht und die Pflicht hat zur Korrektur an einzelnen Gliedern und deren Meinungen, wenn es zu der Überzeugung gelangt, daß die Botschaft Jesu verfälscht wird.

Ebenso aber sind wir davon überzeugt, daß es heute aus der Verantwortung gegenüber den Menschen und ihrem Verlangen nach Solidarität und Brüderlichkeit mehr darauf ankommt, Hoffnungen zu wecken, Zugänge zu erschließen, bedrängende Fragen zuzulassen und dem Suchen Raum zu geben, als Grenzen zu ziehen.

Deshalb halten wir den Entzug der Lehrerlaubnis Prof. Küngs für uns und die Arbeit mit Jugendlichen für nicht hilfreich.

3. Die Kirche, die sich als brüderliche Gemeinschaft versteht, muß gerade für schwierige und problematische Situationen Verfahren entwickeln, bei denen jeder als Bruder behandelt wird. Wir bedauern tief, daß bei den Auseinandersetzungen um Prof. Hans Küng beim Verfahren selber, bei der Veröffentlichung der Entscheidung und in der anschließenden Diskussion von beiden Seiten diese Brüderlichkeit verletzt wurde.

4. Wir bitten unsere Bischöfe, daß sie sich in Rom für eine Verbesserung des Verfahrens einsetzen. In einem brüderlichen Verfahren muß der Betroffene darüber informiert sein, welche Aussagen beanstandet werden und wer an dem Gespräch teilnimmt. Er selbst muß Gesprächspartner sein und zusätzlich ein Mitglied der Kommission

benennen können. Ebenso muß der Ortsbischof ein Mitspracherecht haben.

5. Wir sind überzeugt, daß wir nur im gemeinsamen Gespräch die Antwort darauf finden, wie das Wort Jesu heute den Menschen den Sinn ihres Lebens erschließen kann. Wir suchen darum den Dialog mit jedem und ohne Vorbedingungen.

6. Wir sind überzeugt, daß wir den Jugendlichen einen wichtigen Dienst leisten, wenn wir ihre Fragen und Aussagen, selbst wenn sie unfertig sind, aufgreifen und in die Kirche einbringen. Wir sind überzeugt, daß wir damit auch der Kirche einen wichtigen Dienst leisten, weil sie ja mit ihrer Botschaft den konkreten Menschen erreichen muß. Wir verstehen dabei die Fragen der jungen Menschen als eine Chance und eine Herausforderung für die Kirche. Sie fordern uns dazu heraus, daß wir nicht stehenbleiben, sondern immer wieder neu aufbrechen, damit die Kirche für Gott brauchbar wird, der Welt das Heil zu vermitteln.

7. Wir fordern vor allem die Priester in unseren Verbänden auf, daß sie gerade in der heutigen Zeit für alle Fragen offen bleiben und weiterhin bereit sind, auch das Unbehagen Jugendlicher an der Kirche zu formulieren.

Dadurch leisten sie u. E. den Dienst an der Einheit.

Wir fordern alle, die in unseren Verbänden eine Aufgabe übernommen haben, auf, daß sie nicht resigniert aus der Verantwortung flüchten, sondern auch in Zukunft um eine begründete Glaubensentscheidung in der Kirche ringen und Jugendliche bei ihrer Entscheidung begleiten.

Wir selbst werden weiterhin daran mitarbeiten, daß unsere Kirche uns und Jugendlichen Heimat sein kann. Wir wissen, daß dies nicht ohne Spannungen und Kämpfe möglich sein wird, wir möchten aber diesen Weg in Gemeinschaft mit den Jugendlichen und den Bischöfen gehen.

3.34 Brief von 145 Professoren und Dozenten der katholischen Theologie in der Bundesrepublik Deutschland an Kardinal Höffner (12. Februar 1980)

Sehr geehrter Herr Kardinal,
in Wahrnehmung ihrer Verantwortung gegenüber Theologie und Kirche halten es die unterzeichneten Professoren und Dozenten an

deutschen Katholisch-Theologischen Fakultäten bzw. Fachbereichen für ihre Pflicht, den Bischöfen ihre tiefe Beunruhigung und Sorge über die jüngste Entwicklung im Verhältnis der kirchlichen Amtsträger zur Theologie mitzuteilen. Deshalb wenden wir uns mit diesem Schreiben an Sie als den Vorsitzenden der deutschen Bischofskonferenz.

Was uns mit großer Betroffenheit erfüllt, ist die im Zusammenhang der Maßnahmen im Fall Küng sich abzeichnende und in verschiedenen Äußerungen maßgeblicher Vertreter der Bischofskonferenz zum Ausdruck kommende Veränderung im Verhältnis der Bischöfe zur wissenschaftlichen Theologie überhaupt. Wie die Diskussion der letzten Wochen in der Öffentlichkeit und in den Fakultäten, unter Professoren und Studenten erkennen läßt, droht die Entwicklung zu einer Vertrauenskrise zwischen dem Lehr- und Verkündigungsauftrag der Bischöfe und der wissenschaftlichen Theologie zu führen, die für alle Beteiligten tiefgreifende Folgen hätte und deshalb von niemandem gewünscht werden kann.

Wir appellieren deshalb an die Bischöfe, ihrerseits alles zu unternehmen, um der Gefahr einer solchen Vertrauenskrise zu begegnen. Ohne zu den von den Bischöfen kritisierten theologischen Aussagen Stellung nehmen zu wollen, möchten wir auf einige Gesichtspunkte hinweisen, die uns für das Verhältnis des bischöflichen Lehramts zur Theologie von besonderer Wichtigkeit erscheinen:

1. Um ihrer Aufgabe als Wissenschaft nachkommen zu können, muß Theologie von der Freiheit, alle zur Erforschung und Auslegung des Glaubens tauglichen Methoden in Dienst zu nehmen, uneingeschränkt Gebrauch machen können. Freiheit zum Sachzwang und zu der durch ihren Sachzwang gebotenen Methode kann es nie zuviel geben, ihr Gebrauch kann niemals Willkür sein. Aufgabe des bischöflichen Lehramts kann es deshalb nicht sein, der Theologie bestimmte Methoden vorzuschreiben oder zu empfehlen und andere zu verbieten, sondern – falls dies notwendig ist – kraft Amtes darauf hinzuweisen, wenn eine mit dieser oder jener Methode gewonnene Auslegung nicht als legitime Auslegung des im Glauben der Kirche bezeugten und von Papst und Bischöfen verkündeten authentischen Glaubens betrachtet werden kann.

Mit der von 1360 Theologen unterzeichneten Erklärung von 1969 über »Die Freiheit der Theologen und der Theologie« betonen wir, daß »diese Freiheit für uns Theologen die schwere Verantwortung (bedeutet), die echte Einheit und den wahren Frieden der Kirche und all ihrer Glieder nicht zu gefährden«. Andererseits müssen wir mit der gleichen Erklärung bekräftigen, daß wir »unserer Pflicht, die Wahrheit zu suchen und zu sagen, nachkommen (möchten) ohne Behinderung durch administrative Maßnahmen und Sanktionen. Wir erwarten, daß man unsere Freiheit respektiert, wo immer wir nach bestem Wissen und Gewissen unsere begründete theologische Überzeugung aussprechen oder publizieren.«

2. Auch die zur unaufgebbaren Freiheit der Theologie gehörende Möglichkeit, Hypothesen vorzuschlagen und zu prüfen, Kontroversen mit Gründen und Argumenten auszutragen und Irrtümer durch wissenschaftliche Disputation zu korrigieren und zu überwinden, muß von der Theologie uneingeschränkt in Anspruch genommen werden können. Je ungehinderter die wissenschaftliche Disputation stattfinden kann, um so mehr wird sie durch ihren Zwang zu argumentativer Strenge subjektiver Willkür wehren und der Wahrheit dienen. Wer der Theologie eine Beschränkung des Prinzips »Theologia disputat« empfiehlt oder auferlegt, nimmt ihr das spezifische Instrument ihrer Wahrheitsfindung und läßt sie hinter jenen entscheidenden Schritt zurückfallen, durch den sie im 13. Jahrhundert zur »Wissenschaft« geworden ist.

Belehrt durch die Geschichte der Theologie sind wir mit der bereits erwähnten Erklärung »überzeugt, daß irrige theologische Auffassungen nicht durch Zwangsmaßnahmen erledigt werden können. In unserer Welt können sie wirkungsvoll nur durch eine unbehinderte sachliche wissenschaftliche Diskussion korrigiert werden, in der die Wahrheit durch sich selber siegt.«

3. Mit Nachdruck müssen wir auf die weitreichenden Folgen hinweisen, die jede Einschränkung der Freiheit der Theologie zwangsläufig nach sich zieht. Diese Folgen beziehen sich nicht nur auf den Dienst, den die Theologie in Auslegung des Glaubens auf die heutige Zeit hin der Kirche zu leisten hat, sie betreffen in besonderer Weise auch die ökumenische Arbeit und den Status der Theologie in der Universität.

a) Wenn kath. Theologie nicht mehr die Freiheit besitzt, vom Gewordenen auf das Gewesene, von der Gegenwart auf den Ursprung zurückzufragen, um verlorene Möglichkeiten der Einheit und Einigung wieder zu erschließen, wird dem ökumenischen Gespräch der Theologen von seiten der kath. Theologie der Boden entzogen. Damit verliert aber das ökumenische Bemühen der Kirche überhaupt seine Glaubwürdigkeit; die bisherige Entwicklung muß zum Stillstand kommen.

b) An der Freiheit der Theologie zur Methode und zu ungehinderter Argumentation und Diskussion hängt auch ihre Glaubwürdigkeit als Wissenschaft. Gerät diese Freiheit in der Öffentlichkeit in Zweifel, müssen für den Bestand der theologische Fakultäten an den staatlichen Universitäten die ernstesten Befürchtungen gehegt werden. Mit dem Ort der Theologie in der Universität aber gäbe die Kirche in einer Zeit, die wie die unsrige von der Wissenschaft geprägt ist, eine wichtige Möglichkeit auf, den universalen Anspruch des Glaubens zur Geltung zu bringen.

4. Wir anerkennen das Lehramt von Papst und Bischöfen und akzeptieren die mit der Lehraufgabe der Theologen verbundene Verantwortung, erwarten aber umgekehrt von den Bischöfen auch ein dieser Verantwortung gemäßes Vertrauen und eine dem entsprechende Unterstützung unserer Arbeit. Wir anerkennen, daß Papst und Bischöfe auch in den jüngsten Erklärungen auf die Wichtigkeit der Theologie und ihre rechtmäßige und notwendige Freiheit hingewiesen haben. Das sollte jedoch ohne Vorbehalte und ohne Einschränkung seitens der Träger des kirchlichen Amtes verstanden werden können. Um so mehr bedauern wir, wenn Maßnahmen getroffen werden, die durch Überschreiten der Verhältnismäßigkeit der Mittel die Theologie als ganze in eine negative Rolle zu rücken drohen, und wenn diese Maßnahmen durch Äußerungen begründet werden, die bei den Gläubigen den Anschein erwecken müssen, die Lehre der Theologie sei nichts anderes als ein Konglomerat einander widersprechender subjektiver Meinungen, ja Theologie sei eine potentielle Bedrohung, vor der das Lehramt den einfachen Glauben schützen müsse. Theologische Forschung darf nicht als eine Größe erscheinen, die der notwendigen Einheit und dem Konsens des Glaubens entgegenläuft; eine solche Gegenüberstellung müßte mit der Wahrheitssuche der Theologie auch den Wahrheitsanspruch des Glaubens selbst in Mißkredit bringen. Theologie, die die schwierigen Probleme, denen Glaube heute konfrontiert ist, aufgreift und auszutragen sucht, tut nichts anderes als ihre Pflicht. Sie sucht der Verwirrung der Gläubigen zu begegnen. Deshalb braucht sie das Vertrauen und die Förderung aller kirchlicher Amtsträger und muß vor der Gefahr bewahrt bleiben, in den Augen der Gläubigen diskreditiert zu werden.

5. Wie die jüngste Entwicklung gezeigt hat und wie auch von den Bischöfen eingeräumt wird, kann die Reform des römischen Lehrordnungsverfahrens nicht als zureichend betrachtet werden. Wir erneuern daher die Vorschläge der oben genannten Erklärung und bitten

die Bischöfe dringend darum, auf eine Reform der römischen Verfahrensordnung hinzuwirken, die sich die in diesen Vorschlägen dargelegten Prinzipien voll zu eigen macht. Nur eine Verfahrensordnung, deren Gerechtigkeit jedem Gutwilligen einleuchtet, ist in der Lage, die Glaubwürdigkeit von Kirche und Theologie angemessen zu sichern.

Sehr geehrter Herr Kardinal,
die jüngste Entwicklung erweckt den Eindruck, daß sich in den Augen der Bischöfe die Sicht der Theologie trotz mancher anderslautender Feststellung im Vergleich zur Zeit des Konzils erheblich verändert hat. Auch aus der Schweiz, Italien, Frankreich und anderen Ländern hören wir von großen Beunruhigungen über den veränderten Stil der kirchlichen Autorität. Mit großer Sorge sehen wir die Kluft, die sich hier auftut. Es wäre ein Verhängnis, wenn sie den Beginn eines Prozesses darstellte, der hinter das zurückführt, was das Zweite Vatikanische Konzil und die jahrzehntelange verantwortungsvolle Arbeit der Theologen erreicht haben. Deshalb bitten wir die deutschen Bischöfe, alles ihnen Mögliche zu tun, die mit der jüngsten Entwicklung eingetretenen Folgen rückgängig zu machen und der Theologie den Status zurückzugeben, ohne den die Theologen ihre Arbeit zum Wohle der Menschen in Kirche und Welt nicht verantwortungsvoll leisten können.

Quelle: Deutsche Tagespost, 12. Februar 1980

Erarbeitet wurde dieser Brief von Professoren des Fachbereichs Katholische Theologie an der Universität München. Erstunterzeichner waren die Professoren Alfons Auer (Tübingen), Heinrich Fries (München) und Bernhard Welte (Freiburg). Laut KNA vom 28. Februar 1980 haben den Brief 145 Professoren und Dozenten der Katholischen Theologie unterzeichnet.

3.35 Philip Potter (Generalsekretär des Weltkirchenrates): Rede auf der Tagung des Exekutivausschusses des Weltkirchenrates in Straßburg (18. Februar 1980)

Vom 11.–16. Februar 1980 tagte in Straßburg das Exekutivkomitee des Weltkirchenrates. Während dieser Tagung hielt Philip Potter, Ge-

neralsekretär des Weltkirchenrates, eine beachtenswerte Rede. Nach Informationen aus dem Weltkirchenrat in Genf liegt der Wortlaut dieser Rede nicht vor. Wir berichten darüber aufgrund eines Artikels in Le Figaro vom 18. Februar 1980.

Im Verlaufe seiner Rede richtete Potter an die römisch-katholische Kirche fundamentale Fragen. Zunächst hatte Potter den »neuen Papst« gelobt und sich sehr zufrieden geäußert über seine sehr zahlreichen Erklärungen über den Ökumenismus: »Er versicherte mir persönlich seine Begeisterung dafür, die Suche nach der Einheit der Kirche voranzutreiben.« Auf der theologischen, sozialen und anderen Ebenen entwickelte sich die Zusammenarbeit befriedigend. Aber es gibt Anzeichen dafür – wie der Fall Küng –, es gibt Verhaltensweisen und Stellungnahmen der römischen Kirche, die in den Augen Potters die heftigsten Kritiken und eine ausdrückliche Zurückhaltung hervorrufen. Vor allem betonte er die Verstärkung der Autorität des Papstes und der Bischöfe. In diesem Zusammenhang führte er aus: »Dies läßt alle die Fragen wieder neu aufleben, die auf die Reformation zurückgehen und die auch unsere Suche nach dem Amt betreffen.«

Unter Bezugnahme auf die Gespräche in der gemischten Kommission zwischen Genf und Rom unterstrich Potter: »Dieses Komitee müßte wissen, wohin wir gehen und vor allem, wie sich die Verlautbarungen des Einheitssekretariats mit den Dekreten des Sanktum Offizium vereinbaren lassen.«

An zweiter Stelle hat der Generalsekretär folgendes Problem aufgeworfen: Wie kann man einen gemeinsamen Glauben ausdrücken und bekennen, wie kann man fortschreiten in der freien theologischen Forschung, wie kann man Fragen stellen, die Genf und Rom trennen in dem neuen Kontext, welcher der Kontext einer Welt in Angst ist. »Man kann es nicht tun«, betonte er nachdrücklich, »indem man nur die Dokumente des Zweiten Vatikanischen Konzils benützt. Man muß sich fragen, ob das Zweite Vatikanische Konzil eine Tür war oder ob es eine Grenze war, eine Barriere. Wir haben den Eindruck, daß man das Zweite Vatikanische Konzil als das Ende der Forschung betrachtet. Dies ist nicht der ökumenische Stil, den wir kennen, es ist nicht der Stil eines lebendigen Glaubens an den Heiligen Geist, der uns vorantreibt.«

Potter schloß mit der grundsätzlichen Frage, die der Weltkirchenrat sich selbst und gegenüber Rom stellt im Hinblick auf die Fortsetzung des Dialogs: »Welches ist die Freiheit der Forschung, und welches sind ihre Grenzen?«

Quelle: Le Figaro, 18. Februar 1980

3.36 Erklärung des Direktionskomitees von Concilium (Februar 1980)

Wir, Direktoren der Internationalen Theologischen Zeitschrift CONCILIUM, sehen keinen begründeten Anlaß, unseren Kollegen Hans Küng nicht mehr als katholischen Theologen zu betrachten.
Wir wollen daher auf eine Revision der Verurteilung drängen.
Wir fordern außerdem, daß die kirchliche Verfahrensweise endlich die allgemeingeltenden Menschenrechte berücksichtigt.
Die Mitglieder des Direktionskomitees von CONCILIUM, Internationale Zeitschrift für Theologie, Nijmegen/Niederlande

Quelle: Concilium 16 (1980), 153

3.37 Stellungnahme des Bensberger Kreises: Amtskirchliche Praxis wider christliches Gebot (Februar 1980)

1. Mit dem Entzug der Lehrerlaubnis von Professor Hans Küng durch die römische Glaubenskongregation und den deutschen Episkopat haben die Reformbemühungen innerhalb der katholischen Kirche einen empfindlichen Rückschlag erlitten. Der »Fall Küng« steht dabei nicht isoliert. Erinnert sei an die Einstellung der katholischen Wochenzeitung PUBLIK, an die Auflösung der Katholischen Deutschen Studenten-Einigung (KDSE), an die in ihren Konsequenzen als gescheitert anzusehende Gemeinsame Synode der Bistümer in der Bundesrepublik Deutschland, an die administrative Gängelung des kirchlichen Nachwuchses, an die Maßregelung beziehungsweise Relegierung von Theologen (Pfürtner, Schupp, Herrmann, Pohier und andere) und nicht zuletzt an die vielen Opfer kirchlicher Berufsverbote. Wie skandalös in diesem Restaurationsprozeß die Amtskirche mit konservativen Politikern zusammenarbeitet, wurde mit der Verweigerung eines theologischen Lehrstuhls für Professor Johann Baptist Metz an der Universität München besonders deutlich. In gleicher

Weise zeigen auch die Vorgänge um die katholische Kirche in den Niederlanden, daß Papst Johannes Paul II. nicht mehr den Dialog mit dem ganzen »Volk Gottes« sucht, sondern erneut auf die vorkonziliaren Methoden autoritärer Konfliktregelung zurückgreift.

2. Der Bensberger Kreis ist von solchem administrativen Vorgehen einer Amtskirche, die sich offensichtlich verunsichert fühlt und deshalb auf längst überholte Positionen zurückzieht, tief betroffen. Wir spüren in Gemeinden, Schulen, Hochschulen und anderswo unter Katholiken ein Klima der Einschüchterung, Angst und Hilflosigkeit. Bei nicht wenigen führt dieses Klima zu Resignation. Die durch das II. Vatikanische Konzil geweckten Hoffnungen auf eine Öffnung der Kirche, auf Dialogfähigkeit und Demokratisierung der kirchlichen Strukturen scheinen sich nicht zu erfüllen. Der »Fall Küng« ist nicht Ursache, sondern Bestätigung dieses Eindrucks. Eine Reaktion auf die zunehmende Erstarrung kirchlichen Lebens sind zahlreiche Basisgruppen und -gemeinden, die unter schwierigen gesellschaftlichen und kirchlichen Bedingungen versuchen, »Kirche von unten« zu leben. Um dieser Bewegung im deutschen Katholizismus öffentlich Ausdruck zu verleihen, wollen sich solche Gruppen während des 86. Deutschen Katholikentags in Berlin zu einem »Katholikentag von unten« zusammenfinden. Auf dieser Veranstaltung sollen Fragestellungen aufgeworfen werden, für die im Verbandskatholizismus kaum noch Raum ist. Der Bensberger Kreis unterstützt diese Veranstaltung und lädt alle, die sich nach wie vor dem Anliegen einer kritisch offenen und gesprächsbereiten Kirche verpflichtet fühlen, zur Teilnahme an diesem »Katholikentag von unten« ein.

3. Fast zehn Jahre nach Veröffentlichung des Bensberger Memorandums zur »Demokratisierung der Kirche« sind die damaligen Analysen der innerkirchlichen Situation und die Forderungen nach mehr Transparenz, Sachlichkeit, Kritik, Offenheit und Toleranz weiterhin aktuell. Gerade der »Fall Küng« zeigt, wie sehr die Amtskirche sich der Forderung auf Verwirklichung demokratischer Grundrechte wie Freiheit, Gleichheit und Brüderlichkeit auch im kirchlichen Raum immer noch entzieht. Es erscheint uns unerträglich, wenn hohe kirchliche Amtsträger einerseits dem Staat gegenüber Menschenrechte einklagen, andererseits aber im Binnenbereich der Kirche systematisch diesen Rechten zuwiderhandeln. Wir sehen einen Widerspruch darin, wenn das Verhalten von Christen durch Glauben, Hoffnung und Liebe im Geiste Jesu bestimmt sein soll und die Amtskirche sich am autoritären Vorgehen anderer bürokratisch organisierter Institu-

tionen orientiert. In einer durch Polarisierung und Konfrontation geprägten Gesellschaft erweist sich dadurch die Kirche keineswegs als Beispiel brüderlichen Dialogs, sondern schlechthin als »Welt«. Der Bensberger Kreis wird nicht schweigen, wenn amtskirchliche Praxis immer wieder gegen anerkannte Menschenrechte verstößt. Er bittet deshalb seine Mitglieder und andere Christen um Unterstützung des kürzlich gegründeten »Komitees zur Verteidigung der Christenrechte in der Kirche« (c/o Anne Jensen, 7400 Tübingen, Charlottenstraße 21).

4. Mit dem »Fall Küng« wird erstmals in einer breiteren Öffentlichkeit ein Tabu besonderer Art zur Sprache gebracht: Das Verhältnis zwischen Kirche und Staat, wie es sich in den mit Hitler 1933 abgeschlossenen Konkordatsverträgen niederschlägt. In letzter Zeit mehren sich die Fälle, in denen staatliche Stellen sich amtskirchlichem Druck beugen und dadurch oft kirchliche Repression erst ermöglichen. Auf der Strecke bleiben die Freiheitsrechte einzelner Christen, die nichts anderes tun, als in solidarischer Kritik auf Probleme kirchlicher Lehre und Praxis hinzuweisen. Die arbeitsrechtlichen Verhältnisse in der Kirche bedürfen gleichfalls einer dringenden Überprüfung. Auch hier hält es der Bensberger Kreis mit dem Grundsatz der Unteilbarkeit: Eine Kirche, die im staatlichen und privatwirtschaftlichen Bereich Menschenrechte für abhängig Beschäftigte einklagt, sich selbst aber der sachgerechten Lösung der arbeitsrechtlichen Probleme ihrer eigenen Angestellten entzieht, macht sich unglaubwürdig. Einer Klärung bedarf schließlich auch die Frage der Kirchensteuer, des Einzugsverfahrens durch die staatliche Finanzverwaltung und der Kompetenz der Verteilung und Verwendung der kirchlichen Einnahmen. Der Bensberger Kreis tritt deshalb für eine Revision des geltenden Konkordatsrechtes ein und wird zu gegebener Zeit eine Stellungnahme zum Verhältnis zwischen Kirche und Staat vorlegen.

5. Der »Fall Küng« und ähnliche Vorgänge der letzten Zeit verdeutlichen, daß es um nicht weniger und nicht mehr als die Frage geht, welchen Weg die katholische Kirche in der Bundesrepublik Deutschland in Zukunft einschlagen wird. Nach Jahren hoffnungsvoller Öffnung der Kirche, die vielen Menschen einen neuen Zugang zum christlichen Glaubensverständnis ermöglicht hat, versucht jetzt eine Gruppe weniger, aber einflußreicher Würdenträger, in glaubensschwacher Furcht vor den Konsequenzen der pluralistisch-demokratischen Gesellschaft und in unchristlicher Angst vor den Folgen eines gewandel-

ten Kirchenverständnisses das Rad der nachkonziliaren Entwicklung zurückzudrehen. Daß dies mit unlauteren Mitteln geschieht, verweist nicht so sehr auf eine Verunsicherung der vielzitierten »einfachen Katholiken«, sondern auf ein tiefes Mißtrauen der Bischöfe in die befreiende Eigendynamik der christlichen Botschaft. Gerade im Interesse dieser »einfachen« Christen und auch im Interesse der Sache Jesu, die der Sicherung von Privilegien durch Herrschaftswissen und bürokratische Gewalt widerspricht, muß dieser Tendenz der Gettobildung durch die Amtskirche entgegengetreten werden. Dennoch will der Bensberger Kreis einer »Polarisierung von unten« als Antwort auf die »Polarisierung von oben« nicht das Wort reden. Er ist und bleibt dem sachlich-kritischen Dialog verpflichtet mit dem Ziel einer freien und solidarischen Kirche in einer freien und solidarischen Gesellschaft.

Quelle: Publik-forum, 4. April 1980

3.38 Schreiben der Aktion für Menschenrechte in der Kirche (Luzern) an die Schweizerische Bischofskonferenz (1. März 1980)

An die
Schweizerische Bischofskonferenz
Sekretariat

Hochwürdige Herren Bischöfe,
am 19. Dezember 1979 haben wir uns als *Aktion für Menschenrechte in der Kirche* erneut konstituiert. Anlaß dazu war die disziplinarische Maßnahme der römischen Glaubenskongregation gegenüber Professor Hans Küng.
Diese Maßnahme und die Art, wie dies vor Weihnachten geschah, hat uns verletzt und läßt uns aufhorchen. *Unseren Glauben und unsere Hoffnung,* die wir in die durch das Konzil erneuerte Kirche setzen, *sehen wir mißbraucht und bedroht:* Es kann doch nicht wahr sein!
Und dennoch ist das Vorgehen der obersten Kirchenleitung eine Tatsache, »un fait accompli«. Diese Tatsache forderte und fordert uns heraus.
Unsere ersten emotionalen Reaktionen waren heftig. Resigniertes

Kopfschütteln, bodenlose Traurigkeit oder die böse Faust im Sack waren unsere unmittelbaren Erlebnisse: »Wenn Hans Küng nicht mehr katholisch ist, dann sind wir es auch nicht!« Unser Vertrauen in die Kirchenleitung war gebrochen. Nach unserem Ermessen hat sie durch ihre Art des Handelns *ihre Glaubwürdigkeit* vor aller Welt *in Mißkredit* gesetzt.

Ihre Stellungnahme, verehrte Bischöfe, – auch aus der ersten Stunde – verlangte von uns Gläubigen Respekt gegenüber dem päpstlichen Entscheid und forderte uns zum Gebet für Frieden und Einheit auf. Dies klang in unseren Ohren wie ein Hohn auf unsere Verantwortung als mündige Laien.

Wir fühlten uns von Ihnen verlassen. Wir empfanden Ihre Haltung als ein serviles Einspuren auf römische Gleise, während wir von Ihnen eine energische Auseinandersetzung mit den römischen Instanzen erwarteten. *Ihre Solidarität* war für uns eine Solidarität mit den Hirten und *keine Solidarität des guten Hirten mit seiner Herde.*

Doch wir wollten in der Stunde des Urteils nicht davonlaufen. *Wir solidarisierten uns mit dem Verurteilten* gegen das ordnende Gesetz, wohl wissend um den kirchenpolitischen Grundsatz: »Es ist besser, daß einer als das ganze Volk zugrunde geht . . .«

Wir wollten uns für unseren Glauben wehren und *gegen das unfaire Vorgehen in unserer Kirche* vorgehen.

So entschlossen wir uns, *im Namen der christlichen Freiheit* zu *protestieren* und zum Protest aufzurufen. Wir dachten an Paulus, der sogar dem Petrus widerstanden hat, um das lebendige Evangelium (Orthopraxie) gegenüber dem Lippenbekenntnis des Petrus (Orthodoxie) für »uns-nicht-Juden« zu erhalten (Gal 2,1–14).

Mit unseren bescheidenen Mitteln haben wir dann eine *Unterschriftenaktion* in Gang gebracht, um *mit etwa 300 Kontaktpersonen* auch andern Katholiken Mut zu machen, damit sie nicht in Resignation versänken.

Während der Zeit des Unterschriftensammelns machten wir in und mit unserer Kirche *viele und vielerlei Erfahrungen.* Vieles machte uns Mut und Hoffnung. Manches schmerzte uns (die Unflätigkeit und Bosheit, mit der sich gewisse Gläubige für Rom wehren, ist erschreckend). *Einiges machte uns sehr nachdenklich,* zumal es uns selbst auch betrifft. Davon möchten wir Ihnen heute ebenso berichten und nicht nur unseren Protest überbringen.

Vor allem stimmt uns nachdenklich, daß so viele Katholiken *innerlich aus der Kirche ausgewandert* sind, die sich vor fünf Jahren noch dafür engagierten: »Was müht ihr euch noch für etwas, das heute keinen Sinn mehr hat!« – »Ich habe damit nichts mehr zu tun.« – »Ich sehe andere Probleme in der Welt als kirchliches Geschwätz und Gezänk.« – »Ihr seid wirklich noch naiv, merkt ihr denn nicht, daß das Konzil nur eine Episode war und Rom den Rückweg angetreten hat!« – »Das sind die letzten Zuckungen eines autoritären Systems. Laßt sie doch in Ruhe, denn an denen ändert auch ihr nichts.« – »Die Kirche kann sich keine echte Offenheit leisten, das würde ihre innere Organisation sprengen, deshalb ist euere Müh verlorne Liebesmüh« und so weiter und so fort: *Resignation und bisweilen ein mitleidiges oder sarkastisches Lächeln.* Diese Katholiken machen nicht einmal mehr die Faust im Sack.

Auf diese *breite Gleichgültigkeit* möchten wir Sie besonders hinweisen, denn sie hat uns ebenso geschmerzt wie das unfaire Vorgehen Roms oder die Aggressivität gewisser »romtreuer« Kreise. Erschreckt hat sie uns vor allem, weil wir selbst *in uns* dagegen anzukämpfen haben. Wir waren oft versucht, unseren resignierten Gesprächspartnern zu antworten: »Im Grunde habt ihr recht!«

Die vielen und vielerlei Erfahrungen haben uns inzwischen besonnener und nüchterner gemacht. Der Aufschrei aus der ersten Stunde klingt zwar noch nach, und wir protestieren nach wie vor gegen das römische Vorgehen. Doch wir meinen, etwas für das Anliegen von Konzil und Synode 72 tun zu müssen. Im ständigen Gespräch mit Gleichgesinnten haben wir versucht, *Spuren* zu finden, *die aus der verfahrenen Situation herausführen.* Wir meinen, einige solcher Spuren entdeckt zu haben, auch einige *konkrete Wege,* die Sie, Hochwürdige Herren Bischöfe, unmittelbar angehen.

Wir möchten Ihnen deshalb nicht nur unseren Protest, gestützt auf 15 500 Unterschriften, kund tun und unsere Erfahrungen mitteilen. Wir möchten Ihnen auch *konkrete Vorschläge* unterbreiten und Ihnen empfehlen, diese zu prüfen und wenn möglich in konkrete Wege zu leiten, *damit der Geist nicht ausgelöscht werde.*

Wir sind uns voll bewußt, daß Gottes Geist in unserer Welt vielerorts gegenwärtig und wirksam ist. Wir sind uns aber nicht so sicher, ob er immer dort – und nur dort – weht, wo die römisch-katholische Kirchenleitung schaltet und waltet. Wir wünschen hingegen sehr, daß unsere Kirche und ihre Leitung immer dort dabei sei, wo dieser Geist der Menschenfreundlichkeit Gottes weht. Deshalb wagen wir, Ihnen *auf Grund bedeutsamer Feststellungen einige konkrete Vorschläge als Wegweiser* zu unterbreiten und zur Prüfung zu empfehlen.

Unsere Feststellungen:

1. *Die römische Kongregation für die Glaubenslehre stellt* in einer Erklärung vom 15. Dezember 1979 *fest*: »Professor Hans Küng weicht in seinen Schriften von der vollständigen Wahrheit des katholischen Glaubens ab. Darum kann er nicht als katholischer Theologe gelten und nicht als solcher lehren.«

2. Dieses Urteil und der entsprechende Widerruf einer kirchlichen Lehrbefugnis haben in der katholischen Kirche der Schweiz – aber auch in protestantischen Kreisen – *ein starkes Echo* ausgelöst: vom erschreckten Aufschrei bis zu aufatmendem Beifall.

3. Am 19. Dezember 1979 *bittet die Schweizerische Bischofskonferenz* »die Gläubigen der katholischen Kirche in der Schweiz eindringlich, die Entscheidung des Papstes zu respektieren«, und (die Bischöfe) rufen alle auf zum Gebet um Einheit und Frieden in der Kirche. Am 31. Dezember 1979 *bitten Bischof Anton Hänggi und Weihbischof Otto Wüst* die Mitarbeiter im seelsorgerlichen Dienst dringend, »das Ihre beizutragen, daß die Diskussion versachlicht wird und daß Frieden und Einheit unter den Gläubigen unserer Diözese gewahrt bleiben«.

4. 48 Theologieprofessoren, 149 Theologiestudenten, die Aktion für Menschenrechte in der Kirche und andere Gruppen, sowie eine beachtliche Zahl von angesehenen Persönlichkeiten gaben *trotzdem Erklärungen* ab, protestierten oder forderten sogar zum Protest auf. Unabhängig voneinander kamen zwei Unterschriftensammlungen in Gang, die Vereinigung für die Anliegen von Konzil und Synode wurde gegründet, und allenthalben solidarisieren sich Menschen, die im Sinne von Konzil und Synode 72 ihre Hoffnungen erneut auf die katholische Kirche gesetzt hatten und diese ihre Hoffnung jetzt nicht – wie so manche andere Katholiken – begraben wollen.

5. Die römische Presseerklärung vom 30. Dezember sagt: »Die nach so vielen voraufgegangenen Bemühungen mit großem Bedauern getroffene Entscheidung ist ausschließlich *von tiefem pastoralem Verantwortungsbewußtsein bestimmt*.« Damit ist das Stichwort für uns gegeben, unter dem die Auseinandersetzung mit den grundsätzlichen Fragen zu erfolgen hat, wobei wir aber meinen, daß ebendieses pastorale Verantwortungsbewußtsein die kulturelle Gesamtsituation der Gläubigen einschließen muß.

6. *Die Aktion für Menschenrechte in der Kirche* kann und will hier nicht auf die aufgeworfenen Fragen eingehen. *Die Meinungen ihrer Mitglieder* liegen, wenn sie geäußert werden müßten, in etwa auf der

Linie folgender im ersten Monat der Diskussion veröffentlichter Kommentare und Stellungnahmen (in chronologischer Ordnung):

Prof. Alois Müller	Tagesanzeiger	20. 12. 79
Dr. Marga Bührig	Tagesanzeiger	20. 12. 79
Prof. Viktor Conzemius	Luzerner Tagblatt	22. 12. 79
Prof. Othmar Keel	Luzerner Kundgebung	22. 12. 79
Prof. Dietrich Wiederkehr	Vaterland	24. 12. 79
Heinz-Joachim Fischer	Frankfurter Allgemeine	29. 12. 79
Henri Fesquet	Le Monde	01. 01. 80
Dr. Rolf Weibel	Schweiz. Kirchenzeitung	03. 01. 80
Prof. Heinrich Ott	Basler Zeitung	05. 01. 80
Dr. Hans Kühner	Basler Zeitung	10. 01. 80
Jean-Pierre Manigne	ICI	15. 01. 80
Dr. Ludwig Kaufmann	Orientierung	15. 01. 80

7. Die Synode 72 hat die katholische Kirche der Schweiz unter anderen auch *auf folgende Aussagen verpflichtet*:

● Offenheit nach außen setzt Offenheit innerhalb der Kirche voraus. Zu dieser Offenheit gehört:
– sich gegenseitig ernst nehmen
– den andern annehmen, auch wenn er nicht gleich denkt
– bei aller Kritik den guten Willen und die Ernsthaftigkeit im Glauben zugestehen
– bereit sein, aufeinander zu hören, voneinander zu lernen, sich in Frage stellen zu lassen
– Polarisierungen in der Kirche vermeiden

● Wenn wir Christen die Spannungen innerhalb der Kirche aushalten und sie im christlichen Geist austragen, leisten wir einen Friedensdienst an der Welt.

● Diese Einheit im Glauben schließt nicht jedweden Pluralismus aus, im Gegenteil. Nach mehreren Jahren des Dialogs im Glauben begrüßt die Synode die Verschiedenheit der Wege, der Erfahrungen und des Ausdrucks im Glauben, die in ihr zum Ausdruck gekommen sind: sie sieht darin, ohne sofort an die Gefahr einer Spaltung zu denken, einen Widerschein des umfassenden Reichtums der Glaubenserfahrung des Gottesvolkes.

● Echte Einheit besteht ohne Zwang ... Mithin bedeutet Kirche als Gemeinschaft – bei aller Betonung ihrer Einheit – keine Gleichschaltung und Gleichförmigkeit, sondern Anerkennung der verschiedenen Dienste und Begabungen, Verantwortungen und Aufgaben ...

Über die Rangordnung zu streiten, ist nach dem Neuen Testament müßig.

● Den Gläubigen soll nahegebracht werden, daß ein interesseloses Schweigen den kirchlichen Erwartungen nicht entspricht. Sie sollen zur öffentlichen Meinungsäußerung ermutigt und zur kritischen Auseinandersetzung mit Meinungen anderer aufgefordert werden.

● Oft kann eine sachgerechte Entscheidung in der Kirche erst getroffen werden, nachdem sich eine öffentliche Meinung gebildet hat, denn das Wirken des Heiligen Geistes ist dem ganzen Gottesvolk verheißen.

Unsere Vorschläge:
1. Viele Katholiken stoßen sich am rechtlichen Verfahren, das die römische Kirchenleitung gegenüber Theologen anwendet. Sie betrachten eben das als Ursache für den Vertrauensbruch im vorliegenden Fall.
Deshalb bitten wir, die Bischofskonferenz soll in Rom erneut und mit Nachdruck vorstellig werden, damit ein kirchliches Rechtsverfahren durchgesetzt wird, so wie es die Synode 72 gefordert hat.
Die innerkirchliche Wahrheitssuche und Konfliktbewältigung muß in Formen erfolgen, die dem allgemeinen Rechtsempfinden unserer Zeit entsprechen und die bereits die solidarischen Modelle einer humaneren Gesellschaft vorwegnehmen.
2. Die Schweizerischen Bischöfe sollen die angelaufene Auseinandersetzung zulassen, fördern, indem sie diese redlich und offen begleiten und – soweit nötig – auch führen.
Dabei erscheint uns selbstverständlich, daß bei aller Forderung nach Sachlichkeit die emotionale Seite mitschwingt, da ja unser Glaube den ganzen Menschen erfaßt. Unsere tiefsten Wertinhalte sind ja immer auch zutiefst gefühlsgebunden. Und ist es nicht gerade ein Vorzug der katholischen Kirche, auch das Gemüt und nicht nur den Intellekt ihrer Gläubigen zu bewegen?
3. Bei dieser Auseinandersetzung geht es grundsätzlich um *zwei Fragenkreise*: Fragen zur Disziplinarordnung in der Kirche und Fragen, die um dogmatische Lehrinhalte und deren Auswirkungen auf das kirchliche Leben kreisen.
Beide Fragenkreise müßten ausgiebig erörtert und in ihrem wechselseitigen Zusammenspiel diskutiert werden.
Dabei ist es wichtig, daß hinsichtlich der Disziplinarordnung nicht nur Schönheitsfehler der kirchlichen Praxis bedauert werden, sondern

daß grundsätzliche Kriterien einer solchen Praxis für Rom, aber auch für die Schweiz diskutiert werden.

4. Für diese Auseinandersetzung müssen die gegensätzlichen Standpunkte von der Bischofskonferenz unvoreingenommen genannt werden. Wir bitten daher:

Die Bischofskonferenz möge eine Arbeitsgruppe beauftragen, bis Ostern 1980 die Anliegen der römischen Glaubenskongregation und der deutschen Bischofskonferenz einerseits und der Schriften und Stellungnahmen von Professor Hans Küng andererseits in klarer und einfacher Sprache darzustellen und zu veröffentlichen.

5. Hinter dem ausgebrochenen Streit scheint der Zusammenprall zweier geistiger Erfahrungs- und Denkwelten zu stehen. Die Auseinandersetzung kann nur dann fruchtbar werden, wenn dieser Hintergrund gesehen und verstanden wird. Wir bitten daher:

Die Bischofskonferenz möge eine Arbeitsgruppe beauftragen, bis Herbst 1980 ein klärendes Wort über den geistes- und theologiegeschichtlichen, den kirchenrechtlichen und psychologischen, den kirchenpolitischen und systemimmanenten Hintergrund des Streites zu verfassen. Die Bischofskonferenz möge dieses klärende Wort veröffentlichen.

Dabei sollen auch gegensätzliche Standpunkte zu Worte kommen. Erwachsenenbildner sollen methodische Hinweise für die Arbeit in Gruppen und Gemeinschaften, Räten und Verbänden aller Art zufügen.

6. Die bereits angelaufene Auseinandersetzung scheint auf den ersten Blick zweipolig (hie Rom, da Küng) zu verlaufen. In Wirklichkeit ist sie wahrscheinlich viel verworrener und verzwickter.

Uns scheint wichtig, dieses Feld der pastoralen Wirklichkeit fürs erste einmal zu erhellen und zu klären, da es bei der anstehenden Auseinandersetzung nicht nur um den Standort Roms oder Küngs geht, sondern um die unterschiedlichen Standpunkte von uns Katholiken in der Schweiz. Deshalb bitten wir:

Die Bischofskonferenz möge ein Team von erfahrenen Fachleuten aus dem pastoralen und sozialpsychologischen Bereich beauftragen, anhand der dokumentierten Zeugnisse in Briefen, Zeitungen, Radio und Fernsehen eine Analyse der Konfliktsituation zu erstellen und entsprechende Vorschläge für die pastorale Arbeit in unseren Pfarreien zu formulieren. Dieser Bericht soll ebenfalls im Herbst 1980 veröffentlicht werden.

7. Zahlreiche Mitarbeiter im kirchlichen Dienst (Seelsorger, Kate-

cheten, Jugendleiter, Sozialarbeiter, Erwachsenenbildner u. a.) sind mit dem Aufbruch des Konzils und der Synode 72 in ein kirchliches Denken und Fühlen hineingewachsen, das in etwa auf der Linie oder im Umkreis des theologischen Werkes von Professor Hans Küng liegt.

Wenn diese kirchlichen Mitarbeiter ihr Denken und Fühlen auf seine Art zu Ende führen, kommen sie zu ähnlichen oder gar gleichen Aussagen, welche die römische Glaubenskongregation als nicht mehr katholisch verurteilt.

Manche bekennen sich offen dazu, selbst manche Pfarrer. Andere müssen daran denken, ihr Amt zur Verfügung zu stellen, wenn sie ehrlich bleiben und keiner Doppelmoral nachgehen wollen. Deshalb bitten wir:

Die Bischofskonferenz möge spätestens bis Ostern 1980 erklären, wer in der Schweiz von sich noch guten Glaubens sagen darf, er sei katholisch und arbeite also zurecht im kirchlichen Bereich mit. Dabei sind sowohl die Sitten wie den Glauben betreffende Grundsätze herauszustellen. Bis dahin sollen keine Kündigungen nahegelegt oder ausgesprochen werden.

Es scheint uns in der derzeitigen Situation wichtig, diesbezüglich klare Richtlinien zu setzen, damit aus dieser Verwirrung heraus keine unnötigen Opfer gebracht werden müssen.

Sehr geehrte Bischöfe, wir haben Ihnen hiermit *unser Anliegen und unsere Sorge anvertraut,* indem wir einerseits – gestützt auf 15 500 Unterschriften – unseren heftigsten Protest angemeldet haben, andererseits aber auch versuchten, Sie nüchtern und besonnen auf Wege und Möglichkeiten aufmerksam zu machen, die uns allen inmitten dieser Krise der Glaubwürdigkeit weiterhelfen können. *Wir hoffen, daß Sie uns und unser Anliegen ernst nehmen.*

Die Glaubwürdigkeit der Apostel ist ja nach alter kirchlicher Tradition die letzte *Garantie für die Glaubwürdigkeit ihres Zeugnisses.* Diesen Beweis müssen auch deren Nachfolger immer wieder antreten. Davon entbinden keine unfehlbaren Lehrsätze. Das Gleiche gilt aber auch für uns Gläubige, wenn wir den Missionsauftrag Jesu ernst nehmen und das Evangelium unseren Kindern und Mitmenschen vertraut machen wollen.

So erwarten wir, daß Sie unseren Protest nach Rom weiterleiten und sich dort für die Wahrung der Menschenrechte in der Kirche im Sinne einer Anpassung der Verfahrensordnung einsetzen.

Wir erwarten aber auch, daß Sie die von Rom ausgelöste Auseinandersetzung in unserem Land redlich und offen begleiten und deshalb unsere diesbezüglichen Vorschläge ernsthaft prüfen und uns Ihre diesbezüglichen Meinungen und Beschlüsse wissen lassen.

3.39 Offener Brief des Vorstands der Cusanerkonferenz an die deutschen Bischöfe (3. März 1980)

Das Cusanus-Werk ist die Bischöfliche Studienförderung für Hochbegabte.

Sehr geehrte Herren Bischöfe!

Dieses Ihnen vorliegende Schreiben hat sich als einer unter drei Anträgen in der Diskussion der Vollversammlung der studierenden Cusaner in Königstein/Ts. am 29. Februar 1980 herauskristallisiert und ist mit 218 gegen 22 Stimmen bei 9 Enthaltungen angenommen worden.

Die Vollversammlung der studierenden Cusaner befaßte sich in Königstein mit der gegenwärtigen Situation in der Kirche nach dem Entzug der kirchlichen Lehrbefugnis für Prof. Hans Küng und ist darüber betroffen. Nicht wenige von uns haben aus seinen Schriften wertvolle Anregungen für unser eigenes Ringen um den Glauben bezogen. Die Vollversammlung hält sich zwar nicht für kompetent, alle Sachverhalte zu durchschauen, die gewichtet wurden, um schließlich die Entscheidung gegen Prof. Küng zu fällen, noch möchten wir seine Theologie, der auch wir kritisch gegenüberstehen, und sein Verhalten, durch das auch er zu dieser unheilvollen Eskalation beigetragen hat, in allen Punkten fraglos verteidigen. Aber wir sehen den Entzug der kirchlichen Lehrbefugnis für Prof. Küng als Ausdruck einer Vertrauenskrise innerhalb der katholischen Kirche, die uns zutiefst beunruhigt. Wir glauben, daß wir dazu Stellung nehmen sollten, denn: »Das Cusanuswerk erwartet von seinen Stipendiaten nicht nur passive Aufnahme der christlichen Botschaft, sondern lebendige Auseinandersetzung mit ihr und den ernsten Willen, sie in Gemeinschaft mit allen, die sich ihrem Anspruch verpflichtet wissen, im eigenen Leben zu verwirklichen. Das umschließt zugleich eine intensive Teilnahme an Problemen und Aufgaben der Kirche und das Bemühen, den ihr eigentümlichen christlichen Beitrag in der gegenwärtigen

Welt zu fördern« (Informationsbroschüre des Cusanuswerks vom Mai 1975, 2).

1. Der Aufbruch in der Kirche nach dem Zweiten Vatikanischen Konzil ermöglichte auch einen neuen Dialog mit den Menschen, die sich bislang am Rande oder auch außerhalb der Kirche befanden. Jene Menschen vermochte Prof. Küng mit seinen Büchern anzusprechen und ihnen wieder die Bedeutung von Kirche, Gottesdienst und Christsein näherzubringen. Aber auch viele katholische Christen fanden unserer Erfahrung nach in seinen Werken Weisung, Hilfe und mehr Sicherheit für ihren Glauben.

2. Die Fragen, an die Prof. Küng rührt, sind nicht von ihm erfunden, sondern sie benennen Wirklichkeiten des gegenwärtigen Glaubensbewußtseins, und sie sind sensibel für die Probleme in der Welt, denen auch Theologie und Kirche Antworten schulden.

3. Man begründet den Entzug der Lehrbefugnis unter anderem damit, daß Prof. Küngs Thesen die Gläubigen verunsicherten. Aber sind wir Christen nicht in Christi Gnade zur Freiheit und zur Mündigkeit berufen? Auch in einer Verunsicherung liegt die Chance für eine Vertiefung des Glaubens, der in ganz persönlichem und ständig von Zweifeln begleitetem, ehrlichem Ringen in Gemeinschaft mit anderen nach Wahrheit sucht. Disziplinarische Maßnahmen können den Glauben der Christen nicht bewahren helfen. »Man muß vor allem die Freiheit eines jeden Menschen achten. Gott selbst tut es auch« (Papst Johannes XXIII.).

4. Entsprechend benötigt die theologische Forschung, die der Wahrheit des Glaubens und der reichen Tradition der Kirche in wissenschaftlicher Redlichkeit begegnet, ein Klima der Offenheit und Dialogbereitschaft. In ihrer Suche nach Begriffsalternativen hat auch der »Irrtum« eine heuristische und damit eine wertvolle Funktion. Gerade in der Kirche sollte diese Offenheit ermöglicht und gefördert werden.

5. Die entscheidende Diskrepanz zwischen Prof. Küng und der Glaubenskongregation besteht in der Auffassung von der päpstlichen Unfehlbarkeit. Aber ist Prof. Küng hier wirklich nicht mehr katholisch? Abgesehen davon, daß die Unfehlbarkeit in einer Hierarchie der Wahrheiten sicher nicht an erster Stelle steht, muß man zugeben, daß der Begriff »unfehlbar« gerade heute der Gefahr einer maximalistischen Interpretation unterliegt. Auch schon 1870 gab es deswegen auf dem Ersten Vatikanum erhebliche Meinungsunterschiede. Natürlich ist es richtig, die unverbrüchliche Treue Gottes zu seinem Volk zu bekennen, und natürlich können Päpste und Bischöfe als

Glaubende und Repräsentanten des ganzen Gottesvolkes – und nur als solche – Wahrheit für bestimmte Aussagen des Glaubens in Anspruch nehmen. Aber auch das Erste Vatikanum hat gewußt, daß der Glaube der Menschen immer begrenzt bleibt, und man kann sicherlich die Wahrheit einer Aussage nicht bloß formell auf bestimmte Worte, bestimmte Instanzen oder bestimmte Weisen ihres Zustandekommens gründen. Letzter Maßstab bleibt immer die nur in Analogien erkennbare Wahrheit Gottes.

6. In der Frage der Unfehlbarkeit ist nicht nur die theologische, sondern auch die institutionssoziologische Ebene zu beachten. Wer solche disziplinarischen Maßnahmen ergreift, setzt sich eben doch dem Verdacht aus, es ginge ihm um »römischen Machtanspruch oder die Selbsterhaltung eines Systems«. Die »unversehrte Weitergabe des katholischen Glaubens« gelingt besser durch offene Diskussion in »selbstkritischer gegenseitiger Ergänzung«. Im Interesse einer fruchtbaren Auseinandersetzung ist »Toleranz« ein notwendiges Korrektiv zur »Macht«.

Die Vollversammlung der studierenden Cusaner befürchtet, daß sich die theologische Forschung nicht mehr in den ihr eigenen und angemessenen wissenschaftlichen Dimensionen entfalten, sondern sich nach einem vorgegebenen Raster bereits definierter Lehrmeinungen richten soll. Sie ist besorgt über Tendenzen in der katholischen Kirche, die das Kirchenrecht gegenüber der Pastoral überbewerten. Sie glaubt, daß aufgrund der getroffenen Entscheidung gegen Prof. Küng der in den letzten Jahren eröffnete ökumenische Dialog, vornehmlich mit der Evangelischen Kirche in Deutschland, gefährdet wird. Sie befürchtet, daß oben genannte Tendenzen dem Ansehen der katholischen Kirche schaden und viele Gläubige betroffen machen. Die nicht nur »innere Emigration« vieler katholischer Intellektueller könnte deren Folge sein.

Wir bitten Sie, sehr geehrte Bischöfe, diese Stellungnahme junger Menschen, denen die Kirche und ihre Zukunft fürwahr nicht gleichgültig sind, ernst zu nehmen und zu bedenken. Über eine Antwort würden wir uns freuen.

CUSANUSWERK   Bonn, 5. März 1980
– Altcusanerrat –

Die Generalversammlung der Altcusaner hat sich am 1. März 1980 dem Inhalt der vorstehenden Schreiben des Vorstandes der Cusanerkonferenz an die Mitglieder der Deutschen Bischofskonferenz und an Herrn Prof. Dr. Hans Küng vom 3. März 1980 mit 65 gegen 7 Stimmen bei 10 Enthaltungen angeschlossen.

3.40 Offener Brief des Innerschweizer Schriftstellervereins an die Schweizer Bischöfe (ohne Datum)

Sehr geehrte Herren Bischöfe!
Der Entzug der missio canonica für den in Tübingen lehrenden Schweizer Theologen Hans Küng, mit dem wir uns als Innerschweizer Autoren ganz besonders verbunden wissen, hat uns bestürzt und schmerzlich getroffen.
Wir wissen um die großen Schwierigkeiten der Kirche in der Erhaltung der Heilswahrheiten. Wir wissen aber auch um die Not des heutigen Menschen, der sich unterwegs weiß, und der von der Kirche Antworten in unserer Zeit mit ihren neuen Fragen erwartet.
Für unzählige aufrichtig suchende Menschen ist der Theologe Hans Küng ein Halt in stürmischer Zeit.
Eine Kirche, die schöpferisches Suchen nach Wahrheit und Infragestellen von kirchlichen Erkenntnissen durch Verwaltungsentscheide verhindert, mißachtet das Menschenrecht auf freies und ungehindertes wissenschaftliches Forschen. Die Mißachtung von Menschenrechten aber beginnt nicht erst bei der körperlichen Folter, sondern bereits bei der Verweigerung eines geistigen Rechts.
Aus diesem Grunde betrachten wir den Entscheid der Glaubenskongregation der Römisch-Katholischen Kirche als Mißachtung von verheißungsvollen Erkenntnissen des letzten Konzils.
Die geistige Hinrichtung der schöpferischen Forschungsarbeit wird als Urteil gegen das Studium neuer Wege des Glaubens in einer Welt des raschen und rauhen Wandels verstanden und trägt dazu bei, daß der heutige Mensch mehr und mehr an der Kirche vorbeilebt.
Aus dieser Sorge heraus bitten wir Sie als Innerschweizer Schriftsteller, darauf hin zu wirken, daß das Lehrverdikt der Glaubenskongregation neu überdacht und zurückgenommen wird.

Quelle: Für Dialog statt Macht in der Kirche: Dokumentation, hrsg. von den Basisgruppen Theologie Freiburg und Luzern, 9

3.41 Solidarität der Innerschweizer Künstler GSMBA mit Hans Küng (ohne Datum)

Schon in der Tagespresse erklärten sich die Innerschweizer Künstler mit Prof. Küng solidarisch und protestierten gegen das Verfahren, das zum Lehrverbot führte. Wir zeigten uns auch betroffen von der Zustimmung der Schweizer Bischöfe zu diesem Verbot.

Warum melden wir Künstler uns in dieser Sache zum Wort?

Weil viele Künstler durch ihre Arbeit sich kirchlich immer wieder engagiert haben.

Weil wir durch dieses Vorgehen Roms und die Zustimmung der Hierarchie jenen geistigen Freiraum verletzt sehen, der Voraussetzung für jede geistige Arbeit in der Kirche, theologisch und künstlerisch, ist. Wir sind überzeugt, wenn in der Kirche kein Platz für kritische Auseinandersetzung ohne Sanktionen bleibt, verlieren auch die kreativ Schaffenden ihre Heimat.

Leute wie Hans Küng gaben uns immer wieder zu Hoffnung Anlaß, auch in der Kirche sei kreative Lebensgestaltung möglich, auch in der Kirche könnten verkrustete Strukturen und konformistische Stereotypen doch aufgebrochen werden. Die Diskrepanz zum Leben in der Gegenwart würde doch mit der Zeit aufgehoben.

Es schien uns wichtig, daß eine Gruppe der Basis als Laien sich zu Wort meldet, um der Hierarchie zu zeigen, daß nicht nur geschluckt und gebetet wird und Reaktionen der theologischen Fachwelt überlassen bleiben.

Wir möchten durch unsere Stellungnahme viele Gruppen von Laien aufmuntern, auch öffentlich zu reagieren.

Eine Gruppe Innerschweizer Künstler schenkt zudem an einer spätern Vernissage Hans Küng eine Mappe mit künstlerischen Arbeiten, die ein lange sichtbares Zeichen bleiben sollen als Antwort auf die Zeichen der Hoffnung, die ihnen Hans Küng geschenkt hat.

Ein Mensch, der redlich nach der Wahrheit sucht, kommt vermutlich der Wahrheit näher als jene, die die Wahrheit glauben verwalten zu müssen.

Quelle: Für Dialog statt Macht in der Kirche. Dokumentation, hrsg. von den Basisgruppen Theologie Freiburg und Luzern, 10

3.42 Offener Brief von katholischen Schweizer Theologiestudieren-
den an Papst Johannes Paul II. (ohne Datum)

Wir, die unterzeichnenden Theologiestudierenden der Schweiz, sind schockiert über den Entzug der kirchlichen Lehrerlaubnis von Prof. H. Küng. – Wie läßt sich diese Maßnahme in Einklang bringen mit dem Geist der weihnächtlichen Frohbotschaft, den Sie in Ihrer Erklärung zum Weltfriedenstag so klar zum Ausdruck gebracht haben?

Warum haben Sie Prof. Küng nicht ein Gespräch unter annehmbaren Bedingungen angeboten, was echten Dialog ermöglicht hätte? Warum wurde Prof. Küngs Beitrag zur Klärung einer offenen theologischen Frage der Häresie bezichtigt? Warum wurde von Anfang an gefordert, daß sich Prof. Küng der Auffassung der Glaubenskongregation bedingungslos unterwirft?

Ihre Maßnahme betrifft nicht nur Prof. Küng, sondern all jene Theologen, die gemäß dem Auftrag des II. Vatikanischen Konzils »nach einer geeigneten Weise suchen, die Lehre des Glaubens den Menschen ihrer Zeit zu vermitteln« (Gaudium et spes 62). Voraussetzung für theologische Arbeit in diesem Sinne ist aber, daß »den Gläubigen die entsprechende Freiheit des Forschens, des Denkens sowie demütiger und entschiedener Meinungsäußerung zuerkannt wird in allen Bereichen ihrer Zuständigkeit« (Gaudium et spes 62).

Heute, wo »allzuviele zwar noch einen rein feierlichen, aber immer weniger einen ernsten, lebensprägenden Gebrauch von den Geheimnissen unserer Kirche machen« (Synodendokument ›Unsere Hoffnung‹), kann nur eine mutige und aufgeschlossene Theologie weiterhelfen. Prof. Küng hat durch seine Arbeit vielen suchenden Gläubigen einen gangbaren Weg gewiesen. Werden sie nicht durch die von Ihnen gebilligten Maßnahmen verunsichert und enttäuscht? Prof. Küng wird von Christen der verschiedenen Kirchen und von Nicht-Christen als kompetenter Gesprächspartner geschätzt und respektiert. Warum haben Sie die positiven Erfahrungen so vieler Menschen nicht mit in Ihre Überlegungen einbezogen?

Durch Ihr Engagement für die Menschenrechte haben Sie in der Weltöffentlichkeit viele Sympathien erworben. Dieses Engagement ist aber nur dann glaubwürdig, wenn etwas davon auch im Innern der Kirche spürbar wird.

Deshalb wünschen wir, daß die Maßnahmen gegen Prof. Küng rückgängig gemacht werden. Weiter wünschen wir uns in der Kirche einen angstfreien, ehrlichen Dialog und ein offenes, den Menschenrechten entsprechendes Verfahren zur Lösung theologischer Streitfragen.

Es folgen die Unterschriften von 149 katholischen Theologiestudierenden aus Freiburg, Luzern und Solothurn.

Quelle: Für Dialog statt Macht in der Kirche: Dokumentation, hrsg. von den Basisgruppen Theologie Freiburg und Luzern, 13

3.43 Offener Brief von Churer Theologiestudierenden an Papst Johannes Paul II. (ohne Datum)

Eure Heiligkeit!
Wir sind betroffen. Prof. Dr. Hans Küng wurde durch die Glaubenskongregation mit Ihrer ausdrücklichen Billigung die Lehrbefugnis entzogen. Für ihn bedeutet das kirchliches Berufsverbot.
Wir wollen uns nicht anmaßen, den theologischen Sachverhalt zu beurteilen bzw. zu kritisieren, da uns die nötigen Informationen fehlen. Es geht uns auch nicht darum, einseitig Position zu beziehen. Uns geht es vielmehr um die Art und Weise des Verfahrens.

• Seit längerer Zeit hat zwischen der Glaubenskongregation und Herrn Hans Küng kein Gespräch mehr stattgefunden. Um so mehr überrascht uns dieser harte Entscheid.
• Ihre verschiedenen Aufrufe zur Einhaltung der Menschenrechte haben uns Mut gemacht. Um so weniger können wir das Verhalten der Glaubenskongregation gegenüber kritischen Stimmen in der Kirche verstehen.
• Dieses fragwürdige Verfahren erscheint uns als Machtdemonstration des kirchlichen Lehramtes. Dies steht im Gegensatz zur Forderung des Evangeliums Jesu Christi: »Es ist nicht so, als ob wir Herren über euren Glauben wären, nein, Mitarbeiter sind wir an eurer Freude; denn im Glauben steht ihr fest« (2. Kor 1, 24).
• Einerseits forderten Sie vor einiger Zeit die Theologen zu intensiver Kreativität auf dem Weg der Wahrheitssuche auf, andererseits wird mit diesem Entscheid das kritische und kreative Fragen unterbunden.
• Dieser Ausdruck von Mißtrauen auf seiten einiger kirchlicher Amtsträger löst bei uns angehenden Seelsorgern Angst aus, Angst,

daß die Offenheit und Vielfalt in der Kirche durch Tendenzen der Stagnation und Uniformität abgelöst wird.

● Solche Verfahrensweisen und Tendenzen erscheinen uns als fragliche Zeugnisse in einer zeugnishungernden Welt.

● Solche Entscheide überschatten das Licht der adventlichen Hoffnung.

Quelle: Für Dialog statt Macht in der Kirche: Dokumentation, hrsg. von den Basisgruppen Theologie Freiburg und Luzern, 13

3.44 Erklärung zur Absetzung des Theologen Hans Küng aus der Schweiz (ohne Datum)

Diese Erklärung wurde bis zum 25. Januar 1980 von 9162 Personen unterzeichnet.

1. Die Unterzeichnenden nehmen mit Bestürzung davon Kenntnis, daß dem Schweizer Theologieprofessor und ehemaligen Konzilsberater Hans Küng durch den Vatikan die kirchliche Befugnis entzogen worden ist, an der theologischen Fakultät der Universität Tübingen zu lehren.

2. Sie protestieren gegen die Art und Weise des Vorgehens. Weder die Schweizer Bischöfe noch Hans Küng selbst wußten um diese »Nacht- und Nebelaktion« kurz vor Weihnachten. Unbequeme Theologen durch ein solches – inquisitorisches – Procedere zum Schweigen zu bringen, macht eine Kirche unglaubwürdig, die in der Weltöffentlichkeit für die Menschenrechte eintritt.

3. Hans Küng bietet mit seiner theologischen Arbeit Hilfe für alle jene, die ihren Glauben in der heutigen Zeit verantworten und vertiefen wollen. Seine Mundtotmachung wird viele verbittern. Zerstört worden sind auch die Hoffnungen, die das Zweite Vatikanische Konzil in suchenden Christen hat wach werden lassen.

4. Das Vorgehen gegen Hans Küng trägt weiter dazu bei, in der katholischen Kirche ein Klima von Angst und Repression zu schaffen, das jede freie Meinungsäußerung verhindert.

5. Vor den Kopf gestoßen werden schließlich alle Kreise, die sich um eine ernsthafte Ökumene bemühen und die in Hans Küng einen engagierten Verfechter ihrer Anliegen gefunden haben.

6. Die Unterzeichnenden fordern, daß die Maßnahmen gegen Hans Küng rückgängig gemacht werden.

Dieser Text wird dem Präfekten der Kongregation für die Glaubenslehre zugestellt, mit Kopien an die Deutsche und an die Schweizerische Bischofskonferenz.

Quelle: Für Dialog statt Macht in der Kirche: Dokumentation, hrsg. von den Basisgruppen Theologie Freiburg und Luzern, 12

3.45 Erklärung von fünfzig katholischen Theologieprofessoren und -dozenten aus der Schweiz (ohne Datum)

Die unterzeichneten Professoren und Dozenten an den Schweizerischen Katholisch-Theologischen Fakultäten sind zutiefst betroffen von der Entscheidung des römischen Lehramtes, Professor Hans Küng könne weder als katholischer Theologe gelten noch als solcher lehren. Vor allem fühlen sie sich in ihrem Vertrauen zur Kirchenleitung durch die Art und den Zeitpunkt des Vorgehens verunsichert. Im Zusammenhang mit anderen Lehrverfahren erscheint ihnen dieser Fall als Grund zu der Besorgnis, die freie Diskussion in der Theologie werde in Zukunft erheblich eingeschränkt. Sie glauben nicht, daß Zusammenhalt und Einheit in der Kirche disziplinarisch gesichert werden können. Die in der Kirche seit Konzil und Synoden gewachsene Hoffnung auf einen brüderlichen Dialog scheint ihnen erneut gefährdet. Die Betonung der Verpflichtung des katholischen Theologen auf die vom Lehramt gehütete Glaubenswahrheit scheint ihnen einseitig, wenn darüber die Verpflichtung vergessen wird, über die bedrängenden Fragen der Menschen in der Kirche nachzudenken und ihnen den Glauben lebendig zu erhalten. Wie immer man über seine Thesen im einzelnen urteilen mag, Professor Küng hat in seinen weithin wirksamen Veröffentlichungen einen unbestreitbaren Beitrag dazu geleistet, die Menschen der Kirche wieder nahezubringen. Er hat den ökumenischen Dialog, wie er auch sonst von der Kirche gesucht wird, gefördert. Wenn man seine Schriften unter dem Gesichtspunkt der Gefahr für das Glaubensleben untersucht, dann muß man sie auch unter dem Gesichtspunkt betrachten, welche Chancen sie für eine lebensnahe und gegenwartsbezogene Sprache des Glaubens eröffnet haben.

Die unterzeichneten Theologen bitten daher die Schweizerischen Bischöfe, sich dafür einzusetzen, daß eine Appellation von Professor Küng in Rom zu einer neuen Überprüfung der Entscheidung führt.

Quelle: Für Dialog statt Macht in der Kirche: Dokumentation, hrsg. von den Basisgruppen Theologie Freiburg und Luzern, 11

3.46 Unterschriftenaktion zum Fall Küng in Österreich (ohne Datum)

In Salzburg bildete sich die »Initiative Salzburger Christen für Wahrheit und Offenheit in der Kirche«, in Linz die »Christeninitiative für Wahrheit und Frieden«, in Graz die »Christeninitiative für Dialog und Versöhnung«. Es handelt sich dabei immer um diese folgende Erklärung, die auch von einer Wiener Gruppe mitunterstützt wurde. Die Linzer Initiative verzeichnete bis zum 20. Februar 1980 2500 Unterschriften.

Aus Sorge und Verantwortung für den christlichen Glauben bedauern die Unterzeichneten die Vorgangsweise der Römischen Glaubenskongregation gegen den Theologieprofessor Hans Küng.
Professor Küng wurde durch seine Schriften und Vorträge, durch seine offene Kritik, aber auch durch sein klares Bekenntnis zur Kirche für viele suchende und kritisch denkende Menschen ein hoffnungsvolles Zeichen, daß auch sie in der katholischen Kirche Platz haben können. Viele distanzierte Christen fanden durch ihn einen Zugang zum christlichen Glauben.
Man kann über die theologischen Aussagen Küngs und sein persönliches Verhalten Rom gegenüber unterschiedlicher Meinung sein und soll darüber streiten.
»Die Wahrheit ist das Fundament des Friedens« (Johannes Paul II. in seiner Weihnachtsbotschaft 1979). Wir glauben, daß die Wahrheit nicht durch römische Disziplinarmaßnahmen gesichert werden kann, sondern sich in freier und intensiver Auseinandersetzung finden läßt.
Wir betrachten die Maßnahme gegen Küng als einen Schritt hinter das Konzil zurück. Wir lehnen daher eine solche Vorgangsweise ab, weil sie weder der Wahrheit noch dem Frieden dient.

Quelle: Dokumentation »Der Fall Küng«. Ende der Offenheit in der Kirche? Hrsg. von der Katholischen Hochschulgemeinde Salzburg, 17–19

3.47 Stellungnahme des Leitungsteams im Theologischen Mentorat der Diözese Rottenburg-Stuttgart (ohne Datum)

Das Leitungsteam hat eine ausführliche Dokumentation erarbeitet. Darin wird vor allem auch die Dokumentation des Sekretariats der Deutschen Bischofskonferenz und die Dokumentation »Um nichts als die Wahrheit«, hrsg. von Walter Jens, einem kritischen Vergleich unterzogen. Dabei wird u.a. festgestellt, daß sich in der Dokumentation der Bischofskonferenz vom 18. Dezember 1979 auf S. 5 folgende Passage befindet: »Am 23. Dezember 1974 – vgl. Anlage 33 – richtet Kardinal Höffner in einem ausführlichen Brief an Professor Küng die Frage: ›Kraft welcher Autorität tragen Sie Ihre Meinung vor?‹ Professor Küng erwidert den Brief am 10. Januar 1975 – vgl. Anlage 34 – und beantwortet die konkrete Frage: ›Kraft der Autorität Gottes, dem ich als Theologe zu dienen habe.‹« In Wirklichkeit antwortete Küng: »Kraft der Autorität des Wortes Gottes, dem ich als Theologe zu dienen habe. Ob ich dies richtig tue, ist selbstverständlich eine offene Frage.« Im Folgenden die Stellungnahme des Leitungsteams im Theologischen Mentorat:

Das Leitungsteam im Theologischen Mentorat der Diözese Rottenburg-Stuttgart hat sich seit der Bekanntgabe des Entzugs der Missio canonica von Herrn Prof. Dr. Hans Küng intensiv mit den Vorgängen und Dokumentationen beschäftigt.

Daraus erwuchs eine Dokumentation, die allen Studenten des Fachbereichs Katholische Theologie an der Universität Tübingen zugänglich gemacht wurde und auf deren Hintergrund die Mehrheit des Leitungsteams und die Mitunterzeichnenden wie folgt zu den Ereignissen Stellung nehmen:

1. Die Analyse der Hintergründe, die zum Entzug der Missio canonica von Prof. H. Küng geführt haben, läßt uns das Vorgehen der Glaubenskongregation (= GK) und der Deutschen Bischofskonferenz (= DBK) als ein Beispiel heutigen kirchenamtlichen Selbstverständnisses erkennen: In der Art und Weise des Vorgehens der GK zeigen sich inquisitorische Züge, und die Beziehungen zwischen Diözesankirche, Nationaler Bischofskonferenz und kurialer Behörde werden auf tragische Weise als Abhängigkeitsverhältnis offenbar. Brüderliches Miteinander scheint unmöglich. In einem als Geheimdiplomatie zu kennzeichnenden Verfahren wurden die letzten Schritte gegen Hans Küng in einer Geheimkonferenz in Brüssel von

Vertretern der DBK und der Kurie vorbereitet.

Kardinal Ratzinger schien die Maßnahmen gegen Küng in prophetischer Weise schon vier Wochen vorher geahnt zu haben, als er ihm schon vor dem Entzug der Missio das Recht absprach, den katholischen Glauben zu lehren. Dem Betroffenen selbst wurde die Entscheidung gleichzeitig mit der öffentlichen Bekanntgabe zugestellt, zu einem Zeitpunkt, da sich die christlichen Gemeinden auf Weihnachten, das Fest des Friedens, vorbereiteten. Für den dadurch verbreiteten Unfrieden und die Unsicherheit tragen daher allein die Bischöfe und die kuriale Behörde die Verantwortung.

2. Mit Empörung registrieren wir die Arbeitsweise der Kongregation für die Glaubenslehre. Sie hat in einem Verwaltungsverfahren eine Entscheidung gefällt, die sehr ernste strafverfahrens-ähnliche Konsequenzen für Prof. Küng enthält. Dabei wurden auch in diesem Verfahren wichtige rechtliche Garantien, die trotz vielfacher Kritik schon in der Verfahrensordnung selber nicht enthalten sind, außer acht gelassen, die einem modernen Rechtsempfinden entsprechen.

Dies betrifft insbesondere das fehlende Recht zur Akteneinsicht, den gerichtlichen Verhörcharakter des Kolloquiums, die Geheimhaltung von Verfahrensabschnitten vor dem Betroffenen und dem zuständigen Ortsbischof und die nicht eindeutige Funktion des »Pflichtverteidigers« (Relator pro auctore).

Im Hinblick auf die Auseinandersetzung zwischen kirchlichem Lehramt und der Theologie als Wissenschaft deutet sich mit dem »Fall Küng« ein verschärftes Vorgehen der römischen Glaubensbehörde gegen unliebsam gewordene Theologen an, was die Frage aufwirft, wer wohl der Nächste sei.

Gleichfalls zeigt das massive Eingreifen des Vorsitzenden der DBK im Zusammenspiel mit Rom, daß die nach dem Vatikanum II geforderte größere Eigenständigkeit der Ortskirchen und ihrer Vorsteher immer mehr zu Gunsten zentralistischer und kurialer Macht verloren geht.

3. Die Untersuchung der Dokumentation der DBK im Vergleich mit der von W. Jens publizierten Dokumentation läßt erkennen, wie einseitig und damit unverantwortlich die Öffentlichkeit über die Hintergründe des Entzugs der Missio canonica von den deutschen Bischöfen informiert worden ist.

a) Schon anhand der Übersicht der Dokumentation zum Fall Küng aus dem Sekretariat der DBK gewinnt der Leser den Eindruck, daß in der ganzen Auseinandersetzung nur eine Seite (nämlich die

DBK und die GK) um eine sachgerechte Klärung bemüht gewesen sei, während die andere Seite (Prof. Küng) sich durch unnachgiebiges Festhalten an seinen »Irrtümern« ausgezeichnet habe. Daß dabei Küngs Briefe allein schon durch die Auswahl in einen tendenziösen Kontext gestellt werden und in einem Fall sogar (nolens volens) ein Zitat (in der DBK-Dok. vom 18. 12. 79 in der Übersicht, S. 5) verfälscht wird, was beim Leser den Eindruck erweckt, Küng halte sich selbst für unfehlbar, läßt Rückschlüsse auf die Absichten der Herausgeber zu.

b) Beim Leser soll der Eindruck erweckt werden, Hans Küng sei der einzige, der immer wieder ein gerechtes Verfahren forderte, obwohl sich bereits Kardinal Döpfner und viele Kollegen von Prof. Küng für ein solches einsetzten.

c) Es ist zudem der Eindruck falsch, der durch die Dokumentation der DBK entsteht, daß Prof. Küng sich für Klärungen und Vertiefungen, Ergänzungen und Verdeutlichungen seiner theologischen Positionen nicht offen und gesprächsbereit gezeigt habe.

Unsere Zweifel an der Rechtmäßigkeit des Verfahrens und der Glaubwürdigkeit derer, die gegen Prof. Küng vorgegangen sind, werden noch gesteigert, wenn wir die Begründungen der DBK und der GK zum Entzug der Missio canonica miteinander vergleichen.

Es ist evident, daß in den Begründungen der DBK theologische Sachfragen angeführt werden, die ihrerseits nicht Gegenstand eines Verfahrens der GK gewesen sind. Dies veranlaßt uns zu der Frage, wer in der DBK Interesse daran hatte, eigene theologische Vorstellungen mit dem Verfahren der GK gegen Prof. Küng zu verbinden, dies in der Öffentlichkeit aber zu verwischen.

Dieser konkrete Fall und die Erklärungen dazu zeigen erneut sehr deutlich, daß sich das Lehramt (= LA) als *alleiniger* Hüter und Schützer der vollständigen Wahrheit des Glaubensgutes versteht. In der Erklärung der GK vom 18. 12. 1979 fällt auf, daß die Begriffe »Lehramt«, »Kirche« und »Lehramt der Kirche« in ihrer Bedeutung variieren; offensichtlich werden sie zum Teil synonym gebraucht. Dahinter steckt ein äußerst eng gefaßter Kirchen- und ein ebenso fast nur auf das »päpstliche Lehramt« eingeschränkter Begriff von LA. Theologie ist nach diesem Modell nur Dienerin des LA's und *absolut* an das hierarchische Amt als Quelle der Wahrheit und Quelle äußerer wie innerer Norm gebunden. Somit wird klar, warum Theologie formal wie inhaltlich überwacht werden kann und warum jedes eigene, aufgrund eigenen theologischen Forschens gefundene Urteil eine Privatmeinung ist, die so lange irrig sein muß (und somit einen Treuebruch gegenüber dem LA darstellt), solange sie vom LA, dem alleinigen Hüter der Wahrheit, nicht für wahr gehalten wird.

Aber: Dieses Delegationsmodell (Theologie gibt es nur als vom LA delegiert) schränkt die Theologie als Wissenschaft, das heißt die Freiheit von Forschung und Lehre, total ein und gesteht ihr nicht zu, sich jeweils neu kritisch und in theologischer Eigenverantwortlichkeit um Wahrheitsfindung zu bemühen und ihre Ergebnisse auch öffentlich kundzutun. Es geht uns nicht um eine Unabhängigkeit der Theologie von Kirche und LA, sondern um das Mit-, Für- und Ineinander von Theologie und Lehramt und Kirche auf der Grundlage des Dialogs.

Es stehen sich also zwei grundverschiedene Ansätze mit der grundsätzlichen Frage nach der *Norm* gegenüber: Nach dem einen hat sich Wahrheit, die es zu glauben gilt, ein für allemal im Lehramt manifestiert, während der andere den Menschen in seiner Geschichte, seinem Suchen und Irren, seinem »So-bin-ich«-Sein ernstzunehmen sucht und fragt, was die christliche Botschaft von Jesus Christus jeweils bedeuten kann und wie Kirche danach aussehen kann. Er versucht dies in einer entsprechend zeitgemäßen Sprache verständlich, fragwürdig und damit auch glaubbar zu machen. Im Hinblick auf das LA in der Kirche stellt sich die Frage, ob ihre Repräsentanten in der Lage sind, gerade auch diese Aufgabe wahrzunehmen. Der schleichende Auszug der Bevölkerung aus der Kirche und die immer schwerer werdende pastorale Situation in den Gemeinden selbst haben nach unserer Meinung nicht zuletzt auch darin eine Ursache, daß das LA nicht fähig ist, das Glaubensgut in der Kirche verständlich zu machen. Hier werden Folgen einer Versorgungskirche deutlich, die den einzelnen Glaubenden als Subjekt nicht genügend ernst nimmt.

4. Der Entzug der Missio canonica für Prof. Küng erinnert uns an unsere eigenen Erfahrungen mit der DBK und einzelnen Ordinariaten, die den Dialog ersetzende zunehmende Bürokratisierung und Reglementierung, die Behinderung hoffnungsvoller Initiativen in der Ökumene (z. B. in den Hochschulgemeinden), die zunehmende Tendenz zur Uniformität (siehe Rahmenrichtlinien für die pastoralen Dienste) und das Mißtrauen gegenüber engagierten kritischen Christen, das Auswirkungen bis in die Bewerbungsverfahren für den kirchlichen Dienst zeigt.

Es sind nicht nur Einzelfälle, die uns erschrecken, sondern die die ganze Kirche betreffende, nach rückwärts gerichtete »Recht-und-Ordnung-Stimmung«.

Freilich soll hier nicht verschwiegen werden, daß es hoffnungsvolle Ansätze kirchlichen Miteinanders gibt (Gemeinsame Synode der Bistümer in der BRD, Einstellungspraktiken einzelner Diözesen).

5. All dies macht in drastischer Weise deutlich, wie weit wir in der Kirche von dem entfernt sind, was auf dem II. Vatikanum und in der Gemeinsamen Synode der Bistümer wegweisend beschlossen wurde. Das II. Vatikanum hat die Kirche auch als brüderliche Gemeinschaft und Volk Gottes definiert. »An der Aufgabe der Kirche, Träger der Heilssendung Christi zu sein, haben die ganze Gemeinde und jedes ihrer Glieder Anteil. Von der gemeinsamen Verantwortung kann niemand sich ausschließen oder ausgeschlossen werden« (Gemeinsame Synode).

Das Vorgehen der DBK und der GK und das in der kirchlichen Öffentlichkeit bemühte Bild von Kirche als Betrieb mit Betriebsordnung reduzieren jedoch Kirche zu einer Karikatur dessen, was sie eigentlich sein soll.

Deshalb müssen die Vorgänge um den Entzug der Mission canonica Anlaß für uns sein, die befreiende Botschaft des Evangeliums in Gesellschaft und Kirche neu zu verkünden.

3.48 Erklärung des Berufsverbands der Pastoralreferentinnen und Pastoralreferenten in der Diözese Rottenburg-Stuttgart zum Konflikt zwischen Prof. Küng und der Amtskirche (17. März 1980)

Drei Monate nach der Entscheidung aus Rom scheint die ganze Sache nur noch ein Problem für Experten zu sein. Wir betrachten jedoch die Vorgänge um Prof. Küng sowie die Reaktionen aus den Gemeinden als symptomatisch für die derzeitige Situation unserer Kirche. Deshalb halten wir es für wichtig, genau zu beobachten und daraus zu lernen.

Verständnislos und traurig, aber zugleich auch zornig, mußten wir feststellen,

● daß sich die Kirche, von der wir selber ein Teil sind, von einer Seite gezeigt hat, die keinesfalls einladend wirkt

● daß wir, die wir zum größten Teil auch Schüler von Prof. Küng waren, nicht kompetent genug sein sollen, uns ein eigenständiges Urteil zu bilden, sondern eine klare Aussage aus Rom bräuchten

● daß die pastoralen Folgen einer solchen Entscheidung nicht berücksichtigt waren

● daß die Eigenständigkeit der Ortskirche mit ihrem Ortsbischof einfach übergangen wurde

● daß die Gläubigen für nicht mündig genug gehalten werden, ihren eigenen Glaubensweg unter verschiedenen Ausformungen des christlichen Glaubens zu finden.

Auch ein viertel Jahr danach sind wir der Meinung, daß die Entscheidung niemand genützt, sondern der Kirche eher geschadet hat. Dies wird an Erfahrungen deutlich, die wir in den letzten Monaten in Gemeinden gemacht haben:

Wir beobachteten, daß die Gläubigen in diesem Konflikt überfahren worden sind. Sie lehnen sich stark an die Meinung des Pfarrers an und kommen in große Schwierigkeiten, wenn der Pfarrer sich nicht genau in einer Linie mit Papst, Bischöfen und Priestern bewegt. Das Ziel der Mündigkeit des Laien, von Konzil und Synode ausgerufen, scheint auf der Strecke geblieben zu sein. Wir spürten wenig vom Geist der Synode, der sich z. B. in folgendem Satz ausdrückt: »Jedem gibt der Geist seine Gabe und Sendung zur Auferbauung der Kirche Jesu Christi in der Welt« (Synodenbeschluß Dienste und Ämter, 3.1.1).

Wir tun uns in der Kirche schwer, eine wahrhaft katholische Vielfalt von Meinungen zu akzeptieren und in fairer Auseinandersetzung für die glaubwürdige Verkündigung der Botschaft Jesu zu arbeiten.

Desgleichen wurde sichtbar, daß zwischen Amt und Gemeinden Störungen vorhanden sind, die durch diesen Konflikt verstärkt deutlich wurden. Die Distanzierten sehen sich bestätigt: »Da seht ihr wieder das autoritäre Verfahren des Amtes.« Die das Amt mehr als Ordnungsinstanz und Kontrollorgan sehen, sehen sich ebenfalls im Recht: »Endlich wurde wieder gesagt, wo es langgeht.«

Zunehmend fühlen sich Gruppierungen oder einzelne in den Gemeinden berufen, über Rechtgläubigkeit anderer zu entscheiden.

Wir mußten darüber hinaus erfahren:

Der radikale Anspruch des Evangeliums läßt sich in der derzeitigen Welt mit ihren vielfältigen Problemen, die an den Nerv der Menschheit gehen, wohl am wenigsten mit klassisch formulierten Glaubenssätzen verkünden. Beim Versuch, die frohe Botschaft auf heute hin zu übersetzen, haben wir von Prof. Küng wertvolle Anregungen erhalten.

Unsere Tätigkeit ist durch diese Vorgänge schwieriger geworden, weil unsere Position vielfach zwischen Amt und Gemeinde angesiedelt ist und wir in unserer Arbeit davon leben, daß das Verhältnis zwischen beiden durch Miteinander im Dienst und durch gemeinsame Berufung gekennzeichnet ist.

Es war in letzter Zeit viel zu hören und zu lesen vom Einfrieren des Konzils, von der Zurücknahme neuentdeckter Dimensionen der Kirche, von der Beendigung einer Epoche fehlgeleiteter Freiheit und vom Rückzug der Kirche ins Ghetto und dergleichen mehr.

Auch wenn der »Fall Küng« und die holländische Bischofssynode in Rom dazu Anlaß geben, möchten wir nicht darüber spekulieren, sondern verdeutlichen, daß wir weder stehenbleiben noch hinter Konzil und Synode zurückgehen werden, sondern auf dem Weg nach vorne bleiben möchten, angetrieben von der Treue zu Christus und seinem Auftrag, als Kirche Zeugnis für ihn und sein Heilswerk abzulegen und dadurch der Welt zu dienen:

● Wir möchten noch mehr Phantasie und Energie darauf verwenden, das »Heilswerk Jesu Christi in den konkreten menschlichen und gesellschaftlichen Situationen zu vergegenwärtigen« (Synodenbeschluß Dienste und Ämter, 3.1.1). Wir erwarten dafür von den Bischöfen Hilfe, indem sie neue Möglichkeiten erschließen und weniger Bestehendes bewahren.

● Wir wollen uns für die Vielfalt der Meinungen, die es innerhalb des Glaubens an den einen Herrn geben kann, einsetzen und dabei alles tun, damit verschiedene Meinungen nicht zu Polarisierung und zu mehr Gegeneinander führen.

● Wo immer es uns möglich ist, wollen wir versuchen, darauf hinzuarbeiten, daß Konflikte nicht von oben nach unten »gelöst« werden. Jedem Christen, der Mitverantwortung für Kirche wahrnehmen will, muß eine echte Möglichkeit dazu eingeräumt werden, weil der Geist ihm Gabe und Sendung zur Auferbauung der Kirche Jesu Christi in der Welt gibt (vgl. Synodenbeschluß Dienste und Ämter, 3.1.1).

● Wir möchten eine Kirche sein und für eine Kirche arbeiten, der es nicht um sich selber, sondern um die Menschen geht. Deshalb betrachten wir es als eine ihrem Wesen als Volk Gottes entsprechende Aufgabe, mit allen Suchenden, Fragenden und Zweifelnden auf dem Weg zu sein.

Wir hoffen und bitten darum, daß allen Beteiligten an derzeitigen Konflikten in der Kirche dies bewußt wird und daß sie alle Anstrengungen unternehmen, auch bei gegensätzlichen Meinungen gemeinsam unterwegs zu bleiben.

Deshalb erwarten wir, daß Herrn Prof. Küng die Lehrerlaubnis zurückgegeben und das Verfahren neu aufgenommen wird in einer Art, die der Kirche Christi eher entspricht als die, welche wir erlebt haben.

3.49 Bericht von der Debatte im Landtag von Baden-Württemberg über den Entzug der kirchlichen Lehrerlaubnis von Professor Küng (30. Januar 1980)

Auf Antrag der SPD-Fraktion fand am 30. Januar 1980 eine Plenardebatte statt über den Entzug der kirchlichen Lehrerlaubnis von Professor Küng. Es folgt ein eigener Bericht der Herausgeber. Die von Küng selbst aus diesem Anlaß an die Landtagsabgeordneten geschickten Schreiben folgen in späterem Zusammenhang (Dokumente 6.1–2). Die von den Studenten der Katholisch-Theologischen Fakultät verabschiedete Erklärung (Dokument 3.27) wurde von einer Delegation Vertretern der drei Fraktionen im Landtag persönlich überreicht und erläutert.

Zunächst erklärte der zuständige *Minister für Wissenschaft und Kunst, Engler,* daß Bischof Moser ihm mit Schreiben vom 31. Dezember 1979 mitgeteilt habe, er bringe »eine ernstliche Beanstandung der Lehre von Professor Hans Küng vor und widerrufe das nihil obstat«. Gleichzeitig beantragte Bischof Moser unter Berufung auf Konkordatsbestimmungen, »geeignete Abhilfe zu schaffen und für eine den Lehrbedürfnissen an der Tübinger Katholisch-Theologischen Fakultät entsprechenden Ersatz zu sorgen«. Schließlich erklärte Bischof Moser, daß Hans Küng konsequenterweise verpflichtet sei, sein kirchengebundenes Staatsamt innerhalb der Katholisch-Theologischen Fakultät aufzugeben. Er bitte für den Fall, daß Hans Küng nicht von sich aus auf seine Rechtsstellung als Mitglied der Fakultät zu verzichten bereit sei, »sein Ausscheiden aus dieser Fakultät anzuordnen«.

In der Zwischenzeit habe er, Engler, eine Reihe von Gesprächen mit Hans Küng, Universitätspräsident Adolf Theis, Bischof Moser und Generalvikar Knaupp geführt, die einer Klärung der Rechtsstandpunkte aller Beteiligten und der Erörterung maßgebender Rechtsfragen dienten. Ferner habe er einen auswärtigen Staatsrechtslehrer mit der Ausarbeitung eines Rechtsgutachtens beauftragt. Die Landesregierung sei bereit, die Verpflichtungen zu erfüllen, die sich aus dem geltenden Konkordatsrecht ergäben. Es sei für ihn selbstverständlich, daß alle von einer solchen Entscheidung möglicherweise Betroffenen in vollem Umfang Gelegenheit bekämen, ihren Standpunkt vorzutragen und sich zu den maßgebenden Rechtsfragen zu äußern.

Strittig sei zur Zeit insbesondere die Frage, ob Hans Küng weiterhin Mitglied der Katholisch-Theologischen Fakultät der Universität Tübingen bleiben könne. Dies sei eine Rechtsfrage, die in Abwägung der Rechtspositionen entschieden werden müsse. Sie ergeben sich einerseits aus dem in Artikel 4 des Grundgesetzes verbrieften Grundrecht auf ungestörte Religionsausübung und Freiheit des Glaubens, das auch den Religionsgemeinschaften eine grundsätzlich geschützte Position einräumt, andererseits aus der in Artikel 5 des Grundgesetzes enthaltenen Garantie der Freiheit von Forschung und Lehre.

Ungeachtet der Entscheidung der Rechtsfragen habe er mit den Beteiligten auch die Frage erörtert, ob eine Regelung im allseitigen Einvernehmen möglich sei. Da die Beteiligten ihm ihre Bereitschaft zu weiteren Gesprächen erklärt hätten, halte er eine solche Einigung über die künftige Stellung von Hans Küng innerhalb der Universität Tübingen nicht für ausgeschlossen.

Der *Vorsitzende der CDU-Landtagsfraktion, Erwin Teufel,* erklärte unter anderem: »Im Fall Küng haben wir zwei Grundrechte unserer Verfassung zu beachten: Das Prinzip der Religionsfreiheit und damit der weltanschaulichen Neutralität unseres Staates und das Prinzip der Freiheit von Forschung und Lehre. Das erste verpflichtet den Staat, sich jeder Form des Hineinregierens in den innerkirchlichen Bereich zu enthalten; das zweite verpflichtet den Staat, die Rechte eines kirchlich beanstandeten Theologen als Mitglied der Universität zu sichern. Beides ist für uns selbstverständlich.

Umstritten sei, ob nach dem Konkordatsrecht das Ausscheiden von Professor Küng aus der Fakultät notwendig oder sein Verbleiben mit einem besonderen Status möglich sei. Wir unterstützen den Antrag der SPD-Fraktion, die Landesregierung zu bitten, den ständigen Ausschuß rechtzeitig über ihre Beurteilung der Rechtslage und die beabsichtigten Regelungen in Kenntnis zu setzen.«

Der *Abgeordnete der SPD-Fraktion, Roland Hahn,* erklärte unter anderem, es bestünde ein delikates Gleichgewicht zwischen Kirche und Staat. Wenn eine Seite, Kirchenführer oder Politiker, dieses Verhältnis einseitig durch Unbehutsamkeit oder Unbedachtsamkeit aus dem Gleichgewicht brächten, sei mehr als nur ein Lehrstuhl in Gefahr. Mit der Forderung des Vatikans, der Erklärung der Kongregation und dem Begehren von Bischof Moser im Fall Küng sei die Balance im Verhältnis Kirche und Staat berührt. Die entscheidende Frage sei, ob der Lehr- und Forschungsbetrieb an der Tübinger Katholisch-Theologischen Fakultät weitergehen könne mit oder ohne Hans Küng. »Ohne Hans Küng – dies wäre nicht nur ein unersetzlicher Verlust für Lehrkörper, Studenten und Wissenschaft in dieser Fakultät, es wäre auch eine vollständige Unterwerfung des Staates unter den Anspruch des Heiligen Stuhls, bei der Besetzung von Lehrstühlen nicht nur das erste Wort – bei der Berufung –, sondern auch das letzte Wort – bei der Abberufung – zu haben.« Katholische Fakultäten wären dann reduziert auf die Funktion einer Außenstelle eines Priesterseminars. Die doppelte Aufgabe der Fakultät, kirchenamtliche und theologisch-wissenschaftliche Institution zu sein, ginge verloren. Der Lehrbetrieb an der Katholisch-Theologischen Fakultät müsse weitergehen – mit Hans Küng. Die Neutralitätspflicht des Staates gegenüber innerkirchlichen Vorgängen verpflichtete den Staat, auch gerade dort zurückhaltend zu sein, wo ein innerkirchlicher Prozeß, wie hier im Fall Küng, noch nicht abgeschlossen sei. Ein Eingreifen des Staates jetzt zugunsten der Forderung der Kirchenleitung wäre insofern ein Verstoß gegen die gebotene Neutralität.

Der *Abgeordnete der F.D.P./DVP-Fraktion, Hinrich Enderlein,* erklärte in der Debatte unter anderem, daß es sich im Fall Küng um einen sehr ernsten Konflikt handele. Seine Fraktion werde auch bewußt darauf verzichten, etwa politisches Kapital, geschweige denn wahlpolitisches, aus dieser Materie zu schlagen. Wenn vom Staat eine Entscheidung in der strittigen Frage der Fakultätszugehörigkeit verlangt wird, dann gehe das nur auf der Basis eines korrekten rechtmäßigen Verfahrens der Kirche gegen Hans Küng. Genau dies aber werde bestritten. Wenn aber die Kirche ein Eingreifen des Staates verlange, dann müsse sie dem Staat gegenüber den Nachweis führen, daß sie diesen Eingriff aufgrund eines rechtlich einwandfreien Verfahrens erwarte. Denn es wäre fatal, wenn der Staat tätig würde und später sich herausstellte, daß die Grundlage seiner Entscheidung gar nicht gegeben war. Enderlein plädierte für eine politische Konfliktlösung. Dies bedeute, daß die Kirche umgehend einen voll ausgestatteten Ersatzlehrstuhl erhält. Auf der anderen Seite solle Hans Küng in der Fakultät verbleiben, freilich mit den Konsequenzen, die sich aus dem Entzug der Missio ergeben.

In einer abschließenden Intervention sicherte der Minister dem Landtag zu, vor eventuellen Maßnahmen dem ständigen Ausschuß des Landtages zu berichten.

3.50 Zusammenfassender Bericht über weitere Stellungnahmen von Gruppen und Institutionen

Es wurde bereits darauf hingewiesen, daß eine fast unüberschaubare Zahl von Stellungnahmen durch Gruppen und Institutionen zum Fall Küng verfaßt wurde. Es ist unmöglich, sie hier alle aufzuzählen, geschweige denn, sie im Wortlaut abzudrucken. Im folgenden wird daher versucht, über die bereits in diesem Kapitel abgedruckten Stellungnahmen hinaus von weiteren Erklärungen kurz zu berichten. Dabei stützen wir uns teilweise auf die Dokumentation der Katholischen Nachrichtenagentur Nr. 4 vom 17. Januar 1980.

Als Protest gegen den Entzug der kirchlichen Lehrbefugnis von Professor Hans Küng hat die *Arbeitsgemeinschaft von Priester- und Solidaritätsgruppen in der Bundesrepublik Deutschland* (AGP) am 20. Dezember 1979 die Priester dazu aufgerufen, am bevorstehenden vierten Adventsonntag die Predigt zu verweigern. Einer zeitgemäßen Verkündigung werde durch die Maßnahmen gegen Küng und andere kritische Theologen der Boden entzogen. Statt der Predigt empfahl die AGP eine »Kanzelmitteilung«.

Die *Studenten des Faches Katholische Theologie an der Gesamthochschule Paderborn* schrieben am 20. Dezember 1979 einen Brief an Papst Johannes Paul II., indem es u. a. heißt: »An dem Tag, als Papst Johannes Paul II. seine Botschaft zum Weltfriedenstag 1980 veröffentlichte, wurde gleichzeitig durch die Kongregation für die Glaubenslehre in Rom dem Tübinger katholischen Theologen Hans Küng die Lehrbefugnis entzogen. Der Papst formuliert in der Friedensbotschaft: ›Eine weitere Form der Unwahrheit zeigt sich in der Weigerung, die objektiv berechtigten und unveräußerlichen Rechte jener anzuerkennen, die sich auf ihre Gedankenfreiheit berufen.‹ Gerade diese Form aber wird durch die römische Entscheidung praktiziert, indem ohne entsprechende Tolerierung der Gedanken des führenden katholischen Theologen dieser in der Kirche mundtot gemacht werden soll.« Dieselben Studenten schrieben am selben Tag einen offenen Brief an Erzbischof Degenhardt von Paderborn, in dem es unter anderem heißt: »Die am 18. Dezember erfolgte Entziehung der kirchlichen Lehrerlaubnis für den Tübinger Theologen Professor Dr. Hans Küng hat bei uns Theologiestudenten der Universität-Gesamthochschule Paderborn große Verwirrung und Betroffenheit ausgelöst. In den Veröffentlichungen und Stellungnahmen von Professor Küng, die von einer aufrichtigen Auseinandersetzung mit der Lehre der katholischen Kirche zeugen, sehen wir eine fruchtbare Grundlage für den theologischen Dialog.«

Im Entzug der Lehrbefugnis für Hans Küng sieht die katholische studierende Jugend, *Hochschulring im Bund Neudeutschland,* die Freiheit der Lehre bedroht. Die katholischen Studenten solidarisierten sich mit Küng und äußerten die Hoffnung auf eine Rücknahme der Entscheidung gegen den Wissenschaftler (KNA 21. Dezember 1979).

Auch der *Allgemeine Studentenausschuß der Philosophisch-Theologischen Hochschule St. Georgen* wandte sich am 21. Dezember 1979 in einem offenen Brief an die deutschen Bischöfe und die Glaubenskongregation. Küng wird bescheinigt, er bemühe sich um wissenschaftliche Analyse und Reflexion des Glaubens und um ein »wissenschaftlich verantwortetes Sprechen vom Glauben der Kirche hier und heute«. Im übrigen werde die Einheit der Kirche im Glauben in Rom weder entschieden noch hergestellt.

Die Vermittlungsbemühungen des Rottenburger Bischofs Moser hat der Vorstand der *Leserinitiative »Publik e. V.«* in einer Erklärung vom 22. Dezember 1979 begrüßt. Gleichzeitig gebe er seiner »Bestürzung und Betroffenheit« darüber Ausdruck, daß mit dem Entzug der kirchlichen Lehrerlaubnis für Professor Hans Küng eine Entfremdung zwischen der Kirche und denen herbeigeführt werde, die sich durch Küngs Bücher hätten ansprechen lassen. Der Vorstand fragt in seiner Erklärung nach den »Menschenrechten in der Kirche«.

Am Samstag, dem 22. Dezember 1979, veranstaltete die »*Basisgruppe Theologie Freiburg und Luzern*« eine Kundgebung in Luzern unter dem Leitgedanken »Dialog statt Macht«, an der mehrere Tausend Personen teilnahmen (vgl. Für Dialog statt Macht in der Kirche: Dokumentation, hrsg. von der Basisgruppe Theologie Freiburg und Luzern).

Die Seelsorger und kirchlichen Mitarbeiter im *Pastoralkreis Flugha-*

fen Zürich-Kloten schrieben am 26. Dezember 1979 einen offenen Brief an den Präfekten der Glaubenskongregation der römisch-katholischen Kirche, indem es u. a. heißt: »Die Entziehung der katholischen Lehrbefugnis und die Verurteilung seiner Person in dem Sinne, daß er sich nicht mehr katholischer Theologe nennen dürfe, bedeutet für viele unserer Katholiken eine Zerstörung der Glaubwürdigkeit der Kirche. Die Menschen unserer Zeit in unserm städtischen Milieu können schlechthin nicht mehr akzeptieren, daß die Freiheitsgarantien, die der europäischen Rechtspflege selbstverständlich sind, in der Kirche nicht beachtet werden.«

Für eine versöhnliche Lösung, die ein Verbleiben von Professor Küng im Katholisch-Theologischen Fachbereich der Universität Tübingen ermöglicht, haben sich die *Dozenten und Fachschaftssprecher der Pädagogischen Hochschule Ludwigsburg* eingesetzt. Er habe vielen Suchenden einen neuen Zugang zum Glauben ermöglicht (KNA 27. Dezember 1979).

Rund 200 Teilnehmer der *Pastoraltagung »Arbeiterschaft und Kirche«,* die am 28. Dezember 1979 von der Region *Mönchengladbach,* veranstaltet wurde, haben einen offenen Brief an Bischof Hemmerle gerichtet. In dem Brief wird die Frage nach Macht und Autorität in der Kirche gestellt. »Es geht um die, die in der Kirche nichts zu sagen haben. Wir befürchten, daß durch diese Maßnahme bei vielen Menschen die Scheu wächst, die Schwierigkeiten und Zweifel im Glauben zuzugeben und darüber zu sprechen. Wir befürchten, daß eine Art Bespitzelung beginnt.« Die Unterzeichner des Briefes fühlen sich durch die Maßregelung Küngs in ihrem Versuch zu glauben bedroht. Sie fragen: »Werden wir uns in Zukunft nicht mehr äußern dürfen, weil wir dann mit Konsequenzen zu rechnen haben? Werden wir mit Maßnahmen rechnen müssen, wenn wir bekennen, daß das, was Küng sagt oder schreibt, hoffnungsvoller und zukunftsweisender ist als manche Äußerung kirchlicher Lehrämter?«

In die Auseinandersetzung um Hans Küng schaltete sich am 3. Januar 1980 auch die F.D.P. ein. Die stellvertretende Parteivorsitzende *Lieselotte Funcke* erklärte, es sei »bedrückend«, feststellen zu müssen, daß in einer wissenschaftlichen Hochschule ein anerkannter Wissenschaftler aufgefordert werde, seinen Lehrstuhl zu verlassen, weil ein kirchliches Lehramtsverfahren gegen ihn eingeleitet sei.

Der Bundesvorsitzende der F.D.P., *Außenminister Hans-Dietrich Genscher,* erklärte auf dem Stuttgarter Dreikönigstreffen vom 6. Januar 1980: »Der Wissenschaftsminister dieses Landes – der Heimat

Schillers, Hegels, Keplers, Melanchthons und Hölderlins – könnte endlich mit einem Wort Klarheit schaffen, er könnte sagen, was immer der Vatikan in seiner Zuständigkeit für die Priesterausbildung entscheidet, daß Professor Küng in Tübingen bleibt. Die Bundesrepublik Deutschland ist ein liberaler Staat. Hier gilt die Freiheit der Wissenschaft und nicht die Herrschaft des Dogmas. Wir reden nicht dem Streit, sondern der gegenseitigen Achtung in Glaubensfragen das Wort.« Bei allem Respekt vor dem Recht der Kirche, in Lehre und Verhalten eigene Maßstäbe für ihre Diener und für ihre Kirchenglieder zu setzen, könne und dürfe »der Staat sich im Umgang mit seinen Professoren an staatlichen Universitäten nicht allein die Maßstäbe der katholischen Kirche aufdrängen lassen.«

Der Entzug der kirchlichen Lehrerlaubnis für Professor Hans Küng schadet nach Ansicht der *Diözesanleitung des Bundes der deutschen katholischen Jugend im Bistum Rottenburg-Stuttgart* der Jugendseelsorge. In einer am 4. Januar 1980 veröffentlichten Erklärung äußert sich der BDKJ besorgt über das bei vielen Jugendlichen jetzt herrschende Gefühl der Ohnmacht. Empört zeigt sich der BDKJ in einem offenen Brief an Kardinal Höffner über dessen Vergleich Küngs mit dem nationalsozialistischen Ideologen Rosenberg. Höffner wird aufgefordert, diese beleidigende Äußerung öffentlich zurückzunehmen. Völlig unverständlich ist dem BDKJ, daß Kardinal Höffner den Wunsch Küngs, mit dem Papst persönlich zu sprechen, nur als »übersteigertes Selbstwertgefühl« verstehen könne.

Mit einer symbolischen Darstellung der »feierlichen Wiedereinführung der Heiligen Inquisition« hat am 6. Januar 1980 ein internationales *Aktionskomitee »In brennender Sorge«* auf »inquisitorische Tendenzen in unserer Kirche« hinweisen wollen. In Kutten des Dominikanerordens gekleidet, zog die Prozession von etwa 60 Teilnehmern auf den Platz vor dem Kölner Dom und verbrannte eine Attrappe samt Büchern.

Der *Verein katholischer deutscher Lehrerinnen* hat dem kirchlichen Lehramt für seine »klare Entscheidung« im Fall von Professor Hans Küng gedankt (KNA 7. Januar 1980).

Die römische Entscheidung im Fall Küng findet die »rückhaltlose« Unterstützung der *Bewegung für Papst und Kirche e. V.* In einer am 10. Januar 1980 veröffentlichten Stellungnahme heißt es, Küng vertrete nicht mehr die Glaubenssätze von der wahren Gottheit Jesu Christi und von der Unfehlbarkeit des Papstes.

Die *Fakultätsvertretung Wiener Theologiestudenten* reagiert in einer

Stellungnahme auf den Entzug der Lehrbefugnis für Professor Küng »mit Besorgnis und Befremdung«. Als katholische Christen seien sie über die Art und Weise, wie hier gegen kritische Aussagen vorgegangen werde, enttäuscht. Sie befürchten, daß die Kirche durch derartige Maßnahmen bei vielen unglaubwürdig werden könne (KNA 19. Dezember 1979).

Im Zusammenhang mit dem »Fall Küng« sandte der Präsident der *Internationalen Föderation »Una Voce«* am 29. Dezember 1979 folgendes Telegramm an den Präfekten der Glaubenskongregation: »Weltweite Bewegung ›Una Voce‹ beteuert Heiligem Vater und Eurer Eminenz ihren festen Glauben an göttlich gestiftetes Lehramt der Kirche und betet in zuversichtlicher Hoffnung um Stärkung seiner Autoriät, auf daß menschliche Gelehrsamkeit den ihr gestellten Auftrag wahrhaft im Dienste Christi erfüllen könne.«

Eine Anzahl *deutschsprachiger Pastoraltheologen* hat anläßlich einer Konferenz in *Wien* »ihr Bedauern über die Art und Weise der Auseinandersetzung« bekundet, »die in jüngster Vergangenheit zwischen der Römischen Glaubenskongregation und namhaften Theologen aus verschiedenen europäischen und außereuropäischen Ländern stattgefunden hat«. »Wir sind der Auffassung, daß man der Bewußtseinslage derjenigen Kreise, die sich von diesen Theologen verstanden und angesprochen fühlen, besser gerecht würde, wenn sich die Vertreter des Lehramts und die mit der theologischen Lehre Beauftragten angesichts der sehr differenzierten wissenschaftlichen und pastoralen Probleme in einer offeneren, freieren und für die verschiedenen Positionen verständnisvolleren Art begegnen würden … Unsere ernste Besorgnis gilt dem Fehlen einer Form der Kommunikation und der konstruktiven gegenseitigen Konfrontation, die dem Geiste Jesu Christi besser entspricht.«

Der kirchenkritische »*Aktionskreis Halle*« in der Deutschen Demokratischen Republik ist in seinem Rundbrief vom 18. Januar 1980 auf den Fall Küng eingegangen, um damit dem Verstummen jeglicher kritischer Rückfrage in der Kirche entgegenzuwirken. Joachim Garstecki, Mitglied des Sprecherkreises dieser Gruppe, führte aus, daß der Fall Küng in geradezu fataler Weise an gewisse staatliche Grundrechtsauffassungen erinnere, welche die Gewährung von Rechten von der Erfüllung von Pflichten abhängig mache (vgl. Publik-Forum, 4. April 1980, 20).

4. Stellungnahmen theologischer Fakultäten und Fachbereiche

4.1 Erklärung der Lehrenden des Fachs Katholische Theologie an der Gesamthochschule Paderborn zur Verurteilung von Hans Küng (19. Dezember 1979)

Dem weltweit bekannten Tübinger Theologieprofessor Hans Küng ist ohne durchgeführten Prozeß und ohne Kenntnisgabe einer Anklageschrift die Lehrerlaubnis entzogen worden. Die Lehrenden des Faches Katholische Theologie an der Universität/Gesamthochschule Paderborn sind über Form und Inhalt dieser Maßnahme bestürzt und erklären:

1. Schon vor dem Konzil hat Hans Küng mit ausdrücklicher Unterstützung von Kardinal Lorenz Jaeger den vom II. Vatikanischen Konzil aufgenommenen Frühling der Ökumene mitbewirkt.
2. Hans Küng hat mehr als jeder andere katholische Theologe während und nach dem Konzil bei den anderen christlichen Kirchen Verständnis für die katholische Lehre geweckt.
3. Darüber hinaus hat Hans Küng es verstanden, die Ergebnisse der theologischen Forschung in verständlicher Weise weltweit bekannt zu machen. Dabei hat er Jesus Christus, Gottes Sohn, wieder als Mittelpunkt der katholischen Lehre zum Leuchten gebracht. Der Religionspädagogik erwies er damit einen unverzichtbaren Dienst.
4. Hans Küng ist der erste katholische Theologe, dem es gelungen ist, in umfassender Weise die Gottesproblematik der Neuzeit einleuchtend vom katholischen Standpunkt aus durchzuarbeiten und somit nicht zuletzt zur Versöhnung von Naturwissenschaft und Glaube beizutragen.
5. Auch wo Hans Küng kritische Anfragen stellte (Frau in der Kirche, Mischehenfrage, christliche Ehe, priesterliche Existenz, Unfehlbarkeit), geschah dies nicht in bequemer Distanzierung von der Kirche, sondern in kritischem Mitleiden mit den Problemen vieler Katholiken. Kirche gibt es für Hans Küng nicht an den Fragen der Gläubigen vorbei.

Aus den genannten Gründen protestieren wir gegen diese voreilige und ungerechtfertigte Entscheidung gegen Hans Küng und fordern ihre Revision.

Die Professoren: Eicher, Frankemölle, Niggemeier
Die Assistenten: Kampling, Schlüter, Wacker

4.2 Erklärung von Professoren der Evangelisch-Theologischen Fakultät der Universität Tübingen (19. Dezember 1979)

Professoren der Evangelisch-Theologischen Fakultät der Universität Tübingen nehmen mit großer Betroffenheit zur Kenntnis, daß ihrem katholischen Kollegen Prof. Hans Küng mit der Begründung, er könne weder als katholischer Theologe gelten noch als solcher lehren, die Lehrbefugnis seiner Kirche entzogen worden ist.

Wir teilen die Bestürzung der Professoren der Katholisch-Theologischen Fakultät über diese Entscheidung und über die Art und Weise des Vorgehens.

Wir erblicken in dieser Entscheidung eine empfindliche Störung auf dem Weg ökumenischer Verständigung zwischen der katholischen und der evangelischen Kirche.

Wir befürchten, daß durch diesen Vorgang die Christenheit Schaden nimmt.

Um der Freiheit der Theologie willen appellieren wir an den zuständigen Minister, im Einvernehmen mit dem Bischof von Rottenburg-Stuttgart dafür zu sorgen, daß Prof. Hans Küng der Universität Tübingen als Lehrer innerhalb der Katholisch-Theologischen Fakultät erhalten bleibt.

Es bleibt die Aufgabe der evangelischen Christenheit, unbeirrt für die Wahrheit des Evangeliums als Grundlage der ökumenischen Gemeinschaft einzutreten.

Otto Betz, Siegfried Raeder, Peter Welten, Klaus Scholder, Luise Abramowski, Hans Peter Rüger, Martin Hengel, Oswald Bayer, Peter Stuhlmacher, Hans Martin Müller, Dietrich Rössler, Heiko Oberman, Jürgen Moltmann, Karl-Ernst Nipkow, Ernst Käsemann, Eberhard Jüngel

Quelle: Schwäbisches Tagblatt, 19. Dezember 1979

4.3 Erklärung von Hochschullehrern der Theologischen Fakultät der Katholischen Universität Nijmegen (20. Dezember 1979)

Die Theologische Fakultät hält es nicht für ihre Aufgabe, ständig auf die aktuellen Wechselfälle öffentlich zu reagieren. Jetzt aber, da so kurz nach der Affäre um einen ihrer Dozenten eine renommierte Schwesterfakultät durch eine Maßregelung der Glaubenskongregation getroffen wurde, könnte uns ein Schweigen falsch ausgelegt werden.

Deshalb sehen sich die Unterzeichneten zur Erklärung genötigt,

1. daß sie die kritische Funktion der Theologie als einen bescheidenen, aber notwendigen Beitrag zum Gang des Volkes Gottes durch die Geschichte betrachten;
2. daß sie deshalb die Ansicht, derzufolge Kollege Küng nicht als katholischer Theologe zu betrachten sei, bis auf weiteres nicht teilen;
3. daß sie anerkennen, daß man Kritik üben kann an der Art, in der H. Küng und die Kongregation für die Glaubenslehre miteinander verkehrten;
4. daß sie in den angewandten Verfahrensweisen eine Bedrohung der Glaubwürdigkeit der römisch-katholischen Kirche sehen;
5. daß sie der Meinung sind, Zeit und Energie könnten besser verwendet werden, und daß sie deshalb die theologische Wissenschaft weiterhin als befreienden Dienst am Menschen von heute betreiben wollen.

Es folgen 73 Unterschriften von Hochschullehrern und Mitgliedern des Studentenbeirats.

Eigene Übersetzung

4.4 Erklärung von Theologen des Fachbereichs Evangelische Theologie der Universität Marburg (21. Dezember 1979)

Die Theologen des Fachbereichs Evangelische Theologie an der Philipps-Universität Marburg sind durch die Maßnahmen der Römischen Glaubenskongregation gegen Professor Hans Küng zutiefst betroffen. Sie sehen durch diese Maßnahmen das Ökumenische Gespräch, das in den letzten Jahren verheißungsvoll in Gang gekommen ist, aufs schwerste gefährdet, weil diese Maßnahmen aus einem Kirchenverständnis erwachsen, dem sie sich niemals werden anschließen können.

Sie sehen außerdem die theologische Forschung gefährdet, wenn diese jederzeit durch disziplinäre Eingriffe dieser Art in ihrer freien Wahrheitsfindung eingeschränkt werden kann.

Sie sind der Überzeugung, daß durch die theologischen Arbeiten von Hans Küng der christliche Glaube und die Theologie in hohem Maße gefördert worden sind.

Es folgen die Unterschriften von 17 Professoren und 44 anderen Theologen.

Die folgende erläuternde Anlage gibt inhaltlich, wenn auch nicht in allen Formulierungen im einzelnen, den Konsens der Unterzeichneten wieder.

Wir stellen uns inhaltlich voll hinter die »Erklärung zur Verteidigung der Christenrechte in der Kirche«. Wir sehen diese Rechte durch die Maßnahmen gegen Prof. Hans Küng offenkundig verletzt.

Dabei sind wir zunächst von der Art betroffen, in der die Glaubenskongregation in Rom verfahren ist. Diese Behörde hat offenbar wieder in einem Geheimprozeß (von dem der Angeklagte keine Kenntnis hat, in dem er kein Recht, gehört zu werden, besitzt und in dem er keinen von der Anklagebehörde unabhängigen Verteidiger wählen kann) ihr Urteil gefällt. Kardinal Höffner erweckte zwar in seiner Pressekonferenz am 18. Dezember den Eindruck, als habe sich der Prozeß gegen Küng zehn Jahre hingezogen und sei nun zum Abschluß gekommen. Aber die Rechtstatsachen liegen anders. Kardinal Höffner hat in derselben Konferenz selbst festgestellt, die Glaubenskongregation habe 1975 das Lehrverfahren gegen Küng für beendet erklärt. Nirgends erwähnte er, man habe Küng von der Neueröffnung des Verfahrens in Kenntnis gesetzt und ihm Möglichkeiten zur Wahrnehmung seiner Rechte angeboten. Küng selbst war von der Maßnahme offenbar völlig überrascht. Für uns ist es unfaßbar, daß mit einzelnen Menschen und ihren Rechten in der Kirche so beliebig umgegangen wird, unfaßbar ist uns, daß die anerkannten Menschenrechte (Internationale Menschenrechtserklärung von 1948, Art. 10–11, Europäische Menschenrechtskonvention Art. 6) nicht selbstverständliche Rechte des Christen in der Kirche sind. Wir bedauern zutiefst, daß sich eine Verfahrensmethode bei der römischen Glaubenskongregation fortsetzt, die ihre Herkunft deutlich in einer vielfach belasteten Geschichte der Inquisition hat. Wir bedauern, daß die Kirchenleitung in Rom nicht bereit ist, die Persönlichkeitsrechte des einzelnen Christen in der Kirche gegen einen derartigen Machtmißbrauch kirchlicher Amtsgewalt stärker zu sichern. Dadurch wird der Einsatz der Christen für die Menschenrechte vor der ganzen Weltöffentlichkeit in schweren Mißkredit gebracht.

In der Kirche sollte es jedoch nicht nur um Sicherung von Rechten gehen. Vielmehr ist sie im Namen des Evangeliums zuerst und vor allem zum Zeugnis der Brüderlichkeit gefordert. Die Maßnahmen gegen Prof. Küng sind in unseren Augen ein Ausdruck ausgesprochen unbrüderlichen Verhaltens und ebenso unbrüderlicher Gesinnung. Für das Geheimverfahren erübrigt sich hier jeder diesbezügliche Hinweis. Durch derartige Prozesse begegnen ideologische oder politische Systeme ihren Feinden, nicht aber Brüder ihren Glaubensbrüdern in Christus. Dabei sind wir auch zuerst vom Vorgehen der deutschen Bischofskonferenz und seines Vorsitzenden betroffen. Wer die theologischen Zusammenhänge kennt, wird kaum bestreiten, daß der niederländische Theologe Edward Schillebeeckx in Grundfragen des überkommenen Glaubens keineswegs weniger diskutierbare Deutungen vertritt als Hans Küng. Bevor Schillebeeckx nach Rom zitiert wurde, ist Kardinal Willebrands, der Vorsitzende der niederländischen Bischofskonferenz, öffentlich für ihn eingetreten. Kardinal Höffner hat nichts dergleichen getan. Er stellte sich vielmehr »uneingeschränkt hinter die Entscheidung der Kongregation für die Glaubenslehre«. Wir müssen davon ausgehen, daß Kardinal Höffner von der geheimen Neuaufnahme des Verfahrens gegen Prof. Küng in Rom Kenntnis hatte. Wir bedauern, daß brüderliche Gesinnung ihm nicht eingab, den Betroffenen davon offen zu informieren und mit ihm zusammen nach Wegen der Konfliktbewältigung zu suchen. Die deutsche Bischofskonferenz deckt damit nicht nur die unvertretbare Verfahrensweise der Glaubenskongregation. Kardinal Höffner bestärkt darüber hinaus den Eindruck, daß er selbst im Sinne dieser Behörde daran interessiert ist, gegen einen unbequemen Mahner nun »endlich« die Macht der Autorität zu demonstrieren, nachdem ihn die eigenen Argumente nicht zu überzeugen vermochten.

Wir bedauern, daß die Kirche dadurch in ihrer Botschaft für brüderliche Solidarität unter den Menschen unglaubwürdig wird. Statt der Gesellschaft ein Zeugnis dafür zu geben, wie vorhandene Konflikte auf der Grundlage der gegenseitigen Achtung und herrschaftsfreien Sprechsituation durch die Suche nach besseren Argumenten gelöst oder doch wenigstens erträglich gestaltet werden, verfällt sie der Versuchung, die Macht der Stärkeren auszuspielen. Kirche müßte sich als Gemeinschaft offener, angstfreier Kommunikation erweisen, weil Glaube sich nur in freier Annahme von Gottes Wort ereignen kann. Statt dessen wird durch die Maßnahme gegen Prof. Küng nun wieder Angst in der römisch-katholischen Kirchengemeinschaft verbreitet nach dem Motto: Wer nicht auf die Autorität hören will, muß sie eben fühlen.

Wir sind überzeugt, daß bei der Verbreitung einer derartigen Mentalität die Freiheit theologischer Forschung gefährdet oder sogar unmöglich wird. Diese Freiheit verlangt ein Klima des Vertrauens. In den weltpolitischen Spannungen sind verantwortliche Politiker um vertrauensfördernde Maßnahmen zwischen den Konfliktblöcken bemüht. Sollten derartige Bemühungen in der Kirche wirklich unmöglich sein, und zwar vor allem von denen, die durch ihr Amt den Dienst der Versöhnung und des Friedens haben? Statt dessen hat die deutsche Bischofskonferenz den »leichten Weg« der »machtvollen« Entscheidung gewählt. Wir fordern sie auf, zum Dialog in der Kirche zurückzukehren, den die meisten ihrer Mitglieder auf dem Zweiten Vatikanum als Weg der Zukunft bejaht und öffentlich beschworen haben.

Wir sind überzeugt, daß nur auf diese Weise der schwere Schaden rückgängig gemacht werden kann, den die Maßnahme der Glaubenskongregation gegen Prof. Küng der Entwicklung ökumenischer Beziehungen in Theologie und Kirche zugefügt hat. Johannes XXIII. und das Konzil haben innerhalb und außerhalb der römisch-katholischen Kirche große Erwartungen für eine ökumenische Entwicklung erweckt. Sie haben ein Miteinander beschworen, in dem die getrennten Kirchen und Christen als gleichberechtigte Gesprächspartner (›par cum pari‹) einander begegnen (Ökumenismusdekret Art. 9). Inzwischen hat sich auf vielen Ebenen auch ein Klima des Vertrauens entwickelt. Müssen wir jetzt davon ausgehen, daß die Erwartungen, die seinerzeit auch alle Bischöfe durch ihre Konzilserklärung miterweckt haben, sich als Irreführung herausstellen werden? Denn wir können einer Kirchenleitung keinen Glauben schenken, daß sie es mit der offenen Gesprächsbereitschaft »nach draußen« ernst meint, wenn sie in ihrer eigenen Gemeinschaft an die Stelle dieser Mentalität die Disziplinierung ihrer kritisch denkenden Glaubensbrüder setzt.

Kardinal Höffner hat die Maßnahme gegen Prof. Küng mit der Sorge um die Verwirrung der Gläubigen begründet, die Küng angerichtet habe. Wir sind der Meinung, daß Kardinal Höffner nicht die Verwirrung bedacht hat, die die Disziplinierungsmaßnahmen ihrerseits in einer breiten Schicht seiner eigenen Kirche und einer weiteren Öffentlichkeit hervorruft. Wir fragen ihn und die anderen deutschen Bischöfe, ob ihnen gar nichts an den denkenden Menschen unserer Tage liegt. Sie werden dadurch nur der Botschaft der Kirche entfremdet werden, daß denkende Bemühungen aus Glauben als unerwünscht erscheinen müssen, weil sie nur dann genehm sind, wenn sie zu einem gleichgeschalteten Ergebnis kommen. Wir sind keineswegs in allen Einzelfragen mit Prof. Küngs Lehrauffassungen einig. Wir stellen uns jedoch voll hinter seine Bemühung, christlichen Glauben in unserer Zeit denkend zu vergegenwärtigen. In seiner Maßregelung werden in unseren Augen exemplarisch alle getroffen, die heute denkend um ihren Glauben bemüht sind, weil sie sich nicht in der Lage sehen, einfach formelhaft tradierte Bekenntnissätze zu übernehmen. Aus der Verpflichtung für unseren theologischen Auftrag bitten wir die deutsche Bischofskonferenz daher dringend, dahingehend tätig zu werden, daß die Maßnahme gegen Prof. Küng rückgängig gemacht und der Hoffnung auf gegenseitiges Vertrauen und offenes Denken ein neues Zeichen gegeben wird.

4.5 Resolution der Theologischen Fakultät der Harvard University (21. Dezember 1979)

Die Theologische Fakultät der Harvard University ist auf die »ernsthafte, unparteiische und vorurteilsfreie Untersuchung der christlichen Wahrheit« verpflichtet. Unverzichtbar für diese Aufgabe ist die Freiheit der Forschung für alle Beteiligten. Wir teilen diese theologische Verantwortung mit einer weltweiten Gemeinschaft von Wissenschaftlern aus Vergangenheit und Gegenwart. Wir sind uns des Bedürfnisses nach einem offenen Dialog unter christlichen Theologen und den Vertretern anderer religiöser Gemeinschaften und anderer wissenschaftlicher Disziplinen bewußt – ein Dialog, der durch das Zweite Vatikanische Konzil in bedeutender Weise intensiviert wurde.
Wir befinden uns an der theologischen Fakultät der Harvard Univer-

sity in einer sich ständig ausweitenden und vertiefenden Zusammenarbeit mit römisch-katholischen und anderen Schulen durch das Bostoner Theologische Institut. Wir sind an der Ausbildung künftiger römisch-katholischer Priester und Wissenschaftler beteiligt ebenso wie unsere römisch-katholischen Kollegen an der Ausbildung künftiger protestantischer Pfarrer sowie von Doktoranden verschiedener Glaubensüberzeugung. Als eine Bereicherung unserer Gemeinschaft hat sich die Errichtung des Charles-Chauncey-Stillman-Lehrstuhls für römisch-katholische Studien erwiesen sowie die Integration von römisch-katholischen Kollegen in unsere Fakultät.

Entscheidend für diese neue Dimension theologischer Forschung ist die Erkenntnis, daß die universale Kirche die Grenzen jeder historisch gewachsenen kirchlichen Körperschaft übersteigt. Der wachsende ökumenische Dialog selbst übt eine korrigierende Ordnungsfunktion aus, die stärker und dauerhafter ist, als irgendwelche Autorität sie erzwingen kann.

Deshalb bekunden wir unsere tiefe Betroffenheit über die von der Glaubenskongregation getroffene Maßnahme angesichts der Leistung, die unser Kollege Hans Küng für Theologie und Kirche erbracht hat. Wir fürchten, daß die Einschränkung von Forschung und Lehre dieses herausragenden Theologen eine bedeutende römisch-katholische Stimme im ökumenischen Dialog zum Schweigen bringen wird. Wir fürchten überdies, daß solche Maßnahmen sich auf das Klima gegenwärtiger und künftiger katholisch-theologischer Arbeit äußerst negativ auswirken werden und deshalb die katholischer- und ökumenischerseits gestellte Aufgabe gefährden, die christliche Wahrheit schöpferisch zu bewahren und zu fördern.

Eigene Übersetzung

4.6 Offener Brief von Professoren und Studenten des Fachbereichs Evangelische Theologie an der Universität Hamburg an Bischof Moser (15. Januar 1980)

Exzellenz!
Sehr verehrter Herr Bischof Moser!
Wir Professoren und Studenten des Fachbereichs Evangelische Theologie der Universität Hamburg wenden uns an Sie als den Bischof Hans Küngs. Sie haben sich zwar vielfach auch hinter ihn ge-

stellt. Aber für den nunmehr endgültigen Entzug seines kirchlichen Lehrauftrags für Katholische Theologie tragen Sie als zuständiger Bischof die unmittelbare Verantwortung.

Nach dieser Entscheidung Roms besteht wohl zur Zeit keinerlei Aussicht mehr auf eine Rücknahme dieses Verbots und eine Weiterführung des Dialogs in brüderlich-konziliarer Weise. Gerade deswegen aber wenden wir uns an Sie in tiefer Sorge und Bestürzung. Als evangelische Theologen können und wollen wir natürlich nicht zu dem Verfahren selbst und der – uns befremdenden – Weise, wie es durchgeführt worden ist, Stellung nehmen. Unsere Sorge gilt vielmehr den Auswirkungen dieser Entscheidung auf den Fortgang der ökumenischen Beziehungen zwischen unseren Kirchen. Wir sehen diese – trotz der gegenteiligen Beteuerungen des Vatikans – jetzt ernsthaft belastet.

Die mit dem kirchlichen Amt zusammenhängenden Fragen gehören zu demjenigen Komplex von Differenzen zwischen unseren Kirchen, die im ökumenischen Gespräch der Gegenwart den wohl ebenso entscheidenden wie schwierigsten Punkt darstellen. Professor Küng hat als katholischer Theologe in wahrhaft christlicher, ökumenischer Leidenschaft nicht nur in der Frage der Rechtfertigung einen entscheidenden Anstoß zur gegenwärtigen Annäherung gegeben, sondern gerade auch an dem schwierigen Punkt der Verständigung in der Amtsfrage Brücken zu bauen gesucht. Wir erinnern an die Erklärung der deutschen ökumenischen Universitätsinstitute zur Frage der Anerkennung der kirchlichen Ämter, an der Professor Küng maßgeblich beteiligt war. In diesem Zusammenhang sehen wir auch sein Buch zum Unfehlbarkeitsdogma. So streitbar und umstritten es ist, so viel ökumenische Hoffnungen hat es bestärkt – einfach durch die Tatsache, daß ein solches Maß an Öffnung durch Infragestellung *ureigener,* zentraler Traditionen heute überhaupt möglich ist. Daß das Lehramt durch seine Entscheidung diese Möglichkeit einer Infragestellung innerhalb Ihrer Kirche so definitiv verneint, muß für uns bedeuten, daß eben damit auch die Möglichkeit jedes ernsthaften ökumenischen Gesprächs über diesen schwierigen Punkt verneint ist. Das hat uns erschrocken gemacht. Denn damit sind brüsk Türen zugeschlagen worden, die wieder zu öffnen nicht nur viel Zeit, sondern vor allem viel Intensität von beiden Seiten kosten wird.

Wir denken, daß Sie, Exzellenz, diese unsere Sorge teilen. Darum bitten wir Sie, zusammen mit den übrigen Bischöfen Deutschlands geeignete Schritte zu unternehmen, um dem Papst und dem Vatikan eindringlich zu verdeutlichen, daß – zumindest aus der Sicht der deutschsprachigen Kirchen – die Entscheidung gegen Professor Küng nicht einfach nur diesen einzelnen Theologen betrifft, sondern in ihrer Auswirkung das ökumenische Verhältnis zwischen unseren Kirchen akut belastet. Sie wird z. B. die diesjährige Feier des Augustana-Jubiläums, die im Zeichen ökumenischer Annäherung stehen sollte, zweifellos erheblich überschatten.

Wir knüpfen an einen solchen Schritt der deutschen katholischen Bischöfe die Hoffnung, dieser ökumenische Aspekt könne die an diesem Konflikt Beteiligten wie die für seine Entscheidung Verantwortlichen dazu bewegen, den abgebrochenen Dialog doch noch wieder aufzunehmen, damit so auch das ökumenische Gespräch wieder eine Chance bekommt.

Ihr sehr ergebener
Prof. Dr. Ulrich Wilckens

Es folgen die Unterschriften von 21 Professoren, Dozenten und Assistenten sowie von 470 Studierenden des Fachbereichs Evangelische Theologie der Universität Hamburg.

4.7 Telegramm des Fachbereichsrats des Fachbereichs Katholische Theologie der Universität Münster an den Dekan der Katholisch-Theologischen Fakultät der Universität Tübingen (18. Januar 1980)

Der Fachbereichsrat des Fachbereichs Katholische Theologie der Universität Münster hat in seiner Sitzung am 18. Januar 1980 folgende Grußadresse an die Katholisch-Theologische Fakultät in Tübingen beschlossen: Der Fachbereich Katholische Theologie der Universität Münster begrüßt die Bemühungen der Katholisch-Theologischen Fakultät der Universität Tübingen, die kollegialen und korporativen Verbindungen mit Herrn Küng zu erhalten. In dieser schwierigen Situation sollte alles vermieden werden, was die Chancen für eine Revision des kirchlichen Urteils mindern, die Kluft vergrößern und die vielen Menschen, die durch die Publikationen von Herrn Küng im katholischen Glauben bestärkt worden sind, noch mehr enttäuschen und verwirren könnte.

Kertelge, Dekan

4.8 Erklärung des Fachbereichsrats des Fachbereichs Katholische Theologie der Universität Mainz (23. Januar 1980)

Das jüngste Vorgehen der römischen Glaubenskongregation gegen einzelne Theologen, vor allem aber die Art und Weise, wie Prof. Küng die »missio canonica« entzogen wurde, erfüllt uns mit großer Besorgnis. Insofern es hierbei um das grundsätzliche Miteinander von kirchlichem Lehramt und theologischer Wissenschaft geht, ist davon auch unsere Arbeit unmittelbar betroffen.

Wir fürchten, daß diese Art der »Konfrontation« der vielfachen Verflochtenheit von theologischer Lehre und kirchenamtlicher Verkündigung nicht gerecht wird und deshalb der gemeinsamen Sache schadet. Mehr denn je gilt, was die deutschen Bischöfe nach dem letzten Konzil an alle mit der Glaubensverkündigung Beauftragten geschrieben haben: »Wenn diese kirchliche Sendung die Menschen unserer Zeit wirklich ansprechen soll, wird es in der innerkirchlichen Diskussion großer Geduld und ehrlichen Dialogs bedürfen, damit die Verkündigungsinhalte entsprechend formuliert und akzentuiert werden können« (Trier 1967, 12).

Dabei ist natürlich allen Verantwortlichen die unabdingbare Treue zum ursprünglichen Glaubenserbe abverlangt, aber vor allem doch auch die Last der lebendigen, glaubwürdigen Vermittlung auferlegt. Denn nicht nur von der Arbeit der theologischen Fakultäten, sondern gerade auch von den Bischöfen erwartet das 2. Vatikanische Konzil, daß sie »die christliche Lehre ... auf eine Weise vortragen, die den Erfordernissen der Zeit angepaßt ist, das heißt, die den Schwierigkeiten und Fragen, von denen die Menschen so sehr bedrängt und beängstigt werden, entspricht« (Christus Dominus, 13).

Angesichts der massiven Mahnung an die Seite der Theologen, ihrer Verantwortung gegenüber der unverkürzten Glaubenslehre der Kirche zu entsprechen, erinnern wir mit Nachdruck an die Feststellung der Würzburger Gemeinsamen Synode in ihrem Bekenntnis zum Glauben in dieser Zeit, »daß die Amtsträger in unserer Kirche ... heute mehr denn je dem Volk Gottes eine besondere Aufnahmebereitschaft und Empfänglichkeit schulden für die verschiedenen Formen und Träger des Zeugnisses gelebter Hoffnung ... Gewiß werden sie schließlich immer zu prüfen und zu scheiden haben, aber eben nicht nur kritisch musternd, sondern auch mit Gespür für alles, was in den Stand setzt, unsere Hoffnung anschaulich und ansteckend zu leben und nicht nur von ihr zu reden.«

4.9 Erklärung von Hochschullehrern der Katholisch-Theologischen und der Protestantisch-Theologischen Fakultät der Universität Straßburg (28. Januar 1980)

Aus Anlaß der Maßnahmen gegen Hans Küng und der gegenwärtig laufenden Verfahren gegen andere katholische Theologen erklären wir Theologen der Fakultäten der Katholischen und der Protestantischen Theologie der Geisteswissenschaftlichen Universität Straßburg das Folgende:

1. Wir bekräftigen die Notwendigkeit einer freien und verantwortlichen theologischen Arbeit.

Eine kritische Reflexion im Bereich des Glaubens ist notwendig, da die Glaubenserfahrung tief in die menschliche Kultur hineinverwoben ist. Gerade weil die Zustimmung zum Glauben wesentlich frei ist, und im Namen des Evangeliums, auf das sich unsere Kirchen berufen, meinen wir: Dieses Bemühen um Einsicht und kritische Wertung muß sich frei entfalten können. Die Universität, der wir angehören, erscheint uns als einer der privilegierten Orte solcher Forschung. Es gibt jedoch nach unserer Überzeugung keine intellektuelle Freiheit ohne Verantwortung. Der Theologe ist bereit, seine Lehrmeinungen gleicherweise vor der öffentlichen Meinung, gegenüber anderen Forschern und inmitten der ganzen christlichen Gemeinde zu ver-antworten. Er anerkennt besonders, daß es in jeder Kirche legitime Ordnungsinstanzen gibt, die im Dienst eines getreuen Bekenntnisses des Glaubens stehen.

2. Wir geben unserer Erregung darüber Ausdruck, daß sich in der katholischen Kirche immer noch gewisse Verfahren behaupten, die theologische Forschung unter Kontrolle zu halten.

Gegenüber dem Verfahren, wie es die römische Glaubenskongregation vorsieht, bedauern wir insbesondere:

daß den Betroffenen die Einsicht in ihre Akten verweigert wird,

daß sie sich nicht durch einen Verteidiger ihrer Wahl vertreten lassen können,

daß ihnen das Recht nicht zugestanden wird, persönlich von ihren Richtern angehört zu werden.

Wir verlangen eine Änderung dieser Verfahren, damit eines jeden Recht zur Verteidigung geachtet werde, angefangen bei den kürzlich gemaßregelten Theologen. Allgemeiner gesagt: Der freien theologischen Kritik ist als erster regulierender Instanz voll Rechnung zu tragen. Der Ortskirche und ihren Hirten ist die volle Ausübung ihrer

Verantwortlichkeit zuzugestehen.

3. Wir befürchten, die Aufrechterhaltung der inkriminierten Verfahren und die Häufung der Maßregelungen könnten zu schweren Rückschlägen in den ökumenischen Beziehungen führen.

Wer kann noch glauben, der katholischen Kirche sei aufrichtig am Dialog mit den anderen Kirchen gelegen, wenn sie in ihrem eigenen Schoß ein solches Gespräch nicht praktiziert? Wie kann sich eine Kirche als ökumenischer Partner darstellen, wenn ihr Verhalten gekennzeichnet ist von Mißtrauen und Angst? Es ist unsere Hoffnung, daß der Dialog zwischen den Kirchen weitergeht; wir sind für unser Teil entschlossen, uns mit unseren Mitteln dafür zu verwenden.

4. Wir sind besorgt, ja beunruhigt über die beklagenswerte Hypothek, mit der durch die angezeigten Praktiken das christliche Zeugnis in der Welt belastet wird.

Überall findet sich die Freiheit bedroht. Die ideologischen Konflikte werden zunehmend erbitterter. Wie wird die Kirche – nicht nur mit Worten, sondern durch Taten – in Zukunft bezeugen, daß sie dem Evangelium treu ist? Kann sie noch glaubhaft machen, sie arbeite am Kommen einer neuen Welt, wenn in ihr selbst die Würde der Person angetastet wird und wenn Christen sich unfähig zeigen, die unausweichlichen Konflikte durchzustehen?

Es folgen 17 Unterschriften von Lehrenden der Katholisch-Theologischen Fakultät und 13 Unterschriften von Lehrenden der Protestantisch-Theologischen Fakultät.

Eigene Übersetzung

5. Stellungnahmen Einzelner

Im Zusammenhang des Konflikts um Küng haben sich sehr viele in Erklärungen, Artikeln, Offenen Briefen, Leserbriefen zu Wort gemeldet; Theologen und Nichttheologen, evangelische und katholische Christen, Nichtchristen, im Inland und im Ausland. Im folgenden bringen wir zunächst im Wortlaut eine Auswahl von Äußerungen, die uns besonders wichtig erscheinen, in chronologischer Reihenfolge. Sodann fügen wir eine Übersicht über weitere Stellungnahmen an.

5.1 Peter Eicher: Presseerklärung zur Verurteilung von Hans Küng (21. Dezember 1979)

Eicher ist Professor für katholische Theologie an der Gesamthochschule Paderborn.

Das katholische Lehramt hat sich durch die Verurteilung von Hans Küng selbst verurteilt: es hat den verurteilt, der Jesus Christus als die Menschenfreundlichkeit Gottes lehrte, es hat den verurteilt, der die Ökumene als die Kirche Christi verkündete, es hat den getroffen, der wie kein anderer Theologe um eine heilige katholische Kirche rang. Hans Küng hat nicht die Unfehlbarkeit des Papstes und die Autorität des Lehramtes in den Mittelpunkt des Evangeliums gestellt, sondern Jesus Christus allein, Gottes geliebten Sohn: deshalb will ihm das Lehramt den Mund schließen. Kein anderer Theologe hat in dieser Breite und Verständlichkeit das veröffentlicht, was die christliche Theologie dieser Zeit aufgearbeitet hat: durch die Verurteilung von Küng wird der größte Teil der katholischen und evangelischen Theologie dieser Zeit verurteilt. Indem das Lehramt sich selbst als unfehlbar verkündet und jene ausschließt, welche fragen, ob nicht Gott allein die Ehre der unfehlbaren Wahrheit zukomme, fixiert es das Christwerden auf seine eigene Autorität hin und verhindert damit den Zugang zu Christus, der Freiheit des Menschen.
Die Verurteilung ohne Anklageschrift und Prozeß zeigt, worum es hier geht: nicht um das Evangelium, sondern um den Erweis der Mächtigkeit von Papsttum und Deutscher Bischofskonferenz. Das Evangelium nennt solches Heuchelei.

5.2 Friedrich Heer: Hans Küng: Ein Königsopfer (21. Dezember 1979)

Heer ist Professor für Geschichte an der Universität Wien und Chefdramaturg des Burgtheaters.

Das päpstliche Lehrverbot für den an der Universität Tübingen wirkenden Schweizer Hans Küng, der sich dem Urteil der vatikanischen Glaubenskongregation nach nicht mehr katholischer Theologe nennen darf, ist im engsten Zusammenhang der kurialen Politik seit dem Ende des Zweiten Vatikanischen Konzils zu sehen. Der Fall Küng geht Rom, geht die Weltkirche, geht die Katholiken in Deutschland und jene anderen Deutschen etwas an, die das Schrumpfen, konkreter: das Abwürgen von Freiheit auf dem blauen Planeten Erde mit Sorge sehen.

Als das Zweite Vatikanische Konzil zu Ende ging, nannte Karl Rahner dieses Konzil »den Anfang des Anfanges«. Ich meinte damals: Das Tauwetter endet. Noch war der Leib des Papstes Johannes XXIII. nicht ganz erkaltet, da sprach man in vatikanischen Kreisen diesen Papst bereits als ein großes Unglück für die Kirche und das Konzil selbst als einen Betriebsunfall an, der möglichst schnell zu beseitigen sei.

In einer kleinen Schrift von 1964 »Kirche in Freiheit« spricht Hans Küng »vom unfehlbaren Lehramt der Partei, vom heiligen Offizium des Zentralkomitees und vom obersten unfehlbaren Parteisekretär persönlich«. Küng meint hier Moskau, die Parteikirche des Kreml, gegen die heute spanische Kommunisten Sturm laufen. Küng sieht hier 1964 Freiheit als eine sehr große Aufgabe für die Kirche an. »Freiheit in der Kirche muß immer wieder neu errungen werden. Das ist ebenso wichtig wie schwierig.« Und dies erklärte Küng weiter: »Nie dürfte der Christ ein Dogma der Kirche annehmen, wenn es gegen sein Gewissen wäre.« Küng plädierte hier für die Abschaffung von Index, Vorzensur, Inquisitionsverfahren; weil in der Kirche der neuen Zeit oft Angst eines jeden vor jedem herrschte, gab es soviel Heuchelei und Tatenlosigkeit.

Das war 1964. In der ebenfalls 1964 erschienenen Schrift »Theologe und Kirche«, gewidmet dem 60jährigen Karl Rahner für sein theologisches Werk, bekennt sich Küng zur Kirche, die immer zu reformieren ist und die sich selbst ständig reformiert. Küng: »Die Kirche hat sich selbst dauernd verändert.« Diese beiden Schriften tragen die kirchliche Druckerlaubnis des Ordinariats Chur, Schweiz. Roms Mühlen mahlen langsam.

Um die gegenwärtige Situation der Kurie, des Papstes Johannes Paul II., des Weltkatholizismus zu verstehen, ist es sinnvoll zu erinnern: In der römisch-katholischen Kirche leben Menschen, die persönlich in verschiedenen Jahrtausenden, nicht nur in Jahrhunderten, beheimatet sind. Einstein, Freud, der erste Kennedy und viele Psychologen wissen: Wir alle sind auch noch Neandertaler. Und dazu kommt im Katholizismus dies: Polnische, spanische, deutsche, französische, afrikanische, lateinamerikanische, irische Katholiken – um nur ein halbes Dutzend aus dem Bündel derer zu nennen, die nur kalendarisch gemeinsam im Heute 1979 leben. Sie sind befrachtet mit Vergangenheit, die in ihnen arbeitet: schmerzhaft, oft sehr schmerzlich. Es ist indianische, oder es ist deutsche Vergangenheit.

Einem Papst als Pontifex maximus kommt die schöne und schwierige Aufgabe zu, sie alle zu beheimaten: in der Großkirche, ohne ihre nationalen, volkhaften, mentalen Heimaten zu zerstören, Heimat in der Seele des Geistes. Der gegenwärtige Papst hat sich offenkundig dafür entschieden, sich auf die Seite der vielen Millionen Katholiken zu stellen, die Sicherheit, möglichst totale Sicherheit suchen: in Rom als der festen Burg des Papstgottes.

Diesen totale Sicherheit suchenden Menschen, die sich schwer geschädigt fühlen durch die Geistesarbeit der wissenschaftlich arbeitenden Theologen, ihnen schafft Johannes Paul II. Wälle, mit denen sie sich gegen die Wühlmäuse, ebendiese Theologen, schützen. Dieser Schutz ist ihm ein Königsopfer wert: die Opferung der wachsten, geistig und seelisch wachsten Intelligenz der römischen Kirche.

Johannes Paul II. stellt sich damit in die Tradition des Papstes Pius IX., der mit ungeheurem Terror das Unfehlbarkeitsdogma durchsetzte, und des Papstes Pius X., der dieses von Pius IX. begonnene Werk der kirchlichen Vernichtung einer Elite von italienischen, französischen, englischen und deutschen Theologen fortsetzte. Küng wird vor allem dies vorgeworfen: Seine Kritik am Unfehlbarkeitsdogma von 1870 und an einigen Dogmen, wie sie in den letzten hundert Jahren immer wieder bereits in Frage gestellt worden waren. Im Kampf gegen die Proklamation dieses Unfehlbarkeitsdogmas ging der deutsche Episkopat damals unter: Ihm wurde geistig das Rückgrat gebrochen. Diese Tatsache ist nicht zuletzt die Basis für das nahezu totale Versagen des deutschen Episkopats Hitler gegenüber.

Anfang September 1869 versammeln sich die zwanzig Bischöfe Deutschlands in Fulda zu einer Synode. Vierzehn von ihnen, darunter die Erzbischöfe von Köln und Mainz, unterzeichnen einen Brief an den Papst, in dem sie ihn bitten, angesichts der tiefen Unruhe im deutschen Katholizismus auf die Definition der Unfehlbarkeit in Dingen der Sitte und des Glaubens zu verzichten. Auf dem Konzil erweisen sich von Anfang an die österreichischen Kardinäle Schwarzenberg und Rauscher als die entschiedensten Führer der Opposition. Schwarzenberg kämpft für eine der Wissenschaft geöffnete Kirche, Rauscher verfaßt die berühmte Gegenpetition, die von 136 Bischöfen unterzeichnet wird. Theologen der Opposition erklären: Wenn das Dogma der Unfehlbarkeit des Papstes verkündet wird, wird eine totalitäre Kirche geschaffen, die dem innersten Wesen der Katholizität widerspricht. Vergebens wirft sich Bischof Ketteler aus Mainz dem Papst vor die Füße, um ihn von dieser verhängnisvollen Entscheidung abzuhalten. Vergebens.

Der Terror der Kurialen verstärkt sich so sehr, daß ein Großteil der Opposition vor der Abstimmung abreist. Dann unterwerfen sich die Kardinäle und Bischöfe der Opposition in den nächsten Monaten. Sie hatten nur die Wahl, aus der Kirche auszuscheiden oder sich zu unterwerfen.

Am 16. November 1979 erschien im Publikforum der offene Brief Karl Rahners an den Münchener Kardinal Josef Ratzinger und sein Brief an Kultusminister Hans Maier als Protest gegen die durch den Münchener Kardinal verhinderte Berufung von Johann Baptist Metz nach München. Karl Rahner erinnert den Münchener Kardinal an die unselige Terrorisierung der theologischen Intelligenz unter Pius X. so: »Wieviel Unglück ist durch eine solche unangebrachte Wissenschaftspolitik in den Zeiten des Integralismus unter Pius X. geschehen.« Karl Rahner stellt weiter fest: »Als Mensch und Christ habe ich es erschreckend selten erlebt, daß in konkreten Fällen ein konkreter Amtsträger ehrlich und offen einen Fehlgriff zugibt.« Rahner: »Man muß sich wehren, auch wenn der Widerstand, der dem Christen in der Kirche gestattet ist, zunächst erfolglos bleibt.«

Rahners Brief hätte mit geringen Modifikationen an Papst Johannes Paul II. in Sachen Küng und der anderen französischen, holländischen, deutschen in Rom nun abgeurteilten Theologen gerichtet sein können. Wie wird das weitergehen? In der alten Kirche stehen sich seit Jahrhunderten, ja seit Jahrtausenden zwei unvereinbare Auffassungen von Kirche gegenüber. Da ist einmal die papistische Auffassung, derzufolge – um dem großen bayerischen katholischen Denker Franz von Baader das Wort zu geben – eine Verpäpstlichung Jesu immer wieder neu betrieben wird und die Kirche eine feste Burg ist, die mit allen Waffen verteidigt werden muß. Und dann gibt es auch seit vielen Jahrhunderten eine andere Erfahrung von Kirche: Sie selbst als ein lebendiger Prozeß, der immer weiter geht mit vielen Veränderungen, ein Prozeß, in dem die dreisonnige menschenfreundliche Gottheit und in ihr Jesus als Freund, als Arzt, als unendlich geduldiger Lehrer die Menschen führt. Diese beiden innerkirchlichen Modelle, die politisch, theologisch, pädagogisch auf der einen Seite Kirche als ein Großgetto verstehen, das möglichst hermetisch abzuschließen ist, auf der anderen Seite eine offene Kirche in einer offenen Gesellschaft, frei, fromm, sorgsamst die Menschenrechte der Mitglieder der Kirche erhaltend: Diese beiden innerkirchlichen Modelle werden im dritten Jahrtausend der Christen ebenso miteinander ringen wie in den Tagen des Erasmus von Rotterdam und des Hans Küng und des Karl Rahner.

Katastrophal für die anderen Menschen, nicht nur für Katholiken, wirkt sich aus, daß durch diesen innerkirchlichen Großkampf der gesamten Menschheit ein sehr bedeutendes Potential an Kräften entzogen wird. Ein Potential, das heute dringendst gebraucht würde, um gegen Unrecht, Mord und Elend anzukämpfen. Das Kind aus Galiläa sieht mit Entsetzen auf Rom, auf Menschen, die überzeugt sind, ebendieses Kind auf Erden zu verkörpern: als Papst.

Quelle: Hannoversche Allgemeine Zeitung, 21. Dezember 1979

5.3 Karl Lehmann: Küng hat zweifellos die kirchliche Autorität überreizt (21. Dezember 1979)

Lehmann ist Professor für Dogmatik an der (Katholischen) Theologischen Fakultät der Universität Freiburg/Breisgau und ist Mitglied der Päpstlichen Theologenkommission sowie Berater der Glaubenskommission der Deutschen Bischofskonferenz.

Genau vor einer Woche hat Professor Küng in einem Interview, das er der WELT gegeben hatte, zuversichtlich zum Ausdruck gebracht, nach seinem Ermessen laufe zur Zeit kein Lehrbeanstandungsverfahren gegen ihn. Vom selben Tag datiert die Erklärung der Glaubenskongregation, daß Professor Küng »weder als katholischer Theologe gelten noch als solcher lehren« könne. Hans Küng ist offensichtlich völlig überrascht worden. War es deswegen schon eine heimtückische »Nacht-und Nebelaktion«?

Die schwerwiegende Entscheidung der Glaubenskongregation hat die Kirche zweifellos tief getroffen. Für viele Katholiken und Christen galt Hans Küng als Wahrzeichen einer kämpferischen Reform in der Kirche und als Vorkämpfer für eine pastoral und ökumenisch engagierte Theologie. Durch seine Kunst, theologische Sachverhalte auch für Menschen, die den Kirchen fernstehen, in ansprechender und plausibler Weise zur Sprache zu bringen, fand er Zugang zu vielen, die kaum mehr Kontakt hatten mit den etablierten Kirchen. Schließlich versteht er auch etwas vom journalistischen Handwerk, was er freilich zugunsten seiner Meinungen und Veröffentlichungen ziemlich rücksichtslos einsetzte. Gerade für junge Menschen und für kritisch eingestellte Kirchenmitglieder bedeutet der Entzug der Lehrbefugnis einen Schock. Daran wird die Kirche zweifellos noch länger leiden.

Was war geschehen? Davon war in den letzten Tagen gelegentlich kaum mehr die Rede, so stand der römische Eingriff selbst im Vordergrund des öffentlichen Interesses. Hans Küng hatte schon 1957 und 1963 Schwierigkeiten mit der römischen Glaubenskongregation wegen seiner Bücher »Rechtfertigung« und »Strukturen der Kirche«. Die berühmt gewordene Protokollnummer 399/57/i stammt offensichtlich schon aus dieser Zeit.

Die Tonart wurde schärfer, als Küng im Jahre 1970 zum 100jährigen Jubiläum des Ersten Vatikanischen Konzils eine »Anfrage« (so lautete der Untertitel) an das Dogma der Unfehlbarkeit des Papstes richtete. In diesem streckenweise als Pamphlet geschriebenen Buch rechnet Küng nicht nur mit dem, nach seiner Meinung, reaktionären Kurs Pauls VI. ab, sondern er glaubte zeigen zu können, daß das Unfehlbarkeitsdogma im Grund überflüssig sei: Die Kirche braucht kein unfehlbares Lehramt, denn ihr ist »trotz aller immer möglichen Irrtümer« ein grundlegendes Bleiben in der Wahrheit verheißen. Küng ging davon aus, daß sich die Kirche auch in Fällen geirrt habe, wo sie nach ihrer Meinung eine unwiderrufliche Entscheidung getroffen habe.

Aus dieser »Anfrage« entstand der größte theologische Disput nach dem Zweiten Vatikanischen Konzil. Küng weigerte sich, einer Einladung zu einem Kolloquium in Rom zu folgen. Durch Angriffe auf die römische Verfahrensweise konnte er lange Zeit in der öffentlichen Meinung die meisten Punkte für sich buchen. Da die Thesen Küngs weltweit verbreitet waren, erging im Sommer 1973 eine umfangreiche Erklärung »Mysterium ecclesiae«, in der Küng zwar nicht genannt, aber zweifellos gemeint war. Von irgendeiner Drohung war nicht die Rede. Freilich bestand Rom auf dem immer noch ausstehenden Kolloquium, das auch nach Veröffentlichung der Erklärung möglich war.

1975 kam es durch die unermüdlichen Vermittlungsbemühungen von Kardinal Döpfner zu einer Art von »Burgfrieden«: Nachdem Küng zugesagt hatte, er schließe eine Angleichung seiner Meinung an das kirchliche Dogma bei weiterem Studium nicht aus, wurde er ermahnt, künftig seine Thesen nicht mehr zu vertreten. Dies erlaubte eine einstweilige »Einstellung« des Verfahrens. Dabei war eine zweimal gesetzte Einschränkung »für jetzt« eine unüberhörbare Betonung des Ernstes, mit dem die Warnung ausgesprochen wurde.

Eine solche Lösung war rechtlich nicht vorgesehen. Es war wirklich ein bisher einmaliges Entgegenkommen. Es schienen sich damit neue Formen der Konfliktbewältigung zwischen Theologie und Lehramt abzuzeichnen. Auch Kardinal Döpfner unterstrich die Notwendigkeit einer selbstkritischen Überprüfung der Thesen Küngs: »Wenn wir nochmals über diese Schwierigkeiten streiten müßten und keine Annäherung feststellbar wäre, wüßte ich mir kaum mehr zu helfen.«

Von 1975 bis zum Frühjahr 1979 verhielt sich Küng gegenüber der römischen Meinung im ganzen loyal. Dann hat er jedoch zugleich in zwei Veröffentlichungen (»Kirche – gehalten in der Wahrheit«; Geleitwort zu A.B.Hasler, »Wie der Papst unfehlbar wurde«) seine Thesen von 1970 in radikalerer Weise vertreten. Aus beinahe historischer Distanz hat er das Ergebnis der Unfehlbarkeitsdebatte ganz zu seinen Gunsten gedeutet. Der alte Unfehlbarkeitsstreit galt als »erledigt«. Von einer »Anfrage« war keine Spur mehr.

Grund zu einer solchen Einschätzung der Lage hatte Küng übrigens auch keineswegs vom wissenschaftlich-theologischen Standpunkt aus; denn kein namhafter Fachkollege war ihm bei seiner Grundthese wirklich gefolgt. Die Glaubenskongregation macht in ihrer Erklärung vom 15.Dezember 1979 völlig klar, daß das hartnäckige Verharren Küngs bei seinen Positionen (auch wenn immer wieder Gesprächsbereitschaft erklärt wird!) zum Entzug der Lehrerlaubnis geführt hat.

Küng hat damit zweifellos die kirchliche Autorität überreizt. Sie hat lange Zeit nicht nur Angriffe, sondern auch öffentliche Demütigungen hingenommen. Trotz inständigen Bittens von Bischöfen und Theologen (man vergleiche die 185 Seiten umfassende Dokumentation der Deutschen Bischofskonferenz!) um konkrete Verständigungsbereitschaft in der Sache hat sich Küng immer mehr versteift. Durch die Verschärfung vom späten Frühjahr 1979 war eine – von der Vorgeschichte her beurteilt – geradezu ausweglose Situation entstanden. In gewisser Weise hat Küng die Entscheidung herbeigezwungen. Überblickt man das Potential der Möglichkeiten zur Konfliktlösung, dann muß man wohl feststellen, daß diese nach den zehnjährigen Bemühungen faktisch ausgeschöpft waren.

Der Trümmerhaufen ist groß. Die nachkonziliare Entspannung zwischen Theologie und Lehramt scheint zusammengebrochen zu sein. Viele wittern den Einzug reaktionärer Methoden. Kleine Geister sind vielleicht auch versucht, »klare Zustände« in der Theologie zu schaffen. Keiner hatte mehr erreicht als Küng. Weil er das Augenmaß für das Erreichbare verloren hat (nicht nur im taktischen Sinne), ist er für eine mögliche Klimaverschlechterung zwischen Theologie und Lehramt mitverantwortlich. Der Kompromiß von 1975 hat gezeigt, daß man theologisch den Konflikt hätte durchaus unter vernünftigen Bedingungen austragen können. Hans Küng ist letztlich über seinen Sendungsanspruch gestolpert.

Der ganze Vorgang hat gezeigt, daß eine mehr dialogisch orientierte Konfliktlösung außerordentlich anspruchsvoll ist und von beiden Seiten hohe Qualitäten verlangt. Unnachgiebigkeit ist der Erzfeind des Dialogs. Dies wird eine der Lehren aus der Tragödie sein.

Ich glaube nicht, daß jetzt eine Theologenhatz in der Kirche ausbrechen wird. Es wäre auch zu einfach, alles auf den polnischen Papst abzuwälzen. Wenn Johannes Paul II. – sicher im Auftrag der ihn wählenden Kardinäle – etwas mehr Festigkeit und Zuverlässigkeit in die nachkonziliare Kirche bringen möchte, dann muß dies nicht schon mit Reaktion und Restauration gleichgesetzt werden. Der schmale Grat dazwischen ist freilich mehr als gefährlich.

Das römische Verfahren ist nicht nur mit Hans Küng, sondern in gewisser Weise auch mit sich selbst zu Ende; denn viel wichtiger als reine Disziplinarmaßnahmen ist die Frage, wie man in der anfänglich neugewonnenen Freiheit der nachkonziliaren Kirche aufrichtigen und sachlichen Umgang sowie Selbstdisziplin lernen kann. Die Öffentlichkeit solcher Auseinandersetzungen ist ein zusätzlich neues, weithin unverdautes Element. Der neue Stil, der 1975 im Fall Küng experimentiert wurde, darf nicht zur Episode werden. Dies ist die vordringlichste Sorge.

Quelle: Die Welt, 21. Dezember 1979

5.4 Hans Urs von Balthasar: Das Wesentliche im Fall Küng (22. Dezember 1979)

Von Balthasar ist katholischer Theologe, initiierte den Sammelband gegen Küngs Buch »Christ sein« und ist Mitglied der Päpstlichen Theologenkommission.

Was vielen wie ein Blitz vom Himmel erscheint, ist in Wahrheit nur der Schlußpunkt einer mehr als zehnjährigen, tragischen und intensiven Auseinandersetzung. Niemand, der ein objektives Urteil über diese fällen möchte, dürfte es ohne Kenntnisnahme der fast zweihundertseitigen Dokumentation tun, die als Beigabe zur Erklärung der Glaubenskongregation und der Deutschen Bischofskonferenz von der letzteren herausgegeben wurde und bei ihrem Sekretariat (Kaiserstraße 163, 5300 Bonn) beziehbar ist; sie enthält alle wesentlichen Aktenstücke von 1967 bis 1979. Bei unvoreingenommenem Studium relativiert sich viel Vordergründiges, und die wirklichen Fronten werden klar (ich zitiere nach den Seitenzahlen).

Man kann sich ärgern an der gewiß nicht geschmackvollen öffentlichen Infragestellung des Papstes, sogar seiner Christlichkeit, und die völlig abwegige Vermutung äußern, der Entzug der Lehrbefugnis sei dessen Rache dafür. Man kann sich ferner ärgern über den unehrfürchtigen Ton, womit Küng die Vertreter der Glaubenskongregation anspricht, mehr noch über seine Hartnäckigkeit, mit der er deren Fragen und die der Bischöfe immer wieder unbeantwortet läßt und dafür über römische Verfahrensprobleme spricht, die ihm unbefriedigend scheinen. Man kann sich immer noch und verständlicherweise ärgern über die Art, wie er die Verhandlungen hinzieht, auf Einladungen entweder sehr spät oder mit einem »Keine Zeit«, »Ich bin auf Reisen« oder: »Ich schreibe ein Buch« oder: »Es ist Semester« antwortet, und man bewundert die Lammsgeduld der römischen und der deutschen Amtsstellen mit ihm. Man verfolgt mit Beklemmung, wie

Leute, die ihm ausgesprochen wohlwollen, allmählich ratlos werden und ihn schließlich fallenlassen, ein Kardinal Volk (»Ich möchte Sie herzlich bitten, doch einmal mit Rom zu reden!«) oder Kardinal Döpfner, der am Schluß gesteht: Wenn die alten Schwierigkeiten nicht endlich ausgeräumt werden, »wüßte ich mir kaum mehr zu helfen« (115), der Bischof von Rottenburg, der ebenfalls die Waffen streckt (»ein unerquickliches Nachspiel scheint unvermeidlich«: 185).

Man vernimmt, wie Küng, auf das unaufhörliche Drängen zur Überprüfung seiner Thesen hin, zuweilen ein Versprechen abgibt, auf Ergänzungen in einem kommenden Buch vertröstet. Das römische Verfahren, das am 15. Februar 1975 als »für jetzt« beendet angesehen wurde, gab Küng die Mahnung auf den Weg, die mit dem katholischen Lehramt unvereinbaren Aussagen – wie die Leugnung eines von Christus mit Autorität ausgestatteten Lehramtes oder die von Laien im Notfall (also grundsätzlich) gültig vollziehbare Eucharistiefeier – nicht weiter zu lehren, welche Weisung Küng später, zumal in seinem Vorwort zu Haslers zweitem Werk über das I. Vatikanum und in seiner theologischen Meditation über die in der Wahrheit gehaltene Kirche, in den Wind schlug. Schon damals erinnerte ihn die Kongregation daran, daß »die kirchliche Autorität ihm die Befugnis gegeben hat, Theologie im Geist der kirchlichen Lehre zu dozieren, nicht aber Auffassungen zu vertreten, die diese Lehre verkehren oder in Zweifel ziehen« (104).

Mit der Zeit mehren sich die dogmatischen Anfragen; sie betreffen (zumal seit »Christ sein«) nicht nur die kirchliche Autorität, sondern die zentralen Probleme der Christologie, der Trinitätslehre, der Erlösungs- und Gnadenlehre: man möchte von ihm ein klares Stehen zu den wesentlichen Formeln des Kredos. Die Antwort ist schroff: »Ich empfinde es zunächst als eine Zumutung, daß man mir als einem ordentlichen Professor der katholischen Theologie ein Glaubensbekenntnis abfordern will« (147). Aber dann, ein paar Sätze weiter: Es »geht um äußerst subtile und komplexe Probleme, die allen Theologen gestellt sind, und die ... nicht mit Katechismusantworten zu bewältigen sind« (148). Ausweichmanöver nach der einen und anderen Seite? Gewiß, aber damit sind wir immer noch an der Peripherie.

Das Zentrum ist im Grunde etwas ganz Einfaches. Für Küng ist die Existenz einer kirchlichen Autorität, die sich von Christus herleitet, ein Problem, das gründlich diskutiert werden müßte, bevor auf dieses, für ihn unbewiesene Faktum hin Dinge behauptet oder gefordert werden dürften. Hintergründig wird es für Küng schon negativ gelöst sein, da (im Buch über »Die Kirche«) die Kontinuität zwischen Christus und Kirche fraglich ist (hier bleibt Bultmann bestimmend), weshalb ein Theologe (hier Karl Barth) nur unter der Autorität des Wortes Gottes, nicht unter der der Kirche steht: »Kraft welcher Autorität trage ich meine Meinungen vor? Kraft der Autorität des Wortes Gottes, dem ich als Theologe zu dienen habe« (102). Von diesem Standort aus ist es konsequent, daß er die Glaubenskongregation, die auf ihre Autorität pocht, immerfort auffordert, erst einmal diese theologisch zu beweisen. Hierbei »nur auf jene lehramtlichen Dokumente zu verweisen, auf meine Fragen zielen, ist ein Circulus vitiosus, in welchem vorausgesetzt wird, was bewiesen werden sollte« (51, 74). »Eine leicht zu durchschauende petitio principii ist es, als Beweise diejenigen lehramtlichen Texte ... anzuführen, die gerade in Frage stehen« (178). Rom soll argumentieren. Er lädt die Mitglieder der Kongregation in sein Seminar ein, Reise und Aufenthalt in Tübingen würden bezahlt (53). Wird der Anspruch Roms nicht zuvor wissenschaftlich geklärt, ist das geforderte »Kolloquium für beide Seiten sinnlos« (73). Aber »stichhaltige Begründungen« zu den bloßen Behauptungen zu liefern, dazu ist »die Glaubenskongregation unfähig« (53). So soll sie Ruhe geben und die Theologen ihre Probleme »unbehindert ausdiskutieren lassen« (78).

Die Bestreitung einer (von Christus stammenden) Autorität hat zur Kehrseite die Forderung einer uneingeschränkten Freiheit theologischer Forschung. Immer wieder beruft sich Küng auf das (quasi verschollene) Manifest der 1360 Theologen, die solche Freiheit fordern, den Bischöfen das »pastorale Verkündigungsamt«, sich selbst die »wissenschaftliche Lehraufgabe« zuteilen und »jegliche Art von noch so subtiler Inquisition« ablehnen (77). »Pastoral« wäre somit scharf gegen »Theologie« abzutrennen. Nach seiner Position befragt, sagt Küng: »Ja, katholische Kirchengemeinschaft war und ist wieder möglich auch ohne streng autoritäre Führung (Interpretationsmonopol für Schrift und Tradition des kirchlichen Lehramtes!). Freie, unvoreingenommene wissenschaftliche Forschung ... führt nicht zur ›Selbstzerstörung‹ der Kirche, sondern zu ihrer ›Erneuerung‹« (179). Was für den Katholiken »verbindliche Wahrheiten« sind, ist »nicht so einfach«, wenn man die »heute auch in Rom in ihrer Problematik durchschauten Lehrentscheidungen vom Galilei-Fall über den Syllabus bis zu den Enzykliken ›Humani generis‹ und ›Humanae vitae‹ bedenkt« (96). Hinter diesen Fällen stehen aber auch die alten und neuen konziliaren und päpstlichen Definitionen, die ihrerseits keinen Anspruch erheben können, »unfehlbare Sätze« zu sein (172). Solche gibt es schlechterdings nicht. Alle Formeln sind zumindest geschichtlich bedingt (75). Haslers Buch über das Erste Vatikanische Konzil ist so sehr Wasser auf Küngs Mühle, daß er im Vorwort jede Vorsicht und Zurückhaltung vergißt und eine gänzliche Revision (beziehungsweise Rückgängigmachung) der Konzilssätze fordert (181).

Kann man Küng diese Ansichten, deren innere Konsistenz fraglos ist, verübeln? (Über seine subjektive Ehrlichkeit hat übrigens nie eine Instanz richten wollen.) Ich denke nicht, denn es sind gute protestantische Ansichten, die von vielen evangelischen Christen optima fide und sogar mit für Katholiken durchaus verständlichen Gründen vertreten werden. Auch diese Glaubenden können sich zur Una Catholica bekennen, wenn man darunter die »allgemeine, umfassende Kirche, jene in allen Brüchen sich durchhaltende Kontinuität von Glauben und Glaubensgemeinschaft« versteht, zu der auch Küng sich bekennt (180). Nur muß man dann die nicht leicht zu tragende Crux dieser Kirche auf sich nehmen, daß man sich einerseits unter die Autorität des Wortes Gottes allein stellt, dieses andererseits gleichzeitig vor das Forum der historisch-kritischen Methode zieht. Küng ist sich dieser Schwierigkeit durchaus bewußt.

Es ist nicht notwendig, an dieser Stelle auf die katholische Position näher einzugehen, die im kirchlichen Amt (der Bischöfe, der Konzilien, des Papstes) eine durch Christus selbst gewollte Vermittlung zwischen dem in ihm Mensch gewordenen Wort Gottes und uns erblickt, was freilich die Annahme der apostolischen Sukzession einschließt. Zwei Dinge dürften von hier aus an der katholischen Position verständlich werden: daß, wie das Wort Gottes im Evangelium menschlich und so für jedermann verständlich redet, auch wesentliche Wahrheiten des Kredos, der Konzilien, der Katechismen einen durchsichtigen Sinn haben können, der vor- oder übertheologisch ist, wenn man Theologie als Fachwissenschaft versteht; er kann von ihr zwar bedacht und ausgelegt, aber nicht wegkritisiert werden. Und dazu gehört – zweitens – nach katholischem Verständnis eben auch die im Wort des Neuen Testaments hinreichend fundierte kirchliche Autorität der Nachfolger der Apostel (mit Petrus als einheitsstiftender Mitte), deren Dienst am Wort Gottes seine Verkündigung, aber auch seine Reinerhaltung ist. Und dazu gehört eine Möglichkeit der Prüfung (das schreckliche Wort Inquisition heißt nichts anderes als

Prüfung), die, wie der schmerzliche »Fall Küng« zeigt, durchaus fair vorgenommen werden kann. Die Schriften des Neuen Bundes erzählen von mehreren solchen Flurbereinigungen, die damals wie heute nur die Feststellung eines bereits vorliegenden Zustandes waren oder sind. Ohne jeden Zweifel ist geistliche Autorität in der Hand fehlerhafter Menschen ein gefährliches Instrument; je näher etwas dem Heiligen steht, um so leichter kann es mißbraucht werden – sonst wäre es nicht zur Reformation gekommen. Hier fällt mir ein, daß mir Karl Barth in einem Gespräch kurz vor seinem Tod erzählte, Hans Küng (dem gegenüber er mißtrauisch geworden war) habe ihn besucht und ihm mit Triumphton gesagt: »Wir werden eine neue Reformation in der Kirche erleben.« Er, Barth, habe ihm darauf erwidert: »Eine Reform wäre schon viel.«

Quelle: Frankfurter Allgemeine Zeitung, 22. Dezember 1979

5.5 Heinrich Fries: Hans Küng – ein Zeuge des christlichen Glaubens (24. Dezember 1979)

Fries ist emeritierter Professor für Fundamentaltheologie im Fachbereich Katholische Theologie der Universität München.

Als Begründung für den Entzug der Lehrbefugnis als katholischer Theologe für Professor Hans Küng wird besonders genannt, daß seine Schriften und Lehre »bei den Gläubigen Verwirrung verursachen« und daß sie von der »Vollständigkeit der katholischen Lehre abweichen«.

Ich möchte meinerseits keineswegs alle Äußerungen und alle Schritte von Hans Küng verteidigen oder rechtfertigen – er ist ein umstrittener und unbequemer Theologe, ein Theologe, der provoziert. Dennoch frage ich mich, ob die nun gezogenen »Konsequenzen unausweichlich waren« und ob wirklich »kein anderer Ausweg mehr offenstand«, zumal es in letzter Zeit um Küng ziemlich ruhig geworden war, zwar nicht in Bayern, aber von seiten Roms. Anläßlich seines Vortrags bei der Siemensstiftung in München am 12. Dezember war Küng sehr zuversichtlich.

Zu der getroffenen Entscheidung gebe ich folgendes zu bedenken:

- 1. Neben den Gläubigen, die sich durch Küng verunsichert fühlen, darf man die sehr große Zahl derer nicht übersehen, die durch Küngs Bücher, vor allem durch »Christ sein« und »Existiert Gott?« eine echte Hilfe für ihren Glauben fanden, die darin bestärkt wurden und einen neuen und glaubwürdigen Zugang des Verstehens und der Aneignung gewonnen haben. Für viele Seelsorger, Religionslehrer und Prediger sind die beiden genannten Bücher Küngs eine wahre und kostbare Fundgrube geworden; das gilt vor allem dann, wenn man liest, was geschrieben ist, und nicht ständig nach dem sucht, was noch fehlt.

● 2. Küng erreicht durch Wort und Schrift Menschen und Christen, die am Rand der Kirchen angesiedelt sind, die dem christlichen Glauben distanziert und der Kirche kritisch gegenüberstehen. Menschen, die von kirchlichen Verlautbarungen kaum Notiz nehmen. Wenn solche Menschen die Bücher von Küng lesen – wie viele es sind, das zeigt die Höhe der Auflagen –, dann tun sie es sehr wahrscheinlich nicht, um von Glaube und Kirche endgültig Abschied zu nehmen, sondern um wieder einen Weg zu finden, um wieder in Kontakt mit der Wirklichkeit des Glaubens zu kommen. Und hat Küng nicht vielen wieder Mut zum Gottesglauben und zum Christsein gemacht? Hat er nicht viele Motive und Argumente geliefert, »warum man in der Kirche bleiben« soll? Wie werden all diese Menschen auf die gegen Küng getroffene Maßnahme reagieren? Werden sie nicht verwirrt und bestürzt sein? Kann man diese Frage mit der manchmal gehörten Bemerkung abtun: sie sollen ruhig gehen, auf sie kommt es nicht an? Kann sich die katholische Kirche, die seit dem Zweiten Vatikanum, dem größten Ereignis ihrer neuesten Geschichte, den Dialog, die Begegnung, die offene Zuwendung zum Menschen, die Ökumene zu ihrer Aufgabe gemacht, dies leisten?

● 3. Die offenen, unbequemen und kritischen Fragen, die Küng stellt – gewiß zuweilen aggressiv und penetrant –, sind nicht von ihm erfunden, er nennt die bestehenden Probleme beim Namen. Und er ist der unbestreitbar richtigen Meinung, daß Fragen durch Schweigen und Verbote nicht gelöst werden können.

● 4. Sollte man sich freuen oder sich darüber ärgern, daß z. B. Küng in Peking einen Vortrag über die Gottesfrage gehalten hat, daß sein Buch »Existiert Gott?« in Rußland übersetzt, gelesen und diskutiert wird – doch nicht um den Atheismus zu bekräftigen, sondern um ihn kritisch anzugehen und die Türen zum Glauben aufzutun. Leistet hier Küng nicht einen pastoralen und missionarischen Dienst – als Zeuge des christlichen Glaubens?

● 5. Besonders kritisiert wird Küngs Interpretation der Unfehlbarkeit des kirchlichen Lehramts, wie sie auf dem Ersten Vatikanum formuliert wurde. Ich habe mich seinerzeit kritisch zu Küngs Interpretation geäußert in dem von Karl Rahner herausgegebenen Sammelband zum Problem Unfehlbarkeit. Dennoch ist auf folgendes hinzuweisen: Wenn auf Initiative von Papst Johannes Paul II. intensive Gespräche mit der Orthodoxen Kirche aufgenommen werden sollen, wenn der Papst hofft, daß die Einheit mit den Kirchen des Ostens zu Beginn des nächsten Jahrtausends Ereignis werde, dann werden die Themen, die auf dem Ersten Vatikanum formuliert wurden, zu ernsten Anfragen führen, noch umfassender, als sie Küng formuliert hat. Denn das Erste Vatikanum trennt bis heute die Kirche des Ostens und des Westens.

● 6. Ist die katholische Kirche im Jahre 1979 so eng und so ängstlich geworden, daß sie den Theologen Hans Küng – trotz vieler berechtigter Kritik – nicht mehr als Theologen akzeptieren kann? Und ist die gleiche Kirche so verschwenderisch reich an Begabungen und Theologen, deren Stimme in der ganzen Welt gehört wird, daß sie ohne weiteres auf Hans Küng verzichten kann?

Quelle: Süddeutsche Zeitung, 24./25. Dezember 1979; Frankfurter Allgemeine Zeitung, 2. Januar 1980

5.6 Dietrich Wiederkehr: Kritische Respektierung: Fall »Küng« oder Fall »Glaubenskongregation«? (24. Dezember 1979)

Wiederkehr ist Professor für Fundamentaltheologie an der (Katholischen) Theologischen Fakultät Luzern.

Wenn die Schweizer Bischöfe sich in ihrer Stellungnahme zum Entzug der Lehrbefugnis von Hans Küng an die Schweizer Katholiken wenden, haben sie dieselben Katholiken als Adressaten, die sie vor bald zehn Jahren zum verantwortlichen Mitdenken und -entscheiden in der Synode 72 aufgerufen haben. Sie können folglich ihre dringliche Mahnung, »den Entscheid zu respektieren«, nicht mehr anders verstanden haben als im Sinn der kritischen Respektierung eines Entscheides, der im Volk Gottes nicht mehr völlig außerhalb und oberhalb des eigenen Glaubens und der kirchlichen Mitverantwortung liegen kann.

Der Volksglaube kennt Sagen und Erzählungen, in denen Verstorbene nach ihrem Tod noch »umgingen« und falsch gesetzte Grenzsteine wieder an ihren richtigen Ort versetzten und erst so zur Ruhe kamen. Es ist keine Erfindung der Phantasie, sich die Kirche in späteren Zeiten bei diesem reuigen Geschäft vorzustellen; auch die wissenschaftliche Darstellung der Kirchen- und Dogmengeschichte kennt Revisionen: So frägt sich heute die Dogmengeschichte, ob der als Irrlehre verurteilte Nestorianismus denn auch die Lehre des ausgeschlossenen Nestorius war, ja, ob auch die Lehre selber nicht ein ebenbürtiger und aus der geistigen Situation gegebener Verstehenszugang zum Christusgeheimnis war, so legitim und so annähernd wie die Formel der »Sieger« von Ephesus. Freilich wäre es den Betroffenen zu gönnen gewesen, wenn sie die späte und heimliche Reue und Umkehr der fehlbaren Kirche auch noch erlebt hätten, inzwischen waren die Grenzsteine eben auch ihre Grabsteine geworden.

Zweierlei ist damit für die gegenwärtige Situation klargestellt: Die grundsätzliche Möglichkeit und Notwendigkeit, daß die Kirche Grenzen ziehen muß zwischen der Botschaft des Evangeliums und seiner Bestreitung, zwischen dem Bekenntnis und der Irrlehre. So läge eine abschwächende Auflösung der echten menschlichen Solidarität Jesu mit unserem leibhaft-weltlichen und geschichtlichen Menschsein jenseits des möglichen Bekenntnisses und Verständnisses. Aber ebenso zeigt die meistens nur »tätige Reue« der Kirche, daß die Grenze zwar mit höchster Autorität, aber viel zu eng gezogen wurde, an den verschiedenen Verstehens- und Sprechmöglichkeiten vorbei. Ob die Kirche daraus nicht ihren eigenen Grenzziehungen mehr mißtrauen, dafür aber der Weite des Geistes und der unerschöpflichen Fruchtbarkeit des Wortes Gottes und auch der Freiheit des persönlichen Glaubensweges mehr vertrauen soll?

Küngs Theologie innerhalb des katholischen Glaubens

Welches Grundbuch der Wahrheiten und welche Grenzziehung lagen dem Urteil der Glaubenskongregation zugrunde, wenn sie Küngs Theologie mit Sicherheit als »außerhalb des vollständigen katholischen Glaubens« kennzeichnet und für die Person Küngs so schwerwiegende und einschneidende Folgerungen zieht? Nur eine enge

Grenzziehung sagt bereits »Leugnung«, wo in erster Linie eine dem heutigen Menschen verständliche Sprache und erreichbare Erfahrung aufgesucht werden muß.

Gibt es für das Christusgeheimnis wirklich nur die eine Terminologie, die aus der griechischen Wesensphilosophie bezogen wurde, gewiß nicht ohne gehörige kritische Läuterung der Begriffe? Hält nicht das Neue Testament vielfältige Anmarschwege des Glaubens bereit, die es mit genauen Begriffen nicht so eilig haben, die es um so ernster nehmen mit der gelebten Nachfolge, die Gottes Liebe und Anspruch aus dem Ruf und dem Handeln Jesu zu vernehmen bereit ist? – Droht nicht die globale Gleichsetzung zwischen Jesus und Gott (»gleich wesentlich mit Gott«) gerade das gelebte und durch Tod und Auferweckung durchgehaltene sohnschaftliche Glaubensverhältnis Jesu zu seinem Vater zu verwischen? Warum sollte nicht auch Hans Küng berechtigt und sogar verpflichtet sein, das Geheimnis Jesu Christi in einer Sprache auszudrücken, die seine unbedingte Vollmacht mit andern, verständlicheren und angriffigeren Worten zum Ausdruck bringt, während eine bloße Repetition der dogmatischen Formel den Hörer sowohl ohne Hilfe wie ohne kritische Behelligung läßt?

Man hat Küng eine Nivellierung der Ämter und Weihestufen der katholischen Kirche auf ein allgemeines Priestertum und eine allgemeine prophetische Sendung der Gemeinde vorgeworfen oder gar die Entbehrlichkeit des geweihten Priesters für die Eucharistiefeier. Hat die Kirche und ihr Lehramt ein so schlechtes Gedächtnis, daß sie um die fließende Beweglichkeit der Ämter in der früheren Kirche nicht mehr weiß? Hat sich eine kontinuierliche Ausziehung der neutestamentlichen Titel »Apostel«, »Bischof«, »Presbyter« nicht als eine ungeschichtliche Vereinfachung erwiesen, die über die Einmaligkeit des apostolischen Amtes, über die Vielfalt der Charismen und Dienste, über ihre flexible Beweglichkeit je nach den Bedürfnissen der Gemeinde hinwegsieht? Ja, zeigt nicht gerade die heute notwendig gewordene pragmatische Auffächerung der kirchlichen Dienste einerseits und die Starrheit und der Funktionsverlust der fixierten Weihestufen anderseits, daß die kirchlichen Weihen den unmittelbar notwendigen Aufgaben nachziehen sollten und nicht umgekehrt? Freilich hat in der Zwischenzeit die investierte Theologie, die sakramentale Ritualisierung und die Spiritualität der zölibatären Lebensform diese Ordnung vergoldet und verfestigt, so daß jeder Vorschlag einer pragmatischen Beweglichkeit und Auffächerung der Blanko-

Priesterweihe als ordnungswidrig und als glaubensschädigend verdächtigt werden kann. Es sind die praktischen Situationen der Gemeinden, die erfreuliche Bereitschaft vieler Menschen für einen Dienst in der Kirche und daneben das inadäquate Berufsbild des Priestertums, die Küng zu seinen Postulaten und neuen Modellen veranlaßten. Die Berechtigung einer versammelten Gemeinde, auch ohne die Gegenwart eines geweihten Priesters das Herrenmahl zu feiern, ist nur eine Folgerung aus einer Ämtertheologie, die sich an den wirklichen Nöten und Bedürfnissen der Kirche und an den vorhandenen und wahrzunehmenden Gnadengaben orientiert.

Schließlich konnte auch die im Vatikanum I höchst isolierte Definition der päpstlichen Unfehlbarkeit vom seitherigen vertieften Verständnis der Kirche, aber auch des Offenbarungswortes und des Geistwirkens nicht unberührt bleiben.

Das 2. Vatikanische Konzil hat die Verheißung des Geistes der Wahrheit doch in einen umfassenderen Zusammenhang gestellt, als er bei der kirchenpolitisch verengten päpstlichen Lehrgewalt im Jahre 1870 im Gesichtsfeld der Konzilsväter stand. Eigentlicher Adressat und erstes Subjekt der Kirche ist das ganze Gottesvolk und sein Glaube, in dessen Dienst die Ämter der Lehre und Verkündigung stehen, dem auch die Ordnung von Bischöfen und Papst zugeordnet ist. Ferner hat das 2. Vatikanum immerhin eine größere Gebrochenheit in der Heiligkeit und im Glauben der Kirche zugegeben, die die ganze Spannung von Sünde und Gnade, von Irrtum und Wahrheit, von falschem und richtigem Entscheid umschließt. Es hat auch die Verantwortung für den Glauben von einer ausschließlich päpstlichen Lehrvollmacht auf die gleichnotwendige Verantwortung der Bischöfe und auf die eigenständige und schöpferische Glaubenserfahrung des Gottesvolkes ausgeweitet. Wie könnte man jetzt das Dogma von 1870 isolieren von seiner damaligen kirchengeschichtlichen Bedingtheit und von der Verdünnung der Offenbarung auf unfehlbare Sätze? Was aber für Küngs grundsätzliche Anfrage noch maßgeblicher war, war die Verlegenheit, in die die Kirche selber mit der Handhabung der Unfehlbarkeit gerät: Entweder biegt sie eindeutige Kehrtwendungen zurecht auf »vollständigeres Verständnis«, oder verdrängt eindeutige Fehlentscheide aus ihrem geschichtlichen Gedächtnis; im ungünstigsten Fall schließlich fühlt sich das Lehramt gebunden an eine frühere Entscheidung, an der es auch gegen inzwischen angewachsene Information und besseres Wissen festhält aus Sorge um die Kontinuität und Autorität des Lehramtes. War es da nicht ehrlicher und letztlich auch mehr dem Glauben entsprechender, keine feststellbare und festzuhaltende Kontinuität in einzelnen Sätzen anzunehmen, sondern an einen Beistand des Geistes zu glauben, der die Kirche, die Amtsträger zusammen mit den Theologen und dem Gottesvolk bei ihrem wagenden, bisweilen auch irrenden Zeugnis für die Wahrheit begleitet?

Gemeinsame Zuständigkeit

Es war notwendig, die drei wichtigsten Streitpunkte zwischen Küng und der Glaubenskongregation ausführlicher darzustellen. Nur schon um in der Diskussion über uninformierte, inhaltslose Für-und-Wider-Standpunkte hinauszukommen, aber auch um die Komplexität der Probleme bewußt zu machen. Diese Vielschichtigkeit läßt sich weder durch geschichtliche Vereinfachung überspielen noch viel weniger durch Mystifikation verschleiern. Geschichtliche Vereinfachung liegt vor, wenn eine einzelne Epoche der Glaubensgeschichte vom reicheren biblischen Ursprungszeugnis und von der weitergehenden und gegenwärtigen Entfaltung und ihrer immer neuen Aneignung abgeschnitten wird. Mystifikation liegt vor, wenn die reduzierte Zuständigkeit des päpstlichen Lehramtes und die sprachlich ebenso relative Formulierung der Glaubenswahrheit unvermittelt mit dem Ansehen und dem Glanz der Autorität Gottes und ihre Annahme als einzig möglicher magdlicher Gehorsam verklärt, im Grund genommen aber verschleiert wird. Nachdem oft genug die Autorität Gottes, der Stiftungswille Christi und der Beistand des Heiligen Geistes für alle möglichen und unmöglichen bedingten und irrigen Urteile und Verurteilungen des kirchlichen Amtes strapaziert wurden, wird nicht nur der geschichtskundige Theologe, sondern auch ein einigermaßen kritischer Christ vor allen aufgebotenen »heiligen Namen« nicht mehr wie die gebannte Maus in Ehrfurcht erstarren, sondern mit schlichtem Mut die Gegenfrage nach der Begründung und nach der Legitimität anmelden.
Die Komplexität der Probleme zeigt aber auch, wie eine Kontroverse nur durch eine vielfältig geteilte Zuständigkeit geklärt werden kann. Die gleiche Komplexität gibt einem denunzierten Theologen aber auch das Recht, nur unter Beizug von beidseitig anerkannten Sachverständigen, unter Berücksichtigung der verschiedenen bibelwissenschaftlichen, dogmengeschichtlichen, philosophischen und sozio-

logischen Faktoren über die Glaubensgemäßheit und die pastorale Richtigkeit einer Lehre urteilen zu lassen.

Weil es sich meistens um Lehren handelt, die das alltägliche Leben eines Christen mitbestimmten, darf auch die Glaubenspraxis und -erfahrung des Gottesvolkes nicht einfach als unmündig ausgeschlossen werden. Es stellt keine importierte Demokratisierung der Kirche dar, wenn das Gottesvolk für die Gestaltung des Lebens und für die Ausprägung des Glaubens als Subjekt ernst genommen werden will. Es wäre bedenklich, wenn die Einsetzung in die Mündigkeit bei der Synode Episode bleiben sollte. Man könnte sich zwar vorstellen, daß ein Theologe schon vor Erfüllung dieser an sich nicht übersetzten Bedingungen den Dialog mit der Lehrinstanz schon aufnähme, man kann aber auch Küng verstehen, wenn er nur einen solchen Dialog aufnehmen will, der überhaupt noch ein solcher zu sein verspricht und nicht bloß die Zustimmung zu einer getroffenen Entscheidung abverlangt. Man kann nicht behaupten, daß die römische Kurie und das päpstliche Lehramt sich seiner Anfrage betreffend Unfehlbarkeit genügend gestellt hätten.

Enge Grenzsteine – wer bleibt außerhalb?

Schon mehr als einmal ist in diesen Überlegungen betont worden, daß bei einer engen oder weiten Grenzziehung nicht nur Lehren aus- oder eingeschlossen werden, sondern die Person des betreffenden Theologen und Christen. Noch mehr: Gerade Hans Küng hat in diesem weiteren Bereich seine eigentliche Geistesgabe entfalten können (wohl mehr als im Bereich der ruhigen theologischen Kärrnerarbeit), damit hat er aber Menschen an Jesus Christus interessieren können, Gräben zwischen den Konfessionen und zur Gesellschaft hin durch Brücken überwunden und der Kirche eine neue Anziehungskraft verliehen. Ist sich das Lehramt bewußt, daß es mit einer erneut engen Setzung der Grenzsteine auch ungezählte Menschen ausschließt und abweist? Soll es auch für diese Menschen später, zu spät wie ein büßender Geist »umgehen« müssen?

Quelle: Vaterland, 24. Dezember 1979

5.7 Yves Congar: Der Fall Küng. Kirche, was tust du mit diesem deinem schwierigen Kinde? (2. Januar 1980)

Congar war Konzilstheologe, ist emeritierter Professor für Fundamentaltheologie an der Dominikanerhochschule Le Saulchoir/Paris und Mitglied der Päpstlichen Theologenkommission.

Obwohl die Presse ausführlich über Hans Küng gesprochen hat, für ihn, gegen ihn, und dies oft mit ernsthaftem Bemühen um die Sache, fragen sich viele, worum es eigentlich geht. Handelt es sich um die Infragestellung der Grundlagen des Glaubens oder am Ende nur um die Selbstverteidigung eines kleinlichen Machtsystems gegen einen Mann, der die bestehenden Verhältnisse einfach durcheinanderbringt und dazu noch behauptet, die Zukunft werde ihm recht geben? Wir versuchen pacato animo, diese Fragen in Gelassenheit zu beantworten.

Die Auseinandersetzung ist nicht erst von gestern. Sie beginnt 1967 mit der Veröffentlichung von Hans Küngs umfangreichem Buch über die Kirche. Küng wurde nach Rom gebeten. In den vom ordentlichen Verfahren vorgesehenen Unterredungen sollte er sich erklären. Demselben Verfahren wurde neulich auch E. Schillebeeckx unterzogen. Küng hat sich übrigens nie geweigert, nach Rom zu kommen, und Kardinal Šeper hat ihm das ausdrücklich bestätigt. Aber Küng stellte bestimmte Bedingungen. Die meisten von ihnen akzeptierte die Glaubenskongregation; die folgenden drei aber wies sie zurück, nämlich:

Einsicht in die Akten;

das Recht, seinen »relator pro auctore«, also seinen Verteidiger, zu kennen oder sogar selbst zu benennen;

schließlich, daß es eine Berufungsinstanz geben müsse.

Nachdem die Glaubenskongregation mit Küng ein Verfahren nicht durchführen konnte, veröffentlichte sie am 24. Juni 1973 das Dokument *Mysterium ecclesiae,* welches – ohne Küng namentlich zu zitieren – die überkommene Lehre zu den von ihm in Frage gestellten Lehrstücken der Ekklesiologie in Erinnerung rief.

Weitere Warnungen, ja sogar Mißfallensäußerungen folgten:

am 15. Februar 1975 von seiten der Bischöfe des deutschen Sprachraums;

am 14. November 1977 dann durch die Bischofskonferenz der Bundesrepublik Deutschland;

schließlich folgte die kürzlich angekündigte schwerwiegende Maßnahme, durch die Küng die Missio canonica entzogen wird.

Damit wurde ihm die Befugnis aberkannt, im Auftrag und mit Billigung durch die kirchliche Autorität – welche Interpretin und Hüterin der Glaubenslehre ist – als Theologe zu lehren.

Durch alle diese Auseinandersetzungen hindurch vertrat Küng nicht nur unverändert seinen Standpunkt, sondern er publizierte auch noch weitere Schriften. Er hat nie das geringste Zugeständnis (im guten Sinne des Wortes) gemacht. Dieses Verhalten ist Ausdruck seines Temperaments, seiner Überzeugung und seiner Selbsteinschätzung: Wie ein Pferd, das durchgeht und mit wehender Mähne davongaloppiert, taub für alle Zurufe. So war es im Jahre 1970 bei »*Unfehlbar? Eine Anfrage*«. Die Thesen dieses Buches – erst kürzlich wieder aufgenommen mit einem langen Vorwort zum Buch von A. Hasler, welches Pius IX. und das Erste Vatikanum kritisiert – haben die erwähnten Maßnahmen ausgelöst. Das Maß war einfach voll gewesen. Davor war »*Christ sein*« (1974) erschienen, das in Deutschland in 130 000 Exemplaren verkauft und in mehrere Sprachen übersetzt wurde.

Was kann man Küng vorwerfen? Ich selbst habe ihn oft kritisiert, von Mann zu Mann und in meinen Schriften. Er antwortete mir in einem langen Artikel (Revue des sciences philosophiques et théologiques, 1971, 193–230). Er will sich an den Buchstaben der Bibel halten; er zitiert viel den Paulus der Rechtfertigung aus dem Glauben und den der Korintherbriefe mit den Charismen, aber der Paulus der Gefangenschaftsbriefe und die johanneischen Schriften spielen bei ihm eine untergeordnete Rolle. Geht es um die Apostolizität, soll die Kirche mehr vom christlichen Volk und seinen Charismen her gesehen werden und weniger von den hierarchischen oder institutionalisierten Ämtern aus, wie sie sich von den Aposteln herleiten?

»Die Kirche soll«, nach Küng, »nicht vom Petrusdienst aus verstanden werden (Papsttum), sondern der Petrusdienst von der Kirche aus.« Damit kehrt Küng eine Tendenz um, die seit der Gegenreformation, wenn nicht sogar schon seit Gregor VII. vorherrscht. Man hat den Eindruck, nach Küngs Auffassung hätten die Hirten oder Leiter der Gemeinde nur eine praktische Führungsfunktion (Leadership), während die Aufgabe zu lehren den Theologen zukomme. Diese Aufgabe ist wissenschaftlicher Natur. Es ist wohl zu fragen, ob hier die heikle Stelle im Zusammenspiel zwischen einer besonderen Gnadengabe der Lehre – es handelt sich hier um das »Charisma«, das Paul VI. in *Humanae vitae* für sich einfordert – und der Forschungsarbeit des Wissenschaftlers richtig gesehen ist. Küng hat *Humanae vitae* radikal zurückgewiesen. Seine Kritik am Vatikanum I und an der Idee der Unfehlbarkeit leitet er sogar ausdrücklich von dem Umstand her, daß der Papst so hatte entscheiden müssen, um der Lehre seiner Vorgänger nicht zu widersprechen. Küng ersetzt die Idee der Unfehlbarkeit durch jene einer Unzerstörbarkeit (Indefektibilität). Nach ihm bleibt die Kirche letztlich in der Wahrheit und wird sie auch bekennen, trotz aller Irrtümer, der begangenen und der künftigen, jene ihres »Lehramtes« mit eingeschlossen. Man kann nicht von vornherein sicher sein, daß die Kirche sich unfehlbar äußern wird. Küng sieht die Kirche selten in einem sakramentalen Sinne, das heißt als Teilhabe am Leben Christi. Diese Sicht war freilich jene der Väter, der großen Theologen des Mittelalters gewesen und ist bis heute die der Orthodoxen geblieben. Sie freilich kennt Küng wenig.

In vielen anderen Punkten hat er sich radikal von der »römischen« Theologie freigemacht, der er mit einem alten Rest von Mißtrauen zu begegnen scheint:

so in bezug auf die Ordination der Frauen und das Zölibatsgesetz für die Priester;

so in bezug auf die Möglichkeit, daß in einer Notsituation, wenn die an die Weihe gebundenen Dienste nicht mehr zur Verfügung stünden, die Gemeinschaft der Gläubigen selbst diese Dienste übernähme und Eucharistie feierte;

so in bezug auf Fragen der Sexualethik;

so in bezug auf die Anerkennung der Ämter in den evangelischen Kirchen, die darauf abzielt, den Weg zur Interzelebration zu öffnen ...

Aber für die deutschen Bischöfe und für Rom ist auch seine Christologie fragwürdig. Sie haben entschlossen reagiert, und gerade das muß man ihnen zugute halten. Küng leugnet zwar nicht die Gottheit Christi: Er betont dies ausdrücklich in seinem letzten umfangreichen Werk »*Existiert Gott?*«. Aber in »*Christ sein*« spricht er über manche Inhalte der katholischen Glaubenslehre in zweideutiger, ja problematischer Weise. Dies betrifft vor allem:

die jungfräuliche Empfängnis Jesu,

die bleibende Jungfräulichkeit Mariens nach der Geburt,

den Sühneopfer-Charakter des Kreuzes,

ja sogar die Auferstehung, obwohl man ihn hier richtig verstehen kann.

Diese schwerwiegenden Unzulänglichkeiten haben dieses Buch einer manchmal übertriebenen Kritik ausgesetzt. Dabei handelt es sich um ein Buch, das durch seinen Reichtum, seinen Schwung, seine Wärme vielen eine Vorstellung vom Christentum, ja sogar eine Stärkung des Glaubens vermitteln kann und in der Tat auch vermittelt hat. Des Glaubens, ja! Nicht zu reden von den vielen, die zögernd am Rande stehend auf diese Weise zum Glauben hingezogen wurden. Für sie hatte Küng in erster Linie geschrieben.

Ist das auch das wahre Christentum? werden seine Kritiker sagen. Ist Küng wirklich noch ein katholischer Theologe? Er selbst hat die Frage gestellt in »*Fehlbar. Eine Bilanz*« (1973). Seine Antwort: »Katholisch ist der Theologe, der sich mit der gesamten Kirche, also mit der Kirche aller Zeiten, verbunden weiß, was etwas anderes ist, als sich ins römische System zu integrieren.« Man kann gut verstehen, daß unter diesen Bedingungen hervorragende Protestanten wie W. A. Visser't Hooft gesagt haben, sie würden sich in Küngs Kirche wiederfinden. Erst kürzlich konnte man auch die eindrucksvolle Erklärung des ökumenischen Rates für Küng lesen. Das ist nicht ohne Bedeutung. Aber bekanntlich hat die Glaubenskongregation erklärt: Wenn Küng auch Christ und katholischer Priester bleibe, könne er doch nicht mehr als katholischer Theologe betrachtet werden.

Weniger bekannt ist, daß K. Rahner sich schon im Jahre 1970 nach »*Unfehlbar?*« in diesem Sinne geäußert hatte; aber Rahner hatte sich danach wieder mit Küng versöhnt (*Publik-Forum*, 1. Juni 1973). Was würde er heute sagen?

Offensichtlich hängt alles davon ab, mit welchem Maßstab man hier mißt. Je nachdem wird man Küng die Eigenschaft eines katholischen Theologen zubilligen oder aberkennen. Er selbst will sich als solcher betrachtet wissen, dessen bin ich sicher. Er ist ein Mann, der besessen ist vom Willen zur absoluten Ehrlichkeit *(»Wahrhaftigkeit«)*; er erwartet, daß man ihm nachweist, wenn er unrecht hat, und zwar mit wissenschaftlichen Argumenten, die in der Art und im Niveau jenen gleichkommen, die er selbst vorbringt. Aber er sollte trotzdem Zahl und Gewicht derjenigen in Betracht ziehen, die mit ihm nicht einverstanden sind und die als Wissenschaftler und Christen ihm an Bedeutung zumindest ebenbürtig sind. Ganz abgesehen von der Autorität des Papstes und der Bischöfe!

Ein Kardinal hat mir im Jahre 1964 oder 1965 erzählt, daß Paul VI. ihm gesagt habe: »Ich suche, sagte der Heilige Vater, ›junge Theologen, die einmal die Nachfolge der älteren sicherstellen könnten. Ich habe an Hans Küng gedacht, aber es scheint, daß er zu wenig Liebe hat!« Ich würde nicht sagen, daß es ihm an Liebe fehlt, weder zu Christus noch zur Kirche, er liebt sie sogar leidenschaftlich, aber nicht auf die gleiche Art wie Paul VI., auch nicht – mit Verlaub gesagt – auf die gleiche Art wie ich. Küngs Liebe zur Kirche und zu Christus äußert sich durch sein Anliegen absoluter Ehrlichkeit gegenüber der Geschichte und den Zeitbedürfnissen. Sie trägt sein Studium. Sie bewegt ihn, die Erwartungen und Hoffnungen der Basis zu formulieren und die peinlichen Fragen der Reformation und der modernen Kritik aufzunehmen.

Kirche Gottes, meine Mutter, was tust du mit diesem schwierigen Kind, meinem Bruder?

Quelle: Le Monde, 2. Januar 1980. *Eigene Übersetzung*

5.8 André Mandouze: Ja zur Kirche, nein zur Inquisition (2. Januar 1980)

Mandouze ist Professor für Sprache, Literatur und lateinische Patristik an der Sorbonne.

Zehn Tage vor Weihnachten unterzeichnete Johannes Paul II. das Urteil gegen Hans Küng. Wie konnte es ihm entgehen, daß diese Verurteilung zuallererst ihn selbst, den Papst, und über ihn hinaus die ganze katholische Kirche trifft?

War in der Tat nicht er es gewesen, der gleich zu Beginn mit dem alten Tadel zu brechen schien, den so viele Päpste gegenüber einer Menschheit aussprachen, die eher als sündig denn als erlöst betrachtet wurde? War nicht er es gewesen, der, als er seine erste Enzyklika schrieb und seinen Pilgerstab in die Hand nahm, vor der ganzen Welt – und nicht nur vor den Christen – im Namen Gottes entschlossen als Verteidiger der Menschenrechte auftrat?

Und nach all dem soll nun einer verstehen, daß es einen Menschentypus geben soll, der für ihn offenbar dem gemeinsamen Los entgeht und anscheinend nicht in gleicher Weise Anspruch hat auf Rechte wie alle anderen. Ich meine die Theologen, genauer: die katholischen Theologen.

Denn wenn die Maßregelung Hans Küngs von außerordentlicher Härte ist, wenn sie ein um so größeres Unbehagen hervorruft, da es sich um das unversöhnliche Ende einer »correctio fraterna« (vgl. Le

Monde, 17. Oktober 1979 = Dokument 1.13) zu handeln scheint, die nicht angenommen wurde und die sich doch mit einem außerordentlichen Vertrauen an einen Papst wandte, so bleibt, wenn ich nicht irre, nur eines übrig: Der berühmte Schweizer Professor ist in *einem* Pontifikatsjahr der zehnte Theologe, den das neue Heilige Offizium bitter verfolgt.

Nicht zum Köhlerglauben berufen

Fern liegt mir die Idee, die Berechtigung einer kirchlichen Instanz zu bestreiten, die sich in besonderer Weise mit der »Glaubensdoktrin«, anders gesagt, mit der Lehre (doctrina) der Glaubenswahrheiten befaßt. Denn ganz naturgemäß ist die Theologie das adäquate Hilfsmittel zur Vertiefung des Glaubensverständnisses und sind die Theologen zugleich die normalen Partner von Seelsorgern, deren Aufgabe es ist, die Botschaft des Evangeliums in angemessener Weise zu vermitteln.

Mehr noch, der Dialog muß ausgewogen sein. Das heißt: Bischöfe und Kardinäle, die sich zu oft auf eine ärgerlich persönliche, ja individualistische Weise mit der sogenannten lehrenden Kirche identifizieren – unter ihnen gerade die Mitglieder der römischen Glaubenskongregation –, müssen zu hören und zu lernen bereit oder selber wirklich »Theologen« sein: also ein wenig aufmerksamer auf den Logos Gottes, etwas »verständiger im Glauben« als der durchschnittliche römische Klerus, welcher Kasuistik und kanonisches Recht mit der dritten Person der Dreifaltigkeit verwechselt.

Im Hinblick darauf wäre es nicht schlecht – zumal Bischof Wojtyla dabei war –, sich daran zu erinnern, wie das Zweite Vatikanische Konzil »funktioniert« hat. Sicher, die Bischöfe haben über die Texte abgestimmt. Sicher, manche von ihnen haben eine entscheidende Rolle gespielt, angefangen mit Kardinal Liénart, als er gleich zu Beginn des Spiels die Strategen der Kurie aus der Fassung brachte, welche – damit sich nichts ändere – schon alles vorbereitet hatten anstelle und statt des Heiligen Geistes, dessen Beistand man dennoch anrief und der im Kollegium der Bischöfe anwesend war.

Nun aber wären gerade die maßgeblichsten Bischöfe des Konzils nicht auf die Idee gekommen, den wesentlichen Beitrag der Theologen auf ihm in Abrede zu stellen, da diese ja genau genommen einem jeden der Bischöfe zugeordnet waren, von ihnen ausgewählt, um ihnen zu helfen bei der Einsicht in einen Glauben, der Gläubigen vorzutragen wäre, die künftig im Prinzip nicht zu einem Köhlerglauben berufen sind. Und es ist für niemanden ein Geheimnis (man braucht nur die Integralisten zu hören!) noch ein Zufall, daß der so bedeutungsvolle Gedanke des »aggiornamento«, von Johannes XXIII. gefordert, dem Beitrag von Theoretikern zu verdanken ist, die in der Vergangenheit von den Würdenträgern des Heiligen Offiziums auf das Ungerechteste behandelt worden waren.

Schließlich, woran hängt eigentlich der Erfolg, den im Laufe der letzten Jahre manche theologischen Werke fanden, die eine weit über die Grenzen der kirchlichen Institution hinausgehende Leserschaft erreichten, obwohl in der religiösen Praxis ein Rückgang festzustellen ist? Ja, woran hängt dieser Erfolg, wenn nicht an der außergewöhnlichen Kraft einiger Theologen, die ihren Auftrag nicht als einen Ruheposten zur Reproduktion stereotyper Formeln betrachten, sondern darin eine wunderbare Möglichkeit sehen, im Hören auf Gottes Wort neue Wege zu finden.

Mag der Erfolg solcher Werke auch unterschiedlich sein (insbesondere infolge eines bestimmten Komplexes gegenüber den Humanwissenschaften), so bleibt doch die Tatsache: Es würden sogar zweitrangige theologische Schriften keinen so großen Widerhall finden, wären nicht die Zeugnisse intellektueller und spiritueller Kraft, die man von Gliedern des Episkopats wohl zu Recht erwarten dürfte, so außerordentlich selten.

Bei den Vorgesetzten der »Glaubensdoktrin« scheint mir der Fall noch hoffnungsloser. Man nenne mir doch den Titel eines einzigen bedeutenden, von einer dieser Persönlichkeiten verfaßten Werkes, das die Mauern des Vatikans verlassen hätte. Vielmehr geschieht alles so, als seien sie – selber unfähig, bei der Verbreitung der Glaubenswahrheiten zu helfen – damit beschäftigt, andere an der Erfüllung jener Aufgabe zu hindern, die nun wirklich in einem ganz anderen, aber legitimen Sinne Aufgabe des »Heiligen Offiziums« sein könnte: das Volk Gottes dazu befähigen, daß es seinen Auftrag in der Welt erfüllen kann.

Den Konformismus fürchten

Und dies führt uns wieder zur persönlichen Verantwortung Johannes Pauls II. zurück. Oft genug wurde wiederholt, er sei nicht der Mann, der sich von der Kurie beherrschen lasse. Man muß freilich

331

zu Pius XII. zurückgehen, um einen ähnlich hochmütigen Triumph des Ex-Sanctum-Officium über die Theologen zu entdecken. Ob Johannes Paul II. trotz allem doch manövriert wird oder ob er sich gar zustimmend verhält, es ist in beiden Fällen mehr als beunruhigend. Wie dem auch sei, bei seiner unbestrittenen Intelligenz ist es sicher, daß er wohl ein Gespür hatte für die würdige, aber unbeugsame Antwort des Direktionskomitees der Zeitschrift *Concilium,* das erklärte: »Wir sehen keinen entscheidenden Grund, unseren Kollegen Hans Küng nicht mehr als katholischen Theologen zu betrachten.« Er war wohl nicht weniger betroffen von der Festigkeit und beharrlichen Gläubigkeit, mit der Hans Küng selbst erklärte: »Ich gedenke auch weiterhin als katholischer Theologe in der katholischen Kirche die katholischen Anliegen zahlloser Katholiken zu vertreten.«

Was Johannes Paul II. auch darüber denken mag (und warum sollte er unbedingt schlecht darüber denken?): wir sind dennoch nicht mehr in den Zeiten des Mittelalters, wo sich die kirchliche Autorität unter dem Vorwand, mit aller Gewalt das Volk Gottes »schützen« zu müssen, das – uns heute sakrilegisch erscheinende – Recht anmaßte, dieses oder jenes Glied dieses Volkes dem Feuer zu übergeben. Wir sind nicht einmal mehr in jenen noch sehr nahen Zeiten, da die römische Autorität darauf aus war, die eifrigsten Diener der Kirche – Priester und aktive Laien – außer Stand zu setzen, ihre Rolle im Schoß der sichtbaren Kirche zu spielen, und es dank raffinierter Techniken erreichte, sie zunächst an den Rand zu drängen, schließlich auszustoßen.

Wie können es die Dummköpfe, die in Unkenntnis der Kirchengeschichte über die gegenwärtige Krise jammern, immer noch verkennen: daß die Kirche in diesem Augenblick bezahlt für die Serie von Säuberungen und den fortgesetzten Aderlaß, die sie um jene gebracht haben, die – evangelisch, also herausfordernd und schöpferisch – ihr bestens dabei hätten helfen können, sich zu »reformieren« (semper reformanda), das heißt zu leben? Gegenüber dieser Entwicklung müßte Johannes Paul II., in keiner Weise ein Dummkopf, nichts mehr fürchten als den Konformismus.

Sichtlich hat er sich darin gefallen, am alten Haus zu rütteln. Sichtlich gern mischt er sich unter die Menge der besonders demütigen Gläubigen in allen Breiten. Sichtlich gern singt er mit denen, die singen. Und ich sah, wie er es unter dem mißbilligenden Blick einiger alter Monsignori zuließ, daß eine seiner Audienzen durch die Luftsprünge von Kindern auf den ehrwürdigen Fliesen des Petersplatzes ein fröhlicher Augenblick sein konnte.

Wenn er sich nicht der Anklage aussetzen will, sich dem Schein ver-
schrieben zu haben und nur die Süchtigen der Massenmedien zufrie-
denzustellen, dann bleibt diesem ehemaligen Professor, diesem Intellektuellen, diesem Philosophen auf dem Papstthron nur die Wahl,
den entscheidenden Schritt zu tun: im Gegenzug zum Heiligen Offizium und im Strom ökumenischer Erfordernisse die katholische Kirche endgültig freizumachen von dem schlimmsten der Totalitarismen
– dem geistigen Totalitarismus.

Es dürfte in der Tat nur noch den einen Ökumenismus geben, der uns
unermüdlich an den Ursprung der Kirche zurückführt, zu den Feuer-
zungen des Pfingstfestes, als der Geist nicht das Haupt eines Einzelnen mit einem Heiligenschein umgab, sondern sich auf alle Jünger
niederließ und sich zeichenhaft durch die Gabe der Sprachen manife-
stierte.

Dieser mystische Sinn der Öffnung auf die Welt hin ist es, der die Kirche begründet. Sie ist es, die trotz allem alle Christen, die dieses Namens würdig sind, sagen läßt: »Ja zur Kirche«. Aber gerade, weil die
Heilige Schrift will, daß unser »Ja« ein wahres »Ja« und unser »Nein«
ein wahres »Nein« sei, ist die Folge unseres »Ja zur Kirche« ein kate-
gorisches »Nein« zu dem, was die eigentliche Verneinung der Kirche
ist und was keine, nicht einmal eine scheinheilig abgemilderte Form
der Sünde wider den Heiligen Geist rechtfertigen könnte: ich meine
die Inquisition.

Quelle: Le Monde, 2. Januar 1980. *Eigene Übersetzung*

5.9 Johannes Neumann: Beredtes Schweigen: Gelten die Men-
schenrechte für alle, nur nicht für die Christen? (4. Januar 1980)

*Neumann ist Professor für Religionssoziologie und Rechtssoziologie
an der Fakultät für Sozial- und Verhaltenswissenschaften der Universität Tübingen.*

Die Menschenrechte waren und sind politische Kampfappelle und
kämpferische Programme mit dem Ziel der politischen und gesellschaftlichen Emanzipation. Philosophen hatten zwar die Ideen der
Menschenrechte erdacht, doch als politische Ideale proklamiert wurden sie im politischen Kampf amerikanischer Advokaten gegen das

englische Empire. Und die Pragmatiker der Macht beriefen sich auf diese Menschenrechte im Kampf gegen die französische Krone. Aber die Menschenrechte hatten es schwer seit ihrer Proklamation im 18. Jahrhundert.

Die christlichen Kirchen, in Sonderheit die katholische Kirche, haben sie bei ihrer Durchsetzung nicht unterstützt. Vielmehr galten sie als illegitime Kinder eines Treuebruchs gegen das jeweilige Königtum. Als Ausdruck menschlicher Hybris und Vermessenheit wurden sie disqualifiziert. Schließlich jedoch erkannte auch die katholische Kirche, daß mit Berufung auf die Menschenrechte trefflich für die eigenen Interessen zu streiten ist. Nicht zufällig waren es vor allem Bischöfe aus Polen und anderen Staaten des realen Sozialismus, die auf dem II. Vatikanischen Konzil von allen Staaten die Anerkennung der Menschenrechte, insbesondere der Religionsfreiheit, forderten.

So kam es, daß die Pastoralkonstitution des II. Vatikanum im Jahr 1964 verlangen konnte, die politischen Machthaber sollten die Menschenrechte und die daraus fließenden Rechte anerkennen (Art. 60). Papst Paul VI. und erst recht Johannes Paul II. wurden und werden nicht müde, die Notwendigkeit und Gottgewolltheit der Menschenrechte zu betonen.

In der Tat, mit der sehr umfassenden Deutung der Menschenrechte kann jede weltliche Gewalt in Ost und West, in Nord und Süd an den Pranger gestellt werden: Die einen verwehren religiöse und politische Freiheit, die anderen dagegen lassen »zu viel« politische Freiheit zu und schützen das Gute und Wahre nicht genügend. Wieder andere beuten Menschen aus und verweigern ihnen ihre persönliche (religiöse) Identität oder versagen dem ungeborenen Leben oder der naturgegebenen Einehe den absoluten Schutz. Kurz, wohin der sorgende oberste Hirte auch blickt, rundherum nimmt er nur Verletzungen von Menschenrechten wahr.

Und tatsächlich ist es um die Menschenrechte in den meisten Staaten in der Welt nicht gut bestellt. Was bleibt da dem höchsten Bischof anderes übrig, als »gelegen oder ungelegen« solche Übergriffe der weltlichen Mächte anzuprangern? Er kann dabei weitestgehender weltweiter Zustimmung sicher sein. Dabei wird zu leicht übersehen, daß die Menschenrechtsidee seit dem Zweiten Weltkrieg in der politischen Realität beachtlich, wenn auch noch immer ungenügend, an Boden gewonnen hat. In den Rechtsordnungen der meisten als zivilisiert gelten wollenden Staaten sind sie wenigstens punktuell kodifiziert. Nicht, daß sie überall beachtet oder gar wirklich gesichert wären, aber theoretisch anerkannt sind sie von fast allen Nationen. Und ihre Verletzung gilt als ehrenrührig. Sie werden von den Unterdrückten im eigenen Land – oft unter erheblichen Gefahren – angeprangert und bei passender Gelegenheit auch vom Ausland und der Kirche. Die Beschuldigten reagieren meist sehr allergisch und weisen die Vorwürfe als verleumderische Unterstellungen zurück.

Dennoch ist es bald schon zur stereotypen Formel geworden, daß die mehr oder weniger gewaltsamen Regierungswechsel sich mit dem Willen, die Menschenrechte wiederherzustellen und die Verantwortlichen der gestürzten Regierung wegen Mißachtung der Menschenrechte zur Verantwortung zu ziehen, legitimieren. Alle diese Vorgänge zeigen immerhin, wie sehr die Menschenrechte grundsätzlich nicht nur anerkannt sind, sondern sie auch nach wie vor als politisches Kampfinstrument gehandhabt werden. Überdies haben sich die Menschenrechte inhaltlich und formal gewandelt, erweitert und neue Stoßrichtungen erhalten. Aus Abwehr- und Ausgrenzungsrechten sind Gewährleistungs- und Sicherungsrechte geworden.

Ganz in diesem Sinne der Ausweitung auf alle Lebensbereiche pochte Papst Johannes Paul II. auch auf seiner Irland-Nordamerika-Reise lautstark, etwa vor den Vereinten Nationen, auf die Einhaltung der Menschenrechte und die Respektierung der Menschenwürde. Doch für seinen eigenen Machtbereich besteht für eine Sicherung der Menschenrechte kein Bedürfnis, denn dort gelte nicht weltlich-irdisches Recht, sondern ein geistliches Recht, eine Ordnung, die ihren Grund in Christus habe und deren Ziel in der Wiederkunft des Herrn liege. Hier gelten nicht die Maßstäbe weltlicher Macht von den Herren und Knechten, »denn alles ist euer«, da »Christus euch zur Freiheit berufen hat«. Dort »wo der Geist des Herrn, ist Freiheit«, deshalb lebe der Christ in seiner Kirche in gesicherter Freiheit. Darum sei es absurd, allgemeine oder besondere Menschenrechte in der Kirche zu fordern, denn die Kirche als Wahrerin der Würde des Menschen verkündige seine Berufung zum ewigen Heil. Als göttliche Stiftung und vom Geist geleitete Gemeinschaft kann es in ihr den Widerstreit zwischen Herrschern und Beherrschten, zwischen Individuum und Gemeinschaft gar nicht geben. Ähnliches kann man auch aus dem Lager der geistlichen »Konkurrenz«, etwa von Ayatollah Khomeini hören: Wo das Gesetz des Islams herrsche, bedürfe es keiner Demokratie und keiner Menschenrechtscharta.

So ist es kein Zufall, daß in der Kirche nicht einmal so simple Rechtsgrundsätze wie Anspruch auf rechtliches Gehör, Möglichkeit der gerichtlichen Überprüfung von belastenden Verwaltungsakten und dgl. mehr beachtet werden, ist doch selbst ein angst- und herrschaftsfreies »brüderliches« Gespräch selten. Wenn Johannes Paul II., wie es heißt, alle Verfahren laisierungswilliger Priester gestoppt hat, so bedeutet das sicher eine Verletzung der Menschenrechte. Denn entweder nimmt der Betreffende in Kauf, daß seine Existenzgrundlage vernichtet wird, oder aber er lebt ein Leben, das seiner persönlichen Entwicklung und Überzeugung nicht (mehr) entspricht. Dem korrespondiert die Behauptung des Papstes, die *Möglichkeit* der Ehescheidung sei die Ursache der schlechten Ehen. Hier werden ganz bewußt Ursache und Wirkung miteinander vertauscht.

Wo immer sie kann, dringt die Kirche darauf, in allen nur möglichen weltlichen Bereichen, etwa dem Arbeitsrecht, aber auch bestimmten Bereichen des Sozialrechtes, von den geltenden staatlichen Gesetzen ausgenommen zu werden, weil diese dem kirchlichen Selbstverständnis und ihrem von Gott gegebenen Auftrag nicht gerecht zu werden vermögen. Die Kirche beruft sich dafür auf das Menschenrecht der Religionsfreiheit als Verbandsgrundrecht. So muß bei uns in der Bundesrepublik Deutschland selbst der reaktionärste Arbeitgeber die arbeitsrechtlichen Gesetze voll akzeptieren. Die Kirche dagegen, die die Bedeutung sozialer Gerechtigkeit seit achtzig Jahren entdeckt zu haben glaubt, verlangt für ihren Bereich jedoch, von der staatlichen Arbeitsgesetzgebung freigestellt zu werden. Wo ihre Tätigkeit beginnt, hört das Koalitionsrecht ihrer Arbeitnehmer und die Tarifautonomie auf. Gesetzliche Selbstverständlichkeiten werden vorsätzlich ignoriert.

Der einzelne Christ steht ratlos dazwischen: Der Staat, so hört er von der Kirche, habe kraft göttlichen Gebotes und entsprechend der Würde der menschlichen Natur die Menschenrechte zu achten, zu schützen und zu gewährleisten. Die Kirche allerdings sei die von Gott bestellte Wächterin dieser unveräußerlichen Rechte, weshalb es dem einzelnen nicht zustehe, ihr gegenüber subjektive Rechte geltend zu machen, da sie jedem gewähre, was ihm zukommt.

Wie sieht die Realität aus? Anläßlich des Amerika-Besuchs fragt eine Nonne Papst Johannes Paul II. nach den Gründen, warum die Kirche auch weiterhin Frauen die Ordination verweigere. Eine Betroffene fragt einen kompetenten Funktionär nach der ratio einer von ihm nachdrücklich verteidigten Praxis. Ein Gespräch wäre fällig gewesen. Doch was kam, war Schweigen. Ein beredtes Schweigen: Frauen haben eben keine Fragen zu stellen; steht doch schon im 1. Korintherbrief, sie sollen, wenn sie unbedingt etwas lernen wollen, zu Hause ihre Männer fragen. Papst Johannes Paul II. hat seinerseits jedoch bereits ein (beinahe vergessenes) kirchliches »Grundrecht« wiedergefunden: Vor den Professoren der katholischen Universität Washington sagte er: »Es ist das Recht der Gläubigen, nicht von Theorien und Hypothesen verunsichert zu werden.« Das hat die Kirche schon immer gesagt und Lehr- und Meinungsfreiheit für Übel gehalten.

Das Konzil hatte ja gemeint, daß zwischen allen Getauften »eine fundamentale Gleichheit« walte. Doch in wichtigen Fragen scheint der Heilige Geist nicht bei allen zu sein. Vor einer Sicherung der Grundrechte in der Kirche müßte wohl erst gelernt werden, den anderen als ernst zu nehmenden Gesprächspartner zu achten.

Quelle: Publik-Forum, 4. Januar 1980

5.10 Heinrich Ott: Gefahr für eine ökumenische Hoffnung (5. Januar 1980)

Ott ist Professor für Systematische Theologie an der (Evangelischen) Theologischen Fakultät der Universität Basel.

Wäre der »Fall Küng« unter dem Pontifikat Pius' XII. passiert, so hätte sich niemand besonders gewundert oder empört. Zu Demonstrationen wäre es sicher nicht gekommen. Wir Protestanten hätten achselzuckend erklärt: »Seht ihr, da haben wir's wieder. Rom bleibt eben Rom. Zu ändern ist da nichts.« Aber seither hat sich nun eben doch – vielleicht wirklich durch ein Wunder, durch das Wirken des Gottesgeistes – viel geändert. Zwar ist es wohl nicht so, wie man gelegentlich hört: »Unter Johannes XXIII. wäre so etwas wie heute nie geschehen.« Gerade kürzlich erklärte mir ein katholischer Kollege aus Rom, zweien seiner verehrtesten Lehrer sei seinerzeit noch die Lehrbefugnis entzogen worden, und zwar dies gerade zur Zeit Johannes' XXIII. Es geht hier nicht einfach um Personen. Es geht auch nicht nur um das isoliert betrachtete Ereignis des Konzils. Sondern im Gefolge des Konzils hat sich das gesamte (gesamt-christliche!) Klima verändert, und ein »Fall Hans Küng« paßt heute einfach nicht mehr in die ökumenische Landschaft. Das ist es, was auch uns evangelische Theologen an dieser Entwicklung solch regen Anteil nehmen läßt.

Küng hat das 1870 proklamierte sogenannte Unfehlbarkeitsdogma der römisch-katholischen Kirche (wonach der Papst in den seltenen Momenten, in denen er als oberster Lehrer der Kirche in aller Form ein den Glauben oder die Ethik betreffendes Dogma verkündet, nicht irren kann) in Frage gezogen. Er ist trotz scharfer Kritik vieler seiner Kollegen und von bischöflicher und kurialer Seite bei seiner Position geblieben. Mit der hier aus Raumgründen gebotenen Vereinfachung: Küng erklärt, die Kirche könne, auch im Papst als ihrem obersten Vertreter, im Einzelfall wohl irren. Allerdings bleibe die Kirche dabei im *Ganzen,* im Gesamtprozeß sozusagen, bei allen möglichen zeitbedingten Irrtümern im einzelnen, doch in der Wahrheit der Botschaft Christi gehalten und könne diese Wahrheit niemals verlieren, ihr nie ganz entfremdet werden. So will also Küng das Unfehlbarkeitsdogma von 1870 nicht etwa einfach abschaffen, sondern er will es aufnehmen und es sinngemäß neu interpretieren.

Küng hat auf dieser Basis dann eine sehr positive Vision eines seelsorgerlichen Papsttums (oder »Petrusdienstes«, wie der neuerdings verbreitete Ausdruck in der katholischen Diskussion lautet) entwickelt – eines Papstes, der ein Seelsorger (und in *diesem* Sinne ein Repräsentant der Einheit) der ganzen Kirche ist, und nicht eine Autorität, die sich in »unfehlbaren« Lehrsätzen äußert. Nicht Küng allein, auch viele andere katholische Theologen haben sich für diese Vision erwärmen können, ja auch auf nichtkatholischer Seite (etwa in Kreisen des Weltrates der Kirchen in Genf) wurde geäußert, daß ein *so* verstandenes und so praktiziertes Papsttum sogar in der übrigen Christenheit mindestens diskutabel wäre.

Unvergeßlich bleibt mir, wie ein namhafter jüngerer katholischer Theologe als Gast in meinem Seminar einmal von unsern Studenten bedrängt wurde: »Wozu habt ihr Katholiken denn eigentlich einen Papst?« – und die Antwort lautete kurz und prägnant: »Damit die Leute einander nicht verketzern.« Also: das päpstliche Lehramt solle als seelsorgerliches Schiedsrichteramt für Verständigung, gegenseitigen Respekt und das rechte Maß sorgen in all den unvermeidlichen innerkirchlichen Auseinandersetzungen. Da mochte man schließlich als Protestant sogar noch innerlich zustimmen, daß eine solche Funktion nützlich wäre. Denn wie viele gibt es doch in unsern Reihen, die sich als kleine Päpste gebärden, einander verketzern und es an dem vernünftigen Maß an Verständnis fehlen lassen.

Eine Menge offener Fragen

Kein Zweifel, daß Küng mit seiner neuen Deutung der »Unfehlbarkeit« von der Art abgewichen ist, wie man diese Lehre zuvor immer verstanden hatte, und vor dem Konzil wäre ihm eine Verurteilung, womöglich eine Exkommunikation, dafür sicher gewesen. Jetzt aber, im neuen Klima, urteilte man nicht, sondern man diskutierte mit ihm. Und es waren keineswegs etwa nur die ultrakonservativen, sondern auch durchaus »moderne« nachkonziliare katholische Theologen, die ihm widersprachen. Aber man blieb im Gespräch, man brach den Dialog nicht mit Gewalt ab, weil man allseits spürte, daß da noch eine Menge offener Fragen war. Und auch wir Nichtkatholiken diskutierten engagiert mit – wir, die wir in früheren Zeiten ein solches Thema wohl kaum für diskussionswürdig befunden hätten. Denn auch uns war seit dem Konzil nicht mehr gleichgültig, wie sich das Verständnis des Papsttums weiterentwickeln würde. Und auch uns lag der von Küng so stark betonte Gedanke nahe: daß die Christenheit nie gänzlich von der ihr anvertrauten Botschaft Christi entfremdet werden kann.

Ich habe mich hier auf die Frage des Papsttums und der Unfehlbarkeit beschränkt. Aber auch bei dem andern zwischen Hans Küng und dem Vatikan kontroversen Thema, der Frage der Gottheit Christi, verhält es sich ähnlich. So viele Fragen sind hier offen; wie diese Glaubenslehre heute zu verstehen und auszulegen sei. Denn alle diese Sätze dürfen ja nicht papierene Dogmen bleiben, sondern ihre lebensnahe Bedeutung muß durch eine lebendige Theologie immer neu sichtbar gemacht werden.

Höchst beunruhigend

Wenn nun plötzlich versucht wird, einen notwendigen und notwendig offenen innerchristlichen Dialog abzuschließen, Kontroversen gewissermaßen »mit Gewalt« zu lösen und jemanden, der selber ein treuer Katholik bleiben will und der auch gewichtige Argumente vorzubringen hat, wie in alten Zeiten wieder zu »verketzern«, wirkt das höchst beunruhigend, und zwar nicht nur für Katholiken. Es paßt nichts ins Bild. Die neue Glaubwürdigkeit, die die katholische Kirche durch das Konzil in der nichtkatholischen Christenheit, ja in der Welt erworben hat, hängt heute zu einem nicht unbedeutenden Teil davon ab, wie sich der Fall Küng weiterentwickeln und welches Ende er schließlich nehmen wird.

Quelle: Basler Zeitung, 5. Januar 1980

5.11 Wolfhart Pannenberg: Eine Zumutung (5. Januar 1980)

Pannenberg ist Professor für Fundamentaltheologie und Ökumene an der Evangelisch-Theologischen Fakultät der Universität München.

Gerade diejenigen evangelischen Theologen, die in den Jahren nach dem Zweiten Vatikanischen Konzil für eine unbefangenere Würdigung der Ansprüche des Papstes auf eine gesamtchristliche Lehrautorität plädiert haben, wie auch der Verfasser dieser Zeilen, werden durch die gegen Hans Küng gerichtete Entscheidung in ihren Bemühungen gleichsam desavouiert. In der Diskussion um Küngs Beiträge zur Unfehlbarkeitsfrage ist die mögliche ökumenische Tragweite seiner Interpretation der Unfehlbarkeit als eines der Kirche verheißenen Bleibens in der Wahrheit, die sich in ihrem Amt in besonderer Weise konkretisiert, kaum beachtet worden. Diese Diskussion ist als eine konfessionelle Binnenangelegenheit geführt worden, obwohl der Anspruch des Unfehlbarkeitsdogmas sich doch auf die ganze Christenheit richtet. Küngs Interpretation, die keine Ablehnung des Dogmas selbst darstellt, hätte zur Grundlage einer Verständigung zwischen katholischen und evangelischen Christen über den »Petrusdienst« des römischen Bischofs werden können. Daß aber die mit der höchsten Autorität des kirchlichen Lehramts erfolgenden Erklärungen auch in allen Einzelheiten irrtumsfrei sein sollen, trotz der heute von der katholischen Kirche zugestandenen Zeitbedingtheit der Sprache und Denkform auch solcher Äußerungen, das bleibt für den historisch gebildeten Christen, in solcher Allgemeinheit, eine Zumutung, die die Verleugnung vernünftiger Einsicht fordert.

Die Freiheit und Pluralität der Glaubensgedanken ist eine Bedingung des wachsenden Respekts zwischen den verschiedenen christlichen Überlieferungen und damit auch eine Bedingung des Fortgangs ökumenischer Verständigung. Diese Freiheit und Pluralität des Glaubensdenkens äußert sich in besonderer Weise in der Theologie. Wird sie ohne allgemein ersichtlich zwingenden Grund so eingeschränkt, wie das durch die Maßregelung Hans Küngs geschehen ist, dann muß dadurch für die (noch) nicht mit Rom vereinten Christen die Autorität des Lehramts der römischen Kirche aufs neue und in beklemmender Weise in den Geruch der Lehrgesetzlichkeit geraten. Man muß deshalb um der Freiheit der Theologie und um der Zukunft der ökumenischen Verständigung willen hoffen, daß es doch noch zu einer einvernehmlichen Lösung des »Falles Küng« kommt, die nicht in einer bloßen Unterwerfung des Theologen besteht.

Quelle: Frankfurter Allgemeine Zeitung, 5. Januar 1980

5.12 Klaus Scholder: Das Recht der Kirche und die Pflicht des Staates. Rechtliche Fragen im Fall Küng (5. Januar 1980)

Scholder ist Professor für Kirchenordnung an der Evangelisch-Theologischen Fakultät der Universität Tübingen.

Als die katholische Kirche in den zwanziger Jahren ihre Beziehungen zum Staat neu zu ordnen begann, befand sie sich in einer überaus günstigen Lage. Deutschland war schwach und auf jede moralische Unterstützung angewiesen. Zudem hatte die Weimarer Reichsverfassung zwei entscheidende Rechte bereits gewährt, nämlich die Unabhängigkeit der Kirche vom Staat und ihren Fortbestand als öffentlich-rechtliche Körperschaft mit dem Recht, Kirchensteuern zu erheben. Zu kämpfen galt es für die katholische Kirche in den zwanziger Jahren deshalb vor allem noch um eine möglichst weitgehende staatliche Anerkennung des katholischen Kirchenrechts in allen Bereichen, in denen Staat und Kirche zusammenwirkten – also besonders im Erziehungswesen.

Dies gelang mit unterschiedlichem Erfolg in drei Länderkonkordaten; dem bayerischen Konkordat von 1924, dem preußischen Konkordat von 1929 und dem badischen Konkordat von 1932. Höhepunkt und Abschluß dieser Entwicklung bildete das Reichskonkordat von 1933, das der katholischen Kirche noch einmal eine überraschend weitgehende Anerkennung ihrer Ansprüche durch den Staat brachte. Die Geschichte dieses umstrittenen Vertrages braucht uns hier nicht zu beschäftigen. Wichtig ist, daß dieses Konkordatsrecht noch heute die Grundlage der Rechtsbeziehungen zwischen Staat und Kirche in der Bundesrepublik bildet, Rechtsbeziehungen, die bisher, aufs Ganze gesehen, beiden Seiten zum Vorteil gereicht haben.

Man muß diese Vorgeschichte im Blick haben, wenn man die rechtlichen Probleme ermessen will, die der Fall Küng aufwirft.

Nach katholischem Kirchenrecht darf niemand ein Lehramt im Namen der Kirche ausüben, der dazu nicht durch eine spezielle Beauftragung seiner kirchlichen Obrigkeit, die »missio canonica«, ermächtigt worden ist. Dies ist zunächst ein rein innerkirchlicher Vorgang. Der Staat hat dieses innerkirchliche Recht jedoch insoweit anerkannt, als er sich in den Konkordaten verpflichtet hat, niemand ohne ausdrückliche Zustimmung des zuständigen Bischofs (das »nihil obstat«, das die kirchliche Missio einschließt) etwa auf einen Lehrstuhl für katholische Theologie zu berufen. Da die Kirche das Recht haben muß, auf die Ausbildung ihrer Geistlichen und Lehrer Einfluß zu nehmen, ist diese Bestimmung im wesentlichen unumstritten.

Was aber geschieht, wenn die kirchliche Obrigkeit, wie jetzt im Fall Küng, die einst erteilte Lehrbeauftragung nach nahezu zwanzigjähriger Lehrtätigkeit wieder entzieht? Man könnte sagen, damit sei eine wesentliche Voraussetzung der damaligen Anstellung entfallen, und deshalb müsse der Staat den Betreffenden aus seinem Amt entfernen.

Aber so einfach liegen die Dinge nicht. Denn hier tritt ein konkurrierendes Recht ein, das das gleiche Gewicht hat wie die Sicherung der kirchlichen Rechte, nämlich die Gewährleistung der Freiheit von Lehre und Forschung und das Recht der Universitäten, sich im Rahmen der geltenden Gesetze selbst zu organisieren.

Dieses Grundrecht spielt keine Rolle, wenn ein Theologe mit seiner Kirche bricht und von sich aus seine Lehrermächtigung zurückgibt. Es erlangt Bedeutung, wenn die Kirche diesen Schritt tut und der Theologe sich weigert, auf seinen staatlichen Lehrauftrag zu verzichten. Küng hat diesen Konflikt selbst scharf formuliert, wenn er in einer Erklärung feststellt: »Ich rechne fest damit, daß ich im staatlichen Bereich jenen Rechtsschutz finden werde, der mir im kirchlichen Bereich versagt geblieben ist, und daß die staatlichen Behörden, denen allein die Organisationskompetenz in der Universität zukommt, jeglichem kirchlichen Druck widerstehen werden.«

Kann der Staat nach der geltenden Rechtslage Hans Küng diesen Rechtsschutz gegen seine Kirche gewähren? Die Antwort ist so kompliziert wie die ganze Konkordatsgeschichte.

Wäre der Fall im Bereich des Freistaates Bayern passiert, so lägen die Dinge – freilich auch erst seit wenigen Jahren – klar. Im Schlußprotokoll zur Neufassung des bayerischen Konkordats von 1974 heißt es nämlich ausdrücklich, daß bei einer kirchlichen Lehrbeanstandung der betreffende Hochschullehrer »aus dem theologischen Fachbereich ausscheidet«.

Das kann jedoch nicht ohne weiteres auch für Württemberg gelten. Ausgerechnet die Katholisch-Theologische Fakultät in Tübingen nämlich ist die einzige im Bundesgebiet, die keinem speziellen Konkordatsrecht unterliegt, weil Württemberg seinerzeit kein Konkordat abgeschlossen hat. Die Fakultät ist zwar durch Art. 19 des Reichskonkordats unbestritten in das allgemeine Konkordatsrecht eingebunden. Aber die in diesem Artikel geäußerte Absicht der Reichsregierung, für sämtliche katholischen Fakultäten Deutschlands eine einheitliche Rechtspraxis zu sichern, ist nie verwirklicht worden. Und gerade in unserer Frage ist das allgemeine Konkordatsrecht bewußt offen gehalten – sonst wäre auch die bayerische Novellierung nicht nötig gewesen.

Dazu kommt eine weitere Unsicherheit. Seit seiner Gründung 1953 haben offensichtlich weder das Land Baden-Württemberg noch die katholische Kirche ein Interesse daran gezeigt, das badische Konkordat von 1932 neu zu fassen und zugleich seine Gültigkeit für das ganze Land Baden-Württemberg festzustellen.

Man muß also auf das ganze Konkordatsrecht zurückgreifen, wenn man hier entscheiden will. So sieht offensichtlich auch der zuständige Ordinarius, der Rottenburg-Stuttgarter Bischof Dr. Moser, die Rechtslage, wenn er in seinem Schreiben an den Minister für Wissenschaft und Kunst mit dem Widerruf des Nihil obstat beantragt, »gemäß Artikel 19 Reichskonkordat – in Verbindung mit Artikel 3 Bayerisches Konkordat, Artikel 12 Preußisches Konkordat und Artikel X Badisches Konkordat (jeweils mit den dazugehörigen Schlußprotokollen) – geeignete Abhilfe zu schaffen und für einen den Lehrbedürfnissen an der Tübinger Katholisch-Theologischen Fakultät entsprechenden Ersatz zu sorgen«.

Diese Wendungen entsprechen dem Wortlaut der verschiedenen Konkordatsartikel. Damit spitzt sich also alles auf die Frage zu, was mit den Formulierungen »geeignete Abhilfe zu schaffen und für einen den Lehrbedürfnissen ... entsprechenden Ersatz zu sorgen«, gemeint ist.

Wenn diese Formulierungen bedeuten, daß der Staat die Gewähr leistet, daß niemand ohne gültige missio canonica an einer Katholisch-Theologischen Fakultät des Landes lehrt, dann muß Küng gehen. Das ist gegenwärtig überwiegende Rechtsmeinung. Entsprechend formuliert der Bischof auch in seinem Brief. Sollte Küng, so schreibt er, »auf die Rechtsstellung, die er als Mitglied der Katholisch-Theologischen Fakultät innehat, nicht von sich aus verzichten, so muß ich darum bitten, sein Ausscheiden aus dieser Fakultät anzuordnen.«

Bedeuten die Formulierungen der Konkordate jedoch lediglich, daß der Staat dafür Sorge trägt, daß jederzeit alle Fächer ausreichend mit kirchlich approbierten Professoren besetzt sind, dann könnte dies möglicherweise zur Neuerrichtung eines Lehrstuhls führen, müßte aber nicht notwendig die Versetzung von Hans Küng in eine andere Fakultät zur Folge haben. Die Entscheidung darüber, ob er ohne kirchliches Lehr- und Prüfungsrecht weiterhin in seiner Fakultät bleiben oder in eine andere Fakultät überwechseln will, läge dann im wesentlichen bei Küng selbst. An dieser Frage werden sich in nächster Zeit die Geister scheiden.

Die Staatskirchenrechtslehre hat nach dem Krieg auf eine strikte Neutralität des Staates in kirchlichen Fragen gedrungen. Das war nach den Erfahrungen des Dritten Reiches verständlich, entsprach aber nicht der Absicht der Verträge. Denn für den Kenner der neueren Konkordatsgeschichte kann kein Zweifel daran bestehen, daß sich der Staat hier bewußt eine Entscheidung im Einzelfall vorbehalten hat.

Angesichts der Bedeutung des Falles Küng sollte sich die Landesregierung diese Entscheidungsfreiheit unter keinen Umständen nehmen lassen. Gewiß kann der Staat in den Streit zwischen dem Theologieprofessor und seiner Kirche nicht eingreifen. Aber das kann nicht heißen, daß er schlechthin blind zu sein habe. Der Staat kann nicht übersehen, daß Hans Küng an seinem Anspruch festhält, vom Staat in sein Amt berufener Professor der katholischen Theologie zu bleiben. Er kann auch nicht übersehen, daß Küng nach den bisher vorliegenden Äußerungen in diesem Anspruch von seiner Fakultät sowie von der Universität unterstützt wird.

Wenn dem Staat zuzumuten ist, daß er im Blick auf Vorlesungen, Seminare und vor allem Prüfungen für einen vollgültigen Ersatz sorgt, so wäre demnach zu fragen, ob es der Kirche in diesem besonderen Fall zuzumuten ist, daß sie Hans Küng weiterhin in einem Sonderstatus in der Fakultät erträgt.

Die staatskirchenrechtliche Lage läßt einen solchen Kompromiß zu.

Staat und Kirche wären gut beraten, wenn sie zusammen mit der Universität einen Kompromiß dieser Art suchten.

Quelle: Frankfurter Allgemeine Zeitung, 5. Januar 1980

5.13 Heinz Zahrnt: Dreißigster Dezember 1979. Nichts Neues aus Rom (6. Januar 1980)

Zahrnt ist evangelischer Theologe und Publizist und lebt in Kiel.

Als die endgültige Entscheidung aus Rom auf sich warten ließ, da begann ich zu hoffen: Vielleicht dauert es nur darum so lange, weil man sich im Vatikan doch noch eines Besseren, Christlichen besonnen hat und nun nach einem Ausweg aus dem Konflikt mit Hans Küng sucht. Aber ich hatte von der Kirche wieder einmal zuviel erwartet. Aus Rom kam nichts Neues.

Trotz des Seufzens vieler Gläubiger, trotz des Protestes zahlreicher Priester und Theologen, trotz des Vermittlungsversuches der deutschen Bischöfe, trotz der Bitte des Weltkirchenrats ist Papst Karol Wojtyla hart geblieben und hat die von der Glaubenskongregation getroffene und von ihm bereits ausdrücklich gebilligte Entscheidung nur wieder bestätigt: Professor Hans Küng bleibt die kirchliche Lehrbefugnis entzogen.

Damit hat sich die Angst in der Kirche wieder einmal als stärker erwiesen als der Glaube und die Liebe. Aber es ist eben ein Anderes, ob man draußen auf Reisen die anderen zur Einhaltung der Menschenrechte ermahnt oder ob man sie im eigenem Hause befolgt. Künftig wird man die Menschenrechte auch in Rom anmahnen müssen, nicht anders als in Moskau, Peking, Prag oder Santiago de Chile.

Als Protestanten schauen wir dem, was Küng von Seiten seiner Kirche widerfahren ist, nicht teilnahmslos oder gar überlegen zu, sondern wir fühlen uns als Mitbetroffene. Wenn ein Glied leidet, leiden die anderen mit, lautet die ökumenische Lebensregel. Darum erfüllt uns die reaktionäre Entscheidung des Papstes mit Bitterkeit, Schmerz und Zorn. Der ökumenische Dialog hat dadurch einen schweren Schlag erlitten.

Wer hier nur von einem »Fall Küng« spricht, weiß nicht, was wirklich der Fall ist. Es geht nicht nur um den Theologen Hans Küng, nicht einmal nur darum, was dieser Theologe an Richtigem oder Falschem über die Unfehlbarkeit des Papstes und über die Gottessohnschaft Jesu Christi geschrieben hat, sondern darum, was in der Christenheit *Glaube* heißt.

Wenn die entscheidenden theologischen Trennungslinien heute nicht mehr an den einzelnen Kirchen und Konfessionen entlanglaufen, sondern mitten durch sie hindurch gehen, so daß es zwischen Katholiken und Protestanten zu neuen Bündnissen und Scheidungen kommt, dann bildet dabei ein verschiedener Glaubensbegriff das wesentliche Unterscheidungsmerkmal. Die Geister scheiden sich daran, beziehungsweise – sie finden sich in dem, was einer vom Glauben hält: Ob der christliche Glaube vornehmlich eine statische Lehrmeinung oder ein dynamischer Lebensvorgang ist. Und das hat Konsequenzen für die Kirche und ihren Wahrheitsanspruch, nicht nur dafür, wie eine Kirche sich selbst versteht, sondern auch für das, was sie von Jesus Christus lehrt.

Hinter dem Unfehlbarkeitsdogma der römisch-katholischen Kirche steht zuletzt ein *quantitativer* Glaubensbegriff, genau derselbe wie bei der Neo-Orthodoxie auf protestantischem Boden. Da beruft man sich zwar auf das »Ganze« des christlichen Glaubens, aber dies Ganze besteht nicht in dem Glaubensstand des einzelnen, sondern aus lauter einzelnen Glaubensgegenständen. Das erinnert an das Punktsystem bei modernen Prüfungsverfahren: Je nach dem, wie viele Fragen ein Kandidat beantwortet und welche Punktzahl er erreicht, hat er die Glaubensprüfung bestanden oder ist durchgefallen. Nun ist gar keine Frage, daß Küng nicht mehr auf dem Boden des päpstlichen Unfehlbarkeitsdogmas steht, wenigstens nicht, wie die Kirche es bis dato auslegt und handhabt. Es fragt sich nur, wer das größere Recht auf seiner Seite hat: Ob Hans Küng, der den Anspruch der Kirche auf die Verkündigung unfehlbarer Wahrheit keineswegs insgesamt bestreitet, sondern ihn nur wahrheitsgemäßer bestimmt wissen möchte und damit den Zweifeln und Erwartungen vieler frommer Katholiken entspricht – oder ob der Papst, der mit seinem barschen Eingriff diesen notwendigen, eben erst in Gang gekommenen neuen Interpretationsprozeß jäh gestört und damit den Fortgang der göttlichen Wahrheit in der Welt empfindlich gehindert hat.

Küngs Kritik am Unfehlbarkeitsdogma seiner Kirche nährt sich am Glaubensverständnis des Neuen Testaments. Er hat hier die Heilige Schrift gegen den Papst auf seiner Seite: Jesus von Nazaret hat kein Glaubens*gesetz* erlassen, sondern eine Glaubens*bewegung* ins Leben gerufen. Und diese ist zweitausend Jahre lang nicht dadurch in Gang geblieben, daß Glaubensgegenstände unverändert wie Stückgut durch die Geschichte transportiert worden sind, sondern daß Menschen andere Menschen immer neu mit ihrem Glauben angesteckt haben. Solches gelingt aber nur dort, wo der christliche Glaube eine Antwort auf die Fragen der Zeit, auf die Nöte der Zeitgenossen anbietet.

Der Anspruch auf Unfehlbarkeit verführt dazu, sich allein im Besitz der Wahrheit zu dünken, und solcher Besitz macht träge und stolz. Die Folge ist, daß man, situationsvergessen, den Glauben wie ein zeitloses Gesetz über die Zeitgenossen verhängt. Und bist du nicht willig, so brauch' ich Gewalt. Statt daß die Amtskirche sich vor den Gläubigen zu verantworten hat, müssen sich die Gläubigen vor der Amtskirche rechtfertigen.

Auch die Wahrheit Gottes hat stets ihre »Ortszeit«: Das Zeitliche unter dem Gesichtspunkt der Ewigkeit bedenken heißt, das Ewige unter dem Gesichtspunkt der Zeit betrachten.

Wenn je ein katholischer Theologe sich bemüht hat, das Evangelium Jesu an die Zeitgenossen zu adressieren, dann ist dies Hans Küng. Dafür zeugt gerade seine von der römischen Glaubenskongregation und der deutschen Bischofskonferenz beanstandete Christologie. Aber hier hat Küng gegen Papst und Episkopat das Zeugnis der Kirchengeschichte auf seiner Seite.

Die Einheit der Christologie besteht in der gemeinsamen Glaubenserfahrung der Christenheit. Man braucht nur einmal folgende vier Christusdarstellungen nebeneinanderzuhalten: den freundlichen, fast bukolisch-heiteren Guten Hirten aus der frühchristlichen Zeit; den strengen, monumentalen, mit den kaiserlichen Insignien ausgestatteten Weltherrscher aus der Ära der konstantinischen Reichskirche; den zermartert am Kreuz hängenden leichenfarbenen Schmerzensmann vom Ende des Mittelalters, den sentimentalen, in die Alltagswelt schlichter Menschen eintretenden Natur- und Volksfreund der Nazarener im 19. Jahrhundert. Und dann maßen sich – angesichts einer solchen Fülle von Christusbildern – Papst und Bischöfe an, zu entscheiden, wer den »richtigen« Christus hat?

Darum: Laßt uns neue Christusbilder machen – ein Bild, das Jesus von Nazaret gleich ist und unserer Zeit entspricht! Hand in Hand mit diesem Vorhaben geht das Gebet, das wir von nun an noch inniger sprechen werden als zuvor: Herr, es vergehe die Kirche, und es komme dein Reich! Wenn solches geschieht, dann wird alle Papisterei, römische, polnische und deutsche, katholische so gut wie evangelische, endlich ein Ende haben.

Quelle: Deutsches Allgemeines Sonntagsblatt, 6. Januar 1980

5.14 Hans Kühner-Wolfskehl: Das war kein Heldenstück, Oktavio (10. Januar 1980)

Kühner-Wolfskehl ist Historiker, freier Schriftsteller, Mitglied des PEN-Clubs und lebt in Berg/Thurgau.

»Wer über gewisse Dinge den Verstand nicht verliert, der hat keinen Verstand zu verlieren.« Lessings unwiderlegliche Wahrheit aus der »Emilia Galotti« drängt sich auf angesichts des Skandals, dessen Nachwirkungen weit über den unmittelbaren Anlaß hinaus tragisch spürbar werden.

Passend zum Fest der Liebe 1979 hat die Glaubenskongregation im Vatikan zugeschlagen und im Auftrage Johannes Pauls II. ihren seit langem geplanten Peitschenhieb auf Hans Küng niedersausen lassen: Entzug der theologischen Lehrerlaubnis und das Verbot, weiterhin an der Universität Tübingen, an der er seit zwanzig Jahren lehrt, Studenten heranzubilden und auf den Weg eines zeitgemäßen Priestertums zu weisen, das für ihn, Hans Küng, mehr sein soll als das Nachbeten von Lehrsätzen; das also folgerichtig einen ganz neuen Bezug zum Menschen in der Anerkennung seiner Freiheit im Glauben haben soll.

Vollen Beifall findet die skandalöse Maßnahme allein im kirchlichen Rechtsradikalismus. Nur ein einziger Hierarch, der für Küng zuständige Bischof Georg Moser von Rottenburg-Stuttgart, hat mutig und menschlich den Canossagang nach Rom auf sich genommen, um zu vermitteln. Wer jedoch die eiserne Härte der dortigen Instanzen kennt und die entsprechenden Erfahrungen koordiniert, macht sich allerdings kaum noch Illusionen. Kenner der Vatikan-Psychologie wissen und bestätigen, daß selbst ein Anschein von Konzession angesichts der für die Kurie völlig unerwarteten Proteste in der ganzen Welt nur temporäre, keinerlei grundsätzliche oder bleibende Bedeutung haben würde.

Wiederholt ist in der Öffentlichkeit der begründete Verdacht geäußert worden, der Bannstrahl in dieser Form sei die Reaktion – um es extrem höflich auszudrücken – des Papstes auf die von weltweitem Echo begleitete, vielfach, auch in den USA, veröffentlichte sorgenvolle Frage Küngs nach den greifbaren Resultaten des ersten Pontifikatsjahres Johannes Pauls II. gewesen.

Wer verwirrt wen?

Die »Erklärung der Kongregation für die Glaubenslehre« ist allein schon sprachlich erhellend. Da ist die Rede von »berechtigter wissenschaftlicher Freiheit, *aber* innerhalb der Grenzen der theologischen Methode«, womit Küng zunächst einmal das manifeste Wissen um Methode abgesprochen wird. »*Aber* ...«, d. h., der Löwe hat alles Recht auf Freiheit, jedoch nur im Rahmen seines Käfigs. So wie die Glaubenskongregation sich die Methode vorstellt, hat »sie sich zu bemühen, auf ihre eigene Weise *dasselbe* Ziel zu erreichen, das auch das des Lehramtes ist«, was das Ende aller Forschung bedeutet, denn dann kann das Lehramt ebensogut seine Monologe weiterführen, an die es und wir ohnehin gewöhnt sind. Doch die Glaubenskongregation wird noch deutlicher: »Die Treue zum Lehramt der Kirche« wird »immer deutlich sichtbar, da es niemandem *erlaubt* ist, Theologie zu betreiben ohne enge Verbindung mit dem Sendungsauftrag, die Wahrheit zu lehren, für die das kirchliche Lehramt selbst verantwortlich ist«. Da wird also die Forschung zunächst einmal um Erlaubnis einkommen müssen, um dann die präfixierten Meinungen des Lehramtes nachzuplappern und das Ganze »Theologie« zu nennen. Und weiter: »Wenn es dann *vorkommt,* daß ein Lehrer der theologischen Disziplinen sein eigenes *Urteil* und nicht den Glaubenssinn der Kirche als Norm der Wahrheit voranstellt ...«, womit klipp und klar gesagt ist, ein Theologe habe nicht das Recht, neue, eigene Erkenntnisse für die Kirche fruchtbar zu machen. Sodann: »Da einige der in vielen Ländern verbreiteten Schriften des Priesters und Professors Hans Küng sowie seine Lehre bei den Gläubigen *Verwirrung* verursachen ...«, womit das exakte Gegenteil dessen behauptet wird, was tatsächlich ist, nämlich daß Küng bei Hunderttausenden von Gläubigen Klärung und Lebensrichtung bewirkt hat, anstatt ihnen zu sagen, sie müßten, wie gehabt, in der befohlenen Sterilität theologischen Nichtdenkens verharren, was also für die Glaubenskongregation identisch ist mit dem richtigen Glauben.

Langsam läßt die Glaubenskongregation sodann die eigentliche

Katze aus dem Sack, denn sie untersagt Küng das Lehren, weil es »jenen Lehrmeinungen« nicht entspricht, »die von besonderer Bedeutung sind, das Dogma von der Unfehlbarkeit der Kirche«. Warum wird das so umschrieben? Küng hat in vielen seiner maßgebenden Werke seine berechtigte Forschung zum Dogma der Unfehlbarkeit des Papstes, nicht der Kirche, ausgebreitet und dabei besonders differenzierende Unterscheidungen in die Theologie eingeführt. Allerdings, er hat, wofür die freiheitsbewußte theologische Forschung ihm dankbar ist, seine Meinung »bis heute in keiner Weise geändert ... vor allem ... seine Meinung« über »das Dogma von der Unfehlbarkeit in der Kirche ..«, was, wie eben angedeutet, eine bewußte Deformierung von Küngs Gedanken ist. »Vor allem die *Verachtung* des kirchlichen Lehramtes ...«, so geht es weiter, wovon ebenfalls nicht die Rede ist, sondern davon, daß Küng sein hilfreiches Denken eben gerade in das Lehramt einzubringen seit Jahren vergebens sich bemüht, weil das Lehramt in bedenklichem Maße zum Leeramt geworden ist, anstatt sich einmal als Lernamt zu verstehen; weil es ganz einfach nicht sehen will, in welchem Ausmaße Gläubige heute konsequent in neuen Kategorien denken, zu denen Küng mit letzter christlicher Überzeugungstreue gangbare Wege gewiesen hat. Lernamt zu sein, dürfte für das Lehramt allerdings den Gipfel der Gotteslästerung bedeuten.

Das sind nur einige der bedenklichen Unterstellungen und Vorstellungen der Glaubenskongregation. Da der Papst das Verdammungsdekret voll gebilligt hat, trägt er für die falschen Aussagen und Verdrehungen zweifellos die Mitverantwortung.

»Gewaltlose« Inquisition

Weil der Lehrende Hans Küng jedoch an den Anfang seines christlichen Freiheitsbegriffes, seiner christlichen Paideia, Nachdenken und Frage gestellt hat – in allen Diktaturen das eigentliche *crimen laesae majestatis* – wurde, nach Jahren des von allen miterlebten Kesseltreibens, zu dem genannten Peitschenhieb ausgeholt. In Umkehrung alles nur Möglichen wird ihm noch vorgeworfen, er weiche seit Jahren Fragen aus, obwohl dieser Vorwurf schon dadurch in sich zusammenfällt, daß die im Laufe der Jahre gegebenen öffentlichen Antworten heute bereits, ganz abgesehen von den Beantwortungen in seinen Werken, einen ganzen Band füllen könnten.

Es kann nicht von ungefähr gewesen sein, daß das kuriale Attentat auf die Freiheit der theologischen Forschung Küngs in nahem zeitlichem Zusammenhang steht mit der Indizierung des bedeutenden französischen Dominikaner-Theologen Jacques Pohier und der Zitierung des ebenso bedeutenden belgisch-holländischen Dominikaner-Theologen Edward Schillebeeckx vor die Schranken des vatikanischen Glaubensgerichtes, zum gleichsam geistigen Autodafé. Niemand sage, es rege sich nichts in der Kirche. Nur eben, was regt sich, und in welche Richtung regt es sich?

Es spielt nicht die geringste Rolle, ob der Wortführer des deutschen Episkopates, Kardinal-Erzbischof Höffner von Köln, Küng sogleich das Elementarrecht von Verteidigung und Selbstbehauptung abspricht und sich verbittet, hier von Inquisition zu reden. Ob und in welchem Ausmaß hier Inquisition tätig ist – es fehlt ihr ja lediglich die altgewohnte fürchterliche Brachialgewalt –, dies festzustellen obliegt allein dem Betroffenen und mit ihm den Abertausenden von Christen in der ganzen Welt, denen sein theologisches Denken christlich-menschlich in dieser Zeit weitergeholfen hat.

Wegen Küng ist noch kein Mensch aus der Kirche ausgetreten, sehr viele jedoch sind es der heutigen Form von Zwang und Inquisition wegen, ganz gewiß nicht die Schlechtesten, im Gegenteil. Es genüge hier, etwa an die römische Zwangsjacke in allen Bereichen des Liebes- und Geschlechtslebens zu erinnern, die enger, nicht weiter geworden ist, was auch Küng konstant betont.

Küng und der Geist des Evangeliums

Es spielt auch keine Rolle, ob die Episkopate der deutschen Bundesrepublik und der Schweiz als dem Herkunftsland Küngs in einer peinlich wirkenden Emsigkeit das Kirchenvolk beschwören, sich in diesem Falle um den Heiligen Vater zu scharen, was materiell ausgedrückt heißen soll, seinerseits Fußtritte auf Küng auszuteilen, im besten Falle eigene Überzeugungen befehlsgemäß preiszugeben, sollten sie etwa gewonnen worden sein aus dem richtunggebenden großen Werk Küngs »Christ sein« (1974). Institutionelles Schuhriegeln verträgt sich nun einmal nicht mit individuellen Überzeugungen, denn der in anderthalb Jahrtausenden eingeübte, viel wirksamere Herdentrieb ist für Rom noch immer und nun in neuen, gar nicht abzusehenden Ausmaßen vorzuziehen.

Und das dritte: die Aberkennung des erarbeiteten Rechtes, Theologie zu lehren, Küng also die Qualifikation für sein Fach abzusprechen, hat gar nichts mit der Tatsache zu tun, daß der Gerüffelte zu den bedeutendsten Theologen der Zeit zählt. Ist ein Chirurg, dem man sein Krankenhaus nimmt, kein Chirurg mehr? Nicht einmal Kardinal-Erzbischof Höffner wird das zu behaupten wagen.

Überwältigend sind zur Stunde die allgemeinen Bekundungen aus Gelehrten-, Studenten- und Gläubigenwelt für Hans Küng. Es werden Argumente vorgetragen, die für den Vatikan nur tief beschämend sein können, sofern er dafür ein Sensorium entwickelt haben sollte, was zu bezweifeln ist. Diese Bekundungen zeigen, wer zur Stunde der moralische Verlierer ist.

Auch Kardinal-Erzbischof Höffner ist völlig blind für das, was angerichtet worden ist. Er spielt sogar noch den Gnädigen und erklärt, Küng brauche sich ja nur zu unterwerfen, d. h. den würdelosen Unterstellungen des römischen Dekretes sich zu beugen, worauf man wieder mit ihm reden könne. In anderer Formulierung heißt das, der Theologe brauche nur Einsichten und Erkenntnisse, Überzeugungen und Gesinnungen aus fünfundzwanzig Jahren theologischer Arbeit per Telefonanruf für nichtig zu erklären; brauche nur zuzugeben, daß er kein Rückgrat habe; brauche nur seine geistige Selbstaufgabe zu bestätigen – und schon wäre alles wieder in Ordnung. Es darf hierbei nicht übersehen werden, daß Küng eine sehr lange Ahnenreihe großer theologischer Charaktere auf seiner Seite hat. Man könnte sie alle beschwören, ihre Werke nennen, derentwegen sie verdammt worden sind. Welche Vorstellungen haben Vatikan und Hierarchie von Charakter und Werk?

Küng hat laut gesagt, er schäme sich der Kirche um ihrer Tat willen. Wir tun alle das gleiche; blicken mit ihm zurück auf Johannes XXIII., der die ökumenischen Anregungen des Theologen aufgegriffen und ihn als Consultor an das Zweite Vatikanum berufen hat.

Sein Mißfallen über Küng hat der Papst schon vor längerer Zeit deutlich zum Ausdruck gebracht. Aus seiner eigenen Mentalität und statischen Theologie heraus geht er unbeirrbar daran, die theologische Forschung, die seinen eigenen Vorstellungen nicht entspricht, zu eliminieren. Offenkundig ist an dieser Stelle mit ihm nicht mehr zu reden.

Küng, der seine Theologie nie und nirgends apodiktisch, sondern dialogisch-ökumenisch, analytisch-fragend und argumentativ-auffächernd aufbaut, hat mit gleicher Unmißverständlichkeit, wo immer, den Absolutismus und die Machtansprüche der Kirche einer zeitgemäßen Kritik unterzogen – und er hat damit das Ohr der Christen von heute gefunden. Er ist, allen Verschleierungen zum Trotz, mit denen die Glaubenskongregation ihr Verdikt ausstaffiert, als legitimer Bezweifler der päpstlichen Unfehlbarkeit suspendiert worden. Es besteht zwischen der Machtkirche und Küng ein Schisma, nicht aber zwischen der Kirche aus dem Geist des Evangeliums und Küng – und das weiß die Glaubenskongregation, vielleicht ahnt sie es auch nur dumpf, denn die große Frage, wieweit sie sein Lebenswerk wirklich kennt, hat ihre Berechtigung. Das Verdikt, das vom Geistig-Christlichen her gesehen gar nichts ändert, ist wesentlich konzipiert schon seit Küngs Grundsatzwerk »Unfehlbar? – Eine Anfrage« (1970), auch hier also Frage, auf die statt Widerruf und Parieren das Weiterforschen folgte. Küng hat es sodann gewagt, für das umfangreiche Werk des römischen Unfehlbarkeitsforschers August Bernhard Hasler, der Schweizer Priester ist wie er selber, »Wie der Papst unfehlbar wurde« (1979), ein überaus tragfähiges Vorwort zu schreiben – und er hat, was Rom geradezu als Lästerung ansehen mußte, eine Studienkommission zur Revision dieses auf zweifelhaftem Wege zustandegekommenen Dogmas postuliert.

Theologie als Befreiungstat

Laut und vernehmlich hat Johannes Paul II. die Menschenrechte verkündet. Doch die ersten Zweifel daran, daß er dies im Sinne einer Unteilbarkeit der Menschenrechte verstanden wissen wollte, wurden bereits geweckt, als er auf der lateinamerikanischen Bischofskonferenz von Puebla 1979 die Theologie der Befreiung verwarf, die elementare Menschenrechte zu verwirklichen hilft.
Ohne auf dieses weite Feld eingehen zu können, soll nur die Verbindungslinie zu Küng gezogen werden. Seine Theologie ist eine Tat der Befreiung. Aus dem Geiste der Wahrheit und vor allem der Wahrhaftigkeit heraus lehrt er. Dieses sein Menschenrecht und Theologenrecht wird ihm jedoch aberkannt (»Wahrhaftigkeit – zur Zukunft der Kirche«, 1968). So zeigt es sich bis zur Evidenz, daß theologische Freiheit und theologische Diktatur sich heute unüberbrückbar gegenüberstehen. Daß es so ist, kann kaum jener Theologie angelastet werden, mit deren Hilfe Küng ein neues Bild von Kirche und Mensch gezeigt und gelehrt hat. Exakter wäre allerdings zu sagen, ein ursprünglicheres, unüberlagertes Bild.

Daraus nun ergeben sich neue Fragen: Lehramt – kann in unserer Welt überhaupt noch ein »Amt« innerhalb seines Dogmengeheges Wege zeigen, die im mindesten als Auswege aus einem inneren Chaos bezeichnet werden können, so daß Gläubigen eine Möglichkeit gegeben ist, ihren Weg zu Jesus und zu einem christlich als lebenswert zu bezeichnenden Leben zu finden? Freiheit – kann Rom in seiner jahrtausendealten angeborenen Unfähigkeit zur Selbstkritik wirklich endgültig darüber hinwegsehen, daß die Freiheit bis hin zur Lehrfreiheit eines Hans Küng eine nicht reglementierbare moralische Kraft ist?

Menschenrecht – kann der Papst übersehen, daß seine neueste diktatoriale Entscheidung gegen Küng der Kirche eine Fülle von Verlusten einbringen wird, solange die von Küng voll und immer anerkannte Leitungsfunktion der Kirche als Dialog nicht verwirklicht wird? Und daß hierbei die inneren, geistigen, humanen Verluste die äußeren um ein Vielfaches übersteigen werden? Daß alles Verlorene durch ein päpstliches Lachen und Strahlen und Kinderherzen nach außen doch nicht mehr zurückgeholt werden kann? Daß jene Epoche der Kirche, die alles und jedes ohne Überzeugungskraft – dies, so nebenbei gesagt, das eigentlich Christliche! – allein durch Dekret, Verdammungsurteil und Lehrverbot vermeinte regeln zu können, in sich zu Ende gegangen ist? Daß im Sinne des Pauluswortes der Geist einfach nicht auslöschbar ist und sein Freiheitsrecht hat?

Jüngst hat Johannes Paul II. Galilei »rehabilitiert« – ein bißchen spät und fast überflüssigerweise, 345 Jahre, nachdem die Inquisition ihn im Kerker hat verschwinden lassen. Das Nachhinken der Kirche hinter Naturwissenschaft und Geisteswissenschaft hat bis heute nur Menschenopfer gekostet. Heute hat der Papst den Galilei-Fall unserer Tage geschaffen.

Reicht alles das, was Rom gegen die erwachende Theologie seit 1870 unternommen hat, noch immer nicht aus? Soll das Entfalten, neue Horizonte öffnende theologische Forschen definitiv abgewürgt werden?

1974 strahlte das Deutsche Fernsehen den Film zweier Jesuiten aus: »Warum brennt Professor Küng noch nicht?« Es geschah vor dem warnenden Hintergrunde des brennenden Scheiterhaufens von Giordano Bruno, dessen Märtyrertod sich in diesen Tagen zum 380. Male jährt. Kommentatoren des Filmes waren lauter verketzerte oder halbverketzerte große Theologen unserer Zeit – dazu der

Kirchenrechtler Johannes Neumann aus Tübingen, der heute auch nicht mehr lehren darf. Was sagt Neumann heute aus Anlaß des Verdikts gegen Küng? »Der neue Papst wirkt verheerend. Er hat für kritisch-rationale Wissenschaft kein Sensorium. Für ihn ist Theologie allein eine Beweisstütze für das, was sie lehrt. Wer anders lehrt, gerät in die Nähe der Ketzerei. Ich erwarte nun das große Aufräumen«, also die Säuberungen, die wir aus Diktaturen sattsam kennen.

Was will Küng eigentlich?

Die Verurteilung Küngs, dessen Theologie entscheidenden Einfluß auf das Zweite Vatikanum hatte, solange es noch ganz vom ökumenischen Geiste Johannes' XXIII. beseelt war, ist in jene bekannte Floskel einzuordnen, »die ganze Richtung paßt uns nicht«. Es ist nur die Spitze des berühmten Eisbergs sichtbar geworden. Nicht Küng allein hat die Kriegserklärung vernommen.

Wie können nun, in großen Zügen, die Fixpunkte des Denkens von Hans Küng aus dem Gesamtkomplex seiner Theologie herauskristallisiert werden? Es sind ganz einfach Erwartungen:

Daß die Institution ihre im ganzen Verlauf der Kirchengeschichte in oft erschreckender Weise erwiesene Irrtumsfähigkeit zugibt;

daß es Instanzen gibt, die mehr sind als ein unfehlbar sich nennender Papst;

daß Konzilien – und dies nach dem Trauma von 1870 – eine ganz erheblich größere Freiheit der Funktion und der Entscheidung haben müssen;

daß jene Kirchenform, die nach wie vor in den Vorstellungen einer absolutistischen Monarchie und in betonter Gegnerschaft zu jeder Demokratie im Inneren keine Aussicht mehr hat, noch lange ernst genommen zu werden und zu überleben;

daß die Kirchenjustiz mit ihren üblen Geheimverfahren ohne die Möglichkeit der Verteidigung endlich ein elementares Bewußtsein für das entwickelt, was Recht heißt;

daß die Kirche ein weniger gestörtes Verhältnis zu Wahrheit und Wahrhaftigkeit im alltäglichen Kirchenleben findet;

daß die von Johannes Paul II. immer wieder betonte und bekräftigte Pseudotheologie und Pseudomoral der katastrophalen Enzyklika *Humanae vitae* von 1968 als unfehlbar-bindend nicht länger weitergeschleppt wird;

daß nicht Sätze der Bibel für konkrete Macht mißbraucht werden, weil dies zuzeiten Hekatomben von Menschenleben gekostet hat;

daß die Moraltheologie nicht länger mit den menschenfeindlichen Moralprinzipien eines Augustinus und eines Alfonso da Liguori begründet werden kann;

daß noch lange nicht Ketzer ist, wer von Rom so genannt wird;

daß die Humanität eine höhere christliche Qualität darstellt als die so leicht von der Hand gehende Verurteilung Andersdenkender;

daß zur vielberufenen Tradition auch ein gerüttelt Maß an institutioneller Schuld gehört, was an der Spitze einzusehen mehr Demut und weitreichende Möglichkeiten menschlicherer Reaktionen mit sich bringen könnte;

daß es biblisch-menschlich-christlich gesehen in unserer Welt Dinge und Verhältnisse gibt, die höher stehen als das Lehramt, was nichts mit einer überzeugenden Leitungsfunktion zu tun hat;

daß die Grundfrage »Wie der Papst sein könnte« ihre volle Berechtigung hat;

daß der Bruder ein höheres Gewicht hat als der Hierarch, der *primus inter pares* eine entscheidendere Bedeutung als der Monarch; daß das kritische Fragen und Formulieren wie überall so auch in der Theologie ein Elementarrecht menschlicher Freiheit ist;

daß Theologie niemals ein steriles Kreisen um Festgelegtes sein kann und darf, denn Neues ist nicht identisch mit Gegnerschaft;

daß der Laie in der Kirche in ganz anderer Weise mitreden soll, als ihm das Lehramt erlaubt, nämlich gar nicht;

daß man sich aus der Tradition nicht nur das herausklauben kann, was eben gerade für die Machtstruktur brauchbar erscheint, indessen man wertvollere Traditionen systematisch in Vergessenheit versinken läßt;

daß das Messen des Kirchenverständnisses am biblischen Ursprung den absoluten Vorrang haben muß vor nicht begründbaren und nicht begründeten Lehrentscheidungen, denn genehme Zitate als Zusammensetzspiel haben keinen Anspruch auf Glaubwürdigkeit des gerade Gewünschten;

daß theologischer Widerspruch nicht Kriegserklärung, sondern Menschenrecht ist;

daß Dialog und Anhören über Monolog und Verfügung stehen;

daß nicht Jesus zur Autorität für Lehrsätze benannt wird, die er kaum verstanden hätte, denn er hat eine frohe Botschaft gebracht, keine vatikanische;

daß der unmittelbare Glaube über dem Lehrsatz steht;

daß der Papst das Paradieren mit der Unfehlbarkeit aufgeben und sich zum Verzicht auf jeden entsprechenden Gestus verstehen möge nach dem Vorbild Johannes' XXIII.;

daß Ökumene nicht nur mit anderen Kirchen – schleppend genug – gesucht werde, sondern ebenso intensiv auch mit den Nonkonformisten in der eigenen Kirche.

In diese Horizonte kann sicher unvollständig das theologische Denken Hans Küngs gefaßt werden. Die oberste Kirchen*institution* hat ihm dafür die Türe gewiesen. Doch *die* Kirche, um auch dies verkürzt zu formulieren, braucht ihn mehr denn je. Sein reiches Lebenswerk hat in vielen Sprachen und Ländern seine Wirkung getan und tut sie weiter. Die unerwartet großen Reaktionen des Protestes gegen das Verdikt haben deutlich gemacht, wessen Ohr und Geist Küngs Theologie hat und von welch vitaler Bedeutung seine Erkenntnisse für denkende Christen längst geworden sind. Schweigen gegen sein Gewissen wird er nie.

Eine Hoffnung am Ende: die Stunde scheint gekommen, wo ein internes Konzil freiheitsbewußter, verantwortungsbewußter, denkbewußter Theologen und Laien, die das *Christ sein* Küngs, seine »Kirche des Evangeliums«, untereinander verbindet, verwirklicht wird; ein internes Konzil, das Weiten und Grenzen dort aufzeigt, wo sie gezeigt werden müssen aus dem Bewußtsein, daß Geist und Denken nicht in jene Fesseln zu schlagen sind, welche die Glaubenskongregation bereit hält.

Das Echo auf eine solche Sammelbewegung kann hier wie dort kaum zweifelhaft sein. Vorarbeiten hierzu könnte das soeben von namhaften Theologen konstituierte »Komitee zur Verteidigung der Christenrechte in der Kirche« leisten, Rechte, die Rom bis heute verweigert. Der Kreis dieser mit Küng solidarischen Theologen und Laien entspricht im wesentlichen dem Kreis um die Zeitschrift *Concilium* (15. Jahrgang 1979).

»Schöpferische Phantasie«, so schreibt Hans Küng, »vermag Modelle, Methoden und Lösungen zu erwägen, vermag sichtbar zu machen, wie es in schwierigen Situationen auch anders – auch ohne alle unfehlbaren Sätze und Instanzen – gehen kann. Ob man so für die Zukunft der Kirche nicht weniger Angst zu haben braucht?«

Die Antwort scheint uns schon gegeben, sie liegt in der Hoffnung selber, die Küng in und zu seiner Theologie bewegt. Das bekannte *Roma locuta causa finita* ist heute zur leeren Formel geworden. Rom hat zwar gesprochen, wir aber haben mit der Sache zu beginnen. Wir können dabei der weiterhelfenden Theologie Hans Küngs sicher sein. Alle Instanzen, die ihn dafür verdammen, seien nur nebenbei an den zweiten Brief an die Korinther, Vers 24, erinnert: »Es ist nicht so, als ob wir Herren über euren Glauben wären, nein, Mitarbeiter sind wir an eurer Freude; denn im Glauben steht ihr fest.«

Quelle: Basler Zeitung, 10. Januar 1980

5.15 Alexander Hollerbach: Rechte eines Professors (11. Januar 1980)

Hollerbach ist Professor für Rechts- und Staatsphilosophie, Geschichte der Rechtswissenschaft und Kirchenrecht an der Juristischen Fakultät der Universität Freiburg/Breisgau.

Der »Fall« des Tübinger Professors Hans Küng trifft das Staatskirchenrecht nicht unvorbereitet. Es enthält Normen und Grundsätze, die für die rechtliche Lösung eines solchen Konflikts maßgebend sind. Das Bayerische Konkordat von 1924 anerkennt einerseits das Recht des zuständigen Diözesanbischofs, einen theologischen Hochschullehrer »wegen seiner Lehre oder wegen seines sittlichen Verhaltens aus triftigen Gründen« zu beanstanden, verpflichtet andererseits die Staatsregierung, dann »unbeschadet seiner staatsdienerlichen Rechte alsbald auf andere Weise für einen entsprechenden Ersatz (zu) sorgen«.

Das Preußische Konkordat von 1929 berechtigt den Bischof zur »Anzeige«, wenn ein Theologe »in seiner Lehrtätigkeit oder in Schriften der katholischen Lehre zu nahe treten oder einen schweren oder ärgerlichen Verstoß gegen die Erfordernisse des priesterlichen Lebenswandels begehen« sollte. Der zuständige Minister, so heißt es hier weiter, »wird in diesem Fall, unbeschadet der dem Staatsdienstverhältnis des Betreffenden entspringenden Rechte, Abhilfe leisten, insbesondere für einen dem Lehrbedürfnis entsprechenden Ersatz sorgen«.

Das Badische Konkordat von 1932 spricht von einer »ernstlichen Beanstandung der Lehre oder des Lebenswandels« – außerdem auch der »Lehrbefähigung«, was aber hier außer Betracht bleiben muß –, und es verpflichtet den Staat ebenfalls, »für einen den Lehrbedürfnissen entsprechenden Ersatz (zu) sorgen«. Aus diesen konkordatären Normen ergibt sich der gemeinsame Standard des deutschen Rechts über die Katholisch-Theologischen Fakultäten, der gemäß Art. 19 des Reichskonkordats von 1933 auch für die Universität Tübingen verbindlich ist, für die im übrigen spezielle vertragliche Vereinbarungen nicht bestehen. Inhaltlich ist dieser Standard dadurch gekennzeichnet, daß dem bischöflichen Beanstandungsrecht wegen Lehre oder Lebenswandel die staatliche Abhilfe- und Ersatzgestellungspflicht entspricht, verbunden mit der Pflicht, die beamtenrechtliche Position des Betroffenen zu wahren.

Fügt man diese konkordatären Normen in den Kontext des staatlichen Verfassungsrechts ein, so erweisen sie sich als Ausdruck eines sachlich legitimierten Ausgleichs unterschiedlicher Interessen und Prinzipien, auf dem die bewährte Zusammenarbeit von Staat und Kirche im Hochschulbereich beruht. Der Staat als seiner Tradition verpflichteter und für die Gesamtheit der Wissenschaften offener Kulturstaat fördert Forschung und Lehre auf dem Feld der wissenschaftlichen Theologie durch die Einrichtung und Unterhaltung von theologischen Fakultäten an staatlichen Hochschulen; er vertraut ihnen die Aufgabe der Ausbildung von Geistlichen, Religionslehrern und anderen Trägern kirchlicher Funktionen an.

Aber er gibt nicht einer freischwebenden oder säkular verstandenen theologischen Wissenschaft Raum, sondern einer Theologie mit ihren konkreten Sachgesetzlichkeiten und ihrem ekklesiologischen Stellenwert. Dazu gehört, für die katholische Theologie gesprochen, ihre Einbindung in die kirchlichen Strukturen, wofür bekanntlich die Anerkennung eines autoritativen Lehramts kennzeichnend ist.

Für katholische Theologie ist institutionalisierte Verbindung mit der »Amtskirche« wesensgemäß und wesensnotwendig. Daraus ergeben sich Grenzen für die Freiheit von Forschung und Lehre. Bedenkt man weiter, daß der Staat auch und gerade dort, wo er mit den Kirchen zusammenarbeitet, auf das konstitutive Prinzip der religiös-konfessionellen Neutralität verpflichtet ist und das verfassungskräftig garantierte Selbstbestimmungsrecht (Art. 140 Grundgesetz in Verbindung mit Art. 137 Abs. 3 Weimarer Reichsverfassung) als Komplementärinstitut des Grundrechts der Religionsfreiheit (Art. 4 Grundgesetz) zu achten hat, so wird offenkundig, daß der Staat nicht nur nicht inhaltlich in Fragen der Theologie hineinreden darf.

Er ist vielmehr verpflichtet, der Kirche in bezug auf das Lehrpersonal Mitwirkungsrechte einzuräumen, die gewährleisten sollen, daß nicht nur einfachhin Theologie, sondern unter Bindung an »doctrina et mores« katholische Theologie betrieben wird. Deshalb bedarf der theologische Universitätslehrer – außer der innerkirchlich maßgebenden missio canonica – staatskirchenrechtlich des nihil obstat des zuständigen Diözesanbischofs, das, wie die zitierten Konkordatsbestimmungen zeigen, bei einer »ernstlichen Beanstandung« oder »aus triftigen Gründen« widerrufen werden kann.

Die Universitätslehrer der Theologie haben mithin ein konfessionelles oder kirchlich gebundenes Staatsamt inne. Sie sind verpflichtet, in ihrem staatlichen Amt zugleich kirchliche Aufgaben wahrzunehmen. Die kirchliche Bindung, falls sie etwa durch einen Widerruf des nihil obstat aktualisiert wird, kann nun allerdings dem betreffenden Hochschullehrer nicht sein ihm nach der Staatsverfassung zustehendes Grundrecht auf freie Forschung und Lehre nehmen und kann insbesondere seine beamtenrechtliche Position nicht beeinträchtigen.

Er bleibt Hochschullehrer mit dem Anspruch auf Besoldung und Versorgung, und ihm steht für Forschung und Lehre in seinem Fach weiterhin das Forum der Universität zur Verfügung. Er kann also nach wie vor Vorlesungen anbieten und Seminare halten. Er kann indes nicht mehr für sich in Anspruch nehmen, amtlich autorisierter Lehrer der katholischen Theologie zu sein. Seine Lehrveranstaltungen »zählen« nicht mehr im Sinne der Ausbildungs- und Prüfungsordnungen, er kann nicht mehr an kirchlichen und staatlichen Prüfungen mitwirken. Deshalb muß denn auch, so groß die Folgelasten für den Staat sind, Ersatz geschaffen werden, und zwar so, daß grundsätzlich ein neuer Hochschullehrer des gleichen universitätsrechtlichen Ranges berufen wird.

Es geht bei alledem nicht nur um den betreffenden Hochschullehrer in seiner individualrechtlichen Stellung und um seine Ersetzung durch eine andere Lehrperson. Das konfessionelle Staatsamt, das er innehat, ist vielmehr verbunden mit der Mitgliedschaft in der Katholisch-Theologischen Fakultät, ja man muß sagen, daß die Innehabung jenes Amtes in seiner spezifischen Eigenart durch diese Mitgliedschaft in der universitären Teil-Korporation »Theologische Fakultät« vermittelt wird. Mit anderen Worten: nicht nur das Staatsamt des einzelnen Theologen ist kirchlich gebunden, sondern auch die Fakultät als solche unterliegt einer kirchlichen Bindung.

So ist es denn in der Tat allgemeine Auffassung, daß die Theologische Fakultät einen »Doppelcharakter« (Werner Weber) hat, daß sie zugleich mit ihrem staatlichen auch einen kirchlichen Status besitzt und daß für sie demgemäß jedenfalls subsidiär auch die Normen des kirchlichen Hochschulrechts gelten. Was sie etwa im Ausbildungs- und Prüfungswesen tut, wird innerkirchlich anerkannt; sie übt das staatliche und das kirchliche Promotionsrecht aus oder schafft mit der Habilitation einen Tatbestand, an den das kirchliche Recht anknüpfen kann.

Die Verklammerung mit dem kirchlichen Bereich kommt aber auch noch in anderer Weise zum Ausdruck. So entsendet etwa die Freiburger Katholisch-Theologische Fakultät eines ihrer Mitglieder in den Priesterrat der Erzdiözese. Nach Art. 2 Abs. 8 des Preußischen Konkordats soll eines der nichtresidierenden Mitglieder des Domkapitels von Köln und Münster der in der betreffenden Diözese bestehenden Theologischen Fakultät entnommen werden.

Ein weiteres Beispiel: In den letzten Jahren hatten die Theologischen Fakultäten in Deutschland Gelegenheit, zu den Teil-Entwürfen des neuen kirchlichen Rechtsbuchs Stellung zu nehmen. In Anbetracht dieser Sach- und Rechtslage begeht man nicht einen Interpretationsexzeß, sondern macht eine aus den Grundentscheidungen des deutschen Staatskirchenrechts folgende unausweichliche Konsequenz geltend, wenn ein beanstandeter Theologe für verpflichtet erachtet wird, aus der Theologischen Fakultät auszuscheiden.

Eine maßgebende wissenschaftliche Darstellung der Problematik sagt dazu: »Der Staat darf in einem Amt, das er der Kirche zur Verwirklichung ihrer Freiheitsvorstellungen zur Verfügung stellt, keine Kampfpositionen gegen die Kirche zulassen. Der Hochschullehrer muß deshalb auf die korporativen Rechte, die ihm als Mitglied der Theologischen Fakultät zustehen, entweder freiwillig verzichten oder eine zwangsweise Entfernung durch den Staat dulden« (Ernst Lüder-Solte).

In gleichem Sinn hat sich der Konstanzer Rechtslehrer Dieter Lorenz geäußert. Diese Lösung ist auch unter der rechtsstaatlichen Forderung der Rechtssicherheit sachlich geboten. Nur so kann wirksam dafür gesorgt werden, daß es keine Unklarheit über das Fehlen der kirchlichen Autorisation gibt und daß der Betreffende auch tatsächlich nicht mehr an den Funktionen der Fakultät mitwirkt, insbesondere nicht an solchen, die innerkirchlich relevant sind.

Für diese Auffassung kann man sich auch auf Belege stützen, die neuerdings Heinz Mussinghoff aus der Entstehungsgeschichte des Preußischen Konkordats beigebracht hat. Danach gingen in den parlamentarischen Verhandlungen alle Beteiligten davon aus, das Konkordat verlange im Beanstandungsfall eine Entfernung des Hochschullehrers aus der Katholisch-Theologischen Fakultät. Insbesondere ist aber zur Bestätigung auf die Neufassung des Bayerischen Konkordats von 1974 hinzuweisen, wo im Schlußprotokoll zu Art. 3 § 3 ausdrücklich klargestellt wird, »daß der Lehrer aus dem theologischen Fachbereich ausscheidet«.

Das Ausscheiden aus der Theologischen Fakultät beeinträchtigt die grundrechtliche Position des Betroffenen nicht. Das dem Hochschullehrer zustehende Grundrecht auf freie Forschung und Lehre (Art. 5 Abs. 3 Grundgesetz) gibt keinen Anspruch auf die Zugehörigkeit zur Theologischen Fakultät, da sich in ihr dieses Verfassungsprinzip nur verwirklichen kann unter Anerkennung der für die Theologie als Wissenschaft wesensnotwendigen kirchlichen Bindung.

Die Frage bleibt, wo ein beanstandeter Theologe »untergebracht« werden kann. Meist wird auf die philosophische Fakultät als Zufluchtsstätte verwiesen; aber es ist zweifelhaft, ob eine Fakultät zur Aufnahme gezwungen werden kann. Auf alle Fälle hat aber der Staat die Möglichkeit, dem Theologen sozusagen einen universitätsunmittelbaren Status »extra facultatem« einzuräumen. In diesem Status bliebe er etwa auch für die zentralen Organe der Universität (z.B. Senat) aktiv und passiv wahlberechtigt, da es in der heutigen Gruppenuniversität insoweit nicht mehr auf die Zugehörigkeit zu einer bestimmten Fakultät, sondern zu der betreffenden Mitglieder-Gruppe ankommt.

Wo immer staatlich-kirchliches Vertragsrecht im Spiel ist, bedarf es spätestens am Ende eines Hinweises auf die sogenannte Freundschaftsklausel. Danach erklären die Vertragspartner die Bereitschaft, im gemeinsamen Einvernehmen eine freundschaftliche Lösung herbeizuführen, falls sich wegen der Auslegung oder Anwendung einer Konkordatsbestimmung irgendeine Meinungsverschiedenheit ergibt (vgl. Art. 33 Abs. 2 Reichskonkordat). Das zwingt gegebenenfalls an den Verhandlungstisch, kann aber natürlich nicht dazu führen, daß der Wesensgehalt der vertraglichen Normen unterlaufen wird oder daß Grundentscheidungen mißachtet werden, die sich aus der Verfassung des Staates ergeben. Auf allen Beteiligten lastet auch unter juristischem Aspekt die schwere Verantwortung, daß das deutsche Staatskirchenrecht, das dem Staat, der Kirche und dem Betroffenen das gibt, was ihnen jeweils zukommt, auch jetzt seine Bewährungsprobe besteht.

Quelle: Rheinischer Merkur, 11. Januar 1980

5.16 Joseph Ratzinger: Glaube, Lehramt, Theologie. Grundsätzliche Fragen im Fall Küng (11. Januar 1980)

Ratzinger ist Erzbischof von München-Freising und Kardinal.

Der Entzug der kirchlichen Sendung zur Lehre für Hans Küng hat innerhalb und außerhalb der katholischen Kirche ein starkes Echo ausgelöst. Beim Zusammenprall zwischen einer Person und einer Behörde kann die Person mit einer natürlichen Vorgabe an Sympathie rechnen; das ist natürlich und im Grunde auch gut.

Aber hier ging und geht es um Fragen viel grundsätzlicherer Art. Der Begriff »Inquisition« mit all seinen Assoziationen drängt sich auf: Knebelung der Gewissens- und Gedankenfreiheit, Einengung der Freiheit der Wissenschaft überhaupt. Viele fragen sich, ob ein kirchliches Lehramt nicht etwas in sich Falsches ist: Kann man die Wahrheit »verwalten«? Kann man den Fragen der Theologie durch rechtliche Maßnahmen beikommen oder muß man sie nicht einfach dem wissenschaftlichen Disput überlassen? Insofern geht es letzten Endes darum, ob das katholische Verständnis von Kirche heute noch angemessen und vertretbar ist; die innere Spannung, die zwischen ihr und einer von der Aufklärung geprägten Welt besteht, wird an diesem konkreten Fall deutlicher fühlbar als sonst. Deshalb kann man auch solche Fragen, die weit in unser Lebensgefühl hineinreichen, nicht schnell mit einigen Argumenten beendigen. Andererseits sind sie so grundlegend, daß man ihnen auch nicht aus dem Weg gehen darf. In diesem Sinn möchte ich hier ein paar Anmerkungen zu dem Fragenkomplex Kirche – Lehramt – Freiheit versuchen.

1. Vorab muß klargestellt werden, daß die Kirche ihrem Wesen nach eine Freiwilligkeitsgemeinschaft ist. Man wird in sie nicht wie in den Staat hineingeboren, sondern tritt ihr freiwillig bei und kann sie auch freiwillig verlassen. Deshalb ist auch die Art ihrer Einheit und Identität eine andere als beim Staat. Der Staat wird zusammengehalten durch den Minimalkonsens der Verfassung und durch die darauf beruhende Rechtsordnung. Die Kirche ist ihrem Wesen nach eine Überzeugungsgemeinschaft. Ihre Identität beruht, menschlich gesprochen, auf einer gemeinsamen Überzeugung, die im »Bekenntnis« zusammengefaßt ist. Da die Kirche grundsätzlich alle Menschen zu sich einlädt, müssen diese Überzeugungen einerseits so weiträumig sein, daß möglichst viele Menschen sich darin wiederfinden können; andererseits müssen sie aber in ihrem Kern doch auch so eindeu-

tig sein, daß die Mitgliedschaft in der Kirche einen klaren Sinn behält. Ihre im Bekenntnis ausgesprochene Identität kann daher nicht beliebig dehnbar sein.

2. Die Kirche ist die Wahrung ihrer wesentlichen Identität sowohl den Menschen in ihr wie denjenigen Menschen schuldig, die ihr nicht zugehören. Denn für die Menschen in ihr ist diese Identität der Grund ihrer Zugehörigkeit; sie ist das, worauf sie setzen, und zwar in einer viel einschneidenderen Weise, als dies in sonstigen Freiwilligkeitsgemeinschaften der Fall sein kann, weil die Sinngebung des eigenen Lebens und so Entscheidungen letzter Tragweite im Spiele sind. Da die Kirche ihrem Selbstverständnis gemäß in dem allgemeinen Ringen der Menschheit um die für Gegenwart und Zukunft tragfähigen Werte ihre Stimme erhebt, ist sie auch denjenigen Klarheit über ihre unverrückbaren Grundüberzeugungen schuldig, die ihr nicht zugehören, aber Partner ihrer Forderungen und Optionen sind.

3. Wenn demnach Kirche durch gemeinsame Grundüberzeugungen besteht, eine von Überzeugungen gebaute und zusammengehaltene Gemeinschaft ist, dann muß es nach der Logik menschlichen Verhaltens auch Instanzen geben, bei denen die Verantwortung für das Bestehen dieser Identität liegt. Man kann das kirchliche Lehramt, das diese Aufgabe wahrnimmt, bis zu einem gewissen Grad mit dem Bundesverfassungsgericht vergleichen. Rein wissenschaftlich betrachtet läßt sich auch hier über jeden Verfassungsartikel immer weiter diskutieren, ohne daß der bloße Disput einen schlechthin zwingenden Entscheid erbringen könnte. Aber wenn man von einem Minimalkonsens leben muß, dann muß es in elementaren Fragen auch einen verbindlichen Entscheid über die Geltung und die Grenzen dieses Konsenses geben. Solcher Entscheid, der den Konsens als reale Basis gemeinsamen Lebens erhält, ist dem Verfassungsgericht aufgetragen, wobei hier die Frage beiseite bleiben kann, ob es nicht zu viel angerufen und insofern auch überfordert wird. Die »Verfassungsaussagen« der Kirche in Bibel und Bekenntnis sind abgründiger als die Aussagen einer staatlichen Verfassung, und insofern ist der rein wissenschaftliche Disput über sie noch viel unbeendlicher als der Streit unter Juristen. Umgekehrt – so wie die Rechtswissenschaft durch das Verfassungsgericht nicht eingeengt wird, sondern nur im Rahmen einer geltenden und angewandten Verfassung über unverbindliches Geplauder hinaus ernste Aufgaben und Möglichkeiten erhält, so hebt auch die Wahrung der Konstanten des Bekenntnisses durch das Lehramt die Theologie nicht auf, sondern erhält den Erfah-

rungs- und Lebensraum Kirche in seiner Identität und so überhaupt die reale Basis von Theologie.

4. Bis hierher lassen sich Sinn und Notwendigkeit eines kirchlichen Lehramts durchaus soziologisch entwickeln, obgleich alles bisher Gesagte auch unschwer von der Bibel aus begründet werden könnte. Aber nun bleiben Fragen, die allerdings über das staatliche Beispiel und das in anderen Freiwilligkeitsgemeinschaften Vorkommende hinausreichen. Zum einen: Kann man über die schwierigen historisch-philosophisch befrachteten Sachverhalte der Theologie wirklich in einer dem Verfassungsgericht ähnlichen Weise entscheiden? Oder ist eine Entscheidungsinstanz hier nicht etwas in sich Unmögliches? Zum anderen: Die Entscheide des Verfassungsgerichts sind im allgemeinen revidierbar, so wie die Verfassung durch eine qualifizierte Mehrheit änderbar ist. Dagegen versteht die Kirche ihre eigentliche »Verfassung«, das heißt, das auf der Bibel gründende Bekenntnis, als endgültig, und der Schutz dieser Endgültigkeit ist die zentrale Aufgabe des Lehramts – das freilich seinerseits unterhalb der Ebene des Bekenntnisses ebenfalls durchaus revidierbare Entscheidungen fällt. Es bleibt die Frage, ob es Endgültigkeit der vorhin benannten Art sinnvoll unter Menschen überhaupt geben kann. Ich versuche einige Hinweise zu den zwei damit angedeuteten Fragen.

a) Gewiß reichen die Aussagen des christlichen Glaubens in Tiefen hinunter, vor denen die menschliche Sprache versagt. Aus diesem Grund sind sie auch immer neuer »Inkulturationen« fähig. Aber das kann und darf nicht heißen, daß ihre inhaltliche Identität sich ins Ungreifbare verflüchtigt und allenfalls noch durch einige Spezialisten in subtilen Untersuchungen feststellbar ist. Die neutestamentliche Botschaft hat Wert darauf gelegt, daß der von ihr bezeugte Glaube in seinem Kern der Glaube der Einfachen ist; eben darum ist er »transkulturell«, das heißt, zur Überschreitung kultureller Grenzen fähig, zwischen denen nur die elementaren einfachen Grundworte Träger der Verständigung und der Identität des Menschen sind. Deswegen ist nicht die Theologie das Maß dafür, ob das Glaubensbekenntnis noch beim Wort genommen werden darf, sondern das beim Wort genommene Glaubensbekenntnis ist das Maß dafür, ob Theologie noch ihrer Aufgabe genügt. In diesem Sinn gab es in der Kirche immer einen Vorrang des Glaubens der Einfachen beziehungsweise des einfachen Glaubens vor der intellektuellen Theologie. Deswegen auch kann und muß Theologie daran gemessen werden, ob man sie noch beim

Wort nehmen darf, nämlich beim realen Kern des Bekenntnisses. Dem Lehramt ist daher nach kirchlichem Verständnis der Schutz der Einfachen und des Einfachen aufgetragen: Es muß dazu stehen, daß der Glaube beim Wort genommen werden kann und sich nicht in intellektueller Dialektik verflüchtigt. In diesem Sinn ist es von seiner Aufgabe her »naiv«; es muß jene positive »Naivität« wahren, deren Verlust zum Kern unserer Kulturkrise gehört. Es schneidet daher auch den Disput der Theologen nicht ab, es zeigt nur seine Grundlagen und zeigt folglich, wo dieser Disput bodenlos wird.

b) Auch unser Grundgesetz kennt neben dem breiten Bereich des Veränderbaren den schmalen Bezirk dessen, was zu den Grundlagen der Menschenwürde gehört und daher auch nicht für Mehrheiten zur Disposition steht (Grundgesetz, Artikel 1 und Artikel 19 Absatz 2). Die tragischen Erfahrungen der NS-Zeit, für die der ganze Mensch disponibel geworden war, haben hier die Einsicht gefördert, daß es Werte und Erkenntnisse gibt, die dem Mehrheitsentscheid vorausliegen und ihm daher nicht unterworfen sind. Unsere Verfassung hat damit den Kern des christlichen Humanismus aufgegriffen, dessen Vollgestalt die Kirche in ihrem Glaubensbekenntnis gegeben sieht. Natürlich gibt es auch in der Kirche sehr viel Veränderungsfähiges und -bedürftiges; deswegen wird sie immer neu vor der Aufgabe der Reform stehen. Aber zu ihrem grundlegenden Selbstverständnis gehört die Überzeugung, daß in ihrem Bekenntnis der aus Gottes Offenbarung kommende Kern bleibender Werte formuliert ist, der die Identität des Menschen gewährleistet, indem er ihn auf seinen Grund – den Schöpfer und Erlöser – bezieht. Dieser Kern ist eben deshalb, weil er das Einfache sagt, immer neuer Auslegung und Vertiefung fähig. Aber dadurch wird er nicht verändert, sondern bestätigt sich als das Bleibende, das auch bleibend verständlich ist.

5. Es kann nicht die Absicht dieser Überlegungen sein, den Fall Küng noch einmal aufzurollen – es ging ums Grundsätzliche. Aber eine Anmerkung dazu sei doch gestattet. Als ein Hauptgrund für den Entzug der kirchlichen Sendung zur Lehre wurde immer wieder die Bestreitung der päpstlichen Unfehlbarkeit durch den Tübinger Theologen genannt. Das klingt sehr prononciert »katholisch« im engsten Sinn des Wortes. Aber worum ging es? Die These Küngs läuft darauf hinaus, daß die Kirche zwar in Notfällen verbindlich-verbindend sprechen könne, aber nicht über die Dauer des Notfalls hinaus. Das bedeutet, daß in friedlichen Zeiten grundsätzlich alle Dogmen revidierbar seien, das heißt jene Sätze, denen die Kirche die Qualität von

Bekenntnisaussagen verliehen habe. Küng hat zwar diese Konsequenz nie ganz offen dargestellt, sie aber doch in seiner Theologie praktisch gezogen. So hat er sich kritisch, ja ironisch gegenüber der überlieferten Form der Lehre von der Dreifaltigkeit Gottes geäußert. Er hat die katholische Lehre von den Sakramenten in wesentlichen Punkten in Frage gestellt, besonders was die Lehre vom Priestertum und von seiner Bedeutung für die Eucharistie angeht. Er hat die mariologischen Dogmen beiseite geschoben. So zu denken, ist sein gutes Recht. Aber umgekehrt ist es das gute Recht, ja die Pflicht des Lehramts, festzustellen, daß damit die Konstanten der katholischen Theologie in Frage gestellt sind.

6. Jedermann hat das Recht, seine Meinung frei zu bilden und zu äußern; das zählt zu den Menschenrechten. Aber nicht jedermann hat das Recht zu sagen, seine Meinungen seien eine Wiedergabe der Lehre der katholischen Kirche. Wenn diese durch ihre amtlichen Organe ihrer Verfassung gemäß feststellt, daß ein Gefüge von Meinungen nicht der katholischen Lehre entspricht, so wird kein Menschenrecht verletzt. Dem Betroffenen muß die Freiheit bleiben, weiter in Lehre und Forschung tätig zu sein. Der Kirche muß das Recht bleiben, ihn nicht als Ausleger ihres Glaubens anzusehen und daraus die Konsequenzen zu ziehen. Niemand wird einen solchen Entscheid gern fällen, schon gar nicht, wenn es sich um einen Mann handelt, der viel getan hat, um Sympathie für den christlichen Glauben bei Menschen zu schaffen, die vom Wort der Kirche nicht erreicht werden. Die Schwere eines solchen Entscheids haben wir bei dem Gespräch in Castel Gandolfo am 28. Dezember 1979 sehr schmerzlich empfunden. Aber einerseits wurden für Hans Küng keine Türen zugeschlagen; zum anderen blieb die Pflicht, die Identität der Grundüberzeugung zu wahren, die die Kirche aller Jahrhunderte verbindet und sie zum tragfähigen Boden macht, auf dem man leben und sterben kann.

Quelle: Frankfurter Allgemeine Zeitung, 11. Januar 1980

5.17 Peter Stockmeier: Im Gespräch mit anderen Konfessionen will Küng das Trennende abbauen (12. Januar 1980)

Stockmeier ist Professor für Kirchengeschichte des Altertums und Patrologie am Fachbereich Katholische Theologie der Universität München.

Der Entzug der kirchlichen Lehrbefugnis, den die römische Glaubenskongregation gegen den Theologen Hans Küng ausgesprochen hat, löste in der Öffentlichkeit ein unterschiedliches Echo aus. Viele katholische Christen haben das Vorgehen der höchsten kirchlichen »Glaubensbehörde« begrüßt, da sie endlich einmal Ordnung im eigenen Haus schafft und so die Geschlossenheit der römisch-katholischen Kirche demonstriert. Durchaus wohlmeinende Stimmen warfen Küng eine andauernde Nestbeschmutzung vor und meinten, bei einiger Klugheit seinerseits hätte er diesen Schritt vermeiden können. Nicht wenige, und zwar über das katholische Lager hinaus, nahmen die kirchenamtliche Maßnahme mit Kopfschütteln oder gar Protest zur Kenntnis und fragen sich, wie die Kirche einen ihrer besten Missionare in die Wüste schicken kann. In solchen Reaktionen äußert sich die (gepflegt aufgeheizte) Stimmung im Kirchenvolk angesichts des Vorgehens gegen einen unbequemen Theologen, an dem man ein Exempel statuierte, nicht zuletzt, um den Rücken gegen Vorwürfe von anderer Seite freizubekommen. Diese Rücksicht auf das innerkirchliche Kräftespiel und das unerwartete Einschreiten Roms nach langem Stillhalten rückt die »Erledigung« des Falles Küng in jene Grauzone, in der man auch oft recht schablonenhaft seine theologischen Aussagen ansiedelt. Bei aller Umstrittenheit mancher Thesen ist meines Erachtens zu bedenken, daß

1. Hans Küng von den Anfängen seines theologischen Arbeitens her eine Theologie nach außen betreibt, insofern er das Gespräch mit den Christen anderer Konfessionen (und den Nichtchristen überhaupt) sucht. Dieser Grundsatz ist auch als Verpflichtung in seinem Lehrauftrag an der Katholisch-Theologischen Fakultät der Universität Tübingen enthalten: ökumenische Theologie. Aufgrund einer solchen Aufgabe muß er zwangsläufig kirchentrennende Hindernisse aufgreifen wie das Problem der Rechtfertigung oder den Primat bzw. die Unfehlbarkeit des Papstes, und ihre Behandlung in der wissenschaftlichen Theologie kann nicht nur im Blick auf die innerkirchliche Dogmenentwicklung erfolgen. Der Vertreter einer ökume-

nischen Theologie bewegt sich von seinem Auftrag her im Grenzbereich der katholischen Dogmen, und er gelangt so auch zu Anfragen an die eigene Kirche, gelegentlich zu unbequemen.

2. Küngs Anfrage an die Unfehlbarkeit des Papstes ist formuliert aus dem Wissen um die Belastung, die dieses Dogma dem ökumenischen Gespräch auferlegt. Auch die verstärkte Hinwendung Roms zu den orthodoxen Kirchen wird an diesem Punkt erst ihre Nagelprobe zu bestehen haben; trotzdem war es möglich, daß Papst Johannes Paul II. den Patriarchen von Konstantinopel umarmt als Ausdruck einer zu erhoffenden Einheit. Mit einer sympathischen Geste überbrückt man hier dezidierte Vorbehalte der orthodoxen Kirchen gegen einen Primat Roms, während die besorgte Anfrage zum gleichen Thema den Ausschluß des katholischen Fragestellers aus der kirchlichen Lehrtätigkeit nach sich zieht.

3. Unter den zentralen Glaubenswahrheiten, deren unzureichende Formulierung dem Tübinger Theologen vorgeworfen wird, steht die Lehre von Christus im Vordergrund. Aus dem Bemühen, unter Umständen auch einem Nicht-Gläubigen den Zugang zu Jesus von Nazaret zu erschließen, wirken gewiß manche Aussagen unzulänglich im Sinne des Christus-Dogmas von Chalkedon (451). In Erinnerung an gemeinsame Gespräche zu diesem Problem in Tübingen holte ich mir am Abend der vatikanischen Bekanntmachung Küngs »Menschwerdung Gottes« (Freiburg–Basel–Wien 1970) aus dem Bücherschrank und las (Seite 610) die bekenntnishafte Formulierung, daß »in Jesus der Glaube Anhalt und Grund hat zu erkennen, daß wir es in ihm, seinem Leben, Lehren, Sterben und neuem Leben mit *Gott selbst* zu tun haben, daß sich also in dieser Person das *vere homo* und das *vere Deus* treffen«. Drückt ein solcher Satz nicht hinreichend die gemeinsame Glaubensüberzeugung von Jesus dem Christus aus, in deren Licht auch andere Formulierungen zu beurteilen wären? In das Klischee eines häresieverdächtigen Theologen passen sie schwerlich.

4. Angesichts der zahlreichen Rückzüge, die das kirchliche Lehramt gegenüber der Wissenschaft stillschweigend oder öffentlich angetreten hat – das Eingeständnis des Fehlverhaltens in Sachen Galilei ehrt durchaus die Kirche –, stellt sich die Frage, ob ein solches behördliches Eingreifen in die theologische Diskussion überhaupt sinnvoll ist, da hierdurch die aufgeworfenen Probleme nicht geklärt werden. Sollte man nicht die Korrektur einseitiger Positionen den Vertretern der theologischen Wissenschaft selbst überlassen, die sich zur Ver-

wunderung der Öffentlichkeit nicht selten als Kampfhähne zum Nutzen der Sache erwiesen haben? Solange im Bereich des Glaubens denkende Theologen tätig sind – und das Christentum wählte die Option für Erkenntnis –, brechen Konflikte und Probleme auf, die durch eine autoritäre Entscheidung nicht aus der Welt zu schaffen sind.

Das Vorgehen gegen den Tübinger Theologen erscheint wie ein Pyrrhussieg der Amtskirche, der allen Beteiligten schadet, am meisten der Kirche selbst. Ihre Sendung zu allen Menschen verpflichtet sie, den eigenen Glauben auch nach außen hin auszulegen, und dieses Selbstverständnis müßte es ermöglichen, den gewiß nicht schlechtesten Anwalt der christlichen Sache in ihrer Mitte zu ertragen.

Quelle: Süddeutsche Zeitung, 12./13. Januar 1980

5.18 Ludwig Kaufmann: Pohier, Schillebeeckx, Küng und das »Recht der Gläubigen« (15. Januar 1980)

Kaufmann ist katholischer Theologe und gehört der Schriftleitung der Zeitschrift »Orientierung« an.

Wenn es ein elementares Recht der Gläubigen gibt, so doch wohl dieses, die großen Feste der Christenheit mit geistlicher Freude zu feiern. Dieses Recht ist in den letzten Wochen des vergangenen Jahres sträflich verletzt worden. Wo Geschäfte und Politik, wo das Finanzamt und der Betreibungsbeamte schließlich doch noch respektvoll Halt machen, überschritten ausgerechnet höchste Instanzen der Kirche die Grenze und provozierten bis in die Gemeinden, Familien und religiösen Kommunitäten hinein ein Getöse und einen Streit, die vielen zuerst die Weihnachts- und dann erst noch die Neujahrsfeier gründlich verdarben. Eine Meldung aus Rom, die so gar nicht zum heiligen Christfest passen wollte, beherrschte die Gespräche, weckte Emotionen, rief nach Protest und Widerspruch und riß einen Spalt in die christliche Gemeinschaft: Es war das Verdikt gegen *Hans Küng,* er könne »*nicht mehr als katholischer Theologe gelten noch als solcher lehren*«.

Fassen wir zunächst den *Zeitpunkt* dieser Entscheidung und ihrer Veröffentlichung ins Auge, so wird er durch die näheren Umstände noch unbegreiflicher. Es war am 18. Dezember, ausgerechnet am Ende einer Pressekonferenz, die den Journalisten – sie kamen in ansehnlicher Zahl – die *Botschaft des Papstes zum Weltfriedenstag* 1980 (Neujahr) nahebringen sollte.

Der Papst richtete darin einen eindrücklichen Appell an »alle Männer und Frauen guten Willens«, an die »Bürger und Verantwortlichen der Völker« und an die »Jugend in allen Ländern«, *dem »stets bedrohten Gebäude des Friedens«* das *»Fundament der Wahrheit«* zurückzugeben: »Die Wahrheit erneuern«, so mochten sich gerade die Journalisten zu Herzen nehmen, »das heißt zunächst die Gewaltakte in allen ihren Formen *bei ihrem wahren Namen nennen*... Mord bleibt Mord; alle politischen und ideologischen Rechtfertigungen ändern daran nichts... auch die Massaker... auch die Tortur muß man bei ihrem Namen nennen, sowie... alle Formen der Unterdrückung und Ausbeutung des Menschen durch den Menschen.«

Die Botschaft wurde von Mitgliedern der Kommission »Justitia et Pax«, namentlich durch deren Vorsteher, den afrikanischen Kurienkardinal *Bernardin Gantin,* vorgestellt, der auch Fragen der Journalisten beantwortete. Doch zu seiner und aller Anwesenden Verblüffung beschloß der Direktor des Pressesaals, P. *Romeo Panciroli,* die Veranstaltung mit der Verlesung einer ganz anderen Mitteilung, die im Nu alles Vorausgegangene aus dem Feld schlug. »Erklärung der Kongregation für die Glaubenslehre über einige Hauptpunkte der theologischen Lehre von Prof. Hans Küng«, so lautete der Titel; und schon begann es auf allen Agenturen der Welt zu ticken, das ganze Orchester der Medien, Hörfunk und Fernsehen setzten ein, und für diese Kunde machten auch die Gazetten ihre Spalten frei, allen voran der vatikanische »Osservatore Romano«, der die päpstliche Friedensbotschaft mit nicht weniger als drei großaufgemachten Erklärungen zum »Fall Küng« buchstäblich »einrahmte«.

Doch nicht genug damit, daß das *Interesse* von der Friedensbotschaft weg auf die Aktualität der Küng-Nachricht gelenkt wurde; schwerwiegender war der Eindruck einer inhaltlichen »Sabotage«, insofern die *Glaubwürdigkeit* dessen, was der Papst allen Menschen zurief, Schaden litt: Vor einer Welt, zu welcher die Kirche als Anwalt des Christlichen sprach, tat eben diese Kirche kund, daß sie in ihrem eigenen »Gebäude« unfähig zum Dialog und zur Verständigung über das Christliche sei.

Keine »konzertierte Aktion«?

Sabotage oder Panne? Die Wirkung auf die Öffentlichkeit war jedenfalls die, daß die Friedensbotschaft für viele einfach unterging und der Papst sich selber konkurrenziert hat. Hier mag nun gleich einer fragen, wie dies möglich sei, wo man doch gemeint habe, *dieser* Papst setze sich mit seinem »persönlichen Stil« gegen die »Machtgruppen der Kurie« durch. Dagegen steht allerdings, was am 23. Dezember im Schweizer Fernsehen M. *Malinski* (nach Werbetexten der »intimste Kenner und Freund Wojtylas«) zu wissen gab: der Papst sei »kein Chef«, er vertraue den Fachleuten und lasse sie machen.

Mag es sich nun also in diesem Fall um einen Mangel an Regie gehandelt haben, so sah ein anderes Zusammentreffen sowohl kurzfristig wie langfristig nach Plan und Programm aus, nämlich die für kuriale Verhältnisse geradezu atemberaubende Aufeinanderfolge des zweieinhalbtägigen »Colloquiums« für den belgisch-niederländischen Theologen *Edward Schillebeeckx* (13.–15. Dezember mittags) und der päpstlich sanktionierten Verurteilung von Hans Küng (Audienz für Kardinal *Franjo Šeper,* 15. Dezember nachmittags). Der Vermutung, es könnte sich hier um eine »konzertierte Aktion« und »bestimmte Absicht« handeln, kam der bereits erwähnte Pressechef Panciroli bei der Präsentierung des Küng-Dekrets von sich aus zuvor. Indem er gleich noch von einer »Aktion der Glaubenskongregation in den letzten Monaten gegen *drei* bekannte Theologen« sprach und somit den Fall des Dominikaners *Jean Pohier* miteinbezog, *dementierte* Panciroli eine solche Absicht. Es handle sich um eine reine »Koinzidenz«.

Das erhelle daraus, so tat die offizielle Notiz kund, daß die Maßnahme gegen ein Buch von Pohier vom letzten April »nach 11 Monate dauernden Kontakten mit dem Autor« erfolgt sei, wogegen das Colloquium für Schillebeeckx zunächst auf Herbst 1978 angesetzt gewesen und dann durch den Tod Pauls VI. verhindert worden sei; die Küng betreffende Intervention sei unmittelbar, wie in der »Erklärung« erwähnt, durch zwei jüngste Veröffentlichungen (Frühjahr 1979) veranlaßt. Kurz zusammengefaßt bedeutet das: die drei Fälle sind für die Glaubenskongregation zu verschiedenen Zeiten angelaufen und jetzt »zufällig« relativ kurz nacheinander in das Stadium der Veröffentlichung geraten.

Drei »Fälle« und ihre Vorgeschichte

Dieser Tatbestand läßt sich allerdings auch so formulieren: Alle drei Verfahren haben ihren Ursprung teils weit zurückliegend (Schillebeeckx und Küng), teils am Ende des Pontifikats von Paul VI.; alle drei wurden unter dem neuen Papst teils fortgesetzt (Pohier, Schillebeeckx), teils neu aufgegriffen (Küng), jedenfalls aber mit neuer Intensität ihrem »Ende« zugeführt.

● Zum Fall *Pohier* ist dabei Folgendes anzumerken: Erstens wurde hier wieder – wie seinerzeit bei Pfürtner – das *außerordentliche Geheimverfahren* angewandt und Pohier *ohne vorausgehende Vorladung zu einem Colloquium öffentlich zum Widerruf seiner »Irrtümer« im Buch »Quand je dis Dieu«* verurteilt (Dekret vom 3. 4. 79; vgl. Orientierung, 15. Juni 1979, 126); zweitens wurde er nachträglich (weil seine Korrekturen nicht genügten und er einen »Widerruf« ablehnte) im September noch mit *Sanktionen* belegt: *Verbot, einen Gottesdienst zu leiten, Verbot zu lehren und Tagungen abzuhalten.* 300 Dominikanerinnen und Dominikaner in Frankreich haben Anfang Dezember in einem offenen Brief diese Sanktionen als ungerecht erklärt (Le Monde vom 5. 12. 79), nachdem zuerst – in Le Monde vom 23./24. 9. 79 – ganz allein der Jesuit *Michel de Certeau* unter dem Titel »Ecraser les faibles« (sinngemäß: »Die Schwachen, d. h. staatlich nicht Geschützten, trifft man«) das Vorgehen der Glaubenskongregation angegriffen hatte.

● Im Fall *Schillebeeckx* geht es um dessen »Lebenswerk«, das große Buch *Jesus. Die Geschichte von einem Lebenden* (1974, deutsch 1975 Herder-Verlag, 670 Seiten).
Schillebeeckx, weltweit bekannt geworden als Konzilstheologe der niederländischen Bischöfe, als Dominikaner zusammen mit dem Jesuiten Schoonenberg einer der theologischen Väter des Holländischen Katechismus, geriet schon kurz nach dem Konzil in ein Verfahren der Glaubenskongregation, das aber nach einer durchschlagenden Verteidigung durch Karl Rahner 1968 eingestellt wurde. Nicht zuletzt im eigenen Orden war zudem eine breite Solidarisierung erfolgt, die sogar zum Schutz der theologischen Forscher zu einer ersten Stufe von Änderung der Ordenssatzung führte (Generalkapitel von

River Forest). Als neues Verfahren gegen das Jesus-Buch wurde das sogenannte »ordentliche« nach den Regeln der Glaubenskongregation von 1971 angewandt, das aber immer noch geheim und ohne Information des für Schillebeeckx' Lehrtätigkeit zuständigen Ortsbischofs begann. Schillebeeckx teilte man den »negativen Befund« einer Voruntersuchung mit und forderte ihn zu schriftlichen Erklärungen/Ergänzungen auf. Da sie der Glaubenskongregation nicht genügten, erfolgte als nächster Akt die Vorladung zum »Colloquium«. Schillebeeckx erhielt sie im vergangenen Sommer mit der Angabe von neun Themenbereichen, vor allem aus der Christologie. Er sagte grundsätzlich zu, bekam aber nach dem Studium der Verfahrensregeln schwere Bedenken. Er bat Kardinal *Willebrands,* in Rom den Charakter des »Gesprächs« abzuklären bzw. gewisse Garantien einzuhandeln. Gleichzeitig solidarisierten sich in ganz Holland die Leitungsgremien der Ordensgemeinschaften, die theologischen Fakultäten sowie katechetische Vereinigungen mit Schillebeeckx, und 60 000 Gläubige gaben ihre Unterschrift. Auch in England erhoben 83 katholische, anglikanische und evangelische Theologen ihre Stimme gegen das Verfahren. Die Theologische Fakultät Nijmegen entsandte ihren Dekan, den Exegeten *Van Iersel,* als Begleiter Schillebeeckx' nach Rom. Trotzdem war es für diesen ein »schwerer Gang«. In Rom war Schillebeeckx nämlich zusammen mit Schoonenberg und Küng ob angeblicher »Leugnung der Gottheit Jesu« in einem Interview von Radio Vaticana in die Nähe der Irrlehre des Arianismus (4. Jhdt.) gerückt worden. Das Interview über »neue Christologien«, für das sich später der Direktor von Radio Vaticana entschuldigte (der zuständige Redaktor war krank und der Hauptredaktor abwesend), hatte am 4./5. Dezember ein Konsultor der Glaubenskongregation, *Jean Galot SJ,* selber Autor eines Buches zum Thema, gegeben. Im Gegenstoß erhielt Schillebeeckx am Vorabend des Colloquiums endlich einen entscheidenden Rückhalt: Am katholischen Fernsehen KRO wies Kardinal Willebrands den Vorwurf der Ketzerei und die »Disqualifizierung« eines Mannes von »so hervorragenden Qualitäten« zurück. Bei seiner Ankunft in Rom fand Schillebeeckx denn auch eine »überraschend freundliche, fast überfreundliche« Atmosphäre vor ...

● Der Fall *Küng* begann (vgl. »Stellungnahme« von Kardinal Höffner, 18. 12. 79) bereits im Jahr 1967 mit einer »Mahnung« der Glaubenskongregation zu seinem Buch »*Die Kirche*« (Freiburg/Br. 1967).

374

1968 von einer »Prüfung« desselben informiert und zu einem »Colloquium« aufgeboten, erklärte Küng seine grundsätzliche Bereitschaft, stellte aber gewisse Bedingungen, u. a. die Bekanntmachung der Verfahrensordnung, die trotz Befehl des Papstes von 1965 und Weisungen von 1967 immer noch auf sich warten ließ. 1360 Theologen der ganzen Welt unterschrieben damals eine von der Zeitschrift »Concilium« gestartete Petition zur Reform der geheimen Verfahren.

Nach Erscheinen eines weiteren Küng-Buches, »*Unfehlbar? – Eine Anfrage*« (Zürich 1970), wurde gegen *beide Bücher* das »ordentliche Lehrverfahren« aufgenommen, wie es die neuen Regeln von 1971 vorsahen.

Da Küng darin immer noch die freie Wahl eines Verteidigers, die Einsicht in die Akten und das rechtliche Gehör vermißte, wußte er sich dessen Ablauf (mit dem »Colloquium« als vorletztem Akt) zu entziehen.

Die Glaubenskongregation nahm in Form einer Erklärung »Mysterium ecclesiae« (1973) zu den inhaltlichen Fragen Stellung, während Kardinal *Döpfner* durch beharrliches Verhandeln in Rom schließlich 1975 eine Beilegung des Verfahrens »für jetzt« ohne Sanktionen erreichte.

Von Rom wurde dies als »Stillhalteabkommen« aufgefaßt; zwei kleine *Sekundärveröffentlichungen* vom vergangenen *Frühjahr 1979* erschienen nun als Verletzung desselben, ja sozusagen als »Rückfall nach bedingter Verurteilung«. Von seinem Ortsbischof Dr. *Georg Moser* (Rottenburg-Stuttgart) darob gemahnt (»Sie schaffen eine ausweglose Situation«), vermutete Küng trotzdem kein neues römisches Vorgehen.

Anderseits war schon zwei Tage nach dem »modellhaften« Abschluß von 1975 (vgl. Orientierung 1975, 47) eine erste Erklärung der *Deutschen Bischofskonferenz* zum weitverbreiteten Buch »*Christ sein*« (München 1974) erschienen. Es folgten nach Briefwechsel und »Stuttgarter Colloquium« eine zweite Erklärung und die Veröffentlichung des Briefwechsels (1977 bzw. von seiten Küngs 1978). Das zweite große Buch Küngs »*Existiert Gott?*« (München 1978) wurde nicht direkt Gegenstand eines Verfahrens: Kardinal Höffner vermißte aber darin die in Aussicht gestellte Klärung der Frage nach der »Gottheit« Jesu Christi bzw. seiner »Wesensgleichheit mit dem Vater«, wie das große Credo mit den Formeln der alten Konzilien, vor allem Chalkedon (451), bekennt.

In der Erklärung der Glaubenskongregation nun ist davon nur beiläufig unter den »Folgen« der Küngschen Auffassung von der Unfehlbarkeit die Rede: einer eigenen Prüfung ist Küngs Christologieversuch in Rom nicht unterzogen worden, er verblieb vielmehr bei der Deutschen Bischofskonferenz, in deren Namen Kardinal *Höffner* zusätzlich zur Erklärung der Glaubenskongregation eine eigene »Stellungnahme« herausgab. Beide Erklärungen wurden sowohl an Küngs Büro in Tübingen wie an die Presse in Rom und in Köln zur gleichen Zeit, am Vormittag des 18. Dezember, übergeben.

Köln und Rom: Geheime Absprache in Brüssel

Ein Überblick über die drei »Fälle« in ihrer Vorgeschichte zeigt auf jeden Fall, daß die Glaubenskongregation ihre Verfahren trotz weltweiter Kritik nicht geändert, wohl aber ihre Aktivität in letzter Zeit intensiviert hat. Beim Fall Küng fällt nun aber das neue *Zusammenwirken* der *Glaubenskongregation* mit der *Deutschen Bischofskonferenz* (und umgekehrt) bis hin zur Öffentlichkeitsarbeit auf. *Diese* »konzertierte Aktion« ist genau eine Woche vor dem Datum der Veröffentlichung vereinbart worden.

Es geschah dies auf einer Geheimsitzung in Brüssel, bei welcher sich der Sekretär der Glaubenskongregation, Erzbischof *Jérôme Hamer,* im Beisein des Apostolischen Nuntius mit Kardinal *Josef Höffner* traf und zu welcher auch der für Küngs Lehrbefugnis zuständige Ortsbischof von Rottenburg-Stuttgart, *Georg Moser,* aufgeboten war. Daß dieser gegen das ganze Vorgehen, nicht zuletzt gegen den Zeitpunkt, bei Kardinal Šeper schwere *Bedenken* erhob, und zwar sowohl in einem Brief wie telefonisch von Brüssel aus, hat offensichtlich nichts mehr zu ändern vermocht.

Dank der erfolgreichen Geheimhaltung dieser unmittelbaren Vorgeschichte ist gelungen, was offenbar Absicht war: den wegen seiner Mediengewandtheit gefürchteten Professor Küng ebenso wie die Öffentlichkeit zu überrumpeln. Überrumpelt worden sind auch andere interessierte Instanzen: die Theologische Fakultät Tübingen sowie (wenn nicht alles trügt) Küngs »Heimatbischof« *Anton Hänggi,* dem Küng *als Priester* des Bistums Basel untersteht.

Die Bemühungen des Ortsbischofs

Irgendeine Antwort auf die für viele bedrängende Frage, was denn nun die unmittelbare und für die maßgebenden Instanzen »zwingende« Veranlassung für die ganze vorweihnachtliche Aktion gewesen sei, ist bisher von keiner Stelle gegeben worden. Auch das Treffen in Brüssel wurde bis heute in keiner Erklärung erwähnt, so wenig wie *zunächst* irgend etwas über eigene Initiativen von Bischof Moser verlautete. Die beiden Communiqués, die am 18. Dezember – gleichzeitig mit der römischen Erklärung – von Kardinal Höffner als dem Präsidenten der Deutschen Bischofskonferenz und von Bischof Moser herausgegeben wurden, ließen den Ortsbischof als bloßes Ausführungsorgan der römisch-deutschen Beschlüsse und die gesamte Hierarchie als monolithischen Block erscheinen. Die Frage aber, wie der Ortsbischof die Einheit mit und innerhalb *seiner* Bistumskirche wahren könne, trat offenbar erst in einer zweiten Phase in den Vordergrund, nämlich als sich aus der Mitte dieser Kirche der Widerspruch meldete: Rücktritt von Prälat Heinrich *Sommer,* Pfarrer der neuen Kathedralkirche von Stuttgart, als Präsident des Priesterrats, angedrohter Predigtstreik verschiedener anderer Pfarrer, Solidarisierung der Fakultät und der Studentenschaft mit Professor Küng usw. Jetzt kam es zu zwei Besuchen seitens des Bischofs bei Küng, jetzt ließ der Bischof etwas über seine Bemühungen bzw. Einwendungen (gegenüber Kardinal Šeper) verlauten, jetzt gab er zu wissen, daß er noch nichts von dem, was sein Communiqué angekündigt hatte, ausgeführt habe, jetzt entschloß er sich, seine »Vermittlerrolle« sowohl wahrzunehmen wie bekannt zu machen: jetzt reiste *er* zum Papst. (Er wurde aber vom Papst nicht empfangen – vgl. auch Richtigstellung in der folgenden Nummer der »Orientierung« – die Herausgeber.)
Wir wissen nicht, wie Bischof Moser diesen Schritt in Rom begründete, d. h. ob er sich dort lediglich aufgrund der ihm von Küng übergebenen neuen Erklärung meldete oder ob er sich beim Papst auch auf seine früheren, von Kardinal Šeper in den Wind geschlagenen »Bedenken« berief. Mit diesen hatte der Bischof nämlich nicht nur den geplanten Zeitpunkt, sondern auch die »Art« des Vorgehens, d. h. das *Verfahren,* beanstandet und dabei, wie verlautet, nicht zuletzt die Tatsache kritisiert, daß Küng zu dem, was ihm *jetzt* neuerdings konkret vorgeworfen werde, *nicht mehr gehört* worden sei. Angesichts der Reaktionen im Bistum, so läßt sich denken, durfte sich Bischof Moser wohl auch im eigenen Interesse beim Papst darüber beschwe-

ren, daß die Glaubenskongregation mit ihrer Erklärung die pastorale Situation in seinem Bistum verkannt und die Folgen falsch eingeschätzt habe, wie er sie als Ortsbischof und Kenner der Situation doch eher voraussehen konnte. Darüber hinaus mochte Bischof Moser allenfalls einen ähnlichen Vorwurf gegen das Präsidium und bestimmte Mitglieder der Deutschen Bischofskonferenz andeuten und sich von einer Scharfmacherei distanzieren, die seine direkten Bemühungen um Verständigung mit Küng durchkreuzten und vorzeitig unterbrachen.

Daß es solche keineswegs erfolglosen Bemühungen seinerseits gab und daß die Maßnahme Roms auch von Bischof Moser als von außen kommender Einbruch empfunden wurde, konnte man am 19. Dezember in der Stuttgarter Zeitung lesen, wo *Friedrich Weigend,* dieser durchwegs vornehm und behutsam abwägende Kommentator religiöser und kirchlicher Vorgänge, u. a. folgendes zu berichten wußte: »Noch vor kurzem erklärte uns Bischof Moser in einem persönlichen Gespräch, daß seine Bemühungen um eine Verständigung mit dem nicht ganz einfach zu behandelnden Professor gewisse Anfangserfolge gezeitigt hätten. Auch für die Einwände, die Sprecher der Seelsorger in Württemberg gegen seine, manche Gläubige zunächst verwirrenden Äußerungen vorbrachten, zeigte Hans Küng, der ja nicht nur ein Katheder-Gelehrter, sondern ein pastoral empfindender Priester ist, durchaus Verständnis. Hans Küng und Bischof Moser waren also nicht nur überrascht, sondern spürbar betroffen, als sie der römische Spruch erreichte.«

Die Überraschung und Betroffenheit konnte freilich für die beiden, den Theologen und den Bischof, nicht dieselbe sein. Hans Küng mochte sich zwar seit seiner herausfordernden »Bilanz« zum ersten Pontifikatsjahr (16. Oktober) und der vor allem im Luzerner »Vaterland« überaus heftig (über sieben volle Seiten!) geführten anschließenden Diskussion fragen, ob es seitens der Hierarchie sein Bewenden mit dem Tadelscommuniqué der Schweizer Bischofskonferenz vom 9. Dezember haben werde, das übrigens seinen Namen nicht einmal nannte.

Sehr viel bedrohlicher als dieser Tadel, der von »mangelnder Achtung« gegenüber der Person des Papstes und von einer polarisierenden Wirkung sprach, aber (gemäß mündlicher Ergänzung von Bischof Dr. Otmar Mäder) »Kritik am Papst nicht grundsätzlich unterbinden« wollte, hatte einen Monat früher eine Äußerung von Kardinal *Ratzinger* geklungen. Von seinem ehemaligen Kollegen in Tübingen erklärte der Kardinal vor Jugendlichen, dieser vertrete »nicht mehr den katholischen Glauben«. Das Pauschalurteil – es wirkt als solches heute wie eine Vorwegnahme des römischen Verdikts – wurde allgemein als kraß, aber doch eher als Ausdruck persönlichen Unwillens des Kardinals empfunden. Im konkreten Zusammenhang ging es um das Verbot eines Vortrags von Küng in der Regensburger Studentengemeinde. Nichts ließ aber darauf schließen, daß sich in Rom etwas gegen Küng zusammenbraute bzw. daß Rom möglicherweise von Deutschland aus mobilisiert wurde.

Ganz anders als Küng, der in seiner Ahnungslosigkeit sogar Tübingen verlassen hatte, mußte der Bischof in Rottenburg von der Zusammenkunft in Brüssel an auf alles gefaßt, ja genauestens darauf vorbereitet sein. Die ihm zugeschriebene Überraschung mußte also bereits von der Woche zuvor datieren, als er, nach Brüssel zitiert, sich dort alsbald vor vollendete Tatsachen gestellt sah.

Wie persönlich war der Papst beteiligt?

Niemand kann bis heute genau sagen, von wann an der jetzige Papst im »Fall Küng« (sowie in den anderen) persönlich beteiligt war. Fest steht, daß nach den Regeln der Glaubenskongregation von 1971 im ordentlichen Verfahren bereits für das Aufgebot zum »Colloquium« ein päpstlicher Entscheid Bedingung ist, der bedeutet, die betreffende Theologenmeinung sei sehr »gefährlich«. Selbstverständlich kann sich der Papst jederzeit ein Dossier zum Studium geben lassen, wie dies in der Presse zur Zeit des Galot-Interviews für die Dossiers Küng, Schillebeeckx und Schoonenberg behauptet wurde. Wie weit Johannes Paul II. von der Abmachung in Brüssel informiert war, wissen wir nicht, jedoch soll ihm über den Gang des Colloquiums mit Schillebeeckx jeweils während der Kaffeepausen berichtet worden sein. Jedenfalls war Papst Wojtyla offenbar erst nach der Unterzeichnung des Protokolls am Samstagmittag (15. 12.) bzw. der Vereinbarung eines gemeinsamen Communiqués bereit, Kardinal Šeper zu empfangen und ihm die Veröffentlichung der Erklärung über Küng zu erlauben. Hat sich der Papst schon zuvor eingehender mit Ideen, Vorschlägen und Kritiken Küngs befaßt? Wir wissen es nicht. Wir können annehmen, daß ihm die »Bilanz« vom Herbst 1979 nicht unbekannt blieb, aber daß er je ein Buch von Küng gelesen habe, meinte M. Malinski in der erwähnten Fernsehsendung »mit Sicherheit« (zweimal) ausschließen zu können. Der Papst, der bekanntlich zehn Jahre lang Philosophie doziert hat, sei eben »kein Theologe«, meinte sein polnischer Freund.

Wenn Johannes Paul II. sich nun aber durch den Blitzbesuch Bischof Mosers herausgefordert sah – Moser ist ihm über »Pax Christi« von seiner Krakauer Zeit her bekannt –, so konnte ihn dieser auch daran erinnern, daß Küng selber mit *Brief vom 30. März 1979* ihn um ein persönliches Engagement gebeten hatte.

Der Brief, der zunächst von der Nachricht über den bevorstehenden »Papstbrief an die Priester« veranlaßt war und dem Papst ein Bedenken der Seelsorgslage und ein neues Studium der Zölibatsfrage nahelegte, mündete in die Bitte, auch die Frage der Unfehlbarkeit neu, d. h. auf ökumenischer Ebene, aufzugreifen. Gleichzeitig informierte Küng den Papst, daß »*Der neue Stand der Unfehlbarkeitsdebatte*« von ihm soeben in der Kurzform eines *Geleitworts* zum Buch von *August B. Hasler* über das Vatikanum I (»Wie der Papst unfehlbar wurde«, Piper 1979) dargelegt worden sei, und er fügte dem Brief die als positive Ergänzung dieses Geleitworts gedachte theologische Meditation »*Kirche – gehalten in der Wahrheit?*« (Benziger 1979, 75 Seiten) bei. Beide Publikationen enden mit der gleichlautenden Bitte um die Einsetzung einer *ökumenischen Kommission* »aus international anerkannten Fachleuten der verschiedenen Disziplinen«, damit so »*unter dem neuen Pontifikat* die Unfehlbarkeitsfrage neu untersucht« werde, wie es auch der Forderung des großen französischen Konzilstheologen *Yves Congar* nach einer »*Re-rezeption*« der *Papstdogmen des Vatikanum I* (d. h. ihrer Neuerwägung und Neuformulierung in Verbindung mit den anderen christlichen Kirchen) entspreche (vgl. »Nachbemerkung« S. 74).

Moser dürfte den Papst an diesen direkt an ihn ergangenen Appell Küngs und an dessen *ökumenische Relevanz* (nicht zuletzt den orthodoxen Kirchen gegenüber) erinnert haben und auch daran, daß der Tübinger Theologe es mit seinen hochgemuten Erwartungen durchaus aufrichtig gemeint habe. Vielleicht konnte der Bischof dem Papst in diesem Kontext auch eine positive Deutung jenes von mehreren Theologen erarbeiteten »Papstspiegels« aus dem Sommer 1978 nahelegen, der seinerseits die »Fragen« für die »Bilanz« vom Oktober 1979 abgab: Vom Papsttum war da ja eher zu hoch und zu ideal als zu niedrig gedacht.

Küngs Wunsch nach einem »Tête-à-tête«
mit dem Papst

Wie eindringlich der Bischof allerdings dem Papst Küngs Bitten vorbringen konnte, wissen wir nicht. Wir wissen nur, daß Küng nie eine Antwort auf seinen Brief erhalten hat, obwohl er auch die Bereitschaft ausdrückte, jederzeit zu einem *Gespräch mit dem Papst* nach Rom zu kommen. War jetzt nicht der Augenblick, auf dieses Angebot einzugehen, zumal es ja ausgerechnet die beiden mit der Bitte an den Papst verbundenen Publikationen waren, die Hans Küng jetzt in der Erklärung der Glaubenskongregation zum Vorwurf gemacht wurden? Konnte der Papst nicht sagen: Mit diesen beiden Texten hat er sich an mich gewendet, also will ich mich auch selber mit ihm darüber unterhalten? Konnte der Papst nicht Rekursinstanz spielen und eine neue »gemischte« Kommission bilden, wie dies seinerzeit beim Rekurs der niederländischen Bischöfe gegen das Verdikt der Glaubenskongregation über ihren Katechismus (1967) auf Geheiß Pauls VI. geschah?

Küng ist kein Bischof, sondern »nur« Theologe. In den Augen Kardinal Höffners ist sein Wunsch nach einem Gespräch mit dem Papst reine Anmaßung, ja der »Ausdruck eines erschreckend übersteigerten Selbstwertgefühls«, und zwar deshalb, weil Küng im Zusammenhang mit dem 1975 abgeschlossenen Verfahren das »Colloquium« mit Vertretern der Glaubenskongregation abgelehnt habe. Küng ist kein Bischof und deshalb nicht »würdig« einer persönlichen Einladung durch Johannes Paul II., wie dieser sie doch auch Laien immer wieder (zumal zum Frühstück) gewährt.

Daß übrigens Laien in dieser Hinsicht viel »normaler« denken als ein Kardinal, kann man einer arglosen Notiz in der gewiß unverdächtigen Innsbrucker Wochenzeitung *Präsent* (3. 1. 80) entnehmen. Zum Abschluß einiger für Küng nicht nur schmeichelhafter Stellungnahmen wurde darin mit einem Satz über die persönliche Vermittlung Bischof Mosers berichtet. Dann hieß es: »Anfang des Jahres könnte somit eine Besprechung Küngs mit dem Papst, mit dem Präfekten der Glaubenskongregation und Bischof Moser möglich sein.«

In Wirklichkeit war es nicht »möglich«, weil man in aller Hektik noch vor Jahresende etwas tun zu müssen glaubte. Nach rein hierarchischen Prinzipien wurde von Rom eine »Delegation« der deutschen Bischöfe (von wem delegiert?) bestimmt: die drei Kardinäle (Höffner, Ratzinger, Volk), der Metropolitan-Erzbischof (Saier, Freiburg/Br.) und der Ortsbischof (Moser). Kein einziger Theologe, d. h. Kollege Küngs war mit von der Partie. Und hatten sich nicht von den drei Kardinälen die beiden einflußreichsten schon vorher öffentlich dermaßen festgelegt, daß man in ihnen eher Ankläger denn »Vermittler« oder doch jedenfalls »befangene Richter« zu sehen hatte? Gegenstand der Verhandlungen war die *Stellungnahme Küngs*. Sie wurde mit früheren Texten verglichen und, wie es offiziell hieß, »abgewogen«. Nach fünf Stunden ging man mit »viel Bedauern« auseinander. In der Sache hatte sich nichts geändert, nur der Ton war konzilianter geworden: Vielleicht werde Küng, so lautete der fromme Wunsch, »durch vertiefte Reflexion« doch noch so weit kommen, daß ihm die Lehrbefugnis zurückgegeben werden könne.

Exklusiv hierarchisches Lehramt?

Küng selber reagierte mit der Wiederholung alter Vorwürfe, und entsprechend steigerte sich die Schelte des Kölner Kardinals. In einem KNA-Interview faßte er sogar die Theologen überhaupt ins Visier: Auf ihrer Seite sah er nur Meinungswirrwarr, auf der eigenen das einzig zuverlässige Lehramt der Hierarchie. Gibt es aber nicht auch das Lehramt der Theologen? Haben im Mittelalter nicht Fakultäten namens der Kirche ein Lehramt ausgeübt? Ist das von Erzbischof *Robert Coffy* vor dem europäischen Bischofssymposium gehaltene Referat (Orientierung 1976, 63 ff. 80 ff.) bereits wieder vergessen?

In einer Zeit, da immer weniger Menschen sich mit der Kirche in allen ihren Äußerungen identifizieren können, wirkt die Reduktion von »Kirche« und »Lehramt« auf die Hierarchie und die Reduktion der »apostolischen« Aufgabe auf die Bewahrung geheiligter Formeln wie ein Abschied vom Sendungsauftrag »Macht alle Völker zu meinen Jüngern«. Und was soll in diesem Zusammenhang die neue amtliche Parole vom »Recht der Gläubigen auf eine *eindeutige* Darstellung unveräußerlicher Glaubenswahrheiten« (Kardinal Höffner) oder von ihrem »Recht, die Wahrheit *vollständig* übermittelt zu bekommen« (Glaubenskongregation)? Vielleicht wäre es sinnvoller, elementarere Rechte zu respektieren – und wäre es nur das eingangs erwähnte Recht, die Feste nicht vergällt zu erhalten. Damit sind wir wieder beim Ausgangspunkt, der jetzt bereits zurückliegt, nicht mehr so »aktuell« ist. Deshalb sei noch eine Frage hinzugefügt: Wenn etwas nicht zu Weihnachten paßt – im Ernst, kann es dann überhaupt unter Christen passen?

Quelle: Orientierung, 15. Januar 1980

5.19 Eberhard Jüngel: Wie frei muß Theologie sein? (18. Januar 1980)

Jüngel ist Professor für Systematische Theologie an der Evangelisch-Theologischen Fakultät der Universität Tübingen.

Frage: Wie frei muß Theologie sein? Antwort: Theologie kann gar nicht frei genug sein. Begründung: Die Wahrheit des Evangeliums befreit und verpflichtet zur Freiheit.

Erstens

Die Frage nach der Freiheit theologischer Forschung und Lehre ist kongruent mit der Frage nach der Wahrheitsverpflichtung der Theologie. Theologie hat – wie jede Wissenschaft – nach Wahrheit zu fragen und die Wahrheit zu sagen. Dabei hat sie – wie jede Wissenschaft – ihre Voraussetzungen. Voraussetzungslose Theologie ist ein Selbstwiderspruch.
Evangelische Theologie verdankt ihren Namen der Tatsache, daß sie keine andere Voraussetzung kennt als die von der christlichen Kirche zu verkündigende, in den Bekenntnissen der Kirche unüberhörbar bezeugte und in den biblischen Texten ursprünglich zur Sprache gebrachte Wahrheit des Evangeliums. Diese Wahrheit ist jedoch weder mit der christlichen Verkündigung noch mit den kirchlichen Bekenntnissen noch mit der Heiligen Schrift unmittelbar identisch. Wir haben den Schatz des Evangeliums nur in irdenen Gefäßen, die mit ihrem Inhalt auf keinen Fall verwechselt werden dürfen. Weil die Wahrheit des Evangeliums mit keinem sie zur Sprache bringenden Wort unmittelbar identisch ist, ist diese Voraussetzung der Theologie zugleich ihr Gegenstand, den es zu erkennen gilt.

Zweitens

Die Freiheit der Theologie kann schlechterdings nicht darin bestehen, den Wahrheitsanspruch christlicher Verkündigung zu verneinen
oder zu bagatellisieren. Resignation im Blick auf die Erkennbarkeit
und Aussagbarkeit von Wahrheit verträgt sich nicht mit der Freiheit
evangelischer Theologie. Auch Lessings berühmte Bescheidenheit ist
problematischer, als es sich für wahre Bescheidenheit schickt:
»Wenn Gott in seiner Rechten alle Wahrheit und in seiner Linken
den einzigen immer regen Trieb nach Wahrheit, obschon mit dem
Zusatze, mich immer und ewig zu irren, verschlossen hielte und sprä-
che zu mir: ›Wähle!‹, ich fiele ihm mit Demut in seine Linke
und sagte: ›Vater, gib! Die reine Wahrheit ist ja doch nur für
Dich allein!‹«
Die neutestamentlichen Schriftsteller waren pointiert anderer Meinung. Der immer rege Trieb nach Wahrheit wäre sinnlos, wenn er nie
zur Erfüllung käme. Seine Erfüllung aber muß keineswegs im »Besitz« der Wahrheit bestehen, der in der Tat »ruhig, träge, stolz« machen würde. Im Gegensatz zu der von Lessing aufgerichteten Alternative könnte die Erfüllung des Wahrheitstriebes auch darin bestehen, daß die Wahrheit vom Menschen Besitz ergreift. Die wahre Alternative bestünde dann zwischen dem menschlichen Wahn, die
Wahrheit zu besitzen, und dem Ereignis, von der Wahrheit ergriffen
und besessen zu werden. Wenn ein solches Ereignis, wie wahrscheinlich, sich dem Wirken des Heiligen Geistes verdankt, dann darf dieser
Geist als Freund des gesunden Menschenverstandes verstanden werden. Er entbindet nicht von der Wahrheitsverpflichtung der menschlichen Vernunft, sondern er intensiviert sie.

Drittens

Das Neue Testament bezeugt die Wirklichkeit solcher Ereignisse, in
denen die Wahrheit des Evangeliums von Menschen Besitz ergreift,
und spricht der Gemeinde Jesu Christi daraufhin dies zu: in der
Wahrheit zu sein. Von dieser Wahrheit gilt nach Joh 8,32, daß sie frei
macht. Dabei ist an die Freiheit von der Sünde gedacht, aber ebenso
an die Freiheit von dem Zwang, sich selbst verwirklichen zu müssen.
Theologie ist als Anwalt der Wahrheit entstanden, die frei macht.

Viertens

Als historische Geburtsstunde christlicher Theologie läßt sich der Streit des Apostels Paulus mit dem Apostel Petrus angeben. Als jener Fels, auf dem Christus seine Kirche bauen wollte, gegen die »Wahrheit des Evangeliums« verstieß (Gal 2,14), indem er die Befreiung vom Gesetz religiöser Selbstverwirklichung ins Zwielicht brachte, als ebendeswegen der eine Apostel dem anderen »ins Angesicht widerstand« (Gal 2,11) – da geschah evangelische Theologie. Sie entstand als Protest gegen die Domestizierung des Evangeliums durch die kirchenleitenden Jerusalemer Autoritäten, als Protest gegen die Angst vor der – gewiß nicht ungefährlichen – Freiheit, die das Evangelium den Christen zumutet. Sie entstand als Protest für die Freiheit eines Christenmenschen.

Fünftens

Die Freiheit der Kinder Gottes ist gewiß nicht zu verwechseln mit der Freiheit von Forschung und Lehre. »Intellektueller Selbstüberschätzung« – wie man das heute zu nennen pflegt – der Theologie soll nicht das Wort geredet werden. Doch ebensowenig darf der Diskreditierung intellektueller Redlichkeit in der Kirche Raum gegeben werden. Was dem christlichen Glauben an intellektueller Freiheit vorenthalten wird, wird in der Regel durch Aberglauben ersetzt. Zwischen der Freiheit der Kirche und der Freiheit der Theologie besteht ein untrennbarer Zusammenhang. Luther hat aus der libertas christiana sogar sehr direkt gefolgert, »daß wir Herren sind über alle päpstliche und menschliche Lehre und Gebot«. Das ist gegen die Identifizierung der Wahrheit des Evangeliums mit einem Lehrgesetz gesagt, das keineswegs nur in »päpstlicher« Gestalt auftreten muß.

Sechstens

Im Horizont des neuzeitlichen Wahrheitsbewußtseins hat sich die Spannung zwischen Glaube und Vernunft verschärft. Kennzeichen dafür ist die Divergenz zwischen historischer und dogmatischer Urteilskraft. Die Theologie hat diese Divergenz auszuhalten und fruchtbar zu verarbeiten, ohne die Strenge ihres historischen oder die

Tiefe ihres dogmatischen Wahrheitsbewußtseins – und das heißt zunächst einmal: ihres Problembewußtseins – zu ermäßigen.

Siebtens

Historische und dogmatische Urteilskraft treffen sich in der Einsicht, daß die christliche Verkündigung, die Bekenntnisse der Kirche und auch die Texte der Heiligen Schrift nicht mehr zu sein vermögen als menschliche Auslegungen der Wahrheit des Evangeliums. Wir haben das Evangelium von Jesus Christus nur in der Weise, daß es von Menschen zur Sprache gebracht und insofern eben auch schon secundum recipientem hominem (entsprechend der menschlichen Auffassungsgabe) ausgelegt wird. Wer meint, Gottes Wort unausgelegt hören und weitergeben zu können, betrügt sich selbst und die Kirche. Er verkennt auch die Eigenart der Heiligen Schrift, die sich nach Luthers berühmter These zwar selber interpretiert, damit aber eben auch selber die Notwendigkeit der Interpretation des Evangeliums deutlich macht.

Achtens

Auf Auslegung angewiesen zu sein, ist alles andere als ein Mangel. Mangelhaft wäre die Angewiesenheit auf Auslegung allenfalls dann, wenn der Schlüssel der Auslegung unauffindbar wäre. Ein Buch mit sieben Siegeln ist (vgl. Offb 5,4) zum Heulen. Die Bibel ist jedoch weder für die historische noch für die dogmatische Urteilskraft ein Buch mit sieben Siegeln.
Historische Urteilskraft kann zum Beispiel das Neue Testament als eine Sammlung von Texten verständlich machen, in denen Menschen gemäß ihrer menschlichen Bedingtheit für ganz bestimmte Situationen die Wahrheit des Evangeliums zur Sprache zu bringen versuchten. Dogmatische Urteilskraft kann aufgrund derselben Texte dazu anleiten, dasselbe Evangelium für die eigene Gegenwart verbindlich zu bezeugen. Sie sorgt für die Sachgemäßheit christlicher Verkündigung, indem sie sich den Problemen zeitgemäßer christlicher Rede aussetzt – und umgekehrt. Sachgemäßheit und Zeitgemäßheit des christlichen Zeugnisses für die Wahrheit des Evangeliums sind siamesische Zwillinge. Wer sie voneinander trennen will, gefährdet beide.

Das verbreitete Unbehagen an der Freiheit der Theologie entspringt vor allem der Tatsache, daß Theologen irren können und grundsätzlich mit der Möglichkeit des Irrtums rechnen müssen, während man die Wahrheit des Evangeliums gern irrtumsfrei ausgesagt und überliefert wissen möchte. Wenn der Apostelfürst Petrus sich regelrecht an der Wahrheit vergehen kann, wenn – so jedenfalls Luther – auch Konzilien irren können, wie soll dann die Wahrheit des Glaubens überhaupt noch erkennbar und aussagbar sein? Je bedrängender diese Frage wird, um so dringlicher wird der Ruf, sei es nach einem unfehlbaren Lehramt, sei es nach Bibel und Bekenntnis als allem Streit um die Wahrheit überlegenen Instanzen. Die Wahrheit des Evangeliums soll durch Institutionalisierung garantiert werden.

An diesem fehlorientierten Bedürfnis ist gleichwohl richtig, daß die christliche Kirche auf keinen Fall darauf verzichten kann und darf, eindeutig zu sagen, was sie glaubt. Insofern braucht sie zu jeder Zeit ihrer geschichtlichen Existenz »absolut bejahbare Sätze« (Karl Rahner), also dogmatische Sätze, die in der Sprache ihrer Zeit die Wahrheit des Evangeliums zur Geltung bringen.

Es wäre jedoch verhängnisvoll, wenn man solche absolut bejahbaren Sätze mit der Wahrheit, die sie doch bezeugen sollen, unmittelbar identifizieren und daraufhin für »indiskutabel wahr« oder »unfehlbar« erklären wollte. Denn damit würde der für eine bestimmte geschichtliche Situation formulierte »absolut bejahbare Satz« zu einer ungeschichtlichen Wahrheit verfälscht und dadurch gerade als wahrer Satz uneinsehbar. Was *indiskutabel* wahr zu sein beansprucht, entzieht sich der Prüfung auf Wahrheit hin und damit der Möglichkeit, überhaupt als wahr erkannt und *erkennend bejaht* zu werden. Ein derart wahrer Satz verlangt »Bejahung« in Form von Unterwerfung. Und es genügt dann, »daß ein jeder glaubt, was die Kirche glaubt« – gleichgültig, ob er es versteht oder nicht. Dagegen hat Luther mit aller Schärfe eingewendet, daß ein Christ, der nicht versteht, was er glauben soll, verflucht sei. Ja, »wie soll er überhaupt glauben können, was er nicht versteht«?

Zehntens

Auch Bibel und Bekenntnis können zur Verhinderung von Verkündigung und Glauben werden, wenn man ihnen ein Lehrgesetz entnehmen zu können meint, das befiehlt, was als wahr zu gelten hat und zu glauben ist. Die Wahrheit des Evangeliums ist nur dann hilfreich, wenn die Form, in der sie zur Sprache kommt, ihrem versöhnlichen Inhalt entspricht. Deshalb *bittet* der Apostel, und dies als Stellvertreter Christi: Lasset Euch versöhnen mit Gott! (2 Kor 5,20). Unerbittlich wird das apostolische Wahrheitszeugnis hingegen immer dann, wenn die Korrespondenz von Wahrheit und Freiheit, sei es nomistisch, sei es libertinistisch, zerstört wird.

Elftens

In Anlehnung an eine Formulierung C.F. von Weizsäckers könnte man sagen: Die Freiheit ist der Leib der Wahrheit. Daraus folgt für die christliche Theologie, daß ihre Freiheit, daß diese königliche Freiheit bei lebendigem Leib verfaulen würde, wenn sie sich von der biblischen Wahrheit emanzipieren, wenn also der Leib ohne Rücksicht auf seine Seele ein rücksichtsloses Eigenleben zu leben beginnen wollte. Theologische Freiheit wäre dann eine vagabundierende Freiheit, die ihren stolzen Namen schwerlich zu Recht tragen würde. Es geht in Ordnung, daß auch die intellektuellen Leistungen einer solchen Theologie in der Regel eher dürftig ausfallen. Der Theologe ist nun einmal »kein vir spectabilis, der den Propheten und Aposteln als seinen Fakultätskollegen das Wort zu erteilen oder auch zu entziehen befugt wäre« (Karl Barth).
Aber umgekehrt gilt eben auch, daß die von ihrem Leib getrennte, daß die um ihre Freiheit betrogene Wahrheit gespenstisch werden müßte. Sie hätte keinen Sitz im Leben. Ohne den Leib der Freiheit wird die Wahrheit des Evangeliums regelrecht mundtot gemacht. An die Stelle des lebendigen und Leben schaffenden Wortes tritt dann das überlieferte Zitat, das nicht aufhört, bloßes Zitat zu bleiben: Glaubenszitat, aber unglaubwürdig. »Keine schlimmere Häresie als solche Orthodoxie!« (Karl Barth). Sie mag davon überzeugt sein, »die volle Wahrheit« zu lehren. Doch *alles* lehren zu *wollen* und *nichts* lehren zu *können,* sind nicht notwendig Gegensätze.

Zwölftens

Zur Freiheit der Theologie gehört auch derjenige Mut zur Wahrheit, der rechte Lehre von Irrlehre zu unterscheiden wagt. »Nur daß jeder sich hier vor den Täuschungen hüte, welche die der Ferne natürliche Verkürzung so leicht erzeugt. Denn je näher einer selbst der ›einen Irrlehre‹ steht, um desto leichter wird er den, der noch fast in der Mitte sich hält, schon auf der anderen Seite zu sehen glauben und ihn der entgegengesetzten Häresie bezichtigen« – warnte einst der große Schleiermacher.

Auf jeden Fall wird das Nein im Namen der Wahrheit daran sein Echtheitskriterium haben, daß es von dem Ja der Liebe begleitet wird. Es ist nicht bekannt, daß der Apostel Paulus, weil er dem Apostel Petrus um der Wahrheit des Evangeliums willen ins Angesicht widerstehen mußte, diesem die missio canonica entzogen hat.

Dreizehntens

Die Liebe ist der Ernstfall der Freiheit, zu der die Wahrheit des Evangeliums befreit und in der nach eben dieser Wahrheit stets aufs Neue gefragt werden muß.

Quelle: Rheinischer Merkur, 18. Januar 1980

5.20 Wilhelm Korff: Wie frei muß Theologie sein? (18. Januar 1980)

Korff ist Professor für Theologische Ethik am Fachbereich Katholische Theologie der Universität München.

Im April 1969 veröffentlichten 1360 katholische Theologen aus 53 Ländern – darunter auch der heutige Erzbischof von München und Freising, Kardinal Ratzinger – eine Erklärung mit dem Titel »Die Freiheit der Theologen und der Theologie«. Ziel des öffentlichen Appells war, wie das Dokument erklärt, »die durch das Zweite Vatikanische Konzil wiedergewonnene Freiheit der Theologen und der Theologie zum Dienst an der Kirche« vor neuerlicher Gefährdung zu bewahren und durch eine Reform der Verfahrensordnung, nach der

Papst und Bischöfe ihre Aufgabe »auch im Hinblick auf die Funktion der Theologen in der Kirche« wahrnehmen, angemessen zu sichern. Die Freiheit der Theologie, so schrieben die Verfasser, »ist eine Frucht und Forderung der befreienden Botschaft Jesu selbst und bleibt ein wesentlicher Aspekt der von Paulus verkündeten und verteidigten Freiheit der Kinder Gottes in der Kirche«. In der Tat muß christliche Theologie solche Freiheit in Anspruch nehmen um der Sache willen, der sie dient.

Einem Gott, in dem Wille und Vernunft, Macht und Sittlichkeit eins sind, und einem Geschöpf, das »Ebenbild« dieses Gottes ist, weil es sich durch Vernunft und Wille auszeichnet (Thomas von Aquin), kann nur ein Glaube entsprechen, der einer freien Entscheidung entspringt, die Einsicht in die Glaubwürdigkeit des Geglaubten voraussetzt. Allein in der Gestalt vernünftigen Gehorsams (obsequium rationale), nicht blinder Unterwerfung, kann Glaube den Menschen freimachen.

Christlicher Glaube braucht die Forderung, sich »vor jedermann zu verantworten, der Rechenschaft verlangt über unsere Hoffnung« (1 Petr 3,15), nicht zu fürchten. Ist der von ihm verkündete Gott die »Einheit von Sein und Sinn« (R. Spaemann), dann muß sich der universale Anspruch der Offenbarung in seinem Sinn und in seiner Glaubwürdigkeit prinzipiell vor jedweder vernehmenden Vernunft, und das bedeutet, in jedweder Sprache und Denkwelt zur Geltung bringen lassen. Um dies in der Weise systematisch reflektierten Glaubensverständnisses leisten zu können, muß Theologie die Freiheit haben, jeden Weg, der dem dient, zu erproben und jede Methode, die menschlicher Geist ersinnt und die zur Erforschung des authentischen Glaubens tauglich erscheint, in Dienst zu nehmen.

Jede Einschränkung dieser Freiheit und jeder Abstrich an der methodischen Strenge der Vernunft wäre im Grunde Verrat an der Universalität des Anspruchs des Glaubens selbst, oder anders ausgedrückt: Kleingläubigkeit. Mit Recht schreiben daher die Verfasser der obengenannten Erklärung: »Wir möchten unserer Pflicht, die Wahrheit zu suchen und zu sagen, nachkommen ohne Behinderung durch administrative Maßnahmen und Sanktionen. Wir erwarten, daß man unsere Freiheit respektiert, wo immer wir nach bestem Wissen und Gewissen unsere begründete theologische Überzeugung aussprechen und publizieren.«

Wie eng der Zusammenhang zwischen der Universalität des Anspruchs und der Freiheit der Theologie ist, zeigt nicht zuletzt die Geschichte. Die Notwendigkeit, den Anspruch der christlichen Botschaft beim Eintritt in die hellenistische Kultur zu begründen und auszulegen, ließ Theologie überhaupt erst entstehen; die Konfrontierung mit der im 13. Jahrhundert eindringenden profanen Weltdeutung führte dazu, sie zur Wissenschaft zu entwickeln.

Für die Gegenwart zeigen das 2. Vatikanische Konzil und die ihm voraufgehende Periode der Kirchengeschichte mit geradezu drastischer Deutlichkeit, was eine in ihren Methoden eingeschränkte und eine zu deren Gebrauch befreite Theologie für die Auslegung des Glaubens zu leisten vermögen. Nicht zuletzt ist dieser Zusammenhang für den Ort der Theologie konstitutiv: Nur insofern die Universalität des Anspruchs die Freiheit zur wissenschaftlichen Methode einschließt, kann Theologie als Wissenschaft ihren Platz in der Universitas der Wissenschaften einnehmen.

Wie die Verfasser der Erklärung von 1969 betonen, widerspricht diese Freiheit keineswegs der Funktion des Lehramtes. Die Offenbarung, die christliche Theologie auszulegen hat, ist ihr nur greifbar im Glauben der Erstzeugen und im daran anschließenden Konsens der Zeugen, als dessen qualifizierter Ausdruck sich das Lehramt von Papst und Bischöfen versteht. Nur insofern sie diese bleibende Bezogenheit wahrt – und eben das gehört zur Strenge ihrer Methode –, redet Theologie von ihrem Gegenstand.

»Wir bejahen mit Überzeugung«, so erklären die 1360 Theologen, »ein Lehramt des Papstes und der Bischöfe, das unter dem Worte Gottes und im Dienst der Kirche und ihrer Verkündigung steht. Aber wir wissen zugleich, daß dieses pastorale Verkündigungsamt die wissenschaftliche Lehraufgabe der Theologen nicht verdrängen oder behindern darf.«

»Wir sind uns wohl bewußt, daß auch wir Theologen in unserer Theologie irren können. Aber wir sind überzeugt, daß irrige theologische Auffassungen nicht durch Zwangsmaßnahmen erledigt werden können. In unserer Welt können sie wirkungsvoll nur durch eine unbehinderte sachliche wissenschaftliche Diskussion korrigiert werden, in der die Wahrheit durch sich selber siegen kann ... Wir erwarten deshalb vom pastoralen Verkündigungsamt des Papstes und der Bischöfe ein selbstverständliches Vertrauen zu unserer kirchlichen Gesinnung und die vorurteilslose Unterstützung unserer theologischen Arbeit zum Wohle der Menschen in Kirche und Welt.«

Zehn Jahre später ist von dem Vertrauen, das die Verfasser der Erklärung als selbstverständlich betrachteten und das die Bischöfe während des Konzils der Theologie in der Tat entgegengebracht hatten, nur mehr wenig zu verspüren. Die Freiheit der Theologie, ohne die die Ergebnisse des Konzils gar nicht zustande gekommen wären, wird von nicht wenigen kirchlichen Stellen zunehmend als Bedrohung empfunden und als solche dargestellt. Auf den ersten vordergründigen Blick scheint dies nicht ohne Grund.

Moderne Theologie hat in Verantwortung vor der Universalität des aufgetragenen Anspruchs einerseits und vor der sich entwickelnden methodischen Vernunft andererseits eine Vielfalt von Methoden und Verstehensansätzen, von Begriffs- und Sprachwelten in Dienst genommen, die, anders als die Pluralität früherer theologischer Schulen, nicht mehr einfachhin ineinander übersetzbar oder gar zu einem System zu vereinigen sind. Von daher könnte der Eindruck entstehen, Theologie sei zu einer kaum mehr überschaubaren Vielheit von Deutungen und Theoriebildungen geworden, in der die Einheit des gemeinsamen Wurzelgrunds authentischen Glaubens nicht mehr hinlänglich erkennbar scheint.

Daß unter solcher Perspektive heutige Theologie nur allzu leicht in eine Feindrolle zu rücken droht, kann nicht verwundern. Ihre Freiheit erscheint als Willkür, ihre Forschung als Markt der Subjektivitäten. Bietet sich da nicht als einziger Ausweg nur noch der einer energischen Straffung an? Die jüngsten Lehrordnungsverfahren zielen, wie ihre Art und Weise und die begleitenden Äußerungen deutlich zeigen, in diesem Sinne denn auch offensichtlich auf eine erneute Disziplinierung und Reglementierung der Theologie als Ganzer.

Im gleichen Zusammenhang wird jedoch seitens des kirchlichen Lehr- und Hirtenamtes kein Zweifel daran gelassen, daß die Kirche der theologischen Wissenschaft und der Theologen bedarf und daß in keiner Weise an eine Einschränkung der rechtmäßigen und notwendigen Freiheit der theologischen Forschung gedacht sei. Wird dies mit Recht betont, dann erscheint es freilich wenig hilfreich, ja widersprüchlich und der verantwortungsvollen Arbeit der Theologen nicht entsprechend, wenn durch Gegenüberstellung der Theologie zum Glauben der Einfachen der einfache Glaube dem Anschein eines einsichtsunbedürftigen Verbalismus und die Theologie dem Anschein des Überflüssigen, ja Gefährlichen ausgesetzt wird.

Verzichtet man auf solch unnötige Polarisierungen, bleibt immer noch das eigentliche, tiefere Problem. Ist die Freiheit, welche die Theologie, um ihrem Auftrag heute gerecht zu werden, benötigt, schon in jeder von der Sache her geforderten Hinsicht in jener Freiheit gewahrt, die ihr vom Lehramt faktisch zugestanden wird? Jedenfalls ist das innere Zuordnungsverhältnis von Verkündigung, Forschung und Lehre in der Kirche in seiner Entwicklung seit 1870 keineswegs schon so ausgeklärt, wie es angesichts des Gesamt der sich heute stellenden Problemsituationen geboten erscheint.

Schlüsselbedeutung kommt in diesem Zusammenhang der Tatsache zu, daß das für die Neuzeit konstitutive Phänomen der Aufklärung keineswegs schon zum Abschluß gekommen ist. Wir befinden uns nämlich durchaus nicht, wie es sich dem Wunschdenken mancher aufdrängen möchte, in einer Epoche der »Nachaufklärung«, sondern sind mit der Heraufkunft der modernen Geschichts-, Human- und Sozialwissenschaften längst in eine zweite Phase gleichsam zugeschärfter Aufklärung getreten. Dies bedeutet für die Kirche und darin insbesondere für die Theologie eine zusätzliche neue Herausforderung, der sie sich zu stellen hat.

Theologie erfindet nicht erst das komplexe Problemfeld, dem Glaube heute ausgesetzt ist, sondern nimmt es gerade auf, um die Brücke zu schlagen zwischen der Erforschung des authentischen Glaubens einerseits und seiner Auslegung unter den Anforderungen der heutigen Denk- und Lebenswelt andererseits. Dabei kann es gewiß nicht darum gehen, die Theologie von Kirche und Lehramt zu »befreien«. Umgekehrt kann die Lösung aber auch nicht darin liegen, daß sich die Instanzen der amtlichen und öffentlichen Glaubensverkündigung gegenüber den Ergebnissen der theologischen Forschung als »frei« betrachten.

Theologie ist schon immer Vorhut gewesen, die jene Wege erkundet, deren der übernommene Taufglaube zu seiner Weitergabe bedarf. Dazu braucht sie Freiheit, nicht Freiheit zum »Meinen«, sondern Freiheit zum »wissenschaftlichen Sachzwang« (M. Seckler), d. h. zum Einsatz aller Methoden, die eine heutige Auslegung des bezeugten Glaubens um ihrer Redlichkeit willen braucht.

Wenn nicht alles trügt, steht die Kirche an einem Scheideweg. Wie antwortet sie auf die Zumutungen zugeschärfter Aufklärung? Sucht sie die Gläubigen dadurch vor Verwirrung zu bewahren, daß sie sich ihnen in einem Selbstverständnis darbietet, mit dem sie sich dem tatsächlichen rationalen Diskurs entzieht? Damit aber würde sie sich erneut in ein selbstgewähltes Getto begeben, aus dem sie das Zweite Vatikanische Konzil herausgeführt hat.

Oder löst sich nicht solche mögliche Verwirrung erst dadurch wirklich auf, daß sie den durch das Konzil in Gang gesetzten Lernprozeß geduldig und vertrauend nach vorn weiterführt? – Das Maß der Freiheit der Theologie hängt ab von dem Maß des Glaubens. Und dieser hat nur eine Blickrichtung, nur ein Zentrum: Jesus selbst. Wer auf ihn blickt, den am Kreuz Erhöhten, so Jo 3,14–18, der glaubt. Er ist die Wahrheit, die freimacht.

Quelle: Rheinischer Merkur, 18. Januar 1980

5.21 Josef Blank: Schlinge um den Hals (25. Januar 1980)

Blank ist Professor für neutestamentliche Exegese und biblische Theologie an der Universität Saarbrücken.

Ein Haupteinwand gegen Hans Küng, der immer wiederkehrt, besagt, daß im »Falle Küng« mit Lammsgeduld verfahren worden sei. Trotz zahlreicher Aufforderungen habe sich Hans Küng dem Gespräch mit der römischen Glaubenskongregation verweigert und den notwendigen Beitrag zur Klärung der strittigen Probleme nicht geleistet. Nun ist nach den vorliegenden Dokumentationen (Pressedienst des Sekretariats der deutschen Bischofskonferenz; W. Jens [Hrsg.]. Um nichts als die Wahrheit) nicht zu bestreiten, daß Hans Küng auch mit einer gewissen Hinhaltetaktik gearbeitet hat, und man interpretiert ihn gewiß nicht falsch, wenn man sagt, daß Hans Küng eine gewisse Scheu hatte, wenn nicht sogar Angst, sich dem Gespräch mit der Glaubenskongregation zu stellen. Darin hat er faktisch anders gehandelt als Schillebeeckx, der zum Gespräch in Rom erschien und anschließend eine Pressekonferenz abhielt. Aber warum hatte Küng solche Scheu?
Küng hatte in einem Schreiben vom 30. Mai 1968, nachdem er zum ersten Mal zu einem Gespräch mit der Glaubenskongregation aufgefordert worden war, um gerechte und faire Bedingungen zu diesem Gespräch gebeten, darauf jedoch nie eine zufriedenstellende Antwort erhalten. Man darf annehmen, daß Küng über die rechtliche Seite dieser Angelegenheit durch seinen Tübinger Kollegen Johannes Neumann durchaus informiert war. Das Problem steht ja seit längerem unabhängig von Hans Küng an. Die Vorgänge um die Theologen Iwan Illich und Stephan Pfürtner waren absolut nicht dazu geeignet, größeres Vertrauen in diese Behörde und ihre Verfahrensweise

zu erwecken. Hier legt sich tatsächlich der Vergleich mit jenen Praktiken des Schriftstellerverbandes der UdSSR nahe, wie man sie aus Solchenyzins Buch »Die Eiche und das Kalb« genügend kennt. In beiden Fällen gilt: Der einzelne ist machtlos; die Behörde, der Apparat ist alles, was freundliche Behandlung im einzelnen durchaus nicht ausschließt.

Küng hat die »fairen Bedingungen«, um die er nachgesucht hatte, niemals erfahren. Darum ging er nicht nach Rom, was man ihm als »Verachtung des Lehramtes« oder als starrsinnigen Hochmut ausgelegt hat. Aber ist das vielleicht Hochmut, wenn sich jemand weigert, sich zuerst einmal die Schlinge selber um den Hals zu legen; dann werde man sich schon noch überlegen, ob man sie zuzieht oder nicht? Betrachtet man den Kontext und seine Bedingungen, dann kann man Hans Küng schwerlich daraus einen Vorwurf machen. Vielmehr ergibt sich die Frage, warum die *Deutsche Bischofskonferenz* oder die *Römische Bischofssynode* nicht schon längst entschieden darauf gedrungen hat, das Verfahren der Glaubenskongregation, die historisch gesehen noch immer das Nachfolgeorgan der »Heiligen Inquisition« und des »Heiligen Offiziums« ist und diesen Stallgeruch auch nicht so schnell los wird, einer grundlegenden Revision zu unterziehen und auf den Stand eines modernen, rechtlich geordneten Verfahrens zu bringen? Auch wenn es dort keine Folter mehr gibt, so ist doch die Praxis der einseitigen Befragung und Stellungnahme, wobei der »Angeklagte« seine Unschuld beweisen muß, hier seine Orthodoxie, noch echtes Erbe der alten Inquisition, was sich historisch belegen läßt. Die Änderung einer solchen Praktik würde zur Hirtensorge des Episkopats gehören.

Vielmehr hat man es einfach hingenommen, daß dieses Verfahren in sich gerecht sei, wie dies auch das *Gemeinsame Kanzelwort* (vgl. Dokument 2.29 – die Herausgeber) behauptet. Aber genau das ist die Frage. Wenn man die bekannte Unterscheidung des Philosophen Kant zwischen »Legalität« und »Moralität« hier heranzieht, dann weiß man, daß »gerecht« zweierlei bedeuten kann, nämlich einmal »dem legalen, positiven Stand der Gesetze entsprechend«, und zum andern »der Idee der Gerechtigkeit und der Moral entsprechend«. Es ist wohl keine Frage, daß hier nur die Seite der Legalität in Frage kommt. Im Sinne der »Moralität« sind die größten Zweifel an der Gerechtigkeit des Verfahrens angebracht, um so mehr, als man es heute nur noch mit einer Wahrheits-Verwaltungsbehörde zu tun hat. Darin ist kein Fortschritt zu erkennen.

Die Frage nach »Menschen- und Christenrechten in der Kirche« setzt nämlich genau an diesem Punkt an. Es geht hier in erster Linie um eine überprüfbare, öffentlich kontrollierbare Verfahrensordnung. Es geht nämlich heute, nach vielen negativen Erfahrungen aus der Geschichte und Gegenwart, nicht mehr an, einfach vorauszusetzen, daß eine Behörde, weil sie nun einmal vom Papst eingesetzt wurde und in päpstlichem Auftrag arbeitet, deshalb auch schon moralisch legitimiert und in ihren Verfahren »gerecht« sei. Das müßte sie vor allem in ihrer Praxis beweisen, nämlich in der Art und Weise, wie sie Konflikte überzeugend löst.

Nun geben auch die Bischöfe zu, daß kirchliche Verfahrensordnungen verbessert werden können; doch was wurde und wird dafür getan? Es ist gut, daß diese Einsicht allmählich dämmert, nachdem sie bereits vor zehn Jahren nicht nur von Hans Küng, sondern auch von Kardinal Suenens in seinem noch stets unvergessenen Interview erhoben wurde. Es ist höchste Zeit, daß endlich in dieser Richtung etwas geschieht, und zwar im *Sinne der Öffentlichkeit des Verfahrens,* der *Akteneinsicht* und der *freien Wahl des Verteidigers.* Das bestehende Verfahren bietet keine genügende Rechtssicherheit; auch keine hinreichende Garantie, daß solche Fälle möglichst wenig vorkommen.

Darüber hinaus ist aber zu fragen, wie man sich innerkirchliche Konfliktsregelungen überhaupt denken und wünschen soll. Das ist vor allem eine Frage des Kirchenrechts und der Pastoral. Bis jetzt gibt es eine innerkirchliche Konflikts- und Friedensforschung meines Wissens nicht; sie wird durch die hierarchische Struktur, die der übergeordneten Instanz grundsätzlich das »letzte Wort« überläßt, nicht gerade gefördert. Es handelt sich aber auch um eine theologische Frage, wenigstens in dem Sinne, daß die Handhabung des Rechts in der Kirche wirklich »gerecht« im Sinne der Betroffenen geschieht und nicht nur einseitig im Sinne der Institution. Oder richtiger, gerade die christlichen Institutionen müßten das Recht besser zur Anwendung bringen als die weltlichen Behörden; sie müßten den Geist Jesu deutlicher widerspiegeln, und dieser Geist ist ein *Geist der Versöhnung.*

Was mir beim »Fall Küng« besonders aufgefallen ist und was mir am meisten zu schaffen macht, das ist die Tatsache, daß »die Amtskirche«, also der Papst und die beteiligten Bischöfe, die alle zusammen gegenüber Küng am längeren Hebel sitzen, keine andere Möglichkeit, den Konflikt zu lösen, gefunden haben als den altbekannten Weg der »sententia Romana«, des römischen Machtspruches. Man verfuhr nach dem Rezept »Wie lange willst du noch unsere Geduld mißbrauchen...«; da muß doch endlich einmal Schluß sein. So geht es nicht weiter! Natürlich findet das auch große Zustimmung. Nicht nur Hans Küng, auch der Papst und die Bischöfe haben für dieses Verfahren Beifall bekommen, man muß dies ganz realistisch sehen. Così fan tutte, so machen es alle, nämlich alle Parteien, Großverbände, Institutionen usw. Das entspricht genau der Systemtheorie, der Parteien- und der Staatsräson. Doch entspricht das auch dem Geist Jesu? Kann sich wirklich kein Papst und kein Bischof daran erinnern, daß in einer der ältesten Kirchenordnungen, die wir haben, nämlich bei Matthäus Kapitel 18, *es gerade Petrus ist,* der auf seine Frage, wie oft man zur Vergebung bereit sein soll, »etwa bis siebenmal?«, von Jesus die Antwort bekommt: »Ich sage, nicht bis siebenmal, sondern bis siebzigmal siebenmal« (Mt 18, 21 f.), also praktisch so oft es nötig ist, ohne jede Grenze. Dazu das »Gleichnis vom unbarmherzigen Knecht«, der vergessen hatte, wie sehr er selbst doch von der gnädigen Liebe seines Herrn lebte, und der seinen Mitknecht wegen einer Lappalie in die Schuldknechtschaft verkaufte. Man vergleiche damit die »Lammsgeduld« des Kardinals Höffner. Anders gesagt, zu den fundamentalen Aufgaben des kirchlichen Amtes gehört auch der *Dienst der Versöhnung,* das heißt die Fähigkeit, einen Konflikt so zu lösen, daß ein Konsens zustandekommt, ehrlicher Friede. Nach alledem, was man in diesen Wochen beobachten konnte, hat es für mich den Anschein, daß gerade an dieser Fähigkeit, an amtskirchlicher Versöhnungs-Kompetenz ein erheblicher Mangel herrscht.

Man mag darauf entgegnen, das gelte nur für moralisches Versagen, nicht aber, wenn fundamentale Dogmen angegriffen werden. Darauf erwidere ich: Nein, das gilt auch für Wahrheitsfragen, auch in dogmatischen Konflikten. Ohne die Fähigkeit zum Konsens, wie immer er zustandekam, hätte es niemals jene Dogmen gegeben, deren »Aufweichung« man heute Küng zur Last legt. Man sollte dabei auch bedenken, daß es zur besonderen Problematik des Unfehlbarkeitsdogmas bis heute gehört, daß bei seiner Entstehung ein beachtlicher Konsensmangel geherrscht hat. Darüber hinaus: ein Papst, der die Fähigkeit hätte, Versöhnung zu stiften, Konflikte auszutragen, mit unermüdlicher Geduld, ohne von den bekannten kirchlichen Strafmitteln Gebrauch zu machen, würde wahrscheinlich nicht nur mich, sondern auch viele andere wesentlich stärker von der Autorität des päpstlichen Amtes und seiner Charismen überzeugen als der, der einfach seine »Macht« ausübt.

Schließlich ist auch noch daran zu erinnern, daß gerade im Christentum Wahrheit nicht darin bestehen kann, sich und den andern die entsprechenden Formeln einzurichten, sondern daß zur christlichen Wahrheit stets auch die Liebe gehört und in gewisser Hinsicht sogar den Vorrang hat. »Und wenn ich allen Glauben besäße, so daß ich Berge versetzen könnte, hätte aber die Liebe nicht, so wäre ich nichts« (vgl. 1 Kor 13, 2).

Doch das Verfahren lief nach den bekannten Mechanismen ab. Wollte man vor allem ein drastisches Exempel statuieren – Küng als Symbolfigur für alle ähnlich gerichteten Tendenzen? Oder wollte man Ruhe und Ordnung wiederherstellen? Jedenfalls scheint man die möglichen Wirkungen dieser Maßnahme beträchtlich unterschätzt zu haben. Das Problem der kirchlichen Autorität ist heute längst nicht mehr theoretischer, sondern praktischer Art; es geht wirklich mehr denn je um den »Dienst der Versöhnung«. Vorerst jedoch wurde eine wichtige Gelegenheit versäumt, der Welt einmal zu demonstrieren, wie man einen Konflikt auch hätte anders lösen können als nach der altbekannten Methode.

Zum Problem innerkirchlicher Konfliktregelungen im Sinne eines »Dienstes der Versöhnung« wäre auch zu fragen, ob die Bischöfe sich darüber Gedanken machen, wie man solche Fälle in Zukunft vermeiden kann. Ich habe schon früher darauf hingewiesen, daß ich die gegenseitige Abkapselung zwischen der »Amtskirche« und den »Theologen« nicht für gut halte. Auch die Bischöfe müßten begreifen, daß die Tendenz zur »geschlossenen Gesellschaft«, wie man sie bei der Bischofskonferenz beobachten kann, ihre Autorität nicht unbedingt fördert. Allerdings kommt es dabei auch auf die relative Eigenständigkeit und Freiheit der Theologie und der Theologen an. Eine lebendige Theologie kann sich wohl kaum jenes Modell zu eigen machen, wie es die Glaubenskongregation in ihrer Erklärung vom 15. 12. 79 dargelegt hat. Wenn die Bischöfe nicht für eine gemeinsame Gesprächsebene zwischen ihnen und den Theologen sorgen, dann werden sich nach meinem Dafürhalten ähnliche Fälle wiederholen.

Zum Interview von Kardinal Höffner vom 28. 12. 1979 (vgl. Dokument 2.21 – die Herausgeber) nur zwei Bemerkungen. Hat Kardinal Höffner vergessen, unter den Leuten, die eine Neuformulierung und Neuinterpretation der überlieferten Glaubenslehre verlangten, auch Papst Johannes XXIII. zu erwähnen, mit seinem wichtigen Begriff des »aggiornamento«? Ich erlebe das in jüngster Zeit öfter, daß manche Leute diesen Papst schlicht vergessen oder verdrängt haben. Man spürt förmlich den inneren Widerstand des Kardinals gegen den Begriff der »Neuinterpretation«. Doch ist genau dies das harte tägliche Brot für jeden Religionslehrer in einer entchristlichten Welt. Wahrscheinlich würde mancher Bischof, der heute mit Jugendlichen über das Thema Jungfrauengeburt zu diskutieren hätte, entweder bald die Segel streichen oder sich mehr Gedanken darüber machen, welcher Stellenwert dieser Aussage beizumessen wäre. Aber das sollen dann eben die Theologen machen. Dem täglichen Clinch mit den wirklich »Einfachen«, die in Köln oder München die Schulbank drücken und die morgen entweder Christen sein werden oder nicht, steht Küng zweifellos näher.

Besonders interessant ist die Aussage Kardinal Höffners, die Kirche sei die Gemeinschaft der in freier Entscheidung an den Herrn Glaubenden. Während im Staat die Zwangsmitgliedschaft gelte, sei niemand gezwungen, sich der Kirche anzuschließen oder in der Kirche zu bleiben. Der Herr Kardinal würde ganz sicher große Augen machen, wenn seine standesamtlich registrierten Katholiken im Erzbistum Köln diese Aussage ernstnehmen und danach handeln würden. Dann wären nämlich seine Kassen bald so leer wie die des Erzbischofs von Paris. Eine Kirche, die sich auf die Praxis der Kindertaufe stützt und auf die ohne ausdrückliches eigenes Bekenntnis erfolgte Steuerveranlagung der als Kinder katholisch Getauften und Erzogenen, die darüber hinaus eine derartige öffentliche Macht darstellt wie die Kirche in der Bundesrepublik, kann doch wohl nur mit größten Einschränkungen als »Freiwilligkeitskirche« bezeichnet werden. Außerdem entspricht das Kirchenrecht sehr wenig dieser Vorstellung. Ich selber hätte gar nichts gegen eine echte Freiwilligkeitskirche; doch möchte ich dem Herrn Kardinal nicht unterstellen, er habe nachträglich noch für das FDP-Kirchenpapier Propaganda machen wollen. Nein, das Argument mit der »Freiwilligkeitskirche« ist höchst unfair, wenn es in diesem Zusammenhang auftaucht, weil es nur dazu dienen soll, einen unbequemen Mann aus der Kirche hinauszudrängen. Theologisch richtiger ist darauf zu bestehen, daß ein Getaufter Glied des Leibes Christi auch dann bleibt, wenn er von der Amtskirche gemaßregelt oder sogar exkommuniziert wird.

Hans Küng und die Folgen – das wird sicher ein Thema sein, über das noch lange nachgedacht und diskutiert werden muß. Es wäre erfreulich und wichtig, wenn nicht nur die unmittelbar und mittelbar davon Betroffenen sich darüber Gedanken machen würden, wie der entstandene Riß geheilt werden kann, sondern wenn auch die Amtskirche darüber nachdenken würde, wie das nicht mit weiteren Disziplinarmaßnahmen, sondern im Dienst der Versöhnung geschehen könnte.

Quelle: Publik-Forum, 25. Januar 1980

5.22 Stephan H. Pfürtner: Auf der Suche nach Irrlehren (25. Januar 1980)

Pfürtner ist katholischer Theologe und Professor für Sozialethik an der (evangelischen) Theologischen Fakultät der Universität Marburg.

Die römisch-katholische Kirche ist für viele Menschen im letzten Jahrzehnt immer undurchschaubarer geworden. Die zwiespältigen Empfindungen ihr gegenüber wuchsen. Und nun die Maßregelung des Tübinger Theologen Hans Küng: ein Einzelfall – oder typisch für die gegenwärtige Lage dieser großen Glaubensgemeinschaft?
Man muß zurückblicken, um die aktuellen Vorgänge in einen größeren Zusammenhang einordnen zu können: Johannes XXIII. (gest. 1963) und das von ihm inspirierte Konzil (1962–1965) waren der Wendepunkt. Hier beginnt in der katholischen Kirche ein erstaunlicher Durchbruch zur neuzeitlichen Freiheitsgeschichte. Die Öffnung zur Moderne mit ihren Bewegungen unter den Völkern und Kulturen in Wissenschaft, Technik und gesellschaftlichen Prozessen ist seit dem Zweiten Vatikanischen Konzil unverkennbar. Das Selbstverständnis der Päpste vorher glich dem von hierarchischen Monarchen. Noch Pius XII. (gest. 1958) lebte und arbeitete, aß und entschied allein, entrückt in erhabene Unnahbarkeit – und dadurch zugleich »Gefangener des Vatikans«. Sein Nachfolger Johannes XXIII. ging zu den Menschen auf die Plätze Roms, lud Gäste an seinen Tisch und eröffnete ein Konzil, zu dem er am liebsten alle christlichen Kirchen als gleichberechtigte Gesprächspartner eingeladen hätte. Als eine jüdische Delegation zu ihm kam, begrüßte er sie in Anknüpfung an eine altbiblische Berichterstattung: »Ich bin Joseph, euer Bruder.« Vielleicht besaß er, was Pascal »das Genie des Herzens« nannte.
Jedenfalls war seine Gegenwart im Katholizismus bald unüberseh-

bar. Als die Bischöfe aus aller Welt zum Konzil nach Rom kamen, dauerte es nicht lange, bis frühere Ehrfurchtsängste gegenüber Kurienkardinälen oder päpstlichen Behörden überwunden waren und sie sich als gleichberechtigte Gesprächspartner verstanden. Sie trafen sich in theologischen Vorlesungen und Diskussionskreisen, um sich über Forschungsentwicklungen in der Theologie zu informieren oder anderweitige Konzilthemen zu beraten und in unvoreingenommenem Austausch Urteile zu bilden. »Kollegialität«, »Dialog« und »offene Kommunikation« wurden zu tragenden Begriffen kirchlichen Miteinanders.

Nonnen und Mönche legten außerhalb ihrer Klöster kirchliche Trachten ab, um Menschen unter Menschen sein zu können. Bischöfe in Lateinamerika, vorher zur exklusiven kirchlichen Oberschicht gehörig, verzichteten auf Symbole ihres hierarchischen Status und feierten die Messe bei ihren *Campesinos* in Arbeitskleidung. Die Kirche, die sich über Jahrhunderte die »allein selig machende« nannte, erkannte das Wirken des Heiligen Geistes auch in anderen Kirchen an. Die Abwehrhaltung gegen sie bröckelte ab, die praktische Zusammenarbeit der kirchlichen Hilfswerke und diakonischer Dienste begann. Selbst die Kultschranken öffneten sich. Gemeinsames Gebet unter Christen wurde gestattet, wenn auch noch nicht die »Interkommunion«. Eine einheitliche Bibelübersetzung wurde angenommen, Geistliche und Kirchenführer anderer Kirchen zu eigenen Veranstaltungen eingeladen, Päpste begaben sich mit Flugzeugen auf Weltreisen und tauschten mit orthodoxen Patriarchen den Bruderkuß. Fast herrschte in der Kirche eine Euphorie des Aufbruchs, des Auszugs aus dem Getto, das man zur Sicherung der Selbstidentität und Systemstabilität über Jahrhunderte aufgebaut hatte!

Ließ sich eine derartige Entwicklung durchhalten? Offenbar nicht. Einige Würdenträger und Theologen zeigten sich schon auf dem Zweiten Vatikanum verwirrt. Sie formierten sich zur Konzilsminorität. Einer ihrer führenden Köpfe war Kardinal Ottaviani, der damalige Leiter des »Heiligen Offiziums«, der heutigen Glaubenskongregation. »Die Kirche wird in ihren Fundamenten wanken«, beschwor er die Konzilsteilnehmer, »wenn Sie die Erklärung zur Religions- und Gewissensfreiheit verabschieden.« Doch die Erklärung wurde verabschiedet. In der Peterskirche herrschte bei anderer Gelegenheit atemlose Stille, als der Kölner Kardinal Frings, damals schon blind und deshalb zu auswendiger Rede genötigt, am 8. November 1963 dem Kurienkardinal acht Minuten lang in einer Widerrede entgegentrat. Sein Beitrag fand deshalb weltweite Beachtung, weil Frings ein ungeschriebenes Gesetz seiner Kirche antastete: Das »Heilige Offizium« war von öffentlicher Kritik zu verschonen. Denn was diese oberste Behörde zu Fragen der Glaubens- und Sittenlehre erklärte, sollte als »katholische Wahrheit« gelten. Der Kölner Kardinal brach an jenem Tag das Tabu. Worin die in Zukunft nun bestehen sollte, war fraglich geworden.

Vergangenheit und Gegenwart

Sollten und konnten Millionen Menschen, allen voran Bischöfe, Priester und Ordensleute, gleichsam über Nacht vergessen, was ihnen über Jahre in ihrer religiösen Erziehung und theologischen Ausbildung als »heilig« vorgestellt wurde? Ihre überkommenen und verinnerlichten Denk- und Ordnungsmuster galten ihnen zum Teil als Erbe göttlicher Tradition und vorsehungsgeleiteter Geschichte.

Für die Öffentlichkeit wurde die zählebige Reaktion der alten Mentalitäten am deutlichsten durch den französischen Erzbischof Lefèbvre und seine Anhänger sichtbar.

Die lateinische Messe galt seit Pius V. (gest. 1572) als heiliges Ritual, sie in wichtigen Teilen mutwillig anzutasten als religiöser Frevel. Die Liturgiereform des Konzils aber hatte sie abgeschafft. Sollte sie plötzlich nicht mehr »katholisch« sein? Freimaurer und Protestanten wurden »um des wahren Glaubens willen« durch Jahrhunderte als Ketzer und Kirchenfeinde bezeichnet. Wie konnten sie mit einem Mal zu »getrennten Brüdern« geworden sein, wenn sie ihrem »Unglauben« nicht abschwören? Dann mußte sich doch die »katholische Wahrheit« verändert haben. So lautet (und lautet noch) das einfache Denkschema der katholischen Fundamentalisten um Lefèbvre.

Diese Unsicherheit machte sich allenthalben bemerkbar. Sie zeigte sich nicht zuletzt in der Art, wie unter Paul VI. die Sache Hans Küngs behandelt wurde. Dieser Vorgänger des jetzigen Papstes (zwischen beiden lag nur die kurze Amtszeit von Johannes Paul I.) wurde hin- und hergerissen zwischen Vergangenheit und Gegenwart, zwischen seiner alten und der neuen Kirche, zwischen Mut zum Aufbruch und Ängstlichkeit vor zuviel Modernität. Symptomatisch dafür ist die Art, in der er seine Enzyklika »Humanae vitae« vorbereitete.

Das Konzil hatte eine Weiterentwicklung der Ehe- und Familienmoral gebracht, aber die Frage nach der sittlichen Vertretbarkeit empfängnisverhütender Mittel unbeantwortet gelassen. Paul VI. griff das Problem zunächst beherzt an. Der Enthusiasmus des Konzils für den offenen Austausch mit den Wissenschaften beflügelte ihn. Er lud Mediziner und Theologen, Demoskopen, Psychologen und andere Experten aus einschlägigen Fachgebieten und allen Kontinenten ein. Sie sollten bei der Entscheidungsfindung mitwirken. Als die Kommission ihm jedoch in ihrer großen Mehrheit durch den Münchner Kardinal Döpfner ein Gutachten vorlegte, das die verantwortungsvolle Verwendung von Verhütungsmitteln als sittlich vertretbar empfahl, brach er den Dialog ab. Er entließ die Kommission, zog sich in die einsame Betrachtung der Dinge zurück und – verkündete die alte Lehre der Päpste. Dann aber rief er wiederum all jene nicht offiziell zur Räson, die sich nicht uneingeschränkt mit seiner Lehre identifizierten. So gab die deutsche Bischofskonferenz unter Vorsitz von Kardinal Döpfner den Gemeinden bekannt, Eheleuten dürfte die Sakramentsgemeinschaft nicht versagt werden, die in ihrem Gewissen anders entschieden, als die Papstlehre es gebiete. Ähnlich reagierten zahlreiche Bischöfe anderer Länder, von Theologen ganz zu schweigen.

Und Küngs Sache? Das Hin und Her zwischen dem Tübinger Theologen und der römischen Glaubenskongregation begann schon Anfang der sechziger Jahre, geriet jedoch in die atmosphärischen Strömungen des Konzils. Johannes XXIII. hatte mit seiner versöhnenden Kraft bewirkt, daß die Kirchenversammlung auf frühere Methoden verzichtete, »Irrlehren« ausfindig zu machen und dem, der sie vertrat, das »anathema sit« – »der sei ausgeschlossen« – anzudrohen. Die Vormachtstellung der Glaubenskongregation war durch die Präsenz der Bischöfe und Kardinäle aus aller Welt erheblich gemindert. Zudem war die Acht-Minuten-Rede des Kölner Kardinals nicht vergessen. Er hatte darin auch »die strenge Forderung« erhoben, »daß in dieser Behörde niemand mehr angeklagt und verurteilt werden darf, ohne daß er und sein Ortsbischof vorher gehört wurden, ohne daß er die Gründe kennt, die gegen ihn vorgebracht werden, und ohne daß ihm die Gelegenheit gegeben worden ist, das Geschriebene oder Gesagte zu korrigieren«.

Damit war Frings in die Nähe dessen gelangt, was die Menschenrechtskonventionen nach dem letzten Krieg zum Persönlichkeitsschutz eines jeden Angeklagten verlangt hatten. Zahlreiche Konzilsväter machten sich diese Forderung zu eigen. Paul VI. ordnete daher 1965 an, die Glaubenskongregation sollte ihre Verfahrensordnung entsprechend ändern. Aber die Behörde arbeitete mit Zeitverzug. Als sie endlich 1971 ihre neuen Statuten vorlegte, war das Hauptverfahren für Angeklagte zwar günstiger als früher. Durch eine Hintertür wurde jedoch die alte Inquisitionsmethode wieder eingeschleust: Durch das sogenannte »außerordentliche Verfahren« konnte die Glaubenskongregation alle Forderungen von Papst und Konzil auf »rechtliches Gehör« des Angeklagten umgehen und einen Autor wie eh und je geheim verurteilen, ohne ihn selbst vorher gehört und zu seiner Verteidigung zugelassen zu haben. Dem Papst wurden die neuen Statuten vorgelegt – und er erkannte sie an.

»Unser Papst«

Die freimütige Anfrage und kritische Herausforderung, die Küng sich zu einer Zeit konziliaren Aufbruchs leisten konnte, fielen mit der »Klimaveränderung« im Katholizismus auf einen veränderten Resonanzboden: Das zähe Potential restaurativer Kräfte verband sich mit einem innerkirchlichen Ruhebedürfnis und dem Verlangen nach der alten, kirchlichen Geschlossenheit.

Nicht nur Küng, sondern alle »modernen Theologen« wurden den »treuen Kirchgängern« zunehmend lästig. Sie bedrohten ihr Kirchenbild und ihre Glaubensidentität.

Man würde jedoch die soziologischen Verhältnisse im heutigen Katholizismus vereinfachen, wenn man in den Vertretern dieser Mentalitätsmuster »die Katholiken« sieht. Man würde jene Verhältnisse ebenso verzeichnen, wenn man von derlei konservativen Vorstellungen her bestimmt, was »die Gläubigen« in der Kirche von ihren Theologen und Bischöfen an »vollständiger Wahrheit des katholischen Glaubens« erwarten, wie Kardinal Höffner sich in seiner Erklärung zu Küng kürzlich ausdrückte. Man übersieht dann geflissentlich einen großen Anteil von Kirchenmitgliedern unserer heutigen Gesellschaft. Ihnen ist an der Botschaft des Evangeliums und auch an ihrer Kirche durchaus gelegen. Aber sie finden keinen Zugang zu ihrem Glauben – es sei denn als selbständig denkende Menschen. Auch in religiösen Dingen wollen sie frei fragen, offen reden oder auch irren dürfen, und zwar innerhalb ihrer Kirche. An einem vollständigen Katalog von Glaubenswahrheiten ist ihnen wenig oder gar nicht gelegen. Und dennoch – der Bedarf nach Ruhe vor beunruhigenden Fragen und nach der Eindeutigkeit einer verbindlich deklarierten Ordnung hat in katholischen Kirchenkreisen zugenommen. Diesem Trend entspricht die Wahl des letzten Papstes.

Johannes Paul II. hat in außergewöhnlicher Weise die öffentliche Aufmerksamkeit auf sich gezogen. Es begann schon damit, daß er aus Polen kam. Niemand hatte seinen Namen vor dem Konklave als »papabile« genannt.

Plötzlich geriet er aus der Anonymität ins Scheinwerferlicht. In seinem eigenen Land war er zwar kein unbekannter Kirchenmann, aber er stand doch ganz im Schatten von Kardinal Wyszynski, des Primas von Polen. Die Presse bei uns hatte kaum von ihm Notiz genommen, als er mit ihm wenige Wochen vor der Wahl die Bundesrepublik besuchte. Er war eine Überraschung für die Öffentlichkeit, nicht nur für die Katholiken. Aber wer war er eigentlich? Warum hatten die Kardinäle gerade ihn gewählt? Niemand wußte es recht zu sagen.

Auf jeden Fall schien im Katholizismus wieder etwas in Bewegung geraten zu sein. Schon der Umstand, daß diese Kirche erstmals nach Jahrhunderten einen Nichtitaliener wählte, sprach für eine dynamische Entwicklung. Der neue Papst tat in Kürze das Seine, um den Eindruck zu verstärken. Die Offenheit und Spontaneität in der Begegnung mit Menschen, die Zuversicht und Frische in der Art, wie er sogleich große Probleme anging und in die Öffentlichkeit trat, die Teilnahme an den Nöten der Menschen in den verschiedenen Kontinenten strahlten etwas aus, was man von Paul VI. nicht kannte. Eine derartige Persönlichkeit verflüchtigte denn auch die Sorge bei vielen, die vorher noch eine restaurative Tendenzwende in ihrer Kirche befürchtet hatten.

Die Begeisterungswellen um den Papst sind bekannt. Offenbar sind es nicht nur Katholiken, die dieser Kirchenführer anspricht. Ein evangelischer Theologiestudent, mir anderwärts als kritischer Individualist bekannt, sandte ihm Glückwünsche zu seiner Wahl. »Unser Papst« – so entglitt es kürzlich einer evangelischen Pfarrersfrau in einer kleinen Gesprächsrunde, ehe sie schmunzelnd die unlutherische Rede widerrief.

Irritierte Betroffenheit überwiegt

Eine derartige Sympathiebewegung war nicht zu erwarten. Sie verlangt eine Erklärung. Unsere derzeitige Welt ist arm an überragenden charismatischen Führern. Die Väter werden entthront. »Jugend ohne Vorbild« – aus diesem Ursachenzusammenhang hat Margret Mead vor einigen Jahren die Orientierungs- und Identitätskrise der jungen amerikanischen Generation mit ihrem verflochtenen Gesellschafts- und Lebenskonflikt aufzuhellen versucht. Noch früher hatte Helmut Schelsky von einer »skeptischen Generation« gesprochen und damit die Jugend der westeuropäischen Länder gemeint. Wie immer sich diese allgemeine Sinn- oder Orientierungskrise unter Katholiken ausgewirkt haben mag, seit der Wahl des letzten Papstes konnte man bei ihnen, sofern sie kirchlich waren, zunehmend ein Aufatmen spüren. Meist blieb es unausgesprochen, gelegentlich aber kam es zur Sprache: »... endlich haben wir wieder jemand, zu dem wir aufschauen können, jemand, der ›unseren Glauben‹ glaubwürdig vertritt, jemand, dem man seine Bewunderung schenken kann ...«. Ja, sie haben, was sie brauchten und wonach sie sich sehnten: die durch das Papsttum überhöhte Vaterfigur, das Leitbild bewundernswürdiger Autorität in der religiösen »Großfamilie«. Der neue Papst hat ihnen ermöglicht, sich wieder mit ihrer Kirche zu identifizieren. Ein alter psychischer Mechanismus funktionierte wieder – der des sinnstiftenden Leitbildes. So sehr auch die Heiligen heute durch reformatorische Kritik an kultischer Verehrung bei den Katholiken eingebüßt haben – als Symbolgestalten wirken sie weiter entscheidungs- und handlungssteuernd – heißen sie nun Franz von Assisi, Ignatius von Loyola, die »Muttergottes« von Lourdes oder Fatima, Maria Goretti oder Thomas More. Überhöhung, die der Papst in der Vorstellungswelt der Bewundernden erfährt, kann leicht an diese Psychologie anknüpfen. Aus Polen wird berichtet, daß zahlreiche junge Menschen durch den Besuch von Papst Wojtyla motiviert wurden, sich für den Priester- oder Ordensberuf zu entscheiden. In dieser Situation bringt Kritik wenig Sympathien.

Zugestanden, es gibt unendlich viele Unterschiede emotionaler Ergriffenheit in Massenbewegungen, auch in denen religiöser Art. Wenn Hunderttausende dem Papst und Hunderttausende dem Ajatollah Chomeini zujubeln, ist das nicht einfach dasselbe. Es gibt Vergleichbares, sicher. Aber das Unvergleichbare ist so schwerwiegend und offenkundig, daß es nur in leichtfertiger Verallgemeinerung auf einen Nenner gebracht werden kann. Freilich ist auch zu bedenken, daß keine Religion ihre Anhänger davor bewahrt, von der Begeisterung in die Massensuggestion oder aggressive Intoleranz zu fallen.

Man muß angesichts der Entwicklung der katholischen Kirche befürchten, daß die auf Einheit und Ordnung drängende Ergebenheit alle Kritik unangemessen zurückdrängen wird. Weiterhin ist zu befürchten, daß der Prozeß neuer Machtverteilung, der mit dem letzten Konzil begonnen hat, abgebrochen und zugunsten zentral gelenkter Religionsverwaltung verfremdet wird.

Die Maßregelung Küngs hat eine veränderte Situation in der Öffentlichkeit und in der Berichterstattung der öffentlichen Medien geschaffen. Die Kirchenleitung scheint erstaunt über die Unruhe, die das Verbot ausgelöst hat. Jedenfalls war die Glaubenskongregation davon ausgegangen, daß ihre Entscheidung »von der gesunden öffentlichen Meinung erwartet wurde« (aus ihrer Erklärung vom 15.12.1979). In Wirklichkeit überwiegt irritierte Betroffenheit in weiten Kreisen der Bevölkerung, die an Kirchlichem interessiert sind. Sie reicht von der Ernüchterung über Enttäuschung bis zur Verbitterung. Selbst alte Kulturkampfaffekte tauchen wieder auf. Auf jeden Fall verdichtet sich die Frage, wie die Sache mit dieser Kirche nun weitergeht und was von dem neuen Papst wirklich zu erwarten ist.

Im Falle Küngs hat Papst Wojtyla es nicht für nötig befunden, mit dem Theologen einmal selbst zu sprechen. Auch zu den angeblichen Vermittlungsgesprächen in der »letzten Runde« wurde Küng nicht hinzugezogen. Konnte er es erwarten? War es nur die Übermacht des Apparates, die dagegen stand, oder ein ideologisches Rangbewußtsein? Bereits Luther hatte sich dagegen empört, daß man in der Kirche nicht »par cum pari« – als »gleicher mit gleichen« sprechen könne. Wer in der Kirche ein brüderliches Miteinander erwartet, dem erscheint nichts Unbilliges an Küngs Erwartung.

Man sucht wieder Schuldige

Schwerwiegender als diese Verhandlungsweise aus einem hierarchischen Klassenbewußtsein oder auch aus der nationalkirchlichen Prägung des neuen Papstes heraus ist der Umstand, daß seit seiner Amtsübernahme in auffälliger Weise der Kampf gegen »drohende Irrtümer«, die Suche nach »Irrlehrern« und die dogmatische Abgrenzungstendenz wieder eingesetzt hat. Die Reformlinie des Konzils ist verlassen, die Zuversicht auf die innere Werbekraft der kirchlichen Botschaft oder auf die größere Chance gemeinsamer Konfliktverarbeitung zurückgedrängt. Man sucht wieder Schuldige und sondert sie aus.

Quelle: Die Zeit, 25. Januar 1980

5.23 Klaus Hemmerle: Der Ruf nach Klarheit und Offenheit (27. Januar 1980)

Hemmerle ist Bischof von Aachen.

In der Medizin, in der Energie-, in der Wirtschaftsplanung müssen wir Tatbeständen Rechnung tragen, die wir selber nicht durchschauen. Wir brauchen die Experten, aber sie sind sich auch ihrerseits nicht einig. Wie da handeln? Und doch muß gehandelt werden!
Herrscht in den letzten Fragen über den Sinn des Lebens nicht eine ähnliche Not? Wer ist Jesus Christus? Was kommt nach dem Tod? Was will Gott wirklich von uns? Kann man sich auf die Kirche verlassen? Unterschiedliche Ansichten im Namen Jesu, unterschiedliche theologische Positionen – und nicht mehr eine allgemeine Meinung, auf die man sich da unbefragt verlassen könnte, sondern hundert und tausend Stimmen, die zugleich auf einen eindrängen. Der Ruf nach Klarheit ist da verständlich – der Ruf nach Offenheit ebenso. Die einen wünschen sich eine kirchliche Autorität, die alles bis zum i-Punkt klärt und festlegt, die andern vertrauen den Wissenschaftlern, daß sie am Ende die beste Theorie finden, nochmals andere wünschen sich einen »normalen«, für jedermann, aber wenigstens für einen selbst plausiblen, gangbaren Weg.
Die Orientierungsnot ist groß, und nicht wenige haben den Eindruck, nach einer Zeit der Öffnung greife die Kirche nun wieder durch, und am Fall Küng hätten wir es bitter zu spüren bekommen. Bitter? Manche sagen: Endlich! Wie können wir zu einem Urteil kommen?

Küng hat vielen Menschen neue Zugänge eröffnet

Zunächst einmal: Professor Küng hat vielen Menschen Zugänge eröffnet, um überhaupt die Welt des Glaubens ernstzunehmen und mit der Grundbotschaft des Christentums etwas anzufangen. Es wäre zu einfach, ihm den Vorwurf zu machen, um viele zu gewinnen, sei er zu unverantwortlichen »Preisermäßigungen« des christlichen Glaubens bereit. Er möchte schon, daß wir Jesus Christus folgen als dem einzigen, an dem unser Heil hängt. Er möchte schon, daß wir dies nicht nur als Individuen tun, sondern miteinander, in einer Kirche. Er weiß schon, daß es da auch etwas nötig hat wie ein Amt, etwas nötig hat wie Festlegungen, Sätze, in denen man sich über die gemeinsame Glaubensbasis verständigt. Aber er möchte dies alles so formulieren, daß es einem Zeitgenossen, der eben nicht aus der kirchlichen Tradition herausgewachsen ist, sondern aus dem Lebensgefühl und der Lebenserfahrung von heute, verständlich und verkraftbar wird. Er will einen guten und gangbaren Weg durch beileibe nicht wegbares Gelände bahnen. Und nun hat er sich – nach dem Urteil des Papstes und der Bischöfe, nach dem Urteil auch sehr vieler und kompetenter Theologen – dabei »verstiegen«. Es gab seit mindestens 10 Jahren immer wieder ernste Versuche, ihn zurückzurufen. Aber er hat sich nicht überzeugen lassen, daß der Weg anderswo geht. Und nun sind Papst und Bischöfe zur Überzeugung gekommen, sie dürften so ihm nicht länger den Dienst des Wegführers anvertrauen. Sie haben ihm den Auftrag dazu, in der theologischen Lehre den Weg weiterzuweisen, entzogen. Er muß in einigen wichtigen Punkten die Richtung ändern. Sonst kann er diesen Auftrag nicht zurückerhalten.

In einigen wichtigen Punkten, dies dazuzusagen ist wichtig. Denn daß vieles von dem, was Professor Küng sagt, wegweisend sein und bleiben kann, daran besteht kein Zweifel, und davon soll kein Abstrich gemacht werden.

Hätte man nicht noch länger, hätte man nicht noch anders mit ihm reden müssen? Diese Frage wird immer wieder gestellt. Es machte Überdruß, immer neu auf das, was geschehen und was nicht geschehen ist im Versuch eines Gespräches mit Professor Küng, hinzuweisen. Ich glaube, man sollte doch einmal die Dokumentation ganz einfach in sich selber sprechen lassen, welche die Deutsche Bischofskonferenz vorlegt.

Aber man sollte noch etwas anderes: wirklich und ernstlich fragen, welches denn die Punkte sind, in denen Professor Küng und das Lehramt nicht einig wurden, und warum diese Punkte der Kirche so wichtig sind.

Daß an ihnen schon die Theologie im Ganzen hängt, das hat auch Professor Küng selbst bemerkt und vermerkt. Er betont immer wieder, daß er in der Kirche bleiben will, betont, daß er auch die Worte »Sohn Gottes« und »Wort Gottes« als Titel für Jesus Christus anerkennt. Sogar daß er dem Petrusamt und in der Folge dem Papstamt hohe Bedeutung für die kirchliche Einheit zuerkennt. Aber es ist kennzeichnend, daß er eben auf ganz gewisse Fragen nicht antwortet oder auf sie nicht jene Antwort gibt, welche die kirchliche Tradition gab. Wenn es nur um die bessere Übersetzung, Zugänglichkeit, Verständlichkeit des in den traditionellen Begriffen Gesagten ginge, dann gäbe es keine unüberwindlichen Schwierigkeiten. Aber es geht schon sehr tief um den Ansatz selbst. Und keiner, der die in diesen Fragen entscheidenden Texte von Professor Küng mit Aufmerksamkeit liest, kann dies eigentlich übersehen.

So oft entsteht der Eindruck, in der Auseinandersetzung mit ihm ginge es nur um die Selbstverteidigung der Kirche in einigen Punkten, die als historisch doch problematisch erschienen, wie Unfehlbarkeit des Papstes. Es geht um sie auch – und es muß um sie gehen, weil einfach das Erste Vatikanische Konzil ein gültiges Konzil war und ohne allen Zweifel vom Zweiten Vatikanischen Konzil voll angenommen und bestätigt, wenn auch organisch weitergeführt wurde. Wenn aber die bleibende Verbindlichkeit dessen, was ein allgemeines Konzil als endgültig festgelegt hat, in Frage gezogen wird, dann läßt sich das mit der gesamten verbindlichen Tradition der Kirche von Anfang an nicht mehr vereinbaren.

Karl Rahner hat einmal gesagt, daß jedes Dogma nicht nur ein Endpunkt, sondern zugleich ein Anfangspunkt der dogmatischen Entwicklung sei. Und das stimmt gewiß. Kein Dogma ist ein Stopschild für das Weiterdenken, eine Scheuklappe, die neue, weitere Perspektiven ausblendet. Viele große Theologen von heute – ich nenne die Namen eines Karl Rahner oder eines Hans Urs von Balthasar – haben kühne neue Entwürfe gewagt, etwa auch in der Frage nach Jesus Christus. Aber sie haben gefragt, wie das alte Glaubensgut, das in den Konzilien verbindlich formuliert wurde, in diesen neuen Perspektiven Platz hat, was es in ihnen bedeutet. Sie versuchen eine echte Übersetzung. Und bei einer Übersetzung muß der ganze alte Text in eine neue Sprache und in deren Verständniszusammenhang eingebracht werden. Sicher müht sich auch Professor Küng um Übersetzung – aber in seinen Anfragen z. B. an den Sinn, die Möglichkeit und die Bedingungen eines irrtumslosen Sprechens der Kirche streicht er wichtige Passagen des verbindlichen Textes aus, will er auf sie verzichten. Dann aber ist eben die Grundlage nicht mehr da, auf welcher theologische Lehre im Auftrag der Kirche erfolgen kann.

Das Endgültige und Verbindliche in der Glaubenslehre

Aber: sind es in der Tat so schwerwiegende Unterschiede, die zwischen der wirklich verbindlichen Glaubenslehre der Kirche und der wirklich vorgetragenen Lehre von Professor Küng bestehen? Könnten nicht um des großen Gutes willen, daß Professor Küng für viele eine Schneise in das Dickicht der Schwierigkeiten mit Religion und Christentum schlägt, nicht ein paar kühne – im Sinne des obengebrauchten Bildes – »Verstiegenheiten« in Kauf genommen werden? Er sagt doch, daß er Jesus Christus als Sohn Gottes und Wort Gottes anerkennt, er sagt doch, daß die Kirche trotz möglicher Irrtümer in der Wahrheit von Gott gehalten werde, er sagt doch, daß er auch dem Papst einen Seelsorgeprimat in der Kirche zuerkenne, er sagt doch, daß es gültige Festlegungen der Offenbarungswahrheit durch die Kirche geben könne. Gültige – aber nicht eigentlich endgültige. An diesem Punkt berühren wir wohl den Kern. Das andere, was Spannungen und Schwierigkeiten zwischen Küng und der verbindlichen Lehre der Kirche ergibt, läßt sich von hier aus erklären.

Nun, dies sieht aber doch wirklich aus wie Theologengezänk, wie Kleinlichkeit! Und ist doch das Gegenteil. Machen wir uns die Mühe, ein wenig genauer über diesen Punkt nachzudenken. Wir werden dann den Anliegen von Professor Küng, wir werden aber auch der Glaubenslehre der Kirche mehr Verständnis entgegenbringen können. Gottes Wahrheit ist immer größer als menschliche Worte. Auch wenn Gott selber in der Offenbarung zu uns spricht, muß er, um sich verständlich zu machen, menschliche Worte dafür in Anspruch nehmen. Und sie sind wie ein Gefäß, das nie ganz die göttliche Fülle faßt. Trotzdem ist Gottes Wahrheit in diesen Worten, aber Gottes Wahrheit ist eben noch größer.

Nun aber hat uns Jesus Christus verkündet, daß Gottes Herrschaft, Gottes Reich herangerückt ist. In seinem Kreuz und Auferstehen bricht Gottes Herrschaft, wenn auch verborgen, an. Mitten in dieser endlichen Welt ist das Endgültige, ist Gott am Werk, handelt Gott, schenkt uns Gott Kontakt mit sich selbst. Mehr noch, er gibt sich selber ganz und gar hinein in unsere Geschichte, in unser Leben. Dieser Jesus Christus ist nicht nur ein Mensch, der zur Würde des Gottessohnes erhoben ist, er ist das Innerste und Eigenste Gottes selbst, sein einziger, lieber Sohn, den er für uns hingibt. Das ist der Mensch: einer, der Gott seinen eigenen Sohn wert ist. Das ist Gott, einer, der sich selber hingibt und einsetzt für uns. Um diese ganze göttliche und menschliche Wirklichkeit in Jesus Christus hat die alte Kirche wie um nichts anderes gerungen. Ihr Bekenntnis ist und bleibt der geistgewirkte Ausdruck kirchlichen Glaubens. Weitere Übersetzung, weitere Auslegung und Ausfaltung des Dogmas ist selbstverständlich möglich und erforderlich – aber in solcher Entfaltung und Vertiefung bleibt das Dogma selbst über die Zeiten hinweg verbindlich, es kann nie revidiert werden; so haben es die Gläubigen von Anfang an verstanden.

Gerade dieser Charakter des Dogmas aber ist dann gefährdet, wenn die Möglichkeit endgültiger Aussagen über Gott in Frage gezogen wird. Wenn dies geschieht, dann kann es allerdings auch keine Instanzen geben, die durch den Beistand des Heiligen Geistes vor Irrtum bewahrt werden, wenn sie auf endgültige Weise eine Wahrheit als von Gott geoffenbart feststellen und der Kirche zu glauben vorlegen. Darum geht es bei der sogenannten »Unfehlbarkeit« in der Kirche, deren Organe der Papst als oberster Lehrer der Christenheit und das Konzil bei feierlichen Definitionen und die einmütig mit dem Papst lehrenden Bischöfe in ihrer ordentlichen Verkündigung des Glaubens sind. Diese letzte Garantie, daß Gottes endgültig uns geschenktes Wort als untrügliche Grundlage unseres Glaubens durch die Geschichte durchgetragen wird, ist alles eher als ein Punkt der Macht und des Prestiges. Es ist eine Bedingung der durch unsere menschliche Armseligkeit nicht mehr zerstörbaren Klarheit und Reinheit des Ja, das Gott ein für allemal zu uns in Jesus Christus gesprochen hat. Noch soviel Irrtum, noch soviel Fehler können in der Kirche sein; wo sie sich in letzter Verbindlichkeit einwurzelt in Gottes Wort als die Grundlage ihres Glaubens, da ist Gottes Geist stärker als all unser menschliches Fehlen- und Irrenkönnen.

Darum geht es. In allem Fragen, Suchen und Übersetzen darf dies nicht verwischt werden: Unser Glaube, der sich auf das verbindliche Glaubenszeugnis der Kirche verläßt, verläßt sich auf Gottes in Jesus Christus endgültig und ein für allemal gegebenes Ja. Kirche, die daran festhält und dieses schützt, wird nicht zum System selbstbehäbiger Sicherheit und selbstherrlicher Bescheidwisserei. Die Fragen und die Dunkelheiten, die Vorläufigkeiten und die Umwege bleiben der Kirche nicht erspart. Aber einer geht mit, der durch sein Ja ihr Ja trägt. Ausruhen, in uns selber verschließen dürfen wir uns nicht im Glauben an dieses Ja. Dieses Ja will ausgerichtet werden, klar und unmißverständlich, aber zugleich einladend, ermutigend, Zugänge erschließend. Dieses Ja Gottes ausrichten an die Menschen, das ist die Aufgabe der Kirche. Möge es ihr, möge es uns gelingen, dieses Ja so auszurichten, daß gerade die Suchenden, die Fragenden, jene, die sich schwertun mit dieser Kirche, sich nicht abgestoßen, sondern eingeladen finden. Beides darf nicht voneinander getrennt werden: der Schutz des Ja gegen das Mißverständnis, die Einladung des Ja, so daß möglichst viele, möglichst alle ihm folgen können.

Quelle: Kirchenzeitung für das Bistum Aachen, 27. Januar 1980

5.24 Karl Rahner: Ich sehe keinen absoluten Affront (6. Februar 1980)

Rahner war Konzilstheologe, ist emeritierter Professor für Dogmatik an der Universität Münster und lebt in München.

Selbstverständlich ist jedem Theologen bis zum strikten Beweis des Gegenteils, der hier sicher nicht erbracht ist, einzuräumen, daß es ihm um die Wahrheit und sonst nichts geht. Diese löbliche und letztlich selbstverständliche Absicht beweist natürlich noch nicht, daß der betreffende Theologe recht hat. In tausend Streitigkeiten innerhalb der Theologie, der Philosophie, geht es immer um die Wahrheit. Jeder, der sich dabei zu Wort meldet, sucht diese Wahrheit zu sagen – und zu vertreten; und es ist beim besten Willen nicht möglich, daß immer alle recht haben. Also muß gefragt werden, wer nun recht hat. Auch bei

Einräumung hoher Intelligenz und edelstem Wahrheitsstreben kann ein Theologe nicht nur irren, sondern auch seinen Irrtum mit bestem Wissen und Gewissen vertreten.

Die für mich selbstverständliche katholische Lehre ist, daß das Glaubensbewußtsein der Kirche zu entscheiden hat. Dieses Glaubensbewußtsein der Kirche äußert sich aber, wenn auch in verschiedenem Grad der Verbindlichkeit, auch in den amtlichen Erlassen des kirchlichen, römischen Lehramtes. Küng wird diese Meinung so absolut und verbindlich nicht haben. Küng wird sagen, auch wenn die römische Glaubensbehörde die absolute Verbindlichkeit des I. Vatikanischen Konzils erkläre, sei eben diese Erklärung selber wieder bezweifelbar und deshalb unverbindlich. Wer also entscheidet denn eigentlich, was innerhalb der katholischen Kirche als kirchliche Lehre gelehrt werden kann und was nicht? Küng wird (wahrscheinlich) sagen: Das entscheidet sich durch den Disput, durch die immer weitergehende Geschichte des kirchlichen Glaubensbewußtseins von selbst.

Ich bin demgegenüber mit der katholischen Lehre, sagen wir einmal ganz vorsichtig, der letzten Jahrhunderte, der absoluten Überzeugung, daß es für eine solche Grenzziehung auch eine kompetente Stelle im römischen Lehramt (Papst und Bischöfe) gibt, an welche ich als katholischer Theologe gehalten bin. Wenn ich in einen absoluten Konflikt mit dieser Grenzziehung käme und mein Wahrheitsgewissen mir gebieten würde, einen entschiedenen Protest zu erheben, dann müßte ich die Konsequenz ziehen und sagen: gut, ich bin nicht mehr katholisch. Ich billige den unendlich vielen Menschen auf der Welt, zumal in der übrigen Christenheit, die Überzeugung zu, daß sie guten Wahrheitsgewissens nicht katholisch sein können.

Alle Christenheiten in der Welt, die mit dem römischen Papst nicht in einer Einheit leben, sagen doch, daß der Anspruch des Papstes, wie er vom I. Vaticanum umrissen und vom II. Vaticanum wiederholt wurde, für ihr Wahrheitsgewissen nicht annehmbar ist. Zu einer solchen Meinung kann man verständlicherweise kommen, sonst wären diese unzählig vielen Leute dumm oder böswillig, was ich beides selbstverständlich nicht behaupten kann. Aber ich bleibe bei der Meinung, daß das römische Lehramt das Recht hat, darüber zu befinden, was katholisch gelehrt werden kann und was nicht. Der katholische Theologe bleibt nur dann schlechthin ein katholischer Theologe, wenn er diese römische Grenzziehung respektiert.

Was nun die andere Frage anlangt, nämlich ob Jesus der wesensgleiche Sohn Gottes war, so sehe ich bei Küng keinen absoluten Affront.

Ich habe das Buch »Christ sein« von Küng wirklich von vorne bis hinten gelesen – vielleicht gibt es gar nicht so furchtbar viele, die das auch getan haben – und muß gestehen, daß ich keinen absoluten Affront gegen ein definiertes Dogma in der Christologie entdecken konnte. Es ist natürlich eine andere Frage, ob Küngs Christologie die kirchenamtliche ganz »einholt«. Es ist doch so: Wir haben seit Ephesus und dem Konzil von Chalkedon dogmatisch letztverbindliche christologische Sätze. Es ist aber ebenso selbstverständlich, daß diese Sätze, letztlich ein unaussprechliches Geheimnis Gottes in seinem Verhältnis zur Welt, immer neu auf ihre Verständlichkeit und Assimilierbarkeit bedacht werden müssen.

In dieser christologischen Frage ist mir jedenfalls die »Nichtorthodoxie« Küngs nicht so deutlich wie in der Frage hinsichtlich des Lehramts des Papstes. Ich frage mich, warum Küng nicht einfach erklärt: selbstverständlich bejahe ich die Verbindlichkeit des christologischen Dogmas von Ephesus und Chalkedon, ich denke nur weiter nach bestem Wissen und Gewissen nach, das verständlich zu machen und unter moderneren Aspekten auszusagen. Dann könnte ihn das kirchliche Lehramt nicht beanstanden, nicht in der Christologie. Ich verstehe nicht, warum Küng der römischen Kongregation, wenn ich einmal so boshaft sagen darf, nicht einfach auf diese Weise »den Schneid abkauft«.

Man sollte also die verschiedenen Äußerungen Küngs hinsichtlich der verschiedenen von Rom eingeklagten Themen nicht zu schnell und zu einfach in einen und denselben Topf werfen. Sonst könnte man unter Umständen wirklich Rom den Vorwurf machen, Küng Unrecht zu tun. Für mich ist das chalkedonensische Dogma eine schlechthin verbindliche Größe. Diese Tatsache aber hindert mich in keiner Weise, dieses Dogma von anderen Aspekten her neu durchzudenken, den Zeitgenossen – soweit mir das möglich ist – Überlegungen, Formulierungen, Verständnishilfen anzubieten, die ihnen durch die reine Repetition des alten Dogmas nicht geboten wären. Ein katholischer Theologe muß sie heute für seine Glaubensgenossen suchen.

Ich darf heute unbescheiden sagen, daß ich einmal in der Würzburger Synode gegen Äußerungen von Kardinal Höffner in dieser Hinsicht einen gewissen Protest öffentlich angemeldet habe. Kardinal Höffner sagte, Jesus von Nazareth *ist* Gott. Ich habe erwidert: Selbstverständlich ist das eine christliche, irreversible, endgültig verbindliche Wahrheit. Aber man kann diesen Satz auch mißverstehen. Während andere »Ist-Sätze« eine Identität einfacher Art zwischen (dem Subjekt und – Die Herausgeber) dem Inhalt des Prädikats äußern, ist eine solche Identität zwischen der Menschheit Jesu und Gottes ewigem Logos eben nicht gegeben. Hier besteht eine *Einheit,* nicht eine *Identität.* Ich sage das nur, um deutlich zu machen, daß es hinsichtlich des christologischen Dogmas innerhalb der Kirche und innerhalb ihrer Orthodoxie bleibende Fragen und sogar Meinungsverschiedenheiten gibt. Ich will damit deutlich machen, daß mir hinsichtlich der Christologie die Frage des (bei Küng) Möglichen nicht so einfach zu beantworten ist, wie vielleicht die Kölner kirchliche Verlautbarung es tut. Es gibt gegenwärtig Gefahren eines sterilen, reaktionären Hinterwäldlertums in der Kirche. Gefahren, die durchaus bis zu einem gewissen Grad real werden können. Der Integralismus, der in den letzten Jahren Pius' X. herrschte, ist ein Beispiel dafür, daß in der Kirche solche reaktionären Strömungen eine Zeitlang mächtig sein können. Aber damit ist noch längst nicht gesagt, daß eine solche reaktionäre Atmosphäre endgültig in der Kirche siege. Die Kirchengeschichte geht weiter, und sie geht immer in einem gewissen Auf und Ab weiter, in einem Auf und Ab unter der Führung dessen, der die Kirche – und jetzt rede ich einmal mit Küng – in der Wahrheit hält.

Quelle: Süddeutsche Zeitung, 6. Februar 1980

5.25 Hermann Häring: Doppeldeutig und verkürzend? Zur Christologie von Hans Küng (8. Februar 1980)

Häring ist Privatdozent für Dogmatische und Ökumenische Theologie an der Katholisch-Theologischen Fakultät der Universität Tübingen.

Hans Küng verlor die kirchliche Lehrbefugnis offiziell wegen der Unfehlbarkeitsfrage. Probleme des »authentischen« Lehramts und der Eucharistie standen im Hintergrund. Ohne rechtliche Grundlage findet sich im römischen Dokument jedoch auch der Verweis auf Fragen der *Christologie* und der Mariologie. Dieser Einschub konnte nur von deutscher Seite veranlaßt worden sein.

Denn aktiv waren deutsche Bischöfe spätestens seit 1975. Im Herbst 1974 erschien »Christ sein«. Ein Kirchenrechtler (!), inzwischen Bischof, erstellte um die Weihnachtszeit des Jahres 1974 ein vertrauliches Gutachten. Im Februar 1975 schon wird das Buch offiziell kritisiert. Eine weitere Stellungnahme erfolgt im Juni. Begriffe wie »Sachwalter« und »Stellvertreter« werden unangemessen herausgehoben, als ungenügend kritisiert und nicht in ihrer positiven Intention gewürdigt. In einem Sammelband (1976) wird Hans Küng eine Antwort auf verschiedenste Kritik verweigert. Zum Mißtrauen gegen »Christ sein« wird jetzt auch von theologischer Seite aufgerufen: Unkirchliche Methode? Mißachtung der Tradition? Zuviel Rationalität? Verkennung der Erlösungswirklichkeit? Christlicher Glaube »der Fäulnis überantwortet« (Ratzinger)? Ende im Abstrusen? Erstaunliche Fragen sind aufgeworfen. Hans Küng reagiert scharf in einem Artikel vom Mai 1976 in der Frankfurter Allgemeinen Zeitung. Dennoch kommt es am 22. Januar 1977 zu einem »*Colloquium*« in Stuttgart. Das vierstündige Gespräch steht unter schwierigen Vorbedingungen. Da sind die Bischöfe und deren Berater, die in »Christ sein« die *Spitzenaussagen* der klassischen Christologie, wie sie meinen, vergeblich suchen: Ist Jesus Gott? Ist er von Ewigkeit gezeugt (Präexistenz)? Ist er in wirklich einzigartiger und unableitbarer Weise Gottes Sohn? Wird die johanneische Christologie genügend betont? Kommt die Verbindlichkeit früherer Konzilien genügend zum Ausdruck? Die Bischöfe wären geradezu dankbar für eine befriedigende Antwort.

Hans Küng kennt Erwartung und Fragen. Er antwortet, argumentiert, appelliert, verweist auf Ergebnisse der Forschung, beruft sich auf die Schrift – und befriedigt doch nicht. Redet man aneinander vorbei? Natürlich hält Küng Konzilien für verbindlich. Für verbindlich aber hält er vor allem die Schrift, und für unabweisbar die Fragen von heute. Man muß also interpretieren. Natürlich nimmt er die »Präexistenz« Christi sehr ernst. Aber er klärt sie zunächst im Kontext des Neuen Testaments. Natürlich hält er Jesu Person für einzigartig und unableitbar. Aber er nimmt die anerkannten Schwierigkeiten der Zweinaturenlehre (Jesus als wahrer Mensch und wahrer Gott zugleich) ebenso ernst wie die Akzentverschiebungen zwischen den Aussagen der frühchristlichen Zeit und denen des Konzils von Chalkedon. Vehement wehrt er sich gegen die Unterstellung, auch von Franz von Assisi oder Mohammed lasse sich sagen, was er von Jesus Christus sagt. Aber wichtiger als die Aufarbeitung binnenkirchlicher Sprachregelungen ist ihm die – wie auch immer formulierte – Einsicht: Wer sich *auf Jesus einläßt,* der läßt sich auf Gott selber ein. In keiner Weise lehnt er deshalb den Gedanken von der Menschwerdung Gottes ab. Aber er legt entschiedenes Gewicht auf die Botschaft von Jesu Tod und Auferstehung.

Sind Küngs Aussagen *doppeldeutig*? Er weist darauf hin, daß vieles überhaupt erst in neuer Sprache und Methode von vielen wieder verstanden wird. Beunruhigt er die Gläubigen? Er gibt den Vorwurf an die öffentliche Küng-Kritik durch Bischöfe und bestimmte Theologen zurück. Müßte er seine Aussagen nicht vertiefen? Er erklärt sich dazu bereit, besteht aber auf dem solidarischen Mitdenken seiner Kollegen. Wäre es nicht ganz einfach, er würde erklären, daß Jesus Christus wahrer Mensch und wahrer Gott sei? Er besteht mit allem Nachdruck darauf, daß unser Glaube verständlich werde, und insistiert auf der neutestamentlichen Redeweise: Jesus Christus ist Gottes Sohn.

Die Bischöfe können unmöglich den Eindruck gewinnen, Küngs Christologie sei häretisch oder gar falsch. Deshalb schleichen sich Kategorien der Quantität ein: Mehr solle er sagen; hinzufügen möge er etwas; ein Zusatz könne Mißverständnisse verhindern. Die Bischöfe sind vorsichtig, verweisen wiederholt auf ihre bischöfliche Verantwortung und bleiben deshalb im Grunde *mißtrauisch*, vielleicht in ihrer Sorge um den wahren Glauben geradezu überfordert. Wo auf befriedigende Kontexte verwiesen wird, da halten sie sich an »unklare« Einzelsätze. Wo ein Einzelsatz befriedigt, da läßt ihnen der Kontext keine Ruhe. Von innerer Freiheit und Gelassenheit ist nichts zu spüren.

Küng dagegen, ständig in Verteidigungspositionen gedrängt, versucht das, was nur in wohlwollenden, entspannten und *eingehenden Gesprächen* hätte gelingen können:

● die Verengung der bischöflichen Fragestellung aufzulösen, da es letztlich nicht um christologische Sätze, sondern um einen Neuzugang zu Person und Sache Jesu Christi überhaupt geht;

● die Bedeutung des neutestamentlichen Zeugnisses gegenüber der gesamten kirchlichen *Tradition* aufzuzeigen, die erst auf dem Hintergrund der ursprünglichen Botschaft stark und zukunftsoffen werden kann;

● die Herausforderung *unserer Zeit* zur Sprache zu bringen, da andernfalls Kirche und Verkündigung ihre aktuelle pastorale Aufgabe verfehlen.

Die weiteren Ereignisse machen deutlich, wie gründlich dies mißlungen ist. In einem Brief vom 21. Februar 1977 erklärt sich Hans Küng noch einmal gegenüber Kardinal Höffner. Er zitiert aus seinem Buch: Jesus »*ist* leibhaftig, *ist in menschlicher Gestalt Gottes Wort und Wille*«, also »Wort Gottes« oder »Sohn Gottes«. Er habe nie daran gedacht, »die Gottessohnschaft Jesu (oder die Trinität) zu bezweifeln«!

Er regt an, Studienprojekte und Studientagungen einzurichten, die Glaubenskommission auf repräsentative Weise zu besetzen, so daß sie sich positiven Aufgaben im Dienst an der Verkündigung zuwenden könne.

Ohne Erfolg bleibt diese letzte Intervention. Die Szene verhärtet sich. Am 22. Januar ging es noch darum, »in angemessener Weise« zur Klärung beizutragen. Einen Monat später wird eine »richtigstellende (!) Präzisierung und Ergänzung« verlangt. Am 22. April 1977 ist der *Schein* einer vorurteilslosen Gesprächssituation endgültig *zerbrochen.* Kardinal Höffner stellt (ohne Rechtstitel übrigens) drei Fragen, die »sehr kurz und prägnant« zu beantworten seien: zur Präexistenz und Gottheit Jesu Christi sowie zum »lebendigen Glaubensbewußtsein« der Kirche.

Wie reagieren? Wer Hans Küng kennt (und im Gottesdienst erlebt hat), der weiß: er hätte die Fragen positiv beantworten können. Zutiefst war er schon durch den *Verdacht* getroffen, er habe dem Credo der Kirche seine Zustimmung verweigert. Jeder, der ihn kennt, weiß aber auch, wie kompromißlos er sich gegen jeden Versuch wehrt, die brennenden Probleme heutiger Glaubensverkündigung auf einfache Katechismusfragen zu reduzieren. Kardinal Höffner hat dies (vgl. den Brief vom 22. 9. 1977) nicht verstanden: »Damit haben Sie zum Ausdruck gebracht, daß ein eindeutiges Ja zu Grundaussagen des katholischen Glaubens von der in Ihrem genannten Buch vertretenen Theologie aus nicht möglich ist.« Gegenüber einer solch verständnislosen Reaktion blieb nur entschiedener Einspruch übrig. Hans Küng erwartet eine Richtigstellung dieser unerhörten Behauptung. Doch der Dammbruch war nicht mehr aufzuhalten.

Was Wunder, daß Kardinal Höffner am 18. Dezember entgegen dem römischen Dokument Fragen der Christologie und sogar der Mariologie in den Vordergrund rückte. Was Wunder, daß das Kanzelwort vom 7. Januar 1980 zu Unrecht wieder auf Punkte zurückkommt, die Küng *nie geleugnet* hat: »Wenn in Jesus Christus nicht Gott selbst sich den Menschen zugewendet hat, dann kann Jesus Christus uns auch nicht von Sünde und Tod erlösen.« Man muß schon in einen sehr verkrampften Verteidigungszwang geraten sein, wenn man einen solchen Satz ausgerechnet gegen Hans Küng ausspielen will. Wer hat ihn in den letzten Jahren wirksamer verdeutlicht als Hans Küng? Anders gewendet: Unsere Bischöfe spüren hoffentlich bald, was sie gutzumachen haben, und ziehen hoffentlich die Konsequenzen.

Quelle: Publik-Form, 8. Februar 1980

5.26 Karl-Josef Kuschel: War Hans Küng gesprächsbereit? (9. Februar 1980)

Kuschel ist wissenschaftlicher Assistent an der Katholisch-Theologischen Fakultät der Universität Tübingen.

Roma locuta: Hans Küng weiche in seinen Schriften von der vollen Wahrheit des katholischen Glaubens ab und könne deswegen nicht mehr als katholischer Theologe gelten noch als solcher lehren. Causa finita? Mitnichten! Seit die Römische Glaubenskongregation kurz vor Weihnachten letzten Jahres mit Zustimmung von Papst Johannes Paul II. diesen »Bannstrahl« gegen Küng erließ, kommt der deutsche Katholizismus nicht zur Ruhe. Dramatische »Vermittlungsaktionen«, die scheitern mußten, erneute Bestätigung des Missio-Entzugs, die alles noch verschlimmerte, Dokumentation in Millionenhöhe nebst Hirtenworten auf allen Kanzeln, um deutsche Katholiken auf bischöflichen Kurs einzuschwören: seit Wochen macht der »Fall Küng« in kirchlicher und nichtkirchlicher Presse Schlagzeilen.
»Fall Küng«? Über 5000 Solidaritätsbriefe erhielt der Tübinger Theologe aus aller Welt von Menschen aus allen Konfessionen, Berufen, Altersstufen. Und deutlich zeichnet sich vor allem auch bei den Dutzenden von öffentlichen Erklärungen verschiedenster Gremien in und außerhalb der Kirche ab, daß es um eines im Fall Küng nicht zu gehen scheint: bloß um einen »Fall Küng« nämlich. Zu bequem wäre solche Personalisierung der ganzen Affäre, zu billig eine Reduzierung des Konflikts auf psychologische Kategorien, als habe man es hier mit einem sturen, unnachgiebigen, egozentrischen Querulanten zu tun. Nein, hier steht – im Kontext der »Fälle« J. Pohier, E. Schillebeeckx, J. B. Metz, nordamerikanischer Moral- und südamerikanischer Befreiungs-Theologen – nicht weniger auf dem Spiel als der Kurs, den die katholische Kirche zu Beginn des neuen Jahrzehnts zu steuern gedenkt: *zurück zu Pius XII.,* wo es zu Beginn der 50er Jahre ebenfalls »Säuberungen« (ähnlich hochdogmatisch begründet) gegen Theologen wie Chenu, Congar, de Lubac, Teilhard de Chardin u. a. gab, *oder nach vorn auf der Linie Johannes XXIII.* hin auf eine Kirche der Offenheit, des Dialogs, der Menschenfreundlichkeit, Christlichkeit. Hin also auf eine Kirche, die ohne Identitätsangst, starren Dogmatismus und geisttötende Buchstabengläubigkeit stark und überzeugend genug ist, um einen Mann wie Hans Küng nicht nur zu verkraften, sondern in seiner theologischen Vermittlungsarbeit für ungezählte Men-

schen »draußen« – von keiner Verkündigung und Katechese mehr erreicht – anzuerkennen.

Denn daran hat ja Hans Küng in diesen Tagen keinen Zweifel gelassen. Er wird trotz allem seiner Kirche nicht den Abschied geben, wie dies viele bereits getan haben und noch tun werden, und dies, weil er nach wie vor nicht bereit ist, die Kirche Christi mit einem bürokratischen Apparat von Glaubenswächtern zu verwechseln. Er wird weiterhin als Priester und katholischer Theologe in kritischer Loyalität zu dieser seiner Kirche sein zentrales Anliegen weiterführen: die Botschaft Jesu Christi den Menschen von heute verständlich zu machen. Und doch: War dieser ganze, die Kirche bis in die Ökumene hinein erschütternde Konflikt wirklich unvermeidbar? Mußte er auf die Spitze getrieben werden? Hätte Küng nicht kompromißbereiter sein können? Hätte er das Gespräch mit Rom nicht suchen müssen? So fragen nicht nur eingefleischte Küng-Gegner. Nun, die Fakten liegen auf dem Tisch: Dokumente über und über! Der »Fall Küng« ist kein Geheimnis. Und wer sich unvoreingenommen informiert, wird feststellen:

1. *Küng war nicht nur zu jedem offenen und ehrlichen Gespräch mit Rom bereit, er hat auch Gespräche geführt!* Wer heute Küngsche Gesprächsbereitschaft fordert, übersieht, daß Küng vor der neuesten Auseinandersetzung längst eine beinahe 20jährige »Gesprächspraxis« mit Rom hatte, bei der er einschlägige Erfahrungen sammeln konnte. Seit 1959 (!), dem Jahr seiner Promotion, existiert bei der Indexabteilung des Ex-Sanctum Offizium ein Dossier Küng mit der Nummer 399/57i: Das schon 1959 erwartete Verfahren gegen »Rechtfertigung« blieb aus, wurde dann aber bei Küngs dritter größerer Veröffentlichung fällig: 1962 mit »Strukturen der Kirche«, dann 1964 mit Küngs kritisch-bilanzierendem Konzilsartikel »Das Konzil – Ende oder Anfang?«. Schon damals lernte Küng, indem er sich dem Verfahren gehorsam unterzog, am eigenen Leibe erfahren, was man in Rom unter »Gesprächen« versteht: der »Angeklagte« wird vor *(ihm vorher unbekannte)* Befrager zitiert, verhört und hat ohne eigenen *Rechtsbeistand und Appellationsmöglichkeit* seine »Abweichung« zu rechtfertigen. Da die anklagende Behörde von vorneherein im Recht ist, kann ein Angeklagter nie Recht bekommen; da das Ergebnis der Befragung *von vorneherein feststeht,* kann ein Gespräch, kann Diskussion nicht stattfinden. Küng hatte es 1964 Kardinal Bea zu verdanken, daß das damalige Verfahren eingestellt wurde.

2. *Zu dem eigentlich größeren Verfahren kam es 1968 gegen Küngs ekklesiologisches Handbuch »Die Kirche«.* Auch hier der gleiche autoritäre Stil: Ohne den Autor gehört zu haben, wird zunächst von römischer Seite die Weiterverbreitung und Übersetzung des Buches verboten, der Autor im Mai 1968 in ultimativer Form zu einem Kolloquium nach Rom vorgeladen, *ohne daß Verhandlungsthemen oder Verhandlungspartner mitgeteilt würden.* Wich Küng einem fairen Gesprächsangebot aus oder schob er ausweichend Verfahrensfragen vor Sachfragen, wenn er in seiner Antwort an die Glaubenskongregation schon vom Mai 1968 zwar seine grundsätzliche Bereitschaft zum Gespräch erklärte, von eigenen Erfahrungen belehrt aber um der Sache Willen auf gerechten und fairen Bedingungen für ein solches Gespräch bestand, die in heutiger Justizpraxis selbst jedem Verbrecher zugestanden werden? Im August 1968 teilt die Kongregation tatsächlich die Namen der Verhandlungspartner mit, kündigt »bald« die Themen an und ist im übrigen gezwungen, auf Weisung Pauls VI. eine neue Verfahrensordnung zu erarbeiten, die 1971 erscheint. Doch statt Küng die angekündigten Themen zu schicken, schweigt die Kongregation drei Jahre lang und eröffnet stattdessen *im Juli 1971 plötzlich ein zweites Verfahren* gegen Küngs neues Buch »Unfehlbar? Eine Anfrage«. Da auch die neue Verfahrensordnung keine substantiellen Verbesserungen brachte, mußte Küng weiterhin auf Verfahrensfragen bestehen, von denen, wie man weiß, ganz entscheidend die Wahrheitsfindung abhängt und ohne die ein Gespräch nicht gerecht und fair genannt werden kann. Immer wieder über vier Jahre nun die Linie: *Ja zu jedem ehrlichen Gespräch. Nein zum bloßen Verhör vor einer Behörde, bei der Untersuchende, Anklagende und Richtende identisch sind,* die keinen *freigewählten* Verteidiger gestattet, die *freie Akteneinsicht* verweigert, Möglichkeiten der *Appellation* nicht kennt und nur einseitig an *Fristen* gebunden ist.
Nach der Veröffentlichung von »Mysterium ecclesiae« (1973) »stellt« die Kongregation die beiden Verfahren gegen »Die Kirche« und »Unfehlbar?« 1975 freilich überraschend »ein« (Kardinal Šeper). Kardinal Döpfner kündigte damals einen »neuen Stil« innerkirchlicher Konfliktbewältigung an.
3. *Vier Jahre schwieg Rom seitdem, bis Küng plötzlich im Dezember 1979 wieder überrascht wird:* Bei der Begründung des Missio-Entzugs greift Rom auf Verfahren zurück, die 1975 eingestellt waren und nie neu eröffnet wurden. Formal sind freilich Küngs kleine Schriftchen zur Unfehlbarkeitsfrage vom Frühjahr 1979 (Hasler-Vorwort;

»Kirche – gehalten in der Wahrheit?«) der Anlaß. Doch bedeutete die damalige Einstellung der Verfahren weder ein »Publikationsverbot« – wie Kardinal Döpfner damals ausdrücklich bestätigte –, noch wurde Küngs Hinweis, er wolle mit diesen Publikationen keinen neuen Unfehlbarkeitsstreit provozieren, ernstgenommen. Wie immer: Die Aufnahme eines neuen Verfahrens in Sachen Unfehlbarkeit hätte formal erfolgen müssen, wollte man eine so schwerwiegende Disziplinarmaßnahme darauf gründen.

Entscheidend aber: In die römische und auch die begleitende deutsche Erklärung sind *Fragen der Christologie und Mariologie als Begründung für den Missio-Entzug eingegangen, die nie Gegenstand eines deutschen oder römischen Verfahrens waren.* Gegen »Christ sein« ist nie verhandelt worden! Zwar hatte Küng von 1975 bis 1977 einen ausführlichen Briefwechsel mit der Deutschen Bischofskonferenz in Sachen Christologie, zwar hatte er obendrein mit Vertretern der Deutschen Bischofskonferenz ein vielstündiges Kolloquium 1977 in Stuttgart über christologische Fragen, die er dann in »Existiert Gott?« ausdrücklich präzisierte und klärte, aber dies alles war nie Teil eines offiziellen Glaubensverfahrens. Wenn also in das römische Dekret und entsprechende deutsche Begleiterklärungen Gespräche und Briefe Küngs als Begründung für rechtswirksame Disziplinarmaßnahmen eingegangen sind, die nie Gegenstand eines rechtlichen Verfahrens waren, hat man dann nicht gegen Geist und Buchstabe der eigenen Verfahrensordnung verstoßen, ja muß Küng dann seine eigene Gesprächsbereitschaft und Gesprächspraxis nicht unfair ausgenützt sehen, wenn man so die eigene Verfahrensordnung unterläuft? Ist dann im Umgang des Lehramts mit den Theologen nicht jener Willkür Tür und Tor geöffnet, die die eigene Verfahrensordnung gerade verhindern wollte? Wozu dann noch Verfahren, wenn der nicht ausreichend beantwortete Fragebogen eines Kardinals schon ausreicht, einen Theologen zu disziplinieren.

Dies alles zeigt: *Verfahrensfragen in der Kirche sind keine Randfragen.* Hier ist nicht ein Theologe auf Verfahrensfragen ausgewichen, um die Sachfragen zu umgehen, sondern hat unter persönlichen Risiken ständig darauf hingewiesen, daß man über Sachfragen nicht reden kann, daß über Sachfragen anders entschieden wird, wenn die Bedingungen des Gesprächs nicht in Ordnung sind. Nein, diese leidigen Verfahrensfragen sind es, in denen sich kirchliches Selbstverständnis offenbart, die etwas aussagen über die Art und Weise, wie Menschen in der Kirche Christi miteinander umgehen, die etwas widerspiegeln davon, ob und wie Theologen in ihrer Eigenständigkeit ernstgenommen werden, ob und wie von beiden Seiten um die Wahrheit des Evangeliums gerungen wird – fern jedes selbstsicheren Wahrheits- und Heilsbesitzes.

Roma locuta, causa aperta: Die Frage im »Fall Küng« wie in ungezählten Fällen, die wir erlebt haben und erleben werden, kann also nicht heißen: War Küng genügend gesprächsbereit? (Er war es!) Sie muß richtiger lauten: Wann wird das Lehramt in unserer Kirche lernen, daß es der Wahrheit des christlichen Glaubens sowie dessen Glaubwürdigkeit nach innen und außen besser dient, wenn es mit seinen kritisch-loyalen Theologen nicht autoritär-disziplinierende, sondern brüderlich-lernoffene, dem Geiste Jesu von Nazarets verpflichtete Gespräche führt? Und dies im Vertrauen darauf, daß die Wahrheit des Evangeliums sich durchsetzen wird, bei wem immer sie liegt.

Quelle: Imprimatur, 9. Februar 1980

5.27 Axel von Campenhausen: Der Staat schafft Ersatz. Der Fall des Theologen Küng und die rechtlichen Folgen (10. Februar 1980)

Von Campenhausen ist Professor für Öffentliches Recht, Kirchenrecht und Staatskirchenrecht an der Universität München und Leiter des kirchenrechtlichen Instituts der Evangelischen Kirche in Deutschland.

Kein Zweifel: Durch die Entziehung der Missio canonica des Professors Küng sind die evangelische Kirche und alle Christen betroffen. Mit seinem Eintreten für die Anerkennung des kirchlichen Amtes und des Altarsakraments der evangelischen Kirche durch Rom hat Küng eine wichtige Position im ökumenischen Gespräch eingenommen. Die Betroffenheit aller Christen hat vielfältigen Ausdruck gefunden. Dabei ist weniger deutlich ausgesprochen worden, daß solche schmerzlichen Fälle immer wieder vorgekommen sind und daß das staatliche Recht seit Jahrzehnten ein Instrumentarium bereitgestellt hat, um sie rechtlich zu lösen. Für den Kenner der Rechtslage bestehen keine Zweifel, was das rechtliche Schicksal des Gemaßregelten anbelangt: Er wird seinen Sitz in der katholisch-theologischen Fakultät räumen müssen, um einen Lehrstuhl mit abweichender Bezeichnung in einer anderen Fakultät (Fachbereich) zu übernehmen. Anders als bei einer politischen Partei, die ihren lästig gewordenen

Vorsitzenden über Nacht und in dessen krankheitsbedingter Abwesenheit buchstäblich hinauswerfen kann, sind die Professoren Beamte, denen lebenslänglich Anstellung, Besoldung, Lehr- und Forschungsmöglichkeiten durch das Recht garantiert sind. Es ist deshalb unerfindlich, wieso eine Ministerin derselben Partei die Gefahr einer Verletzung des Grundrechts der Wissenschaftsfreiheit (Artikel 5 Grundgesetz) wittert. Allerdings sichert dieses Grundrecht keinem Gelehrten das Recht, als Mitglied einer katholisch-theologischen Fakultät zu wirken. Dieser kommt nämlich rechtlich ein Doppelcharakter zu. Sie ist selbstverständlich staatliche Fakultät, gleichzeitig ist sie aber auch von der katholischen Kirche als kirchliche Fakultät anerkannt. Die katholisch-theologische Fakultät genießt deshalb auf Grund katholischen Kirchenrechts zugleich einen kirchlichen Status, die Fakultätsexamina haben innerkirchliche Geltung, der Doktorgrad und die Habilitation verleihen Rechte auch in der katholischen Kirche.

Was katholische Lehre ist, beurteilen nach römisch-katholischem Verständnis die Bischöfe, die auch hierin dem päpstlichen Lehramt unterstehen. Staat und Kirche müssen also bei der Besetzung der Professuren zusammenwirken, um den Interessen beider Institutionen gerecht zu werden.

Die theologischen Fakultäten sind damit ein Paradebeispiel dafür, daß die organisatorische Trennung von Staat und Kirche bei gleichzeitiger Geltung der Religionsfreiheit eine Zusammenarbeit zwischen Staat und Kirche unerläßlich macht: Das Wirkungsfeld beider überschneidet sich nicht nur gelegentlich, sondern überlappt sich in großen Bereichen des Lebens. Um bei unserem Beispiel zu bleiben: Der Staat hat ein Interesse daran, den Beitrag der ältesten Fakultät im Konzert des staatlichen Hochschulsystems zu erhalten; er ist berechtigt und verpflichtet, dem Ausbildungsbegehren seiner Staatsbürger auch für die vielen kirchlichen Berufe nachzukommen. Da er theologische Positionen nicht einnehmen darf, kann er aber nicht entscheiden, ob ein Gelehrter Theologie im Sinne der betreffenden Kirche lehrt. Weil er also auf die Mithilfe der Kirche angewiesen ist, ist deren Beteiligung bei der Zusammensetzung der Fakultäten unentbehrlich.

Die einschlägige bewährte Praxis des Interessenausgleichs aus dem 19. Jahrhundert hat im 20. Jahrhundert in den Konkordaten mit der katholischen Kirche ihren positiven Niederschlag gefunden. Für die Tübinger Universität gilt das Reichskonkordat von 1933, das in Artikel 19 jedoch im wesentlichen nur auf die »in den einschlägigen

Konkordaten und dazugehörenden Schlußprotokollen festgelegten Bestimmungen unter Beachtung der einschlägigen kirchlichen Vorschriften« verweist. Die damit angesprochenen Landeskonkordate von Bayern (1924), Preußen (1929) und Baden (1932) gestehen übereinstimmend dem zuständigen Bischof nicht nur eine Mitsprache bei der Besetzung der Professuren zu. Der Bischof kann vielmehr auch nachträglich eine Beanstandung gegen Professoren »wegen seiner Lehre oder wegen seines sittlichen Verhaltens aus triftigen Gründen« (so Bayerisches Konkordat) vorbringen. Dies verpflichtet den Staat, den Professor unbeschadet seiner staatsdienerlichen Rechte zu versetzen und alsbald auf andere Weise für entsprechenden Ersatz zu sorgen. Die anderen Konkordate sehen entsprechende Abhilfe- und Ersatzgestellungspflichten vor. Ein Nachprüfungsrecht steht dem Staat nicht zu.

Das heißt im Klartext: Küng bleibt Professor, freilich nicht der alten Fakultät, für diese muß der Staat Ersatz schaffen.

Von mehreren Seiten ist der Vorschlag gemacht worden, Küng könne doch auch ohne kirchliche Vollmacht am alten Platz bleiben. Dieser bei Rechtskenntnis verblüffende, übrigens neue Vorschlag verkennt die Bedeutung der Fakultätszugehörigkeit. Wie der einzelne Professor, so ist auch die katholisch-theologische Fakultät als solche kirchlich eingebunden, ja die Innehabung der Professur selbst wird in ihrer spezifischen Eigenart durch die Zugehörigkeit zur universitären Teilkorporation der katholisch-theologischen Fakultät vermittelt (*Hollerbach*). Kann ein Professor nicht mehr mit bischöflicher Genehmigung lehren, so kann er auch nicht Mitglied der Fakultät bleiben. So war die deutsche Praxis seit Generationen und so auch die Rechtsmeinung. Beide fanden in der Änderung des Bayerischen Konkordats von 1974 ihre deklaratorische Bestätigung: »Die Anwendung des Artikels 3 § 3 hat daher die Folge, daß der Lehrer aus dem theologischen Fachbereich ausscheidet.« Die menschlich verständliche Versuchung wohlmeinender Zeitgenossen, den Verbleib doch noch für zumutbar zu halten, verkennt, daß hierüber nach dem katholischen Verständnis der zuständige Bischof allein entscheidet (der freilich der Weisung des Papstes untersteht).

Für Protestanten, deren Verständnis vom Lehramt, von der bischöflichen Gewalt, dem Verhältnis von theologischer Fakultät und Kirchenleitung anders ist, ist wichtig zu erkennen, daß es auch ihre Freiheit ist, die durch die staatliche Respektierung der bischöflichen Entscheidung gewahrt wird. Hat die Evangelische Kirche Bremens nicht erst kürzlich dem Staat das Recht bestritten, darüber zu befinden, ob nach evangelischem Verständnis Pfarrer politische Mandate übernehmen dürfen? Das Bundesverfassungsgericht wies die staatliche Anmaßung bekanntlich zurück. Über kirchliche Angelegenheiten befinden die Kirchen ohne staatliche Nachhilfe.

Unabhängig von der menschlichen und ökumenischen Tragik des Falles Küng sind besondere rechtliche Probleme durch den Fall also nicht hervorgerufen. Freilich berührt ein Fall Küng den Status evangelisch-theologischer Fakultäten in politischer Hinsicht.

Einmal liegt es auch in dem rechtlichen Interesse der evangelischen Fakultäten, daß in andere Fakultäten verlagerte gemaßregelte Kollegen für ihren Lehrstuhl eine Bezeichnung zugelegt bekommen, die eine Verwechslung mit den Lehrstühlen innerhalb der theologischen Fakultät ausschließt. Die theologischen Fakultäten und ihre Lehrstuhlbezeichnungen sind sozusagen Markenartikel, deren Name nicht durch irreführende Bezeichnungen innerhalb anderer Fakultäten beeinträchtigt werden darf.

Schließlich sind die Protestanten daran interessiert, daß Entzüge der »Missio canonica« (Lehrverpflichtung) zahlenmäßig in Grenzen gehalten werden. Wenn katholische Theologen in größerer Zahl, als es bereits der Fall ist, die Gunst der Beamtenstellung zum Eheschluß benutzen und dadurch für katholisches Verständnis als Lehrpersonen ausscheiden, droht dies für den Staat teuer zu werden – mit der Gefahr von Rückwirkungen auf den politischen Bereich, wo staatskirchenrechtliche Verwegenheiten bekanntlich gern in Reform-Papieren einen Niederschlag finden.

Quelle: Deutsches Allgemeines Sonntagsblatt, 10. Februar 1980

5.28 Gerhard Otte: Zur Erklärung der sieben Professoren über den Verbleib von Hans Küng in der Katholisch-Theologischen Fakultät (15. Februar 1980)

Otte ist Professor für Deutsche Rechtsgeschichte und Zivilrecht an der Fakultät für Rechtswissenschaft der Universität Bielefeld.

Die am 5. 2. veröffentlichte Erklärung von sieben Professoren der Tübinger Katholisch-Theologischen Fakultät (vgl. Dokument 3.31 – die Herausgeber) hat im Fall Küng wesentliche neue Akzente gesetzt.

Es zeigt sich nun erstens, daß nicht nur die Frage der Richtigkeit oder Vertretbarkeit theologischer Aussagen aufzuarbeiten ist, sondern ebenso die Funktion der Theologie als Wissenschaft im gegenwärtigen Konflikt. Es wird zweitens die Notwendigkeit deutlich, das in kirchlichen Kreisen weithin herrschende Rechtsverständnis offen zur Sprache zu bringen. Es sind drittens staatskirchenrechtliche Argumente zu prüfen, die die anstehende Entscheidung über den Verbleib Küngs in seiner Fakultät in eine bestimmte Richtung drängen wollen.

1. Die »Tübinger Sieben« verstehen ihre Erklärung offensichtlich als Dienst an der Herstellung innerkirchlichen Friedens. Sie wollen verhindern, daß »nur Scherben übrigbleiben«, und warnen vor der »totalen Konfrontation zwischen progressiven und konservativen Kräften«, vor einem neuen »Kirchenkampf«. Sie sind sich dabei wahrscheinlich auch breiter Zustimmung für ihre Intention sicher. Die Frage ist jedoch, auf welche Weise sich Theologen als Wissenschaftler an der Herstellung innerkirchlichen Friedens beteiligen können. Der Vorstoß der Sieben erweckt den Anschein, als wollten sie für ein Versagen mit Mitteln in die Bresche springen, die zumindest primär nicht die ihren sind, und dabei ihre ureigenen Mittel vergessen. Schlichten ist in der Kirche gewiß jedermanns Aufgabe, aber das Hirtenamt hat sie zuallererst. Dieses hat jedoch dafür die Hände nicht frei, solange es an Sanktionen festhält. Die Sanktion schließt aus. Rom und die deutschen Bischöfe können derzeit nicht an Befriedung denken, es sei denn an Befriedung unter Ausschluß des Sanktionierten, was gerade den Zustand schärfster Konfrontation ausmacht. Deshalb können sich im Moment auch die Sieben mit ihrem Ruf nach Befriedung nicht verständlich machen, da sie nicht zugleich die Rücknahme der Sanktion gegen Küng verlangen. Es bleibt offen, welche »Befriedung« sie eigentlich meinen. Auch von ihrer Aufforderung, Polemik zu unterlassen, dürfen sie sich keine Wirkung erhoffen. Es war wirklich nicht zu erwarten, daß Küng und alle, die sich von dem Entzug seiner missio canonica mitgemeint und mitgetroffen fühlen, nicht als Betroffene reagieren würden.

Da theologische Probleme den Grund der Kontroverse ausmachen, durfte von Küngs Kollegen Auskunft darüber erwartet werden, wie sie sich die Klärung dieser Probleme vorstellen. In dieser Hinsicht bietet die Erklärung der Sieben ein Bild der verpaßten Gelegenheiten. Kein Wort darüber, daß Küngs »Anfrage« eine Antwort oder, wenn man die Anfrage für bloß rhetorisch hält, eine Gegendarstellung, und zwar Punkt für Punkt, dringend nötig macht. Keine Andeutung dahingehend, daß das von Hasler skizzierte Bild Pius' IX. und des I. Vatikanum einer Prüfung aufgrund aller verfügbaren historischen Quellen bedarf, wenn es denn keinen Bestand haben soll. Keine Selbstverpflichtung der Theologen, die kontroversen Punkte verstärkt zum Gegenstand der Forschung zu machen und für die Erhöhung des Informationsstandes, auch bei Nichttheologen, zu sorgen. Kein Angebot, die christologischen Streitigkeiten zwischen Kardinal Höffner und Küng wenigstens verständlich zu machen durch den Hinweis, daß hier verschiedene theologische Redeweisen, mehr ontisch geprägtes und mehr funktional geprägtes Denken, einander gegenüberstehen. Die Liste der Desiderate läßt sich verlängern. Insgesamt ein kompletter Verzicht auf den Beitrag der Theologie zur Bewältigung eines theologischen Konflikts. So muß natürlich die Verwahrung der Sieben gegen die »aus Köln kommende öffentliche Disqualifikation heutiger Theologie« schwach wirken. So muß Theologie in ihrer innerkirchlichen Wirkung verpuffen, zur Enttäuschung der Katholiken, deren vom Lehramt unbeantwortete Fragen durch die Eliminierung eines Fragers nicht mehr zum Schweigen gebracht werden. Das mangelnde Selbstbewußtsein der Theologie mag symptomatisch sein für den Pontifikat Johannes Pauls II. Die Theologie wirkt wie gelähmt in einem Moment, in dem die lehramtlichen Untersuchungen und Beanstandungen theologischer Äußerungen zunehmen. Schon wird glaubhaft von einer bevorstehenden Zurechtweisung deutscher Moraltheologen gesprochen.

2. Die Bewertung, die die Sieben dem römischen Verfahren gegen Küng (»eine Verfahrensweise, die dem heutigen Rechtsempfinden und dem Geist des Christentums nicht entspricht«) zuteil werden lassen, erscheint eindeutig. Und doch ist sie es nicht, denn sie bleibt ohne Konsequenz. Rechtsverletzungen dürfen nicht lediglich bedauert, sondern müssen rückgängig gemacht werden. Dem kirchlichen Rechtssystem entspricht allerdings die Vorstellung von einer jederzeitigen Verfügbarkeit des Rechts eher als der Glaube an seine Unbedingtheit. Deshalb finden sich die meisten Priester mit den Inhalten und der Handhabung kirchlichen Rechts immer noch ab. Vom Standpunkt des Rechtsstaats aus – und um Selbstverständlichkeiten des Rechtsstaats geht es, wenn Küng ankündigt, erforderlichenfalls um seine Mitgliedschaft in der Theologischen Fakultät vor den staatlichen Gerichten bis zur letzten Instanz kämpfen zu wollen –, von diesem Standpunkt aus ist es unerträglich, daß die Sieben Küngs An-

kündigung als »Drohung« diskreditieren. Rechte sind da, um in Anspruch genommen zu werden. Wer prozessuale Rechte diskreditiert, wendet sich gegen, geschichtlich längst als notwendig erkannte, Formen des Schutzes des Einzelnen gegenüber der Macht, gegen Formen der Kontrolle von Macht.

3. Die Entscheidung, die der Kultusminister des Landes Baden-Württemberg über den Antrag des Rottenburger Bischofs auf Entfernung Küngs aus der Katholisch-Theologischen Fakultät zu treffen hat, muß die konkordatsmäßigen Verpflichtungen des Staates gegenüber der Kirche, aber auch den grundgesetzlich gebotenen Schutz der Wissenschaftsfreiheit respektieren. Das Konkordatsrecht verpflichtet den Staat, für Ausbildung und Prüfung der Studenten der katholischen Theologie Universitätslehrer zu stellen, die mit kirchlicher Zustimmung lehren. Hier stellt sich nun die Frage, ob der Entzug der kirchlichen Lehrerlaubnis im konkreten Fall in einer für den Staat überhaupt beachtlichen Weise erfolgt ist, m.a.W. ob rechtliche Mängel dem kirchlichen Verfahren anhaften, die es dem Staat nach seinen eigenen Rechtsgrundsätzen verbieten, dem durch Bischof Moser gestellten Antrag Beachtung zu schenken. Es gibt den Grundsatz der Wahrung des ordre public, wonach für die Beachtlichkeit der Normen und Entscheidungen einer anderen Rechtsordnung – dies gilt auch für die kirchliche – Grenzen dort gezogen sind, wo für das deutsche staatliche Recht grundlegende Rechtsanschauungen verletzt sind. Die Präzisierung des ordre public gerade im Hinblick auf das Recht der katholischen Kirche steht noch aus. Es ist zu entscheiden, ob Verhinderung einer frei gewählten Verteidigung und Verweigerung der Akteneinsicht, vor allem aber der Umstand, daß die christologischen Kontroverspunkte gar nicht Gegenstand des römischen Verfahrens waren, derart gravierende Verfahrensfehler sind, daß ein Verstoß gegen den ordre public der Bundesrepublik Deutschland anzunehmen ist. Zu bedenken bleibt auch, ob schon von einer endgültigen innerkirchlichen Entscheidung gegen Küng gesprochen werden kann, was ja Voraussetzung für ein Tätigwerden des Kultusministeriums sein muß. Zwar sieht das katholische Kirchenrecht gegen Entscheidungen römischer Kongregationen nicht ausdrücklich Rechtsmittel vor, doch ist Appellation an den Papst immer möglich. Wenn Küng die ernstliche Absicht hat, eine innerkirchliche Überprüfung der gegen ihn ergangenen Entscheidung anzustrengen, und solange ihm diese Möglichkeit nicht von zuständiger Stelle ausdrücklich verbaut wird, muß der Kultusminister die Dinge als im Fluß befindlich

betrachten und kann gar nicht tätig werden.

Geht man aber davon aus, daß eine den Kultusminister zum Handeln verpflichtende Situation bereits da ist, so stellt sich die Frage, ob eine Entfernung Küngs aus der Katholisch-Theologischen Fakultät angesichts der Garantie der Wissenschaftsfreiheit eine zulässige Maßnahme sein kann. Es überzeugt nicht, wenn gesagt wird, die Wissenschaftsfreiheit werde auf keinen Fall tangiert, da die beamtenrechtliche und hochschulrechtliche Stellung Küngs als Professor an der Universität Tübingen auf jeden Fall unangetastet bleibt. Die Entfernung aus seiner Fakultät wäre eine Sanktion, ausgelöst letztlich durch von Küng vertretene Lehrmeinungen. Daß Sanktionen für wissenschaftliche Standpunkte Eingriffe in die Wissenschaftsfreiheit darstellen, liegt so klar auf der Hand, daß darüber eigentlich kein Wort zu verlieren ist. Fraglich kann hier nur sein, ob solche Einschränkungen um der Erfüllung konkordatsmäßiger Verpflichtungen des Staates gegenüber der Kirche willen hinzunehmen sind. Hier steht aber nur eines fest: Der Entzug der kirchlichen Lehrerlaubnis eines Hochschullehrers bedeutet den Verlust der Ausbildungsrelevanz der Veranstaltungen dieses Hochschullehrers im theologischen Studiengang und verpflichtet den Staat, für Ersatz zu sorgen, d. h. einen anderen Hochschullehrer für die betreffenden Aufgaben zu berufen. Für die Frage, ob weitergehende Konsequenzen zu ziehen sind, gilt das Prinzip des geringstmöglichen Eingriffs. Es dürfen nur solche Folgerungen gezogen werden, die für die Erfüllung der konkordatsmäßigen Verpflichtung des Staates unerläßlich sind. Die Stellung Küngs als Direktor eines Instituts für ökumenische Forschung kann z. B. nicht entzogen werden, denn weder bezieht sich die kirchliche Lehrerlaubnis auf die Forschungstätigkeit, noch gibt es eine konkordatsmäßige Bindung des Landes Baden-Württemberg bzw. dieses Instituts. Aber auch die Mitgliedschaft in der theologischen Fakultät hängt nicht, jedenfalls nicht unmittelbar, vom Bestand der kirchlichen Lehrbefugnis ab. Es müßte schon die vom Staat übernommene Aufgabe, für die wissenschaftliche Ausbildung in katholischer Theologie zu sorgen, durch den Verbleib des Hochschullehrers ohne kirchliche Lehrerlaubnis in der Fakultät unmöglich gemacht oder erschwert werden, wenn man die Entfernung des Betreffenden aus der Fakultät für geboten halten will. Hier wird man u. U. von Fall zu Fall unterschiedlich entscheiden müssen. Küng hat seine Bereitschaft versichert, der katholischen Kirche als Theologe weiterhin zu dienen. An diese erklärte Bereitschaft hätten sich Verwaltungsgerichte, die über die Rechtmäßigkeit einer

Versetzung Küngs in eine andere Fakultät zu entscheiden hätten, zu halten. Zwar ersetzt diese Bereitschaft nicht die fehlende kirchliche Lehrerlaubnis, aber sie ist die tatsächliche Basis für die Annahme, daß konstruktive Zusammenarbeit in der Fakultät weiterhin möglich ist. Bis zum Beweise des Gegenteils kann nicht angenommen werden, daß in der Katholisch-Theologischen Fakultät in Tübingen neuerdings auf der einen oder der anderen oder auf beiden Seiten eine Verfolgungsmentalität ausgebrochen ist.

5.29 Willem Adolph Visser't Hooft: Das ist nicht das Ende des katholischen Frühlings (17. Februar 1980)

Visser't Hooft war von Anfang an Generalsekretär des Weltkirchenrates, ist jetzt dessen Ehrenpräsident und Ehrenbürger der Stadt Genf.

Die Maßnahmen, die gegen Professor Hans Küng ergriffen wurden, haben viele Fragen aufgeworfen: dogmatische, ekklesiologische, rechtliche. Für die Zukunft der katholischen Kirche wie auch für die ökumenische Bewegung scheint mir die Beziehung zwischen Lehramt und Theologie die zentrale Frage zu sein. Kann und will die katholische Kirche ihren Theologen jene Freiheit zugestehen, die viele, unter ihnen gerade die Begabtesten, beanspruchen, oder will sie ihren Theologen weiterhin nur die Funktion der Hilfstruppe einer Hierarchie zuweisen, die ausschließlich das Recht besitzt, das Evangelium auszulegen?
Bis zum Pontifikat Johannes XXIII. war die Situation der katholischen Theologen äußerst schwierig. Männer, die später als wahre Lehrer der Kirche Anerkennung fanden (Chenu, Congar, de Lubac, Rahner) betrachtete man als gefährliche Geister, deren Schriften man einer strengen Zensur unterwerfen mußte. Die Enzyklika »Humani generis« (1950) sagte es klar und deutlich, die Aufgabe, das »depositum fidei« authentisch zu interpretieren, habe der Erlöser nicht den einzelnen Gläubigen und nicht den Theologen anvertraut, sondern allein dem Lehramt der Kirche.

Nach diesem »Winter« war das Zweite Vatikanische Konzil für die Theologen ein herrlicher »Frühling«. Jetzt waren sie mit dabei als offizielle Experten oder als Berater. Die Bischöfe baten sie, ihnen über die großen theologischen Probleme, die in den Konzilkonstitutionen behandelt werden sollten, Vorlesungen zu halten. Und wenn es Berichte abzufassen galt, wurden die Theologen eingeladen, die Grundlagen zu erarbeiten. Es erstaunt nicht, daß manche Bischöfe schließlich ironisch fragten: »Wem wurde nun das Lehramt eigentlich anvertraut, uns Bischöfen oder den Theologen?« Damit begann eine Renaissance der katholischen Theologie, die in der Folge einen ganz neuen Stellenwert nicht nur in der katholischen Kirche bekam. Es gab eine Zeit, da sagte man: »catholica non leguntur« (man liest keine katholischen Bücher), weil man in ihnen nur immer die alten Argumente wiederholt fände. Um 1920, als ich im Studium war, interessierten sich weder die protestantischen Professoren noch ihre Studenten für die katholische Theologie. In den vergangenen zwanzig Jahren aber wurden die Schriften der katholischen Theologen zur selbstverständlichen Lektüre. Ein echtes aggiornamento, gewissermaßen eine theologische Explosion. 1966 sagte Karl Barth, nachdem er die Möglichkeit gehabt hatte, Vertretern der katholischen Theologie aus den verschiedensten Ländern zu begegnen, er würde sich glücklich schätzen, hätte man protestantischerseits eine ebenbürtige theologische Bewegung vorzuweisen.

Zwanzig Jahre lang hat dieser Frühling der katholischen Theologie (man könnte ihn johanneischen Frühling nennen) ebenso bemerkenswerte wie unerwartete Ergebnisse hervorgebracht. Unvermeidlich waren daher Spannungen zwischen der neuen Generation, die von der neuen Freiheit Gebrauch machen wollte, und denjenigen, die glücklich gewesen waren, einer unveränderlichen Kirche anzugehören: »Ecclesia semper eadem«.

Was tut nun das Lehramt in einer solchen Situation? Nimmt es die neue Lage einfach hin? Unter dem Pontifikat Pauls VI. hatte man den Eindruck, daß die Hierarchie und vor allem der Vatikan beunruhigt waren über die Emanzipationsbestrebungen der Theologie, aber daß man zu dem Schluß gekommen sei, disziplinarische Eingriffe würden mehr Schaden anrichten als Nutzen bringen.

Sind wir heute Zeugen vom Ende dieser Periode der neuen Freiheit? Zieht man die Zahl der anstehenden Verfahren in Betracht, in denen die Glaubenskongregation im Begriffe ist, Sanktionen vorzubereiten, ist man versucht, es zu glauben.

Es ist ganz natürlich, daß Hans Küng im Mittelpunkt des Konfliktes steht. Denn unter den Theologen an vorderster Front ist er der wagemutigste. Außerdem hat er eine sehr breite Zuhörerschaft, nicht nur bei seinen Kollegen, sondern bei all denen, die Antwort suchen auf ihre geistigen Fragen in einer sich ständig wandelnden Welt.

Die Frage nach der Freiheit der Theologen ist nicht nur eine Frage der Disziplin. Sie hat eine tiefe ekklesiologische Bedeutung. Sie hängt zusammen mit der Natur der Kirche selbst. Gibt es ein Lehramt, das sozusagen dem Papst und den Bischöfen vorbehalten ist, oder ist das ein Lehramt, an dem die ganze Kirche teil hat, in dem die Bischöfe zwar ihren besonderen Platz haben, aber auch die Theologen ihre eigene Verantwortung?

So protestantisch ist Küng gar nicht

Man soll nicht vorschnell sagen, Küng schlage einen Weg ein, der geradewegs zum Protestantismus führe. In der Tat vertritt er in einigen Punkten Positionen, die von der protestantischen Auffassung nicht weit entfernt sind. Aber auf sehr vielen anderen Gebieten verkörpert er ein sehr katholisches Denken. Wer die Meinung vertritt, das Dogma von der Unfehlbarkeit des Papstes sei nicht das letzte Wort, muß nicht gleich Protestant sein. Hadrian VI. schlug, bevor er Papst wurde, vor, »diese Unfehlbarkeit, welche gewisse Theologen dem Papst zuschreiben, zu zerstören«. Und war er damit nicht sogar noch weniger protestantisch als Bossuet, der Hunderte von Seiten schrieb, um nachzuweisen, »daß Kirche und Konzil die einzigen sind, die im Glauben nicht irren können« (vgl. Défense de la Déclaration de l'assemblée générale du clergé de France de 1682), und folglich der Papst, der irren kann, der Kirche untersteht, die nicht irren kann? Im übrigen hat Küng oft auch von den Schwächen des Protestantismus gesprochen. In seinem kürzlich erschienenen Artikel » *Warum ich katholisch bleibe*« zeigt er, wie die Gefahr des Protestantismus darin besteht, die Ökumene »in der Zeit« zu vernachlässigen, das heißt die Gemeinschaft mit allen Generationen, die vor uns in der Kirche gelebt haben. Er unterstreicht auch, er wolle nicht eine Kirche der Professoren gegen eine Kirche der Hierarchie stellen. Er leugnet nicht die Notwendigkeit eines Lehramtes, aber seiner Meinung nach gibt es in der Kirche eine wirkliche Vielfalt von Gnadengaben. Wie Paulus zeige (1 Kor 12), hätten nicht nur die Hirten oder Bischöfe, sondern auch die Lehrer eine besondere Berufung empfangen, und im Leben der Kirche müßten alle in Freiheit zusammenwirken für das Wohl des Gottesvolkes.

Die ernste Frage steht jetzt im Raum, ob der große Aufbruch der katholischen Theologie weitergehen kann oder ob er durch Disziplinarmaßnahmen gestoppt wird. Karl Barth sagte 1966, diese Vorwärtsbewegung werde mit Sicherheit unwiderruflich sein. Ich persönlich glaube, daß er recht gehabt hat. Denn die neue Theologie ist tief verwurzelt in der Rückkehr zu den biblischen und patristischen Quellen und gleichzeitig offen auf die moderne Welt hin.

Das Risiko der Weltfremdheit

Das Problem Lehramt und Theologie in der katholischen Kirche hat große Bedeutung für die Christen anderer Konfessionen. Zuallererst, weil die christliche Sache in der Welt von heute so bedroht ist und wir diese katholischen Theologen bitter nötig haben, denen es wie Küng gelungen ist, die Botschaft des Evangeliums Hunderttausenden unserer Zeitgenossen nahezubringen. Wenn diese Theologen von nun an nicht mehr über die brennenden Fragen reden dürften, würde die Kluft zwischen Christentum und moderner Welt nur noch breiter werden.

Es ist leider unvermeidlich: die Maßregelung von Theologen, die im ökumenischen Dialog der vergangenen zwanzig Jahre eine wichtige Rolle gespielt haben, schafft Unsicherheit in den Beziehungen zwischen der katholischen Kirche und den andern Kirchen. Denn gerade die Theologen hatten in vielen grundlegenden Glaubensfragen Fortschritte in Richtung auf einen Lehrkonsens erzielt. Können wir noch darauf hoffen, die katholische Kirche werde zu diesen Ergebnissen stehen?

Quelle: Journal de Genève, 17. Februar 1980. *Eigene Übersetzung*

5.30 Walter Kasper: Sachfragen im Streit um Hans Küng (Februar 1980)

Kasper ist Professor für Dogmatische Theologie an der Katholisch-Theologischen Fakultät der Universität Tübingen und Berater der Glaubenskommission der Deutschen Bischofskonferenz.

Als am 18. Dezember 1979 die Erklärung der römischen Kongregation für die Glaubenslehre »Über einige Hauptpunkte der theologischen Lehre von Professor Hans Küng« bekannt gegeben wurde, war die Reaktion zutiefst zwiespältig. Auf der einen Seite gab es ein vernehmliches Aufatmen. Endlich wieder Klarheit! Auf der anderen Seite war lautstarke Empörung zu hören. Katastrophenstimmung machte sich breit. Dazwischen viel Ratlosigkeit und Verwirrung.

Die römische Erklärung war kein Blitz aus heiterem Himmel, sondern das vorläufige Ende einer jahrelangen Auseinandersetzung, in der Hans Küng durch seine Kritik und sein Verhalten eindeutig überreizt hat. Dennoch widersprach die Form des römischen Vorgehens unmittelbar vor Weihnachten und ohne dem Betroffenen nochmals die Möglichkeit zur Stellungnahme zu geben, heutigem Stil- und Rechtsempfinden. Es ist dem Mut und der Standfestigkeit von Bischof Georg Moser zu danken, daß in der äußeren Form einiges wieder ausgebügelt wurde und Hans Küng zweimal Gelegenheit zur Stellungnahme gegeben wurde.

Es wäre jedoch verhängnisvoll, wollten wir uns vor lauter Verfahrensfragen den Blick auf die theologischen Sachfragen, um die es im Streit um Hans Küng geht, verstellen lassen. Niemand soll sich täuschen: Hier stehen grundlegende Fragen des Glaubens auf dem Spiel.

Vielfältige Aspekte

»Weg und Werk« von Hans Küng haben viele Aspekte. Sie können daher von verschiedenen Seiten beurteilt werden. Am bekanntesten ist zweifellos Hans Küng als engagierter Vorkämpfer für innerkirchliche Reformen. Diese Reformforderungen sind zwar nicht unbestritten, aber sie scheinen doch sehr vielen Christen um des Überlebens der Kirche willen notwendig zu sein. Für diese Christen ist Hans Küng ein Hoffnungsträger für eine erneuerte Kirche. Daneben steht Hans Küng als Apologet des Christentums. Mit seiner gewandten, auch

Nichttheologen verständlichen Sprache hat er es verstanden, vielen Menschen, die von der normalen Verkündigung nicht erreicht werden, das Christsein als eine gute Sache neu zu erschließen, sie zum Nachdenken und auch zum Glauben zu führen.

Doch da ist auch Hans Küng als systematischer Theologe, der nicht nur höfliche Fragen stellt (was durchaus erlaubt, ja geboten ist), der vielmehr auch dogmatische Thesen vertritt, die nicht nur bei der römischen Glaubenskongregation und bei der Deutschen Bischofskonferenz, sondern auch bei vielen Theologen, und zwar nicht nur solchen aus dem »konservativen« Lager, und nicht zuletzt bei vielen »einfachen« Christen Kritik, Anstoß und Widerspruch gefunden haben. Sie alle hatten den Eindruck, hier gehe es nicht um eine erneuerte Kirche, sondern in Wirklichkeit um eine neue Kirche.

Um was es nicht geht

Die Erklärung der Kongregation für die Glaubenslehre betrifft lediglich den zuletzt genannten Aspekt. Verurteilt sind also nicht die Person von Hans Küng und ihre subjektiven Intentionen. Niemand hat in Frage gestellt, daß Hans Küng katholisch sein will und daß er dem Christentum und der Kirche dienen will. Verurteilt sind auch nicht die Gesamttheologie und das Gesamtwerk von Hans Küng, sondern nur bestimmte seiner Thesen, wobei es sich freilich um Thesen handelt, die Auswirkungen auf das Ganze haben. Aber auch diese Thesen sind nicht schlechterdings verurteilt. Es wird nur gesagt: sie stimmen nicht voll mit dem katholischen Glauben überein, sie verkürzen, ja verfälschen ihn.

Verurteilt ist vor allem nicht die gesamte neuere katholische Theologie. Wer sich dort auch nur ein wenig auskennt, weiß, daß Hans Küng keineswegs die moderne Theologie repräsentiert. Die in Frage stehenden Thesen sind keineswegs Allgemeingut heutiger Theologie; sie sind vielmehr auch innertheologisch höchst umstritten, ja teilweise vom Stand der theologischen Forschung überholt. (Das gilt vor allem von der Interpretation des I. Vatikanischen Konzils und von der Dogmengeschichte des Christusbekenntnisses.)

Die schlechte Form des lehramtlichen Vorgehens hat den Eindruck erweckt oder bestärkt, es gehe vor allem um die Ausübung und Verteidigung von Macht, man wolle einen unbequemen Kritiker loswerden u. ä. Wer so urteilt, hat die ganze Tiefe des Konflikts nicht begriffen. Hans Küng selbst nimmt für sich in Anspruch, es gehe ihm »Um nichts als die Wahrheit«. Genau dies ist auch der Anspruch von Papst und Bischöfen. Zwischen Papst und Bischöfen einerseits und Hans Küng andererseits steht also die Wahrheitsfrage. Das macht den Konflikt so unerbittlich. Denn die Wahrheit verträgt keine faulen Kompromisse, und sie setzt allen taktischen Schachzügen unübersteigbare Grenzen. Die Tatsache, daß es beiden Seiten um die Wahrheit geht, sollte aber auch Grund genug sein, daß man sich bei allen sachlichen Differenzen mit persönlichem Respekt begegnet.

Im einzelnen hat die Kongregation für die Glaubenslehre die folgenden vier Punkte herausgestellt:

● Die Unfehlbarkeit in der Kirche und die Aufgabe des kirchlichen Lehramtes, das Wort Gottes authentisch auszulegen. Es geht also nicht nur um die Unfehlbarkeit des Papstes (besser: des päpstlichen Lehramtes), sondern ebenso um die Unfehlbarkeit der Konzilien wie der Heiligen Schrift (was in der öffentlichen Diskussion meist übersehen wird).

● Die Lehre, daß die Eucharistie gültig nur durch einen geweihten Priester vollzogen werden kann.

● Die Wesensgleichheit Christi mit dem Vater. Hier steht der zentrale Inhalt des christlichen Credo, das alle christlichen Kirchen verbündet, in Frage.

● Die Jungfräulichkeit Marias.

Selbstverständlich sind nicht alle vier Punkte von demselben Gewicht. Wir beschränken uns auf die beiden wichtigsten: auf die Deutung, die Hans Küng der Unfehlbarkeit der Kirche und dem kirchlichen Lehramt gibt, sowie auf das Glaubensbekenntnis von Jesus Christus als dem wesensgleichen Sohn Gottes.

Das Unfehlbarkeitsproblem

Die Rede von der Unfehlbarkeit der Kirche, der Konzilien und des Papstes ist heute vielen Christen nicht mehr verständlich. Sie erleben die Kirche als eine recht fehlerhafte Größe, sie wissen, daß es auch auf Konzilien sehr menschlich zugeht, und sie können nicht allen Äußerungen und Entscheidungen des Papstes in gleichem Maße zustimmen. Doch um all das geht es in dem sehr mißverständlichen Wort »unfehlbar« nicht. Gemeint ist vielmehr, daß die Kirche durch den Papst bzw. durch das Konzil mit dem Papst in letztverbindlicher Weise das ein für allemal überlieferte Wort Gottes auslegen kann. Solche letztverbindlichen Auslegungen des Wortes Gottes nennt man Dogmen. Von ihnen glaubt die katholische Kirche, daß sie im Glauben nicht irrig sein können. Man kann und muß sie zwar immer wieder tiefer und umfassender verstehen und sie in die Sprache der Zeit übersetzen. Man darf ihnen jedoch keinen anderen und völlig neuen Sinn geben. Sie bleiben vielmehr in dem einmal definierten Sinn verbindlich.

Mit dieser Lehre des I. und II. Vatikanischen Konzils steht die Grundthese, die Hans Küng vor allem in seinem Buch »Unfehlbar? Eine Anfrage« (1970) vertreten hat, nicht voll in Übereinstimmung. Hans Küng hält zwar an einem bleibenden Gehaltensein der Kirche in der Wahrheit fest, er bestreitet aber, daß es Sätze gibt, die von vornherein nicht irrig sein können. Er kennt verbindliche, aber keine letztverbindlichen Glaubenssätze. Die Kirche wird nach ihm trotz aller immer möglichen Irrtümer in der Wahrheit gehalten. An diesem Punkt besteht ohne Zweifel ein Widerspruch zwischen seinen Thesen und der verbindlichen katholischen Lehre. Hans Küng hat jüngst selbst von einer Revision des I. Vatikanischen Konzils gesprochen. Eine solche Revision beträfe auch das II. Vatikanische Konzil, das die Lehre des vorhergehenden Konzils voll bestätigt hat.

Was steht auf dem Spiel?

Der Unterschied zwischen der katholischen Lehre und Hans Küng betrifft kein bloßes Randproblem, sondern einen wesentlichen Aspekt des christlichen Glaubens. Im Zentrum des christlichen Glaubens steht ja die Botschaft vom endgültigen und unwiderruflichen Ja Gottes zum Menschen in Jesus Christus. Diese Botschaft nimmt den Menschen konkret und endgültig in Anspruch. Deshalb kann im Glauben nicht alles immer wieder neu revidierbar sein. Deshalb gehört es auch zur Kirche, verbindlich, ja letztverbindlich sprechen zu können. Wird diese konkrete Verbindlichkeit geleugnet oder verdunkelt, geht etwas Wesentliches am christlichen Glauben verloren. Denn Endgültigkeit ist ein Wesensmerkmal der christlichen Heilsordnung.

Solche konkrete Bindung an Endgültiges wird heute oft als unfrei machendes Sicherheitsdenken desavouiert. Zweifellos gibt es einen ideologischen Dogmatismus, der sich im Extremfall bis zu krankhaften Zwangsideen steigern kann. Aber es gibt heute auch eine Allergie gegen letztverbindliche Wahrheit. Es gibt Angst vor der unabschließbaren Offenheit, aber auch Offenheit aus Angst vor der endgültigen Entscheidung und Bindung.

Der christliche Glaube überwindet beide Weisen der Angst. Die christliche Hoffnung ist ein für allemal festgemacht im konkreten Bekenntnis zu Jesus Christus in der konkreten Kirche. Damit widerspricht die christliche Hoffnung dem müde gewordenen Spätbürgertum unserer Tage, das die Kraft zu letztverbindlichem Engagement und konkreter endgültiger Treue nicht mehr aufbringt. Die Unauflöslichkeit der Ehe wie die »ewigen Gelübde«, nach den Räten des Evangeliums zu leben, gehören in diesen Zusammenhang. Insofern geht es in der Unfehlbarkeitsfrage nicht nur um ein zentrales, sondern durchaus um ein aktuelles Problem.

Die Christusfrage

Es ist bereits deutlich geworden, daß das Unfehlbarkeitsproblem mit dem endgültigen Ja Gottes in Jesus Christus zu tun hat. Die Auslegung, die Hans Küng den grundlegenden kirchlichen Glaubensbekenntnissen von Jesus Christus als dem wesensgleichen Sohn Gottes gibt, hängt eng mit seinem Ansatz in der Unfehlbarkeitsfrage zusammen. In der Christusfrage werden die Konsequenzen der Unfehlbarkeitsdebatte deutlich.

Niemand kann bestreiten, daß sich vor allem in »Christ sein« (1974) sehr viele hilfreiche Aussagen über Jesus Christus finden. Manche mißverständliche Formulierungen sind in »Existiert Gott?« (1978) präzisiert worden. Doch nach der Meinung vieler, durchaus kompetenter und auch wohlmeinender Leser bleibt auch hier eine letzte Unverbindlichkeit und Zweideutigkeit. Hans Küng sagt zwar klar, daß Jesus Christus der Sohn Gottes ist, nicht so klar ist jedoch, ob er nach ihm auch der wesensgleiche Sohn Gottes von Ewigkeit her ist. An dieser Aussage aber hängt das kirchliche Bekenntnis zum dreifaltigen Gott, dem Hans Küng nicht den vollen, von der Kirche gemeinten Sinn zu lassen scheint.

Viele werden sagen: Das sind spekulative Spitzfindigkeiten, die vielleicht für Theologen wichtig sein mögen, die aber für »normale« Christen wenig oder nichts bedeuten. Doch stimmt das wirklich? Und wenn es stimmen sollte, wäre dies eher eine traurige Tatsachenfeststellung, aber noch lange kein Wahrheitsbeweis.

In Wirklichkeit geht es hier um Grund und Mitte des christlichen Glaubens. Denn alle Christen sind getauft »Im Namen des Vaters, des Sohnes und des Heiligen Geistes«. Das Bekenntnis zum dreifaltigen Gott ist also der Grund des Christseins. Schon im Neuen Testament ist dieses Bekenntnis die Zusammenfassung des ganzen christlichen Glaubens (vgl. Mt 28, 19; 2 Kor 13, 13 u.a.). Schließlich hängt an der vollen Wesensgleichheit Jesu Christi mit dem Vater das Geheimnis unserer Erlösung. Nur als wahrer Gott kann uns Jesus Christus aus Sünde und Tod erlösen. In dieser Frage darf und muß die Kirche von ihren Theologen Eindeutigkeit verlangen, denn die Gläubigen haben das Recht, das unverfälschte Wort Gottes zu empfangen.

Wer entscheidet?

Die Frage, die sich hier freilich sofort stellt, lautet: Wer entscheidet, was wahre und was falsche Auslegung des Wortes Gottes ist? Wer entscheidet, wo der katholische Glaube vollständig und wo er verkürzt oder verfälscht dargeboten wird? Dies ist die Hauptfrage in der Auseinandersetzung mit Hans Küng. In seinen Schriften und vor allem in seinen Briefen nach Rom fordert er immer wieder dazu auf, nicht nur Behauptungen aufzustellen, sondern endlich Beweise für die kirchliche Lehre zu liefern, und zwar Beweise, die der heutigen theologischen Wissenschaft, besonders der modernen Bibelauslegung, standhalten. Die Deutsche Bischofskonferenz stellte demgegenüber in einer Erklärung vom 17. 2. 1975 sachgemäß fest, eben diese Forderung von Hans Küng zeige das Verkehrte seines theologischen Ansatzes. Denn nicht die theologische Wissenschaft, sondern die Kirche entscheide durch das Lehramt über die rechte Auslegung des Wortes Gottes.

Also Lehramt kontra Theologie? Ganz so einfach ist es selbstverständlich nicht. Denn das Lehramt ist seinerseits auf Theologie und Theologen angewiesen. Umgekehrt gilt freilich ebenso: Der Theologe hat nicht seinen Privatglauben, sondern den Glauben der Kirche auszulegen. Lehramt und Theologie brauchen sich also gegenseitig; sie sind partnerschaftlich aufeinander angewiesen. Doch die letzte Entscheidung in Glaubensfragen (nicht in wissenschaftlichen Fragen!) ist nach katholischem Verständnis nicht bei der Theologie, sondern bei Papst und Bischöfen.

Die wissenschaftliche Theologie wäre gar nicht in der Lage, die Funktion eines solchen Lehramtes zu übernehmen. Sie ist auf Diskussion und kritische Reflexion angewiesen. Mit beidem kommt man nie an ein Ende. Dabei kommt es, zumal heute, notwendig zu unterschiedlichen Standpunkten. Diese offene theologische Diskussion ist für die Lebendigkeit der Kirche und ihres Glaubens von großer Bedeutung. Deshalb muß es in der Kirche dafür einen größtmöglichen Raum der Freiheit geben. Kritisch wird es aber dann, wenn die theologische Diskussion in einseitiger Weise unter Leute gebracht wird, die den wissenschaftlichen Hintergrund nicht kennen und nicht durchschauen können. Dann ist es Recht und Pflicht der von Jesus Christus bestellten Hirten und Lehrer in der Kirche, dafür Sorge zu tragen, daß der Glaube nicht Schaden nimmt. Sie müssen dann auftreten, »ob gelegen oder ungelegen« (2 Tim 4, 2). Solche Stellen im Neuen Testament ließen sich leicht vermehren. Sie zeigen, daß das katholische Verständnis vom Lehramt durchaus in der Heiligen Schrift wie in der gesamten Tradition begründet ist.

Offene Fragen

Zweifellos bestehen für eine sachgerechte wie für eine zeitgerechte Verhältnisbestimmung zwischen Lehramt und Theologie noch viele offene Probleme. Wie viel hier noch zu tun ist, hat nicht zuletzt die römische Erklärung überdeutlich gezeigt. Hier wie in vielen anderen Fragen hat Hans Küng Fragen aufgeworfen, die durch die Verurteilung einiger seiner Thesen keineswegs erledigt sind. Seine Fragen bleiben auch dort bestehen, wo seine Antworten für eine genuine katholische Theologie unzureichend sind. Es gilt diese Fragen umfassender, tiefer und umsichtiger aufzugreifen, als es ihm selbst bisher möglich war. Es bleibt zu hoffen, daß sie mit und nicht gegen Hans Küng gelöst werden können. Noch ist auch in seinem Denken vieles offen. Auch aus diesem Grund hätte man sich eine brüderlichere Art der Konfliktlösung gewünscht.

Es wird nach den in den letzten Wochen aufgebrochenen Emotionen viel Besonnenheit und Geduld, aber auch viel Beherztheit und nicht zuletzt viel Glaubenskraft brauchen, um die offenen Sachfragen neu aufzunehmen und einer Antwort aus dem Geist des Evangeliums entgegenzuführen. Resignation wäre ein schlechter Ratgeber. Sie ist auch falsch am Platz. Denn durch die römische Erklärung ist die konziliare Epoche keineswegs brüsk abgebrochen; es wurde vielmehr die Lehre des letzten Konzils gegen deren Verkürzung verteidigt. Die nachkonziliaren Probleme sind damit in der rechten Weise neu gestellt. Sie sind nicht erledigt, sondern fangen erst an.

Wie geht es weiter?

Viele fragen in diesen Wochen besorgt: Wie soll es nun weitergehen? Ich bin kein Prophet. Doch eines sollte allen klar sein: Die Alternative zu modernistischer Progressivität, die sich den heutigen Plausibilitäten anpaßt, kann nicht der reaktionäre Konservativismus der ewig Gestrigen sein. Sowohl die Flucht nach vorn wie die Flucht zurück ins Getto sind Zeichen der Angst und nicht der Hoffnung. Die christliche Hoffnung schließt sich nicht ab, sie öffnet sich voll Vertrauen den Menschen, aber nicht, um sich ihnen anzupassen, sondern um sie zu überzeugen. Die Alternative zu dem unfruchtbar gewordenen Streit zwischen Konservativen und Progressiven könnte ein solcher offensiver Katholizismus sein. Ihm gilt es inmitten der jetzt ausgebrochenen und vermutlich noch eine geraume Zeit dauernden Krise mit Energie entgegenzuarbeiten.

Quelle: Informationen, hrsg. vom Priesterrat und Diözesanrat Rottenburg-Stuttgart, Februar 1980

5.31 Jürgen Moltmann: Hans Küng, Rom und das Evangelium (Februar 1980)

Moltmann ist Professor für Systematische Theologie an der Evangelisch-Theologischen Fakultät der Universität Tübingen.

Ist der Fall Küng eine interne römisch-katholische Angelegenheit? Haben evangelische Christen das Recht, sich einzumischen? Im Zeitalter des konfessionellen Absolutismus wurde der Friede durch das Prinzip der Nichteinmischung in die inneren Angelegenheiten der anderen Kirche bewahrt. Im ökumenischen Zeitalter aber gilt: Wenn ein Glied leidet, leiden alle Glieder mit. Durch die römische Entscheidung sind auch evangelische Theologen, besonders ökumenisch aufgeschlossene, betroffen. Die innere Autoritätskrise der katholischen Kirche zieht auch evangelische Kirchen in Mitleidenschaft. Darum mischen wir uns ein: nicht aus Besserwisserei, sondern aus Mitleidenschaft.

Freilich wird es evangelischen Christen nicht leicht gemacht: Das Lehrschreiben »Mysterium ecclesiae« 1973 erklärt evangelische Glaubensverkündigung und Sakramentsausteilung für »illegitim« und »ungültig« (invalide). Die »Erklärung der deutschen Bischöfe« vom 7. 1. 1980 spricht »Kirchen und kirchliche Gemeinschaften« an. Sind evangelische Kirchen lediglich ekklesiale Gemeinschaften oder Kirchen? Wie dem auch sei, evangelische Theologie und Kirche sind dem Evangelium verpflichtet. Sie bezeugen das Evangelium katholisch, d. h. der ganzen Kirche, und ökumenisch dem bewohnten Erdkreis. Sie sind weder separatistisch noch provinzialistisch. Um des Evangeliums willen ist Einmischung notwendig; wechselseitige Einmischung, versteht sich.

Was ist im »Fall Küng« eigentlich der Fall? Am 15. 12. 1979 erklärte die römische »Kongregation für die Glaubenslehre«: »Professor Küng weicht in seinen Schriften von der vollständigen Wahrheit des katholischen Glaubens ab. Darum kann er weder als katholischer Theologe gelten noch als solcher lehren.« Die Kongregation vollstreckte damit nur die im Lehrschreiben »Mysterium ecclesiae« begründete Verwerfung der Auffassungen Küngs über die im 1. Vatikanum 1870 dogmatisierte Unfehlbarkeit des Papstes; nichts anderes. Es geht ausschließlich um das Unfehlbarkeitsdogma. Die Verurteilung der Christologie Küngs durch die deutschen Bischöfe ist davon unabhängig. Küng wäre die missio auch entzogen worden, wenn er das nizänische Bekenntnis im Sinne Kardinal Höffners nur repetiert hätte. Seine angebliche »Verkürzung des Christusbekenntnisses« ist ein nachgeschobener Grund, der manche evangelische Christen verwirrt hat. Die Zustimmung evangelikaler Theologen zur römischen Entscheidung gegen Küng ist ignorant.

War das Verfahren der römischen Behörde gerecht? Küng und viele katholische Theologen bestreiten es. Die deutschen Bischöfe behaupten: »Das Verfahren war gerecht« und halten es für »unredlich«, von »Menschenrechtsverletzungen« zu reden. »Menschenrechtsverletzungen« werden durch den Europäischen Gerichtshof für Menschenrechte in Straßburg festgestellt. Es ist also leicht, diese Frage klären zu lassen. Oder widerspricht es der Autorität einer Kirche, die für Menschenrechte eintritt, sich selbst ihnen zu unterstellen? Soll das Lehramt alles beurteilen, aber von niemandem beurteilt werden können? Ein Vergleich mit dem evangelischen Lehrzuchtverfahren im Fall Paul Schulz braucht das Licht der Öffentlichkeit nicht zu scheuen.

Wichtiger als die Menschenrechtsfrage ist die Belastung der ökumenischen Gemeinschaft der Kirchen durch die Verurteilung der Auffassungen Küngs über den Petrusdienst in der Kirche. In der ökumenischen Dimension des Konfliktes handelt es sich tatsächlich um eine »katholische Sonderlehre«, was die deutschen Bischöfe offenbar verschleiern möchten, nämlich um den im 1. Vatikanum dogmatisierten Jurisdiktionsprimat des Papstes sowie der Unfehlbarkeit und Irreformabilität seiner ex-cathedra-Erklärungen. Keine andere Kirche kennt ein solches oder anerkennt dieses Dogma. Seine Deklaration führte zur Abspaltung der Altkatholischen Kirche. »Wir sind uns vollkommen bewußt, daß der Papst das größte Hindernis auf dem Weg zum Ökumenismus ist«, sagte der kluge Paul VI. 1967. Seit dem 2. Vatikanum haben eine Reihe von ökumenischen Arbeitsgruppen versucht, dieses Hindernis zu überwinden, um einen »Dienst der Einheit« für die ganze Christenheit akzeptabel zu machen, unbeschadet des irreformablen Jurisdiktionsprimats des Papstes in der römisch-katholischen Kirche. Ergebnis der katholisch-lutherischen Gruppe in den USA 1974: »Der päpstliche Primat, erneuert im Licht des Evangeliums, braucht kein Hindernis für die Versöhnung zu sein.« Um diese »Erneuerung im Licht des Evangeliums« geht es in der Theologie Küngs an diesem Punkt. Wenn dies durch Rom verworfen wird, bedeutet das 1. einen Rückfall in die lehrgesetzliche Auffassung der von der Kirche zu bezeugenden Wahrheit und 2. einen vorläufigen Verzicht auf mögliche ökumenische Verständigung am Punkt der schwersten Trennung. Küngs Vorschläge sind für evangelische Christen diskutabel und z. T. akzeptabel, Unterwerfung unter den päpstlichen Jurisdiktionsprimat nicht. Leider wird am Fall Küng evangelischen Theologen demonstriert, was ihnen passieren würde, wenn sie jenem Primat den kleinen Finger reichen würden. Die nicht römisch-katholische Christenheit kann in dieser Entscheidung keinen Dienst erblicken, der der ganzen Ökumene getan sei, im Gegenteil.

Endlich ist die Freiheit der Theologie durch die Entscheidung schwer getroffen. Für christliche Theologie gründen die Wahrheit und die Freiheit in Christus selbst. Sie hat ihre Freiheit in der Gemeinschaft der Kirche. Das aber bedeutet keine Unterwerfung unter ein Lehrgesetz: Christlicher Glaube hat kein Glaubenssoll an ideologischen Leistungen zu erfüllen. Theologie steht mit eigener Verantwortung in der Kirche. Die Reduktion der Theologie auf Durchdringung, Entfaltung und Begründung eines vorausgesetzten Glaubens der Kirche entmündigt die Theologen. Sind denn Theologen nur die Apologeten der Kirchenlehre? Das wäre das Ende der Dialogfähigkeit und -bereitschaft der Kirche. Ein päpstlicher Monolog würde an die Stelle treten, von vielen nachgesprochen und verteidigt. Eine solche Kirche könnte nur noch reden, nicht mehr hören, nur Zustimmung, keinen Widerspruch vertragen. War die »Öffnung der Kirche« durch das 2. Vatikanum nur ein Zwischenspiel und nicht so ernst gemeint? Freiheit der Theologie in und gegenüber der Kirche ist durch staatliche Fakultäten gut bewahrt. Diese haben den Reichtum europäischer Theologie ermöglicht. Wollen die deutschen Bischöfe das aufs Spiel setzen?

Durch den Fall Küng sind kirchlich, ökumenisch und öffentlich Prozesse in Gang gesetzt worden, die für uns alle bedrohlich sind. Darum können wir nicht schweigen.

Quelle: Evangelische Kommentare, Februar 1980

5.32 Gerhard Dautzenberg: Der Sache des Glaubens nicht angemessen (8./9. März 1980)

Dautzenberg ist Neutestamentler und Professor für Katholische Theologie an der Universität Gießen.

Zu Karl Rahners Aufsatz »Ich sehe keinen absoluten Affront« in der Süddeutschen Zeitung, 6. Februar 1980 (vgl. Dokument 5.24 – die Herausgeber.)

Karl Rahner hat dankenswerterweise laut ausgesprochen, was ich in Gesprächen von manchem Kollegen gehört und auch selber vertreten habe: Hans Küngs Christologie ist in ihrem biblischen Ansatz und in ihrer Intention der Vermittlung legitim und katholisch; christologische, um Verständnishilfen für die Zeitgenossen bemühte Entwürfe wie jener von Küng sind notwendig und erweisen sich von Tag zu Tag an den vielen Orten der Glaubensvermittlung als hilfreich und aufbauend. Wie ist es aber dann zu verstehen, daß das von Rahner im ersten Teil seines Beitrags mit »absoluter Überzeugung« bejahte römische Lehramt in einem solch wichtigen Punkt zu irren scheint und den Theologen Küng auch wegen seiner Christologie maßregelt? Mir scheint, daß Rahner nicht genügend zwischen dem katholischen Prinzip oder Postulat eines kirchlichen Lehramts und dessen institutioneller Beanspruchung und Ausübung unterscheidet. So verwendet er schon nach der ersten Erwähnung des »kirchlichen, römischen Lehramtes« die Bezeichnung »römische Glaubensbehörde«, wie wenn diese ein für allemal und überhaupt leisten könne und solle, was die Theologen – übrigens auch Küng, der sich in seinem Schreiben an die römische Glaubenskongregation vom 22. 9. 1973 auf eine das pastorale Lehramt der Kirche bejahende Entschließung von 1360 Theologen (unter ihnen der damalige Professor J. Ratzinger) vom April 1969 berufen hat – vom »Lehramt« lehren und erwarten.

Dieser Sprachgebrauch ist verräterisch: eine Behörde und behördliche Verfahren sind der Sache des Glaubens schlechthin unangemessen. Über die Schwächen und Bedenklichkeiten des gegenüber Küng angewandten behördlichen Verfahrens ist schon genug geschrieben worden. Es ist bekannt, daß der Papst als der höchste Vertreter des Lehramtes kein Gespräch mit dem von ihm gemaßregelten Theologen Küng gesucht oder geführt hat, obwohl er darum gebeten worden war. Nun erfahren wir (H. Haag, in: Die Zeit, 18. Januar 1980, 10) (vgl. Dokument 2.33 – die Herausgeber), daß nicht einmal Küngs Bischof bei seinen Vermittlungsbemühungen in Rom am 22./23. 12. 1979 zum Gespräch mit dem Papst zugelassen wurde. Ist »Wahrheitsverwaltung« ohne Dialog mit den Betroffenen theologisch, ja christlich legitim? Kann ein Papst oder ein Bischof sein Charisma an eine Behörde delegieren?

Wer vom Lehramt spricht und sein Recht behauptet, darf ferner nicht die Augen vor dessen Praxis verschließen, die bis heute vielmals seinen hehren theologischen Anspruch desavouiert hat. Rahner selbst weist am Schluß seines Beitrags auf den Integralismus unter Pius X. Dieser Verweis könnte und müßte durch die Namen der Opfer dieser Kirchenpolitik und durch die Aufzählung der durch sie verdrängten, die Glaubwürdigkeit der katholischen Kirche bis heute belastenden theologischen Probleme ergänzt werden. Die Rede vom Lehramt an sich schadet der Kirche mehr, als die Bejahung des Prinzips nützt. Was H. J. Pottmeyer am 1. 2. 1980 im *Rheinischen Merkur* (S. 27) im Hinblick auf das Dogma der Unfehlbarkeit geschrieben hat, gilt auch hier entsprechend: »Eine Glaubensdefinition ist eine menschliche Entscheidung, ist menschliche Auslegung des Wortes Gottes, die menschlicher Bemühung um Wahrheitsfindung bedarf. Aus dem Interesse, die Autorität des päpstlichen Lehramtes zu stärken, wurde der konkrete Prozeß der Wahrheitsfindung, der an die Sachkriterien jeglicher theologischer Wahrheitsfindung gebunden ist, in der Formulierung des Dogmas unterschlagen. So bleibt dieses in einer gefährlichen Abstraktheit.«

Galilei ist vor kurzem rehabilitiert worden, manchem gemaßregelten Theologen ist teils noch zu seinen Lebzeiten, teils später und immer zu spät Gerechtigkeit widerfahren. Das Lehramt hat sich revidiert. Theologie und Verkündigung, ja das 2. Vatikanische Konzil und die gegenwärtige Kirche leben zum Teil von den Einsichten der Gemaßregelten. Das kann aber kein Anlaß zur Beruhigung sein, im Gegenteil. Es ist höchst beunruhigend, daß wir in der katholischen Kirche und ihrer Geschichte Erscheinungen begegnen, die im Matthäusevangelium mit Schärfe gegeißelt werden: »Wehe euch, Schriftgelehrte und Pharisäer, ihr Heuchler, denn ihr baut den Propheten Gräber und schmückt die Grabmäler der Gerechten und sprecht: Hätten wir in den Tagen unserer Väter gelebt, so hätten wir nicht mit ihnen teilgehabt am Blut der Propheten« (Mt 23, 29f.).

Quelle: Süddeutsche Zeitung, 8./9. März 1980

5.33 Andrew M. Greeley: Ein sturer, engstirniger Papst? (23. März 1980)

Greeley ist katholischer Theologe und Soziologe und Direktor des National Opinion Research Center in Chicago. Sein Beitrag erschien als Kolumne in verschiedenen amerikanischen Zeitungen.

Papst Johannes Paul II. scheint nicht zu begreifen, daß wirksame Autorität die Fähigkeit zum Konsens bedeutet. Niemand, nicht einmal die Führung des sowjetischen Polizeistaates, kann regieren, wenn die Regierten ihre Zustimmung zu den Befehlen ihrer Führung verweigern. Der Mann an der Spitze einer Organisation, die völlig ohne politische Macht ist wie die katholische Kirche, kann effektiv nur dann regieren, wenn er Anweisungen gibt, die das Volk akzeptieren wird. Man regiert deshalb nicht, indem man Befehle erteilt, sondern indem man Konsens gewinnt. Es mag eine Zeit gegeben haben, als die Befehle eines Papstes die ungefragte Zustimmung aller Katholiken fanden, des Klerus wie der Laien. Wenn es je eine solche Zeit gegeben hat (und ich zweifle daran): sie ging zu Ende, als mehr als vier Fünftel dieser beiden Gruppen entschieden, die Geburtenregelungs-Enzyklika nicht zu befolgen. Von da ab hatte ein Papst zu führen, nicht zu befehlen.

Johannes Paul scheint diesen Punkt nicht begriffen zu haben. Er macht weiter mit Regelungen, Anweisungen, Befehlen, Anordnungen. Man sagt, er wünsche Disziplin und Ordnung in der Kirche wiederherzustellen. Das mag ein richtiges Ziel sein, aber der einzige Weg, Ordnung wiederherzustellen, ist, die Herzen und Köpfe von Männern und Frauen für sich einzunehmen. Trotz seiner ungeheuren Begabung und seines persönlichen Charismas hat er viele katholische Männer abgestoßen und viele katholische Frauen gründlich verärgert. Ein Teil dieser Entzauberung ist das Ergebnis einer gehässigen Presse-Berichterstattung (z. B. berichtete der National Catholic Reporter, eine katholische Wochenzeitung, er habe in einer seiner Reden gedroht, man könne eine Ehe in Zukunft nicht mehr aufgrund von »Mangel an Zustimmung« annullieren, und ein nationales Nachrichtenmagazin nahm diese Geschichte auf; tatsächlich sagte der Papst genau das Gegenteil). Doch letztlich muß sich der Papst selber die Schuld für seine schlechte Presse geben, und ein Teil dieser schlechten Presse ist das Ergebnis schlechter Entscheidungen von seiner Seite. Kein Zweifel: diese Entscheidungen sind ernsthafter Natur, aber sie sind oft ohne vorherige Informationen getroffen und gegen den Rat, den ihm seine Mitarbeiter oder Bischöfe rund um die Welt gegeben haben.

Deshalb haben viele, viele Bischöfe gegen die Ablehnung protestiert, heiratswilligen Priestern Dispens zu gewähren. Sie argumentieren wohl richtig, daß die Ablehnung von Dispensen Priester nicht vom Aufgeben ihres Amtes oder ihrem Heiratswunsch abbringen, sondern nur die katholische Kirche hart und grausam erscheinen lassen wird. Bei all seiner Rede von »Kollegialität« (Machtteilung) mit Bischöfen ist der Papst in dieser Frage ziemlich unkollegial.

Ähnlich gelagert: Die Verletzung von Menschenrechten, im Fall der Theologen Schillebeeckx und Küng mit im Spiel, hat diesen beiden

Männern große Sympathie und Popularität, dem Papst aber Feindseligkeit eingebracht. Wenn Karikaturisten ihn als einen katholischen Ayatollah darstellen, hört man keinen Laut des Protestes von seiten der Gläubigen. Der Papst ist zwar kein Ayatollah, aber er hat sich und der Kirche großen Schaden zugefügt, als er der rachsüchtigen deutschen Hierarchie im Falle Küng und der mißgünstigen Glaubenskongregation im Falle Schillebeeckx nachgab.

Und der Prozeß gegen Schillebeeckx sowie die Verurteilung Küngs waren so kontraproduktiv wie die meisten anderen offensichtlich willkürlichen vatikanischen Entscheidungen in den letzten anderthalb Jahrzehnten. Der Verkauf des Schillebeeckx-Buchs ist seit dem Prozeß in die Höhe geschnellt, der amerikanische Verleger von Küngs neuer »Meditation« über Unfehlbarkeit hat 25 000 Exemplare aufgelegt und sie angekündigt als eines der Bücher, das zur Verurteilung führte. Das Ausmaß der Krise päpstlicher »Leadership« ist hübsch gerade daran zu illustrieren, daß eine päpstliche Verurteilung den Buchverkauf in die Höhe treibt (ohne Verurteilung wäre eine erste Auflage von 10 000 ungewöhnlich hoch).

Der Papst scheint nicht zu begreifen, daß Befehle heute nicht mehr wirken (wenn je) und daß die meisten Befehle kontraproduktiv sein werden. Die Geburtenregelungs-Enzyklika ließ die meisten Priester sich gegen die Lehre der Kirche wenden. Die Anordnungen bezüglich der Homosexuellen führte zu einem Anstieg der Sympathien für diese. Jedesmal, wenn der Papst etwas zur Frauenordination sagt, steigt die Unterstützung für eine solche Änderung. Wenn der Papst es ernst meinen sollte, Priestern das Tragen von Klerikerkleidung zu befehlen, werden mehr Priester als zuvor es ablehnen, sie zu tragen.

Der Papst versteht auch nicht, wie tief und dauerhaft eine große Zahl von Priestern und Laien willkürliche, gefühlsarme, uninformierte und inkompetente Autorität ablehnt. In der Tat: Man hat zuzeiten den Eindruck, daß er wirklich keine Ahnung hat, was Katholiken in Ländern außerhalb des Eisernen Vorhangs denken und fühlen.

Wirklich schade! Er ist ein begnadeter Mann und könnte ein großer Papst werden. Er kann es noch! Im Moment aber stößt er Katholiken zu Millionen ab (wie die holländischen Priester, die ein Treffen mit ihrem Bischof ablehnten, als er mit neuen Anweisungen aus Rom kam). Seine Versuche, Ordnung wiederherzustellen, wird nicht nur mehr Unordnung produzieren, sondern einen noch größeren Glaubwürdigkeitsschwund für das Papsttum. Die katholische Kirche wird überleben. Sie hat weit größere Dummheiten überlebt. Umfrageergebnisse zeigen, daß die meisten Katholiken in der Kirche bleiben werden, weil sie ihr religiöses Erbe hochhalten – unabhängig davon, wie schlecht sie auf ihre Führung zu sprechen sind.

Das Papsttum ist eines der wichtigsten Ämter der Welt und ein großer Gewinn für die katholische Kirche. Es wäre bedauerlich, wenn sein Einfluß abnähme, besonders weil ein sehr intelligenter und begabter Mann zu stur ist, aus seinen Fehlern zu lernen, und zu engstirnig, überhaupt zu begreifen, daß er Fehler macht.

Eigene Übersetzung

5.34 Christian Hartlich: Absage an den Rastelli. Der Fall Küng und seine rechtlichen Folgen. Keine Rede von Ausgewogenheit (23. März 1980)

Hartlich ist evangelischer Theologe und Oberstudiendirektor in Tübingen.

Der instruktive Aufsatz des Kirchenrechtlers Axel von Campenhausen, »Der Fall Küng und die rechtlichen Folgen« (Deutsches Allgemeines Sonntagsblatt, 10. Februar 1980) (vgl. Dokument 5.27 – die Herausgeber), führt unausweichlich auf die Frage, ob das rechtliche Verhältnis von Staat und römisch-katholischer Kirche mit Bezug auf die theologischen Fakultäten im Sinne der Ausgewogenheit der beiden Konkordatspartner geregelt ist. Faßt man die bestehende Rechtslage in kurzen Sätzen zusammen, so ergibt sich die folgende Ordnung: Entzieht der zuständige Bischof einem Lehrstuhlinhaber die kirchliche Lehrbefugnis, so verliert der betroffene Professor seinen Lehrstuhl. Ferner wird er aus dem Fachbereich ausgeschlossen, in dem seine Forschungsrichtung ihre Stätte hat, das heißt, er wird aus der katholisch-theologischen Fakultät verwiesen. Der Staat ist weiter verpflichtet, dem gemaßregelten Professor eine Lehrtätigkeit an einer anderen Stelle der Universität zu ermöglichen. Die Kosten, die durch die kirchlichen Maßnahmen entstehen, nämlich durch die Weiterversorgung des gemaßregelten Professors und durch die Neuberufung eines Professors auf den freigemachten Lehrstuhl, hat der Staat zu tragen. Weder die Universität noch der Staat sind berechtigt zu überprüfen, ob die von den kirchlichen Behörden getroffenen Maßnahmen den Grundsätzen eines rechtlichen Verfahrens entsprechen, geschweige denn, ob diese Eingriffe im Widerspruch zum Geist der Wissenschaft stehen, dem die Universität zu dienen in allen ihren Bereichen verpflichtet ist.

Kein Kundiger kann sich der Erkenntnis entziehen, daß von einer Ausgewogenheit der Rechte im Verhältnis der Konkordatspartner nicht die Rede sein kann. Der Staat hat fraglos alle Lasten zu übernehmen, die sich aus der Entscheidung des kirchlichen Lehramtes ergeben. Die Ausführungen von Campenhausens gehen auf diese Einseitigkeiten ebensowenig ein wie auf das problematische Verhältnis von wissenschaftlicher Wahrheit und dogmatisch festgesetzter Wahrheit im Raum der Universität; sie behandeln lediglich die Frage, was Rechtens ist, aber nicht die Frage, ob das, was Rechtens ist, recht ist. In einer Gesellschaft, in der diese letztere Frage erörtert wurde, bemerkte einer der angesehensten Rechtslehrer unseres Landes, die Existenz der katholisch-theologischen Fakultäten sei ernstlich gefährdet, wenn die Auseinandersetzung darüber zum Gegenstand eines politischen Meinungskampfes werde, dessen Ausgang nicht abzusehen sei.

In der Tat werden viele Leute sagen, die Gewalt des kirchlichen Lehramtes höre vor den Toren der Universität auf. Die Kirche habe ja bereits von sich aus eigene theologische Hochschulen eingerichtet, in denen nichts anderes gelehrt werden darf als das, was den Normen des kirchlichen Lehramtes entspricht. Wer aber den Anspruch erhebt, im Rahmen der Universität als Forscher oder Lehrer aufzutreten, unterstelle sich damit dem Grundsatz herrschaftsfreier Kommunikation. In das Reich der Wissenschaft dürfe keine Autorität hineinregieren, die von vornherein im Besitz der Wahrheit zu sein behauptet. Diese Bedenken sind nicht leichter Hand abzuwehren. Es wäre – und ich sage dies als Protestant – ungemein zu bedauern, wenn die Konsequenz aus dem Fall Küng auf die politische Forderung der Abschaffung der katholisch-theologischen Fakultäten an unseren staatlichen Universitäten hinausliefe.

Die lehramtlichen Behörden täten gut daran, wenn sie die ihnen an den staatlichen Universitäten eingeräumte Lehrmöglichkeit als eine Chance betrachten würden, die katholische Gottes- und Weltanschauung im Fegfeuer wissenschaftlicher Kritik zu bewähren.

Dies würde allerdings voraussetzen, daß in der Theologischen Fakultät solche Mitglieder zusammenwirken können, die im Besitz der kirchlichen Lehrbefugnis sind, und solche, die sie nicht besitzen.

Im Vorlesungsverzeichnis könnte dieser Unterschied ausdrücklich vermerkt werden. Um einen Vergleich aus dem protestantischen Bereich heranzuziehen: Adolf von Harnack war das bei weitem prominenteste Mitglied der evangelisch-theologischen Fakultät in Berlin, jedoch auf Grund einer Entschließung des Evangelischen Oberkirchenrats vom Recht, kirchliche Prüfungen abzuhalten, ausgeschlossen.

Der Bischof von Rottenburg befindet sich nunmehr in der nicht beneidenswerten Lage, einen Nachfolger für Küng auf dem Tübinger Lehrstuhl für Dogmatik und ökumenische Theologie zu finden. Dieser Nachfolger sollte wissenschaftlich qualifiziert sein, zugleich aber auch das volle Glaubensgut der Kirche, wie es in den amtlichen Verlautbarungen der römischen Kurie niedergelegt ist, seinen Hörern glaubhaft vermitteln. Oder, wie es kürzlich ein hervorragend begabter Student der katholischen Theologie formulierte: Wir wünschen uns auf diesen Lehrstuhl keinen theologischen Rastelli, der uns die Kunst des Jonglierens vorführt, sondern einen theologischen Charakter – so einen wie Küng.

Quelle: Deutsches Allgemeines Sonntagsblatt, 23. März 1980

5.35 Peder Højen: Dornen auf dem Weg zur Einheit. Ein unfehlbarer Entscheid in ökumenischer Sicht (März 1980)

Højen ist Professor für Ökumenische Theologie an der (evangelischen) Theologischen Fakultät der Universität Kopenhagen.

Am 15. Dezember 1979 wurde in Rom Kirchengeschichte gemacht, zwar nicht gerade eine erwartete und erfreuliche, sondern um so emphatischer eine folgenschwere und vielleicht sogar tragisch zu nennende. An jenem Tag setzte die vatikanische Glaubenskongregation dem jahrelangen mühevollen Ringen mit dem unbequemen Kritiker und Warner römisch-katholischer Theologie, dem Tübinger Dogmatiker und Ökumeniker Hans Küng, ein in der Sicht der römischen Behörde logisches, für den Betroffenen selber jedoch uneinsichtiges Ende. Die Affäre Küng, die über Jahre hinaus Schlagzeilen gemacht und Fachtheologen wie Laien gleichermaßen begeistert, provoziert, auf den Plan gerufen hat, sollte durch ein Machtwort Roms abgeschlossen werden, und so wurde nun der Welt mitgeteilt, daß Hans Küng fortan weder als katholischer Theologe gelten könne noch als solcher lehren dürfe, weil er »von der vollständigen Wahrheit des katholischen Glaubens« abweiche. Die Erklärung der Glaubenskongregation nennt die Meinungen Küngs zum Verständnis des Unfehlbarkeitsdogmas, zur Rolle des kirchlichen Lehramtes als authentischer Interpretin des überlieferten Glaubensgutes und zum gültigen Vollzug der Eucharistie als anstößig und als mit dem vollen katholischen Glauben nicht vereinbar.

Dr. Georg Moser, der Ortsbischof von Rottenburg-Stuttgart, zog nach und entzog Küng die Missio canonica. Der römischen Beurteilung von Küng, nur das eigene Urteil und nicht den Glaubenssinn der Kirche als Norm der Wahrheit gelten zu lassen und durch sein theologisches Treiben eine Verachtung des kirchlichen Lehramtes an den Tag gelegt zu haben, stellte der Vorsitzende der Deutschen Bischofskonferenz, der Kölner Erzbischof Joseph Kardinal Höffner, die liebenswürdige Bescheinigung »einer beispiellosen Unnachgiebigkeit und einer seltenen Unbelehrbarkeit« sowie »z. T. maßloser Angriffe gegen die Disziplin und Ordnung der Kirche« zur Seite. In ihrem heiligen Zorn holte die Mutter Kirche tief aus zum Gegenschlag, um den Ungehorsamen ernsthaft zu maßregeln und in seine Schranken zu weisen.

Als nicht persönlich beteiligter Beobachter vermag man nur mit Mühe seine Verwunderung zu verschweigen. Erklärungen, Gegenerklärungen, Briefe, Telegramme schwirren in der Luft, Depeschen werden gefunkt, als ob die Welt vor dem Dritten Weltkrieg stünde, und doch, bei allem theologischen Gewicht der Sache: Der Berg kreißte, doch er gebar eine Maus.

Was ist nun eigentlich bei dem ganzen holprigen Geschehen passiert? Es ist gewiß verfrüht, sich davon ein definitives Bild zu machen; immerhin lassen sich wohl einige Elemente des Ereignisses zurechtrükken. Zunächst bietet sich ein chaotisches Bild dar, aber die von beiden Seiten fleißig dokumentierten Vorgänge lassen keinen Zweifel darüber aufkommen, daß alle Beteiligten, Hans Küng und die verschiedenen Vertreter der römischen Glaubensbehörde, in eigener Sicht alles nur Mögliche getan haben, um den unglücklichen Streit einem schiedlich friedlichen Abschluß zuzuführen. An der Ehrlichkeit und Aufrichtigkeit beider Seiten ist selbstverständlich nicht zu zweifeln. Ob die Partner in ihren jeweiligen Meinungen recht haben, ist allerdings eine ganz andere Frage.

Für die Glaubenskongregation und die Bischöfe sieht die Sache so aus, daß sie sich seit zehn Jahren vergeblich um ein substantielles Gespräch mit dem Tübinger Theologen bemüht haben und nun aufgrund jüngster Entwicklungen von seiten Küngs den leidigen Beschluß fällen mußten. Hans Küng dagegen behauptet, er sei nach wie vor zum Dialog über seine theologischen Ansichten bereit gewesen, vorausgesetzt allerdings, daß dieser Dialog nicht nur unter den Bedingungen Roms stattfinden würde. In einem kläglich ergreifenden Appell in der Erklärung vom 7. Januar zu ihrem gemeinsamen Kanzelwort zu dieser Affäre beschworen die deutschen Bischöfe ihre Gläubigen zu glauben, daß das Rad der Geschichte durch den römischen Beschluß nicht zurückgedreht, sondern daß die Angelegenheit von Professor Küng ein Ausnahmefall sei, und sie fordern dazu auf, »Schlagworten und Agitationen, welche auf die Dauer den Frieden und die Einheit der Kirche gefährden können«, zu mißtrauen.

Bei halbwegs nüchterner Betrachtung und bei aller Vorsicht, sich hier als Außenstehender zum Schiedsrichter aufzuwerfen, kann man sich des Eindrucks nicht erwehren, daß hier gerade die Bischöfe agitieren und daß im Laufe der ganzen Jahre Hans Küng nicht die Bedingungen eingeräumt wurden, die er mit Recht zu einem Gespräch zwischen Partnern stellen konnte, die wohl auch in der katholischen Kirche solange theologisch gleichberechtigt sind, als die strittigen Meinungen nicht als häretisch abgekanzelt wurden. Dies letztere zu tun ist freilich nicht *nur* Sache der vatikanischen Glaubensbehörde, und schon gar nicht ohne Einhaltung des alten Prinzips audiatur et altera pars.

Es genügt hier nicht, darauf hinzuweisen, daß Hans Küng – was sicherlich zutrifft – eine so harte Nuß und vielleicht auch ein so sturer Kopf ist, daß er den Vatikan diplomatisch und theologisch überfordert. Hans Küng hat es, nach allem zu urteilen, seinen Gegnern gewiß nicht allzu leicht gemacht, und eine Mitschuld an der schiefen, unglücklichen Entwicklung der Sache wird man ihm gerechterweise kaum absprechen können. Es müßten jedoch *beide* Seiten einsehen, daß mit gegenseitigen Verdächtigungen oder gar demagogischen »Argumenten« nichts zur Sache beigetragen wird.

Von alldem abgesehen, bleibt, wie angedeutet, der Eindruck, daß hier verfahrensmäßig Unglückliches geschehen ist, das der sachlichen Klärung der umstrittenen Punkte in höchstem Maße abträglich gewesen ist, wobei noch abzuwarten bleibt, ob der theologische David dem kirchlichen Goliath seinen verhängnisvollen Stein an die Stirn geschleudert hat. Verharmlosen sollte man auf keinen Fall den Streit des Tübinger Professors mit seiner Kirche.

Dolchstoß der Kollegen

Darin stimmen offensichtlich auch die sieben Kollegen von Hans Küng überein, die in der Tagespresse (vgl. Dokument 3.31 – die Herausgeber) eine Lanze brachen für den Standpunkt der offiziellen Kirche. In ihrer Stellungnahme bescheinigen sie Küng unter ausdrücklichem Verweis auf die Declaratio der römischen Glaubenskongregation eine Anmaßung des obersten Lehramtes in der Kirche und unterstreichen, daß die Zulassung eines die Missio canonica nicht innehabenden Theologen zu einer theologischen Fakultät deren »wissenschaftstheoretischen Status ebenso wie ihre verfassungs- und konkordatsrechtliche Garantie« untergraben würde. Diese freilich mit der (auch reformatorisch vertretbaren) theologischen Einsicht untermauerte Position, daß eine Theologie ohne ihre Kirche nichts wäre, ist so überdeutlich im Sinne des kirchlichen Lehramtes abgefaßt, daß die Stellungnahme der Tübinger Kollegen nur als ein Dolchstoß verstanden werden kann. Daran ändert die auch in ihr enthaltene Meinung, daß man eine »ins kirchliche Getto zurückgescheuchte Theologie ... den Christen und auch der Gesellschaft nicht wünschen« möchte, nichts.

Auf der anderen Seite behält das Gutachten der Kollegen zweifelsohne in der Annahme recht, daß ein »Ökumenismus, der die Wahrheitsfrage hintanstellte, ... auf dem falschen Weg« wäre. Hier hat denn auch der Versuch anzusetzen, aufgrund der Geschehnisse eine erste vorsichtige Bilanz zu ziehen. Die ganze Affäre ist nicht primär wegen der theologischen Erkenntnisse Hans Küngs interessant, die in ihrer vorliegenden Form weder revolutionierend neu noch so furchtbar weltumwerfend sind. Interessant ist vielmehr die Reaktion der kirchlichen Oberen auf das Reizmittel Küng, die ökumenisch gesehen Beachtenswertes und Verhängnisvolles verrät.

Rom hat nämlich dadurch, daß es Hans Küng in Sachen der Unfehlbarkeit so schroff zurechtgewiesen hat, mit aller Deutlichkeit kundgetan, daß diese Frage (gegen etwaige andere Annahmen in der römischen wie in der nicht-römischen Welt) in der katholischen Hierarchie der Wahrheiten einen zentralen Platz einnimmt. Dem ist so, weil mit der Infragestellung des Dogmas von der päpstlichen Unfehlbarkeit auch die Definition kirchlich verbindlicher Lehre gefährdet wird. Das Unfehlbarkeitsdogma garantiert nach römischer Auffassung überhaupt die kirchliche Wahrheitsfindung und so den verbindlichen (assertorischen) Charakter der Wahrheit selber.

Phase der Ernüchterung

Rom hat mit seinem Beschluß in der Küng-Affäre unmißverständlich zum Ausdruck gebracht, daß die katholische Amtskirche in diesem Punkt nicht mit sich diskutieren läßt. Man hat sehr deutlich und sehr scharf gerade denjenigen Theologen abgelehnt und als nicht mehr katholisch verworfen, an dessen Interpretation des Unfehlbarkeitsdogmas viele Ökumeniker und ungezählte Laien im Blick auf die Gesprächsmöglichkeiten zwischen der römisch-katholischen und der reformatorischen Christenheit so große Hoffnungen geknüpft hatten. Hans Küng hat ja gerade in der Frage nach der Unfehlbarkeit des Papstes zu den nicht-römischen Kirchen eine entscheidende Brücke geschlagen und eine Lösung des Problems angeboten, die – bei voller Wahrung des Verbindlichkeitsanspruchs der Wahrheit – der Kirche selber statt deren Oberhaupt die Infallibilität beziehungsweise die Indefektibilität zuschreibt. Ein Dialog über das Papstamt, das wohl das größte Hindernis auf dem Wege zur kirchlichen Einheit darstellt, ist in dieser Richtung nicht mehr möglich.

Die getroffene Entscheidung kann nicht ohne ernsthafte Folgen für den römischen Ökumenismus bleiben. Rechts hat man sich die neuerdings wieder so verheißungsvoll geöffneten Chancen eines Dialoges mit den orthodoxen Kirchen verbaut; und links werden die reformatorischen Dialogpartner in eine neue Phase der Ernüchterung hineingetrieben. Die reformatorischen Kirchen werden zumindest wissen, woran sie sind, und alle (wie sich jetzt herausstellte) unrealistischen Träume von der Reformierbarkeit des päpstlichen Amtes fahrenlassen. Es ist die Stunde der Erkenntnis, daß diejenigen, die im bisherigen katholisch-lutherischen Dialog vor allzu großer Euphorie warnten, recht behalten haben. Der bisherige Konsensus-Ökumenismus, der sich bemühte, die Punkte, in denen zwischen Katholizismus und Luthertum theologische Übereinstimmung besteht, festzustellen, hat zumindest keine befriedigenden Ergebnisse gezeigt, und manche

Kritiker werden sogar geneigt sein, der Konsensus-Methode ein volles Scheitern zu bescheinigen. Der Grad der Härte des Urteils mag unterschiedlich sein; was aber vielleicht doch als allgemeine Schlußfolgerung gezogen werden kann, ist die eiserne Einsicht in die Tatsache, daß der Weg zur kirchlichen Einheit mit Dornen besät und außerordentlich steinig ist.

Entlarvter Alibi-Ökumenismus

Dies wiederum könnte nun den Ausgangspunkt eines neuen Ökumenismus bilden, denn die römische Entscheidung gegen Küng hat der ökumenischen Bewegung selbstverständlich und Gott sei Dank kein Ende gesetzt. Wir haben gelernt, daß es ein wahrhaft ökumenisches Gespräch, das zu wirklichen Fortschritten führt, nur dann geben kann, wenn die Partner ohne Umschweife, wenn auch mit Liebe, ihre jeweiligen Positionen klarstellen. Die falsche Rücksichtnahme durch das Verschweigen der zugegebenermaßen noch trennenden Unterschiede wird bestenfalls einen Alibi-Ökumenismus erzeugen, der — eben weil er ein Alibi verschaffen soll und deswegen nicht echt ist — auf der kirchlichen Ebene solange nicht angenommen werden kann, wie die eigentlich trennenden Differenzen noch bestehen bleiben. Der Alibi-Ökumenismus klammert in Wirklichkeit die Wahrheitsfrage aus und dient schlimmstenfalls lediglich der ideologischen Verbrämung einer konfessionellen Konsolidierung.

Der Konsens-Ökumenismus soll hiermit nun gewiß nicht vollends verabschiedet werden. Vieles ist durch ihn trotz allem erreicht worden, nicht zuletzt eine entscheidende Verbesserung des ökumenischen Klimas, die den jetzt bevorstehenden harten Gesprächen über die wirklich trennenden theologischen Unterschiede zweifelsohne zugute kommen wird. Aber Realismus ist das Gebot der Stunde; die Zeit, in der man sich auf der Grundlage der erzielten Konsensus-Ergebnisse etwas vormachen könnte, ist endgültig vorbei, und deutlich zeichnen sich die Gesprächsthemen eines künftigen Dialoges ab.

Hier rückt ganz gewiß das kirchliche Lehramt an die erste Stelle. Ohne seine ernsthafte und ehrliche Erörterung verspricht in Zukunft kein interkonfessioneller Kontakt Erfolg. In diesem Zusammenhang wird auch weiterhin Hans Küngs Meinung ihre Rolle spielen; seine Stimme wird nicht zum Schweigen gebracht worden sein, sowahr sie denn Katholiken wie Protestanten eine Möglichkeit bietet, das kirchliche Lehramt im allgemeinen und das Petrusamt im besonderen anders als traditionell römisch zu interpretieren, ohne die Katholizität preiszugeben.

Wenn auch der jetzige Papst vor allem darauf auszusein scheint, die Tradition seiner Kirche zu wahren und ihren Bestand fast traditionalistisch zu sichern, wird auch er nicht die unter Johannes XXIII. und mit dem Zweiten Vatikanischen Konzil begonnene Entwicklung aufhalten können. Keiner – auch im reformatorischen Lager nicht – wird den römischen Traditionalisten abstreiten, daß die Problematik der Wahrheitsfindung außerordentlich wesentlich ist. Aber reformatorische Theologen werden freilich darauf verweisen, daß die römische Lösung des Problems nicht die einzig mögliche ist.

Die Verbindlichkeit dogmatischer Sätze und kirchlicher Lehre ist ein Katholizismus und Luthertum in gleicher Weise bedrängendes theologisches Problem. Aber Rom wird sich, ist man dort wirklich an der kirchlichen Einheit interessiert, als Gesprächsbeitrag etwas anderes ausdenken müssen als die jüngst gezeigte Unnachgiebigkeit und das unfruchtbare Pochen auf das Unfehlbarkeitsdogma. Freilich sind auch die Lutheraner aufgerufen, ihre überkommenen Positionen neu zu überdenken und zu fragen, wie man heute den auch so stark von Luther selber unterstrichenen verbindlichen Charakter der Wahrheit festhalten kann.

Verlust an Kreativität

In einer gewissen Weise hat also die Entscheidung in dem Streit um Hans Küng Ernüchterung und ökumenische Ordnung geschaffen, so desolat die Entscheidung auch an sich war. Aber gerade weil der Abschluß des Verfahrens so antiökumenisch ausfiel, wurde auch das Signal für die Einsicht gegeben, daß jeder kirchlich nicht annehmbare Ökumenismus nunmehr ein unerträglicher Luxus geworden ist. Das bedeutet zum Beispiel, daß die seit Jahren laufenden Bestrebungen einer sogenannten katholischen Anerkennung des Augsburgischen Bekenntnisses spätestens jetzt (wer hätte es nicht schon lange ahnen können?) eingestellt werden können und müssen. Selbst eine tatsächlich von den Theologen erarbeitete Anerkennung der Confessio Augustana würde unter den gegebenen Umständen nicht kirchlich rezipiert werden können und hätte somit kaum den Wert des Papiers, auf den sie geschrieben wäre.

Die aus dem Küng-Vorfall zu ziehende ökumenische Lehre gebietet also einen Abbau interkonfessioneller Konsens-Bemühungen und eine entsprechende Konzentration auf die wirklich kirchentrennenden Differenzen. Nur so wird man die antiökumenischen Tendenzen der jüngsten römisch-katholischen Entwicklung überwinden können. Es wird ohnehin schwierig werden, die reformatorische Konzentration auf Christus als die Mitte von Schrift und Kirche mit der *römischen* Interpretation der Lehre des Zweiten Vatikanischen Konzils von der Hierarchie der Wahrheiten in Übereinstimmung zu bringen. Das oberste Lehramt der römisch-katholischen Kirche hat den Streit mit Hans Küng integralistisch zum Abschluß gebracht und sich so der möglichen Kreativität für die innere Reform der katholischen Kirche wie für den Dialog derselben mit der übrigen Christenheit beraubt. Die Glaubenskongregation hat katholisch als *römisch* gedeutet und die wahre Katholizität der Kirche dadurch vernachlässigt.

Daß dies für die ökumenischen Kontakte der katholischen Kirche verheerende Folgen haben muß, ist deutlich. Verheerender noch wäre es freilich, wenn sich die lutherischen Kirchen aufgrund des unglücklichen Entscheids gegen Küng hinreißen ließen, die interkonfessionellen Beziehungen zu Rom aufzugeben.

Quelle: Lutherische Monatshefte 19 (1980), 139–141

5.36 Hans Nagel: Der »Fall Küng« und die Tübinger Hochschulgemeinde (März 1980)

Nagel ist Pfarrer der Katholischen Hochschulgemeinde Tübingen.

Pastorales Erdbeben

Die am 18. Dezember über die Massenmedien verbreitete Meldung, die Glaubenskongregation habe Professor Küng die kirchliche Lehrerlaubnis entzogen, löste bei vielen Studenten aller Fachbereiche, die zur Katholischen Hochschulgemeinde kommen, Unverständnis, Fassungslosigkeit und Empörung aus. Als Gemeinde, die öfter mit Professor Küng Eucharistie gefeiert hat, waren und sind wir zutiefst betroffen. Eine für diesen Abend zu anderen Themen angesetzte

Gemeindeversammlung hatte natürlich nur noch ein Thema. Wir gaben an diesem Abend in einer Resolution unserer Betroffenheit und Empörung Ausdruck. »Die Glaubwürdigkeit und Offenheit unserer Kirche, die für viele unserer Mit-Studenten in Frage steht, ist damit empfindlich getroffen«, heißt es in dieser Erklärung (vgl. Dokument 3.2 – die Herausgeber). Diese Reaktion der Studenten hält bis zum heutigen Tag an. Es gibt kein Gespräch in einem Arbeitskreis, am Biertisch oder sonstwo, wo nicht der »Fall Küng« angeschnitten wird. Die Kanzelerklärung der deutschen Bischöfe vom 13. Januar konnte uns auch nicht erklären, worum es eigentlich nun gegangen ist und was eigentlich nun so gefährdend für den Glauben auf dem Spiele stehen soll.

An der Lehre von der Unfehlbarkeit des Papstes reiben sich junge Menschen auch ohne Küngs Anfrage – das weiß jeder Religionslehrer. An den Fragen der Christologie ist man eher interessiert, jedoch sieht man zuerst, daß die Schriften von Professor Küng verständlich lesbar und engagiert geschrieben sind. Das »Deum de Deo, lumen de lumine« ist eine alte Formel, die als solche steht und der Interpretation, nicht der Repetition bedarf. Die »Christologie von unten« wird eher verstanden; bei solcher Betrachtung des »Herrn und Bruders Jesus Christus« kann man mitgehen bis zum Bekenntnis: »Gott war mit ihm« (Apg 10, 38). Die Streitpunkte erscheinen den meisten Gemeindemitgliedern als Theologengezänk.

Die Theologiestudenten sagen: Ja – das war die Amtskirche! So ist sie: ein hierarchischer Machtapparat, der unseren Glauben verwalten will – aber gar nicht wissen will und kann, was wir glauben, weil er von unserem Leben weit weg ist.

Die Juristen fragen: Wo bleibt in der katholischen Kirche die Gerechtigkeit? Das Schlußwort vor jedem Urteil hat der Angeklagte.

Die Historiker spötteln: In der Kirche gibt es nie etwas Neues. Wenn sie schon den Galilei aus dem Wartezimmer holt, dann müssen wieder andere hinein.

Die Human- und Naturwissenschaftler sagen: Wir verstehen dieses Theologengezänk nicht. Das hat für uns mit Kirche nichts zu tun. Wahrheit läßt sich doch nicht in Formeln abpacken.

Im Gemeinderat haben wir uns nach den Weihnachtsferien mit der Sache erneut und ausführlich befaßt. Die Emotionen waren etwas abgeklungen durch Diskussionen, die der einzelne außerhalb der Universitätsstadt in seinem Familien- und Bekanntenkreis geführt hatte. Es kamen Briefe an Bischof Moser und Professor Küng zustande. Bischof Moser wird gefragt nach dem künftigen Dialog, nach einer pluralen Theologie, nach dem Kredit der Theologie als Wissenschaft an einer Universität, nach der Änderung der römischen Verfahrensordnungen usf.

Professor Küng wird gefragt, ob nicht in der kritischen Phase ein stärkerer Einsatz von ihm möglich gewesen wäre; man wünscht sich von ihm die weitere Bereitschaft zum Dialog, damit nicht aus Ohnmacht und Unbehagen Resignation und Emigration entsteht.

In einer Resolution, die der im Februar stattfindenden Delegiertenversammlung der Arbeitsgemeinschaft katholischen Studenten- und Hochschulgemeinden vorgelegt werden soll (vgl. Dokument 3.32 – die Herausgeber), geht es vor allem darum, ob in unserer Kirche theologische Streitfragen durch Machtansprüche geklärt werden können. Man sieht im Falle Küng eine Tendenz auf Zukunft hin. Vom eigenen Selbstverständnis her, als Hochschulgemeinde im Dialog zu stehen, wird diese Tendenz abgelehnt.

Pastorale Aufräumarbeiten

Als Studentenpfarrer muß ich feststellen: Durch den Fall Küng ist die oft beklagte Distanz Amt–Gemeinde größer bzw. erst richtig bewußt geworden. Dieser Riß scheint mir sehr deutlich und z. Zt. unüberbrückbar zu sein, auch wenn man feststellt, daß auf beiden Seiten Fehler gemacht und eingestanden werden. »Wer die Macht hat, hat eben das Recht«, sagen Studenten.

Man versteht das Verhalten der deutschen Bischöfe nicht. Hätte eine Frage von solcher Tragweite nicht zu einem anderen Zeitpunkt und in einer anderen Form angegangen werden müssen? Die Kanzelerklärung verschärfte diese Fragen noch: Wären die Bischöfe vor Weihnachten zusammengekommen, wäre es anders ausgegangen? Sind sie wirklich einer Meinung? Müssen sie das sein? Die Kritik am gegenwärtigen Papst ist immens gewachsen, die anfängliche Begeisterung über den ersten Nicht-Italiener in der Neuzeit ist großer Enttäuschung gewichen.

Viele Studenten, die als Nicht-Theologen an theologischen Fragen interessiert sind, ziehen sich zurück: Theologie ist doch nicht Wissenschaft; sie wird von anderen gemacht und durchgesetzt. Das Oben-Unten-Schema ist voll zu Tage getreten; die Gemeinde, das Volk Gottes, wir selber werden übergangen. Die in den vergangenen Jahren zu beobachtende Tendenz »Jesus ja – Kirche nein« ist zu ungunsten der Kirche entschieden.

Unsere heranwachsende Akademikergeneration fragt sich, ob es sich lohnt, später – nach dem Beispiel vieler Väter und Mütter – in dieser Kirche Mitverantwortung zu übernehmen. Die bisherige Reaktion heißt: Man will uns ja gar nicht. Die da oben machen ihre Sache alleine. Selbst ein Bischof Moser, dem man Mut bescheinigt, hat nicht viel zu melden. Ich hoffe, daß es bei solcher Resignation nicht bleibt. Diese Hoffnung umzusetzen braucht viel Energie, die anderswo wieder fehlt, wo sie auch gebraucht würde. Um Glaubensinhalte sich zu kümmern – so der Eindruck vieler Studenten nach dem Studium der vorgelegten Dokumente –, rentiert sich nicht. Diese diffizilen Wendungen sind für Spezialisten kompliziert genug, für uns bringen sie nichts. Wichtiger ist die Glaubenshaltung – und die wird einem auch noch schwer gemacht.

Man sagt klar, daß nicht Professor Küng, sondern die römischen und deutschen Instanzen der Glaubwürdigkeit der Kirche geschadet haben. Meine eigenen Bemühungen, zur »Amtskirche« mehr Vertrauen zu haben und so viel Brüderlichkeit anzubieten, als man für sich erwartet, scheinen durch Fakten der anderen Seite desavouiert zu sein. Zwar wird seitens der Bischöfe darauf hingewiesen, daß es schon seit langem aus dem Kirchenvolk Kritik an Professor Küng gebe – die haben die Studenten auch –, dabei wird übersehen, wie notwendig und gefragt eine verständliche Auslegung des Glaubens ist.

Ich bin mir als Theologe und Pfarrer im klaren, daß es meine Aufgabe ist, zu klären, zu differenzieren, zu erklären – aber es ist sehr schwer geworden, unter allem Schutt, der abgeladen wurde, das Körnchen Wahrheit zu finden, zur Sachfrage zu kommen.

Zu schade wäre es, würde auch über diesen Fall Gras wachsen, ohne daß die Sachfragen verständlich geklärt werden. Hier erwarten unsere Studenten nicht nur autoritative, sondern offene, in die Zukunft weisende Worte. Aber die werden zu einer Zeit »totaler Betroffenheit« nur schwer gehört.

Ich schreibe diese Zeilen nach einem ausführlichen Gespräch mit Kollegen aus Bonn, Münster, Freiburg, Berlin und Augsburg. Die Reaktionen, die mir von dort berichtet wurden, bestätigen die Tendenzen, die ich in Tübingen beobachte.

Was man jetzt erst recht erwartet: eine Kirche, die den Streit beendet und zum Glauben in dieser Zeit, in der komplizierten Welt, an der diffusen Hochschule Mut macht.

Das Zeichen, das man verstehen würde, heißt: Missio canonica für Professor Küng. Dann würde aus dem Fall Küng kein Rückfall in vergangene Zeiten.

Quelle: Informationen, hrsg. vom Priesterrat und Diözesanrat Rottenburg-Stuttgart, März 1980

5.37 Ernst Gottfried Mahrenholz: Küng und das Konkordat (März 1980)

Mahrenholz war niedersächsischer Kultusminister und ist Rechtsanwalt und Landtagsabgeordneter in Hannover.

Aspekte des Staatskirchenrechts

Zwei staatskirchenrechtliche Probleme wirft der Fall Küng auf: Das eine betrifft das Verfahren, das die Kirche gegenüber dem Staat im Falle von Lehrbeanstandungen zu beobachten hat. Bei dem anderen Problem geht es um die Frage, ob Professor Küng nach geschehener Lehrbeanstandung in der katholisch-theologischen Fakultät der Universität Tübingen verbleiben kann.

Artikel 19 des Reichskonkordats verweist in seinem Schlußprotokoll auf die Konstitution *Deus scientiarum Dominus* und auf die Instruktion des Heiligen Stuhls vom 9. Juli 1932. Diese Instruktion regelt die Anwendung der Konstitution speziell für die deutschen Verhältnisse. Hinsichtlich der Lehrbeanstandungen besagt sie unter II. 3: »*Missio canonica datur et retrahitur ab Episcopo ad normas Concordatis statutas.*« Entsprechend den Konkordaten gibt es also ausschließlich ein Recht des Bischofs zur Lehrbeanstandung. Im Falle Küng hat dagegen der Heilige Stuhl selbst am 15. Dezember 1979 die Beanstandung ausgesprochen. Der Hauptsatz der Deklaration lautet in deutscher Übersetzung: »Professor Hans Küng weicht in seinen Schriften von der vollständigen Wahrheit des katholischen Glaubens ab. Darum kann er weder als katholischer Theologe gelten noch als solcher lehren.«

Da Küng zu den vom Konkordat gemeinten Universitätslehrern gehört, hat in seinem Fall also die falsche Instanz gesprochen. Dem Staat muß aber daran liegen, daß der Bischof nach außen die alleinentscheidende Instanz bleibt. Nur so besteht die Gewähr, daß im

Falle von Bedenken Roms gegen die Lehre eines Professors der Aktionsraum des zuständigen Bischofs gegenüber der Kurie für diejenige Beilegung des Konfliktes ungeschmälert erhalten bleibt, die den Widerruf der kirchlichen Lehrerlaubnis vermeidet.

Gerade weil davon auszugehen ist, daß ein Bischof *Gravamina* der Kongregation für die Glaubenslehre ernst nimmt, muß er die Möglichkeit haben, vor einem Schritt gegenüber dem Staat innerkirchlich seine eigene Würdigung dieser Bedenken geltend zu machen. Eine solche Würdigung wird zwangsläufig nicht nur die dogmatischen Fragen umfassen, sondern wird sich ebenso pastoralen Problemen zuwenden. Sie wird auch die Frage behandeln können, ob Art und Ausmaß eventuell zu erwartender öffentlicher Reaktionen in einem angemessenen Verhältnis zum Gewicht der Beanstandung stehen.

Das Interesse des Staates an diesem Aktionsraum des Bischofs ist darauf gerichtet, Konflikte um seine Fakultät zu vermeiden. Er hat in dieser Angelegenheit verfassungsmäßige Pflichten zu erfüllen, und zwar einerseits der Fakultät gegenüber, insoweit sie Teil des Wissenschaftsbetriebes der Eberhard-Karls-Universität ist und also an der vom Staat zu schützenden Lehr- und Forschungsfreiheit teilhat. Verfassungspflichten hat der Staat andererseits auch gegenüber dem einzelnen Professor einer katholisch-theologischen Fakultät, weil er auch ihn in der Ausübung der Wissenschaftsfreiheit zu schützen hat und ihm als staatlichem Beamten zu Schutz und Fürsorge (nach Artikel 33, Absatz 5 des Grundgesetzes) und den entsprechenden Bestimmungen des Beamtenrechts verpflichtet ist.

Die Kurie hat nun durch die öffentliche Kundgabe von Lehrbedenken gegen Professor Küng die Möglichkeiten des Bischofs von Rottenburg-Stuttgart auf ein Minimum reduziert. Das hat auch der Ablauf seiner Vermittlungsbemühungen deutlich gezeigt. Es konnte nach der öffentlichen Konfrontation zwischen dem Vatikan und Professor Küng überhaupt nur noch um einen Akt der Unterwerfung von Professor Küng gehen. Wenn vatikanische Kritik solcherart erst an der Öffentlichkeit ist, werden alle Bemühungen, auch die des zuständigen Bischofs, zusätzlich durch die dann nicht minder wichtige Frage des kurialen Gesichtsverlustes beschwert.

Es ist mithin keine Formalie, sondern entspricht dem auch sonst in der oben genannten Instruktion zu beobachtenden einfühlsamen Interesse des Heiligen Stuhls *in civiles Universitates* (Artikel 11 der Konstitution), wenn die Instruktion das Subjekt der Beanstandung definitiv bestimmt. Von allen Konkordatsmaterien ist nach dem Fortfall des Problems der öffentlichen Bekenntnisschule das Fakultätsproblem das heikelste. Es geht um einen Bereich, in dem die Kirche notwendigerweise das letzte Wort muß sprechen dürfen. Dem korrespondiert aber die beiderseitige Pflicht zur peinlich genauen Innehaltung vereinbarten Rechts.

Daraus folgt die konkordatäre Pflicht des Vatikans, eigene Schritte im Falle einer Lehrbeanstandung dem verschwiegenen innerkirchlichen Dienstverkehr mit dem zuständigen Bischof vorzubehalten. Eine Trennung des Komplexes Lehrbeanstandung in eine der Kurie vorbehaltene Sach- und Publikationsentschließung und eine dem Bischof aufgetragene Botenrolle gegenüber dem Staat widerspricht dem Wortlaut der Instruktion, sie widerspricht der kirchenrechtlichen Stellung des Bischofs als des Ordinarius seiner Diözese und damit auch der Fakultätsmitglieder. Es ist kaum denkbar, daß der Vatikan bei der Veröffentlichung der Deklaration dieses »partikularrechtliche« Problem gesehen und sich nicht gegen den möglichen Vorwurf konkordatswidrigen Verhaltens ausdrücklich geschützt hat. Die konkordatären Rechte des Staates gehen gerade nach der Interpretation des Vatikans aber noch weiter. Sie umfassen nämlich auch das Recht des Staates auf vertrauliche Erörterung der anstehenden Fragen mit dem Bischof, bevor dieser die Lehrbeanstandung erhebt. Dies hat der damalige Kardinalstaatssekretär Pacelli, der spätere Papst Pius XII., in einer inzwischen publizierten Note vom 4. Dezember 1933 dargelegt, nachdem der nationalsozialistische Staat aus politischen Gründen einen Professor der katholischen Fakultät in Breslau entlassen hatte.

Der Betroffene muß gehört werden

In der Note heißt es: »Der Hl. Stuhl, der lediglich die das kirchliche Interesse berührende Seite der Angelegenheit im Auge hat, verzichtet vorerst bewußt darauf, die Gründe der staatlicherseits getroffenen Maßnahmen einer Beurteilung zu unterziehen. Er steht jedoch auf dem Standpunkt, daß das konkordatsrechtlich vorgesehene Zusammenwirken der kirchlichen und staatlichen Behörden bei der Berufung von katholischen Universitätsdozenten auch ein entsprechendes Zusammenwirken mit dem Diözesanbischof im Falle der Abberufung bedingt. . . . Er ersucht daher die Reichsregierung, 1. wirksame Vorkehrungen zu treffen, daß für die Zukunft in Fällen beabsichtigter

Beurlaubungen, Amtsenthebungen und dergleichen von geistlichen Universitätsdozenten oder sonstigen in einem vergleichbaren Amt stehenden Geistlichen rechtzeitig die Fühlungnahme mit dem zuständigen Ordinarius erfolgt...«

Da Pacelli dies ausdrücklich unter Verzicht auf eine Beurteilung der Gründe des nationalsozialistischen Staates für die Amtsentlassung gefordert hat, geht es ihm um die Artikulierung eines prinzipiellen Punktes staatlich-kirchlicher Zusammenarbeit im Hochschulbereich, der natürlich entsprechend den allgemeinen Vertragsgrundsätzen für beide Seiten gilt. Eine solche Fühlungnahme geschieht nicht zur Herstellung eines Einvernehmens. Der Staat ist unfähig, ein Sachurteil über die kirchlichen *Gravamina* gegen einen Lehrer der Kirche abzugeben. Die Fühlungnahme meint vielmehr das Gespräch zwischen den Vertragspartnern über einen natürlicherweise schwierigen Anwendungsfall ihrer vertraglich geordneten Beziehungen.

Bei solchen Fühlungnahmen wäre dann auch Raum für die Erörterung der Frage, ob dem Betroffenen die in Frage kommenden Rechtsgarantien gewährt wurden. Hierzu muß der Minister auch den Betroffenen selbst hören. Gerade weil allgemeine Dispute über »Menschenrechte in der Kirche« zwischen Staat und Kirche unnütz und unangebracht sind, ist die staatliche Vergewisserung wichtig, daß der Betroffene die Rechtsgarantien hat ausschöpfen können, die ihm nach innerkirchlichem Recht zustehen. Freilich schuldet die Kirche dem Staat keine Rechenschaft über die Frage der Gewährung vorhandener innerkirchlicher Rechtsgarantien, weil hier Pflichten dem Staat gegenüber nicht bestehen; aber ein legitimer Gegenstand der Erörterungen zwischen Minister und Bischof ist die Angelegenheit. Das Gespräch darüber kann der Bischof nicht verweigern.

Zum zweiten Problem existieren keine unmittelbaren Vertragsbestimmungen. Daß Ersatz zu stellen ist, besagt das Konkordatsrecht. Auch wenn die Länder-Konkordate, auf die Artikel 19 des Reichskonkordats verweist, die Fakultät in Tübingen nicht erfassen und die genannten vatikanischen Dokumente über den Ersatz nichts sagen, ist auch für Tübingen von einer Ersatzpflicht auszugehen. Andernfalls könnte die Fakultät ihrer Aufgabe der Priester- und Lehrerausbildung nicht nachkommen. Mit der Erfüllung dieser Ersatzpflicht hat der Staat auch etwaige aus Artikel 4 des Grundgesetzes herrührende Neutralitätspflichten erfüllt. Einziger, aber gewichtiger juristischer Anhaltspunkt für die Frage, ob Küng die Fakultät verlassen muß, um außerhalb ihrer seine Lehrtätigkeit fortzusetzen, ist die Stellung der Fakultät in der Universität und die korporationsrechtliche Stellung Professor Küngs in ihr.

Daß die Katholisch-Theologische Fakultät Teil der Universität Tübingen ist, ist Konkordatsrecht und Voraussetzung für eine Abmachung zwischen Staat und Kirche zu diesem Gegenstand. Eine Fakultät ist also keine geistliche Hochschule. Die geistliche Hochschule hat einen rein kirchlichen Status. An ihr ist kein Platz für jemanden, der nach dem Urteil der Kirche nicht recht lehrt, unbeschadet auch dort möglicher Garantien für seine zivilen Verhältnisse.

Die katholisch-theologische Fakultät einer staatlichen Universität hat dagegen in erster Linie einen staatlichen Status. Alles, was die im Schlußprotokoll zu Artikel 19 des Reichskonkordats als »Grundlage« ausgeführte vatikanische Instruktion vom 7. Juli 1932 an Besonderheiten gegenüber der Apostolischen Konstitution *Deus scientiarum Dominus* ausführt, beruht auf diesem Umstand. Die Grundregel dieser Instruktion läßt sich so zusammenfassen: Von der Kirche wird nichts in Anspruch genommen, was nicht durch Konkordat oder herkömmliches kirchliches Recht gedeckt ist. Zur Frage der Fakultätsmitgliedschaft eines Professors ohne kirchliche Lehrerlaubnis enthält sie kein Wort.

Unantastbares Recht auf freie Lehre

Das Universitätsgesetz von Baden-Württemberg definiert unterschiedslos die Fakultäten nach staatlichem Recht. Allerdings dient der Fachbereich der katholischen Theologie der Priester- und Lehrerausbildung – und zwar inhaltlich in dem Sinne, wie sie die Kirche für richtig hält. Aber diesem Ziel dient die Fakultät als einer wissenschaftlichen Aufgabe. Darüber, was Wissenschaft sei, verfügt die Kirche nicht; niemand verfügt darüber.

Gerade diese Nichtverfügbarkeit wird im Universitätsgesetz in den Explikationen des Begriffs der wissenschaftlichen Freiheit bekräftigt und korporativ gefaßt. Es ist demnach jeder Fakultät aufgegeben, ihre Arbeit als die wissenschaftliche Arbeit der Universität zu verstehen. Das ist der Sinn der alle Fakultäten umfassenden Garantie des Artikels 5 Absatz 3 des Grundgesetzes. Sonst wäre während der 163 Jahre der Zugehörigkeit einer katholischen Fakultät zur Universität für sie dort kein legitimer Platz gewesen.

Eine Diözese, die diese Implikation nicht in Rechnung stellen will, tut besser daran, die Priester seminaristisch ausbilden zu lassen. Wie der Staat wissen muß, daß weder er noch die Universität Herr im Hause sind, was die Eignung eines Professors der katholischen Theologie für die Berufsausbildung betrifft, so muß die Kirche wissen, daß sie nicht Herr im Haus der Fakultät ist, was den Wissenschaftsbetrieb dieser Fakultät anbelangt.

Von dieser Rechtsstellung der Fakultät an der Universität wird auch die Rechtsstellung ihrer Mitglieder bestimmt. Das Fakultätsmitglied hat gerade als solches ein unantastbares Recht auf freie Lehre und Forschung. Die Universität ist nicht wie die Schule als Summe von lehrenden Individuen strukturiert, die sich kollegial nur zur Erledigung äußerer Regularien zusammenfinden. Die Universität ist vielmehr von ihrem Ursprung bis zum gegenwärtigen Universitätsgesetz nach den Gegenständen gemeinsamer wissenschaftlicher Bemühungen in Fakultäten organisiert.

Wird ein Mitglied wegen seiner Lehre gegen seinen Willen aus der Fakultät entfernt, dann wird (mit dem Grundprinzip der Universität als Stätte gemeinsamer wissenschaftlicher Forschung) der korporationsrechtliche Status des Mitglieds angetastet. Das ist in Fällen von Konversion oder direkter Gegnerschaft gegen die Kirche unbefriedigend. In der Regel wird allerdings der Betroffene nicht mehr in der Lage sein, sein Fach zu vertreten, wird auch keinen Wert auf eine fernere Mitgliedschaft in der Fakultät legen. Sollte es anders sein, ist es wichtiger, daß die auf dem Spiel stehenden Rechte unversehrt bleiben, als daß »ein Störfaktor ausgeschaltet« wird. Gerade der ganz andere Fall Küng zeigt die Unzulässigkeit des *argumentum a maiore ad minus*.

Dagegen ist das Prüfungsgeschäft vom Entzug der Lehrerlaubnis deshalb betroffen, weil es die Studenten im Rahmen der Berufsausbildung notwendigerweise dem Urteil eines Professors aussetzt, der die Qualifikation für diese Berufsausbildung nicht mehr besitzt. Zu Recht bedurfte daher Professor Küng eines ausdrücklichen Einverständnisses des Bischofs, einstweilen weiterhin zu examinieren.

Es hat tiefer liegende Ursachen, wenn der Staat sich dieser Zusammenhänge so wenig bewußt ist, daß er glaubt, sie durch Vereinbarungen mit der Kirche beiseite schieben zu können, wie in Bayern und Nordrhein-Westfalen geschehen. Dort wie in Tübingen muß den Betroffenen – und betroffen sind auch die Fakultäten – angeraten werden, auf der Wahrung ihres Rechts, auch wenn es ohne den Rechtsweg nicht abgehen sollte, zu bestehen. Es handelt sich also nicht um ein »Amt, das er der Kirche zur Verwirklichung ihrer Freiheitsvorstellungen zur Verfügung stellt« (E. L. Solte). Der Staat will vielmehr mit der Garantie der theologischen Fakultät, daß Ausbildung in Theologie in wissenschaftlicher Weise geschieht. Dies bringt das Janushafte der rechtlichen Lage hervor, das sorgfältige Distinktionen erfordert.

Quelle: Evangelische Kommentare, März 1980

5.38 Wolfgang Seibel: Folgen eines Lehrverfahrens (März 1980)

Seibel ist Chefredakteur der Jesuitenzeitschrift »Stimmen der Zeit«.

Der Entzug der kirchlichen Lehrerlaubnis von Professor Hans Küng hat Probleme aufgeworfen, die weit über den konkreten Fall hinausgehen: Verkündigung und Verständnis des Glaubens in unserer Zeit, Sinn und Ausübung des Lehramts, Stil und Formen innerkirchlicher Auseinandersetzungen, der Fortgang der Ökumene, die staatskirchenrechtliche Stellung der theologischen Fakultäten. Solche Fragen werden noch lange in der Diskussion bleiben, und es wird erhebliche Mühe kosten, glaubwürdige und überzeugende Antworten zu finden.

Als die römische Glaubenskongregation am 18. Dezember 1979 ihr Dekret veröffentlichte, ahnte sie kaum, welche Lawine sie auslöste. Sie hatte ja auch ganz andere Absichten. Sie wollte wohl nicht den Weihnachtsfrieden stören, sondern das »Recht der Gläubigen . . . auf eine volle und eindeutige Darstellung unveräußerlicher Glaubenswahrheiten« gegen »Verkürzungen« schützen, »drohende Irrtümer wachsam abwehren« und »Verwirrungen« in zentralen Fragen des Glaubens klären, und das in einem Verfahren, das den »Versuch einer neuen Konfliktbewältigung« darstellen sollte.

Wurden diese Ziele, wie sie die Erklärungen der Glaubenskongregation und des Vorsitzenden der Deutschen Bischofskonferenz formulieren, durch die bisherigen Maßnahmen erreicht? Die Methoden der Konfliktbewältigung waren in der Tat neu, wenn man sie mit der Praxis vor dem Konzil vergleicht. Das Verfahren spielte sich nicht mehr völlig im Geheimen ab, und dem Beklagten wurde – wenn auch nur in der ersten Prozeßphase – Gelegenheit zur Stellungnahme gegeben. Blickt man jedoch auf den in den modernen Rechtsstaaten erreichten

Standard der Rechts- und Entscheidungsfindung, dann fehlen so wesentliche Elemente wie Recht auf Akteneinsicht, Öffentlichkeit des Verfahrens, freie Wahl des Verteidigers, grundsätzlich gleiche Rechtsstellung der Parteien. Nichts spricht dagegen, daß sich die Kirche diese Grundsätze zu eigen macht, zumal sie den einzigen Zweck haben, eine möglichst objektive Rechtsfindung zu ermöglichen, Willkür auszuschließen und die Rechte des einzelnen zu schützen. Erst mit einer Verwirklichung dieser Grundsätze würde der weitverbreiteten Meinung der Boden entzogen, die Kirche sei eine totalitäre Institution, die keine Freiheit und keine Abweichungen von der offiziellen Linie duldet.

Blickt man auf das bisherige Ergebnis, scheint die »Bewältigung« des Konflikts eher mißlungen zu sein. Nicht die Einheit, die Polarisierung ist gewachsen. Die einen fühlen sich bestätigt, andere vor den Kopf gestoßen. Die einen begrüßen die römischen Maßnahmen als eine längst fällige Entscheidung, andere betrachten sie als einen Akt des Unrechts und der Willkür. Der Versuch der Deutschen Bischofskonferenz, durch umfangreiche Dokumentationen ihre Sicht der Dinge zur Geltung zu bringen, konnte daran nichts ändern – nicht nur, weil sich die meisten auf Grund der ersten Meldungen in den aktuellen Medien ihr Urteil bilden, sondern vor allem, weil bei zahlreichen Menschen zuviel persönliche Betroffenheit im Spiel ist, weil das Verfahren zu große Angriffsflächen bietet und weil die Menschen heute auf jede Einschränkung der Freiheit durch Institutionen und Behörden äußerst sensibel reagieren und zunächst immer Partei für den Betroffenen ergreifen, auch dann, wenn dieser durch sein provozierendes Verhalten wesentlich zu solchen Entwicklungen beigetragen hat. Auf dieser Ebene ist der Konflikt noch lange nicht bewältigt.

Und die Sache, um die es ging? Die zentralen Glaubenssätze über die Unfehlbarkeit der Kirche und die Gottheit Jesu wurden mit Nachdruck herausgestellt und gegen die Küngsche Interpretation abgegrenzt. Aber konnte eine »volle und eindeutige« Darlegung der Glaubenslehre gelingen? Die Glaubenskongregation selbst hat in der Erklärung »Mysterium ecclesiae« von 1973 betont, daß auch die Glaubensaussagen von der Sprache und der geistigen Gesamtsituation einer Epoche abhängen, also geschichtlich bedingt sind; daß nicht jede Formel in gleicher Weise geeignet ist, die Wahrheit wiederzugeben, und daß das in den alten Formeln Gemeinte in neuen Formeln besser und vollständiger ausgedrückt werden kann, wofür es in der Dogmengeschichte zahlreiche Beispiele gibt. Auch die Glaubenssätze sind »verkürzt«, weil sie wie jeder Begriff der menschlichen Sprache nur unvollkommen, nur unter bestimmten Aspekten das Gemeinte aussagen können und daher immer der Ergänzung bedürfen, wie zum Beispiel auch und gerade die Unfehlbarkeitsdefinition des Ersten Vatikanischen Konzils. Ebensowenig ist eine Glaubensformel »eindeutig«, weil sie auf Interpretation angewiesen ist. Wenn die Glaubenssätze vom wahren Gottsein Jesu Christi oder von der Unfehlbarkeit der Kirche »eindeutig« wären, wie hätten sie dann so oft mißverstanden werden können?

Die »Verwirrung«, die in der Tat zu beobachten ist, rührt nicht von Theologen oder sonstigen Unruhestiftern her. Sie ist vielmehr ein Zeichen dafür, daß der Christ in seinem Glaubensverständnis und in seiner Glaubensverwirklichung heute von radikalen Fragen herausgefordert ist. Was ist der tiefere Sinn des Dogmas von der Unfehlbarkeit der Kirche? Was bedeutet die Gottessohnschaft Jesu für den einzelnen, welche Folgen hat dies für sein Leben? Auf diese Fragen gibt das römische Dokument keine Antwort. Es wiederholt die alten Formeln, aber mit den neuen Fragen läßt es die Menschen allein.

Quelle: Stimmen der Zeit, März 1980

5.39 Norbert Greinacher: Kirchliches Lehramt und Theologen (April 1980)

Greinacher ist Professor für Praktische Theologie an der Katholisch-Theologischen Fakultät der Universität Tübingen.

Das Verhältnis zwischen dem kirchlichen Lehramt und den Theologen war von Anfang an spannungs- und konfliktgeladen. Dabei gab es in der Geschichte auch große Wandlungen in der Zu- und Unterordnung der beiden Ämter in der Kirche. Der Theologischen Fakultät der Universität Paris etwa kam über lange Zeit zumindest faktisch eine den Bischöfen übergeordnete Kompetenz in Fragen des Glaubens, der Sitte und des kirchlichen Rechtes zu. Dies kommt ja wohl auch in dem Gemälde zum Ausdruck, auf das Max Seckler in seinem Beitrag in dieser Zeitschrift hingewiesen hat (Vom Geist und von der Funktion der Theologie im Mittelalter: Theologische Quartalschrift 159 [1979] 254–263). Es ist etwa um 1520 entstanden und zeigt Thomas von Aquin, in der Mitte des Bildes auf einer erhöhten Kathetra sitzend. Als seine Zuhörer sieht man rechts den Papst und links den Kaiser.

Ein besonders interessantes Beispiel für das Verhältnis von Theologen und kirchlichem Lehramt bildet der sogenannte Gnadenstreit des 16. und 17. Jahrhunderts. Es ging dort um die Frage, wie das Verhältnis zwischen göttlicher Gnade und menschlichem freiem Willen näherhin zu bestimmen sei. Es standen sich gegenüber auf der einen Seite die Jesuiten, unter ihnen vor allem Molina, die mehr die menschliche Freiheit betonten, und auf der anderen Seite die Dominikaner, die mehr die Wirksamkeit der göttlichen Gnade in den Vordergrund stellten. Um diese theologische Frage zu lösen, wurden unter Papst Clemens VIII. und Papst Paul V. insgesamt 85 Versammlungen von Kardinälen, Konsultoren und Theologen abgehalten. Jede dieser Kongregationen dauerte mehrere Stunden. Diese Kongregationen zogen sich über Jahre hin.

Kardinal Bellarmin legte Papst Clemens VIII. dar, er solle nicht meinen, er, der kein Theologe sei, könne durch eigenes Studium in das Verständnis einer so dunklen Frage eindringen. In einem Brief vom Ende des Jahres 1601 oder Anfang des Jahres 1602 schreibt Bellarmin an den Papst, daß der richtige Weg nicht die geheime Verhandlung mit nur wenigen, sondern die öffentliche Beratung sei; man werde sich daran stoßen, wenn ohne eine solche eine Entscheidung erfolge. Wenn aber eine öffentliche Beratung auf einer Synode von Bischöfen oder mindestens in einer Versammlung von Doktoren der verschiedenen Hochschulen sich wohl nicht umgehen lasse, so möge man eine solche möglichst bald veranstalten, noch bevor der Papst alles gelesen habe, was er zu lesen beabsichtige. Die früheren Päpste hätten bei dogmatischen Entscheidungen sich nicht in erster Linie auf ihr eigenes Studium der Glaubenslehren verlassen, sondern die allgemeine Überzeugung der Kirche, besonders der Bischöfe und Doktoren, festzustellen sich bemüht. Zwei Wege gebe es, den Gnadenstreit beizulegen: Entweder könne man beiden Teilen Schweigen auferlegen oder man könne auch eine Synode von Bischöfen oder von auserlesenen Gelehrten aller katholischen Hochschulen berufen. Vor allem aber bittet Bellarmin, bis zur entgültigen Entscheidung denjenigen den Mund zu schließen, die da ausstreuen, der Papst habe sich bereits seine Überzeugung gebildet; er neige zu der einen Seite und höre nicht gern vom Gegenteil; denn sonst werde niemand mehr seine wirkliche Ansicht zu äußern wagen. (All diese Angaben über den Gnadenstreit nach: Ludwig Freiherr von Pastor, Geschichte der Päp-

ste im Zeitalter der katholischen Reformation und Restauration XI,
Freiburg 1927, 561–565.)

Es ist ausgeschlossen, hier dieses konfliktgeladene Verhältnis zwischen theologischer Wissenschaft und kirchlichem Lehramt näher zu bestimmen. Vieles ist hier noch längst nicht ausdiskutiert. Es soll hier auch nicht ein Primat der theologischen Wissenschaft über das kirchliche Lehramt in theologischen Fragen gefordert werden. Eine Lösung dieses Konfliktes ist vielmehr in der Richtung zu suchen, daß eine Entscheidung in Fragen des Glaubens und der Sitte nur im Einvernehmen von theologischer Wissenschaft und kirchlichem Lehramt gefunden werden kann. Beide sind aufeinander angewiesen. Keine Seite kann ohne die andere auskommen. Natürlich wirft die Konkretisierung dieses Prinzips viele Probleme auf. Doch sollte man unbedingt an der alten Praxis in der Kirche festhalten: Solange ein Problem theologisch diskutiert wird, kann das kirchliche Lehramt keine Entscheidung fällen.

Quelle: Theologische Quartalschrift, Heft 2, 1980

5.40 Übersicht über weitere Stellungnahmen Einzelner

Während der Demonstration in Luzern am 22. Dezember 1979 erklärte der evangelische Theologe *Klaus Bäumlin:* »Bei Hans Küng ist mir eine katholische Kirche begegnet, die mit sich selbst im Gespräch ist über die Wahrheit. Wir Reformierten haben in Küng niemals einen heimlichen Protestanten gesehen. Gerade indem er eine uns zugewandte, gesprächsbereite, erneuerungswillige katholische Kirche vertritt, hat er für uns Reformierte den katholischen Glauben zur Herausforderung werden lassen. Ja, die von ihm geförderte Diskussion über die päpstliche Unfehlbarkeit hat einige von uns zum ersten Mal den Gedanken erwägen lassen, der ›Bischof der Bischöfe‹ müßte nicht unter allen Umständen das schlechthin Kirchentrennende bleiben ... Ich bin ratlos, wie es, gerade in der Schweiz, mit Ökumene weitergehen soll ... Ich fürchte mich vor den Reaktionen in meiner eigenen Kirche. Nun können alle jene unverschämt das Maul auftun, die es ja immer gewußt haben: Seht, mit der Ökumene ist nichts; Rom bleibt Rom. Die Rechthaberei wird allenthalben triumphieren.«

Der Vorsitzende des Ausschusses für Glaubensfragen im nationalen Kirchenrat der Vereinigten Staaten erklärte: »Das ist ein großer

Rückschlag für die ökumenische Bewegung« (Frankfurter Allgemeine Zeitung, 22. Dezember 1979).

Der französische evangelische Theologe *Roger Mehl* schrieb: »Nicht ein Zeichen von Gesundheit, sondern ein Zeichen von Angst ist es, wenn eine Kirche es nicht mehr erträgt, daß die Theologen ihre kritische Funktion wahrnehmen« (Le Monde, 2. Januar 1980).

Seine Solidarität mit der Entscheidung der Glaubenskongregation und der Deutschen Bischofskonferenz im Fall Küng hat der Vorsitzende der Französischen Bischofskonferenz und Erzbischof von Marseille, *Kardinal Roger Etchegaray,* am 9. Januar 1980 in Bonn zum Ausdruck gebracht (er war von Kardinal Höffner eingeladen worden). Die Kirche verteidige auch die Menschenrechte, wenn sie die Rechte der Gläubigen verteidige (Katholische Nachrichtenagentur, 10. Januar 1980).

Konflikte zwischen Theologen und dem kirchlichen Lehramt seien besser als Gleichgültigkeit und Apathie. Dies schreibt *Kardinal Basil Hume,* der Erzbischof von Westminster, am 3. Januar 1980 in einem Artikel über die Rolle des Christen in den achtziger Jahren in der Londoner Tageszeitung »The Times«. Die jüngste Kontroverse zwischen prominenten Theologen und der römisch-katholischen Kirche habe viele Menschen beunruhigt und Zweifel über die Zukunft des ökumenischen Dialogs aufkommen lassen. Die Verantwortung des kirchlichen Lehramtes, die authentische Botschaft des Christentums zu bewahren, müsse beibehalten werden. Gleichzeitig müsse jedoch den Theologen Raum zum Forschen und Nachdenken gegeben werden. Nach Ansicht Humes ist es durchaus legitim, über die Art und Weise des Verfahrens zur Feststellung der Rechtgläubigkeit eines Theologen zu diskutieren.

Betroffen über die Vorgänge um das Verfahren der vatikanischen Glaubenskongregation im Fall Küng zeigte sich der Präsident der Katholischen Aktion Österreichs, *Eduard Ploier,* in einem Gespräch mit der Salzburger Kirchenzeitung »Rupertusblatt«. Die theologische Kontroverse könne er nicht beurteilen. Erschütternd sei aber die Verfahrensweise, mit der die Rechtmäßigkeit theologischer Lehren überprüft werde. Gepflogenheiten des Rechtsstaates wie Akteneinsicht oder freie Wählbarkeit eines Verteidigers sollten auch im kirchlichen Lehrprüfungsverfahren eingehalten werden. Den wenigen, die sich angesichts des Lehrverbotes für Hans Küng befriedigt zeigten, stünden viele gegenüber, die tief enttäuscht seien, vor allem Menschen, die im nachkonziliaren Aufbruch der Kirche ihr Engagement zur Verfügung gestellt haben.

Der Kirchenhistoriker Professor *Giuseppe Alberigo* schreibt in »La Stampa«: Am schockierendsten finde er in dem vatikanischen Dokument die Wiederholung der Rolle der Theologen als Helfer und Unterstützer des kirchlichen Lehramtes. Es gäbe keine wissenschaftliche Forschung, die nicht ihre Schattenzone habe und ihre Mißerfolge. Küng habe fragwürdige Begriffe benutzt und fragwürdige Seiten geschrieben. Aber er sei der erste, der für sich selbst die Idee der Unfehlbarkeit zurückweisen würde (vgl. Overview/Chicago, Februar 1980).

Professor *Andrew Greeley,* amerikanischer Theologe und Soziologe, schreibt in der »Chicago Sun-Times«: »Johannes Paul II. ist der wirkliche Verlierer im Fall Küng. Er, der selbst ein angesehener Wissenschaftler ist, hat sich von der katholisch-theologischen Gemeinschaft ausgeschlossen. Er, der ein strenger Verteidiger des Dialoges mit der modernen Wissenschaft und Kultur ist, hat solch einen Dialog für sich selbst und für den Vatikan unmöglich gemacht. Er bewirkte, daß die Kirche lächerlich gemacht wurde gerade unter den modernen Wissenschaftlern und unter denen, die die moderne Kultur ernst nehmen. Der Papst, der ein brillanter personalistischer Denker ist, hat eine folgenschwere antipersonalistische Entscheidung zugelassen« (20. Dezember 1979).

5.41 Übersicht über einige Zeitungskommentare

Der Fall Küng hat in der internationalen Presse ein starkes und weites Echo gefunden. Von den großen deutschen Zeitungen berichtete am ausführlichsten und mit vielen Orginaldokumenten die »Frankfurter Rundschau«. Aber alle überregionalen deutschen Tages- und Wochenzeitungen haben der Angelegenheit ausführliche Kommentare gewidmet. Genannt seien hier neben den in dieser Dokumentation abgedruckten Artikeln:

H. Heigert, Der Fall Küng (Süddeutsche Zeitung, 19. Dezember 1979)

H. J. Herbort, Der Kitt wird schon geknetet. Zwischen der Amtskirche und der Gemeinde klafft ein Riß (Die Zeit, 28. Dezember 1979)

H. J. Fischer, Der Mann, der Fall und die Sache. Einige Klärungen in

Sachen Hans Küng (Frankfurter Allgemeine Zeitung, 29. Dezember 1979)

O. Fehrenbach, Hans Küng und seine Kirche (Stuttgarter Zeitung, 3. Januar 1980)

R. Leicht, Ein Kampf um die Wahrheit (Süddeutsche Zeitung, 3. Januar 1980)

L. Herrmann, Zwei Männer vor dem Schisma. Papst und Professor: Die Kontroverse zwischen Glauben und Wissen (Rheinischer Merkur, 4. 1980)

R. Augstein, The Küng can do wrong (Der Spiegel, 7. Januar 1980)

J. Nolte, Modern und auch katholisch? (Der Spiegel, 14. Januar 1980)

R. Krämer-Badoni, Glauben war schon immer ein Skandal (Die Welt, 2. Februar 1980)

»Imprimatur«, Nachrichten und kritische Meinungen aus der katholischen Kirche, 26. März 1980, ist ganz dem Fall Küng gewidmet.

Auf einige ausländische Zeitungskommentare sei kurz hingewiesen:

Der römische *»Messaggero«* führt aus, daß Küng verurteilt worden sei, weil er an der päpstlichen Unfehlbarkeit zweifle. Unter Johannes XXIII. wäre solches nie geschehen. Der Exabt von Sankt Paul (Rom), Franzoni, fragt: »Wer ist der nächste?«

Die spanische Zeitung *»El País«* nennt das Vorgehen gegen Küng einen »Theatercoup« und schreibt, die katholische Kirche scheine sich noch nicht darüber im klaren zu sein, daß die einzige Möglichkeit fortschrittlichen Denkens den Menschen durch die Hypothese gegeben sei, die von der späteren Kritik oder Nuancierung als richtig oder falsch erachtet werde. Würde man sie unterbinden, wäre das Denken unmöglich, und es wäre lediglich eine Theologie der Wiederholung erlaubt, die zwar als sicher bezeichnet werde, aber vielleicht deswegen, weil sie schon zur toten Materie gerate.

»Le Monde« schreibt: »Sein (Küngs) Verbrechen besteht darin, daß er sich nicht auf die Fachzeitschriften beschränkt, sondern die öffentliche Arena betritt, daß er die von vielen und sogar von katholischen Theologen akzeptierten Thesen den einfachen Gläubigen zugänglich gemacht, kurz gesagt, daß er Bestseller geschrieben hat.«

Der *»Figaro«* bekundet Verständnis für die römische Entscheidung.

»Es genügt dem Professor Küng nicht, seine kleinen Ideen in seinem eigenen Namen zu verkünden, er möchte, daß die Kirche, wenn sie nicht seine moralische Verurteilung riskieren will, ihm hilft, das Gegenteil von dem zu propagieren, was sie denkt.« Das Blatt nimmt den Papst vor der Kritik in Schutz und betont, dieser Papst sei eine wunderbare Chance, die der Kirche gegeben werde.

Die niederländische Zeitung »*Trouw*« schreibt: »Solange Küngs liberale Auffassung über Unfehlbarkeit und Autorität geduldet wurde, schien es Raum für Menschen verschiedener Kirchen oder Auffassungen zu geben, um mündig und mit gegenseitiger Achtung miteinander umzugehen.«

Die niederländische Abendzeitung »*NRC/Handelsblad*« schreibt in ihrem Kommentar, daß Rom die öffentliche Meinung noch nie so gegen sich eingenommen habe wie durch die Verurteilung von Küng. Küng sei verurteilt worden, weil er öffentlich ein Fragezeichen hinter das Dogma der päpstlichen Unfehlbarkeit gesetzt habe. »Fragen ist nicht erlaubt – das ist nun der definitive Beschluß des Vatikan. Wer das dennoch tut, ist als römisch-katholischer Theologe nicht tragbar.« Fragen sei aber ein Grundrecht des Menschen. Rom habe mit der Verurteilung des fragenden Küng die Welt geschockt.

Die englische »*Times*« berichtet von der Reaktion von fünf anglikanischen Kirchenführern, die ihre Sorge über die Folgen der Maßnahmen gegen Küng zum Ausdruck brachten. Die Zeitung bezeichnet Küng als einen katholischen Theologen, für den die Anglikaner eine instinktive Sympathie empfänden.

In einem BBC-Interview sagte *Professor Nicholas Lash* von Cambridge, daß Küng wegen des großen Publikums, das er mit seinen Büchern erreiche, wahrscheinlich der einflußreichste römisch-katholische Theologe der Welt sei.

Die österreichische »*Kronenzeitung*« schreibt: »Daß Papst Wojtyla den modernen Theologen wenig Sympathie entgegenbringt, wußte man von Anfang an.« Nun habe Küng erfahren, wie autoritär die Disziplinauffassung Johannes Pauls II. ist. Daß er jedoch nicht wie mit dem Rebellenbischof Lefèbvre den Dialog gesucht, sondern einem Geheimverfahren zugestimmt habe, werfe einen ersten Schatten auf seine Regierungszeit. Die Kirche brauche diesen Papst, aber Wojtyla sollte wissen, daß sie auch Männer wie Küng bitter nötig hat.

In einem Kommentar der »*Oberösterreichischen Nachrichten*« heißt es: »Die Kongregation für die Glaubenslehre hat nach Küng geschlagen, trifft aber die gesamte progressive Theologie, und es stellt sich die Frage: Wer wird der nächste sein? Zur Theologie als einer Geisteswissenschaft gehört die freie Forschung. Wo bleibt jedoch die Freiheit, wenn den Suchenden der Mund verschlossen wird? ... Zum Wesen der Wahrheit – das wußten schon die alten Griechen – gehört, daß sie dialektisch ist. Wenn diese Dialektik aus der katholischen Kirche verbannt werden soll, zieht sich das Christentum selbst aus den großen Diskussionen unserer Zeit zurück.«

Der Kommentator des Wiener »*Kurier*« schreibt: »Die Großwetterlage in der Weltkirche ändert sich. Das Element der theologischen ›Frontbegradigung‹ gewinnt an Boden, die Kräfte der verzeihenden Toleranz und des brüderlichen Verstehens sind im Schwinden.« Der Autor verweist darauf, daß Küng weit über den engeren kirchlichen Bereich hinaus »überzeugend und glaubhaft von Gott zu sprechen« vermochte. »Küng hat das existentielle Problem der Gottesfrage zurückgeholt aus der nebelfernen und antiquiert formulierten Dogmatik ins Leben von heute. Er hat die Theologie auch als Forschung verstanden. Und Forschung heißt: Mit schöpferischer Unruhe Fragen stellen, die Wahrheit ständig der Bewährung aussetzen. Im Neuen Testament steht der Satz: ›Der Geist weht, wo er will.‹ Nach dem Fall Küng erhebt sich die Frage: Darf er auch wehen?«

In einem Leitartikel in den »*Salzburger Nachrichten*« heißt es, »eine Akte« sei nun »nach zehnjährigem Prozeß zugeschlagen und zu Ende gebracht« worden: »Zu dem denkbar schlechtesten von allen möglichen Enden allerdings.« Keine Frage sei, daß die Kirche den nicht aufgebbaren Auftrag habe, auf die Reinheit der Lehre zu achten. »Aber schon allzu viel ist im Laufe der Kirchengeschichte relativiert oder als selbstverständlich angesehen worden, was früher unter schwerer Sünde zu glauben geboten war, als daß hier die feststellenden und nicht argumentierenden Aussagen etwa eines Kardinal Höffners Eindruck machen könnten.«

Die »*Presse*« (Wien) führt aus: »Die längst schon auf den Fall eingeschossenen Massenmedien werden nun den Fall Küng vollends zu ihrer Sache machen, um gegen die Kurie und den Papst eine neue Kampagne zu starten. Sie wird die Wahrheit zuletzt sicher nicht verdunkeln können, wohl aber die Wirklichkeit, die in nichts Geringerem besteht, als daß seit den Anfängen des Christentums die Bischöfe als Hirten das Lehramt der Kirche innehaben.«

(Alle Zitate nach der Dokumentation der Katholischen Nachrichtenagentur, 17. Januar 1980)

6. Es geht weiter

*Obwohl Bischof Moser Hans Küng am 30. Dezember 1979 die kirch-
liche Lehrbefugnis rechtsgültig entzogen und seit seiner Rückkehr aus
Rom in keiner Form irgendwelchen Kontakt mit Küng aufgenommen
hatte, gingen die intensiven Bemühungen um eine Lösung des Konfliktes, insbesondere von seiten des Universitätspräsidenten, weiter. Sie
spielten sich vor allem in dem Viereck Bischof Moser, Minister Engler,
Universitätspräsident Theis und Hans Küng ab.
Ein Ergebnis dieser Gespräche war der Brief vom 12. Februar 1980
(Dokument 6.3), der zum ersten Mal seit dem 30. Dezember 1979 (vgl.
Dokument 2.24) die Verbindung zwischen Moser und Küng wieder-
herstellte und als Basis für eine Verständigung hätte dienen sollen. Zuvor hatte Küng im Hinblick auf die Debatte im Landtag von Baden-
Württemberg in Schreiben an Minister Engler und die Landtagsabge-
ordneten vor allem seine rechtliche Position verteidigt.*

6.1 Hans Küng: Brief an Minister Engler (21. Januar 1980)

UNIVERSITÄT TÜBINGEN   Tübingen, 21. Januar 1980
INSTITUT FÜR ÖKUMENISCHE FORSCHUNG
DIREKTOR: PROF. DDR. H. KÜNG D.D.   *Persönlich*
                                            durch Boten

Herrn
Prof. Dr. Helmut Engler
Minister für Wissenschaft und Kunst

Sehr geehrter Herr Minister!
Für das ausführliche, offene und sachliche Gespräch, das ich mit Ihnen am 17. 1. 1980 führen durfte, möchte ich Ihnen von ganzem Herzen danken. Besonders wichtig war mir Ihre Zusicherung, daß Sie
und die Landesregierung die ganze Angelegenheit nach juristischen
Kriterien gründlich prüfen werden und dabei auch die ureigenen Interessen der Theologie als Wissenschaft an der deutschen Universität
im Blick behalten werden.
In unserem Gespräch habe ich unter anderem auf Mängel in dem gegen mich geführten kirchlichen »Verfahren« aufmerksam gemacht.
Mir scheinen diese Mängel juristisch und politisch so bedeutsam zu

sein, daß ich mir erlaube, sie Ihnen nachfolgend nochmals schriftlich aufzuführen. Meiner Meinung nach sind schwerwiegende Verfahrensmängel in zwei Bereichen festzustellen:

I. Verfahrensmängel bei der innerkirchlichen Durchführung

In der römisch-katholischen Kirche existiert eine »Neue Verfahrensordnung zur Prüfung von Lehrfragen« vom 15. 1. 1971, veröffentlicht in Acta Apostolicae Sedis 63 (1971) 234–236.
1. Ohne hier auf Einzelheiten dieser Verfahrensordnung einzugehen, ist festzuhalten, daß die Glaubenskongregation durch ihr Dekret vom 15. 2. 1975 das Verfahren gegen meine Bücher »Die Kirche« und »Unfehlbar? Eine Anfrage« in aller Form »eingestellt« hat.
Vgl. zu den folgenden Zitaten die beiliegende Dokumentation »Um nichts als die Wahrheit«, 142–145; Brief der Glaubenskongregation bezüglich Einstellungsbeschluß, S. 142.
In der Erklärung zum Abschluß der Lehrverfahren stellt die Kongregation ebenfalls fest, daß mit ebendieser Erklärung »das Verfahren der Kongregation« in dieser Sache für jetzt beendet wird« (S. 144f.).
»Für jetzt beendet« heißt im Zusammenhang aller damals von kirchenamtlicher Seite gemachten Äußerungen, daß damit das Verfahren ohne rechtswirksame Bedingungen definitiv beendet worden sei.
Die Mahnung in dieser Erklärung, »solche Lehrmeinungen nicht weiter zu vertreten«, ist mit keiner Aufforderung zum Widerruf und mit keiner Sanktion versehen worden. Kardinal Döpfner hat dies in seiner Erklärung vor der Presse vom 20. 2. 1975 ausdrücklich bestätigt und betont, daß »dieses Verfahren ... einen neuen Stil darstellt«; gleichzeitig wies er auch darauf hin, daß diese Erklärung kein »Publikationsverbot« darstelle (S. 156).
Wenn die Kongregation für die Glaubenslehre nun in ihrem Dekret vom 15. 12. 1979 auf jenes »für jetzt« Bezug nimmt, so soll damit offensichtlich die Tatsache überspielt werden, daß
a. die Verfahren gegen »Die Kirche« und »Unfehlbar?« abgeschlossen worden waren und
b. ein neues Verfahren im Sinne der Verfahrensordnung gegen mich nicht eröffnet worden ist. Seit jener Erklärung vom 15. 2. 1975 habe ich von Rom nichts mehr gehört.
2. In dem römischen Dekret wird überdies auf Fragen der Christologie und Mariologie Bezug genommen, die in meinem Buch »Christ

sein« (1974) behandelt sind; das Buch selber wird nicht erwähnt. Dazu ist festzustellen: Auch über dieses Buch und die darin vertretenen Lehrmeinungen ist weder vor der römischen Glaubenskongregation noch vor der Deutschen Bischofskonferenz ein Lehrbeanstandungsverfahren durchgeführt worden (seit dem 1. 1. 1973 gibt es auch eine Ordnung für »Lehrbeanstandungsverfahren bei der Deutschen Bischofskonferenz«). Es sind lediglich Schriftsätze mit dem Bischof von Rottenburg und dem Vorsitzenden der Deutschen Bischofskonferenz ausgetauscht worden. Außerdem hat am 22. 1. 1977 ein Gespräch mit Vertretern der Bischofskonferenz und mir stattgefunden. Durch Schreiben des Sekretärs der Bischofskonferenz wurde mir im Auftrag Kardinal Höffners ausdrücklich bestätigt, »daß es sich bei dieser Besprechung nicht um ein Gespräch im Sinne von § 5 des Lehrbeanstandungsverfahrens bei der Deutschen Bischofskonferenz handelt« (S. 223). Diese Zusicherung bestätigte Kardinal Höffner persönlich zu Beginn des Gespräches (S. 227).

Aufgrund dieses Gespräches gab die Deutsche Bischofskonferenz am 3. 3. 1977 eine Presseerklärung heraus (S. 329 f.) und schließlich eine umfassende Erklärung zu meinem Buch »Christ sein« vom 17. 11. 1977 (S. 349 ff.). Auch in dieser Erklärung ist weder von einem Verfahren die Rede noch von rechtsverbindlichen Auflagen, die ich einhalten müßte, damit nicht bestimmte Sanktionen in Kraft träten.

Ich kann aufgrund dieser Tatbestände nur feststellen, daß dem römischen Dekret vom 15. 12. 1979 nach kanonischem Recht *kein ordnungsgemäßes Verfahren vorausgegangen ist.*

3. Insbesondere ist mir keine förmliche Gelegenheit gegeben worden, mich in *diesem* »Verfahren«, das zum Entzug der Missio geführt hat, zu äußern. Der Bischof von Rottenburg hat darum auch, als ihm die Entscheidung der Glaubenskongregation am 14. 12. 1979 in Brüssel eröffnet wurde, fernmündlich und schriftlich beim Präfekten der Glaubenskongregation, Kardinal Šeper, darauf gedrungen, »Professor Küng vor Bekanntgabe der gegen ihn vorgesehenen Maßnahme nochmals persönlich anzuhören«. Daraus dürfte hervorgehen, daß Bischof Moser diese schwerwiegenden Verfahrensfehler offensichtlich gesehen hat. Diesem Mangel ist jedoch nicht abgeholfen worden. Auffälligerweise fehlt in der bischöflichen Dokumentation gerade dieser für das ganze Verfahren wichtige Brief von Bischof Moser an Kardinal Šeper, dessen Inhalt aber in einer stenographischen Aktennotiz der Fakultätsdelegation bei Bischof Moser vom 20. 12. 1979

und in dessen Brief an den Dekan der Katholisch-Theologischen Fakultät ebenfalls vom 20. 12. 1979 festgehalten ist (vgl. Dokument 2. 16 – die Herausgeber).

II. Verfahrensmängel bei der Beanstandung des Bischofs gegenüber der Landesregierung

1. Ungeachtet der Frage, auf welcher konkordatsrechtlichen Grundlage die Beanstandung vorgenommen worden ist, dürfte feststehen, daß dieses Recht nur dem jeweiligen Ortsbischof und nicht dem Heiligen Stuhl zusteht. Zweifellos ist es nicht Sache des Staates, den Weg der bischöflichen Willensbildung zu überprüfen. Doch wird er darauf zu achten haben, daß der Bischof kraft eigenen Rechtes tätig wird und nicht nur als Erfüllungsgehilfe des Heiligen Stuhles amtet. Diesbezüglich dürften die Ihnen vorliegenden Bedenken von Kultusminister a. D. Professor Dr. Ernst Gottfried Mahrenholz voll greifen. Bezüglich der Eigenverantwortlichkeit der Maßnahmen von Bischof Moser ergeben sich nämlich erhebliche Unklarheiten, die es im Ergebnis fraglich erscheinen lassen, ob der Bischof in diesem Fall konkordatsgerecht gehandelt hat. Ich darf auf folgendes verweisen:

a. Noch kurz vor der römischen Intervention hatte Bischof Moser gegenüber den Anwürfen von Kardinal Ratzinger meine Orthodoxie verteidigt: »Sachliche Kritik und Anfrage, auch an den Papst, seien möglich; wer anfrage, sei nicht weniger katholisch als andere. Man brauche in der Kirche vor der Freiheit keine Angst zu haben« (Katholische Nachrichtenagentur – Informationsdienst Nr. 46 vom 15. 11. 1979; vgl. Dokument 1.17 – die Herausgeber). Es muß auffallen, wenn der Bischof wenig später sich den gegenteiligen Standpunkt zu eigen macht.

b. Wie oben unter I,3 erwähnt, hat der Bischof von Brüssel aus mündlich und schriftlich Kardinal Šeper dringend darum gebeten:

– »jeden Anschein von einer ungerechten oder unbilligen Härte« zu vermeiden und

– »Professor Küng vor Bekanntgabe der gegen ihn vorgesehenen Maßnahme nochmals persönlich anzuhören...«

Obwohl den Bedenken des Bischofs nicht Rechnung getragen wurde, hat dieser dennoch aufgrund der Weisung von Kardinal Šeper, der auf der Durchführung der beschlossenen Maßnahme bestand, den Entzug der Missio am 18. 12. 1979 öffentlich angekündigt.

c. Am 20. 12. 1979 erklärte der Bischof der genannten Delegation der Katholisch-Theologischen Fakultät (bestehend aus Dekan, Prodekan und Senior): Er habe sich »durch sein gegebenes Wort gehalten« gesehen, »das Sigillum zu halten«. Dabei deutete der Bischof an, »daß es vielleicht von Anfang an ein Fehler gewesen sei, sich auf dieses Sigillum einzulassen«. Er fügte hinzu: »Der Brief des Bischofs an den Minister trage kein Datum, weil er, der Bischof, immer noch hoffte, eine Vermittlungsmöglichkeit zu finden« (stenographische Aktennotiz der Delegation der Fakultät). Auch daraus läßt sich folgern, daß Bischof Moser von der Berechtigung der römischen Maßnahme offenbar nicht überzeugt war und sie schließlich nur auf höhere Weisung ausgeführt hat. Dies aber dürfte eine *mißbräuchliche Handhabung der konkordatären Bestimmungen* darstellen.

2. An dieser Stelle wäre darauf hinzuweisen, daß auch in anderen Fällen der Heilige Stuhl durch den Bischof direkt in konkordatsrechtlich geregelte Materien eingreift. Dafür aus der jüngsten Geschichte der Katholisch-Theologischen Fakultät der Universität Tübingen nur ein einziges Beispiel (das allerdings in einem strittigen Verfahren durch weitere ergänzt werden könnte): Der kirchenrechtliche Lehrstuhl ist nun bereits zwei Jahre unbesetzt, weil nach der Ablehnung des Rufes durch den Erstplazierten das bischöfliche Nihil obstat für den Zweitplazierten noch immer nicht vorliegt. Den Äußerungen des Bischofs zufolge bestehen von seiner Seite gegen den Vorgeschlagenen keine Bedenken, vielmehr sei bisher der Heilige Stuhl nicht dafür zu gewinnen gewesen, der Berufung zuzustimmen. Hier zeigt sich eindeutig, daß die Entscheidung, die nach den konkordatären Bestimmungen allein beim Ortsbischof liegen soll, heute tatsächlich in Rom gefällt wird.

Aus all dem scheint deutlich hervorzugehen, daß der Bischof im anstehenden Fall nur als Vollzugsorgan der römischen Kurie gehandelt hat. Das Konkordatsrecht geht jedoch davon aus, daß die Bischöfe kraft eigener Verantwortung und eigenen Rechtes zu handeln haben. Hier scheint in der Tat das eingetroffen zu sein, was der Deutsche Episkopat nach der Definition der päpstlichen Unfehlbarkeit durch das Erste Vatikanische Konzil in Antwort auf eine Cirkulardepesche Bismarcks 1875 so entschieden in Abrede gestellt hatte: daß nämlich die Bischöfe »päpstliche Beamte ohne eigentliche Verantwortlichkeit geworden« seien und daß es nach katholischer Auffassung ein »unsittlicher und despotischer Grundsatz sei«, daß »der Befehl des Oberen unbedingt von der Eigenverantwortlichkeit« entbinde.

Ich bitte Sie, sehr geehrter Herr Minister, die hier angesprochenen Fragen, die die Rechtmäßigkeit der Verfahren in entscheidenden Punkten betreffen, zu überprüfen. Eine Klärung scheint mir Voraussetzung dafür zu sein, ob der Staat auf das Petitum des Bischofs von Rottenburg-Stuttgart überhaupt eingehen muß. Auf die weiteren Implikationen, die ja auch Gegenstand unseres Gespräches waren, möchte ich in diesem Brief nicht eingehen.

Mit freundlichen Grüßen bin ich   Ihr sehr ergebener
                                                   Hans Küng

Nachrichtlich an
den Präsidenten der Universität Tübingen
den Dekan der Katholisch-Theologischen Fakultät
den Vorsitzenden der CDU-Landtagsfraktion

6.2 Hans Küng: Brief an die Abgeordneten des Landtags von Baden-Württemberg (28. Januar 1980)

Über die drei Fraktionsvorsitzenden – Staatssekretär a. D. Erwin Teufel (CDU), Dr. Erhard Eppler (SPD) und Dr. Jürgen Morlock (FDP/DVP) – schrieb Hans Küng folgenden Brief an die Abgeordneten:

UNIVERSITÄT TÜBINGEN   Tübingen, 28. Januar 1980
INSTITUT FÜR ÖKUMENISCHE FORSCHUNG
DIREKTOR: PROF. DDR. H. KÜNG D. D.

Sehr verehrte Frau Abgeordnete,
Sehr geehrter Herr Abgeordneter,
Es liegt mir als dem Betroffenen daran, Ihnen, den verantwortlichen Volksvertretern, vor Behandlung der Anfrage am 30. Januar im Landtag meinen theologischen und rechtlichen Standpunkt zu erläutern. Wie Sie aus dem beiliegenden Zeitungsabdruck ersehen können, möchte ich keinen Zweifel daran aufkommen lassen, daß ich mich als katholischer Theologe verstehe und als Priester, Seelsorger und Wissenschaftler in Loyalität meiner Kirche verbunden bin. Darum bitte ich Sie um Ihr Verständnis, daß ich sowohl aufgrund meines wissenschaftlichen Selbstverständnisses als auch aufgrund meiner Glaubensüberzeugung als katholischer Theologe meine Aufgabe nur im

Rahmen einer Katholisch-Theologischen Fakultät erfüllen kann: Eine Versetzung in eine andere Fakultät würde meine wissenschaftliche Tätigkeit faktisch beenden, weil Dogmatik nur in einer theologischen Fakultät betrieben werden kann.

I. Offene staatskirchenrechtliche Fragen:

Es entspricht meiner Auffassung, daß die konkordatsrechtliche Basis für das Vorgehen gegen mich nicht eindeutig ist: Artikel 19 des Reichskonkordats gewährleistet allgemein den Bestand der katholisch-theologischen Fakultäten an den staatlichen Hochschulen. Bezüglich materialer Aussagen verweist dieser Artikel auf die einschlägigen Landeskonkordate; für Württemberg gibt es jedoch kein solches. Zur Frage des Ausscheidens eines beanstandeten Lehrers aus der katholisch-theologischen Fakultät sagen weder das Reichskonkordat noch die anderen Konkordate etwas Eindeutiges aus. Daß hier Unsicherheit besteht, ergibt sich auch daraus, daß Bayern (1974) und Nordrhein-Westfalen (1979) sich veranlaßt sahen, zusätzliche Vereinbarungen zu akzeptieren. Weder zum Reichskonkordat, das in Württemberg als Landesrecht weitergilt, noch zum Badischen Konkordat gibt es eine solche Zusatzvereinbarung, so daß hier der Ermessensspielraum des Staates, Konsequenzen aus dem kirchlichen Lehrentziehungsverfahren zu ziehen, wesentlich größer ist.

II. Innerkirchliches Verfahren:

1. Durch Dekret vom 15. 2. 1975 hatte die römische Glaubenskongregation die Verfahren gegen meine Bücher »Die Kirche« und »Unfehlbar? Eine Anfrage« rechtswirksam eingestellt. Zwar sind damals hinsichtlich meines Verhaltens Wünsche an mich herangetragen worden, Sanktionen aber wurden nicht in Aussicht gestellt.
2. Bezüglich einiger christologischer und mariologischer Fragen, die ich in meinem Buch »Christ sein« (1974) behandle und die ebenfalls als Grund für die römische Maßnahme erwähnt werden, ist weder von der römischen Glaubenskongregation noch von der Deutschen Bischofskonferenz das notwendige Lehrbeanstandungsverfahren durchgeführt worden.
3. Wollte Rom jetzt aufgrund neuerlicher Äußerungen meinerseits disziplinarische Sanktionen durchführen, hätte ein neues Verfah-

ren im Sinne der römischen »Neuen Verfahrensordnung zur Prüfung von Lehrfragen« vom 15. 1. 1971 eröffnet werden müssen. Das ist nicht geschehen. Im übrigen gibt es seit 1. 1. 1973 auch die »Ordnung für Lehrbeanstandungsverfahren bei der Deutschen Bischofskonferenz«. Auch diese Verfahrensordnung ist nicht eingehalten worden, wie sich selbst aus der genauen Lektüre der trotz ihres Umfangs unvollständigen Dokumentation der Bischofskonferenz ergibt.

Ich bitte den Staat, vor einer Entscheidung mir aus seiner Fürsorgepflicht heraus zu helfen, daß die auch zu meinem Schutz erlassenen innerkirchlichen Verfahrensordnungen eingehalten werden, bevor endgültige Konsequenzen aus der Entscheidung des Diözesanbischofs gezogen werden, zumal dieser vor der Veröffentlichung des römischen Dekrets in einem leider in der bischöflichen Dokumentation nicht abgedruckten Schreiben beim Präfekten der Glaubenskongregation Bedenken gegen das Verfahren angemeldet hat, die aber in Rom nicht durchdrangen.

Seien Sie versichert, sehr verehrte Damen und Herren, daß mir an einer Ausweitung des Konfliktes nicht gelegen ist. Aber gerade deshalb bitte ich Sie, dafür Sorge zu tragen, daß die verfassungsmäßig garantierte *Freiheit von Forschung und Lehre auch für die katholisch-theologischen Fakultäten* in unserem Land voll gewährleistet bleibt. Dies liegt im Interesse aller Beteiligten:

im Interesse der theologischen Fakultäten, deren Bestehen im Rahmen staatlicher Universitäten nur bei voller Wissenschaftsfreiheit gerechtfertigt ist;

im Interesse der Kirche, der nur durch eine sachgerechte, humane und wissenschaftlich orientierte Ausbildung von Klerus und Religionslehrern gedient sein kann;

schließlich auch im Interesse des Staates, dem an einer kooperativen und dialogbereiten Kirche gerade im Hinblick auf eine harmonische Partnerschaft zwischen demokratischem Staat und Kirche gelegen sein muß.

Mit aufrichtigem Dank für Ihre Bemühungen sendet Ihnen freundliche Grüße

Ihr sehr ergebener
Hans Küng

Beilage:
Hans Küng, Warum ich katholisch bleibe
Herbert Haag, Hans Küng und seine Kirche

6.3 Hans Küng: Brief an Bischof Moser (12. Februar 1980)

UNIVERSITÄT TÜBINGEN
INSTITUT FÜR ÖKUMENISCHE FORSCHUNG
DIREKTOR: PROF. DDR. H. KÜNG D. D.

Tübingen, 12. Februar 1980

Herrn
Bischof Dr. Georg Moser

Sehr geehrter Herr Bischof,
Seit Ihrer Rückkehr von Rom am 29. Dezember 1979 hat sich die Situation aufgrund Ihres Entschlusses, mir die Missio canonica zu entziehen und den Staat »um Abhilfe« zu ersuchen, in bedrohlicher Weise entwickelt: Eine tiefe Unruhe über die Entwicklung unserer katholischen Kirche hat Gläubige, Seelsorger und Theologen, hat ganze Gemeinden, katholische Gruppierungen, Verbände und Fakultäten erfaßt, latente Polarisierungen sind offen ausgebrochen und allenthalben redet man von einer drohenden Krise. Ich nehme diese ganze folgenschwere Entwicklung sehr ernst, und deshalb wende ich mich nun an Sie.
Denn ich bin überzeugt, daß sich in einem unvoreingenommenen und vor allem sachkundigen theologischen Gespräch zumindest das klären läßt, was angeblich meine Katholizität in den Augen kirchlicher Autoritäten fraglich erscheinen läßt. Im Hinblick auf eine solche Klärung möchte ich hier sowohl zur Christologie wie zur Unfehlbarkeit zunächst einiges richtigstellen, dann auf meine eigentlichen theologischen Intentionen zu sprechen kommen und schließlich etwas zu den entsprechenden Formeln sagen.

I. Zur Christologie

Richtigstellungen

Unrichtig und aus meinen Schriften nicht zu belegen ist die Behauptung, ich hätte die *Gottessohnschaft* Jesu, wie sie in Schrift und Tradition verstanden wurde, nicht deutlich bejaht, hätte sie verfälscht oder in einem unkirchlichen Sinn ausgelegt.
Unrichtig und aus meinen Schriften positiv widerlegbar ist die Behauptung, ich hätte die christologischen Aussagen der Konzilien von

Nikaia und Chalkedon in ihrer bleibenden *Verbindlichkeit* für die katholische Kirche bestritten.

Unrichtig und angesichts meiner verschiedenen christologischen Studien unverständlich ist deshalb auch die Behauptung, es sei mir von meiner Theologie her unmöglich, zum *Glaubensbekenntnis* der Kirche ein eindeutiges Ja zu sagen. Wie jeder weiß, der mich kennt, meine Bücher genau gelesen oder meine Vorlesungen gehört hat, sage ich zum Glaubensbekenntnis der Kirche mit Entschiedenheit Ja und werde dies, zumal im Gottesdienst als eigentlichem Ort des Credo, auch weiterhin tun. So habe ich auch, ganz im Sinn meiner Schriften und der ausführlichen Analysen meines Buches »Menschwerdung Gottes«, nichts gegen die Interpretation der Gottessohnschaft Jesu als solche, wie sie im 4. und 5. Jahrhundert durchgeführt wurde.

Unrichtig und im Hinblick auf mein theologisches Gesamtwerk gegenstandslos scheint mir deshalb auch die im römischen Dokument, im Kanzelwort und in der Erklärung der deutschen Bischöfe hergestellte *Verbindung* zwischen meiner Anfrage *zur Unfehlbarkeitsproblematik* und meinen christologischen Aussagen. Die »Mängel« meines Unfehlbarkeitsverständnisses, so in der bischöflichen Erklärung vom 7. 1. 1980, würden in meinen »Äußerungen über die Person Jesu Christi offenbar«. Diese Behauptung ist völlig unbegründet; sie weckt den Verdacht, ich triebe Christologie in fahrlässigem Umgang mit den verbindlichen Aussagen von Schrift und Tradition, ja, ich würde meine Christologie geradezu auf deren Kosten entwerfen.

Irreführend und mich in meinen entscheidenden Intentionen verletzend ist deshalb der von den deutschen Bischöfen erweckte Eindruck, gemäß meiner Theologie habe »in Jesus Christus *nicht Gott selbst* sich den Menschen zugewandt«. Hingegen lautet eine der christologischen Kernaussagen auch in meinem Buch »Existiert Gott?«: »Im Wirken und in der Person Jesu begegnet in einmaliger und definitiver Weise Gott selber« (S. 749). Darum könnte der Satz aus dem gemeinsamen Kanzelwort der deutschen Bischöfe durchaus der meine sein: »Wenn in Jesus Christus nicht Gott selbst sich den Menschen zugewendet hat, dann kann Jesus Christus uns auch nicht von Sünde und Tod erlösen.«

In diesem Zusammenhang muß ich nachdrücklich darauf hinweisen: Mein ausführliches Christusbekenntnis in »Existiert Gott?«, welches die im Stuttgarter Gespräch mit Ihnen und den Kardinälen Höffner und Volk versprochenen Verdeutlichungen enthält, ist von der Deutschen Bischofskonferenz, wie ich aus dem Brief ihres Vorsitzenden schließen muß, nicht einmal zur Kenntnis genommen worden. Bei einem ordnungsgemäßen Verfahren hätte dieses Buch unbedingt mit berücksichtigt werden müssen. Im übrigen sind Sie, sehr geehrter Herr Bischof, sicher mit mir der Überzeugung, daß die verschiedenen Gremien und Instanzen der Kirchenleitung, die zu solchen Fehldeutungen meiner Theologie Anlaß gegeben haben, in der moralischen Pflicht stehen, solche Irreführungen auch deutlich richtigzustellen.

Worum es mir geht

Sie wissen, sehr geehrter Herr Bischof, daß es innerhalb katholischer Christologie eine legitime Pluralität von Meinungen gibt, wie alle Diskussionen der vergangenen Jahre auch in Deutschland hinreichend gezeigt haben. Sie wissen überdies, daß mit dem Bekenntnis zu den grundlegenden und allgemeinverbindlichen Glaubensaussagen der Kirche *die theologischen Schwierigkeiten* nicht aufhören, sondern beginnen. Und gewiß sind auch Sie der Überzeugung, daß Theologen diese Schwierigkeiten, von der die theologische Literatur allenthalben voll ist, so aufzuarbeiten haben, daß einerseits der Sinn dieser Glaubensaussagen erhalten bleibt und andererseits dem Menschen heute das Verständnis dazu neu erschlossen wird.

Dabei ist unter katholischen Theologen unbestritten, daß die Theologie Recht und Pflicht hat, alle zur Erforschung und Auslegung des Glaubens tauglichen *Methoden* in Dienst zu nehmen. Und es ist ebenfalls unbestritten, daß die Theologie so zu immer neuen Aussageweisen finden muß. Oft waren diese zunächst umstritten; die kirchlichen Verurteilungen etwa des Thomas von Aquin oder in unserem Jahrhundert die Verurteilungen der historisch-kritischen Methode durch die päpstliche Bibelkommission sind nur besonders frappante Beispiele dafür. Dennoch haben sich viele neue Aussageweisen durchgesetzt, weil ihr Wahrheitsgehalt durch sich selber siegte. Und manche alte Aussageweisen haben sich trotz amtlicher Förderung nicht gehalten, wenn sie sich wissenschaftlich und pastoral als ungeeignete Wege erwiesen.

Der Streit geht also gemäß meiner Überzeugung nicht um die christliche *Sache,* die uns gemeinsam ist, sondern um die *Weise,* wie wir sie heute aussagen können. Und ich gehe nach wie vor davon aus, daß unser gemeinsamer Glaube an Jesus Christus so ausgesagt werden muß, daß er nicht nur von Theologen, nicht nur von praktizierenden Katholiken oder evangelischen Christen, sondern auch von den zahllosen Fragenden außerhalb der Kirche verstanden werden kann. In diesem Bemühen, das freilich nicht auf Kosten der christlichen Wahrheit gehen darf, sollten sich Bischöfe und Theologen finden, um gerade so auch unnötige Polarisierungen und Konflikte innerhalb der Kirche zu vermeiden.

So ist dann aber auch deutlich: In der gegenwärtigen Auseinandersetzung kann es zunächst nicht um einzelne Aussagen gehen, sondern um den *Gesamtzusammenhang* einer theologischen Konzeption, um ihre methodischen Ansätze und eigentlichen Ziele. Erst auf ihrem Hintergrund wird es möglich sein, sich über Einzelaussagen ein begründetes Urteil zu bilden. Aus diesem Grund möchte ich Ihnen einige grundsätzliche Hinweise zum methodischen und hermeneutischen Ansatz meiner christologischen Ausführungen geben.

1. Es geht mir um eine konsequent schriftbezogene Theologie: Nach dem Zweiten Vatikanischen Konzil soll die Schrift wieder zur *»Seele der Theologie«* werden. Es gilt deshalb, die Schrift als den entscheidenden und stets präsenten Anfang kirchlicher Tradition ernstzunehmen und sie in einer durchaus legitimen, in der Kirchengeschichte immer wieder praktizierten »vermittelten Unmittelbarkeit« für die gegenwärtige Verkündigung und Theologie fruchtbar zu machen. Dabei stelle ich mich in die Tradition der großen katholischen Theologen, die Theologie als »scientia de divina pagina« (Thomas von Aquin) verstanden haben. Dieses neue Hören auf die Schrift läßt freilich immer wieder die überraschende, inspiratorische und beunruhigende Kraft dieses nie voll einholbaren Grundzeugnisses unseres Glaubens erfahren. Immer wieder hat die Schrift so eine kritisch-produktive Funktion gegenüber dem Glauben der Kirche ausgeübt und wird dies auch weiterhin tun.

Dies vorausgesetzt, wehre ich mich gegen die Behauptung, eine solche schriftbezogene Theologie stelle den »Glaubenssinn der Kirche« einem »*historisch-kritischen Bibelverständnis*« gegenüber. Es geht um nichts anderes als um das Verständnis der Schrift mit den bestmöglichen Methoden, die uns heute zur Verfügung stehen. Der katholische Exeget ist durch die Enzyklika »Divino afflante Spiritu« (1943) und das Vaticanum II geradezu auf die historisch-kritische Methode verpflichtet worden. Ich habe sie in der Dogmatik ernstgenommen, und kein Exeget von Rang hat in der Diskussion um meine

Christologie behauptet, ich hätte in zentralen Punkten den breiten exegetischen Konsens nicht hinter mir. Dies bestärkt mich in meinem Weg und wurde in der Diskussion – die vor allem von Dogmatikern geführt wurde – kaum hinreichend bedacht. Ich möchte auch Sie, sehr geehrter Herr Bischof, nachdrücklich bitten, diesen Tatbestand noch einmal zu bedenken. Manche neigen mir gegenüber zum Vorwurf, ich spielte die Schrift gegen die Tradition aus. Mir lag indessen nur daran, die sehr viel größere Gefahr zu bannen, daß die Tradition gegen die Schrift ausgespielt werde oder deren Aussagekraft gegenüber der Tradition nur in begrenztem Maße zum Durchbruch komme. Eine nicht schriftgemäße Tradition ist nicht katholisch.

2. *Es geht mir um eine konsequent geschichtlich verantwortete Theologie:* Auch mit diesem Programm stehe ich nicht allein. Die *geschichtliche Bedingtheit* von Glaubensaussagen und sogar die geschichtliche Bedingtheit der frühesten, in der Schrift aufbewahrten Glaubenszeugnisse wird von niemandem mehr geleugnet. Sie ist sogar in dem römischen Schreiben »Mysterium ecclesiae« (1973) gewürdigt worden. Wer geschichtlich denkt, der entdeckt sofort, daß »Kirche«, »Tradition«, »Glaubensentfaltung«, »Dogmenentwicklung« und überhaupt die Notwendigkeit, sich immer neu in verbindlichen Glaubensaussagen seiner christlichen Identität zu vergewissern, zutiefst menschliche und menschgemäße Phänomene sind.

Glaubensaussagen können deshalb *nicht bloß repetiert* werden, von Theologen zuallerletzt. Wir vertrauen dabei zu Recht auf den Geist, der uns immer neu in die Wahrheit einführt, die nichts als die »alte« Wahrheit Jesu Christi selber ist. Wer geschichtlich denkt, der muß sich deshalb gerade den Fragen aussetzen, die ihm vom Ursprung der christlichen Geschichte und Kirche her ständig gestellt sind. Jedes Glaubensbekenntnis, jedes Konzil und jede spätere lehramtliche oder qualifiziert theologische Äußerung müssen sich von der ursprünglichen Botschaft her *legitimieren.* Dies wird besonders beim ersten ökumenischen Konzil von Nikaia deutlich, das sich – noch ohne konziliare »Zwischeninstanzen« – entscheidend auf die Schrift berief und von dorther seine Autorität begründete. Die Spannung zwischen Ursprung (bzw. ursprünglich normierender, biblischer Tradition) und »Tradition« (bzw. abgeleiteter, normierter, nachbiblischer Tradition) muß bestehen bleiben. Sie darf durch kein statisches Explikations-, organisches Entwicklungs- oder dialektisches Spekulationsmodell entschärft werden. Die ursprüngliche christliche Botschaft bleibt unverfügbar und wird von uns *nie eingeholt* oder auf den Begriff gebracht werden, da sie uns – eng mit jeweils neuen Formen christlicher Lebenspraxis verbunden – immer wieder Zukunft ist und bleibt.

Wer geschichtlich denkt, wird deshalb – ohne die Verbindlichkeit früherer Glaubensaussagen zu leugnen – wissen: Trotz eines verbindlichen Kanons und trotz verbindlicher Lehräußerungen können wir den Weg der weiteren Glaubensreflexion und die Sprachgeschichte des Glaubens weder voraussagen noch mit juristischen Mitteln von vornherein festlegen. Die Geschichtsdialektik von Kontinuität und Diskontinuität verbietet es geradezu, Kontinuierliches (Wesentliches) und Vergängliches (Unwesentliches), Kern und Schale a priori zu trennen. Immer neu werden sich – wie schon in der Vergangenheit – Neuformulierungen des Glaubens und sogar neue theologische Gesamtentwürfe entwickeln. Und immer neu werden wir vor dem Problem stehen, daß so neue »Paradigmata« oder »Verstehensmodelle« des Glaubens entstehen, die zunächst umstritten sind.

Wer geschichtlich denkt, der hat deshalb Verständnis für die mißliche Situation, in die Auseinandersetzungen um die Rechtgläubigkeit geraten können. Man redet hier leicht »aneinander vorbei« und kann doch nicht verhindern, daß die in Frage stehende Position von vielen engagierten Christen aufgenommen, als ganz neue Möglichkeit akzeptiert und geradezu als Befreiung zu neuem christlichem Glauben empfunden wird.

Ich bin überzeugt, daß wir in einer solchen Periode des *Übergangs* stehen. Meine Bücher »Die Kirche«, vor allem aber »Christ sein« und »Existiert Gott?« sehe ich – die tiefen Beunruhigungen der vergangenen Wochen gerade unter vielen Pfarrern und Religionslehrern weisen darauf hin – im Kontext einer neuen christlichen Wirklichkeitserfahrung. Diese ist schon lange vorbereitet, bricht sich jedoch langsam Bahn, ohne sich schon in vollem Umfang legitimieren zu können – es sei denn aus einer neuen Unmittelbarkeit zur christlichen Botschaft des Ursprungs, zu Jesu Verkündigung, Handeln, Geschick, Person.

Theologie in solchem Übergang, sehr geehrter Herr Bischof, bedarf nicht nur der ständigen Überprüfung ihrer Orthodoxie. Sie bedarf noch mehr des Vertrauens, der Ermutigung und des brüderlichen Wohlwollens. Und sie bedarf deshalb auch der Anerkennung ihres eigenen Selbstverständnisses: Wenn sich ein katholischer Theologe als solcher versteht, auch wenn er zu ungewohnten, aber argumentativ gestützten Ergebnissen kommt, dann muß er zunächst als katholischer Theologe ernstgenommen werden. Dann hat er auch *Heimatrecht in dieser Kirche bis zum argumentativ ergehenden Beweis seiner Nicht-Katholizität.* Dann hat er so lange Heimatrecht in dieser Kirche, bis er unter Berücksichtigung seiner eigenen, bislang ungewohnten Argumente von der christlichen Botschaft in ihrem Ursprung her widerlegt ist. Nachdem in unserer Kirche so oft zunächst verurteilt wurde, was später Heimatrecht bekam, sollte man heute doppelt vorsichtig sein.

3. Es geht mir um eine Theologie, die vorbehaltlos die Fragen unserer Gegenwart aufnimmt: Jeder Theologe sollte in brüderlicher Solidarität mit den Menschen seiner Zeit leben. Ich bin überzeugt, daß er vor Gott in der Pflicht steht, den Juden ein Jude, den Hellenen ein Hellene, *den Menschen unserer Gegenwart* – auch den Fragenden, Skeptikern, Verzweifelten, von der Kirche Enttäuschten – ein Mensch mit den Fragen, Hoffnungen und Ängsten unserer Gegenwart zu werden.

Dies alles gilt in besonderem Maß für die Fragen der Christologie, wo der christliche Glaube auf weite Strecken hin noch einem Weltbild verhaftet ist, das seine Selbstverständlichkeit verloren hat. B. Welte ist einer der wenigen katholischen Theologen, die daraus Konsequenzen für eine künftige Christologie fordern: »Bricht damit die Kontinuität des christlichen Selbstverständnisses ganz ab und mit ihm die Kontinuität im Verständnis Jesu, die Kontinuität der Christologie? Man wird sagen müssen: Ja, die Kontinuität bricht ab, was die *Form* des Sprechens, des Fragens, des Denkens angeht. Aber sie bricht nicht nowendig ab in der Hinsicht der *Sache,* um die es geht, also in unserem Fall der Sache Jesu und seines Evangeliums, das heißt der Worte, die ihn verkünden. Es werden also immer noch die alten Worte sein, die uns das Zeugnis Jesu zubringen, zum Beispiel die Worte der Heiligen Schrift und auch die Worte der Kirche und ihrer Bekenntnisformeln. In ihnen wird sich die alte und immer wieder neue Sache Jesu immer wieder neu zusprechen. Aber freilich werden die alten Worte und damit die alte Sache nun vom Boden einer neuen Welt und damit einer neuen Sprache und neuer Fragehorizonte befragt und verstanden, und sie werden darin eine neue Gestalt annehmen für eine neue Epoche.«

Deshalb schlägt Welte vor – und auf dieser Linie habe ich auch mit vielen Exegeten zu denken versucht –, im theologischen Denken über Jesus »statt der Kategorie Ousia-Substantia die Kategorie Ereignis führend sein« zu lassen: »Darum bleibt man immer noch in der

Grundintention der Konzilien, nämlich die Bibel auszulegen, wenn man über ihre Form hinausdenkt: Der Mensch Jesus *ereignete* sich, er äußerte das Unvergleichliche seines Selbst und seines Geistes in Worten und Taten und Schicksalen, er *betraf* dadurch auf mannigfaltige Weise die, die auf ihn hörten, und er rief in den so Betroffenen wiederum ein Echo hervor. Alles dies kann man das *Ereignis* Jesu oder das Geschehen der Geschichte Jesu nennen. In diesem Ereignis oder dieser Geschichte ereignete sich ein einzigartiger und ganzer *Mensch,* und es ereignete sich in demselben und einen Ereignis der ganze und einzigartige *Gott:* Er sprach sich auf neue Weise den Menschen zu, richtend und erlösend, in diesem Ereignis oder in dieser Geschichte Jesu. Versucht man, nach diesem begrifflichen Entwurf zu denken, dann hat man also wiederum die Einheit des Göttlichen und des Menschlichen, aber nicht mehr in der Weise einer statischen Wesenheit gedacht, vielmehr in der Weise eines bewegten Geschehens. Man hat damit die biblische Grundintention der alten Bekenntnisformel gewahrt, aber die Weise und Form ihres Denkens geändert.«

Wenn ein Theologe so in Kategorien des Ereignisses, des Geschehens, des Offenbarens zu reden versucht, ist es unsachgemäß, ihn mit Wesenskategorien zu messen und gar verurteilen zu wollen: Die Aussage, in Jesu Person offenbare sich in definitiver und unüberbietbarer Weise Gott selbst, ist nicht weniger als die frühere Aussage, Jesus »sei« Gott. Karl Rahner hat gerade eben wieder daran erinnert, wie vieldeutig das Wörtchen »ist« in diesem Zusammenhang ist. Schon auf der Würzburger Synode habe er gegen Äußerungen von Kardinal Höffner »einen gewissen Protest öffentlich angemeldet«: »Kardinal Höffner sagte, Jesus von Nazareth *ist* Gott. Ich habe erwidert: Selbstverständlich ist das eine christliche, irreversible, endgültig verbindliche Wahrheit. Aber man kann diesen Satz auch mißverstehen. Während andere ›Ist-Sätze‹ eine Identität einfacher Art zwischen (dem Subjekt und – die Herausgeber) dem Inhalt des Prädikats äußern, ist eine solche Identität zwischen der Menschheit Jesu und Gottes ewigem Logos eben nicht gegeben. Hier besteht eine *Einheit,* nicht eine *Identität.* Ich sage das nur, um deutlich zu machen, daß es hinsichtlich des christologischen Dogmas innerhalb der Kirche und innerhalb ihrer Orthodoxie bleibende Fragen und sogar Meinungsverschiedenheiten gibt. Ich will damit deutlich machen, daß mir hinsichtlich der Christologie die Frage des (bei Küng) Möglichen nicht so einfach zu beantworten ist, wie vielleicht die Kölner kirchliche Verlautbarung es tut.« Ja, Rahner, mit mir in der Unfehlbarkeitsfrage bekanntlich nicht einverstanden, bestätigt nach der genauen Lektüre des Buches »Christ sein«, dass er »keinen absoluten Affront gegen ein definiertes Dogma in der Christologie entdecken konnte«.

An diesem Punkt zeigt sich eine unerwartete und erstaunliche Konvergenz zwischen einem modernen personal-geschichtlichen Ansatz und dem Ansatz der neutestamentlichen Christologien. Gerade das Neue Testament ermutigt uns, Person und Sache Jesu für den Glauben immer neu mit Denkfiguren, Symbolen, Metaphern, Namen, Begriffen zur Sprache zu bringen, die heute verstanden werden und deshalb eine sinnerhellende Kraft entfalten können. Gerade so bleibt die Verkündigung des Glaubens an Jesus Christus *kreativ* und erstarrt nicht in der Angst, man könne etwas von wahrem Glauben aufgeben, indem man ihn anders zur Sprache bringt.

Vielleicht werden Sie, sehr geehrter Herr Bischof, mir nun entgegenhalten, mit einer solchen Konzeption werde willkürlichen Spekulationen Tür und Tor geöffnet. Weil ich diese Gefahr in einer Zeit des Umbruchs sehr wohl sehe, habe ich mich gerade dieser Frage intensiv gewidmet. Dies führt mich zu einem letzten Punkt:

4. Es geht mir um eine Theologie, die den christlichen Glauben konsequent von Jesus Christus her thematisiert: Jesus Christus selber, so meine zentrale und gewiß legitime Antwort, ist das Spezifische des christlichen Glaubens. Aufgabe des christlichen Theologen ist es deshalb vor allem anderen immer wieder, die Frage zu beantworten: Wer ist dieser Jesus Christus? Genauer: *Wer ist dieser Jesus von Nazaret, der für uns Glaubende der Christus und Sohn Gottes ist?* Angesichts der Schwierigkeiten, die viele Menschen mit den traditionellen christologischen Aussagen haben, ging ich den von der Exegese her naheliegenden Weg: Ich berichtete auf wissenschaftliche Weise von der Verkündigung und der Lebenspraxis Jesu von Nazaret, von der Wirkungsgeschichte vor und nach Jesu Tod.

Dieser *methodische Ansatz,* mit dem ich nicht allein stehe, und seine systematische Entfaltung haben in den vergangenen Jahren zu breiten Diskussionen geführt. Kritiker gingen allerdings immer wieder von Voraussetzungen aus, die auf mein methodisches Selbstverständnis nicht zutrafen. Da war vor allem der offiziell formulierte Verdacht, eine »historische *Rekonstruktionshypothese*« stelle »allein und für sich einen ausreichenden Zugang zum theologischen Verständnis Jesu Christi dar«. Zwei Dinge sind dazu zu bemerken:

Zum ersten: Solche Verfremdung der Grundfrage durch eine ungenau verwendete wissenschaftstheoretische Terminologie verdeckt die eigentliche Frage: Können wir noch etwas über Jesus von Nazaret, der ja kein Mythos ist, wissen? Denn es geht – unbeschadet aller zu bedenkenden Probleme der Geschichtshermeneutik – zunächst schlicht um den *Bericht* von Person und Sache Jesu, um den Bericht der Erfahrungen, wie sie die ersten Glaubenden mit diesem Jesus gemacht haben. Seit eh und je hatte dieser Bericht in der katholischen Kirche ein unverzichtbares Heimatrecht. Seit eh und je konnte man davon ausgehen, daß eine geschichtliche Vergegenwärtigung dieser Person Jesu möglich und für den Glauben notwendig ist. Daß diese Rückfrage bei wachsendem historisch-kritischem Bewußtsein zu immer verfeinerteren Fragestellungen und Auslegungsmöglichkeiten geführt hat, spricht nicht gegen, sondern für den Erfolg eines solchen Berichts.

Zum zweiten: Jedem Historiker ist heute klar, daß er sich nicht auf die Wiedergabe positiver Fakten beschränken kann. Jeder Text wird von einem *Vorverständnis* aus formuliert und verstanden. Jede umfassende Deutung geschichtlicher Daten, Personen oder Ereignisse setzt immer schon den Standpunkt des Interpreten voraus. Die Alternative: historischer Jesus oder kirchlicher Glaube an ihn ist deshalb unzutreffend. Warum?

Gewiß: die methodische Explikation von Person und Sache Jesu geht aus von den geschichtlich bedeutsamen Quellen, von der historisch-kritisch erhellten Geschichte Jesu, die nicht mit Jesu Tod endet, sondern durch die Ostererfahrungen eine neue Qualität erhalten hat. Aber diese Geschichte wird von einem gläubigen Theologen geschrieben, der vor der Frage steht: Wie und warum können wir uns überhaupt auf diesen Jesus von Nazaret einlassen, wie und warum kann er in Gottes Namen vor und für uns stehen? Eine methodisch »von unten« kommende Christologie? Ja, aber gerade dies vom Standpunkt dessen aus, der an Jesus Christus glaubt. Diese Christologie »von unten« konnte nur deshalb so konsequent und für viele überzeugend betrieben werden, weil sie *von einem Glaubenden* geschrieben wurde. Die historische Vernunft schließt deshalb den Zugang zur Offenbarung Gottes gerade nicht aus, sondern ermöglicht ihn.

Auf die *vielen Einzelfragen,* die mit diesem Versuch verbunden sind, kann hier nicht eingegangen werden. Zum Beispiel: Wird durch die Methode des geschichtlichen Zugangs die *eigentliche Herausforderung* des Christentums nicht verdeckt und abgeblendet? Ich meine nein und bin der Überzeugung, daß Herausforderung und Ungleichzeitigkeit der christlichen Botschaft erst in der Verbindung von historischer Distanz und aktueller Relevanz wieder umfassend zum Tragen kommen kann. – Wird durch die Methode des Berichts und der historischen Analyse ein glaubendes, *bekennendes Ja oder Nein* nicht überflüssig? Ich meine nein: erst im geschichtlichen Aufweis werden die Alternativen und zentralen Fragen für einen christlichen Glauben wieder so konkret, daß sie zu einer Entscheidung neu herausfordern. – Schafft diese Methode nicht unnötige *Verunsicherung*? Ich meine nein und bin überzeugt, daß vielen erst so wieder klar werden kann, worauf man sich im Glauben verlassen kann. Jesus, den wir als den Christus bekennen, gibt unserem Glauben seine eigentliche Identität. Deshalb muß es einem katholischen Theologen erlaubt sein, ihn selber als die große Herausforderung auch für die Menschen von heute in Kirche und Gesellschaft neu darzulegen.

Glaubensformeln oder Glaubensgestalt?

Aufgrund all dieses Gesagten möchte ich, sehr geehrter Herr Bischof, auf die von Kardinal Höffner am 22.4.1977 an mich gestellten christologischen Fragen zurückkommen. Unter Beachtung der dargelegten hermeneutischen Prinzipien *bekenne ich mich zu den zentralen christologischen Formeln unseres Glaubensbekenntnisses,* wie ich eingangs schon erklärte.

Aber wenn Sie sich diese ganze äußerst komplexe Problematik vor Augen führen, werden Sie, sehr geehrter Herr Bischof, nun vielleicht besser verstehen, warum ich damals (von der Problematik der Berechtigung zu solchen Fragen ganz abgesehen) auf katechismusartig verkürzte Fragen keine formelhaften Antworten geben wollte, in denen das eigentliche theologisch-hermeneutische Problem doch wieder unterschlagen wird. Angesichts des epochalen Umbruchs, in dem ein ganzes Kategoriensystem ins Wanken geraten ist, angesichts der äußerst schwierigen Explikation der traditionellen christologischen Glaubensaussagen sowie angesichts der wachsenden Glaubensnot vieler mit der traditionellen Christologie konfrontierter Menschen bitte ich Sie und Ihre bischöflichen Mitbrüder nachdrücklich darum, doch meine von vielen geteilte Überzeugung ernstzunehmen: In meinen von bischöflicher Seite kritisierten Ausführungen wird *der Glaube* an Jesus Christus *nicht aufgeweicht* oder auf die Vorstufe eines vorläufigen Redens von Christus reduziert. Es handelt sich vielmehr um dieselben Intentionen, Zusammenhänge, um dieselbe Sache, allerdings im Rahmen einer anderen Glaubensgestalt. Alles kommt auf diesen anderen Kontext an!

Nicht aus Rechthaberei bestehe ich darauf, sondern aus der Furcht, daß alle die, die im Rahmen einer geschichtlichen Christologie wieder neu an Jesus Christus zu glauben lernten, *alleingelassen* und früher oder später in skeptische Vorbehalte zurückfallen werden. Gerade Religionslehrer und Seelsorger sind es, die die Folgen schmerzlich zu tragen hätten. Es geht um die Kirchlichkeit der Theologie, auch mir. Es geht aber noch mehr um die Kontinuität der in verbindlichen Glaubensaussagen festgehaltenen Sache. Es geht also auch um Glaubensformeln, gewiß, aber nur im Rahmen einer bestimmten Glaubensgestalt. Beide sind aufeinander zu beziehen. Wer dies verstanden hat, hat – so meine ich – den Streit verstanden, der gegenwärtig in der katholischen Kirche (nicht nur durch meine Person) ausgestanden wird.

II. Unfehlbarkeit

Zur Unfehlbarkeitsproblematik muß hier nicht so ausführlich gesprochen werden wie zu den Fragen der Christologie, obwohl auch sie nur im Rahmen einer theologischen Gesamtkonzeption zu lösen ist. Wie Sie, sehr geehrter Herr Bischof, wissen, hat diese Frage im deutschen Sprachraum relativ *wenig Aufmerksamkeit* gefunden. Für die römische Glaubenskongregation aber bildete sie den entscheidenden Kern der Auseinandersetzung; hatte sie doch hier in eigener Sache zu richten. Es wäre deshalb gut, wenn es in gemeinsamen Bemühungen gelänge, auch hier eine Entschärfung der Diskussion und Eindämmung der Problematik zu erreichen. Deshalb sei auch hier mit einigen Richtigstellungen begonnen.

Richtigstellungen

Sicher ist auch Ihnen nicht verborgen geblieben, daß man in den vergangenen Wochen meine Anfrage an die Unfehlbarkeitsdefinition *ständig ausgeweitet* und zu einer grundsätzlichen Frage nach meinem Verhältnis zur christlichen Wahrheit überhaupt gemacht hat. Auch hier, so meine ich, habe ich das Recht, von kirchlichen Stellen gegen ungerechtfertigte Überinterpretationen geschützt zu werden. Deshalb stelle ich folgendes fest:

Unrichtig und aus meinen Schriften positiv widerlegbar ist die Behauptung, ich leugne die *bleibende Verbindlichkeit* von Glaubensaussagen, die ein unmißverständliches Ja oder Nein herausfordern. Unverständlich und ohne sachlichen Grund ist die Meinung bestimmter Interpreten, mit der Bejahung verbindlicher Aussagen lehne ich »letztverbindliche« Aussagen ab. »Verbindlich« freilich, recht verstanden, kann nicht mehr gesteigert werden.

Unrichtig und aus meinen Schriften nicht zu belegen ist ferner die Behauptung, ich setze mich über die Unfehlbarkeitsdefinition des Vatikanum I hinweg. Die Rede von der »*Revision*« des Vatikanum I in meinen neuesten beiden Publikationen steht in einem sehr differenzierenden Kontext und nimmt Bezug auf das von Y. Congar aufgeworfene und kaum erörterte Problem der Rezeption und »Re-rezeption« konziliarer Entscheidungen sowie auf die Ergebnisse neuerer geschichtlicher Forschungen. Zu Sinn und Bedeutung meiner »Anfrage« werde ich weiter unten Stellung nehmen.

Unrichtig und der Grundintention meines theologischen Werkes völlig zuwider ist die generelle Behauptung, in der Auseinandersetzung mit meiner Anfrage stehe die »*Wahrheit der Schrift*« zur Debatte (Erklärung der deutschen Bischöfe vom 7. 1. 1980). Doch überlasse ich das Urteil über diese Behauptung gerne der exegetischen Fachwelt.

Unverständlich und in diametralem Gegensatz zu meinen Ausführungen finde ich die Behauptung, ich ziehe »zuvor und viel grundlegender die geistgewirkte Gabe einer *Bewahrung der Kirche in der Wahrheit* Gottes« in Zweifel (ebd.). Gerade auf sie lege ich ja im Zusammenhang mit meiner Anfrage verstärktes Gewicht. Als schwerwiegende Fehlorientierung der Öffentlichkeit empfinde ich in diesem Zusammenhang, daß die bischöfliche Dokumentation nur eine der von Rom inkriminierten Schriften (das Vorwort zu Haslers Buch) abdruckt, nicht aber die von mir absichtlich gleichzeitig veröffentlichte und ausdrücklich als positive Ergänzung bezeichnete Theologische Meditation, die schon im Titel das von mir voll und ganz bejahte »Kirche – gehalten in der Wahrheit?« zum Thema hat, es konkretisiert und so keineswegs bei einer »pauschalen« Beteuerung stehenbleibt.

Falsch und nicht ohne herabsetzende Wirkung ist schließlich die Behauptung der römischen Erklärung vom 15. 12. 1979, ich verachte das Lehramt und stelle meine eigene Meinung dem Glaubenssinn der Kirche gegenüber. Ich habe meine Anfragen stets mit Argumenten

vorgebracht und mich dem Sachzwang theologischer Wahrheitsfindung gestellt, ja geradezu zum theologischen Argument herausgefordert. Selbst bei meinen Kritikern bin ich auf das Zugeständnis gestoßen, daß hier schwierige, nicht von mir erfundene und die ganze
katholische Theologie betreffende Probleme vorliegen.

Sie, sehr geehrter Herr Bischof, sind gewiß meiner Meinung, daß ein
sachliches Gespräch nur möglich ist, wenn diese Richtigstellungen
von allen Seiten respektiert werden und wo immer möglich auch von
den kirchlichen Autoritäten den verunsicherten Gläubigen zur
Kenntnis gebracht werden. Denn auch hier geht es um sehr grundsätzliche Fragen, die nur in einem größeren *Gesamtzusammenhang*
fruchtbar erörtert werden können. Ich möchte deshalb auch hier noch
einmal auf die Hintergründe hinweisen, von denen aus nach meiner
Überzeugung die Streitfrage beurteilt werden sollte.

Worum es mir geht

Nur erinnert sei noch einmal an die *vier* (methodisch und inhaltlich
nicht folgenlosen) *Dimensionen,* in denen sich mein theologisches
Denken bewegt: Auch in der Frage der kirchlichen Unfehlbarkeit
will es konsequent schriftbezogen sein, seine Aussagen geschichtlich
vom christlichen Ursprung her verantworten, sich den Fragen der
Gegenwart vorbehaltlos stellen und letztlich Jesus, den wir als Christus bekennen, als entscheidenden Maßstab unseres Glaubens im
Reden und Handeln zur Geltung bringen. Im Rahmen dieser Dimensionen bewegt sich meine Anfrage und bewegen sich die Hypothesen,
die ich selber als Lösung des Problems vorgeschlagen habe. Auf sie
möchte ich hier – nachdem die Argumente schon lange offenliegen –
nicht eingehen.

Sie werden mir entgegnen, ich hätte bislang jene entscheidende Di-
mension außer acht gelassen, die in der gegenwärtigen katholischen
Theologie als so notwendig erachtet wird: die *Kirchlichkeit.* Darauf
möchte ich antworten, daß Kirchlichkeit schon in all den genannten
Dimensionen vollzogen wird: geht es doch um die Apostolische Kirche (Schriftbezogenheit), um die Katholizität dieser Kirche in der
Zeit (geschichtliche Verantwortung), um ihre Katholizität im Raum
(Herausforderung durch die Gegenwart) und schließlich um die
Überzeugung, daß wir Kirche Jesu Christi seien (Jesus Christus als
entscheidener Maßstab). In der Unfehlbarkeitsfrage stehen nun allerdings vor allem Fragen der sichtbaren, an bestimmten *Glaubens-*

aussagen und Ämtern identifizierbaren Kirche zur Debatte. Dazu seien einige Hinweise erlaubt.

1. Es geht mir um einen Dienst an der Einigung der getrennten Kirchen: In den Auseinandersetzungen mit römischen Stellen sowie in den verschiedensten deutschen Verlautbarungen der vergangenen Wochen fällt auf, daß dieser Gesichtspunkt nahezu völlig *ausgeklammert* wird. Man äußerte lediglich den Verdacht, ich betreibe einen Ökumenismus unter Vernachlässigung der Wahrheitsfrage.

Dieses Urteil aber nimmt den wahren *Ernst* der ökumenischen Problematik nicht wahr. Sämtliche nichtkatholische Kirchen betrachten das Unfehlbarkeitsdogma als neuere römisch-katholische Sonderlehre. Und für sämtliche nichtkatholische Kirchen stellt dieses Dogma ein Haupthindernis für eine mögliche Wiedervereinigung gerade dann dar, wenn sie den Petrusdienst des Bischofs von Rom grundsätzlich anzuerkennen bereit wären.

Es ist deshalb die *Pflicht* eines ökumenischer Theologie verpflichteten Theologen und Direktors eines Instituts für ökumenische Forschung, diese schwierige Problematik aufzugreifen und selbstkritisch im Hinblick auf die von außen gestellten Anfragen durchzudenken. Allein so kann der Sache der Ökumene in diesem entscheidenden Punkt wirksam vorangeholfen werden.

Die gegenwärtige vielfach dokumentierte *Betroffenheit* zahlreicher nichtkatholischer Kollegen in aller Welt zeigt, wieviel für die Glaubwürdigkeit unserer Kirche von der entschlossenen Aufarbeitung dieses Problemfeldes abhängt. Auch in der von zahlreichen Professoren aus den Katholisch-Theologischen Fakultäten Deutschlands unterschriebenen Erklärung heißt es: »Wenn katholische Theologie nicht mehr die Freiheit besitzt, vom Gewordenen auf das Gewesene, von der Gegenwart auf den Ursprung zurückzufragen, um *verlorene Möglichkeiten der Einheit und Einigung* wieder zu erschließen, wird dem ökumenischen Gespräch der Theologen von seiten der katholischen Theologie der Boden entzogen. Damit verliert aber das ökumenische Bemühen der Kirche überhaupt seine Glaubwürdigkeit; die bisherige Entwicklung muß zum Stillstand kommen« (vgl. Dokument 3.34 – die Herausgeber). Daran kann niemand in unserer Kirche ein Interesse haben.

2. Es geht mir um einen Beitrag zur Klärung des Verhältnisses von Lehramt und Theologie: Wie auch Sie wissen, erfolgte die Definition des Unfehlbarkeitsdogmas (gemessen an der Geschichte der Kirche und des Glaubens) sehr spät. Über viele Jahrhunderte hin war von der Unfehlbarkeit des Papstes nicht die Rede. Weitere Jahrhunderte tauchte sie als formeller Punkt katholisch-theologischer Kriteriologie nicht auf. Zugleich unterlagen Selbstverständnis und Funktion eines »Lehramtes« seit dem Mittelalter einem *starken Wandel*. Von daher ist nicht zu befürchten, daß durch eine Diskussion der Unfehlbarkeitsfrage das gesamte katholische Wahrheitsverständnis ins Wanken gerate. Ein Blick auf die Kirchengeschichte und auf die anderen Kirchen zeigt von vornherein: Die christliche Wahrheit entfaltet schon durch das Zeugnis der Schrift, durch die Glaubensbekenntnisse, durch die allen Kirchen gemeinsame Tradition sowie durch den gelebten Glauben der Christen ein hohes Maß an Sinn, Gewißheit, erlösender Kraft.

Damit ist der Petrusdienst wahrhaftig nicht für überflüssig erklärt; ich habe seine Bedeutung für die katholische Kirche und für die Ökumene immer wieder auch den nichtkatholischen Christen verständlich zu machen versucht. Nicht überflüssig ist auch der Anspruch dieses Petrusdienstes, seinen Dienst der Einheit für die katholische Kirche notfalls durch eine verbindliche Sprache und auch in Abwehr von Irrtümern zu realisieren. Aber dieser Anspruch hat nur Sinn, wenn er sich als Dienst am Glaubenszeugnis der Gesamtkirche versteht. Hier muß eine Dialektik durchgehalten werden, die uns viel Angst nehmen kann: Wir sind einerseits der gemeinsamen Überzeugung, daß die Kirche eines einigenden Zeugendienstes bedarf. Andererseits müssen wir in ernster Diskussion über die Frage bleiben, welchen eigengesetzlichen Raum der Theologie innerhalb der Kirche zuzugestehen ist.

Die Erfahrung gerade unseres Jahrhunderts hat gezeigt, daß eine freie und allein der Wahrheit verpflichtete Theologie der *Glaubwürdigkeit der Kirche* einen großen Dienst leisten kann. Angesichts der Tatsache aber, daß viele bedeutende Theologen zunächst gemaßregelt oder zur Verantwortung gezogen wurden, muß es uns heute neu gelingen, die Atmosphäre des latenten Mißtrauens zu durchbrechen und die je eigenständigen Aufgaben von Lehramt und Theologie immer deutlicher zu artikulieren.

Sie wissen, Herr Bischof, daß ich in meiner Anfrage zur Unfehlbarkeit *Hypothesen* aufgestellt habe, ja aufstellen mußte: Hypothesen nämlich, die die Problematik entkrampfen und die legitimen Anliegen, die in diesem Dogma stecken, auch weiteren Kreisen verständlich machen können. Ich behaupte nicht, das Verhältnis von Lehramt und Theologie dadurch geklärt zu haben. Gerade deshalb bitte ich

Sie, alles dafür zu tun, daß diese umfassende Frage auch umfassend, ohne Emotionen und drohende Sanktionen besprochen werden kann. Ich sehe mich darin bestätigt durch die genannte Erklärung deutscher Theologen: »Auch die zur *unaufgebbaren Freiheit der Theologie* gehörende Möglichkeit, Hypothesen vorzuschlagen und zu prüfen, Kontroversen mit Gründen und Argumenten auszutragen und Irrtümer durch wissenschaftliche Disputation zu korrigieren und zu überwinden, muß von der Theologie uneingeschränkt in Anspruch genommen werden können. Je ungehinderter die wissenschaftliche Disputation stattfinden kann, umso mehr wird sie durch ihren Zwang zu argumentativer Strenge subjektiver Willkür wehren und der Wahrheit dienen.«

Die beiden vorausgegangenen Abschnitte wollten den *Horizont* umschreiben, von dem aus die Unfehlbarkeitsdebatte ihre unaufgebbare Dringlichkeit erhält. Man mag sagen, sie seien sehr allgemein und ließen meine Stellungnahme bezüglich der Unfehlbarkeitsdefinition selber noch offen. Deshalb folgt ein dritter Punkt:

3. Es geht mir um die Klärung von Bedeutung und Begründung der Unfehlbarkeitsdefinition: Wer die Definition der päpstlichen Unfehlbarkeit nicht ernstnimmt, wird nicht über sie sprechen und dennoch Theologie treiben. Ich nehme sie *sehr ernst* und habe mich seit Beginn der 60er Jahre bemüht, sie in allem Respekt genau zu analysieren und ihre Intention auf eine dem heutigen Menschen verständliche Weise darzulegen. In der intensiven Diskussion des vergangenen Jahrzehnts zeigte sich mir wie anderen katholischen Theologen eine doppelte Problematik:

a. Sowohl der *exegetische wie der dogmengeschichtliche Befund* bietet für eine begründende Argumentation erhebliche Schwierigkeiten. Darüber ist viel geschrieben und auf mehreren Studientagungen, an denen ich mich der Diskussion stellte, eingehend gesprochen worden. Im Rahmen dieses Briefes muß nicht näher darauf eingegangen werden.

b. Der *Sinn der Unfehlbarkeitsdefinition* ist wegen der fortgeschrittenen hermeneutischen und sprachphilosophischen Reflexion undeutlich geworden. Die Definitionen materialer Glaubensinhalte können immer neu übersetzt, verdeutlicht, auf neue Fragestellungen hin expliziert und gemäß dem neuesten Stand hermeneutischer Reflexion aufgearbeitet werden. Die Unfehlbarkeitsdefinition, also eine Definition der formalen Verbindlichkeit von Glaubensinhalten, indessen setzt selber eine verbindliche Hermeneutik und gerät deshalb bei verändertem hermeneutischem Bewußtsein in einen – hier nur kurz anzudeutenden – Interpretationskonflikt. Zum Beispiel legt die Unfehlbarkeitsdefinition eine juristische Hermeneutik zugrunde: Wie sind dann aber neue exegetische Ergebnisse einzubringen? – Sie akzentuiert die Frage von einzelnen Glaubensaussagen (»Sätzen«, »Urteilen«, »Definitionen«, »Sentenzen«): Wie wird sie mit dem Problem umfassender Aussageeinheiten fertig? – Sie geht aus von dem Modell von vornherein unfehlbar wahren Aussagen: Wie ist damit das genuin wissenschaftlich-theologische Anliegen nach argumentativer Begründung von Glaubensaussagen zu vereinbaren, besonders wenn man bedenkt, daß das Lehramt unabhängig von neuen Argumenten über Interpretationen zu urteilen beansprucht und dabei als letzte Interpretationsinstanz auch über die eigene Interpretationskompetenz befindet?

Probleme, die uns – ich sage das in allem Ernst und in aller Bescheidenheit – nach außen unglaubwürdig machen, solange wir sie nicht bereinigen oder abzuklären bereit sind. Probleme zugleich, die nur im Rahmen einer angstfreien, möglichst offenen und *freien Atmosphäre* bereinigt werden können. Ist es unbillig für einen Theologen, diese Frage offen auszusprechen und diesen Akt der Redlichkeit nach innen und außen zu setzen?

Diese Andeutungen, sehr geehrter Herr Bischof, sollen genügen, um Ihnen noch einmal klarzumachen, wie dringend notwendig und sachlich geboten jene Anfrage war, die ich vor einigen Jahren gestellt habe und die auffallenderweise eine so hohe Publizität erreichte.

Fragen, Zweifel, Leugnung

Die deutschen Bischöfe haben erklärt, in Sachen Unfehlbarkeit hätte ich nicht nur gefragt, was die Definition bedeute und wie sie zu begründen sei. Vielmehr hätte ich »diese Aussage selbst in Frage gestellt und somit bezweifelt«. Ich meine, daß diese Unterscheidung der schwierigen Sachlage nicht gerecht wird. Von den Fragen vieler angestoßen, habe ich als Theologe nach Begründungen nachdrücklich gefragt und dadurch vielleicht bewirkt, daß die Unfehlbarkeitsdefinition gemäß dem Stand gegenwärtiger theologischer Forschung manchen als unbegründet erschien. Dies ist der Zweifel, der von mir nicht willkürlich gesetzt wurde, als ob ich mein eigenes Glaubensverständnis gegen den Glaubenssinn der Kirche stellte. Vielmehr ist dies ein Zweifel, der aus dem von mir unabhängigen Sachzwang von Argumentation und Gegenargumentation entsteht.

So habe ich denn eine förmliche Anfrage gestellt und nicht geleugnet: aus kirchlicher Gesinnung, wie ich meine. Denn ich dachte nie daran, mit dem Anspruch dessen aufzutreten, der eine allgemein definierte Aussage für nichtig erklärt. Insofern habe ich nur das unter Umständen unangenehme, weil risikoreiche Geschäft der Theologie betrieben. Ich meine, sehr geehrter Herr Bischof, wer der Kraft des Glaubens vertraut, der hat gewiß auch die Kraft, allen Fragen, die menschliche Vernunft an den Glauben stellt, standzuhalten. Aber umgekehrt auch: gerade wer fähig und bereit ist, sich allen Fragen zu stellen, ohne sie vorzeitig zu verbieten, gibt damit einen Erweis seiner eigenen ungebrochenen Glaubenskraft.

Aus dieser Grundhaltung heraus stelle ich mich uneingeschränkt hinter die genannte Erklärung deutscher katholischer Theologen: »Um ihrer Aufgabe als Wissenschaft nachkommen zu können, muß Theologie von der Freiheit, alle zur Erforschung und Auslegung des Glaubens tauglichen Methoden in Dienst zu nehmen, uneingeschränkt Gebrauch machen können. Freiheit zum Sachzwang und zu der durch den Sachzwang gebotenen Methode kann es nie zuviel geben, ihr Gebrauch kann niemals Willkür sein. Aufgabe des bischöflichen Lehramts kann es deshalb nicht sein, der Theologie bestimmte Methoden vorzuschreiben oder zu empfehlen und andere zu verbieten, sondern – falls dies notwendig ist – kraft Amtes darauf hinzuweisen, wenn eine mit dieser oder jener Methode gewonnene Auslegung nicht als legitime Auslegung des im Glauben der Kirche bezeugten und von Papst und Bischöfen verkündeten authentischen Glaubens betrachtet werden kann. – Mit der von 1360 Theologen unterzeichneten Erklärung von 1969 über ›Die Freiheit der Theologen und der Theologie‹ betonen wir, daß ›diese Freiheit für uns Theologen die schwere Verantwortung (bedeutet), die echte Einheit und den wahren Frieden der Kirche und all ihrer Glieder nicht zu gefährden‹. Andererseits müssen wir mit der gleichen Erklärung bekräftigen, daß wir ›unserer Pflicht, die Wahrheit zu suchen und zu sagen, nachkommen (möchten) ohne Behinderung durch administrative Maßnahmen und Sanktionen. Wir erwarten, daß man unsere Freiheit respektiert, wo immer wir nach bestem Wissen und Gewissen unsere begründete theologische Überzeugung aussprechen oder publizieren.‹«

Diese meine theologischen Erklärungen, sehr geehrter Herr Bischof, sind lang geworden und mußten doch vieles offen lassen, was der künftigen Klärung bedarf. Doch sei mir gestattet, zum Abschluß dieses theologischen Teiles meines Briefes das zu zitieren, was der auch von Ihnen sehr geschätzte Kollege Heinrich Fries zu den neuesten Auseinandersetzungen geschrieben hat: »Neben den Gläubigen, die sich, wie sie sagen, durch Küng verunsichert fühlen, darf man die sehr große Zahl derer nicht übersehen, die durch Küngs Bücher, vor allem durch ›Christ sein‹ und ›Existiert Gott?‹, eine echte Hilfe für ihren Glauben fanden, die darin bestärkt wurden und einen neuen und glaubwürdigen Zugang des Verstehens und der Aneignung gewonnen haben. Für viele Seelsorger, Religionslehrer und Prediger sind die beiden genannten Bücher Küngs eine wahre und kostbare Fundgrube geworden. Das gilt vor allem dann, wenn man liest, was geschrieben ist, und nicht ständig nach dem sucht, was noch fehlt.«

III. Ein Lösungsvorschlag

Wie eingangs angedeutet, finden wir uns in einer innerkirchlich, politisch und juristisch nicht einfachen Situation. Die daraus erwachsenden Folgen sind schwer abschätzbar. Wie auch die Debatte des Landtags von Baden-Württemberg gezeigt hat, dürften juristisch vor allem zwei Probleme im Vordergrund stehen:

1. Weil es für Württemberg kein Landeskonkordat gibt, das Reichskonkordat aber nichts über das Ausscheiden eines Professors bei Missio-Entzug aussagt und in anderen Ländern Zusatzvereinbarungen notwendig waren, ist die konkordatsrechtliche Basis für eine Entfernung aus der Fakultät wider meinen Willen zumindest nicht eindeutig.

2. Die notwendigen innerkirchlichen Verfahren sind weder gegen meine neuen beiden Veröffentlichungen zur Unfehlbarkeitsfrage noch gegen mein Buch »Christ sein« durchgeführt worden: Bekanntlich hatte die römische Glaubenskongregation durch Dekret vom 15. 2. 1975 die Verfahren gegen meine Bücher »Die Kirche« und »Unfehlbar? Eine Anfrage« rechtswirksam eingestellt. Zwar sind damals hinsichtlich meines Verhaltens Wünsche an mich herangetragen worden, Sanktionen aber wurden nicht in Aussicht gestellt. Wollte Rom jetzt aufgrund neuerlicher Äußerungen meinerseits disziplinarische Sanktionen durchführen, hätte ein neues Verfahren im Sinne der römischen »Neuen Verfahrensordnung zur Prüfung von Lehrfragen« vom 15. 1. 1971 eröffnet werden müssen. Das ist nicht

geschehen. Auch bezüglich einiger christologischer (und mariologischer) Fragen, die ich in meinem Buch »Christ sein« behandle und die ebenfalls als Grund für die römische Maßnahme erwähnt werden, ist weder von der römischen Glaubenskongregation noch von der Deutschen Bischofskonferenz das notwendige Lehrbeanstandungsverfahren durchgeführt worden. Seit 1. 1. 1973 gibt es eine »Ordnung für Lehrbeanstandungsverfahren bei der Deutschen Bischofskonferenz«. Auch nach dieser Verfahrensordnung ist nicht gegen mich vorgegangen worden. Das bedeutet: Weder vor römischen noch vor deutschen kirchlichen Instanzen ist in einem korrekten Verfahren festgestellt worden, daß die inkriminierten Publikationen wesentliches katholisches Glaubensgut verletzen.

Es dürfte schwer vorstellbar sein, wie der Staat einen rechtmäßigen Verwaltungsakt vornehmen kann, wenn die Kirche bei der Feststellung der schwerwiegenden Vorwürfe gegen meine theologischen Aussagen sich nicht an ihre eigenen Verfahrensordnungen gehalten hat. Dazu kommt, daß die konkordatsrechtliche Grundlage – was die meisten in Umlauf befindlichen »Gutachten« geflissentlich übersehen – für die Universität Tübingen wenig tragfähig sein dürfte.

Soll nun über alles dies ein Rechtsstreit geführt werden, der sich über viele Jahre hinziehen kann und der die Problematik des Konkordats in die öffentliche Diskussion bringen muß? Das kann doch nicht im Interesse der Kirche und des Staates, das kann auch nicht im Interesse der Universität, der Katholisch-Theologischen Fakultäten und erst recht nicht in meinem persönlichen Interesse liegen, der ich ja nur bleiben möchte, was ich immer war: ein katholischer Lehrer der Theologie. Nein, wahrhaftig, ich habe zwar kritische theologische Bücher geschrieben, aber ich habe die Diskussion nie auf die staatlich-juristische Ebene geschoben. Und ich bin der entschiedenen Meinung, daß die Diskussion von dieser Ebene wieder heruntergebracht und innerkirchlich bereinigt werden sollte. Wie aber ist dies nach dem römischen Vorgehen noch möglich? Mit gutem Willen von allen Seiten scheint mir folgender Weg beschreitbar:

Der Diözesanrat der Diözese Rottenburg-Stuttgart hat unter Ihrem Vorsitz in einer außerordentlichen Sitzung am 26. Januar 1980 zum Missio-Entzug mich eindringlich darum gebeten, alles zu tun, um die aufgebrochenen Fragen zu klären, und hat zugleich die deutschen Bischöfe gebeten, Sie selber in Ihren Bemühungen um Verständigung mit allen Kräften zu unterstützen: »Der Diözesanrat ist mit der Deutschen Bischofskonferenz der Meinung, daß ›kirchliche Verfahrensordnungen verbessert werden können‹, und fordert deshalb die Deutsche Bischofskonferenz auf, unverzüglich auf eine Verbesserung dieses Verfahrens zu dringen und den ›Fall Küng‹ in einem verbesserten Verfahren erneut aufzugreifen.« Dieser Vorschlag des Diözesanrats ist unterdessen auch vom Verband der Religionslehrer im Bistum Rottenburg aufgegriffen worden. Er entspricht den zahllosen Stimmen in der internationalen katholischen Öffentlichkeit, die ebenfalls ein neues gerechteres Verfahren fordern.

Entsprechend diesem Vorschlag des Diözesanrates, sehr geehrter Herr Bischof, erkläre ich mich hiermit bereit, zur sachlichen Klärung meiner theologischen Position bezüglich Unfehlbarkeit und Christologie an einem Verfahren der Deutschen Bischofskonferenz mitzuwirken, wie es die »Ordnung für Lehrbeanstandungsverfahren bei der Deutschen Bischofskonferenz« vom 1. 1. 1973 vorsieht. Bis zum Abschluß dieses Verfahrens soll der Missio-Entzug wie bisher in seinen rechtswirksamen Folgen suspendiert bleiben. Um eine Klärung in der Sachlage zu fördern und die universitäre Situation zu entspannen, wäre ich bereit, den Minister für Wissenschaft und Kunst um ein Forschungssemester zu bitten.

Nach der Presseerklärung des Heiligen Stuhles vom 30. Dezember 1971 »hören der Heilige Stuhl und der deutsche Episkopat nicht auf zu hoffen, daß Professor Küng – der mehr als einmal seinen Willen bekundet hat, ein katholischer Theologe zu bleiben – nach einer vertieften Reflexion eine Stellung beziehen wird, die die Erteilung der Lehrbefugnis im Auftrag der Kirche erneut ermöglicht«. Dieser Brief sollte Ihnen, sehr geehrter Herr Bischof, meinen Willen zu dieser geforderten vertieften Reflexion zeigen. Ich zweifle deshalb nicht daran, daß der Heilige Stuhl die Deutsche Bischofskonferenz zu einem solchen Verfahren gemäß der »Ordnung für Lehrbeanstandungsverfahren bei der Deutschen Bischofskonferenz« ermächtigen wird. Allein durch ein solches Verfahren können die in der Öffentlichkeit diskutierten schwerwiegenden Verfahrensmängel geheilt werden. Schließlich versteht sich die Verfahrensordnung bei der Deutschen Bischofskonferenz ja auch selbst als eine Möglichkeit des »nötigen Rechtsschutzes« für den betroffenen Autor (vgl. Präambel). Da nach konkordatärer Praxis der Ortsbischof die zuständige Instanz für die Erteilung und den Entzug der Missio canonica ist, dürfte man in Rom eine solche mit Nachdruck vorgetragene Bitte kaum abschlagen.

In der Hoffnung, daß auch die Deutsche Bischofskonferenz die Bitte des Diözesanrates und zahlloser Katholiken positiv aufnehmen und in Rom vertreten wird, sendet Ihnen

ergebene Grüße
Hans Küng
Professor der Dogmatischen und Ökumenischen Theologie der Katholisch-Theologischen Fakultät und Direktor des Instituts für ökumenische Forschung der Universität Tübingen

PS: In der Zeit vom 15. Februar bis zum 2. März bin ich mit Kollegen der Fakultät auf einer Studienreise in Ägypten.

Kopien
an den Minister für Wissenschaft und Kunst
an den Präsidenten der Universität Tübingen

6.4 Bischof Moser: Brief an Hans Küng (1. März 1980)

Bischof Moser hatte sich zunächst Präsident Theis gegenüber positiv geäußert über den Brief von Hans Küng. Vom 24. bis 28. Februar 1980 aber fand die Frühjahrsvollversammlung der Deutschen Bischofskonferenz in Vierzehnheiligen statt, auf der u. a. auch über den Konflikt um Küng beraten wurde. Bevor Küng selber eine Antwort erhalten hatte, äußerte sich Kardinal Höffner nach Beendigung der Bischofskonferenz schon vor Journalisten am 29. Februar 1980 in Köln zu Küngs Brief und meinte, daß auch in diesem Schreiben Küngs (Dokument 6.3) »das Entscheidende« nicht geklärt sei. So habe Küng beispielsweise zu dem von den Bischöfen beanstandeten Punkt, er leugne die Wesensgleichheit von Gottvater und Jesus Christus, geschrieben, mit Wesenskategorien könne man seine Meinung nicht messen. Der Theologe solle sich eindeutig zum Glauben der Kirche bekennen, wie ihn das Lehramt verkündet. Alles weitere liege jetzt bei Küng. Höffner verteidigte in diesem Zusammenhang das römische Verfahren als »gar nicht so schlecht«, räumte allerdings ein, daß es verbessert werden könne. So würde er dem Papst vorschlagen, dem beanstandeten Autor künftig einen Verteidiger eigener Wahl zuzugestehen. Das von Küng angestrebte Lehrbeanstandungsverfahren bei der Deutschen Bischofskonferenz könne nicht eröffnet werden, weil die Angelegenheit von Rom behandelt und damit von der übergeordneten Instanz entschieden worden sei (Frankfurter Rundschau, 29. Februar 1980). Der folgende Brief von Bischof Moser deckt sich inhaltlich weithin mit diesen Aussagen von Kardinal Höffner. Für die Unnachgiebigkeit des deutschen Episkopats spielte es zweifellos, wie Bischof Moser unter Punkt 4 andeutet, eine Rolle, daß das vom Minister angeforderte staatskirchenrechtliche Gutachten durch Professor Scheuner (Bonn) ein Ausscheiden Küngs aus der Katholisch-Theologischen Fakultät und seine Überführung in eine andere organisatorische Stellung in der Universität forderte.

DER BISCHOF VON ROTTENBURG-STUTTGART   Rottenburg, 1. März 1980
DR. GEORG MOSER

Herrn Professor
Dr.Dr. Hans Küng

Sehr geehrter Herr Professor Küng!
Für Ihren ausführlichen Brief vom 12. 2. 1980, den ich inzwischen eingehend studiert habe, danke ich Ihnen. Nie habe ich Zweifel daran gelassen, daß ich zur Verfügung stehe, wenn Sie bereit sind, Ihre theologische Position in der Weise klarzustellen, daß eine Erteilung der Lehrbefugnis im Auftrag der Kirche erneut möglich wird. Unter diesem Gesichtspunkt habe ich deshalb Ihre jetzigen Ausführungen zu lesen und zu würdigen versucht. Meine dabei gewonnenen Eindrücke möchte ich Ihnen in aller Offenheit mitteilen.
1. Zunächst stelle ich in der Klärung Ihrer Intentionen und in der Darlegung der hermeneutischen Grundlagen Ihrer Theologie einen hilfreichen Fortschritt fest. Sachlich entdecke ich einige Aussagen – vor allem im Bereich der Christologie –, die ich bisher in dieser Deutlichkeit bei Ihnen nicht zu finden vermochte. Sie bekennen sich nicht nur zur Gottessohnschaft Jesu, sondern auch zur *bleibenden Verbindlichkeit* der Konzilsentscheidungen von Nikaia und Chalkedon (S. 2); Sie sprechen ein eindeutiges Ja zum Glaubensbekenntnis der Kirche (S. 2); Sie wollen Ihre Christologie für die Suchenden nicht auf Kosten der christlichen Wahrheit entwerfen (S. 4); Sie halten die Alter-

native historischer Jesus oder kirchlicher Glaube an ihn für unzutreffend (S. 11); schließlich bekennen Sie sich »zu den zentralen christologischen Formeln unseres Glaubensbekenntnisses« (S. 13); Sie möchten den Glauben an Jesus Christus nicht aufweichen (S. 13).

Auch hinsichtlich der Unfehlbarkeitsfrage geben Sie einige Erläuterungen, die durchaus hilfreich sind. Sie wollen nicht die bleibende Verbindlichkeit von Glaubensaussagen leugnen, die ein unmißverständliches Ja oder Nein herausfordern (S. 14). Sie erklären ausdrücklich: »Nicht überflüssig ist auch der Anspruch dieses Petrusdienstes, seinen Dienst der Einheit für die katholische Kirche notfalls durch eine verbindliche Sprache und auch in Abwehr von Irrtümern zu realisieren« (S. 18). Sie erklären Ihre Anfrage zur Unfehlbarkeit als »Hypothese« (S. 18). Sie stellen fest, nicht mit einem Anspruch aufzutreten, »der eine allgemein definierte Aussage für nichtig erklärt« (S. 21).

Ich halte diese Äußerungen für weiterführend. Sind aber die von Ihnen zurückgewiesenen Interpretationen nicht doch in einzelnen Aussagen Ihrer Veröffentlichungen grundgelegt? Unklar ist auch, ob und inwiefern Sie bereit sind, solche Aussagen bei Neuauflagen Ihrer bisherigen Werke förmlich zu ändern.

2. Einige Fragen sowohl in der Christologie wie in der Unfehlbarkeitslehre scheinen mir auf jeden Fall noch offen zu bleiben. So zum Beispiel die zentrale Frage, ob Jesus Christus Sohn Gottes *von Ewigkeit her* ist. Die Antwort darauf hat zweifellos erhebliche Konsequenzen für das nähere Verständnis der Gottessohnschaft wie der Trinität. Sie bekennen sich zu den christologischen Formeln des Credo, gleichzeitig aber erklären Sie es für unsachgemäß, wenn man Ihren christologischen Entwurf »mit Wesenskategorien ... messen und gar verurteilen« wollte (S. 9). Wie steht es dann um die Wesenseinheit des Sohnes mit dem Vater? Solche Unklarheiten machen Ihre Versicherung, daß Sie die christologischen Aussagen der Konzilien von Nikaia und Chalkedon in ihrer bleibenden Verbindlichkeit nicht bestreiten, leider wieder sehr zweideutig.

Und wenn Sie schon eine bleibende Verbindlichkeit von Glaubensaussagen, die ein unmißverständliches Ja oder Nein herausfordern, anerkennen, so muß ich fragen: Wie verhält sich dies zu Ihrer Aussage in »Unfehlbar?«, es gehe »bei diesen defensiv-definierenden Sätzen, selbst wenn sie einen *für diese Situation* definitiven und obligatorischen und *insofern* dogmatischen Charakter haben, um eine letztlich nicht für die Ewigkeit bestimmte grundsätzliche, sondern um eine *situationsbedingte pragmatische* Sprachregelung« (S. 120)? Wie kann man angesichts dieser Äußerung, die im Text selbst als Ergebnis einer längeren Überlegung bezeichnet wird, im Ernst von einer »*bleibenden Verbindlichkeit*« reden? Diese Frage ist deshalb so wichtig, weil in der Kirche *glaubensverbindlich* nur sein kann, was *wahr* ist.

3. Noch gravierender scheint mir der folgende Tatbestand: Die Erklärung der Kongregation für die Glaubenslehre vom 15. 12. 1979 nennt im Anschluß an die frühere Erklärung vom 15. 2. 1975 drei Lehrpunkte, in denen Sie von der vollen Wahrheit des katholischen Glaubens abweichen: das Dogma von der Unfehlbarkeit in der Kirche – die authentische Interpretation der Offenbarung durch das kirchliche Lehramt – den gültigen Vollzug der Eucharistie. Die christologischen und mariologischen Fragen dagegen werden von der Glaubenskongregation nicht als Begründung der getroffenen Maßnahme, sondern als eine Konsequenz aus Ihrer Position in den genannten Punkten angeführt. Entscheidend ist deshalb, ob Ihr Brief in den drei erstgenannten Punkten weiterführt und auf die detaillierten Fragen eingeht, die ich Ihnen in meinem Brief vom 24. 12. 1979 vorgelegt habe. Ich will diese Fragen hier nicht wiederholen, sondern nur festhalten, daß ihre Beantwortung im wesentlichen noch aussteht. Das Verhältnis von Theologie und Lehramt scheint mir nicht einmal annähernd geklärt zu sein; auf die Frage nach dem gültigen Vollzug der Eucharistie sind Sie überhaupt nie eingegangen. Auf die mangelnde Klärung der Unfehlbarkeitsfrage habe ich oben schon hingewiesen. Nur ein Eingehen auf diese Fragen, und zwar in formeller Auseinandersetzung mit Ihren früheren Äußerungen, kann die notwendige Klärung in der Sache herbeiführen. Eine eindeutige Weiterentwicklung Ihrer bisherigen Lehrmeinungen ist sonst nicht erkennbar.

Bereits Ihre Stellungnahme vom 20. 12. 1979 war in diesen Punkten unbefriedigend. Meiner dringenden Bitte um präzise Beantwortung der Fragen, die ich in meinem Brief vom 24. 12. 1979 genannt habe, haben Sie nicht entsprochen. Nachdem daraufhin die Entscheidung der Kongregation für die Glaubenslehre aufrechterhalten wurde, ist eine neue Situation entstanden, in der nur neue und eindeutige Stellungnahmen Ihrerseits weiterführen können. Ihre Ausführungen vom 12. 2. 1980 reichen jedenfalls für eine Rücknahme der in der Erklärung der Glaubenskongregation vom 15. 12. 1979 enthaltenen Entscheidung nicht aus. Aufgrund dieser Gesamtlage sehe ich keine

Möglichkeit, von mir aus in Rom um Überprüfung der genannten Entscheidung zu bitten. Dazu bedarf es entscheidender Ergänzungen und Klärungen bzw. expliziter Korrekturen Ihrer theologischen Position in den genannten Punkten. Mit unveränderten Neuauflagen Ihrer Publikationen werden Sie diesem Erfordernis jedenfalls nicht gerecht; damit setzen Sie in der Öffentlichkeit eher ein gegenteiliges Zeichen.

4. Unter diesen Umständen habe ich keinen Anlaß, die rechtswirksamen Folgen des Missio-Entzugs in irgendeiner Weise zu suspendieren. Auch eine Verzögerung der von mir am 31. 12. 1979 im Schreiben an den Herrn Minister für Wissenschaft und Kunst begründeten und geforderten Maßnahmen kann ich so nicht vertreten. Nachdem die Angelegenheit einmal auf der juristischen Ebene ist, kann sie von dort nur zurückgeholt werden, wenn sich von Ihrer Seite her wesentlich neue Tatbestände ergeben.

Dazu kommt, daß die konkordatsrechtliche Situation von den maßgeblichen Staatskirchenrechtlern anders beurteilt wird als von Ihnen. Ebenso kann ich Ihre Bedenken gegen die *Rechtmäßigkeit* des innerkirchlichen Verfahrens nicht als stichhaltig erachten.

5. Es ist nicht richtig, daß das Lehrverfahren mit dem Dokument vom 15. 2. 1975 in jeder Hinsicht und endgültig eingestellt worden wäre. In dieser Erklärung weist die Kongregation für die Glaubenslehre unter Bezugnahme auf Ihre beiden Bücher »Die Kirche« und »Unfehlbar? – Eine Anfrage« auf drei mit der Lehre der Kirche unvereinbare Auffassungen hin. Dann heißt es dort weiter: »Weil nun Professor Küng in seinem Brief vom 4. 9. 1974 keineswegs ausschließt, daß er in einer angemessenen Zeit vertieften Studiums seine eigenen Auffassungen in Übereinstimmung mit der authentischen kirchenamtlichen Lehre bringen könne, erteilt diese Kongregation trotz der Gewichtigkeit dieser Lehrmeinungen auf Weisung von Papst Paul VI. *für jetzt* die Mahnung, solche Lehrmeinungen nicht weiter zu vertreten, und ruft in Erinnerung, daß die kirchliche Autorität ihm die Befugnis gegeben hat, Theologie im Geist der kirchlichen Lehre zu dozieren, nicht aber Auffassungen zu vertreten, die diese Lehre verkehren oder in Zweifel ziehen.« Ausdrücklich heißt es am Schluß der Erklärung, daß auf diesem Hintergrund »das Verfahren der Kongregation für die Glaubenslehre in dieser Sache *für jetzt* beendet wird«. Die Deutsche Bischofskonferenz hat zu dieser Erklärung der Glaubenskongregation ihrerseits am 17. 2. 1975 eine ausführliche Stellungnahme abgegeben, in der es unter anderem heißt: »Die Deutsche

Bischofskonferenz schließt sich darum der Mahnung der Kongregation für die Glaubenslehre an und erwartet von Professor Küng, daß er die vom kirchlichen Lehramt mehrfach abgewiesenen Positionen nicht weiter vertritt.«

All das läßt keinen Zweifel daran, daß es sich um eine einstweilige Einstellung des Verfahrens handelte. Konsequenterweise wiederholt die Erklärung vom 15. 12. 1979 in den entscheidenden Passagen das Ergebnis des Verfahrens, das durch das Dokument vom 15. 2. 1975 »für jetzt« beendet wurde. Diese Einstellung erfolgte nicht bedingungslos, sondern mit der Auflage, daß Sie die kritisierten Lehrmeinungen nicht weiter vortragen. Es wurden Ihnen nicht nur Wünsche unterbreitet, sondern eindeutig Auflagen gemacht.

Ihre beiden neueren Veröffentlichungen (Hasler-Geleitwort und »Kirche – gehalten in der Wahrheit?«) dienen der Declaratio zum Beweis dafür, daß Sie sich an die Auflagen nicht gehalten haben. Insofern war für diese beiden Schriften ein neues Verfahren gar nicht notwendig.

6. Ihr Vorschlag, auf der Deutschen Bischofskonferenz ein Lehrbeanstandungsverfahren durchzuführen, kann in der jetzigen Situation nicht aufgegriffen werden. Die Deutsche Bischofskonferenz vermag kein Verfahren in einer Sache zu eröffnen, welche die höhere Autorität an sich gezogen hat. Der § 35 des Lehrbeanstandungsverfahrens bei der Deutschen Bischofskonferenz ist hier eindeutig: »Ist von der Sacra Congregatio pro doctrina fidei ein förmliches Lehrbeanstandungsverfahren ... eingeleitet worden, so kann in der gleichen Frage gegen denselben Autor ein Lehrbeanstandungsverfahren nach der vorliegenden Ordnung nicht eröffnet werden.« Diese Sperrwirkung tritt erst recht ein, wenn ein anhängig gewesenes Verfahren durch einen Entscheid abgeschlossen worden ist. Wenn die Glaubenskongregation unter aktiver Mitwirkung des Papstes schon eine Entscheidung, die ich mir als Ortsbischof zu eigen gemacht habe, getroffen hat, kann die Deutsche Bischofskonferenz nicht mehr zur zuständigen Instanz für ein Wiederaufnahmeverfahren gemacht werden, die den römischen Entscheid überprüfen und gegebenenfalls revidieren soll. Hier hilft auch der Vorschlag unseres Diözesanrates nicht weiter.

7. Im Augenblick haben weder ich noch die Deutsche Bischofskonferenz die Möglichkeit, bei der Glaubenskongregation eine Wiederaufnahme des Verfahrens zu beantragen (»petitio novae audientiae«); wohl aber Sie selbst. Ein solcher Antrag hat freilich nur dann

Aussicht auf Erfolg, wenn Sie glaubhaft nachweisen, daß Sie sich nach einer vertieften Reflexion in den beanstandeten Lehrmeinungen in Einklang mit der vollen Wahrheit des katholischen Glaubens befinden. Die Voraussetzung für eine Wiederaufnahme des Verfahrens zu schaffen liegt also ausschließlich bei Ihnen.

Gerne hätte ich Ihnen, sehr geehrter Herr Professor, eine erfreulichere Antwort auf Ihren Brief zukommen lassen. Dafür fehlen aber in der jetzigen Situation die Voraussetzungen. Wir kommen nur weiter, wenn wir gemeinsam allen Umständen Rechnung tragen. Ich sage bewußt »gemeinsam«, weil es nach wie vor möglich ist, Brücken zu bauen. Um der Kirche und um der Katholisch-Theologischen Fakultät in Tübingen willen sollten die Bemühungen unbeirrt weitergehen. Jedenfalls stehe ich Ihnen zur Verfügung, wenn es darum geht, weitere Schritte zur sachlichen Verständigung zu unternehmen.

Mit freundlichen Grüßen   + *Georg Moser*
                                            Bischof

Kopien
an den Minister für Wissenschaft und Kunst, Stuttgart
an den Präsidenten der Universität Tübingen

6.5 Hans Küng: Brief an Bischof Moser (13. März 1980)

UNIVERSITÄT TÜBINGEN   Tübingen, 13. März 1980
INSTITUT FÜR ÖKUMENISCHE FORSCHUNG
DIREKTOR: PROF. DDR. H. KÜNG D.D.

Herrn
Bischof Dr. Georg Moser

Sehr geehrter Herr Bischof,
Am 12. Februar habe ich Ihnen ein ausführliches Schreiben zukommen lassen, um in einer für unsere Kirche sehr schwierigen Lage von mir aus einen Schritt zur Verständigung zu tun. Viele, die mich dazu ermutigt haben, knüpften an dieses wohlüberlegte und, so denke ich, theologisch umfassend argumentierende Schreiben nicht geringe Hoffnungen. Umso enttäuschender war Ihr Antwortbrief vom 1. März.

1. In meinem Brief vom 12. 2. 1980 stellte ich verschiedene Behaup-

tungen richtig, die kirchliche Stellen über meine Positionen in Fragen der Christologie (S. 2 f.) und der Unfehlbarkeit (S. 14–16) aufgestellt hatten. Sie, sehr geehrter Herr Bischof, entdeckten darin Aussagen, die Sie bei mir »bisher in dieser Deutlichkeit ... nicht zu finden« vermochten. Bei einem fairen Umgang mit meinem Brief hätten Sie freilich zugleich anerkennen müssen, daß ich diese Aussagen auch nirgendwo geleugnet hatte. Offensichtlich aber war die amtliche Interpretation meiner Schriften schon seit langem von Mißtrauen und der einseitigen Suche nach Lücken bestimmt. Von daher erklärt sich das von vielen in unserer Kirche wahrgenommene Faktum, daß in den Stellungnahmen der Bischöfe die eigentlichen Intentionen und zentralen Aussagen meiner Theologie gar nicht mehr sichtbar werden.

2. In meinem Brief habe ich mich ausführlich zu Hintergründen und Grundlagen meines *christologischen Entwurfs* (S. 3–13) geäußert. Weder gegen die Erklärungen zu meiner Methode noch gegen meine hermeneutischen Ausführungen, die ja auch in heutigen theologischen Analysen gang und gäbe sind, machen Sie Einwendungen. Warum aber gehen Sie dann, sehr geehrter Herr Bischof, nicht auf die Konsequenzen ein, auf die meine Ausführungen hinzielen? Warum wollen Sie nicht sehen, daß es auf der hermeneutischen Reflexionsebene eine theologische Vermittlung geben kann, die für ein weiterführendes Sachgespräch leicht hätte aufgegriffen werden können? Warum nehmen Sie meine übrigen Erklärungen zur Christologie erneut nur mit mißtrauischen Vorbehalten entgegen und interpretieren sie minimalisierend?

Schon meine Erklärung vom 20. 12. 1979 zu Händen des Papstes, ich stünde in den Fragen der Christologie »grundsätzlich« auf dem *Boden der Konzilien* der Alten Kirche, nehmen Sie am 24. 12. 1979 gerade nicht als prinzipiell umfassende Aussage an, sondern mißdeuten sie als abschwächende Äußerung, zu der ich mich nur habe durchringen können. Am 21. 9. 1977 hatte mich Kardinal Höffner darauf festzulegen versucht, daß ich »zum unaufgebbaren Bekenntnis dieses Glaubens« kein eindeutiges Ja sagen könne. Mein ausdrückliches und wiederholtes Bekenntnis zum *Credo* in meinem letzten Brief (S. 2; 13) hätte Ihnen also leicht genügen können, um diesen Verdacht auszuräumen, um wenigstens eine Gesprächsbasis zu Fragen der Christologie zu finden. Sie dagegen lösen wiederum Einzelfragen heraus, bevor der Kontext geklärt ist, und konzentrieren die Diskussion auf theologische Einzelaussagen, ohne deren Zusammenhang zu bedenken.

Erneut insinuieren Sie auf eine Weise, die die Sinnspitze meiner Erklärungen diametral verkehrt, ich wolle meinen theologischen Entwurf nicht am Credo messen lassen. Dadurch – und diese Methode hat man seit Jahren angewendet – *personalisieren* Sie die Sachproblematik von neuem: als ginge es nur um meine Ideen, als hätten nicht viele katholische Exegeten, Systematiker und Praktiker ähnliches vertreten, als könnten die kirchlichen Stellen so ein von vielen gestelltes und weithin diskutiertes *Sachproblem* einfach verdrängen. So aber wird man nicht nur meinen Fall nicht regeln, sondern auch die Fragen von ungezählten Gläubigen (Pfarrern, Religionslehrern, Laien) erst recht herausfordern, wie gerade die Reaktion auf die beispiellose bischöfliche Öffentlichkeitsarbeit gegen mich beweist.

Da die Bischöfe die Aufgabe haben, in besonderer Weise für eine glaubwürdige christliche Verkündigung in der Gegenwart zu sorgen, ist die Enttäuschung in und außerhalb unserer Kirche über dieses ganze Vorgehen umso größer. Gerade weil es in meiner Theologie nicht um irgendwelche unbegründete Privatmeinungen, sondern um wissenschaftlich wohl fundierte und von einem breiten exegetischen Konsens gedeckte theologische Aussagen geht, setzen sich die Bischöfe mit ihrem Vorgehen dem Verdacht aus, sie könnten die Argumente einer kritischen Theologie nicht entkräften und die gestellten Fragen nicht beantworten. Nicht nur für mich, sondern auch für andere Theologen stellt sich die Frage: Wollen die Bischöfe überhaupt noch eine vor der Schrift verantwortete theologische Diskussion über christologische Fragen gestatten und *neue Versuche zulassen,* die den Glauben an Jesus Christus für die Menschen von heute neu verständlich machen?

3. In meinem Brief habe ich ferner den erneuten Versuch unternommen, Gründe, Sinn und Tragweite meiner Anfrage zur *Unfehlbarkeitsproblematik,* die mit der Frage des authentischen Lehramtes zusammenhängt, zu erläutern. Auch hier hatten Sie gegen meine grundsätzlichen Ausführungen sachlich offensichtlich nichts einzuwenden. Aber auch hier, sehr geehrter Herr Bischof, konzentrieren Sie sich sogleich wieder auf Einzelsätze und untersuchen sie, die doch ein Gespräch über Sachfragen nur initiieren sollten, auf mögliche Mängel hin. Daß Sie meine neun Seiten umfassenden Aussagen kurzerhand als nicht ausreichend bezeichnen, um ein Gespräch neu in Gang zu bringen, weckt Bedenken gegen Ihren Willen oder Ihr Vermögen zur Verständigung.

Die Methode der Interpretation auf Lücken hin zeigte sich schon früher. Am 20. 12. stützte ich meine Erklärung zu Händen des Papstes gemäß Ihrem eigenen Vorschlag auf eine Stellungnahme der Deutschen Bischofskonferenz vom 4. 2. 1971, in der das Wort »*Unfehlbarkeit*« überhaupt vermieden wird. In Ihrem Brief vier Tage später fragen Sie, warum ich das Wort meide.

Zugleich sprach ich der Kirche »Pflicht und Aufgabe« zu, die christliche Botschaft »*eindeutig und verbindlich*« zur Geltung zu bringen. Sie vermissen die Formulierung der Bischofskonferenz: »... wirklich mit letzter Verbindlichkeit«. Hatte ich die Verbindlichkeit von Glaubensaussagen nicht bestätigt, die wahr und als wahr erkennbar sind, deren Sinn im Wechsel geschichtlicher Denkweisen und Aussagen derselbe bleibt, unaufhebbar gilt und ein unmißverständliches Ja oder Nein herausfordert?

Diese Art der Befragung setzt sich in Ihrem neuesten Brief vom 1. 3. 80 leider fort. Sie nehmen meinen Begriff von der »*bleibenden Verbindlichkeit*« als hilfreich auf und suchen ihn dann doch wieder von meinen christologischen Aussagen her unglaubwürdig zu machen (»leider wieder sehr zweideutig«). Zudem stellen Sie dieser meiner Bejahung einer »bleibenden Verbindlichkeit« unvermittelt ein Zitat aus »Unfehlbar?« gegenüber, das aber keineswegs den von Ihnen intendierten Gegenbeweis hergibt; denn alle die dort gemachten Einschränkungen (situationsbedingt, nicht für die Ewigkeit bestimmt, pragmatisch) heben die einer Glaubensdefinition zugestandene Wahrheit nicht auf, sondern präzisieren sie, und dies durchaus im Sinne der Ausführungen von »Mysterium ecclesiae« (Nr. 5). Und wenn Sie schon aus »Unfehlbar?« zitieren, dann zitieren Sie doch bitte auch das, was ich in »Fehlbar?« (S. 391–396) zu dieser Frage ausgeführt habe: »Wie kann sich ein Glaubenssatz in der Geschichte durchhalten« und »Wie kann ein Glaubenssatz zugleich situationsbedingt und verbindlich sein?« Daß Sie ausgerechnet mir vorhalten, glaubensverbindlich könne nur sein, *was wahr ist,* verkehrt geradezu die Fronten. Denn gerade ich bin es doch, der ständig versucht, die Wahrheitsfrage immer wieder auch gegen formalistische Autoritätsansprüche kritisch zur Geltung zu bringen.

Nein, Herr Bischof, auf dieser Basis von Verdächtigungen und Mißdeutungen und in diesem Geist des ständigen Mißtrauens kann kein fruchtbares Gespräch zustande kommen. Und was ich zugleich vermisse: Wann werden Sie die ökumenische Tragweite dieses Problems erkennen? Darauf sind Sie in Ihrem Brief mit keinem Wort eingegangen. Deshalb möchte ich Sie erneut dringend bitten, die aufgeworfenen Fragen ernstzunehmen und gerade hier ökumenische Sensibilität spüren zu lassen. Der Bischöfe Bekenntnis zur Ökumene wird nur dann glaubwürdig erscheinen, wenn in dieser für Ostkirchen und reformatorische Kirche zentralen Frage eine konstruktive theologische Lösung angestrebt wird. Das verheerende Echo aus der Ökumene auf die Maßnahmen gegen mich müßte doch auch Ihnen und allen deutschen Bischöfen zu denken geben.

4. Vielleicht tue ich Ihnen Unrecht, wenn ich Ihren ehrlichen *Willen zur Vermittlung* anzweifeln würde. Doch bleibt die Frage offen, ob solche Vermittlungsversuche im Rahmen der gegenwärtig praktizierten Spielregeln nicht immer wieder neu zum Scheitern verurteilt sind. Geklärt ist ja weder die Priorität der Themen, die zu besprechen wären (Christologie, Unfehlbarkeit, Authentizität des Lehramtes, Fragen der Eucharistie, Trinität, Mariologie u. a.); geklärt sind auch nicht die Erwartungen, die Sie vorweg an mich stellen; geklärt sind schließlich auch nicht die Konsequenzen, die Sie zu ziehen gedenken.

Obwohl Kardinal Höffner den Fragen der *Christologie* erhebliches Gewicht beimißt, suchen Sie in Ihrem letzten Brief zu zeigen, daß die Fragen der Christologie für eine Revision des Verfahrens weniger wichtig seien; Rom führe sie ja nur als Konsequenz meiner angeblichen »Verachtung des Lehramts« auf. Zugleich aber versuchen Sie, meine Positionen in Sachen Christologie zum Beweis für meine Mißachtung des Lehramts zu verwenden. Damit ist ein Zirkel konstruiert, bei dessen Aufrechterhaltung ein Fortschritt der Gespräche überhaupt unmöglich ist.

Obwohl die römischen Behörden ihr Vorgehen mit meinen Äußerungen zur *Unfehlbarkeit* begründen, insistieren Sie wiederholt auf Fragen der *Eucharistie,* die nach der Einstellung des »Verfahrens« 1975 in der Diskussion keine Rolle mehr gespielt haben. Über diese Fragen hinaus wird immer wieder undifferenziert auf Fragen der *Mariologie* verwiesen, über die noch nie eine offizielle Diskussion mit mir stattgefunden hat. Und wären all diese Fragen gelöst, dann – so fürchte ich auf Grund der bisher geführten Korrespondenz – würde man mit weiteren theologischen Problemen wohl auch wieder jene Bedenken ins Spiel bringen, auf die die Bischöfe schon am 17. 2. 1975 hinwiesen: auf jene *»Reformforderungen«,* in denen die Ordnung der Kirche »eigenmächtig« verändert würde, d. h. in der Sprache Kardinal Höffners: auf jene »z. T. maßlosen Angriffe gegen die Disziplin und Ordnung der Kirche« (18. 12. 79). Nach dem Bericht der Katholischen Nachrichtenagentur vom 28. 2. 1980 über die letzte Tagung der Deutschen Bischofskonferenz gelte ich bei vielen Gläubigen als »Vorkämpfer bestimmter Reformvorstellungen, wie Aufhebung des Zölibats und Frauenordination; der Entzug der Lehrerlaubnis wird mit der Verurteilung solcher Reformvorstellungen assoziiert«. Was also erwartet man noch alles an Korrekturen von mir? Wie viele Fragekomplexe, so frage ich mich, haben die Bischöfe wohl noch in petto, die sie je nach Stand des Gesprächs hervorholen können? Je nach Adressatenkreis und Situation scheint man diese oder jene Argumente anzuführen.

Ähnliches gilt bezüglich Ihrer *Begründungen*: Zum einen erklären Sie meine Darlegungen für hilfreich. Dennoch seien sie nur ein »erster minimaler Schritt« (24. 12. 1979) und für eine Wiederaufnahme des Gesprächs oder gar des Verfahrens ungenügend (1. 3. 1980). Wozu also haben meine Darlegungen gedient? Nur dazu, um mich stets neu zu bedrängen und womöglich in Widersprüche zu verwikkeln? – Zum einen erwarten Sie von mir (möglichst kurze) Grundsatzerklärungen. Zum andern fügen Sie in Ihren Antworten gegen mich Zitat an Zitat, mit denen ich mich dann wieder neu auseinandersetzen soll. – Ich erklärte Ihnen gemäß allgemeinem theologischen Konsens, daß das Verhältnis von Lehramt und Theologie einer dringenden Klärung bedürfe. Sie antworten mir: »Das Verhältnis von Theologie und Lehramt scheint mir nicht einmal annähernd geklärt zu sein.« Welches also sind die Erwartungen, die an meine Äußerungen geknüpft werden?

Ähnliches gilt für *Konsequenzen,* die ich in Zukunft ziehen soll. Zunächst, so schien mir, ging es um Erklärungen, die ein neues Gespräch ermöglichen sollen. Dann ging es unerwarteterweise schon in diesem Vorfeld offensichtlich um die Klärung meiner früheren Äußerungen (vorgeführt mit einigen kontextlosen Zitaten). Schließlich taucht nun plötzlich – offensichtlich auch in den Bereich der Vorbedingungen aufgerückt – die Frage der Revision meiner Schriften auf. Dabei müßte doch nach allem rechtlichen Verstand zuvor die Frage nach Recht oder Unrecht, nach Begründetheit oder Grundlosigkeit solcher Forderungen geklärt sein.

Was im Augenblick auf lehramtlicher Seite sichtbar wird an wuchernden, ständig wechselnden Argumenten und Lehrpunkten, an immer neuen Erwartungshorizonten, an unerwartetem Wechsel der Vorhaltungen, zeigt, daß die kirchlichen Instanzen sich selber an ein *geordnetes Verfahren oder Vorgehen* kaum zu halten gewillt sind. Man muß sich bei der wiederholten Lektüre Ihres Briefes schon fragen: Worum soll es jetzt eigentlich gehen: um ein brüderliches Gespräch über umstrittene, so viele Menschen existentiell betreffende Fragen oder schließlich und endlich doch nur um die Revokation und totale Unterwerfung eines einzelnen Theologen? Sollen Sachfragen geklärt oder soll einfachhin ein Exempel statuiert werden?

5. In meinem Brief vom 12. 2. 1980 habe ich dargelegt, daß weder die römischen noch die deutschen kirchlichen Instanzen in einem *korrekten Verfahren* feststellten, daß die inkriminierten Publikationen wesentliches katholisches Glaubensgut verletzen.

Bezüglich der *deutschen Instanzen* haben Sie meiner Feststellung nicht widersprochen. Damit scheint mir unbestritten, daß zu Fragen der *Christologie und Mariologie überhaupt keine Instanz* ein Verfahren durchgeführt hat. Dies erachte ich als einen Tatbestand, der allem Sinn für Gerechtigkeit Hohn spricht und der keine staatliche Instanz verpflichten kann, kirchenamtliche Erklärungen zu meinen christologischen oder mariologischen Aussagen als Begründung für irgendwelche staatlichen Schritte zu akzeptieren.

Die kirchlichen Stellen selber indes stehen in der *Amtspflicht,* entweder mich in Fragen der Christologie und Mariologie zu rehabilitieren oder in einem korrekten Verfahren die Beschuldigungen feststellen zu lassen. In diesem Punkt, so meine ich, sind gerade Sie als zuständiger Bischof in der Pflicht, tätig zu werden, nachdem Sie sich das Urteil der römischen Behörden zu eigen gemacht haben.

Bezüglich der *römischen Instanzen* haben Sie meines Erachtens die eingetretene komplexe Situation nicht hinreichend gewürdigt. Entgegen Ihrer Feststellung habe ich nicht behauptet, das Verfahren sei 1975 »in jeder Hinsicht und endgültig« eingestellt worden. Mir reichte die Aussage, daß es – wie auch immer – rechtswirksam eingestellt wurde, zumal die Verfahrensordnung eine einstweilige Einstellung überhaupt nicht kennt.

Worum es sich nach dem Urteil der Glaubenskongregation selber handelte, geht eindeutig aus dem Brief hervor, in dem der Präfekt der Glaubenskongregation, Kardinal Šeper, mir offiziell von der Einstellung des Verfahrens Mitteilung machte: »Um dem beiderseitigen Wunsch zu entsprechen, die Ihre Bücher ›Die Kirche‹ und ›Unfehlbar?‹ betreffenden *Verfahren zu beenden,* hat die Kongregation für die Glaubenslehre beschlossen, *die beiden Verfahren durch die beiliegende Erklärung einzustellen*.« Fest steht auch, daß die Bischofskonferenz eine Erklärung »aus Anlaß *des Abschlusses* des Lehrverfahrens« abgab (17. 12. 1975). Und fest steht schließlich, daß sich auch

Kardinal Döpfner, damaliger Vorsitzender der Deutschen Bischofskonferenz, in seinem Brief vom selben Tag an mich die Rede von der Beendigung des Lehrverfahrens zu eigen gemacht hat. Nie war in all den offiziellen Dokumenten von einer »einstweiligen Einstellung« des Verfahrens die Rede, die in der Verfahrensordnung auch gar nicht vorgesehen ist.

Zwar sind »Mahnungen« – nicht »Auflagen« – an mich ergangen. Sanktionen aber wurden gerade nicht in Aussicht gestellt, geschweige denn im einzelnen bestimmt. Ein Publikationsverbot wurde ausdrücklich ausgeschlossen. Schon in meiner Erklärung vom 20. 2. 1975 habe ich klar gemacht, daß ich den Abschluß des »Verfahrens«, gegen welches ich immer wieder bis hin zur Einstellung schwerwiegende formalrechtliche Bedenken erhoben hatte, nicht als Akt einseitiger Unterwerfung verstehe, sondern als Pflicht zu vertiefter Reflexion auf beiden Seiten (vgl. »Um nichts als die Wahrheit«, Dokumentation hrsg. von W. Jens, S. 160f.).

Wenn also im Rahmen des am 17. 2. 1975 abgeschlossenen Verfahrens keine Sanktionen beschlossen wurden, so hätte es zur Begründung einer so schwerwiegenden Maßnahme wie des Missio-Entzuges vom 15. 12. 1979 eines neuen Verfahrens bedurft. Dies ist nicht geschehen. Es hätte nach der römischen Ordnung für Lehrbeanstandungsverfahren ein neues Verfahren durchgeführt werden müssen, um festzustellen, ob ich durch die beiden neuen Veröffentlichungen tatsächlich gegen die Mahnung der Kongregation für die Glaubenslehre verstoßen habe.

Insofern wäre für die Einbringung dieser beiden Schriften in das Beweisgut eine Kontaktaufnahme mit dem Autor geboten gewesen. Zudem ist bekannt, daß Sie selbst, sehr geehrter Herr Bischof, in Ihrem Brief aus den Tagen vom 14. oder 15. 12. 1979 an Kardinal Šeper schwerwiegende Bedenken gegen das Vorgehen der Glaubensbehörde anmeldeten und für mich dringend um Gehör baten. Leider haben Sie sich an Ihr mir gegebenes Versprechen nicht gehalten, diesen Brief (zugleich mit meiner Erklärung zu Händen des Papstes) zu veröffentlichen und haben sich trotz aller Bedenken den römischen Entscheid zu eigen gemacht.

Ich bin deshalb nach wie vor der Überzeugung, daß angesichts dieser Rechtslage der *römische Entscheid* für den vom Minister für Wissenschaft und Kunst geforderten Verwaltungsakt *nicht ausreichen kann.* Ich bin überdies der Überzeugung, daß es der Glaubenskongregation, wenn sie nur wollte, ein Leichtes wäre, auf diese meine Argumentation einzugehen. Insofern steht in diesem Punkt nicht in erster Linie eine zwingende, weil eindeutige Rechtslage zur Debatte, sondern eine kirchenpolitische Entscheidung.

6. In meinem Brief vom 12. 2. 1980 bot ich gemäß einem Vorschlag Ihres Diözesanrats und vieler anderer meine Mitwirkung an einem *Verfahren der Deutschen Bischofskonferenz* gemäß der entsprechenden »Ordnung für Lehrbeanstandungsverfahren« (1973) an. Dabei habe ich schon selber darauf hingewiesen, daß die Deutsche Bischofskonferenz in dieser Lage ohne Rücksprache mit dem Hl. Stuhl selbstverständlich kein Verfahren einleiten kann. Durch einen Appell an den Papst aber hätte sie das ihr Mögliche tun können, um ein Verfahren zu eröffnen, das den Kriterien heutiger Rechtsprechung standhält. Deshalb bitte ich Sie nochmals eindrücklich, sich für diese Lösung zu verwenden, die, wenn auf Seiten der Bischöfe nur ein wenig guter Wille zur Verständigung besteht, auch heute noch erreichbar wäre.

Trotz des zutiefst enttäuschenden und zum Teil abweisenden Inhalts Ihres Briefes betonen Sie ganz zum Schluß noch einmal, daß es nach wie vor möglich sei, *Brücken zu bauen*. Ich teile diese Ansicht. Sie werden aber verstehen, daß es dabei nicht darum gehen kann, die Gebote christlicher Wahrhaftigkeit und wissenschaftlicher Redlichkeit, von denen meine Theologie bestimmt ist, zu desavouieren und mir ein sacrificium intellectus et conscientiae zuzumuten. Wohl aber kann es darum gehen, die Grundlagen unseres Glaubens zum Wohl unserer Kirche aufs neue zur Sprache zu bringen und zu klären. Und auch darum muß es gehen, daß die Instanzen der Kirche sich auf Rechtlichkeit und Rechtmäßigkeit eines Vorgehens besinnen, das, wie Sie wissen, in der jetzt praktizierten Form selbst in der innerkirchlichen Öffentlichkeit nach wie vor weitgehend auf Ablehnung stößt. Nur in *gemeinsamer* Anstrengung, und nicht in einem »Hier alles« und »Dort nichts«, kann aus der gegenwärtigen Lage noch Gutes kommen.

Mit freundlichen Grüßen

Ihr ergebener
Hans Küng
Professor der Dogmatischen und Ökumenischen Theologie der Katholisch-Theologischen Fakultät und Direktor des Instituts für ökumenische Forschung der Universität Tübingen

Kopien
an den Minister für Wissenschaft und Kunst, Stuttgart
an den Präsidenten der Universität Tübingen

6.6 Hans Küng: Brief an Universitätspräsident Theis (24. März 1980)

Unermüdlich hatte sich von Anfang an Dekan Bartholomäus für das Verbleiben Hans Küngs in der Katholisch-Theologischen Fakultät eingesetzt. Entschieden unterstützt wurde er auch in dieser letzten Phase von einem Teil der Professoren, den Akademischen Räten, Assistenten und Studenten im Fakultätsrat. Die sieben Kollegen jedoch (vier davon Rottenburger Diözesane) – die Mehrheit der Professoren – blieben trotz aller Vermittlungsversuche des Dekans und Norbert Greinachers bei ihrer öffentlichen Erklärung vom 5. Februar 1980 (vgl. Dokument 3.31). Und nachdem so die Basis für ein weiteres Verbleiben Küngs (zur Not auch ohne Missio canonica) in der Fakultät zerstört worden war und da andererseits aufgrund der Unnachgiebigkeit bestimmter deutscher Bischöfe mit der Wiedererteilung der Missio für die nächste Zeit nicht zu rechnen ist, sah sich Hans Küng gezwungen, eine universitätsinterne Lösung anzustreben. In mehreren konstruktiven Gesprächen mit Universitätspräsident Theis wurde eine solche Lösung ausgearbeitet: Die verfassungsrechtlich garantierte Forschungs- und Lehrfreiheit von Küng und das Funktionieren des Instituts für ökumenische Forschung sollen von seiten der Universität garantiert werden, Lehrstuhl und Institut aber auf Vorschlag Küngs bis zu einer möglichen Wiedererteilung der Missio canonica aus der Katholisch-Theologischen Fakultät ausgegliedert und direkt dem Senat der Universität unterstellt werden. Um dabei vor allem die Möglichkeit der Promotion und der Habilitation für seine Schüler und Mitarbeiter sicherzustellen, schickte Küng als Antwort auf die Vorschläge vom 19. März 1980 an Präsident Theis folgenden Brief, der einen Rückblick auf die Entwicklung innerhalb der Fakultät enthält.

UNIVERSITÄT TÜBINGEN   Tübingen, 24. März 1980
INSTITUT FÜR ÖKUMENISCHE FORSCHUNG
DIREKTOR: PROF. DDR. H. KÜNG D. D.

Herrn
Universitätspräsident Adolf Theis

Sehr geehrter Herr Universitätspräsident Theis,
Für Ihr Schreiben vom 19. 3. 1980 samt den 4 Anlagen danke ich Ihnen. In Bestätigung unserer Gespräche darf ich meinen eigenen

Standpunkt im Hinblick auf die Verhandlungen der Katholisch-Theologischen Fakultät wie folgt kurz zusammenfassen:

Es ist Ihnen, der Universität und auch der weiteren Öffentlichkeit wohl bekannt, wie entschieden ich mich seit der überraschenden römischen Maßnahme gegen mich vom 18. Dezember 1979 immer wieder für ein Verbleiben in der Katholisch-Theologischen Fakultät ausgesprochen und eingesetzt habe. Darin wurde ich am Anfang auch von allen Fakultätskollegen unterstützt, die noch am selben 18. Dezember öffentlich ihre Bestürzung ausdrückten über den »einschneidenden Schritt der Glaubenskongregation« und über die »Art und Weise des Vorgehens in konzertierter Aktion«. Und am 19. Dezember erklärten sämtliche Kollegen in einem Brief an den Bischof von Rottenburg, »empörend« sei »das geheime, zeitlich genau abgestimmte Vorgehen, und dies unmittelbar vor Weihnachten«, ohne nochmaliges Anhören des Betroffenen; »insgesamt« sei »das ganze Verfahren mit Mängeln behaftet, die heutigem Rechtsempfinden und christlichem Ethos widersprechen«; sie hätten »keinen Zweifel daran gelassen, daß er (Küng) im katholischen Glauben und in der katholischen Kirche stehen wollte und will«; »angesichts der zu erwartenden Folgen für die Kirche, für das Verhältnis von Kirche und Staat und insbesondere unserer Fakultät« bäten sie den Bischof »dringend, trotz der bereits erfolgten öffentlichen Ankündigung den vorgesehenen Schritt nicht zu tun«.

Nachdem aber der Bischof nach einer »Vermittlungsaktion« deutscher Bischöfe in Rom den Schritt am 30. Dezember doch tat, zeigte sich zwar nicht bei unseren Studenten, der Universität und der weiteren Öffentlichkeit, wohl aber bei einigen Kollegen der Katholisch-Theologischen Fakultät ein unerwarteter Sinneswandel. Zwar stimmten noch am 10. Januar die Mitglieder des erweiterten Fakultätsrates mit einer Gegenstimme und einer Enthaltung darin überein, daß im Hinblick auf eine Revision der kirchlichen Beschlüsse der Senat der Universität Tübingen die rechtlichen Möglichkeiten ausschöpfe, daß Professor Küng weiterhin Mitglied der Katholisch-Theologischen Fakultät bleibt. Aber während ich meinerseits diesem Fakultätsbeschluß nachkam, den Konflikt zu entschärfen, fast ganz aus der Öffentlichkeit zurücktrat und in Zusammenarbeit mit Ihnen, sehr geehrter Herr Präsident, mich intensiv um Verständigung bemühte, traten am 5. Februar 1980 sieben der zwölf Professoren der Katholisch-Theologischen Fakultät mit einer eigenen Erklärung an die Öffentlichkeit, die eine ganz andere Stoßrichtung hatte. Von den früher geäußerten schwerwiegenden sachlichen und rechtlichen Bedenken war jetzt nicht mehr die Rede; die römische Strafmaßnahme wird als »lehramtlicher Ruf zur Sache« interpretiert, die Anschuldigung der römischen Glaubensbehörde übernommen und damit insinuiert, ich sei ein Theologe, der »sein eigenes Urteil und nicht den Glaubenssinn der Kirche als Norm der Wahrheit voranstelle« (vgl. Declaratio vom 15. 12. 79) und der sich so »selbst das oberste Lehramt in der Kirche anmaße«. Diese Übernahme der mir in der römischen Erklärung unterstellten Haltungen und Aussagen empfinde ich als diskriminierend, weil völlig unwahr. Zugleich aber entschieden die Sieben für sich, was im Fakultätsbeschluß vom 10. Januar bewußt offengehalten war: »Wer zuläßt oder wünscht, daß ein Theologe ohne Missio canonica auf Dauer einer theologischen Fakultät angehört, untergräbt ihren wissenschaftstheoretischen Status ebenso wie ihre verfassungs- und konkordatsrechtliche Garantie.« Auf Grund einer solchen öffentlichen Erklärung der Mehrheit der Professoren ist mir die Basis für ein weiteres Verbleiben in dieser Fakultät zerstört worden.

Wie Sie, sehr geehrter Herr Präsident, wissen, habe ich in den vergangenen Wochen nach bestem Wissen und Gewissen alles getan, um durch Gespräche mit Ihnen, dem Minister für Wissenschaft und Kunst und schließlich durch ein 26seitiges Schreiben an den Bischof von Rottenburg-Stuttgart vom 12. Februar (über dessen Vorbereitung auch die sieben Fakultätskollegen von mir vorab informiert worden waren) meinen Beitrag zu einer konstruktiven Lösung und einer Wiedererteilung der kirchlichen Lehrbefugnis zu leisten. Aber selbst dieses ausführliche Schreiben zu Fragen der Christologie und der Unfehlbarkeit, das am Ende meine Bereitschaft ausdrückte, mich von mir aus einem rechtmäßigen Lehrbeanstandungsverfahren bei der Deutschen Bischofskonferenz zu stellen, erhielt zuerst durch eine Presseerklärung des (dafür gar nicht zuständigen) Erzbischofs von Köln und dann durch ein Schreiben des Bischofs von Rottenburg-Stuttgart vom 1. März, das vom gleichen Geist geprägt war, eine schroffe Absage. Diese für mich unbegreifliche Haltung der Bischöfe zeigte mir: Zur Zeit scheitert jede Verständigung an der Unnachgiebigkeit bestimmter deutscher Bischöfe; mit der Wiedererteilung der Missio ist daher zunächst leider nicht zu rechnen.

Die so entstandene Lage zwingt mir Konsequenzen auf, die ich zutiefst bedaure, die aber leider unausweichlich sind. Denn ich habe auch öffentlich nie einen Zweifel daran gelassen, daß ich mich nach wie vor als katholischen Theologen verstehe und in diesem Sinn für die Erneuerung meiner katholischen Kirche arbeiten werde. Ich habe Ihnen, sehr geehrter Herr Präsident, zugesichert, daß ich bereit bin, zu einer einvernehmlichen Lösung im Rahmen der Universität meinen Beitrag zu leisten. Unabdingbare Voraussetzung dafür ist freilich, daß meine verfassungsrechtlich garantierte akademische Forschungs- und Lehrfreiheit sowie die Funktionsfähigkeit des mit meinem Lehrstuhl verbundenen Instituts für ökumenische Forschung in vollem Umfang gewährleistet bleibt. Dazu gehört vor allem, daß mein Recht, an den Promotionen und Habilitationen meiner Schüler und Mitarbeiter uneingeschränkt mitzuwirken, garantiert bleibt. Ich begrüße deshalb die von Ihnen vorgeschlagene Änderung der Satzung des Senats, die dem Direktor des Instituts für ökumenische Forschung die bisher bestehende Mitgliedschaft im Habilitations- und Promotionsausschuß der Katholisch-Theologischen Fakultät ausdrücklich rechtlich garantiert. Diese Mitgliedschaft ist nötig, um gleichartig und gleichwertig an Promotionen und Habilitationen mitzuwirken. Zugleich sollte die Fakultät zur Vermeidung von Schwierigkeiten im Einzelfall auch ausdrücklich bestätigen, daß die im Institut für ökumenische Forschung erworbenen Seminarscheine wie bisher von der Fakultät anerkannt werden. Meinerseits möchte ich der Fakultät zum Ausdruck bringen, daß ich auf Grund der entstandenen Lage nicht die Absicht habe, bei allen Promotions- und Habilitationsverfahren mitzuwirken. Nur wo meine Schüler und Mitarbeiter betroffen sind, werde ich an den Sitzungen des Ausschusses teilnehmen.

Zum Schluß dieses Briefes liegt mir daran zu bekräftigen: Ich halte meine Einwände gegen das unrechtmäßige innerkirchliche Verfahren und auch meine staatskirchenrechtlichen Bedenken, wie ich sie in den Briefen an den Minister für Wissenschaft und Kunst, die Abgeordneten des Landtages von Baden-Württemberg und den Bischof von Rottenburg-Stuttgart zum Ausdruck gebracht habe, voll aufrecht. Den Schlußfolgerungen des Gutachtens von Professor Scheuner bezüglich meiner Fakultätszugehörigkeit kann ich mich nicht anschließen; meine eigene Auffassung bewegt sich auf der Linie der Darlegungen von Professor Scholder und Kultusminister a. D. Mahrenholz. Da ich mich nach wie vor als katholischen Theologen verstehe, gedenke ich mich auch weiterhin für eine Revision des in jeder Weise unrechtmäßigen Verfahrens und eine Wiedererteilung der Missio einzusetzen.

Vor einem endgültigen Schritt der Universität scheint es mir überdies notwendig zu sein, sich zu vergewissern, ob eventuell auf Grund meines Schreibens an Bischof Moser vom 13. März eine Änderung der Haltung des Bischofs zu erwarten sei, die weitere Überlegungen der Universität überflüssig machen würde.

Aufrichtig danke ich Ihnen, sehr geehrter Herr Präsident, für Ihre intensiven Bemühungen um eine vertretbare Lösung. Ich überlasse es völlig Ihnen, ob und wie weit Sie gegenüber der Katholisch-Theologischen Fakultät von diesem meinem Brief Gebrauch machen wollen.

Mit freundlichen Grüßen bin ich   Ihr
                                                   Hans Küng

6.7 Bischof Moser: Brief an Hans Küng (24. März 1980)

Wie wenig mit einer »Änderung der Haltung des Bischofs« gerechnet werden konnte, die »weitere Überlegungen der Universität überflüssig machen würde«, zeigt ein Brief, der schon am folgenden Tag Hans Küng durch einen Boten des Bischofs ins Haus gebracht wurde. Wie es sich mit dem in diesem Brief erwähnten »letzten Notsignal« und anderen Details wirklich verhält, zeigen vor allem die Dokumente 2.19 und 2.20.

DER BISCHOF VON ROTTENBURG-STUTTGART   Rottenburg, 24. März 1980
DR. GEORG MOSER

Herrn Professor
Dr. Dr. Hans Küng

Sehr geehrter Herr Professor!
In Ihrem Schreiben vom 13. 3. geben Sie Ihrer Enttäuschung über meinen Antwortbrief vom 1. 3. ausführlich Ausdruck. Dem von Ihnen gewünschten »neuen«, »fruchtbaren« und »brüderlichen Gespräch« ist der Ton Ihres Schreibens freilich nicht gerade förderlich. Ich kann zwar Ihre Ent-Täuschung verstehen. Offensichtlich hatten Sie sich der Täuschung hingegeben, Sie könnten eine Wiederaufnahme des Verfahrens oder eine vorläufige Suspension der Rechtsfolgen ohne eine Klärung der konkreten Sachfragen erreichen.

Sehr betroffen macht mich, daß Sie nunmehr meinen »Willen«, ja mein »Vermögen zur Verständigung« in Zweifel ziehen. Obwohl ich das Urteil über meine bisherigen Bemühungen um Sie getrost anderen überlasse, darf ich doch feststellen, daß ich das Äußerste versucht habe, um noch im letzten Augenblick eine sachliche Verständigung herbeizuführen. Jedermann kann der vorliegenden Dokumentation entnehmen, daß Sie mich dabei allein gelassen haben. Sie wußten zwar, wie ernst die Lage ist; dennoch fuhren Sie vor Weihnachten in den Urlaub. Ich gab Ihnen in meinem Brief vom 24. 12. 1979 noch ein letztes Notsignal. Sie haben diesen meinen Brief von einem Ihrer Mitarbeiter in unzureichender Weise beantworten lassen. Schon im Hinblick auf eine mögliche Fortsetzung der Kontakte muß ich Sie darum fragen: Wer hat hier Grund, von wem enttäuscht zu sein?

Nach diesen Vorbemerkungen möchte ich näherhin auf Ihren Brief vom 13. 3. 1980 eingehen.

1. Sie behaupten, die »Priorität der Themen, die zu besprechen wären«, sei nicht geklärt. Sie wissen aber seit 1968 bzw. seit 1971, worum es geht. Daß Sie durch Ihre folgenden Publikationen Anlaß zu weiteren Auseinandersetzungen gaben, ist weder Schuld der Glaubenskongregation noch der Deutschen Bischofskonferenz. Mehrfach – zuletzt in Nr. 3 meines Antwortbriefes vom 1. 3. 1980 – habe ich Ihnen dargelegt: Es geht in der Erklärung der Kongregation für die Glaubenslehre vom 15. 12. 1979 um drei Fragen:

a) um das Dogma der Unfehlbarkeit in der Kirche;
b) um die authentische Interpretation der Offenbarung durch das kirchliche Lehramt;
c) um den gültigen Vollzug der Eucharistie.

In keiner dieser drei Fragen haben Sie in Ihren beiden Briefen vom 12. 2. und 13. 3. 1980 gezeigt, daß Sie voll mit der katholischen Lehre übereinstimmen. Auch auf die zentrale Frage, ob Jesus Christus Sohn Gottes von Ewigkeit her sei, haben Sie noch keine klare Antwort gegeben. Ich kann deshalb bloß nachdrücklich wiederholen: Nur ein Eingehen auf diese konkreten Sachfragen, und zwar in formeller Auseinandersetzung mit Ihren früheren Äußerungen, vermag die erforderliche Klärung herbeizuführen.

2. Ihre Einschätzung der verfahrensrechtlichen Seite kann ich nicht teilen. Die Tatsache, daß das römische Verfahren verbesserungsfähig und -bedürftig ist, bedeutet keineswegs, daß es ungerecht und unkorrekt angewendet worden wäre. Auch stehen Ihre »Reformforderun-

gen« in keinem für die Entscheidung maßgeblichen Zusammenhang. Wenn Sie erklären, »daß die kirchlichen Instanzen sich selber an ein geordnetes Verfahren oder Vorgehen kaum zu halten gewillt sind«, erheben Sie damit gegen den Papst, gegen die Glaubenskongregation, gegen die Deutsche Bischofskonferenz und auch gegen mich einen sehr schweren Vorwurf. Angesichts der fast zehnjährigen Bemühungen, die Sie inhaltlich genau kennen, läßt sich dieser Vorwurf nicht aufrecht erhalten. Sie stellen die Dinge wahrlich auf den Kopf, wenn Sie nunmehr ein Verfahren verlangen, das hätte feststellen müssen, ob Sie »durch die beiden neuen Veröffentlichungen tatsächlich gegen die Mahnung der Kongregation für die Glaubenslehre verstoßen« haben. Bei der Deutung des Dokumentes vom 15. 2. 1975 gehen Sie wiederum völlig an dem zweimaligen »pro nunc« vorbei, obwohl Sie genau wissen, daß diese Art der Einstellung des Verfahrens doch eigens gewählt wurde, um Ihnen entgegenzukommen.

3. Es ist Ihnen nicht unbekannt, daß ich seit Jahren bemüht war, Ihre Äußerungen möglichst vorurteilsfrei und sachgerecht zu interpretieren. Noch in jüngster Zeit habe ich mehrmals öffentlich vor einer pauschalen Ablehnung Ihrer Theologie oder gar einer Verteufelung Ihrer Person gewarnt. Umso mehr bedaure ich die einer Schelte gleichkommenden Unterstellungen und Verdächtigungen in Ihrem Schreiben vom 13. 3. 1980. Sie vermissen trotz eines detaillierten sachlichen Eingehens auf Ihre Ausführungen einen »fairen Umgang« mit Ihrem Brief. Sie reden von einer »einseitigen Suche nach Lücken«, von »mißtrauischen Vorbehalten« und von »kontextlosen Zitaten«. Dabei habe ich kein Zitat angeführt, ohne zuvor sorgfältig den Kontext zu prüfen.

Daß auf Seiten der Bischöfe guter Wille zur Verständigung besteht, brauchen Sie nicht zu bezweifeln. Auch verwahre ich mich gegen den Verdacht, die Bischöfe wollten die Bedeutung der Theologie für das Leben der Kirche in Abrede stellen. Die deutschen Bischöfe haben in der gemeinsamen Kanzelerklärung vom 7. 1. 1980 ausdrücklich die Wichtigkeit der Theologie für die Kirche herausgestellt: »Die Kirche braucht die theologische Wissenschaft und die Theologen.« In der gleichen Erklärung heißt es aber auch: »Das Fundament der Theologie ist der verbindliche Glaube der Kirche.«

Geradezu schulmeisterlich erheben Sie ständig Vorwürfe über Vorwürfe und stellen Fragen über Fragen. Wir wären sicher bereits ein gutes Stück weitergekommen, wenn Sie stattdessen auf die Ihnen gestellten Fragen eingegangen wären und diese sachlich beantwortet hätten.

4. Leider ist aus unserem bisherigen Schriftwechsel noch kein Ergebnis gewachsen, das eine Änderung in den Rechtsfolgen begründen könnte. Das dürfte Ihnen so klar sein wie mir. Dennoch hoffe ich – zumal im Hinblick auf die Tragweite der gegenwärtigen Auseinandersetzung – immer noch auf weitere Schritte von Ihrer Seite, die eine Wiederaufnahme des Verfahrens in Rom ermöglichen und zu einer Wiedererteilung der Missio canonica führen könnten. Niemand verlangt dabei von Ihnen ein »sacrificium intellectus et conscientiae«. Es geht vielmehr darum, daß Sie als Theologe aufgrund einer vertieften Reflexion ein Ja aus innerer Überzeugung zum verbindlichen Glauben der Kirche sagen können. Dieses ist vom Wesen der Sache her die unerläßliche Voraussetzung für die Erteilung der Missio canonica.

Mit freundlichen Grüßen   + *Georg Moser*
                                            Bischof

Kopien
an den Minister für Wissenschaft und Kunst, Stuttgart
an den Präsidenten der Universität Tübingen

6.8 Hans Küng: Brief an Universitätspräsident Theis (8. April 1980)

Am 25. März 1980 wurde der erweiterte Fakultätsrat der Katholisch-Theologischen Fakultät zu einer Sitzung in der vorlesungsfreien Zeit zusammengerufen. Die Verhandlungen wurden in Gegenwart von Universitätspräsident Theis geführt. Der Präsident bat die Katholisch-Theologische Fakultät um eine Stellungnahme, ob Küng nach seinem möglichen Ausscheiden aus der Fakultät weiterhin das Recht haben solle, an Promotions- und Habilitationsverfahren, die seine Schüler betreffen, mitzuwirken. In fünfstündigen, zähen Verhandlungen, in denen »die sieben« wiederum als geschlossene Gruppe auftraten, stimmte der Fakultätsrat letztlich doch einstimmig einer Änderung der Senatssatzung zu, die dem Direktor des Instituts für ökumenische Forschung die Mitgliedschaft in ihrem Promotions- und Habilitationsausschuß bei von ihm betreuten Arbeiten garantiert. Dieser einstimmige Beschluß war freilich nur unter Voraussetzung einer zu erreichenden einvernehmlichen Lösung zwischen Bischof, Minister und

Hans Küng zustande gekommen. Während der Minister zwei Tage später seine grundsätzliche Zustimmung gab, bat sich der Bischof Bedenkzeit aus. Denn Bischof Moser konnte auch in diesem Fall nichts ohne Absprache mit der Nuntiatur entscheiden. Erst Tage später ließ er Präsident Theis seine Zustimmung zur »einvernehmlichen Lösung« übermitteln unter der Bedingung, daß Küng nur »beratendes« Mitglied des Promotions- und Habilitationsausschusses sein könne, solange er nicht zum Gutachter bestellt sei. Küng stimmte dieser Lösung zu und schickte am 8. April nachstehenden Antrag an Präsident Theis. Am 9. April wurde dieser Beschluß durch einen Eilentscheid des Präsidenten, am 10. April durch ein Schreiben des Ministers für Wissenschaft und Kunst an Hans Küng rechtskräftig. Am selben Tag wurde die Öffentlichkeit durch eine Pressekonferenz in Tübingen unter Beteiligung von Präsident Theis und Hans Küng über den »Tübinger Kompromiß« orientiert (vgl. Dokument 6.9).

UNIVERSITÄT TÜBINGEN   Tübingen, 8. April 1980
INSTITUT FÜR ÖKUMENISCHE FORSCHUNG
DIREKTOR: PROF. DDR. H. KÜNG D.D.

Herrn Universitätspräsident Adolf Theis

Sehr geehrter Herr Universitätspräsident Theis,
Die Katholisch-Theologische Fakultät hat am 25. März einer Änderung der Senatssatzung zugestimmt, die mir als dem Direktor des Instituts für ökumenische Forschung die Mitgliedschaft in ihrem Habilitations- und Promotionsausschuß bei Arbeiten, die von mir betreut werden, garantiert. Dieser Beschluß wurde gefaßt unter Voraussetzung einer einvernehmlichen Lösung zwischen dem Minister für Wissenschaft und Kunst, dem Bischof von Rottenburg und mir. Diese ist unterdessen durch Ihre intensiven Bemühungen möglich geworden. Damit ist die in meinem Schreiben an Sie vom 24. März ausgesprochene Bedingung – volle akademische Forschungs- und Lehrfreiheit sowie Funktionsfähigkeit meines Lehrstuhls und Instituts – erfüllt, so daß ich nun meinerseits einer inneruniversitären Lösung zustimmen kann. Aufgrund der Lage, die ich Ihnen in meinem genannten Schreiben nochmals zusammenfassend dargelegt habe, sehe ich mich gezwungen, die Katholisch-Theologische Fakultät vorläufig, bis zu einer eventuellen Wiedererteilung der Missio canonica, zu verlassen. Eine Versetzung in eine andere Fakultät lehnte ich aufgrund meines

wissenschaftlichen Selbstverständnisses und meiner Glaubensüberzeugung als katholischer Theologe von Anfang an ab. Ich beantrage deshalb, meinen Lehrstuhl – mit der Bezeichnung »Lehrstuhl für ökumenische Theologie« – sowie das damit verbundene Institut für ökumenische Forschung vorläufig aus der Katholisch-Theologischen Fakultät auszugliedern und als zentrale Einrichtung direkt dem Senat der Universität zu unterstellen. Zugleich möge der Senat eine Institutsordnung beschließen entsprechend der Vorlage, die Sie mir in Ihrem Schreiben vom 19. 3. 1980 zukommen ließen.

In diesem Zusammenhang darf ich folgende grundsätzliche Feststellungen machen:

1. Ich stelle diesen meinen Antrag nach zwanzigjähriger Fakultätszugehörigkeit nicht aus freien Stücken. Denn ich verstehe mich nach wie vor als katholischer Theologe, der sich als Priester, Seelsorger und Wissenschaftler mit seiner Kirche verbunden weiß. Ich habe in den letzten drei Monaten von meiner Seite verschiedene Schritte unternommen, um eine Verständigung mit den Kirchenbehörden und eine Wiedererlangung der Missio canonica zu erreichen. Aber die Unnachgiebigkeit namhafter deutscher Bischöfe einerseits und die Entwicklung innerhalb der Professorenschaft der Katholisch-Theologischen Fakultät andererseits zwingen mir einen Schritt auf, den ich nie gewollt habe.

2. Ich tue diesen Schritt jedoch, weil ich nicht möchte, daß die Universität aufgrund der römischen Entscheidung in langwierige Auseinandersetzungen hineingezogen, ihr Friede gefährdet und ihr Ansehen geschädigt wird. Zudem möchte ich nicht, daß das Land Baden-Württemberg durch die kirchlichen Maßnahmen in meinem Fall in schwer lösbare staatskirchenrechtliche Konflikte hineingezogen wird; die bisherigen dankenswerten Bemühungen des Ministers für Wissenschaft und Kunst um eine einvernehmliche provisorische Lösung bestärken mich in dieser Haltung. Vor allem aber ist es mir als Theologen unverantwortbar, unter den gegebenen Umständen den gerichtlichen Weg zu beschreiten und die Universität wie auch mich möglicherweise in jahrelange Prozesse zu verwickeln, deren Folgen unabsehbar sind. Ich bin Theologe und will Theologe bleiben; die beantragte Lösung gibt mir die Möglichkeit, mich trotz aller kirchlichen und hochschulrechtlichen Einschränkungen wie bisher mit ganzer Kraft und Zeit meinen eigentlichen theologisch-wissenschaftlichen Aufgaben in Forschung und Lehre zu widmen. Wenn die Kirchenbehörden versucht haben, in meinem Fall die Wahrheit mit Mitteln der Macht durchzusetzen, so

vertraue ich als Christ darauf, daß sich die Wahrheit mit der Zeit von selber durchsetzen wird. Nicht zuletzt aus diesem Grund betrachte ich die jetzt angestrebte »Lösung« als provisorisch.

3. Mein Antrag bedeutet nicht, daß ich meine schwerwiegenden rechtlichen Bedenken gegen das innerkirchliche Verfahren nicht mehr in vollem Umfang aufrechterhalte. Alle Professoren der Katholisch-Theologischen Fakultät stimmten darin überein, daß »das ganze Verfahren mit Mängeln behaftet« sei, »die heutigem Rechtsempfinden und christlichem Ethos widersprechen«. Es wäre deshalb Aufgabe insbesondere der Katholisch-Theologischen Fakultät, sich einmütig und eindeutig für die Revision dieses inquisitorischen »Verfahrens« einzusetzen, das nach meiner Auffassung von Anfang bis Ende jeder Rechtlichkeit und christlichen Brüderlichkeit Hohn spricht. Auch ich selber gedenke – vor allem durch die Aufarbeitung der theologischen Problematik – auf eine Revision hinzuwirken.

4. Mein Antrag bedeutet ebenfalls nicht, daß ich meine schwerwiegenden staatskirchenrechtlichen Bedenken, wie ich sie in Briefen an den Minister für Wissenschaft und Kunst, die Abgeordneten des Landtages von Baden-Württemberg und den Bischof von Rottenburg-Stuttgart formuliert habe, nicht in vollem Umfang aufrechterhalte. Den Schlußfolgerungen des vom Ministerium angeforderten Gutachtens bezüglich meiner Fakultätszugehörigkeit kann ich nicht zustimmen. Der Minister für Wissenschaft und Kunst ist nach meiner Überzeugung keineswegs aus der Pflicht entlassen zu überprüfen, ob in meinem Fall die kirchliche Beanstandung überhaupt als hinlängliche Grundlage für den vom Staat geforderten Verwaltungsakt angesehen werden kann. Artikel 19 des Reichskonkordats sagt ausdrücklich: Das Verhältnis der Katholisch-Theologischen Fakultät »zur kirchlichen Behörde richtet sich nach den in den einschlägigen Konkordaten . . . festgelegten Bestimmungen *unter Beachtung der einschlägigen kirchlichen Vorschriften*«. Wie bekannt, sind weder meine beiden letzten kleineren Veröffentlichungen zur Unfehlbarkeitsfrage noch auch die Bücher »Christ sein« und »Existiert Gott?« je Gegenstand eines Lehrbeanstandungsverfahrens in Rom oder in Deutschland gewesen. Vielmehr geschahen die diesbezüglichen Äußerungen und Entscheidungen der kirchlichen Behörden ohne ordnungsgemäßes Verfahren. So wurden denn die Vorschriften weder der römischen Glaubenskongregation noch jener der Deutschen Bischofskonferenz eingehalten. Es handelt sich also in der Maßnahme gegen mich letztlich um einen päpstlichen Machtspruch, nicht aber um das Ergebnis

eines geordneten Verfahrens. Die verantwortlichen Politiker und vor allem der Minister für Wissenschaft und Kunst, aber auch die Gutachter müssen sich fragen lassen, ob sie die innerstaatliche Rechtsordnung durch Maßnahmen von außen beeinflussen lassen wollen nach Maßstäben, die nicht von Recht und Gesetz bestimmt sind.

Auch bedürfte es meines Erachtens der grundsätzlichen Abklärung, ob nach der vom Konkordat nicht gedeckten römischen Intervention die verfassungsmäßig garantierte Freiheit von Lehre und Forschung in Katholisch-Theologischen Fakultäten überhaupt noch gewährleistet ist. Mein Fall ist kein Einzelfall; er hat exemplarisch grundsätzliche Fragen nach der gegenwärtig herrschenden Interpretation des Konkordats von 1933 aufgeworfen: Es besteht die Gefahr, daß jede Katholisch-Theologische Fakultät unserer staatlichen Universitäten in Forschung und Lehre faktisch zu einer staatlich finanzierten kirchlichen Institution und das »kirchengebundene« Staatsamt ihrer Professoren zu einem vom Staat besoldeten Kirchenamt wird. Und es stellt sich die Frage, ob eine Ausgewogenheit der Rechte und Pflichten der beiden Konkordatspartner im Hinblick auf die Katholisch-Theologischen Fakultäten gewährleistet ist, wenn der Staat alle Lasten solcher kirchlicher Maßnahmen zu tragen hat.

Erneut danke ich Ihnen, sehr geehrter Herr Präsident, dafür, daß Sie trotz aller Widerstände unermüdlich eine annehmbare Lösung angestrebt und sich bis zuletzt in aller Entschiedenheit für die Wahrung meiner Stellung an der Universität eingesetzt haben.

Mit freundlichen Grüßen   Ihr
                                                          Hans Küng

Kopie
an den Minister für Wissenschaft und Kunst Professor Dr. Engler

6.9 Hans Küng: Die Fragen bleiben! (10. April 1980)

Zur vorläufigen Lösung des zwischen Amtskirche und Professor Küng entstandenen Konflikts erklärte Hans Küng auf der in Tübingen abgehaltenen Pressekonferenz:

1. Auch in Zukunft werde ich als Professor für ökumenische Theologie und Direktor des Instituts für ökumenische Forschung an der

Universität Tübingen Vorlesungen und Seminare halten, forschen, lehren und publizieren. Als katholischer Theologe werde ich weiterkämpfen für ein mehr an der Botschaft Jesu orientiertes Christentum, die ökumenische Verständigung und die Erneuerung meiner katholischen Kirche, der ich mich nach wie vor als Priester, Seelsorger und Wissenschaftler verbunden weiß.

2. Weiterhin werde ich mich einsetzen für die Revision eines inquisitorischen »Verfahrens«, das von Anfang bis Ende aller Rechtlichkeit und christlichen Brüderlichkeit widersprach; ich danke all den vielen, die mich darin unterstützt haben und auch künftig unterstützen werden.

3. Aufgrund der Unnachgiebigkeit namhafter deutscher Bischöfe und der aus vielerlei Gründen mangelnden Unterstützung durch eine Mehrheit von Fakultätskollegen sah ich mich indessen gezwungen, nach zwanzigjähriger Zugehörigkeit zur Katholisch-Theologischen Fakultät vorläufig, bis zu einer eventuellen Wiedererlangung der kirchlichen Lehrbefugnis, meinen Lehrstuhl und das damit verbundene Institut für ökumenische Forschung aus dieser Fakultät ausgliedern und direkt dem Senat der Universität unterstellen zu lassen. Meiner Universität, ihrem Präsidenten und dem Minister für Wissenschaft und Kunst aber bin ich dankbar, daß sie in einem weiteren universitären Rahmen meine akademische Forschungs- und Lehrfreiheit gewährleisten.

4. Zwar muß ich so – abgesehen von Promotionen und Habilitationen meiner heutigen und künftigen Schüler – vor allem mein Recht auf prüfungsrelevante Vorlesungen, Prüfungsabnahme und Mitwirkung bei Berufungen aufgeben. Doch ich bin durch diese Lösung frei geworden, mich zusammen mit meinen Mitarbeitern im Institut, die mir in dieser schwierigen Zeit treu zur Seite standen, erneut mit ganzer Kraft meinen eigentlichen theologisch-wissenschaftlichen Aufgaben zu widmen. Um der Sache der Theologie und auch um des Friedens der Universität willen schien es mir als Theologen unter den gegebenen Umständen unverantwortbar, den gerichtlichen Weg zu beschreiten und so die Universität wie auch mich in jahrelange Prozesse zu verwickeln, deren Folgen unabsehbar sind. Wenn die Kirchenbehörden versucht haben, in meinem Fall ihre Meinung mit Mitteln der Macht durchzusetzen, so vertraue ich als Christ darauf, daß sich die Wahrheit mit der Zeit von selber durchsetzen wird.

5. Meine schwerwiegenden rechtlichen Bedenken gegen das innerkirchliche Verfahren halte ich in vollem Umfang aufrecht. Der Mini-

ster für Wissenschaft und Kunst hat meines Erachtens nach wie vor die Pflicht zu überprüfen, ob in meinem Fall die kirchliche Beanstandung überhaupt als hinlängliche Grundlage für den vom Staat geforderten Verwaltungsakt angesehen werden kann. Denn offensichtlich ging es Rom und den Bischöfen in meinem Fall nicht um ein rechtmäßiges Verfahren und eine konstruktive Lösung der – wahrhaftig nicht von mir erfundenen – Fragen. Vielmehr verlangten sie faktisch die Verleugnung bestimmter kritischer Anfragen und die totale Unterwerfung unter ein in vielem überholtes kirchliches Lehrsystem. Solches konnte ich weder mit der Gewissensfreiheit eines Christen noch mit der wissenschaftlichen Redlichkeit, der ich mich auch als katholischer Theologe stets verpflichtet wußte, vereinen.

6. Mein Fall zeigt mit gebotener Deutlichkeit, daß es einer grundsätzlichen Klärung bedarf, ob nach der vom Konkordat nicht gedeckten direkten römischen Intervention die verfassungsmäßig garantierte Freiheit von Forschung und Lehre in Katholisch-Theologischen Fakultäten überhaupt noch gewährleistet ist. Mein Fall ist kein Einzelfall; er hat grundsätzliche Fragen nach der gegenwärtig herrschenden Interpretation des Konkordats von 1933 aufgeworfen. Die Gefahr ist sichtbar geworden, daß an unseren staatlichen Universitäten die Katholisch-Theologischen Fakultäten in Forschung und Lehre zu staatlich finanzierten kirchlichen Institutionen werden und das »kirchengebundene« Staatsamt ihrer Professoren zu einem vom Staat besoldeten Kirchenamt. Damit stellt sich die Frage, ob eine Ausgewogenheit der Rechte und Pflichten der beiden Konkordatspartner bezüglich der Katholisch-Theologischen Fakultäten gewährleistet ist, wenn der Staat alle Lasten solcher kirchlicher Maßnahmen zu tragen hat.

7. Über die Vorgänge der letzten drei Monate ist von offizieller kirchlicher Seite vieles tendenziös und falsch berichtet worden. Deshalb danke ich den Kollegen Norbert Greinacher und Herbert Haag, daß sie eine ausführliche Dokumentation edieren, die im Mai bei Piper erscheinen und belegen wird: Die Bemühungen der Universität Tübingen, die Appelle zahlloser Katholiken, katholischer Gruppen und Verbände und schließlich auch meine eigenen Versuche, zu einer Verständigung zu kommen, scheiterten vor allem an der Unversöhnlichkeit bestimmter Vertreter des deutschen Episkopats. Zugleich wird die Dokumentation Hintergründe, Verantwortlichkeiten und Auswirkungen des »Falls Küng«, der in Wahrheit ein »Fall Amtskirche« ist, deutlich machen.

8. Ungeachtet der inneruniversitären Lösung also bleiben die grundsätzlichen Fragen bestehen, und die Auseinandersetzungen werden nicht aufhören: Es bleibt die von Rom und den Bischöfen nach wie vor unbeantwortete Frage nach ihrer Unfehlbarkeit. Es bleibt die Frage nach einer heute glaubwürdigen christlichen Verkündigung in Kirche und Schule. Es bleibt die Frage nach der Verständigung zwischen den Konfessionen und nach der gegenseitigen Anerkennung der Ämter und Abendmahlsfeiern. Es bleibt die Frage nach den drängenden Reformaufgaben: von der Geburtenregelung über Mischehen und Ehescheidung bis hin zu Frauenordination, Zwangszölibat und dem daraus folgenden katastrophalen Priestermangel. Es bleibt vor allem die Frage an die Leitung der katholischen Kirche: Wohin führt Ihr diese *unsere* Kirche? Auf dem Weg von Johannes XXIII. und dem Zweiten Vatikanum in eine größere katholische Weite, Menschlichkeit und Christlichkeit? Oder auf dem Weg des Ersten Vatikanum und der Pius-Päpste zurück in ein autoritäres katholizistisches Getto? Noch immer möchte ich hoffen, daß schließlich doch der Geist wahrer evangelischer Katholizität über den Ungeist eines juristisch-verengten, doktrinär-erstarrten und triumphalistisch-angsterfüllten Katholizismus obsiegen wird.

Norbert Greinacher und Herbert Haag: Appell an den Papst

Dieses Schlußwort war nicht geplant. Obwohl wir von vornherein alle Dokumente kannten, waren wir im nachhinein ungewöhnlich beeindruckt von der Zahl der Stimmen, der Überzeugungskraft der Argumente und der Gewichtigkeit der Sachverhalte, die sich in diesen Stellungnahmen niederschlagen. Deshalb drängt sich am Ende so etwas wie eine Zwischenbilanz auf, bei der die Dimensionen des »Falles Küng« noch einmal sichtbar werden sollen.

1. Pastorale Dimension

Die große Betroffenheit unzähliger Menschen, vor allem in den Kirchen, ist nicht zu übersehen: Religionslehrer, die auf der Grundlage der Veröffentlichungen von Hans Küng ihren Unterricht gestalteten, fragen sich, was sie in Zukunft tun sollen. Priester, die ihre Predigt an

Küngs Theologie orientierten, weigern sich, das Kanzelwort der deutschen Bischöfe zu verlesen. Pastoralreferenten, denen die Reformvorschläge Küngs Mut machten, sind in ihrer Arbeit tief beunruhigt. Theologen aus aller Welt fühlen sich durch die Verurteilung Küngs mitgetroffen. Studenten und Priesteramtskandidaten zweifeln, ob es einen Sinn hat, weiter Theologie zu studieren. Katholische Akademiker, Künstler, Intellektuelle, denen Küng einen Weg gewiesen hat, in intellektueller Redlichkeit zu glauben, fragen sich, ob in dieser Kirche noch Platz für sie ist. Obwohl die Kirchenleitung mit ungeheurem publizistischem Aufwand ihre Auffassung durchzusetzen versuchte, protestierten gerade auch sogenannte »einfache Leute«, die in diesem Buch leider nicht zur Sprache kommen konnten, in Tausenden von Briefen an die Bischöfe und in Sympathiekundgebungen an Hans Küng gegen die Maßnahmen der römischen Glaubenskongregation und des Bischofs von Rottenburg.

Den Bischöfen und dem Papst muß in allem christlichen Freimut die Gewissensfrage gestellt werden: Vertretet Ihr noch den Glaubenssinn der ganzen Kirche? In wessen Namen und für wen sprecht Ihr, wenn Ihr Hans Küng verurteilt? Desavouiert Ihr nicht gerade solche, die in der Kirche aus Überzeugung mitdenken und mitarbeiten? Werdet Ihr Eurer Aufgabe, die christliche Botschaft heute glaubwürdig zu bezeugen, wirklich gerecht? Seid Ihr Euch der Verantwortung für den Glauben aller Glieder dieser Kirche bewußt?

Es kann kein Zweifel bestehen: Die Glaubwürdigkeit der katholischen Kirche wurde tief erschüttert. Nicht ungestraft kann sich der höchste Vertreter dieser Kirche vehement für die Menschenrechte in der heutigen Gesellschaft einsetzen und am selben Tag unter Mißachtung der eigenen kirchlichen Rechtsordnung die Rechte eines Christenmenschen verletzen. Was viele Frauen und Männer im kirchlichen Dienst, was viele katholische Christen in mühevoller und einsatzbereiter Kleinarbeit aufgebaut und durch ihr Zeugnis an Glaubwürdigkeit für die Kirche wiedergewonnen hatten, ist geschmälert, ja zum Teil vernichtet worden. Papst und Bischöfe müssen sich fragen lassen: Wie wollt Ihr dies verantworten?

2. Theologische Dimension

Eine konsequent schriftbezogene und geschichtlich verantwortete Theologie, die vorbehaltlos die Fragen unserer Gegenwart aufnimmt und sich einzig an Jesus Christus orientiert: zu dieser theologischen Wegrichtung gibt es nach unserer Überzeugung keine sinnvolle Alternative. Natürlich wären wir keine Theologen und keine Professoren, wenn wir nicht in einer ganzen Reihe von Punkten unsere kritischen Anfragen an unseren Kollegen Hans Küng hätten. Aber wer die hermeneutischen Prinzipien, das heißt die richtunggebenden Perspektiven theologischen Arbeitens von Hans Küng gelesen hat, wie er sie in aller Deutlichkeit nochmals in seinem Brief an Bischof Moser vom 12. Februar 1980 (vgl. Dokument 6.3) zusammenfaßt, wird schwerlich um die Feststellung herumkommen: Nur mit dieser Schau kann heute Theologie ernsthaft und fruchtbar betrieben werden. Hier zeichnet sich ja auch eine erfreuliche Übereinstimmung zwischen Hans Küng und Edward Schillebeeckx ab, die Küng so formuliert: »Erste ›Quelle‹, erster Pol, erste Norm christlicher Theologie ist Gottes offenbarendes Sprechen in der Geschichte Israels und der Geschichte Jesu ... Zweite ›Quelle‹, zweiter Pol, Horizont christlicher Theologie ist unsere eigene menschliche Erfahrungswelt« (vgl. Hans Küng: Auf dem Weg zu einem neuen Grundkonsens in der katholischen Theologie? Zum »Zwischenbericht« von Edward Schillebeeckx, in: Theologische Quartalschrift 159 [1979], 272–285).

Wer mit dem genannten Brief von Hans Küng den erbärmlichen Antwortbrief von Bischof Moser vom 1. März 1980 vergleicht (vgl. Dokument 6.4), wird sich auch fragen, welche sachliche Kompetenz denn ein Bischof in einer solch schwerwiegenden theologischen Angelegenheit aufzuweisen hat.

Was eben über die gesamte Ausrichtung der Theologie gesagt wurde, gilt im besonderen im Hinblick auf die Christologie. Wenn es nach der Erklärung der Kongregation für die Glaubenslehre vom 15. Dezember 1979 ginge (vgl. Dokument 2.1), dann hätte der Theologe nur die bisherigen Formulierungen des kirchlichen Lehramtes nachzusprechen und neue Formulierungen des Lehramtes im nachhinein zu begründen. Kein Theologe, der in der christlichen Tradition steht und sich gleichzeitig der kritischen Rationalität verpflichtet weiß, wird dem zustimmen können. Deshalb ist Hans Küng im zentralen Bereich der christlichen Botschaft, in der glaubwürdigen und rational verantworteten Bezeugung der Person und Sache Jesu neue Wege gegangen, indem er sich in das Spannungsfeld von Gottes offenbarendem Sprechen in der Geschichte und von unserer eigenen, neuzeitlichen Erfahrungswelt hineinbegab. Er hat damit unzähligen Menschen einen neuen Zugang zu Jesus Christus eröffnet.

3. Ökumenische Dimension

Auch darüber sollte man sich keinerlei Illusionen hingeben: Die römische Maßnahme hat der ökumenischen Bewegung einen empfindlichen Schlag versetzt. Das Echo des Weltkirchenrats, von evangelischen Theologen und Kirchengemeinden ist eindeutig. Nachdem die klassischen theologischen Kontroversfragen, wie Rechtfertigung, Schrift und Tradition, Wesen der Kirche, Wort und Sakrament, theologisch aufgearbeitet wurden – nicht zuletzt durch die Arbeiten von Hans Küng –, blieb als das Hindernis für eine Wiederversöhnung der Kirchen die Frage nach dem Amt und insbesondere nach dem Petrusdienst. Bei allen Anfragen, die man auch hier an Hans Küng stellen kann: kein Zweifel dürfte daran bestehen, daß wiederum nur in der Grundrichtung, die er mit vielen anderen eingeschlagen hat, eine Lösung möglich ist. Die Tür zur ökumenischen Verständigung ist auf absehbare Zeit zugeschlagen. Auch hier müssen sich Papst und Bischöfe fragen lassen: Wie wollt Ihr dies verantworten?

4. Politische Dimension

Küngs Professur für Ökumenische Theologie und sein Institut für ökumenische Forschung wurden ohne Zugehörigkeit zu einer Fakultät direkt dem Universitätspräsidenten unterstellt. Dieser staatskirchenrechtliche Kompromiß darf nicht darüber hinwegtäuschen, daß hier erheblicher Konfliktstoff bleibt. Davon zeugt vor allem die Debatte im Landtag von Baden-Württemberg (vgl. Dokument 3.49) sowie der Brief von Professor Küng an Minister Engler vom 21. Januar 1980 (vgl. Dokument 6.1).

Wie lange noch wird es eine Fakultät und eine Universität hinnehmen, daß formal zwar der Ortsbischof, in Wirklichkeit aber die Römische Kurie direkt über Berufungen und Abberufungen, ja selbst Einzelheiten der universitären Praxis entscheidet, ohne daß dafür irgendeine staatskirchenrechtliche Grundlage gegeben ist? Wie lange noch wird es die politische Öffentlichkeit hinnehmen, daß die Kirche durch die sich häufenden Entscheidungen, Professoren die Missio zu entziehen, den Staat zwingt, immer wieder neue Professuren einzurichten? Wie lange werden die Landesregierungen sich einfach zum verlängerten Arm der römischen Machtsprüche machen, ohne zu prüfen, ob sich die Kirche an ihre eigenen Rechtsordnungen hält?

Wie lange will man es noch zulassen, daß die Kirche die konkordatären Bestimmungen mit Hilfe der heute »herrschenden staatskirchenrechtlichen Lehre« gerade in den hier zur Diskussion stehenden Fragen völlig einseitig zu ihren Gunsten interpretiert und dies staatlicherseits auch noch sanktioniert bekommt (vgl. etwa das Schlußprotokoll zur Neufassung des bayerischen Konkordats von 1974 und die Briefe des Ministers für Wissenschaft und Forschung und des Kultusministers des Landes Nordrhein-Westfalen vom 23. März 1979 an das Katholische Büro Nordrhein-Westfalen zusammen mit dem »Bericht der kirchlich-staatlichen Arbeitsgruppe ›Nihil obstat Problematik‹« vom 21. Dezember 1977). Kann die katholische Hierarchie auf der einen Seite ständig den Staat zur Regelung innerkirchlicher Konflikte in Anspruch nehmen und auf der anderen Seite staatliche Gesetze dort unterlaufen, wo diese ihr unbequem sind?

Die kirchliche Seite wird sich zu entscheiden haben. *Entweder* legt sie weiterhin die staatskirchenrechtlichen Bestimmungen völlig einseitig zu ihren Gunsten aus und zwingt den Staat zu immer neuem Nachgeben. Dann darf sie sich nicht wundern, wenn in absehbarer Zeit alle konkordatären Bestimmungen (einschließlich der Kirchensteuer) in der Öffentlichkeit immer mehr in Frage gestellt werden. *Oder* sie hält sich streng an die konkordatären Abmachungen und vermeidet von sich aus alles, was anachronistisch gewordene Regelungen überreizen könnte. Denn auf die Dauer – dies zeigte das Problem der Konfessionsschule – wird der Kirche auch die herrschende Meinung der Staatskirchenrechtler nicht viel nützen.

Die Öffentlichkeit aber wird sich zu fragen haben, ob Konkordate mit dem Vatikan in der heutigen Situation überhaupt noch eine sinnvolle Grundlage bilden können, um das komplexe Verhältnis von Staat, Gesellschaft und Kirche in Deutschland zu ordnen.

5. Kirchengeschichtliche Dimension

In der Geschichte der Kirche gibt es immer wieder kritische Entscheidungsphasen, die für die weitere Entwicklung der Kirche von höchster Bedeutung sind. Eine solche Weichenstellung geschah, als Paulus nicht ohne Konflikte mit Petrus den Nichtjuden in der Kirche ihre Rechte erkämpfte. Weitere Weichenstellungen sind mit den Namen Konstantin, Karl der Große, Gregor VII. verbunden. Verhängnisvoll in der Reformationszeit wirkten sich die Entscheidungen um 1542 aus, als der römische Exponent einer Verständigung, Kardinal Contarini, der Häresie verdächtigt, starb, die zentrale römische Inquisitionsbehörde (Vorgängerin der heutigen Glaubenskongregation) sowie der Index der verbotenen Bücher begründet wurden und viele Reformwillige verzweifelten. Ein welthistorisches Desaster war es, als dieselbe Inquisitionsbehörde im »Ritenstreit« des 17. Jahrhunderts die missionarischen Bemühungen um eine Integration der christlichen Botschaft in asiatisches Denken und Leben durch eine engstirnige und kurzsichtige Entscheidung zunichte machte.

Die Kirche befindet sich auch heute wieder an einem schicksalhaften Wendepunkt ihrer Geschichte. Darin dürfte Hans Küng recht haben: *Entweder* verfolgt sie die durch Papst Johannes XXIII. und das Zweite Vatikanische Konzil erfolgte Öffnung weiter, versucht die vielfältigen historisch gewordenen und neu entstehenden Interpretationen und Lebensformen christlichen Glaubens, wie etwa die Theologie der Befreiung, zu integrieren und wird dadurch zu einer wahrhaft katholischen, pluralen, konziliaren Kirche. *Oder* sie zieht sich ins Getto zurück, verabsolutiert eine bestimmte geschichtlich bedingte »römische« Interpretation und Lebensform als die einzig »katholische« und wird dadurch immer mehr zu einer Großsekte. Der Fall Küng und zahlreiche andere Indizien scheinen darauf hinzudeuten, daß die Kirchenleitung zur zweiten Möglichkeit tendiert.

Im Namen aller Genannten und Ungenannten, deren Protest in dieser Dokumentation zum Ausdruck kommt, wenden wir uns mit Entschiedenheit und Leidenschaft gegen eine solche folgenreiche Fehlentwicklung. Wir rufen alle Mitglieder der Kirchen, ob sie in diesem Buche zur Sprache kommen oder nicht, auf, nicht zu resignieren, das Feld nicht den anderen zu überlassen, sondern im Vertrauen auf das Wirken des Geistes Jesu Christi sich weiterhin unermüdlich einzusetzen für eine umfassende Reform der Kirche im Dienst an den Menschen.

6. *Verfahrensrechtliche Dimension*

Wahrscheinlich wird auch der vorliegenden Dokumentation vorgeworfen werden, sie sei »alles andere als eine Dokumentation der Verständigung«, sie lasse vielmehr »keinerlei Versöhnungsbereitschaft erkennen, sondern eher die Entschlossenheit zur offenen Konfrontation« (so Bischof Moser über die von W. Jens herausgegebene Dokumentation; vgl. Dokument 1.7). Demgegenüber sind wir überzeugt, daß diese Dokumentation nötig, ja geboten war. Wer sie von Anfang bis Ende unvoreingenommen studiert, wird um die Feststellung nicht herumkommen: Hans Küng ist durch seine Kirche Unrecht geschehen. Die kirchenrechtlichen Bestimmungen wurden auf flagrante Weise verletzt. Das Vorgehen spricht den Prinzipien der christlichen Brüderlichkeit Hohn. Die von Küng vorgetragenen theologischen Sachfragen wurden entweder nicht erkannt oder besserwisserisch beantwortet. In der letzten Phase der Vermittlungen war als Antwort auf den Brief von Professor Küng an Bischof Moser vom 12. Februar 1980 (vgl. Dokument 6.3) nicht einmal mehr eine Minimalbereitschaft des Entgegenkommens von seiten der Kirchenleitung erkennbar (vgl. Dokument 6.4). Darüber täuscht auch die immer wieder verbal bekundete Bereitschaft zum »Brückenbau« nicht hinweg.

Aufgrund dieser Sachlage machen wir – Lehrer der Theologie und Priester der Kirche – uns zum Sprecher des in diesem Buch und allenthalben artikulierten Protestes und wenden uns direkt an den Papst: Heiliger Vater! Greifen Sie den Fall ohne Verzögerung wieder auf! Setzen Sie eine unvoreingenommene Kommission von Bischöfen und Theologen ein, welche die aufgeworfenen theologischen Fragen sachgerecht und ohne Zeitdruck prüft! Wir appellieren an Ihre Verantwortung und an Ihr Gewissen: Machen Sie geschehenes Unrecht wieder gut! Überlassen Sie die Rehabilitierung Küngs nicht der Geschichte! Setzen Sie Ihre persönliche Tat zum Segen für die Kirche!

Tübingen, 24. April 1980

Norbert Greinacher   *Herbert Haag*

PS: Für unentbehrliche Hilfe bei der Erstellung dieser Dokumentation, bei den Übersetzungen fremdsprachiger Dokumente und den mühseligen Redaktions- und Korrekturarbeiten stehen wir bei Dr. Urs Baumann, Dr. Margret Gentner, Eva-Maria Henn, Dr. Karl-Josef Kuschel und Diplomtheologe Michael Stemmeler in Schuld.

Theologie bei Piper

Um nichts als die Wahrheit

Deutsche Bischofskonferenz contra Hans Küng. Eine Dokumentation. Herausgegeben und eingeleitet von Walter Jens. 1978. 374 Seiten mit 5 Faksimiles. Kart.

Inhalt: Walter Jens: Einleitung. Phase I: Die römische Erklärung »Mysterium Ecclesiae« 1973. Phase II: Einstellung des römischen Verfahrens gegen »Die Kirche« und »Unfehlbar?« und erste Stellungnahme gegen »Christ sein«. Phase III: Der Sammelband gegen »Christ sein«. Phase IV: Das Stuttgarter Colloquium 1977. Phase V: Dritte Erklärung gegen »Christ sein« und Veröffentlichung des Briefwechsels. Hans Küng: Appell zur Verständigung.

»Die Dokumentation offenbart nun zum erstenmal, wie es in der katholischen Kirche zugeht, wenn in vertraulichen Briefen und hinter verschlossenen Türen ewige Wahrheiten geschützt und Irrlehren verfolgt werden.«
Der Spiegel

Hans Küng: Weg und Werk

Herausgegeben von Hermann Häring und Karl-Josef Kuschel. Mit einer Bibliographie von Margret Gentner. 1978. 237 Seiten mit 27 Abbildungen. Kart.

Dieses Buch will helfen, eine Person näher kennenzulernen, die zu den umstrittensten in der nachkonziliaren Kirche gehört. In Gespräch und Dokumentation ziehen die Herausgeber eine Zwischenbilanz von Hans Küngs dreißigjährigem Wirken im Dienst von Theologie und Kirche.

Theologie bei Piper

»Hans Küng gilt wie einst Luther als mutiger Katholik, der es gewagt hat, gegen den starren autoritären Führungsanspruch der Kirche aufzutreten –
Küngs Denken ist nicht kirchenfeindlich ... Gleichwohl ist es eine ungeheure Herausforderung gegenüber der katholischen Kirche.«

Ivo Frenzel

Hans Küng
Christ sein
10. Aufl., 130. Tsd. 1980. 676 Seiten. Geb.

Hans Küng
Existiert Gott?
Antwort auf die Gottesfrage der Neuzeit. 1978. 878 Seiten. Geb.

Hans Küng
Die Kirche
2. Aufl., 15. Tsd. 1980. Serie Piper 161. 605 Seiten. Kart.

Hans Küng
20 Thesen zum Christsein
5. Aufl., 90. Tsd. 1980. Serie Piper 100. 75 Seiten. Kart.

Hans Küng
24 Thesen zur Gottesfrage
3. Aufl., 35. Tsd. 1980. Serie Piper 171. 134 Seiten. Kart.

Theologie bei Piper

Norbert Greinacher
Die Kirche der Armen

Zur Theologie der Befreiung. 1980. Serie Piper 196. 177 Seiten. Kart.
Aus dem Inhalt: Was bedeutet Theologie der Befreiung? / Kirche
und Politik / Die Basisgemeinden / Orthopraxie und Orthodoxie /
Das Wirken Gottes in der Geschichte der Befreiung / Solidarität mit
den Armen / Neue Identität der lateinamerikanischen Kirche / Ökumenische Dimension – Politische Dimension von Glaube und Kirche /
Stellung der Kirche in der Gesellschaft

Herbert Haag
Vor dem Bösen ratlos?

In Zusammenarbeit mit Katharina und Winfried Elliger. 1978. 320
Seiten. Geb.
»Die Konsequenz, die Haag aus dem reichen Material dieses Buches
zieht, lautet: ›Wenn es überhaupt ein Spezifikum christlicher Ethik
gibt, dann dies, daß der Christ in der persönlichen Nachfolge Jesu
zu einer von Grund auf neuen Lebenseinstellung findet, die auch seine
Haltung gegenüber dem Bösen und der menschlichen Anfälligkeit
für das Böse entscheidend prägt: als Wunsch, das menschliche Leben
in der gottgewollten Form gegen die Widerstände gelingen zu lassen.‹«
Süddeutsche Zeitung

August Bernhard Hasler
Wie der Papst unfehlbar wurde

Macht und Ohnmacht eines Dogmas. Mit einem Geleitwort von Hans
Küng. 2. Aufl., 12. Tsd. 1980. XXXVII, 319 Seiten mit 110 Abbildun-
gen. Geb.
»Eine bemerkenswerte, mutige Aufklärung über ein Stück wichtiger
Kirchengeschichte.« Frankfurter Allgemeine Zeitung – »Ein brisantes
Buch ... für den Laien lesbar.« Stern – »Der Prozeß des Umdenkens
nach den Forschungen Haslers ist eingeleitet und unumgänglich gewor-
den.« Publik-Forum – »Für Hasler ist die Wahrheit entscheidend.«
Die Welt – »Ein respektables Werk.« Die Zeit

Theologie bei Piper

Das Buch der Bücher
Altes Testament

Einführungen, Texte, Kommentare. Mit einer Einleitung von Gerhard
von Rad. Herausgegeben von Hanns-Martin Lutz – Hermann Timm
– Eike Christian Hirsch. Sonderausgabe. 3. Aufl., 17. Tsd. der Gesamt-
auflage. 1980. 573 Seiten mit 4 Karten. Kart.

Das Buch der Bücher
Neues Testament

Einführungen, Texte, Kommentare. In Verbindung mit Hermann
Timm herausgegeben von Gerhard Iber. Mit einer Einführung von
Günther Bornkamm. Sonderausgabe. 2. Aufl., 10. Tsd. der Gesamt-
auflage. 1980. 496 Seiten. Kart.

Helga Frisch
Kirche im Abseits

Die bekannte Berliner Pastorin plädiert für Reform. 1978. 220 Seiten.
Kart.

Jesus und Freud

Ein Symposion von Psychoanalytikern und Theologen. Herausgegeben
von Heinz Zahrnt. 2. Aufl., 14. Tsd. Serie Piper 29. 200 Seiten. Kart.

Trutz Rendtorff
Gesellschaft ohne Religion

Theologische Aspekte einer sozialtheoretischen Kontroverse
(Luhmann/Habermas). 1975. Serie Piper 117. 101 Seiten. Kart.

Dietrich Rössler
Die Vernunft der Religion

1976. Serie Piper 135. 135 Seiten. Kart.

Helmut Thielicke
Mensch sein – Mensch werden

Entwurf einer christlichen Anthropologie. Sonderausgabe. 1980. 526
Seiten. Geb.